ANTON BARDENHEWER

EIN RESTAURATOR ZWISCHEN HISTORISMUS UND MODERNER DENKMALPFLEGE

„Jede Zeit löst die ihr aufgetragenen restauratorischen Aufgaben im Sinne der eigenen Kunst und Kunstanschauung."

("Restauriert und neu entdeckt - aus der Arbeit der Restaurierung"
Beiheft des Kunstmuseums Düsseldorf, Nr. 6
bearb. von Heinz Althöfer, Düsseldorf 1968, S. 6)

*Abb. 1:   Anton Bardenhewer bei der Abnahme einer Wandmalerei,
vermutlich 1911*

Anja Rudolf

ANTON BARDENHEWER

EIN RESTAURATOR ZWISCHEN HISTORISMUS UND MODERNER DENKMALPFLEGE

MICHAEL IMHOF VERLAG

gewidmet Thea Philippson

Die Drucklegung wurde unterstützt durch:
    Klaus Bardenhewer, Kiel
    Annemarie und Helmut Börner-Stiftung, Köln
    Landschaftsverband Rheinland
    Erzbistum Köln
    Hans Bardenhewer, St. Augustin

Dissertation Bonn 2000

Die Deutsche Bibliothek - CIP-Einheitsaufnahme

Ein Titeldatensatz für diese Publikation ist bei Der Deutschen Bibliothek erhältlich.

Anja Rudolf: Anton Bardenhewer. Ein Restaurator zwischen Historismus und Moderner Denkmalpflege
Univ. Diss. Bonn 2000, Michael Imhof Verlag, Petersberg 2001

© 2001
    Michael Imhof Verlag, Stettiner Straße 25, D-36100 Petersberg
    Tel. 0661/9628286; Fax 0661/63686.

Gestaltung und Reproduktion: Michael Imhof Verlag
Druck: Rindt-Druck, Fulda
Printed in EU

ISBN 3-932526-23-6

DANKSAGUNG

Mein Dank gilt allen Institutionen und Archiven, ohne deren Hilfe diese Arbeit nicht entstanden wäre. Zu nennen ist hier vorrangig die Annemarie und Helmut Börner-Stiftung, Köln, mit ihrem Vorstand RA Max-Jörg Hiedemann, die meine Forschungsarbeit im ersten Jahr finanziell unterstützte. Ab 1996 wurde ich in das Graduiertenförderungsprogramm des Landes Nordrhein-Westfalen aufgenommen und konnte die Arbeit dank des erhaltenen Stipendiums fortsetzen.

Ohne die vielfältige Unterstützung meiner wissenschaftlichen Forschungen durch die Archivare und Restauratoren des Rheinischen Amts für Denkmalpflege, Abtei Brauweiler, Pulheim, und des Rheinland-Pfälzischen Landesamts für Denkmalpflege, Mainz, die Mitarbeiter des Stadtkonservators Köln und des Kölner Stadtmuseums, vielen Pfarrsekretärinnen, Pfarrer und Küster, sowie die Hilfe privater Institutionen und Privatpersonen wäre es mir nicht möglich gewesen, das umfangreiche Material zusammenzutragen und zu sichten.

Mein besonderer Dank gilt den Nachfahren Anton Bardenhewers. Vor allem seine Nichte, Frau Thea Philippson, sei hier genannt, die mich in vielfältiger Weise bei meinen Forschungen unterstützte. Gleiches gilt für die Familien Hans Bardenhewer, Bonn - St. Augustin, Klaus Bardenhewer, Kiel, und Maria Kethnat, München, die mir Einblick in ihre Familienarchive gewährten und mir durch Gespräche und Hilfestellungen die Arbeit erleichterten.

Mein Doktorvater Prof. Dr. Frank Günther Zehnder half mir während der vergangenen Jahre mit Ratschlägen, Hinweisen und Empfehlungen.

Abschließend möchte ich mich bei meiner Familie für ihre Unterstützung und Geduld bedanken; ihr und dem Zuspruch meiner Freunde ist es zu danken, dass diese Studie aus der Rohfassung zur endgültigen Fassung gelangt ist.

Bonn, im Dezember 2000

INHALT

I. THEMA UND METHODE

Etwa seit der Mitte des 20. Jahrhunderts befassen sich die Geisteswissenschaften mit der historistischen Kunst des 19. Jahrhunderts. Dank der daraus gewonnenen Einsichten begannen die ersten Wissenschaftler ihr eine eigenständige künstlerische Qualität zuzuerkennen.[1] Daraus resultierend, gewannen die Kunst und die Künstler des 19. Jahrhunderts über die Enge der Fachkreise hinaus das Interesse einer breiten Öffentlichkeit. Es erschien eine Vielzahl wissenschaftlicher und populärwissenschaftlicher Arbeiten, die sich mit den theoretischen und historischen Hintergründen des Historismus, seiner Kunst und ihrer Protagonisten beschäftigten.[2]

Diese frühen Publikationen sind häufig von überkommenen Vorurteilen gegenüber der historistischen Kunst geprägt. Sie interpretieren sie zumeist als reine Kopie früherer Kunststile. Erst seit den 80er Jahren entstanden Arbeiten, die die historistische Kunst in einen historischen und gesellschaftlichen Gesamtzusammenhang stellten. Gleichzeitig wurden mehrere Monographien verlegt, die sich mit einzelnen Künstlern und Restauratoren beschäftigten und deren Werke in ihrer Abhängigkeit von den kulturellen Strömungen der Zeit betrachteten. Neben der Berücksichtigung der politischen, geschichtlichen und gesellschaftspolitischen Besonderheiten der Entstehungszeit trat nun eine Bewertung und Anerkennung der rein künstlerischen Qualität des Geleisteten in den Vordergrund.

Im Zusammenhang mit der umfassenden Betrachtung der Kunst des 19. Jahrhunderts, ihrer Wurzeln und Vorraussetzungen, erkannte man bald die enge Beziehung zwischen der Entstehung des Historismus und der sich nahezu zeitgleich verwirklichenden Idee der Denkmalpflege. Eine intensive Auseinandersetzung mit diesen Phänomenen war die Folge.[3] Die daraus resultierenden Arbeiten befaßten sich jedoch fast ausschließlich mit dem Einfluß des Historismus auf die Architektur.[4] Erst wenige Kunsthistoriker haben sich mit dessen Auswirkungen auf den dekorativen und kunsthandwerklichen Bereich, die historistischen Ausstattungen und ihrer Schöpfer befaßt.[5]

Nur eine verschwindend geringe Zahl wissenschaftlicher Untersuchungen ist bislang zu den bedeutenden Restauratoren dieser Zeit erschienen.[6] Ihr Werk blieb nahezu unbearbeitet, wurde selten erwähnt und nur in Ausnahmefällen gewürdigt. Die Besonderheiten ihrer Arbeiten und die daraus resultierenden Veränderungen an überkommenen Bauten und Kunstwerken wurden selten beachtet und blieben selbst in der Fachliteratur zumeist ungenannt. In der entsprechenden Literatur zu mittelalterlichen Bauwerken finden allgemein nur die schwerwiegendsten Eingriffe in die Bausubstanz kurze Erwähnungen. Veränderungen der malerischen, dekorativen und kunsthandwerklichen Ausstattungen werden dagegen meist nicht einmal genannt.

Die vorliegende Untersuchung legt ihren Schwerpunkt auf diesen bislang vernachlässigten Bereich. Am Beispiel früher Arbeiten des Kölner Restaurators Anton Bardenhewer, die er als Mitarbeiter von zwei in ihrer Zeit einflußreichen, der historistischen Auffassung verpflichteten Persönlichkeiten ausführte, bietet sie einen beispielhaften Einblick in einige typische Gesamtausstattungen des 19. Jahrhunderts, die im Rahmen von Wiederherstellungen mittelalterlicher Baudenkmäler ausgeführt wurden.

Anton Bardenhewers künstlerisches Werk entstand im Zeitraum vom Ende der 70er Jahre des 19. Jahrhunderts bis zum Beginn des Zweiten Weltkriegs; er starb 1939.

Infolge dieser langen Zeitspanne, die sein restauratorisches Schaffen umfaßt, ist es möglich, anhand einiger exemplarisch ausgewählter, ausführlich behandelter Restaurierungen einen Einblick in die allgemeine Entwicklung der Denkmalpflege, ausgehend von der historistischen Auffassung bis zu den Ideen und Forderungen der modernen Denkmalpflege, zu geben.

Die Bearbeitung der Einzelobjekte und knappe Erläuterungen der allgemeinen kunsthistorischen und künstlerischen Tendenzen machen darüber hinaus deutlich, daß das jeweilige für eine Wiederherstellung gewählte Verfahren bzw. restauratorische Vorgehen nicht ausschließlich vom technischen Vermögen oder dem Wissen und Können des leitenden Restaurators abhing.

Die speziellen Bedingungen vor Ort bestimmten die restauratorische Ausführung und ihr Ergebnis. Der Zeitpunkt der Ausführung gibt nicht notwendig einen Hinweis auf das gewählte Restaurierungsverfahren oder den Umfang der Eingriffe in den Originalbestand. Der Erhaltungszustand der Wandmalereien, die Haltung der Gemeinde oder anderer Entscheidung tragender Personen einer projektierten Wiederherstellungsform gegenüber und das für die Arbeiten zur Verfügung stehenden Budget steckten der Restaurierung den Rahmen.

9

Während des Übergangs von der historistischen zur modernen Auffassung kam es daher zu Restaurierungen, die die Originalsubstanz schonten, aber auch zu solchen, die zu einer völligen Vernichtung des Originals führten.

Bereits seit dem Ende des 19. Jahrhunderts fordern fortschrittlich denkende Denkmalpfleger, Kunsthistoriker und Heimatpfleger, daß Wiederherstellungen nur sehr geringe Veränderungen für das Original zur Folge haben dürften. Damit wurde in der wissenschaftlichen Betrachtung die Abkehr von den historischen Neuausstattungen eingeleitet. In der Praxis kam es von da an immer seltener zu extremen Eingriffen - wenn die Arbeiten unter der Leitung eines fortschrittlichen Architekten erfolgten. Die Möglichkeiten des restauratorischen Eingriffs blieben jedoch nach wie vor vielfältig. Ob eine Maßnahme im Einzelfall gefordert war oder zu weit ging, blieb allein der Einschätzung der verantwortlichen Gremien überlassen. Während des gesamten in dieser Untersuchung betrachteten Zeitraums finden sich daher Beispiele für historisch orientierte Restaurierungen wie auch für solche mit einem hohen konservatorischen Anspruch.

Bis in unsere Tage kommt es zu Restaurierungsmaßnahmen, die einen erheblichen Eingriff in den vorgefundenen Bestand bedeuten. Das macht die Beurteilung einer vorausgegangenen Restaurierung und ihrer Auswirkung auf das Original nicht immer einfach. Hinzu kommt, daß die einschneidenden „Entrestaurierungen" der 50er Jahre des 20. Jahrhunderts die früheren, das Original zu einem Gesamtbild komplettierenden Wiederherstellungen kategorisch ablehnten.

Um diesen vielfachen Eingriffen und Veränderungen gerecht zu werden, wird in den Katalogtexten auf alle Restaurierungen, die erhebliche Auswirkungen auf den Originalbestand hatten, hingewiesen. Manchmal läßt sich anhand des erhaltenen dokumentierenden Materials eine Restaurierung vermuten, ohne daß sie durch schriftliche Quellen zu belegen wäre. In allen diesen Fällen wird der Sachstand für das jeweilige Einzelobjekt kurz erläutert. Eine nähere Untersuchung dieses Tatbestands und eine Darlegung der möglichen Hintergründe für das Verschweigen der erfolgten Überarbeitung ist im Rahmen dieser Arbeit nicht möglich.

Die letzten Restaurierungen und die in ihrem Zusammenhang erstellten ausführlichen Untersuchungen der Wandmalereien haben in der Zwischenzeit die zuvor grundsätzlich negative Beurteilung der frühen Restaurierung vielfach korrigiert. Die Restaurierungen der

50er Jahre des 20. Jahrhunderts, ihre Methode, technische Ausführung und Auswirkung auf das Original werden hingegen nun vielfach sehr kritisch beurteilt.[7]

Die Entwicklung von der historischen Wiederherstellung zur modernen Restaurierung mit konservatorischem Anspruch spiegelt sich in Anton Bardenhewers Lebenswerk wieder. Am Ende seiner künstlerischen Entwicklung hatte er sich so weit von den von seinen Lehrern übernommenen historischen Wiederherstellungsverfahren und der ihnen zugrunde liegenden theoretischen Auffassung entfernt, daß er seine eigenen frühen Restaurierungen restaurierte. Dabei nahm er frühere Übermalungen ab und versuchte, dem neuen 'Original-schonenden' Anspruch der Denkmalpflege gerecht zu werden.

Für die vorliegende Untersuchung wurde erstmals das Gesamtwerk Anton Bardenhewers zusammengestellt. Der Katalogteil bietet zu über einhundert Einzelobjekten Kurztexte, die die Objekte beschreiben, ihre Entstehungs- und Restaurierungsgeschichte knapp darlegen und alle verfügbaren Daten enthalten. Sie werden durch Hinweise auf die Archivbestände ergänzt, in denen farbige Aufnahmen, Umrißzeichnungen oder Fotografien Bardenhewers erhalten sind. Um weitergehende Bearbeitungen einzelner Werke zu erleichtern, schließen die Kurztexte jeweils mit einer Auflistung der wichtigsten Literatur.

Im Textteil wird anhand exemplarisch ausgewählter Einzelwerke die künstlerische Entwicklung Anton Bardenhewers dargestellt. Eine parallele Abhandlung seiner Biographie macht die Abhängigkeit seines künstlerischen Werks von seinen Lebensumständen und der allgemeinen politischen, gesellschaftlichen und kulturellen Entwicklung deutlich.

Anton Bardenhewers Person steht hier beispielhaft für einen bestimmten Restauratorentyp des ausgehenden 19. Jahrhunderts. Er war nicht der wissenschaftliche, rein künstlerisch ambitionierte, akademisch ausgebildete Restaurator, sondern kam aus dem Handwerk. Seine Wurzeln lagen in seinem zeichnerischen Talent begründet, das ihn zur Mitarbeit bei wichtigen Restauratoren seiner Zeit befähigte. Erst langsam entwickelte er aus der bei ihnen erlernten historistischen Auffassung heraus einen eigenen restauratorischen, später denkmalpflegerisch - konservatorischen Anspruch. Um diese Entwicklung und die Unterschiede der frühen und der späten Restaurierungsauffassung zu verdeutlichen, sind den frühen Arbeiten Anton Bardenhewers kurze Abhandlungen zu Leben und Werk seiner Lehrer und zu einigen wenigen ihrer Werke vorangestellt. Dadurch wird seine künstlerische Entwicklung in die allgemeine Kunstströmung seiner Zeit eingebunden.

In einigen Bereichen blieb Anton Bardenhewer dem früher Erlernten verpflichtet. Er führte bis zu seinem Tod, trotz seiner allmählichen Spezialisierung auf die Wandmalereiwiederherstellung ganz Schüler historistischer Wiederhersteller mit ihren umfassenden Gesamtausstattungen, vielfältige kunsthandwerkliche Aufträge aus. Um diesem Teil seines Schaffens ebenfalls Raum zu bieten, ist die nachfolgende Untersuchung in mehrere Unterkapitel gegliedert, die die unterschiedliche Gewichtung seiner verschiedenen Arbeitsbereiche in ihrer Abhängigkeit von seiner Biographie verdeutlichen.

Sein Lebensweg war in hohem Maße von äußeren Umständen beeinflußt. Daher wird die chronologische Darstellung seines privaten und beruflichen Werdegangs um kurze Betrachtungen der allgemeinen Entwicklung der Denkmalpflege und einzelner Kunstbereiche bereichert. Nur so kann man seine Entwicklung in ihrer Abhängigkeit von diesen Einflüssen darstellen. Nur so läßt sich auch verdeutlichen, wie weit ihn sein künstlerischer Weg geführt hat.

II. ANTON BARDENHEWERS FAMILIE - SEINE KINDHEIT UND JUGEND

Ein biographischer Abriß

<u>Anton</u> Joseph Hubert Barden-hewer[8] (Abb. 2) wurde am 8. April 1857 als erstes Kind der Eheleute Joseph Hubert <u>Franz</u> Bardenhewer (30.3.1830 - 27.7.1885)[9] (Abb. 3) und <u>Isabella</u> Hubertina, geb. Borgs, (16.5.1827 - 30.1.1896) (Abb. 4) auf dem Gutshof Mühle zu Müllendorf (Abb. 5 - 7)[10], Kreis Geilenkirchen, geboren.[11] In den folgenden Jahren kamen dort auch seine Geschwister Bertram (8.2.1859 - 8.6.1936), <u>Maria</u> Elisabeth (5.11.1863 - 1946) und Albert <u>Ferdinand</u> Hubert (11.9.1865 - 18.5.1944) (Abb. 8) zur Welt.[12]

Die Eltern Franz und Isabella Bardenhewer entstammten wohlhabenden Bauernge-schlechtern der Region.[13] Trotz der schwachen körperlichen Konstitution der Mutter, die durch eine Rückenverletzung früh gelähmt war, führten sie in der Mühle ein offenes, gastfreundliches Haus. Sie hießen nicht nur die vielzählige Verwandtschaft häufig willkommen, sondern veranstalteten auf Betreiben des Vaters große Feste.[14] Bei diesen Gelegenheiten erhielten die Kinder früh Kontakt zu regional wichtigen Persön-lichkeiten.

Die hohen Unterhaltskosten für dieses aufwendige Leben überstiegen den Ertrag aus der Landwirtschaft der Mül-lendorfer Mühle bei weitem.[15] Franz Bardenhewer, der bereits in früheren Jahren in Folge seines extravaganten Lebensstils seinen ererbten Besitz, den Hauerhof bei Er-kelenz, verloren hatte, mußte im Jahr 1867 auch die Mül-lendorfer Mühle hoch verschuldet verkaufen und seinen Schwiegervater um das Resterbe seiner Frau bitten. Mit diesem Geld übernahm er den Hof Klein-Siersdorf bei Müllendorf (Abb. 9-10).[16] Wieder beschränkte er sich nicht auf die Bewirtschaftung des Hofes. Stattdessen ließ er den Garten von Klein-Siersdorf nach den Ideen der französischen Gartenarchitektur gestalten und veranstal-

Abb. 2: Anton Bardenhewer, Anfang der 30er Jahre

tete, wie zuvor, große Jagdgesellschaften und rauschende Feste. Nebenher be-gann er, sich mit der Zucht des Rheini-schen Kaltbluts zu beschäftigen.

Anfangs besuchten die Kinder die Schu-le in Beek, Pfarre Würm.[17] Unabhängig davon begann für die beiden älteren Söhne, Anton und Bertram (Abb. 11), schon bald die Ausbildung dem väter-lichen Betrieb.[18]
Nach der Volksschule in Beek gingen die beiden auf die höhere Bürgerschule in Hünshoven, Kreis Geilenkirchen.[19] Doch im Jahr 1868 wurden sie für die letzten Schuljahre nach Lüttich auf das Collège St. Servais geschickt.[20] Dort sollte ihre Ausbildung verfeinert werden. Anton wechselte jedoch schon bald auf die Ge-werbeschule in Lüttich.[21]

Bertram, der sehr sprachbegabt war, machte am Collège St. Serrais seinen Abschluß.[22] Daran schloß sich eine Leh-re und spätere Anstellung als Buchhalter in Mönchen-gladbach an. Vermutlich führte ihn sein Beruf als Buch-halter zu der Glasmalereifirma Oidtmann nach Linnich.[23] Wann er begann, für Oidtmann zu arbeiten, ist nicht be-kannt.[24] Genauso wenig ist festzustellen, ob er dort eine Lehre als Glasmaler machte. Belegt ist lediglich, daß Bertram bereits im März des Jahres 1886 eine Zweigstel-le der Glasmalerei Oidtmann in Brüssel eröffnete.[25] 1889 heiratete er Clementine Oidtmann (13.11.1866 - 29.4.1904), die Tochter des Firmeninhabers. Trotz ihres frühen Todes blieb er in Brüssel und heiratete dort später eine Belgierin. Bertram Bardenhewer starb am 8. Juni 1936 in Waterloo bei Brüssel.[26]

Anton Bardenhewer soll sich bereits während seiner Schulzeit für mittelalterliche Malerei, Maltechnik und Farben interessiert haben. Er las die in der Bibliothek des Collège vorhandene Literatur zu diesem Themenkom-plex und unternahm anhand der in den Büchern be-schriebenen Rezepte erste Versuche mit selbstgemischten

Farben.[27] Dies geschah nicht zum Gefallen des Vaters. Nach dem Willen von Franz Bardenhewer sollte sein ältester Sohn die väterliche Landwirtschaft übernehmen. Daher schickte er ihn, vermutlich bevor er die Gewerbeschule beenden konnte, zur weiteren Ausbildung auf die Ackerbauschule nach Kleve. Nach dem Abschluß kehrte Anton in den väterlichen Betrieb zurück. Dort war die Produktion des Apfel- und Rübenkrauts in der Zwischenzeit erheblich gesteigert und eine fabrikmäßige Herstellung begonnen worden.[28] Trotz der vielfältigen Arbeit auf dem Hof fand Anton Bardenhewer, sehr zum Unwillen des Vaters, immer wieder Zeit zu malen und zu zeichnen.[29] (Abb. 12)

Doch schaffte er es über diese Freizeitbeschäftigung hinaus nicht, sich dem starken Willen des Vaters zu widersetzen und den elterlichen Hof zu verlassen. Möglicherweise scheute er den Bruch mit der Familie, den das bedeutet hätte.

Stattdessen kam ihm die sich neuerlich verschlechternde Wirtschaftslage des Vaters zur Hilfe. Sie zwang Franz Bardenhewer zur Aufgabe des Hofes Klein-Siersdorf. Vermutlich ab dem Jahr 1878 konnte Anton Bardenhewer, nun von den Pflichten des ältesten Sohnes, den väterlichen Betrieb zu übernehmen, befreit, die Gewerbeschule in Aachen besuchen.[30]

Franz Bardenhewer hatte während der Jahre auf Klein-Siersdorf den Großteil des Vermögens seiner Frau ver-wirtschaftet, so daß die Familie nach der erzwungenen Aufgabe der Landwirtschaft vermutlich im Jahr 1879 nach Köln in die Maximinenstraße 24 zog.[31] Doch schon bald fand Franz Bardenhewer, wahrscheinlich aufgrund seiner vielfältigen Beziehungen und seiner Kenntnisse in der Pferdezucht, eine aussichtsreiche Anstellung. Im Jahr 1881 wurde er zum Direktor der Gladbach-Rheydter Pferdestraßenbahn ernannt und leitete sie in den folgenden Jahren mit großem Erfolg.[32] 1885 zog er mit seiner Familie in das Haus Bahnhofstraße 72 in Mönchengladbach.[33] Im selben Jahr starb er im Alter von fünfundfünfzig Jahren an Diabetes.[34]

Ferdinand Bardenhewer, der jüngste Sohn der Familie, ging in Mönchengladbach zur Schule und absolvierte im Anschluß eine Lehre als Weber. Da sich bald herausstellte, daß er diesen Beruf aus gesundheitlichen Gründen nicht ausüben konnte[35], erlernte er das Brauhandwerk bei der Bardenheuer'schen Brauerei in Köln - Kalk.[36] Nach der Lehre ging er, möglicherweise auf Anregung seines Bruders Bertram, nach Brüssel und arbeitete dort unter einem Braumeister Hieber.[37] Am 26. Januar 1900 heiratete er Maria Wilhelmina Petronella Oidtmann (21.6.1873 - 6.1.1945), eine Cousine Clementines, der Frau seines Bruders Bertram, in der Kirche St. Quirinus in Neuss. Interessanterweise war sein Bruder Anton zeitgleich an der Restaurierung der Ausmalung von St. Quirinus beteiligt.[38]

Abb. 3: Franz J. H. Bardenhewer
30.3.1830 Hauerhof -
27.7.1885 Mönchen-Gladbach

Abb. 4: Isabella Bardenhewer,
geb. Borgs
16.5.1827 Müllendorfer Hof -
30.1.1896 Köln

Abb. 5: Haupthaus der Müllendorfer Mühle vor dem Abriß

Abb. 8: Die Geschwister Ferdinand Bardenhewer, Maria Bartels, geb. Bardenhewer und Anton Bardenhewer auf einem Familientag, ca. 1938

Abb. 6: Nebengebäude der Müllendorfer Mühle

Die endgültige Aufgabe der väterlichen Landwirtschaft im Jahre 1878 und die anschließende Umsiedelung der Familie nach Köln brachten Anton an den Ort, der für ihn in der Zeit der großen historistischen Wiederherstellungen der Kirchen des Kölner Stadtgebietes zum idealen Ausgangspunkt für seine spätere Tätigkeit werden sollte.

Abb. 7: Das Mühlenhaus vor dem Abriß

Abb. 11: Anton und Bertram Bardenhewer als Kinder, ca. 1862

Abb. 9: Hauptansicht des Guts Klein Siersdorf

Abb. 10: Hautgebäude des Guts Klein Siersdorf

Abb. 12: Dieser Scherenschnitt, der sich im Familienbesitz Barden-hewer erhalten hat, wurde angeblich von Anton Bardenhewer in jungen Jahren geschaffen.

15

III. DIE KÖLNER AUSBILDUNGSJAHRE UNTER MATTHIAS GOEBBELS

Matthias Goebbels – ein dem Historismus verpflichteter Autodidakt

Der Umzug der Familie Bardenhewer 1878 oder 1879 nach Köln ermöglichte Anton Bardenhewer den Wechsel von der Gewerbeschule Aachen auf die Zeichenschule des Kölner Wallraf-Richartz-Museums.[39] Der Konservator Johannes Niessen hatte sie im Winter des Jahres 1866 gegründet.[40] Niessen unterrichtete dort unentgeltlich vierzig bis fünfzig Schüler im Abzeichnen von „Abgüssen der besten Ornamente und Architekturwerke"[41], von Büsten und ganzen Figuren und lehrte sie naturalistisches Zeichnen. In Köln lernte Anton den mit der Familie Bardenhewer befreundeten Kölner Kaplan Matthias Goebbels kennen oder traf ihn wieder.[42]

Matthias Goebbels war zu dieser Zeit bereits einer der meistbeschäftigten Männer im Bereich der Wiederherstellungen mittelalterlicher Wandmalereien in Köln. Er leitete Anton zum Kopieren Kölner Altertümer an.[43] Nachdem er das zeichnerische Talent Antons entdeckt hatte, gab er ihm zunehmend Gelegenheit, sich als sein Mitarbeiter an Wiederherstellungen zu beteiligen. Schon nach kurzer Zeit erteilte er ihm kleinere Aufgaben bei der Ausführung vor Ort. Mit der Zeit half Anton Bardenhewer Goebbels als Zeichner und Maler bei allen laufenden Wiederherstellungen. Durch Goebbels erhielt er die ersten Einblicke in die zeitgenössische Restaurierungtechnik, Kenntnisse im Bereich der Wandmalereitechnik und mittelalterlichen Ikonographie. Matthias Goebbels' historistische Wiederherstellungstechnik und die ihr zugrunde liegende Auffassung prägten Anton Bardenhewers Berufsauffassung der nächsten Jahre.

Matthias Goebbels – Zur Person

Matthias Joseph Hubert Goebbels wurde am 19. März 1836 in Baesweiler geboren.[44] Seinen heimatlichen Wurzeln blieb er sein Leben lang verbunden. Das drückte sich nicht nur in der Freundschaft zu der Familie Bardenhewer aus, sondern auch darin, daß „[...] er 1882 die heute noch erhaltenen Flügelgemälde des Schnitzaltars in der Pfarrkirche St. Johann Baptist in Siersdorf"[45] gestaltete. Sein Abitur bestand er am Kaiser-Karl-Gymnasium in Aachen. In den folgenden Jahren studierte er Katholische

Theologie an den Universitäten Bonn, München und Tübingen und besuchte im Anschluß das Priesterseminar in Köln. Dort wurde er am 2. Mai 1859 zum Priester geweiht.[46]

Nach seiner Ausbildung wurde Matthias Goebbels als Kaplan an die Hauptpfarrkirche St. Maria im Kapitol in Köln berufen. Diese Stelle hatte er die nächsten 33 Jahre inne. Parallel zu seiner geistlichen Ausbildung scheint er sich von Beginn an für mittelalterliche Kunst interessiert und in sich eine künstlerische Ader verspürt zu haben. „Von Jugend auf mit ausgeprägtem Talent für die hehre Malkunst ausgestattet, hat er seine Befähigung in selbstloser Weise in den Dienst der Religion gestellt."[47]

Mit seiner Berufung als Kaplan begann er in den Jahren 1861 - 1871 die innere Neuausschmückung der Kirche St. Maria im Kapitol nach den Entwürfen des damals hochgerühmten historistischen Restaurators August von Essenwein auszuführen.[48] Darüber hinaus stellte er die Ausmalungen der Kirchen St. Maria Lyskirchen, St. Gereon und St. Kunibert in Köln, der Kirchen Otzenrath, Hoven bei Zülpich, zu Welten bei Heerlen, der Kapelle des Erzbischöflichen Leoninum in Bonn und der romanischen Kirche in Rolduc wieder her.[49] Die im folgenden exemplarisch vorgestellten Arbeiten zeigen, daß es dabei zu erheblichen Eingriffen in den Originalbestand kam. Zumeist handelte es sich um Neuausstattungen, die sich nur in Teilen an das aufgefundene Original anlehnten.

„Auf Grund der Designation König Wilhelms II. vom 10. Juni 1892 verlieh ihm Papst Leo XIII. am 30. Januar 1892 das durch den Tod des Stiftsherren Johannes Kessel erledigte Kanonikat beim hiesigen [Aachener] Kollegiatstift."[50] Damit wechselte Matthias Goebbels von Köln nach Aachen. Sein Name wird in der zeitgenössischen Literatur zu den Wiederherstellungen Aachener Kirchen wiederholt im Zusammenhang mit ausgeführten Arbeiten oder ihrer Projektierung genannt. Doch allein die Wiederherstellung der Ausstattung der St. Jakobskirche in Aachen durch ihn ist belegt.[51]

„Vor allem aber wird sein Name fortleben als der eines der einsichtsvollsten und emsigsten Kirchenmaler der Erzdiözese."[52] Vielfach griff er in die überregionalen Diskussionen zu historistischen Restaurierungsprojekten ein.[53] 1909 mußte Goebbels aufgrund eines Leidens von allen Verpflichtungen zurücktreten. Am 6. September 1911 verstarb er in Aachen.

Matthias Goebbels – Seine Arbeitsweise

An welchen Vorbildern sich Matthias Goebbels orientierte, ist nicht geklärt.[54] Vielfach arbeitete er mit einem der zu dieser Zeit anerkanntesten historistischen Restauratoren, mit August von Essenwein zusammen. Er setzte Essenweins Entwürfe zu Neuausstattungen im Rahmen groß angelegter Wiederherstellungen in Kölner Kirchen um und leitete die Ausführung vor Ort.

Ganz im Sinne der historistischen Auffassung ergänzte Goebbels im Rahmen seiner selbständigen, nach eigenen Entwürfen ausgeführten Wiederherstellungen erhaltene Originalmalereien durch frei erfundene Neuschöpfungen, veränderte die ursprüngliche Farbigkeit nach eigenem Gutdünken und schreckte selbst vor kompletten Übermalungen des Originals nicht zurück.[55] Inwieweit er bei seinen eigenen Entwürfen und Ausführungen dem direkten Vorbild Essenweins folgte oder ob er lediglich im allgemein vorherrschenden Ideengut der historistischen Auffassung verhaftet war, wurde bislang nicht geklärt.[56] Wie alle besonders anerkannten und von ihren Zeitgenossen bevorzugten Restauratoren arbeitete Matthias Goebbels zumeist an mehreren Aufträgen gleichzeitig. Die seit der Mitte des 19. Jahrhunderts wachsende Zahl entsprechender Aufgaben infolge der zahlreichen umfassenden Wiederherstellungen mittelalterlicher Baudenkmäler in ganz Deutschland schuf dafür die Voraussetzungen.

Matthias Goebbels - Einzelwerke

Eine knappe Darstellung der wichtigsten Wiederherstellungen, an denen Matthias Goebbels beteiligt war oder die er selbst leitete, zeigt, daß er in der zweiten Hälfte des 19. Jahrhunderts in Köln und dem Umland einer der führenden Restauratoren gewesen ist, die das Erscheinungsbild der historisch wiederhergestellten Kirchen im hohen Maße prägten.[57]

Das große Auftragsvolumen und die allgemeine Anerkennung seiner Arbeiten durch Zeitgenossen lassen erahnen, welchen starken Einfluß die Arbeit unter seiner Leitung auf den jungen Anton Bardenhewer gehabt haben muß. Daher kann es nicht verwundern, daß die ersten eigenen Ausführungen Bardenhewers ganz unter dem Einfluß des hier Erlernten standen. Die restauratorischen Verfahren, die Goebbels anwandte, seine Arbeitsweise und seine malerische Technik standen am Anfang von Anton Bardenhewers handwerklicher Ausbildung. Sie prägten seine eigene Restaurierungstechnik. Noch Jahre später benutzte er Tempera-Rezepturen, die er unter Goebbels erlernt hatte.[58]

St. Severin, Köln

Eine der wenigen Kirchen, die Goebbels nachweislich nach eigenen Entwürfen historistisch überarbeitete, ist St. Severin in Köln.[59]

Im Rahmen einer weitreichenden baulichen Wiederherstellung war man im Inneren auf eine Reihe figürlicher Darstellungen gestoßen. Deren Umrisse pauste Goebbels im Jahr 1879 nach der vollständigen Aufdeckung von der Wand ab, komplettierte sie nach eigenen Entwürfen und brachte sie im Anschluß auf einem erneuerten Putz auf. Die Originalmalerei ging dabei verloren.

Die aufgefundenen Darstellungen übernahm Goebbels nur in ihren Inhalten in sein neu entwickeltes malerisches Gesamtprogramm. Alle freien Wände, an denen man keine Spuren von Wandmalereien vorfand, erhielten eine Neuausstattung.[60] Die Ausführung der Arbeiten lag in den Jahren 1885 - 1890 in den Händen des Malers Theodor Winkel, mit dem Goebbels in dieser Zeit vielfach zusammenarbeitete.[61]

Das künstlerisch-wiederherstellende Konzept, das diesen Arbeiten zugrunde lag, mit seinen freien historischen Ergänzungen unter fragmentarischer Einbeziehung gefundener Originalmalereien war typisch für die restauratorische Auffassung am Ende des 19. Jahrhunderts.

In der Übergangsphase von rein historistisch orientierten zu stärker konservatorisch ausgerichteten Wiederherstellungen ignorierte man das aufgedeckte Original nicht länger und übermalte es vollständig ohne Rücksichtnahme auf seine Inhalte und Gestaltung, sondern räumte ihm zumindest einen sekundären Kunstwert ein und orientierte sich bei den Neuschöpfungen entweder am überlieferten Inhalt der Szenen oder an der Komposition.

Damit die Originalmalerei nach der Wiederherstellung nicht aus dem einheitlichen Erscheinungsbild herausfiel, wurde sie in ihrer Farbigkeit und Gestaltung mit den Neuschöpfungen abgestimmt. Abschließend brachte man alles zusammen in einem Guß auf die Wand auf. Dabei übermalte man das Original fast immer vollständig. Im Idealfall blieb es unter dem neu aufgetragenen Putz erhalten.

Diese Form der historistischen Neuausstattung mit knappster Anlehnung an oder Übernahme von aufgefundener Originalmalereien war gleichfalls typisch für Wiederherstellungen, die unter der Leitung August von Essenweins, Bardenhewers zweitem Lehrer, entstanden. Es kann daher nicht verwundern, daß Anton Bardenhewer für seine eigenen frühen Wiederherstellungen diese Technik übernahm.[62]

St. Suitbert, Kaiserswerth

Wohl die einzige künstlerische Wiederherstellung nach Plänen und Entwürfen von Matthias Goebbels, der Fachleute und Laien noch Jahrzehnte nach ihrer Entstehung hohe Anerkennung zollten, war die Neuaustattung der Kirche St. Suitbert in Düsseldorf-Kaiserswerth.[63]

Dort soll er in beispielhafter Weise seine malerische Neufassung dem architektonischen System der Kirche untergeordnet haben. In Anlehnung an herausragende mittelalterliche Raumfassungen und unter Übernahme ihres dekorativen Systems soll er hier gleichfalls herausragendes geleistet haben.

Obwohl eine spätere Restaurierung in den 30er Jahren des 20. Jahrhunderts große Teile der Neufassung zu dokumentarischen Zwecken erhalten hatte, zerstörten die späteren Restaurierungen diese Belege vollständig.[64] So blieb von dieser bedeutenden historistischen Neufassung des Inneren außer wenigen schwarz-weiß Fotografien nichts erhalten.[65] Sie belegen jedoch, daß Goebbels durch ein zurückhaltendes Ausmalungsschema, das sich aus wenigen Ornamentformen zusammensetzte, die Architektur unterstrich.

St. Maria Lyskirchen, Köln

Nur für eine einzige Wiederherstellung, die unter der Leitung von Matthias Goebbels ausgeführt wurde, läßt sich die Mitarbeit Anton Bardenhewers aufgrund mehrerer Hinweise mit großer Wahrscheinlichkeit belegen.[66] Eine ausführliche Beschreibung der im Jahr 1879 in der Kirche St. Maria Lyskirchen in Köln ausgeführten Arbeiten soll daher einen Eindruck von der restauratorischen Auffassung, der Wertschätzung des Originals, der ihr zugrunde lag, und der Restaurierungstechnik vermitteln, die Anton Bardenhewer als Mitarbeiter von Goebbels kennenlernte und übernahm.

Es wird allgemein angenommen , daß Matthias Goebbels als Kaplan von der Pfarre St. Maria im Kapitol nach St.

Maria Lyskirchen wechselte. Die Daten seines Totenscheins geben hierfür jedoch keinerlei Anhaltspunkt. Stattdessen ist dort belegt, daß er 33 Jahre lang in St. Maria am Kapitol blieb.[67] Bewiesen ist jedoch, dass er sich bereits in frühen Jahren vehement für eine vollständige Aufdeckung und anschließende Sicherung der seit dem Jahr 1865 durch die Tünche der Chorgewölbe hindurchschimmernden Malereien in St. Maria Lyskirchen einsetzte.[68] Doch erst im Jahr 1868 entschloß sich die Kirchengemeinde aufgrund des extrem schlechten baulichen Zustands der Kirche zu einer umfassenden historischen Wiederherstellung. Im Verlauf dieser Arbeiten deckte man 1879 in den Gewölben des Mittelschiffs großartige szenische Darstellungen auf.[69] Ob Matthias Goebbels an der Freilegung der Malereien beteiligt war, scheint nicht geklärt.[70] Die sich daran anschließende Wiederherstellung des aufgedeckten Originals, die in großen Teilen zu Veränderungen und Übermalungen führte, und die Neuausmalung des übrigen Inneren standen bis in das Jahr 1881 nachweislich unter seiner Leitung. „[1879] entschloß sich der Kirchen-Vorstand, diese Malereien kunstgerecht herstellen zu lassen und zwar um so lieber, als der in der antiken Kirchenmalerei sehr bewanderte Herr Kaplan Goebbels von St. Maria im Capitol sich zur Ausführung dieser schwierigen Arbeiten in zuvorkommendster Weise bereit erklärte."[71]

Aufgrund welcher Voraussetzungen Matthias Goebbels die Aufdeckung und Wiederherstellung der mittelalterlichen Ausmalung nicht nur anregte, sondern gleich die malerische Ausführung übernahm, könnte nur eine ausführliche Untersuchung seines künstlerischen Werdegangs klären.[72] Die Hinweise in der zeitgenössischen Literatur lassen auf einen reinen Autodidakten schliessen. Das Phänomen, die Wiederherstellung einer herausragenden mittelalterlichen Ausstattung einem ausschließlich künstlerisch Ambitionierten zu übertragen, findet sich im 19. und beginnenden 20. Jahrhundert immer wieder.

Wie alle Arbeiten unter der Leitung von Goebbels hatte die Wiederherstellung in St. Maria Lyskirchen erhebliche Auswirkungen auf das Erscheinungsbild der aufgefundenen Originalmalereien. Matthias Goebbels griff auf vielfältige Weise in den Originalbestand ein. Er zog die Konturen aller aufgefundenen Darstellungen in schwarzen Linien nach. Dadurch verschliff er die Übergänge von seinen eigenen Neuschöpfungen und Ergänzungen mit der Originalmalerei. Fehlstellen, die sich aufgrund des teils schlechten Erhaltungszustands gezeigt hatten, schloß er durch Ergänzungen, die die Szenen dem Inhalt nach entsprechend vervollständigten. Vielfach übermalte er Teile des Originals mit frei erfundenen Veränderungen.

Die Hintergründe erneuerte er in Preußischblau, obwohl man bei der Freilegung auf einen helleren Blauton gestoßen war, und übermalte den die Szenen umschließenden, grünen Begleitstreifen in einem erheblich dunkleren Ton, als ihn das Original vorgab. Worauf sich diese eigentlich unnötigen Veränderungen zurückführen lassen, wurde bislang nicht geklärt.

Zu den Gewölbemalereien im Mittelschiff sind aus dieser Zeit zwei zeichnerische Aufnahmen erhalten.[73] Möglicherweise schuf Anton Bardenhewer, dessen zeichnerisches Talent Goebbels sehr schätzte, sie im Rahmen seiner Mitarbeit. Da die Kartons nicht seine Handschrift zeigen, sind sie ihm nicht eindeutig zuzuordnen. Aufgrund seiner damaligen Unerfahrenheit kann man jedoch nicht davon ausgehen, daß so frühe Zeichnungen seine künstlerische Handschrift widerspiegeln müßten. Damit wird seine Urheberschaft durch diesen Mangel nicht notwendig widerlegt.

Für die freien Wandflächen entwickelte Matthias Goebbels eine malerische Neuausstattung, die das theologische Programm der aufgedeckten Szenen vervollständigte. Die Gewölbe des Chorquadrats und die Kappen der Apsis wurden nach seinen Entwürfen, die sich an den freigelegten mittelalterlichen Gewölbemalereien orientierten, durch romanisierende Neuschöpfungen geschmückt.[74] Um das gesamte Kircheninnere in einem einheitlichen Erscheinungsbild zusammenzuschließen, erneuerte er die architektonische Fassung und schmückte die Rippen, Rundpfeiler, Dienste und Gurte mit schablonierten Ornamenten.

Goebbels verwendete für seine Übermalungen, wie für diese Zeit allgemein üblich, fast ausschließlich Ölfarben. Die auf seine Arbeit zurückgehende Veränderung der Farbigkeit des Originals war so weitgehend, daß Paul Clemen, der erste Provinzialkonservator der Rheinprovinz[75], später im Rahmen der Gesamtaufnahme der Wandmalereien des Rheinlands auf die Anfertigung farbiger Aufnahmen verzichtete.[76]

Anton Bardenhewer half vermutlich ab 1879 bei der Freilegung der Wandmalereien. Inwieweit er an der histori-stischen Überarbeitung des Originals beteiligt war, ist nicht zu klären. Spätere Ausführungen Bardenhewers lassen vermuten, daß er zumindest einen ersten, recht eingehenden Einblick in die Arbeiten erhielt. Da er später, im Jahr 1911, in einem Restaurierungsbericht im Zusammenhang mit einer eigenen Wiederherstellung die Temperatechnik, die in St. Maria Lyskirchen zu dieser Zeit Anwendung gefunden hatte, erläutern konnte, ist mit hoher Wahrscheinlichkeit davon auszugehen, daß er auch an der malerischen Ausführung beteiligt war.[77]

Anton Bardenhewer und der Historismus

Die Ausbildung, Entwicklung und spätere Tätigkeit des Restaurators Anton Bardenhewer wurden geprägt von seiner Zeit. Daher ist seine künstlerische Entwicklung nur im Zusammenhang mit den allgemeinen Strömungen und Tendenzen der Denkmalpflege des 19. Jahrhunderts zu begreifen. Seine handwerkliche Ausbildung stand vollkommen unter dem Einfluß des der allgemeinen Kunstauffassung dieser Zeit zugrunde liegenden historistischen Gedankenguts. Erst mit einer grundsätzlichen Differenzierung der restauratorischen Auffassung innerhalb der theoretischen Denkmalpflege und dem sich anschließenden Wandel in der praktischen Ausführung veränderten sich Anton Bardenhewers Arbeitsweise und seine theoretische Betrachtungsweise.

Die Erfahrungen, die er in seinen frühen Jahren als Mitarbeiter von Goebbels sammelte, und das restauratorische Wissen, das er dabei erlangte, entsprachen dem in dieser Zeit geltenden Verständnis von einer denkmalpflegerischen Wiederherstellung, wie ein kurzer Einblick in die Entwicklung der Denkmalpflege im 19. Jahrhundert deutlich macht.

Der Historismus und die Denkmalpflege im 19. Jahrhundert – Eine Einführung

Der Historismus entwickelte sich seit dem Ende des 18. Jahrhunderts mit der Wendung der Romantik mit ihrer Ruinenschwärmerei gegen Aufklärung und Klassik in engstem Zusammenhang mit einer Ausbreitung und Vertiefung des historischen Bewußtseins.[78] Man begann, die Erscheinungen des kulturellen Lebens aus ihren geschichtlichen Bedingungen heraus zu verstehen. Um ihnen nachzuspüren, erschloß der Historismus ein ungeheures Gebiet historischer Forschungen. Das Geschichtsverständnis, die Geschichte selbst und die überkommenen Kunstwerke und Kunstrichtungen erhielten eine neue Wertung.[79] Um die mittelalterlichen Kunstwerke entsprechend ergänzen, wiederherstellen und die angewendete Form wissenschaftlich begründen zu können, bedurfte es einer weitreichenden kunstwissenschaftlichen Forschung. Die neue historistische Sichtweise, die vor allen Dingen in den Geisteswissenschaften Einzug hielt, hob durch die

Betonung der geschichtlichen Erkenntnis das Einmalige und Individuelle der künstlerischen Formen des historischen Ausdrucks hervor. Aus diesem neuen Verständnis für die Geschichte und die überkommenen Kunstdenkmäler als Träger ihrer Entwicklung erhöhten sich die ihnen zugesprochene Bedeutung und der ihnen zuerkannte Wert.[80] Daraus erwuchs ein zunehmendes Interesse am Denkmälerbestand und ein neues Verständnis für die Notwendigkeit seiner Pflege. Die Idee der Denkmalpflege wurde geboren.[81]

Nachdem Karl Friedrich Schinkel im Jahr 1816 eine vollständige Aufdeckung der in den Gewölben des Kapitelsaals der Abtei Brauweiler durch die Tünche hindurchschimmernden Malereien angeregt und man dort ein sehr umfangreiches, gut erhaltenes Ausmalungsprogramm entdeckt hatte, begann man in allen Kirchen des Rheinlands nach entsprechendem Bildschmuck zu suchen.[82]

Aus den anfänglichen Bemühungen einzelner interessierter Fachleute entwickelte sich seit den 40er Jahren des 19. Jahrhunderts ein allgemeines Interesse an der Erhaltung des überkommenen Kunstgutes. Ab dem Jahr 1842 wurden in vielen Städten Deutschlands Altertumsvereine gegründet, die sich die Aufgabe stellten, Restaurierungsgroßprojekte wie die Wiederherstellungen der Dome in ihrer Umgebung voranzutreiben.[83] Aus diesem neuen allgemeinen Interesse an den Kunstdenkmälern und den vielfältigen Bemühungen einzelner Organisationen und einflußreicher Personen entwickelte sich bald die Idee einer staatlichen Denkmalpflege. Ihr lag nicht zuletzt der Gedanke zugrunde, durch die Erhaltung vermeintlich gesamtdeutschen Kulturguts das gerade erst zusammengeschlossene Deutsche Reich durch ein gemeinsames Kulturerbe zu festigen.[84] Im Jahr 1843 war in Preußen der erste königliche Konservator der Kunstdenkmäler eingesetzt worden.[85] Um dessen Bemühungen um den Erhalt überkommener Kunstgüter auf eine breitere Basis zu stellen, wurden 1873 und 1875 entsprechende Gesetze verabschiedet, die die Provinzial-Verbände zur Erhaltung der innerhalb ihrer Grenzen liegenden Denkmäler verpflichteten.[86]

Im Rheinland wurde das allgemeine Interesse an der Erhaltung überkommener Kulturdenkmäler durch den Widerwillen gegen die französische Besetzung verstärkt. Hier erhielt das Eintreten für die Kunstdenkmäler eine überhöhte nationale Bedeutung.[87] Während der Jahre des Kulturkampfes 1870 - 1887 wurde der vehemente Einsatz der Katholiken für die Wiederherstellung kirchlicher Baudenkmale zum Ausdruck der Protesthaltung gegenüber dem preußischen Staat. Diese Haltung trieb gerade im katholischen Köln die großen Wiederherstellungsprojekte und den Weiterbau des Doms in besonderer Weise voran.

In ganz Deutschland begann man in den 30er und 40er Jahren des 19. Jahrhunderts in unerhörtem Ausmaß, Bauten zu überarbeiten und wiederherzustellen sowie Ruinen auszubauen. Dadurch kam es vielerorts zur Aufdeckung von bis dahin unter den Übertünchungen infolge der Reformation oder den Neufassungen des Barocks versteckten großartigen Ausmalungssystemen. Mit dem Anspruch, die 'alte Kunst' wiederzuerwecken, begann man, die barocken und späteren Veränderungen zu entfernen und mit den eigenen Möglichkeiten und nach einer Idealvorstellung des 'Wahrhaft - Mittelalterlichen' das vermeintlich Ursprüngliche wiederherzustellen.[88]

Im Vorfeld vieler der groß angelegten, umfangreichen Ausbauten kam es zu einer puristischen Bereinigung der Bauwerke. Dabei zerstörte man nicht nur spätere Hinzufügungen, sondern verletzte vielfach die mittelalterliche Originalsubstanz. Nach den Bereinigungen blieben die Bauwerke meist in einem fragmentierten Zustand zurück. Da man das wiederentdeckte Kunstwerk jedoch in seiner vermeintlich mittelalterlichen Form erhalten wollte, wurde eine 'stilreine' Ergänzung erforderlich. So schuf man neue Architekturen nach mittelalterlichem Vorbild, die die aufgetretenen Lücken füllten. Die Ausstattungen der Bauwerke veränderte und überfaßte man ebenso im Sinne der historistischen Auffassung. Dadurch sollte sich den Besuchern nach der Wiederherstellung eine vollständig lesbare Gesamtausstattung mit für die Zeitgenossen verständlichen Inhalten präsentierten. Durch die weitreichenden Eingriffe in Art und Farbigkeit der Ausstattungen veränderten diese ihre Gestalt. „Die Dinge wurden flau, oft süßlich, die Monumentalität, um Einzelzüge falsch vermehrt, schwand, die Töne gerieten vielfältiger und damit schwächer."[89]

Bei den Wiederherstellungen mußte man logischerweise auf historische Stilrichtungen zurückgreifen. Man suchte vielfach aber auch bei Neubauten in einer Anlehnung an die historischen Vorbilder das eigene Selbstverständnis, da man das Gefühl hatte, das gemeinsame Verständnis, eine allgemeingültige Ästhetik, verloren zu haben. Man begann neogotisch, neoromanisch etc. zu schaffen. „Wenn frühere Generationen von dem Recht des Lebenden, zu beseitigen und zu verändern, was ihm nicht gefällt, umfassenden Gebrauch machten, so war alles, was sie fühlten und was sie schufen, der ganzen Generation gemeinsam. Heute haben wir nicht nur keinen eigenen Stil, um Eigenes an die Stelle dessen zu setzen, was wir etwa beseitigen werden; wir haben auch keine Gemeinsamkeit

der Empfindung und eben gerade das, was etwa der Eine verachtet und entfernen würde, wird vom Anderen geschätzt und seine Entfernung würde bedauert und be-
trauert werden."[90]

Die Vorstellung der historistischen „Denkmalpfleger"
war es, die Kunst früherer Zeit so intensiv zu erforschen
und zu verinnerlichen, daß sie die erhaltenen Bauten und
ihre Ausstattungen „wirklich im Geiste der Alten"[91] ergänzen konnten. Ihre frühen Ergänzungen, bei denen sie
sich vielfältige Freiheiten nahmen, zeigten dabei durchaus eine eigenständige Qualität. Sie versuchten nicht, Bestehendes zu kopieren, sondern in Anlehnung an mittelalterliche Vorbilder künstlerisch Eigenständiges zu schaffen. Die Leiter der großen historistischen Wiederherstellungen versuchten, „getreulich in ihrem [der mittelalterlichen Meister] Geiste zu arbeiten"[92] und „ein Glied der
Schule jener Vorzeit zu werden."[93] Damit rechtfertigten
sie den Purismus, der sie veranlaßte, die über Jahrhunderte und durch verschiedene Stilrichtungen gewachsenen Bauten auf ihren vermeintlichen Ursprungszustand
zurückzubauen. „In der schwärmerischen Sehnsucht, die
Schöpfungen des Mittelalters in ihrer reinen Schönheit
herzustellen, entfernte man die Zutaten der Barockzeit."[94]
Im Rahmen der sich anschließenden Wiederherstellungen
kam es zu Ergänzungen, die ganz im alten Stil geschaffen
wurden, ohne sie als Hinzufügungen kenntlich zu machen.[95] „Es muß daher das Streben nach Stil-Reinheit dahin führen, rücksichtslos alles aufzunehmen, was dem
Stile angehört, und ihn auch in nichts zu modifizieren.
Die Unvollkommenheit unserer Auffassungsfähigkeit
und der Ausführung werden schon Modifikation genug
mit sich bringen; wir brauchen sie nicht absichtlich zu suchen."[96] Eine Denkmalpflege im heutigen Sinn war nicht
gefordert und nicht erwünscht. Ein Unbekannter schrieb
im Jahr 1865 in den Kölnischen Blättern: „Im Interesse der
Kunst im Allgemeinen wie der herzustellenden Bauwerke im Besonderen können wir uns nur darüber freuen,
daß unsere Vorfahren sich bei der Restauration der alten
Stifts- und Klosterkirchen auf ein so geringes Maß beschränkt haben. Die kleinen Sünden, die sie in ihrer Un-
kenntnis und Geschmacklosigkeit begangen, werden sich
leicht wieder gut machen lassen, und es steht zu erwarten, daß in nicht gar langer Zeit unsere weltberühmten
mittelalterlichen Kirchen wieder in derselben Baureinheit
glänzen werden, in welcher sie gleich nach ihrer Vollendung gestanden haben."[97]

Erst zum Ende des 19. Jahrhunderts begann man vermehrt, mittelalterliche Ausstattungsstücke aus dem
Kunsthandel oder aus Abrissen im Rahmen von Wieder-

herstellungsarbeiten einer nur in Teilen erhaltenen Ausstattung hinzuzufügen.[98] Damit ging auch eine Veränderung in der Form der schöpferischen Neuausmalung ein-
her. Die freien künstlerischen Arbeiten traten zunehmend
hinter die Übernahme konkreter Vorbilder zurück.[99] Diese entnahmen die Maler Musterbüchern, die typische De-
korations- oder Gestaltungsformen abbildeten.[100] Sie
unterschieden sich in ihrer Form stark von den seit dem
Mittelalter bekannten Musterbüchern. Hatten diese den
Malern nur als Vorlagen für die entsprechend der jeweiligen spezifischen Anforderungen des Einzelfalls modifi-
zierten Darstellungen gedient, wurden die Vorlagen nun
häufig ohne Änderungen übernommen. Ein Vorgehen,
das bereits von Zeitgenossen heftig kritisiert wurde.

Die wohl treffendste Definition des Verhältnisses von
Historismus zur Denkmalpflege und den großen Wiederherstellungsprojekten des 19. Jahrhunderts stammt von
Gottfried Dehio, einem der Wegbereiter der modernen
Denkmalpflege. „Der Historismus des 19. Jahrhunderts
hat aber außer seiner echten Tochter, der Denkmalpflege,
auch ein illegitimes Kind gezeugt, das Restaurationswe-
sen. Sie werden oft mit einander verwechselt und sind
doch Antipoden. Die Denkmalpflege will Bestehendes erhalten, die Restauration will Nichtbestehendes wiederherstellen."[101]

Späte Auswirkungen des Kulturkampfes

Die Bevorzugung einiger weniger Künstler bei der Auftragserteilung für Leitung und Ausführung großer
Wiederherstellungsprojekte in dieser Zeit, die, betrachtet
man Matthias Goebbels, ihrer Ausbildung nach nicht immer für solche Arbeiten qualifiziert scheinen, erklärt sich
gerade im katholischen Köln durch die späten Auswirkungen des Kulturkampfes.[102]

„Ein protestantischer Maler darf also sicher sein, daß er nie
einen Auftrag für eine katholische Kirche erhält, und auch
der katholische wird sich gefallen lassen müssen, daß seine eigene Gesinnung und nicht zum wenigsten die seines
Vaters einer genauen Prüfung unterzogen wird, wobei
der Unterschied zwischen religiöser Gesinnung und poli-
tischer Zugehörigkeit zur Zentrumspartei wohl nie gemacht werden dürfte. [...] So bildete sich eine Zunft von
Kirchenmalern aus, die sich bewußt ganz fern hielt von allen neuen Ideen und neuen Anschauungsweisen der
Kunstgeschichte oder der Technik, und diese schuf sich
mit klerikaler Gönnerschaft ein Monopol. Sie glaubte Stil-
gefühl zu besitzen, aber auch diese konnte nicht jene koloristischen Fortschritte machen, die sie befähigten, die

überaus schwierige Technik der Tonbildung in der Monumentalmalerei zu bewältigen."[103] Der betonte Katholizismus war Trotz- und Protesthaltung des katholischen Bürgertums gegenüber dem preußischen Staat. Diese Haltung verstärkte sich, nachdem dieser auf dem Höhepunkt des Kulturkampfes, 1870-1887, versucht hatte, der Kirche die Leitung und Aufsicht über die großen Dombauvorhaben zu entziehen.[104] Von da an war es für einen Mitarbeiter bei den großen kirchlichen Wiederherstellungen nahezu unerläßlich, katholischer Konfession zu sein.[105]

Die zweite Schwierigkeit für eine Etablierung in der zeitgenössischen Denkmalpflege bestand für einen jungen Künstler in der festen Machtstellung der alteingesessenen Maler, Kirchenmaler und Dekorationsmaler. Selbst als Katholik bedurfte er der Einführung durch einen bekannten und anerkannten Kirchenmaler oder Restaurator und der Protektion durch eine im Bereich der Denkmalpflege einflußreiche Persönlichkeit.[106]

IV. DIE REISEJAHRE ALS MITARBEITER AUGUST VON ESSENWEINS

Professor Ritter August von Essenwein –
eine der großen Persönlichkeiten des Historismus

Die zweite Persönlichkeit, die Anton Bardenhewers Ausbildung und künstlerische Entwicklung im Sinne der historistischen Restaurierungsauffassung prägte, war August von Essenwein, einer der letzten großen dem Historismus verpflichteten Architekten. Unter seiner Leitung lernte Anton Bardenhewer die Komplexität des den großen Wiederherstellungsprojekten des 19. Jahrhunderts zugrundeliegenden Restaurierungsideals kennen. Es betraf nicht allein den Rückbau auf die vermeintlich ursprüngliche mittelalterliche Form, sondern umfaßte die Neuausmalung, Neuverglasung, Erneuerung des Fußbodenbelags und gegebenenfalls die Neuschöpfungen liturgischer Geräte, Altäre und ähnliches mehr. Um die entsprechenden Entwürfe anfertigen zu können, bedurfte es über zeichnerisches Können hinaus eines großen Verständnisses für und die Kenntnis von mittelalterlicher Kunst.

Anton Bardenhewer vertiefte in den Jahren unter Essenwein daher nicht nur seine Kenntnis der zeittypischen restauratorischen Techniken und schulte seine zeichnerischen Fähigkeiten, sondern er erhielt Einblick in die Idee einer einheitlichen Gesamtausstattung mit ihren kunsthandwerklichen Entwürfen und deren mittelalterlichen Vorbildern.

Auf dieses Wissen griff er bei seinen späteren Tätigkeiten auf vielfältige Weise zurück.[107]

August von Essenwein - Zur Person

Professor August von Essenwein, bedeutender Architekt, Schriftsteller, Restaurator, Kunstmaler und Kunstkenner, wurde am 2. November 1831 in Karlsruhe geboren. In den Jahren 1847 - 1852 besuchte er die polytechnische Schule seiner Heimatstadt. Nach dem bestandenen Abschluß unternahm er längere Studienreisen nach Berlin, Köln, Wien und Paris. 1856 ließ er sich in Wien nieder und trat in den Dienst der Österreichischen Staatseisenbahn.[108] Im gleichen Jahr, am 24. April 1856, legte der erst 23 Jahre alte Architekt Johann Heinrich Ferstel, der aus einem vorangegangenen Architektenwettbewerb als Sieger hervorgegangen war, den Grundstein zum Bau der Wiener Votivkirche.[109] Der fast gleich alte August von Essenwein soll in dieser Zeit einer der Mitarbeiter Ferstels gewesen sein.[110]

Wien war im 19. Jahrhundert, angeregt vor allem durch die von Semper in London popagierte Hinwendung zum Kunstgewerbe, eine der Geburtsstätten eines neu entdeckten Interesses am Kunstgewerbe. Die bei der Weltausstellung von 1867 gezeigten Kunstwerke machen deutlich, daß es sich dabei um eine allgemeine, internationale Strömung handelte. Ursprünglich wurde die neue Bewegung durch Gelehrte wie Eitelberger von Edelberg vorangetrieben. Bald nahmen viele Architekten und Handwerker die neuen Strömungen auf, auch der junge Architekt Johann Heinrich Ferstel.[111] August von Essenwein wendete sich als Mitarbeiter Ferstels, möglicherweise durch diesen beeinflußt, gleichfalls dem Kunstgewerbe zu und schuf in den folgenden Jahren vielfältige Entwürfe für die in Wien aufblühende Kunstindustrie.[112] Während seines ganzen späteren Schaffens blieb er dem zu dieser Zeit gewonnenen Interesse am Kunstgewerbe verhaftet.[113]

Zur gleichen Zeit wurde Wien, stark von Italien her beeinflußt, eine der Hochburgen des neu erweckten Interesses an der Monumentalmalerei. In den Jahren 1823 - 1826 war es den Malern Anton von Gegenbaur und Josef Anton Koch in Rom gelungen, die technischen Schwierigkeiten der Freskenmalerei zu überwinden. Der Kölner Jakob Ignaz Hittorff entdeckte etwa zeitgleich die Farbigkeit der antiken Architekturen in Süditalien, wodurch er den farbigen Architekturfassungen zu neuer Wertschätzung verhalf.[114] Immer mehr Maler begannen mit den neuen Möglichkeiten der farbigen Architekturgestaltung oder des szenischen Schmucks zu experimentieren. Es entstanden Entwürfe für die malerische Ausstattung von Innenräumen, architektonische Fassungen des Außenbaus von Neubauten und Neufassungen überkommener, wiederherzustellender Bauwerke. In Wien wurde 1852 eine „Akademische Meisterschule für Historienmalerei" gegründet, die den neuen Kunstströmungen zusätzlichen Auftrieb verlieh.[115]

23

Der junge August von Essenwein wurde von den beiden neuen Richtungen in hohem Maße beeinflußt, wie die später nach seinen Entwürfen und unter seiner Leitung erfolgten Neuausstattungen deutlich zeigen. Seine gesamte weitere künstlerische Laufbahn muß man als eine logische Entwicklung aus dieser Hinwendung zum Kunstgewerbe und zur Monumentalmalerei verstehen.

Im Jahr 1864 wurde August von Essenwein zum städtischen Baurat der Stadt Graz gewählt. Ein Jahr später erhielt er eine Professur an der dortigen Universität. 1866 berief man ihn zum 1. Vorstand des Germanischen Nationalmuseums, Nürnberg. „Was hat dieses ihm nicht alles zu danken! Der Umfang der Gebäulichkeiten und der Sammlungen, das gewaltige Ansehen, ja die Popularität, die sie genießen, ist ausschließlich das Verdienst ihres Leiters, dem auch die Beschaffung der riesigen Mittel oblag."[116] Neben dieser Tätigkeit war Essenwein ab der Mitte des 19. Jahrhunderts einer der im Rahmen der großen historistischen Wiederherstellungprojekte seiner Zeit meistbeschäftigten Architekten. Er galt als großer Kenner der christlichen Ikonographie der mittelalterlichen Malerei sowohl im Figürlichen als auch im Ornamentalen.[117] Wo er nicht selbst Hand anlegen konnte, sei es, daß man jemand anderen mit der Ausführung einer Wiederherstellung oder einer Neuausstattung beauftragte oder daß das Projekt sich zeitlich mit anderen bereits von ihm übernommenen Arbeiten überschnitt, legte er entsprechende Gutachten zu der anzustrebenden Restaurierungsform vor.[118] August von Essenwein starb nach langer Krankheit, die ihn zunehmend bei der Ausführung seiner Arbeiten behindert hatte, am 14. Oktober 1892.[119]

August von Essenwein – Seine Arbeitsweise

August von Essenweins Vision einer Idealrestaurierung bestand in der Vorstellung, den Charakter eines mittelalterlichen Baus mit dem Zeitgefühl des 19. Jahrhunderts zu verschmelzen. Dabei lag seinen Wiederherstellungsprojekten grundsätzlich das Bild eines von allen späteren Hinzufügungen bereinigten Bauwerks zugrunde. Folglich räumte er die Kirchen nach dem Gebot der Stilreinheit aus, um, von der bereinigten Architektur ausgehend, eine Ausstattung zu schaffen, in der der zeitgenössische Mensch sich und sein Lebensgefühl in Form und Bildthematik wiederfinden sollte, wie es der mittelalterliche Mensch in der mittelalterlichen Ausstattung vermocht

hatte. Dabei nahm Essenwein zumeist wenig Rücksicht auf Form oder Thema des baulichen Vorzustands oder der Ausmalung.[120] Das war die natürliche Konsequenz aus seiner geringen Wertschätzung des unangetasteten Originals. „Die Fortschritte der Neuzeit sollen darauf angewendet werden, und wer im Besitz einer vollendeten Kunst, solle nicht die kindischen Versuche einer Zeit nachahmen, die nur deshalb ihre Figuren so gebildet, weil sie es nicht besser verstand, [...]."[121]

Wenn es ihm angebracht schien, orientierte sich Essenwein bei seinen Neuausstattungen jedoch durchaus am sonst von ihm so häufig kritisierten Stil und Formenkanon des 13. Jahrhunderts. Dies begründete er dann folgendermaßen: „Es muß also doch wo anders liegen, als im mangelhaften Können, wenn die Kunst keine naturalistische Richtung nahm, nämlich im 'Mangelhaften Wollen'. [...] Die Darstellungen waren Ihnen eine Art Schrift, mittels der sie möglichst deutlich 'sprechen' wollten."[122] Diktatorisch setzte er seine Restaurierungsvorstellungen durch. Das beweist eine seiner Äußerungen über sein Verhältnis zu seinen Mitarbeitern. „Insbesondere war absolute Unterordnung eigener Ansichten, sowie Vergessen der etwa sonst verfolgten Kunstrichtungen für alle Künstler und Werkmeister unbedingt nothwendig, so für die Bildhauer und Maler, wie für die Steinmetze und alle, die bei der Restauration thätig waren. Sie alle mußten sich den Anschauungen des bauleitenden Architekten fügen, daß sie, auch wo sie nicht nach eigenhändigen Zeichnungen, desselben arbeiteten, und selbst da, wo sie nach eigenen Entwürfe zeichneten und modellierten, nur als dessen Organ erscheinen, daß nur seine geistige Thätigkeit erkennbar wurde, nicht durchkreuzt durch andere Kunstanschauungen, daß sie nur dort selbständig schaffen konnten, wo sie absolut mit dem Leiter der Arbeiten übereinstimmend dachten und fühlten."[123] Diese autoritäre Grundhaltung schien ihm notwendig, da er bei der Ausarbeitung und Ausführung seiner Großprojekte in hohem Maße auf seine Mitarbeiter angewiesen war. Trotzdem wollte er die Einheitlichkeit seiner komplexen Gesamtausstattungen nach der Ausführung gewahrt wissen; dies schien ihm nur durch die völlige Unterordnung aller Ausführenden unter die von ihm gewählte Darstellungsform und das Konzept möglich. „Wenn auch jeder, der fremder Hände sich zu bedienen hat, da und dort, nicht bis in die letzten Züge seine eigenen Wünsche erfüllt findet, so muß ich doch dankbar anerkennen, daß alle meine Mitarbeiter getreu in einem Sinne gearbeitet und meine Entwürfe und Kartons getreu in meinem Sinne gearbeitet haben, wie ich sie dachte, daß ich also auch die volle Verantwortlichkeit für das Werk tragen kann."[124]

Seine zum Teil völlig gegensätzlich erscheinenden Restaurierungsansätze, die bereits in seinen Äußerungen gegenüber dem malerischen Stil des 13. Jahrhunderts zum Ausdruck gekommen sind, begründete er mit den unterschiedlichen Erhaltungszuständen der wiederherzustellenden Bauwerke. Bildete der Innenraum einer Kirche eine architektonische Einheit, deren ursprüngliche Ausstattung nicht oder nur fragmentarisch erhalten war, schuf er eine komplette Neuausstattung, die er der Gestalt der Architektur anpaßte. War ein Großteil der Originalausstattung erhalten, entfernte er alle späteren Hinzufügungen und ersetzte sie durch dem Originalen angepaßte Neuschöpfungen. Zeigte das Bauwerk die bauliche Entwicklung mehrerer Stile und war nicht zu bereinigen oder auf einen vermeintlichen Urzustand rückzubauen, schuf er eine neue Ausstattung bzw. übernahm die Teile der erhaltenen Ausstattung, die diese Entwicklung widerspiegelten und ergänzte sie durch entsprechende Neuschöpfungen. Dies galt aber nur für die mittelalterlichen Stile; barocke und spätere Hinzufügungen entfernte August von Essenwein grundsätzlich.[125]

Da Essenwein kein ständiges Atelier betrieb und als Direktor des Germanischen Nationalmuseums sich häufig in Nürnberg aufhalten mußte, stellte er sich seinen Mitarbeiterstab, der die Ausführung vor Ort übernahm, für jede Restaurierung neu zusammen. Für die wichtigen Funktionen griff er dabei immer wieder auf bewährte, ihm bekannte Kräfte zurück. Gerade der Bauleiter vor Ort trug eine hohe Verantwortung für die genaue Ausführung der Pläne, da Essenwein vom Atelier aus arbeiten mußte und die Arbeiten nur selten kontrollieren konnte. Diese Arbeitsteilung, die für vielbeschäftigte Architekten in dieser Zeit mangelnder Mobilität üblich war[126], führte zwingend dazu, daß Essenwein die Leitung vor Ort zumeist den immer selben Personen übertrug. In Köln arbeitete er vielfach mit Matthias Goebbels zusammen.[127]

Die Leitung der technischen und malerischen Ausführung vor Ort lag zumeist ebenfalls in den Händen einiger weniger Maler. Einer seiner langjährigen Mitarbeiter war der Dekorationsmaler J. G. Loosen, Köln, der über Jahre hinweg Essenweins Entwürfe zu Neuausmalungen an verschiedenen Orten umsetzte.

Diesen leitenden Kräften arbeitete eine große Anzahl ausführender Kräfte zu, die die groben Freilegearbeiten übernahmen, Essenweins Entwürfe in den Maßstab 1:1 übertrugen, die Umrisse der Darstellungen im Anschluß daran vom Karton auf die Wand übertrugen und je nach Erfahrung die malerische Ausführung einfacher Dinge oder die Umsetzung von Entwürfen ins Glasgemälde übernahmen. Sie setzten sich aus einem wechselnden

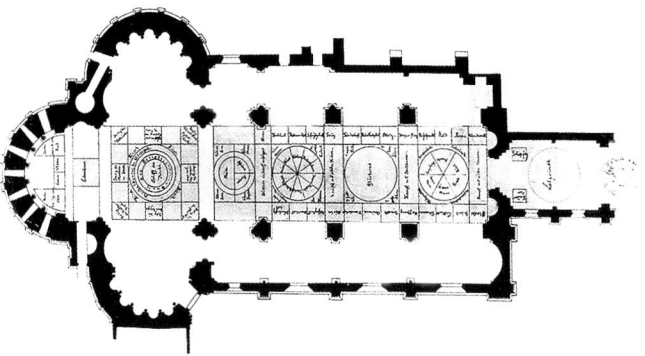

Abb. 13: Groß St. Martin, Köln, Entwurf für den Fußbodenbelag des Langhauses von August von Essenwein, 1864

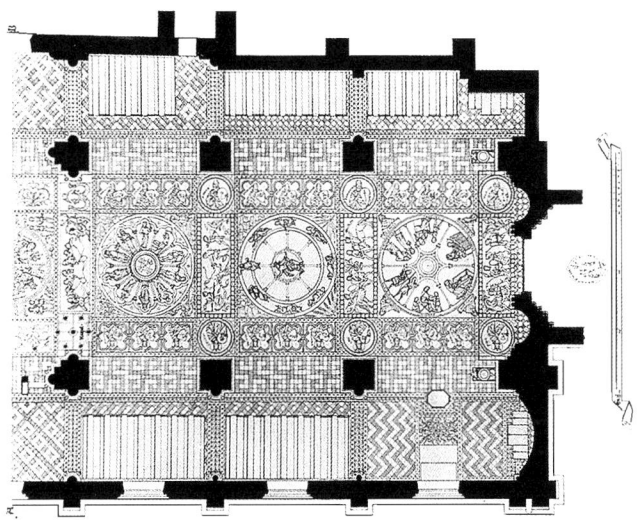

Abb. 14: Groß St. Martin, Köln, Fußbodenentwurf von August von Essenwein für die drei westlichen Joche

Abb. 15: Groß St. Martin, Köln, Detail des Fußbodenmosaiks nach den Entwürfen Essenweins in der Ausführung durch Villeroy & Boch

25

Stab junger Absolventen von Zeichenklassen und Kunst-
gewerbeschulen zusammen, die August von Essenwein
zeitlich begrenzt für die Ausführungsdauer der jeweils
laufenden Wiederherstellung anstellte.[128]

August von Essenwein - Einzelwerke

Bereits die sehr knappen Darstellungen und Beschreibungen von zwei bedeutenden historistischen Wiederherstellungen, die unter der Leitung August von Essenweins
bzw. nach seinen Entwürfen ausgeführt wurden, machen
deutlich, wie komplex seine Gesamtausstattungen waren
und welches hohe Ansehen er bei seinen Zeitgenossen ge-
noß. Die sich daran anschließenden ausführlichen Bearbeitungen zweier weiterer, sehr umfassender historistischer Instandsetzungen durch Essenwein, an denen Anton
Bardenhewer nachweislich beteiligt war, vermitteln ein
klares Bild von den Erfahrungen und Kenntnissen, die er
als Mitarbeiter Essenweins erwarb.

Die Arbeiten, die Bardenhewer unter und für Essenwein
ausführte, bestimmten, wie seine Arbeiten für Goebbels,
seinen weiteren Werdegang und prägten sein späteres Be-
rufsbild.

Abb. 16: Groß St. Martin, Köln, Blick nach Osten, 1889

*Abb. 17: Groß St. Martin, Köln, Blick aus dem südlichen Seiten-
schiff ins Langhaus, 1889*

*Abb. 18: Groß St. Martin, Köln, Detailaufnahme des Dreiconchen-
chores nach der Neuausstattung unter der Leitung von Matthias
Goebbels nach den Entwürfen August von Essenweins*

Groß St. Martin, Köln

Im Jahr 1864 wurde August von Essenwein mit der umfassenden historistischen Wiederherstellung der Kirche Groß St. Martin in Köln betraut.[129] Seine Entwürfe (Abb. 13 - 15), „zweifellos des begabtesten Malers jener historisierenden Periode im Rheinland"[130], lagen der im Jahr 1868 begonnenen Ausführung zugrunde. Daß bei dieser Neuausstattung eine vollständig erhaltene klassizistische Ausstattung, die in den Jahren 1789 - 98 nach den Entwürfen des Kanonikus Wallraf ausgeführt worden war, komplett zerstört wurde,[131] entsprach der vollkommenen Mißachtung dieser Kunstepoche während des gesamten 19. Jahrhunderts. Stattdessen schuf Essenwein eine neue, frei erfundene Gesamtausstattung, bei der er über den malerischen Schmuck hinaus große Teile der liturgischen Ausstattung erneuerte. (Abb. 16 - 18)[132]

St. Maria im Kapitol, Köln

Zeitgleich, Ende der 60er Jahre des 19. Jahrhunderts, leitete Essenwein die ebenso umfassende Wiederherstellung der Kirche St. Maria im Kapitol, Köln.[133] Dort überwachte er die bauliche Wiederherstellung bzw. den Rückbau auf die vermeintlich mittelalterliche Originalgestalt und schuf die Entwürfe für eine umfassende Neuausmalung, Neuverglasung und Neuausstattung.[134] (Abb. 19 - 22) Vor Ort lag die Ausführung in den Händen von Matthias Goebbels, des damaligen Kaplans an St. Maria im Kapitol. Mit großer Wahrscheinlichkeit beruhte die anschließende häufige Zusammenarbeit der beiden auf dem guten Gelingen dieser Wiederherstellung.

Diese beiden Wiederherstellungen zogen sich über viele Jahre hin.[135] Bis 1882 arbeitete Essenwein an der Ausstat-

Abb. 19: St. Maria im Kapitol, Köln, Vierungskuppelentwurf von A. v. Essenwein, 1868 ausgeführt von Matthias Goebbels, 1890 abgenommen von Winkel

tung für St. Maria im Kapitol. Die Arbeiten in Groß St. Martin erstreckten sich sogar bis ins Jahr 1885.

Möglicherweise rührte aus diesen Jahren und der gemeinsamen, tief im Historismus verwurzelten Restaurierungsauffassung Essenweins Freundschaft mit August Reichensperger her, einem der führenden Kunstkenner und -sammler Kölns.[136] Reichensperger, Vertreter einer doktrinären Neugotik und im Jahr 1852 Mitbegründer der katholischen Fraktion im preußischen Landtag in Berlin, sah in der Religion das Hauptziel und den Ausgangspunkt allen gesellschaftlichen und künstlerischen Schaffens.[137] Er war einer der frühen Fürsprecher eines bewußten Schutzes der Denkmäler.[138] Für ihn hatte das Eintreten für die Erhaltung von Baudenkmälern eine stark nationale Komponente. Er lehrte, daß die Kunst jedermanns Sache sei, und trieb während des Kulturkampfes die Wiederherstellungsbestrebungen der Kirchen voran. [139] „Mochten die liberalen Aufklärer in der antiken Polis ihr Wunschbild sehen, die katholische Restauration wollte das erneuern und zu neuer Blüte entwickeln, was die 'Torheit der Menschen' nicht zur vollkommensten Form hatte gelangen lassen. Was aber für den religiösen und sozialen Bereich galt, sollte konsequenterweise auch für die Kunst Richtschnur werden. Da nun aber war den Kölnern sozusagen ein Geschenk des Himmels in den Schoß gelegt worden. Das Mittelalter hatte ihnen ja die Domruine als Aufgabe und Vermächtnis hinterlassen."[140] Die Fertigstellung dieses großen Bauwerks mit der Gründung einer eigenen Dombauhütte stand als großartiges Vorbild vor allen anderen Wiederherstellungsprojekten. Sie galt als die bedeutendste Bauaufgabe dieser Zeit und war ein äußerst prestigeträchtiges Unternehmen. Auch August von Essenwein war selbstverständlich mit Entwürfen, unter anderem für die Fußbodengestaltung, an der Neuausstattung des Kölner Doms beteiligt.

Anton Bardenhewers Begegnung mit August von Essenwein

Im Jahr 1879 hielt sich August von Essenwein wieder einmal wegen mehrerer Großprojekte, unter anderen den Wiederherstellungen der Kirchen Groß St. Martin und St. Maria im Kapitol[141], in Köln auf. Der Kirchenvorstand von St. Gereon, Köln, trat zu dieser Zeit ebenfalls an ihn mit der Bitte um Entwürfe für eine Neuausstattung ihrer Kirche heran. Aufgrund dieser parallel laufenden Aufträge suchte Essenwein dringend neue Mitarbeiter. In welchem Zusammenhang er dabei 1879 auf den jungen Anton Bardenhewer gestoßen sein mag, läßt sich nicht mehr recherchieren. Möglicherweise traf er ihn bei einem Besuch der Zeichenschule des Wallraf-Richartz-Museums, da er, wie bereits erwähnt, eine Vielzahl seiner jungen Mitarbeiter in diesem Bereich suchte.[142] Wahrscheinlicher aber ist, daß Essenwein Anton Bardenhewer über Matthias Goebbels kennengelernt hat, der zu dieser Zeit die Kölner Kirche St. Maria Lyskirchen nach Essenweins Entwürfen ausschmückte. Vielleicht traf er ihn auch vor Ort bei einem Besuch der laufenden Arbeiten in St. Maria Lyskirchen.[143] Die Referenzen Bardenhewers, vermutlich auch die Beurteilung seiner Arbeiten in St. Maria Lyskirchen durch Goebbels und möglicherweise der Eindruck, den seine Arbeiten auf Essenwein selbst machten, waren so gut, daß dieser sich entschloß, ihn als Mitarbeiter anzustellen.[144]

Für einen jungen Zeichner wie Anton Bardenhewer bedeutete die Mitarbeit an einer der oben angesprochenen großen Wiederherstellungen unter einem der bedeutendsten Restauratoren seiner Zeit eine große Chance. Als Mitarbeiter Essenweins konnte er seine Kenntnisse über das bei Goebbels erlangte Wissen hinaus erweitern. Infolge von Essenweins nationalen und internationalen Kontakten bestand für Bardenhewer außerdem die Möglichkeit einer Mitarbeit an Wiederherstellungen außerhalb des Kölner Stadtgebiets. Gerade 1879 suchte August von Essenwein Hilfskräfte für die unter seiner Leitung stehenden Arbeiten in der Liebfrauenkirche in Nürnberg und am Braunschweiger St. Blasius Dom.

Am 9. Januar 1880 meldete sich Anton Bardenhewer offiziell aus Köln ab.[145]

Liebfrauenkirche, Nürnberg

Im Jahr 1878 hatte August von Essenwein den Auftrag erhalten, die Liebfrauenkirche in Nürnberg wiederherzustellen.[146] Nach Abschluß der baulichen Voruntersuchungen begann man 1879 mit den Arbeiten, die der

Bauleiter Johann Göschel, Nürnberg, vor Ort betreute.[147] Da Essenwein vom Juni 1879 bis ca. Mai 1881 parallel die Wiederherstellung der Ausmalung des St. Blasius Doms in Braunschweig bzw. deren Ergänzung leitete, müssen die Arbeiten in der Liebfrauenkirche, zumindest zu Anfang, recht schleppend vorangegangen sein.[148]

Die Voruntersuchungen in Nürnberg hatten ergeben, „nur der Kern des Mauerwerks war eben brauchbar, alle Schmuckformen am Äußeren wurden erneuert."[149] Ganz im Sinne von Essenweins historistischer Restaurierungsauffassung kam es daher zu einschneidenden baulichen und gestalterischen Eingriffen.[150] Nach seinen Plänen wurden die Figurennischen im Marktgiebel der Kirche durch Säulchen zu einer Stabwerkverkleidung verändert, und das Figurenprogramm der Vorhalle wurde durch Bemalung und Umstellung so verändert, daß es sich thematisch in das von ihm entwickelte neue Gesamtkonzept einfügte.[151] In der gleichen Weise ließ er die aufgedeckten Reste der originalen Ausmalung nach seinen Entwürfen verändern, so daß sie sich in seine Idee von einer das Himmelreich symbolisierenden Ausmalung einfügten.[152] Die aufgedeckte Originalmalerei erlitt dabei ebenso umfassende Veränderungen und Eingriffe wie die bauliche Substanz zuvor.[153] Allein die Wiederherstellung der architektonischen Fassung erfolgte in Anlehnung an die aufgefundenen Reste.[154]

Abb. 20: St. Maria im Kapitol, Köln, Neuausstattung unter der Leitung von Matthias Goebbels nach Entwürfen A. von Essenweins, 1861-1871, Blick nach Osten

Anton Bardenhewer arbeitete vom 13. Februar bis 18. Dezember 1880 als Mitarbeiter Essenweins in Nürnberg.[155] Vorrangig war er als Zeichner angestellt, da bei einem solchen Großprojekt ein riesiger Bedarf an Zeichnern bestand. Insofern erhielt er nicht nur einen umfassenden Einblick in die Auffassung und die Arbeitsweise August von Essenweins, sondern hatte vermutlich auch Einfluß

Abb. 21: St. Maria im Kapitol, Köln, nach der Neuausmalung durch Matthias Goebbels, Blick nach Westen

Abb. 22: St. Maria im Kapitol, Köln, Detailaufnahme der architektonischen Fassung nach den Entwürfen August von Essenweins

29

auf die Gestaltung der Entwürfe.[156] Parallel zu seinen zeichnerischen Arbeiten begann er ab März 1880 für den Dekorationsmaler J. G. Loosen, Köln, zu arbeiten, dem die malerische Umsetzung der Entwürfe Essenweins vor Ort unterstand.[157]

„Die Restauration der Gemälde und Wiederherstellung der alten Polychromie, die manches interessante Motiv in Zeichnung und Farbe bot, hat Dekorationsmaler J.G. Loosen, schon öfters als mein Mitarbeiter bewährt, mit Sorgfalt, Verständnis und Selbstverleugnung, wo solche nöthig war, ausgeführt."[158] Mit großer Wahrscheinlichkeit kam es aufgrund der maltechnischen Vorkenntnisse, die Anton Bardenhewer als Mitarbeiter von Matthias Goebbels gewonnen hatte, zu diesem Arbeitsverhältnis.[159]

Die Bezeichnung Dekorationsmaler bedeutete im 19. Jahrhundert so viel wie Kirchenmaler.[160] So lernte Anton Bardenhewer bei J. G. Loosen wenig über die Restaurierung von Wandmalereien nach heutigem Verständnis. Stattdessen erhielt er Einblick in die damals gültigen Techniken der Wandmalereiwiederherstellung und erweiterte sein Wissen über Mal- und Farbtechnik, mittelalterliche Dekorationsmuster und Darstellungen.[161]

1911 nahm er in einem Restaurierungsbericht Bezug auf die im Jahr 1880 ausgeführten Arbeiten in Nürnberg: „Bei der Restaurierung der Frauenkirche in Nürnberg [...] wurden die zu bemalenden Flächen zuerst mit Tempera getränkt und später mit demselben Bindemittel bemalt. Die Tempera wurde hergestellt aus Ei, Essig und Öl. Es wurde Eiweiß und Eigelb mit ungefähr 1/5 Leinöl verrührt und zuletzt mit Essig verdünnt. Die Farben wurden mit Wasser verrieben oder nur zu einem dicken Brei verrührt und demselben zuletzt dieses Bindemittel zugesetzt. Es ließ sich bequem auf dem getränkten Hintergrund malen und die Farben vertrieben sich gleichmäßiger als auf reinem porösem Putz; letzter saugt dieselben stark an und muß immer naß gehalten werden."[162] Dort erläutert er im Rückblick auf das damals angewandte Verfahren und seine eigenen mittlerweile gewachsenen Erfahrungen auch dessen Mängel. „Die Malerei [...] hat nicht gehalten, weil die Farben nicht in den Putz eingedrungen sind und sich nicht mit demselben verbunden haben, da die Malflächen [...] derselben vorher mit Bindemittel getränkt [...] worden waren. Sodann waren auch die Farben hier viel zu dick aufgetragen und zudem statt Kalk, welcher selbst große Bindekraft hat, die heut noch bei den Zimmermalern gebräuchliche Kreide verwandt, welche viel Bindemittel gebraucht. Letztere fault leicht oder die ganze Farbe blättert ab."[163]

Entsprechend seiner historistischen Restaurierungsauffassung schuf Essenwein für die Liebfrauenkirche eine große Anzahl neuer Ausstattungsstücke.[164] Inwieweit Anton Bardenhewer ihm dabei als Zeichner zuarbeitete, ihm möglicherweise die Reinzeichnungen anfertigte, läßt sich nicht mehr klären. Mit Sicherheit gewann er jedoch Einblick in die im Rahmen einer Wiederherstellungen auf der Grundlage des historistischen Ideenguts erfolgenden weitreichenden Arbeiten.[165]

Am 18. Oktober 1881 wurde die Liebfrauenkirche vom Bamberger Erzbischof Friedrich von Scheiber wieder geweiht, obwohl noch kleinere Arbeiten zur Vollendung der Wiederherstellung ausstanden.[166]

St. Blasius Dom, Braunschweig

Ebenfalls im Jahr 1879 trat der Kreisbaumeister Krahe, Braunschweig, an August von Essenwein mit der Bitte um ein Gutachten zur Innenraumgestaltung des Domes St. Blasius in Braunschweig heran, das dieser parallel zu den Plänen und Entwürfen für die Wiederherstellung der Liebfrauenkirche in Nürnberg anfertigte. Den ihm daraufhin erteilten Auftrag für die Wiederherstellung der Ausmalung nahm Essenwein trotz der laufenden Arbeiten in Nürnberg an und versprach, ihn selbst und schnellstmöglich auszuführen. Um das zu erreichen, mußten einige seiner Mitarbeiter von Nürnberg nach Braunschweig wechseln, um die dort anfallenden Arbeiten zu erledigen. Aufgrund der Eile, die geboten schien, gehörte der Dekorationsmaler Loosen, in den Essenwein großes Vertrauen setzte, zu diesen Mitarbeitern.

Vergleicht man den zeitlichen Ablauf der Wiederherstellungen in Nürnberg und Braunschweig, so ist davon auszugehen, daß einige Mitarbeiter August von Essenweins sogar mehrfach hin- und herpendelten, um beide laufenden Aufträge fristgerecht fertigstellen zu können.

Anton Bardenhewer ging spätestens im März 1880 als Mitarbeiter von J. G. Loosen nach Braunschweig und war dort an der Restaurierung der aufgefundenen Wandmalereien und der Neuausmalung beteiligt.

Der St. Blasius Dom wurde seit 1876 unter Leitung des Baurats Wiehe durch den Kreisbaumeister Krahe baulich wiederhergestellt.[167] Dabei war es zu umfassenden Reparaturen im Inneren, zur Erneuerung eines Großteils der Mittelschiffgewölbe und zur Abnahme nahezu des gesamten Verputzes im Bereich des Langhauses gekommen. Im Verlauf der Arbeiten ging die durch Professor Heinrich Brandes in der Apsis ausgeführte Ausmalung verloren. Brandes hatte im Jahr 1860 im Rahmen einer ebenfalls weitgehenden Wiederherstellung die bereits 1845 freigelegten und gut erhaltenen ursprünglichen Malereien des Chors, der Vierung und des südlichen Querhauses weitgehend überarbeitet und das nördliche Querhaus nach eigenen Entwürfen ausgemalt.[168]

Im Jahr 1879 wollte die Kirchengemeinde das Langhaus mit einer schlichten ornamentalen Ausmalung schmükken lassen, um es in einen Gesamtzusammenhang mit den durch Brandes wiederhergestellten Malereien zu stellen. Essenwein lehnte eine solche schlichte ornamentale Architekturfassung von vornherein ab.[169] Das begründete er damit, daß man aufgrund der in allen Teilen des Langhauses vorgefundenen Wandmalereireste davon ausgehen müsse, daß die gesamte Kirche in der zweiten Hälfte des 13. Jahrhunderts eine vollständige, einheitliche Ausmalung erhalten habe.[170] Er schlug eine figürliche Vervollständigung der in ihrer Thematik lesbaren Reste vor. Im Juni des Jahres 1879 legte er entsprechende Entwürfe für eine die Reste einbeziehende Neuausmalung vor. Um den niedrigen Etat, den die Kirchengemeinde zur Verfügung hatte, nicht zu überschreiten, entschloß er sich zu einer eigenhändigen Ausführung. Die Neuschöpfungen wollte er „streng im Stil der alten Malerei"[171] halten. „Es konnte also bloß von dekorativer Malerei die Rede sein, deren Preis nicht gerade unerschwinglich schien."[172]

Nachdem die zuständigen Gremien seine Entwürfe angenommen hatten, begann er am 10. Juni 1879 mit der Unterstützung des Dekorationsmalers J. G. Loosen, Köln, „[...] der schon in anderen Fällen mein treuer Mitarbeiter war, und einer Anzahl von Gehilfen [...]"[173] mit der Restaurierung bzw. der Neuausmalung des Braunschweiger St. Blasius Doms. In ideeller Anlehnung an die Malerei des 12. und 13. Jahrhunderts schuf er eine vollständig neue Ausstattung des Langhauses.[174] „Eine solche Ergänzung setzt denn doch voraus, daß wir nicht das machen, was heute gefällt, nicht solche Gedanken hervorsuchen, die heute herrschen, noch Formen, die heute Geltung haben, sondern daß wir das Verlorene so zu ersetzen suchen, wie es wohl ehemals gewesen sein muß, mindestens gewesen sein kann, ohne Rücksicht, ob es heute anspricht oder nicht."[175] Grundbedingung für seine Ergänzungen schien ihm das Zurücktreten aller modernen Kenntnisse der Perspektive zu sein, damit die Fläche im Sinne des Ursprünglichen erhalten bliebe.[176]

Der erste Schritt bei allen Wiederherstellungen unter der Leitung Essenweins bestand darin, daß seine Mitarbeiter Pausen der vorgefundenen Malereien anfertigten.[177] Auf deren Grundlage entstanden Umzeichnungen, die Es-

senwein nach seinen Vorstellungen vervollständigte. Auf diese Weise wurden die ursprüngliche Gestaltung und manchmal der Inhalt der vorgefundenen Malereien in den Neufassungen Essenweins berücksichtigt. Die Pausen der Malereien im Braunschweiger Dom zeigen sehr deutlich, daß es bereits bei der Überarbeitung unter Prof. Brandes zu erheblichen Veränderungen bzw. Übermalungen des Originals gekommen war.[178] Die zumindest ebenso starken Veränderungen der Ausmalung nach der Ausführung der Entwürfe Essenweins beweist der Vergleich einer Anzahl von Fotografien, die nach der Wiederherstellung entstanden[179], mit den ihr zugrunde liegenden, ergänzten Pausen.[180] Bei den figürlichen Darstellungen konnte man nach der Wiederherstellung deutlich mehrere Gesichtstypen unterscheiden. Diese Uneinheitlichkeit ist auf den großen Mitarbeiterstab Essenweins und die verschiedenen ausführenden Maler zurückzuführen.[181]

Brandes hatte seine Neuschöpfungen in ihrer Gestaltung bewußt von den wiederhergestellten Malereien unterschieden. Dieses erstaunlich einfühlsame, denkmalpflegerisch-fortschrittliche Vorgehen stellte August von Essenwein 1881 in einem kurzen Aufsatz zu den Wandmalereien des St. Blasius Doms und seiner Wiederherstellung durch ironische Formulierungen als geradezu lächerlich hin. Er beschrieb dort die Neuschöpfungen: „[...], die er [Brandes] glaubte deutlich von jenen alten, mit deren Herstellung er sich so viele und fast durchaus erfolgreiche Mühe gegeben hatte, als moderne Werke unterscheiden zu müssen."[182] Essenwein schuf dagegen ab 1879 eine vollständige Überarbeitung selbst der erhaltenen Malereien. Dabei verschliff er seine Ergänzungen mit dem Original zu einem einheitlichen Gesamtbild. Dieses Vorgehen begründete er folgendermaßen: „[...] nicht jeder wird sofort die Nothwendigkeit einsehen, in dieser Weise zu arbeiten, nachdem Brandes vor 20 Jahren einen anderen Weg eingeschlagen [hatte]. [...] Doch werden beide die Thatsache anerkennen, daß unsere Vorfahren im 12. und 13. Jahrhundert ihre Gedanken und ihre Formenwelt der heutigen Mehrheitsanschauung nicht anpassen konnten, und daß, wenn wir ein Vermächtnis aus ihrer Zeit zur Geltung bringen und vervollständigen wollen, wir uns an ihre, nicht an die heutige Anschauung anlehnen müssen."[183]

Die auf den Langhauspfeilern aufgedeckten Heiligendarstellungen bezog Essenwein nahezu unverändert in sein neues Ausmalungskonzept ein. Zwei der Dargestellten waren jedoch nicht mehr zu identifizieren, so daß er an ihrer Stelle, auf Wunsch des Abtes Thiele, Darstellungen der Heiligen Ludgerus und Ansgarius anbringen konnte.[184] Als Mitarbeiter Essenweins, der die Heiligen-darstellungen freigelegt hatte und im Anschluß daran an der Ausmalung des Langhauses beteiligt war, wird bei Dorn ein Maler Bardenhein genannt.[185] Berücksichtigt man in diesem Zusammenhang die hohe Wahrschein-lichkeit eines Schreib- oder Lesefehlers, ist zu vermuten, daß es sich dabei um Anton Bardenhewer gehandelt hat, der als Mitarbeiter von G. Loosen spätestens im März 1880 nach Braunschweig gekommen war. Die große Ähn-lichkeit, die das Profil des stehenden Juden bei der 'Ma-ter des Hl. Stephanus' mit den für Bardenhewers spätere Ergänzungen typischen Gesichtern zeigt, unterstreicht die Wahrscheinlichkeit seiner Beteiligung an der Wieder-herstellung der Malereien zusätzlich.[186] Da Dorn zu sei-nen Hinweisen auf den Maler Bardenhein und seinen Ar-beiten vor Ort keine Quelle angibt, ist die Frage, ob es sich bei ihm tatsächlich um Anton Bardenhewer gehandelt hat, nicht abschließend zu klären.[187]

Nach „[...] ungefähr anderthalb Jahren [...]"[188] waren die Arbeiten in Braunschweig abgeschlossen, und die letzten Mitarbeiter Essenweins, darunter J. G. Loosen, kehrten im Mai 1881 nach Nürnberg zurück. Anton Bardenhewer, der bis zum 28. Mai 1882 Mitarbeiter von Loosen blieb[189], war bereits früher nach Nürnberg zurückgekehrt.

Ausführung der Glasmalereientwürfe für Braunschweig und Nürnberg

Wie die Wiederherstellung der Ausmalung der Kirchen in Nürnberg und Braunschweig, so verlief auch die Projek-tierung der Neuverglasung beider Kirchen und deren Ausführung parallel. Im Rahmen des Vertrags mit dem herzoglichen Baudirektor hatte August von Essenwein sich verpflichtet, die von ihm als unerläßlich angesehenen Glasgemälde für das Mittelschiff des St. Blasius Doms zu besorgen.[190] Die Ausführung seiner Entwürfe lag in den Händen des Glasmalers Klaus in Nürnberg.[191] Alle Lang-hausfenster und das große Radfenster gestaltete Essen-wein in Anlehnung an die in den drei mittleren Fenstern der Nordseite des St. Blasius Doms erhaltenen Reste der ursprünglichen Verglasung.[192] Bei allen seinen Wieder-herstellungen wies August von Essenwein der Vergla-sung eine besondere Bedeutung zu. „Sie [die Glasmalerei] wird unter allen Umständen viel mächtiger wirken als je-de Wandmalerei und wenn irgendwelche Wandmale-reien ausgeführt werden sollen, so müssen sich dieselben nach den Glasmalereien richten und können erst in An-griff genommen werden, wenn diese bereits ihren Schim-mer verbreiten."[193]

Im Rahmen der Wiederherstellung kam es auch in der Liebfrauenkirche zur Erneuerung einer großen Anzahl der Glasmalereien. Die dort vorgefundenen Scheiben be-fanden sich in einem sehr schlechten Erhaltungszustand. Die wenigen erhaltenen Originalfragmente integrierte Essenwein in seine Entwürfe für die Neuverglasung.[194] Er übernahm nur die Einzelscheiben, die unbeschädigt er-halten waren. „Früher war es üblich, beschädigte oder ge-splitterte Scheiben mehr oder minder sorgfältig zu ko-pieren und die unbrauchbaren Reste wegzuwerfen [..]"[195] Ende des Jahres 1880 hatte Essenwein die Entwürfe für die Neuverglasung bzw. die entsprechenden Ergänzun-gen der Fenster der Liebfrauenkirche fertiggestellt. Die Glasmalereientwürfe mußten daraufhin in maßstabge-rechte Kartons übertragen werden. Daher bedurfte es ei-nes Zeichners als Zwischenglied zwischen ihm und dem ausführenden Glasmaler. Essenwein selbst schreibt: „Herr Bardenhewer hat während dieser Zeit [13. Februar - 18. Dezember 1880] nach Entwürfen und unter Leitung des Unterzeichneten die Cartons für die Ergänzungen für die vorhandenen Teile der Chorfenster der hiesigen Lieb-frauenkirche ausgearbeitet und dabei durch Verständnis der strengen Formen des 14. Jahrhunderts wie der aus der Technik erwachsenden Bedingungen dem Unterzeichne-ten vorzügliche Dienste geleistet. Um die Ausführung der Tafeln ebenso exakt streng und stilrichtig zu bewerk-stelligen, als die Zeichnungen hergestellt waren, veranlaßte der Unterzeichnete Herrn Bardenhewer in die Klauss'-sche Anstalt einzutreten, welcher die Ausführung der Fenster übertragen war."[196] Wie bereits vermutet, schätz-te Essenwein vor allen Dingen Anton Bardenhewers zeichnerische Fähigkeiten. Daher erteilte er ihm den Auf-trag, die Reinzeichnungen für die anzufertigenden Glas-malereien fertigzustellen. Inwieweit Bardenhewer dabei Einfluß auf die Gestaltung der Fenster nahm, ist nicht mehr zu klären.[197]

Nachdem die Entwürfe durch die Auftraggeber ange-nommen worden waren, wurden verschiedene Glasma-lereifirmen mit der Ausführung beauftragt.[198] Mehrere Fenster und die Ergänzungen wurden durch die Glas-malerei Klaus in Nürnberg ausgeführt.[199] Um die Qualität der Ausführung zu sichern und eine Kontrolle über die Arbeiten zu haben, vermittelte Essenwein Anton Barden-hewer im Dezember 1880 als Mitarbeiter an die Glasma-lerei Hans Klaus in Nürnberg.[200] Dort lernte dieser die exakte Übertragung der Entwürfe in fachgerechte Kar-tons für die Ausführung als Glasgemälde. Die Auflistung aller Arbeiten Bardenhewers durch den Glasmaler Klaus in einem späteren Zeugnis beweist, daß er nicht nur sei-ne zeichnerischen Fähigkeiten schulte, sondern darüber

Abb. 23:
Hauptmarkt 14,
Frauenkirche,
Mittleres Fenster
Michaelschor
(12 Apostel)

hinaus Einblick in die Technik der Glasmalerei erhielt. Er lernte, Einzelgläser herzustellen, sie in Bleigerüste zu fassen und entsprechende Ergänzungen für die fragmentarisch erhaltenen ursprünglichen Fenster anzufertigen.[201] Klaus schreibt, er „[...] war während der Restaurierung der Liebfrauenkirche dahier hauptsächlich für alte Glasmalerei bei mir vom 18. Dezember 1880 - Anfang Mai 1881 im Geschäft und hat während dieser Zeit in jeder Beziehung meine vollste Zufriedenheit erworben, und kann Herrn Bardenhewer mit bestem Gewissen jedem Geschäft empfehlen."[202] Während seiner Anstellung bei der Glasmalerei Klaus arbeitete Bardenhewer parallel an den Neuverglasungen bzw. Reparatur und Ergänzung der alten Glasmalereien der Liebfrauenkirche in Nürnberg und der Neuverglasung für den Braunschweiger Dom.[203]

Infolge seiner Erfahrungen als Zeichner für Essenwein und durch dessen Vermittlung an Klaus gelang es Anton Bardenhewer, die strenge Arbeitsteilung, die in den großen Glasmalereianstalten allgemein üblich war, zu durchbrechen. Normalerweise fertigte ein Künstler den Entwurf für eine Gasmalerei an, ein Zeichner übertrug ihn auf den Karton, und der Glasmaler übernahm die Ausführung.[204] War der Kartonzeichner mit der Glasmalereitechnik vertraut, konnte er bei der Anfertigung des Kartons auf die Besonderheiten der späteren Ausführung in Glas Rücksicht nehmen. Dadurch ließ sich der Arbeitsablauf erheblich fließender gestalten.[205] Anton Bardenhewer erlernte unter Klaus die Besonderheiten der Glasmalereianfertigung. Seine Erfahrungen aus der Wandmalerei kamen ihm dabei zugute, da die Begrenzung des Glasmalers durch die Fenstereinteilung ein wenig der Beschränkung des Wandmalers durch die architektonischen Gegebenheiten gleicht. „In der Tat läßt sich, abgesehen von den durch die Technik gebotenen Besonderheiten, eine gewisse Gleichartigkeit der Anordnung nicht leugnen."[206] Die Erfahrungen und umfassenden Kenntnisse, die er durch die Arbeit in der Glasmalerei Klaus gewann, ermöglichten es Bardenhewer, in den folgenden Jahren als Zeichner bei verschiedenen Glasmalereifirmen angestellt zu werden und später im Rahmen eigener Wiederherstellungsprojekte fachgerechte Glasmalereientwürfe anzufertigen.

Da zu dieser Zeit nur wenige Zeichner ihre Kartons signierten, ist Anton Bardenhewers Mitarbeit an der Neuverglasung der Liebfrauenkirche oder des Braunschweiger Doms im Detail nicht nachzuweisen. Die Darstellung des Johannes und auch des Hl. Christopherus in der unteren Reihe des mittleren Fensters des Michaelschors der Liebfrauenkirche (Abb. 23) zeigen aber eine so große Ähnlichkeit mit späteren figürlichen Ergänzungen Bar-

denhewers, daß man seine Beteiligung an der Ausführung dieses Fensters vermuten muß.[207]

Daß Anton Bardenhewer im Sommer als Maler im Rahmen der Neuausmalung in Braunschweig war und im Winter nach Nürnberg zurückkehrte, entsprach der in dieser Zeit gängigen Arbeitspraxis vieler Maler.

Da die Kirchen nicht beheizt und nur selten entsprechend ausgeleuchtet waren, war es den Mitarbeitern der Wiederherstellungen nur während der warmen Jahreszeit und bei ausreichender Helligkeit möglich, vor Ort zu arbeiten. In der übrigen Zeit mußten sie ihr Geld auf andere Weise verdienen. Für die Maler war es daher üblich, während der Wintermonate als Zeichner zu arbeiten.

Im Winter des Jahres 1881 war Anton Bardenhewer nachweislich nicht für die Glasmalerei Klaus tätig.[208] August von Essenwein leitete zu dieser Zeit die weitreichenden Um- und Anbauten des Germanischen Nationalmuseums, Nürnberg. Daher ist es durchaus wahrscheinlich, daß Bardenhewer in dieser Zeit wieder als Zeichner für ihn Aufträge ausführte.[209]

August von Essenweins ambivalente Restaurierungsauffassung

Parallel zu den Arbeiten in Braunschweig und Nürnberg kam es zur Projektierung einer umfassenden historistischen Wiederherstellung des Münsters in Konstanz. Trotz seiner dreifachen Belastung durch die laufenden Restaurierungen und seine Tätigkeit als Direktor des Germanischen Nationalmuseums in Nürnberg legte Essenwein ein Gutachten dazu vor.[210] Entsprechend seiner eigenen Restaurierungpraktik forderte er, daß in Konstanz Kopien der aufgedeckten Originalmalerei angefertigt werden müßten. Parallel stellte er die Schwächen einer jeden wie auch immer gearteten Restaurierung heraus. Er charakterisierte die infolge der subjektiven Restaurierungsauffassung des mit der Aufgabe betrauten Künstlers durch die Restaurierung erfolgende Abweichung der Malerei von der ursprünglichen Gestaltung als unerwünscht. Da man sie nicht unterbinden könne, müsse man zumindest die Eingriffe so gering wie möglich halten. Ausgehend vom Erhaltungszustand der Kirche forderte Essenwein in Konstanz, keine stilreine Einheit zu schaffen, sondern „[...] vielmehr eine der Geschichte des Baues entsprechende Mannigfaltigkeit [zu] erhalten."[211] Denn „[...] wir sind verpflichtet, wenn wir nicht bloß hinzufügen, sondern auch beseitigen, sorgfältig zu prüfen, ob dies unbedingt nötig sei."[212] Diese Formulierungen scheinen auf eine neue, veränderte Wiederherstellungsauffassung hinzuweisen, doch die anschließende praktische Anleitung zur Restaurierung macht deutlich, daß es sich dabei nur um eine tendenzielle Abweichung von seinem streng historistischen Ansatz handelte.

Auch für Konstanz forderte er, die barocke Stuckdekoration des Chors zu beseitigen und diesen unter Übernahme gotischer Malereireste, die an anderer Stelle im Münster gefunden worden waren, neu auszumalen. Das gotische Gewölbe sollte ebenfalls entfernt werden, da es frühere Wandmalereien überschneide. Die Tünche im gesamten Kircheninneren müsse abgeschlagen werden, um Malereiresten nachzuspüren und gegebenenfalls die Kirche in Anlehnung an diese vollständig neu auszuschmücken. Die Reste könne man dabei übermalen oder in das Gesamtbild integrieren.[213] Der sich anschließende Satz, daß es am besten sei, alle aufgefundenen Reste ohne Eingriffe zu erhalten, denn „[...] bis jetzt ist jede ähnliche Restauration auf nichts anderes hinausgekommen, als auf eine mehr oder minder geschickte Übermalung mit Benutzung der alten Konturen als Grundlage [...]. Selbst bei den sorgfältigst ausgeführten und gelungensten solcher Restaurationen sind Kopien an die Stelle der Originale getreten, Kopien, deren Richtigkeit nicht mehr kontrolliert werden kann, weil die Originale nicht mehr vorhanden sind"[214], deckt den Widerspruch innerhalb der in diesem Gutachten konzipierten Wiederherstellung auf.

Ein Vergleich der Auswirkungen der oben vorgestellten Wiederherstellungen in Nürnberg und Braunschweig auf die vorgefundene Originalsubstanz mit den einander widersprechenden Kernaussagen des zeitgleich erstellten Gutachtens macht deutlich, daß Essenwein Ende des 19. Jahrhunderts, ganz im Einklang mit der sich allgemein wandelnden Restaurierungsauffassung, in seiner Beurteilung des zu rechtfertigenden Ausmaßes von Eingriffen im Rahmen von Wiederherstellungen stark schwankte.

In dieser Phase der sich wandelnden theoretischen Restaurierungsauffassung Essenweins begann Anton Bardenhewer für ihn zu arbeiten und wurde, da er sich am Anfang seiner Ausbildung befand, stark von dieser Ambivalenz beeinflußt. Er lernte unter Essenwein die stilreine, historische Restaurierungsauffassung des 19. Jahrhunderts kennen, aber auch die Zweifel an dieser einseitigen Anschauung und ihre Nachteile. Man darf sicher nicht grundsätzlich davon ausgehen, daß die Mitarbeiter August von Essenweins Einblick in die theoretischen Fragestellungen erhielten, die ihrer Arbeit zugrunde lagen. In diesem besonderen Fall jedoch scheint das der Fall gewesen zu sein, da Essenwein den jungen Anton Bardenhewer sehr schätzte. Er soll ihm hohes künstlerisches Ta-

Abb. 24: Maria Bardenhewer, geb. Birnmeyer, vermutlich um 1920

lent zugesprochen haben, das sich zu entwickeln lohne.[215] Um es zu fördern, versuchte er ihn zu der in dieser Zeit für Künstler und Kunstinteressierte obligatorischen Italienreise zu überreden.[216] Obschon sich dieser Plan durch Bardenhewers Heirat mit der Stickerin Maria Friederike Babetta Birnmeyer (20.6.1858 - 10.11.1921) (Abb. 24) aus Nördlingen am 14. November 1881 in der katholischen Pfarre St. Angela in Kauberg[217] zerschlug, protegierte Essenwein ihn dessen ungeachtet in den folgenden Jahren weiterhin.

Die „Malerseheleute" Bardenhewer zogen nach der Hochzeit in die Karolinenstraße 10 in Nürnberg und später in die Adlerstraße 4.[218] Nach dem Abschluß der Arbeiten in der Liebfrauenkirche und in St. Blasius im Jahr 1881 mußte sich Anton Bardenhewer neu orientieren. Statt nach Italien ging er nach München[219], um an den dortigen Museen seine Kenntnisse über Malerei, Stilepochen und die großen europäischen Meister zu vertiefen. Mit großer Wahrscheinlichkeit wurde sein Entschluß, nach München zu gehen, von einem Besuch der im Mai 1882 in Nürnberg abgehaltenen Landesausstellung beeinflußt. Dort waren von der Hofglasmalerei Zettler, München, mehrere ihrer Glasmalereien ausgestellt worden.[220] Die Firma Zettler hatte sich neben der Herstellung von Glasgemälden für den häuslichen Bereich auf die Ergänzung mittelalterlicher Glasmalerei spezialisiert. Durch seine Arbeiten unter Essenwein und Klaus hatte Anton Bardenhewer sein Interesse für die Glasmalereiwiederherstellung entdeckt, bei der er seine zeichnerischen Fähigkeiten besonders gut nutzen konnte. In der gerade aufblühenden Glasmalereikunst war der Bedarf an jungen Künstlern besonders hoch.

V. ANTON BARDENHEWERS MÜNCHENER JAHRE

Abb. 25:
Otto Bardenhewer,
* 1851 - † 1935

Kunst und das Kartonzeichnen für Glasgemälde".[229] Der Nachweis einer solchen akademischen Vertiefung und Schulung seiner Kenntnisse war vermutlich unerläßlich, um bei einer der großen ortsansässigen Glasmalereianstalten eine Anstellung als Zeichner zu erhalten.

Die Königlich Bayerische Hofglasmalerei Franz Xaver Zettler

Seine erste Anstellung in München fand Anton Bardenhewer bei der Königlich Bayerischen Hofglasmalerei von Franz Xaver Zettler, bei der er sich vermutlich direkt nach seiner Übersiedlung beworben hatte.

Am 5. Juni 1882 zog das Ehepaar Bardenhewer nach München.[221] Die nächsten Lebensstationen lassen sich anhand des Melderegisters der Stadt München nachzeichnen, ohne daß man dadurch Aufschluß über Anton Bardenhewers weiteren beruflichen Werdegang gewinnen würde. In den ersten Monaten wohnten die Eheleute, wie zu dieser Zeit in den Großstädten allgemein üblich, zur Untermiete bei wechselnden Vermietern.[222] Zu Anfang, ab dem 7. Juni 1882, kamen sie bei einer Familie Wimmer in der Hachardstraße 1, 1/42, unter. Am 12. Juni zogen sie zu Seidl in die Amalienstraße 71/i.Rh. um und wechselten am 1. Juli zu Schöffler in die Nymphenburgerstraße 6/0.[223] Mit großer Wahrscheinlichkeit ist davon auszugehen, daß Anton Bardenhewers Cousin Otto Bardenhewer[224] (Abb. 25), der in München lebte und mit dem er seit Kindertagen befreundet war, ihnen in der ersten Zeit bei der Eingewöhnung half. Er wurde Patenonkel des am 18. Oktober 1882 geborenen ersten Sohns von Anton Bardenhewer, Franz <u>Otto</u> Maria Lukas.[225]

Am 17. Juni 1882 meldete sich <u>Anton</u> Josef Hubert Bardenhewer offiziell in München an. Als Beruf nannte er Zeichner, Glas- und Kirchenmaler.[226] Bis zum Januar 1883 studierte er nach eigenen Angaben die Kunst der Münchner Museen.[227] In einer Bewerbung für eine Anstellung bei der Stadt Köln im Jahr 1895 gab er an, daß er in München an der Akademie gewesen sei.[228] Möglicherweise besuchte er die im Jahr 1881 an der Münchener Akademie neu eingerichtete „Klasse für Malerei der christlichen

Zur Firmengeschichte

Die Königlich Bayerische Hofglasmalerei F. X. Zettler war im Jahr 1870 entstanden, als Joseph Gabriel Mayer seiner im Jahr 1848 gegründeten „Anstalt für christliche Kunsterzeugnisse", die komplette Kirchenausstattungen anfertigte, eine Abteilung für Glasmalerei anfügte.[230] Deren Leitung hatte er seinem Schwiegersohn F. X. Zettler übertragen, der sie in den darauf folgenden Jahren vollständig übernahm.[231] Unter Zettlers Leitung entwickelte sich die Firma zur größten Glasmalereianstalt Münchens.[232] Ganz im Sinne der Münchener Richtung in der Glasmalerei schuf die Fa. Zettler überwiegend Glasgemälde.[233] Ab 1873 begann Zettler, nach den auf der Wiener Weltausstellung festgelegten 'Grundsätzen für Glasmalerei' auch musivische Glasmalereien anzufertigen. Damit erschloß sich die Werkstatt über die Produktion von Glasgemälden für den häuslichen Wohnbereich hinaus den Bereich der historistischen Wiederherstellung und Ergänzung alter, ursprünglicher Scheiben. Die Haupteinnahmequelle blieb jedoch, wie der stark ansteigende Export zeigte, weiterhin das Glasgemälde.[234]

Die Anfertigung von Glasmalereien in einer so großen Glasmalereianstalt wie der von Zettler muß man sich nach einer strengen Arbeitsteilung aufgegliedert vorstellen. Die Entwurfszeichnung einer Glasmalerei wurde im Zeichenatelier im Maßstab 1 : 1 als Reinzeichnung auf einen Karton übertragen. Nach dieser Vorlage wurden die einzelnen Glasstücke zugeschnitten und die Verbleiung angefertigt. Danach kamen die Glasstücke in die Malerateliers, die in ornamentale, figürliche und architektonische Malerei unterteilt waren. Dort arbeiteten nur „[...] nach dem rein künstlerischen Prinzip akademisch gebildete Artisten."[235] Je nach Größe des Fensters wurde es entweder im Atelier oder erst vor Ort, kurz vor dem Einpassen in die Wand, zusammengefügt.

Anton Bardenhewers Arbeiten für Zettler

Im Jahr 1882 begann Anton Bardenhewer, möglicherweise auf Vermittlung August von Essenweins, für die Hofglasmalerei Zettler zu arbeiteten. Der Name, der zu dieser Zeit größten Münchener Glasmalereianstalt und Beispiele ihrer Arbeiten müssen ihm schon im Mai 1882 bekannt gewesen sein, da die Firma Zettler auf der Nürnberger Landesausstellung den Besuchern mehrere ihrer Fenster präsentiert hatte.[236] Für einen Auswärtigen scheint es schwierig gewesen zu sein, bei einer renommierten Münchener Firma angestellt zu werden. Anton Bardenhewer bat im Mai und im Juni des Jahres 1882 seine früheren Arbeitgeber August von Essenwein, den Dekorationsmaler Loosen und den Glasmaler Klaus um Zeugnisse.[237] Zusätzlich zu den guten Beurteilungen in diesen Zeugnissen, die seine Erfahrungen als Zeichner, gerade im Bereich der Glasmalerei herausstrichen, half ihm vermutlich der Umstand, daß die Glasmalerei Zettler sich seit dem Jahr 1880 aufgrund der hervorragenden Auftragslage ständig vergrößerte.[238]
Bis zum Januar 1883 arbeitete Anton Bardenhewer als Zeichner für die Königlich Bayerische Hofglasmalerei Zettler.[239] Da die Zeichner ihre Kartons damals nicht signierten und keine eigene Handschrift zeigten, um den Künstlerentwurf nicht zu verändern, ist es nicht möglich, konkrete Arbeiten Bardenhewers für Zettler nachzuweisen.[240] Nach etwa einem halben Jahr wechselte er zu der Glasmalerei Franz Paul Ostermann nach Freising.[241]

Die Glasmalereifirma Ostermann, Freising

Mit großer Wahrscheinlichkeit ist der Hauptgrund für Anton Bardenhewers Wechsel von der renommierten Firma Zettler, München, zu Ostermann nach Freising am 1. Januar des Jahres 1883 in der Neugründung dieses Betriebes zu sehen. Die Glasmalerei Ostermann benötigte aufgrund des Betriebsbeginns viele Zeichner. Deren Aufgabenbereich war noch nicht festgelegt, wie das in den

großen, straff durchorganisierten Betrieben dieser Zeit, so auch bei Zettler, die Regel war. Vermutlich erhielt Anton Bardenhewer daher die Möglichkeit, wieder vermehrt im Bereich der Glasmalereifertigung zu arbeiten und war nicht länger auf einen Bereich, etwa die figürliche Malerei, festgelegt.

Zur Firmengeschichte

Franz Paul Ostermann gründete im Jahr 1882 in Freising eine Glasmalereianstalt. 1883 trat der gebürtige Regensburger Hartwein in die Firma als Mitgesellschafter ein.[242] Zu Anfang scheint sich der Betrieb ausschließlich auf kirchliche Glasmalerei bzw. deren Ergänzung spezialisiert zu haben.[243] Bis ungefähr 1890 bestand die Firma in Freising, Untere Hauptstraße 15. Es handelte sich dabei um das Mutterunternehmen der später in München ansässigen Firma Ostermann & Hartwein, München und Freising.[244] Die Akten der Stadt Freising belegen, daß die Firma Ostermann ca. im Jahr 1890 nach München zog und dort in der Schwanthalerstr. 88 unter dem Namen Ostermann & Hartwein weiterbestand.[245]

Anton Bardenhewers Arbeiten für Ostermann

Wie bereits angesprochen, ist davon auszugehen, daß Anton Bardenhewer bei der Glasmalereianstalt Ostermann erheblich bessere und vielfältigere Möglichkeiten vorfand, seine bis dahin gewonnenen Fähigkeiten und Kenntnisse anzuwenden und zu vertiefen. Als Zeichner unter August von Essenwein geschult, war er aufgrund der dabei erlangten Erfahrungen vornehmlich im Bereich der religiösen Ikonographie und der mittelalterlichen Stile einzusetzen, wodurch er sich in das vorrangige Angebot der Fa. Ostermann, der Herstellung und Ergänzung religiöser Glasmalereien, hervorragend einfügte. Üblicherweise arbeiteten die Glasmalereianstalten zu dieser Zeit mit freien Zeichnern, die auf die unterschiedlichen malerischen Epochen bzw. Stilrichtungen spezialisiert waren.[246] Je nach Auftragslage und Größe eines Auftrags traten Firmen an den jeweiligen Spezialisten mit dem Angebot einer befristeten Anstellung heran. Viele Zeichner arbeiteten daher für mehrere Glasmalereien gleichzeitig oder nacheinander. Fest angestellte Zeichner konnten sich selbst die großen Glasmalereianstalten nur in einer sehr begrenzten Anzahl leisten.[247] Anton Bardenhewer, ausgestattet mit seinen Erfahrungen aus der Mitarbeit unter Essenwein, Klaus und Zettler, wird bei der neu gegründeten Firma Ostermann gute Chancen zu einer Fest-anstellung gehabt haben.

Am 4. März 1883 meldete sich Anton Bardenhewer offi-ziell in Freising an.[248]

Stiftskirche Prüfening

In den Jahren 1883 - 1884 soll Anton Bardenhewer an der Restaurierung der Stiftskirche Prüfening bei Regensburg beteiligt gewesen sein.[249] Möglicherweise war die Glas-malerei Ostermann, Freising, mit der Ausführung von Fensterentwürfen bzw. der Ergänzung der Originalver-glasung im Zusammenhang mit den historistischen Wiederherstellungsmaßnahmen in der Stiftskirche Prüfe-ning beauftragt. Ein solcher Auftrag hätte für die Firma ein weiterer Grund sein können, den in diesem Bereich erfahrenen Anton Bardenhewer als Zeichner anzustel-len.

In den 80er Jahren des 19. Jahrhunderts beschränkten sich die Arbeiten in Prüfening weitgehend auf die Wieder-herstellung der Deckenmalereien und der Ausstattung. Mit hoher Wahrscheinlichkeit kam es dabei zu Neuver-glasungen.[250] Der aus Regensburg stammende Glasmaler Hartwein hatte möglicherweise den Auftrag für die Her-stellung der Glasfenster von Prüfening bei seinem Eintritt in die Glasmalerei Ostermann, Freising, im Jahr 1883 mit-gebracht.

Die Wiederherstellung der ehemaligen Stiftskirche Prü-fening stand unter der Leitung des Restaurators Hag-genmiller aus München.[251] Ob Anton Bardenhewer über seine vermutete Mitarbeit an der Neuverglasung hinaus an der Wandmalereirestaurierung beteiligt war, läßt sich nicht mehr nachprüfen. Vergegenwärtigt man sich noch einmal seine vielfältige Tätigkeit unter Essenwein, scheint seine Mitarbeit durchaus möglich oder sogar wahr-scheinlich.[252] Auch die bereits angesprochene, durch die Unwägbarkeiten des Wetters, der Temperatur und der Be-leuchtung hervorgerufene zeitliche Begrenztheit der Ar-beiten vor Ort, die dazu führte, daß viele Zeichner und Maler für die Wintermonate als Zeichner in Ateliers be-schäftigt waren, im Sommer jedoch andere Aufträge an-nahmen, spricht durchaus für seine Beteiligung an der malerischen Ausführung bzw. Wiederherstellung der Wandmalereien von Prüfening.[253]

Wenn Maler und Zeichner wie Anton Bardenhewer bei ei-ner solchen jahreszeitlichen Aufteilung ihrer Beschäfti-gung im gleichen Zusammenhang im Rahmen von groß angelegten Gesamtausstattungen beschäftigt blieben, kam das der Geschlossenheit der Ausführung des gestal-terischen Gesamtkonzepts sehr entgegen.

Zu Anton Bardenhewers Mitarbeit in Prüfening läßt sich über diese allgemeinen Vermutungen hinaus nichts nach-weisen.[254] Daß er in seinen Münchner und Freisinger Jahren die Berufsbezeichnungen Zeichner, Glas- und Kir-chenmaler führte, scheint die Vermutung jedoch zu stüt-zen.

Am 3. Mai des Jahres 1884 verließ Anton Bardenhewer zum Bedauern des Inhabers die Firma Ostermann. Wie dieser im ausgestellten Zeugnis bestätigte, war er vom „[...] 1. Januar 1883 bis zum heutigen Tage in unserer An-stalt als Glasmaler und Zeichner beschäftigt und hat sich durch seinen großen Fleiß und verständnisvolle Hingabe für das Geschäft sowohl als auch durch seinen ehrenhaf-ten Charakter meine vollste Zufriedenheit erworben und sehe ich ihn sehr ungern aus meinem Geschäft schei-den."[255]

Anton Bardenhewers Hinwendung zur Glasmalerei wur-de mit großer Wahrscheinlichkeit im hohen Maße durch die Bedeutung, die August von Essenwein ihr zumaß, ge-fördert.[256] Diese hohe Wertschätzung spiegelt ein allge-meines, zeittypisches Phänomen wider, das ab den 40er Jahren des 19. Jahrhunderts zu einer neuen Blüte der Glasmalerei führte.

Die Glasmalerei des 19. Jahrhunderts – Ein Überblick in Bezug auf die Ausbildung Anton Bardenhewers

Im Jahr 1827 hatte König Ludwig I. von Bayern in Mün-chen eine Königliche Glasmalereianstalt gegründet, deren Leitung er Sigmund Frank aus Nürnberg übertrug.[257] Sie gewann sehr schnell hohes internationales Ansehen. Bei der Glasmalereianfertigung orientierte sie sich an der Technik der Glasmalerei des frühen 16. Jahrhunderts. Das heißt, daß das Glasgemälde unabhängig vom Bleige-rüst und zum Teil sogar ohne ein solches auf eine helle, zumindest einfarbige Glasscheibe gemalt wurde.

Der Münchener Richtung der Glasmalerei trat bald eine neogotische Auffassung gegenüber, deren strengste Ver-treter in Köln beheimatet waren.[258] In Köln hatte der Ka-nonikus Ferdinand Franz Wallraf die Wiederentdeckung der Glasmalerei seit Beginn des 19. Jahrhunderts voran-getrieben. Er rettete seit 1803 beim Abbruch mittelalter-licher Kölner Kirchen die darin erhaltenen Glasmalereien und sammelte sie im ehemaligen Jesuitenkolleg, wo sie notdürftig gesichert und aufbewahrt wurden. Durch diese sichtbar gemachte Wertschätzung für die ursprüngliche mittelalterliche Verglasung der Kirchen belebte er das Interesse an der Glasmalerei neu. Im Jahr 1806 schrieb er in der Kölnischen Zeitung einen Artikel über „Alte und neue Glasmalerei in Köln".[259] Dadurch wurde das wiederentdeckte Interesse an der Glasmalerei über die Fachkreise hinaus einer breiteren Öffentlichkeit bekannt. Durch den in Köln vehement vorangetriebenen Ausbau des Doms überwogen in der Architektur und den übrigen Künsten neogotische Formen. Unter der Führung von Alexander Reichensperger[260] wandte man sich heftig gegen die süddeutschen Glasmalereien und sprach sich für eine den originalen gotischen Domfenstern entsprechende Neuentdeckung der musivischen Glasmalerei aus. Die Diskussion über die Richtigkeit der einen oder anderen Auffassung, die die Entwicklung der Glasmalerei in den folgenden Jahren begleitete, entzündete sich in ihrer ganzen Heftigkeit an der Stiftung der sechs sog. Bayernfenster für den Kölner Dom durch König Ludwig I. im Jahr 1848, die in der Königlich Bayerischen Glasmalereianstalt hergestellt worden waren. Reichensperger wollte diese Glasgemälde, die sich in Technik und Farbigkeit eher an der Ölmalerei als an mittelalterlicher Glasmalerei orientierten, am liebsten sofort wieder entfernen lassen.[261] Jedoch mußten er und andere zeitgenössische Kritiker den Erzeugnissen der süddeutschen Werkstätten in ihrer technischen Ausführung hohes Lob zollen. Die strahlende Farbigkeit und detaillierte Zeichnung dieser Fenster wurden in ihrer Qualität allgemein anerkannt. Dessen ungeachtet sprach man sich dafür aus, daß sich die zeitgenössische Kölner Produktion nicht diesem 'Schwindel' anpassen dürfe, sondern zur mittelalterlichen Technik der musivischen Glasmalerei zurückkehren müsse. Die Darstellungen sollten wie ein Mosaik aus einzelnen Glasscheiben zusammengesetzt sein und durch ein Bleigerüst zusammengehalten werden. Allein die Schattierungen, Ornamente und Binnenzeichnungen innerhalb der figürlichen Darstellungen bzw. Architekturen durften malerische Ergänzungen sein. Das Bleigerüst sollte man so einpassen, daß es den Großteil der Konturen bildete.[262] Reichenspergers Einfluß bzw. der Einfluß der Kölner Neogotiker war so groß, daß die aufstrebenden Kölner Glasmaler, wie die im Jahr 1852 gegründete Glasmalerei von Vincenz Statz, sich dieser Auffassung in ihren Entwürfen und deren Ausführungen anschlossen.[263]

Kurz nach der Mitte des Jahrhunderts stand die Glasmalereiproduktion in höchster Blüte. Allerorten entstanden Betriebe, die sich je nach Auftragslage zu großen Unternehmen entwickelten oder bald wieder verschwanden.[264] August von Essenweins Fensterentwürfe folgten den gotischen Vorbildern. Für ihre Ausführungen suchte er Glasmalereifirmen, die seine Auffassung teilten oder zumindest mit der anzuwendenden Technik vertraut waren. Folglich arbeitete er vielfach mit der Glasmalerei Schneiders & Schmolz, Köln-Lindenthal[265], und der Glasmalerei Klaus, Nürnberg, zusammen.[266]

VI. ANTON BARDENHEWERS RÜCKKEHR NACH KÖLN

Bereits im Jahr 1879, also parallel zu Arbeiten in Nürnberg und Braunschweig, war der Kirchenvorstand von St. Gereon, Köln, an August von Essenwein mit der Bitte um Vorschläge für die geplante Neuausstattung der Pfarrkirche herangetreten.[267] Doch erst vier Jahre später, 1883, nachdem sein vierter Entwurf die Zustimmung des Vorstands gefunden hatte, begann er mit der Neuausstattung der Kirche St. Gereon.[268] Wie üblich arbeitete er vor Ort mit ihm vertrauten Mitarbeitern, da ihn seine Tätigkeit als Direktor des Germanischen Nationalmuseums in Nürnberg daran hinderte, ständig selbst in Köln anwesend zu sein. Im Rahmen dieser Arbeiten schuf er einen Großteil der Glasgemälde neu.

Besonders bei der Neuverglasung ist es wünschenswert, daß der Entwerfer und Ausführende entweder in einer Person vereint sind oder daß sie zumindest eng zusammenarbeiten.[269] Daß auch Essenwein dieser Ansicht war, zeigen seine Äußerungen zu seiner Zusammenarbeit mit der Glasmalerei Klaus in Nürnberg: „[...] Glasmaler Klaus in Nürnberg, bei der Ausführung meiner Kartons unter steter direkter Leitung stehend, wie schon öfter, so auch diesmal zeigte, daß er auf meine Intentionen einzugehen verstehe,[...]."[270] Daher griff Essenwein gerade in diesem Bereich immer auf bewährte Mitarbeiter zurück. Die Ausführung eines Teils der Fensterentwürfe für St. Gereon lag in den Händen der Glasmalerei Schneiders & Schmolz, Köln-Lindenthal. An sie vermittelte August von Essenwein seinen ehemaligen Mitarbeiter Anton Bardenhewer. Beide müssen also während der vorangegangenen Jahre Kontakt zueinander gehalten haben.

Am 8. Mai des Jahres 1884 begann Anton Bardenhewer als Zeichner für die Glasmalerei Schneiders & Schmolz zu arbeiten.[271] Der Wechsel zu einer renommierten, aufstrebenden Glasmalereianstalt mit einer vorerst gesicherten Auftragslage, die neuerliche Zusammenarbeit mit August von Essenwein, der ihn nach wie vor protegierte, und die Rückkehr nach Köln waren ihm vermutlich überaus willkommen. Zunächst ging er allein nach Köln. Seine hochschwangere Frau schickte er mit dem ersten Sohn Otto nach Linnich.[272] Dort wurde am 12. Juni 1884 der zweite Sohn <u>Bertram</u> Maria Anton geboren.[273]

Die Glasmalereifirma Schneiders & Schmolz, Köln - Lindenthal

Die Firma Schneiders & Schmolz, Kunstglasmalerei GmbH, wurde von Gottfried Christian Schneiders und Paul Schmolz in Köln-Lindenthal, Brabanterstr. 79, betrieben.[274] Gottfried Schneiders hatte in den 60er Jahren des 19. Jahrhunderts bei der im Jahr 1857 gegründeten Glasmalerei Oidtmann, Linnich, eine Lehre als Glasmaler gemacht.[275] Später war er für einige Jahre nach England gegangen, um dort seine Kenntnisse zu vertiefen und zu erweitern. Nach seiner Rückkehr gründete er zusammen mit Schmolz im Jahr 1882 die Glasmalerei Schneiders & Schmolz.[276]

Die Firma Schneiders & Schmolz hatte sich auf Ergänzungen von Originalverglasungen und Neuverglasungen im Rahmen der vielfältigen Restaurierungen bzw. historistischen Wiederherstellungen des 19. Jahrhunderts spezialisiert.[277] Ab 1892 entwickelte sie sich zu einem industriellen Großbetrieb, in dem die Anfertigung einer Glasmalerei in den Händen vieler Mitarbeiter lag.[278] Nur so konnte sie das durch die vielfachen historistischen Wiederherstellungsarbeiten und Neubauvorhaben ständig steigende Auftragsvolumen bewältigen.

Darüber hinaus wurden bei Schneiders & Schmolz kunstfertige Verglasungen für Häuser und Glasmalereien für die Innenraumausschmückung angefertigt.[279] Allgemein bevorzugte man bei Schneiders & Schmolz opaleszente Tiffanygläser als Arbeitsmaterial, die man überwiegend aus England bezog, da ihnen die deutschen Gläser, möglicherweise aufgrund von Schneiders Tätigkeit in England, als wenig qualitätvoll galten.[280] Neben den Werkstätten muß es auf dem Gelände in der Brabanterstr. 79 Wohnungen gegeben haben.[281] Die Inhaber selbst waren dort gemeldet, und möglicherweise wohnte auch Anton Bardenhewer in der ersten Zeit nach seiner Rückkehr nach Köln dort.[282]

In zeitgenössischen Zeitungsartikeln wird der enge Zusammenhalt der Mitarbeiter der Firma hervorgehoben.[283] Anton Bardenhewer scheint darüber hinaus eine freundschaftliche Beziehung zu den Inhabern gepflegt zu haben, so daß er Jahre später, 1893, erneut in die Brabanterstraße 79 zog[284] und in den folgenden Jahren vielfach eng mit der Firma zusammenarbeitete.[285] Der Domkapitular

Schnütgen unterhielt über lange Jahre eine enges freundschaftliches Verhältnis zu den Firmeninhabern. So kann man davon ausgehen, daß Anton Bardenhewer ihn ebenfalls kennenlernte.[286] Da die meisten Aufträge in Köln über Beziehungen und Bekanntschaften erteilt wurden, ist es gut möglich, daß Bardenhewer aus dieser Bekanntschaft hohen Nutzen zog.[287]

Anton Bardenhewer als Mitarbeiter bei großen Restaurierungen

Die ersten Kölner Jahre gestalteten sich für Anton Bardenhewer entsprechend der Arbeitsteilung, die er aus den vorangegangenen Jahren seiner Zusammenarbeit mit August von Essenwein kannte. Wieder arbeitete er als Angestellter einer Glasmalereianstalt und war parallel an der Wiederherstellung der mittelalterlichen Ausstattung einer Kirche vor Ort beteiligt. Vermutlich begann er sofort nach seiner Anstellung bei Schneiders & Schmolz, die Glasmalereientwürfe Essenweins für die Neuverglasung von St. Gereon umzusetzen.[288]

St. Gereon, Köln

Die letzte große Restaurierung August von Essenweins, deren Leitung vor Ort wiederum in den Händen von Matthias Goebbels lag und an der Anton Bardenhewer als Mitarbeiter beteiligt war, steht am Anfang von Bardenhewers beruflichem Werdegang in Köln. Daher wird die nach den Entwürfen Essenweins erfolgte historistische Überarbeitung der Wandmalereien in der Kirche St. Gereon, Köln, im folgenden ausführlich vorgestellt. Die bedeutende Ausstattung dieser Pfarrkirche wurde in den späteren Jahren wiederholt unter Anton Bardenhewers eigener Leitung restauriert. Eine detaillierte Betrachtung der frühen unter Goebbels ausgeführten Arbeiten und ihrer Auswirkungen auf das Original soll im Vorfeld der weiteren Betrachtungen ein Bild von der restauratorischen Auffassung vermitteln, die Bardenhewer erlernte. Die sich später anschließenden Ausführungen zu seinen eigenen Arbeiten werden im Vergleich zu dieser frühen Wiederherstellung Bardenhewers gewandelte Restaurierungsauffassung und seine künstlerische Entwicklung belegen.[289]

Das Restaurierungskonzept August von Essenweins

Im Jahr 1883 begann die Wiederherstellung des Inneren der Kirche St. Gereon nach Entwürfen Essenweins.[290] Unter seiner Leitung entstand eine komplette Neuausstattung, aus der nur eine einzige Kapelle herausfiel.[291] Bei seinen Entwürfen nahm Essenwein kaum Rücksicht auf die wenigen bereits in den 20er Jahren des 19. Jahrhunderts freigelegten Wandmalereien, auf die zeitgleich historistisch überarbeiteten Malereien auf den Tympanonfeldern des Westportals (Abb. 26) oder die im Jahr 1855 überarbeiteten Malereien der Taufkapelle.[292] Stattdessen entwarf er auf der Grundlage seiner eigenen Vorstellungen, einer Fiktion von den Hintergründen und Beweggründen für die ursprüngliche mittelalterliche Ausmalung, ein Darstellungssystem mit vielen Rückgriffen auf mittelalterliche Vorbilder. (Abb. 27 - 28)[293] „[...], umso mehr fand er auch, daß die ihm gestellte Aufgabe, den Bau zu schmücken, eine ganz andere sei, als es auf den ersten Blick erscheint, und daß er in dem Gedankenkreise, wie in der Darstellungsweise, insbesondere auch in der Farbe, den uns erhaltenen Vorbildern des 13. Jahrhunderts nur zum Teil folgen könne, daß er zum Teil an weit frühere Zeiten anknüpfen müsse, weil er die Überzeugung gewann, daß auch die alten Meister hier abweichend von dem gearbeitet hatten, und hatten arbeiten müssen, was sonst in ihrem künstlerischen Gesichtskreise lag."[294] Im Stil der Darstellungen beschloß er, eine sehr archaische Form zu wahren. Jeder Versuch einer naturalistischen oder perspektivischen Malerei erschien ihm unangebracht, da sie dem Stil des dort im 13. Jahrhundert Geschaffenen nicht entspräche.[295] „Aber als Mitglied der Malerschule des 13. Jahrhunderts fühlten wir uns. Mit ihr wollten wir die Flächen dekorieren, nicht Bilder malen. Mit ihr waren wir zufrieden, wenn unsere Figuren sprachen, unbekümmert, ob ein Fuß richtig, ein Arm oder ein Hals nicht so gezeichnet war, wie man bei der heutigen Kenntnis der Perspektive das machen kann."[296]

Während der seiner Neuausstattung vorangehenden vollständigen Freilegungsarbeiten entdeckten seine Mitarbeiter in den acht Kapellen des Oktogons und deren Zwickeln Reste einer Ende des 17. Jahrhunderts ausgeführten Dekoration, die sich in den Formen an der Ausmalung des 13. Jahrhunderts orientiert hatte.[297] Die dort gegebenen Hinweise auf die ursprüngliche Ikonographie übernahm Essenwein nur in soweit sie sich in sein Gesamtsystem einpassen ließen. In den acht kleinen Halbkuppeln war achtmal die selbe Person in identisch gestalteten Kreiseinfassungen dargestellt. Essenwein übernahm nur diese äußere Form in sein christologisches Gesamtprogramm.

Abb. 26: St. Gereon, Köln, Hauptportal

Abb. 27: St. Gereon, Köln, Dekagon, Blick nach Osten, mit dem nach Entwürfen Essenweins verändertem Choraufgang, um 1895

Er entwarf acht Darstellungen Christi mit den acht Selig-keiten aus der Bergpredigt und ließ sie anstelle der aufge-deckten Reste in den Kuppeln anbringen. Sie wurden durch verschiedene Heiligengruppen dargestellt, die die mit ihnen verbundenen Tugenden versinnbildlichten (Abb. 29)[298] Von den aufgedeckten Malereien übernahm er lediglich die Szenen des Dionysius-Lebens in einer der Ka-pellen inhaltlich unverändert in sein Programm. Damit sie sich mit der Neuausstattung in Farbe und Gestaltung zu einem einheitlichen Gesamtbild zusammenfügten, wur-den sie vollständig im Stil der neuen Gesamtfassung übermalt.[299] (Abb. 30) Daß er diese Szenen übernahm, mag zum einen auf ihren guten Erhaltungszustand grün-den, zum anderen lag der Übernahme vermutlich eine Intervention durch die Denkmalbehörde zugrunde. Diese ließ von den Wandmalereien zeichnerische Aufnahmen anfertigen, die ihren Zustand vor der Wiederherstellung zeigen. Das verweist auf das starke Interesse an dieser Ma-lerei.[300]

Die Art, auf die Essenwein seine figürliche Neuausstat-tung durch Übernahme bzw. Anlehnung an die erhaltene Originalmalerei mit dieser verschliff, übertrug er auch auf die dekorative Ausmalung. Für das Dekagon entwickel-te er aus den Formen der aufgefundenen Originalorna-mente ein vollständig neues Dekorationssystem. (Abb. 31)[301] Dabei setzte er die Formenvorlagen neu, in verän-derter Reihenfolge, zusammen und fügte selbstentworfe-ne Neuschöpfungen hinzu.[302] Zu einigen Kapellen sind über Essenweins eigene Beschreibung der veränderten Ausmalung hinaus weitere schriftliche Belege zu der Neuausstattung unter seiner Leitung erhalten. So erhielt eine der Kapellen anläßlich des „Jubeltages des Herrn Kaplan Schumacher" im Jahr 1885 eine Marmorverklei-dung, Wand- und Glasmalereien und einen Betstuhl.[303] Die Heinrichskapelle, in der sich die Tür zur Krypta be-fand, wurde mit Szenen aus dem Leben des Kaisers Hein-rich ausgeschmückt. Diese Ausmalung führte Matthias Goebbels in nur drei Wochen nach den Entwürfen Essen-weins aus.[304]

Die Neufassung Essenweins „[...] erregte anfangs einiges Befremden, sogar scharfe Kritik von Seiten eines in Bezug auf diese Stilrichtung incompetenten Künstlers."[305] In

Abb. 28: St. Gereon, Köln, Blick in die nach Entwürfen Essenweins ausgemalte Kuppel des Dekagons, um 1895

Abb. 29: St. Gereon, Köln, Blick durch das Dekagon nach Osten, um 1895

späteren Jahren wurde sie im Unterschied zu vielen anderen Wiederherstellungen dieser Zeit sehr positiv beurteilt. „Man wird jedenfalls auf lange Zeit hinaus die Essenweinsche Ausmalung von St. Gereon in Köln nicht entbehren mögen, die trotz ihrer jetzigen Verschmutzung viel künstlerische Einfühlung verrät und mit ihrem gewissen, mosaikartigen goldenen Schimmer Gregor von Tours' Worte über den Glanz der ursprünglichen Kirche „ad Sanctos aureos" in die Erinnerung ruft."[306]
Essenwein selbst scheint möglicherweise aufgrund der die Ausstattung ständig begleitenden öffentlichen Diskussion nach Abschluß der Arbeiten den Wunsch nach einer Rechtfertigung seines Vorgehens gehabt zu haben. Er veröffentlichte im Jahr 1891 im Verlag Heinrich Keller, Frankfurt a.M., eine ausführliche Erläuterung der seiner Ausstattung von St. Gereon zugrunde liegenden Überlegungen, die ergänzt wird durch 36 Tafeln, die einen Teil der Wand- und Glasmalereien, teilweise in Farbendruck, wiedergeben.[307]

Der Einfluß von Matthias Goebbels

Die Arbeiten vor Ort standen unter der Leitung von Matthias Goebbels, der zu diesem Zeitpunkt Kaplan an der Pfarrkirche St. Maria im Kapitol war. Inwieweit Goebbels Einfluß auf die Gestaltung der Neuausstattung von St. Gereon nahm, ist nicht mehr zu entschlüsseln.[308] Twachtmann-Schlichter spricht ihm einen hohen künstlerischen Einfluß zu.[309] Aus seinen Briefen, die sie zitiert, geht hingegen lediglich hervor, daß er Entwürfe und Ideen zur Neuausstattung vorlegen wollte. Ob dies geschah und inwiefern sich Essenwein oder der Kirchenvorstand gegebenenfalls beeinflussen ließen, ist nicht geklärt. Essenwein berichtet in seinem Buch über die Neuausstattung von St. Gereon, daß Matthias Goebbels die Ausführung mehrfach habe überarbeiten müssen, bevor sie durch die verantwortlichen Personen abgenommen worden seien. Ob die Ausmalung nach seinen Entwürfen oder nach denen von Goebbels entstand, sagt er nicht. Allerdings wird in seinen Formulierungen eine deutliche Kritik des künstlerischen Leiters an der Ausführung vor Ort erkennbar.[310]

*Abb. 30: St. Gereon, Köln, Detailaufnahme der Wandmalereien
nach der Überarbeitung unter der Leitung von Matthias Goebbels*

Anton Bardenhewers Beteiligung an den Arbeiten in St.
Gereon

Wahrscheinlich arbeitete Anton Bardenhewer bereits ab
dem Sommer 1884 in der Kirche St. Gereon, obwohl er zu
diesem Zeitpunkt bei der Glasmalerei Schneiders &
Schmolz angestellt war.[313] Vorrangig scheint er, wie während seiner gesamten Zusammenarbeit mit Essenwein,
als Zeichner gearbeitet zu haben. Wie in Nürnberg und
Braunschweig war er an den Entwürfen für die Neuverglasung der Kirche beteiligt. Wieder übertrug er Essenweins Entwürfe in fachgerechte Kartonvorlagen für die
Glasmaler. Inwieweit er an der künstlerischen Gestaltung der Fensterentwürfe mitwirkte, läßt sich nicht klären. Ruft man sich nochmals Essenweins Äußerungen
über seine Zusammenarbeit mit dem Glasmaler Klaus,
Nürnberg, in Erinnernung, muß man davon ausgehen,
daß der Kartonzeichner und der Glasmaler durchaus Einfluß auf die Gestaltung der Fenster nehmen konnten und
auch genommen haben.[314]
Wie zuvor in Nürnberg hatte Essenwein Anton Bardenhewer auch in Köln an die seine Entwürfe ausführende
Glasmalerei vermittelt.[315] Daher war Bardenhewer über
seine Arbeit als Kartonzeichner hinaus auch an der Ausführung der Fenster beteiligt. Die Glasmalerei Schneiders
& Schmolz fertigte sieben Fenster für die Kapellen sowie
Fächerfenster und Emporenfenster mit floraler Ornamentik an.[316] Die Entwürfe entstanden „[...] im engsten
Anschluß an die besten spätromanischen Vorbilder
[...]."[317] Es erstaunt, daß Essenwein nach Abschluß der
Arbeiten die ausgeführten Fenster nicht selbst kontrollierte.[318] Entweder galt die Ausführung der Fa. Schneiders & Schmolz als besonders qualitätvoll, oder Essenwein vertraute der Aufsicht Anton Bardenhewers in hohem Maße. Ein weiterer Grund für dieses Verhalten mag
sich in dem sich zu dieser Zeit sehr schnell verschlech-
ternden Gesundheitszustand Essenweins finden lassen.
Zehn große Fenster der oberen Reihe des Oktagons und
das untere Fenster der Heinrichskapelle sollen nach
Twachtmann-Schlichter unter direkter Aufsicht und Mitwirkung Essenweins in Nürnberg von H. Klaus gefertigt
worden sein.[319] (Abb. 34) Da Twachtmann-Schlichter
nicht belegt, woher diese Informationen stammen, lassen
sie sich nicht überprüfen.[320] Bislang ist für keinen anderen
Glasmalereiauftrag Essenweins bekannt, daß er selbst
die Ausführung in der Werkstatt beaufsichtigt oder gar
vor Ort mitgearbeitet hätte. So scheint das auch hier unwahrscheinlich. Bedenkt man, daß Essenwein sich seit
1879 mit den Entwürfen für die Neuverglasung und Neuausstattung von St. Gereon beschäftigte, scheint es dage-

Für die Annahme, daß Goebbels nur die Anweisungen
Essenweins bzw. dessen Entwürfe ausführte, spricht, daß
er eine von Essenwein entworfene Hl. Helena, deren ursprünglicher Anbringungsort verworfen wurde, an einer
anderen Stelle anbrachte, da Essenweins Gesundheitszustand es ihm nicht mehr erlaubte, für diese einen anderen
Entwurf zu liefern. Wären Goebbels größere Kompeten-
zen oder Freiheiten zugesprochen worden, hätte er für
diese Stelle sicherlich einen eigenen, besser geeigneten
Entwurf angefertigt.[311]
Auch wenn man davon ausgeht, daß Matthias Goebbels
keinen Einfluß auf die der Neuausstattung zugrundeliegenden Entwürfe hatte, so hatte er doch entscheidenden
Einfluß auf die malerische Ausführung. Zumindest insofern hatte er Anteil an der Gesamterscheinung. Von seiner
Hand stammen alle Köpfe der von Essenwein entworfenen Figuren.[312]

Abb. 31: St. Gereon, Köln, das Dekagon nach der Neuausmalung nach Entwürfen Essenweins, Meßbildaufnahme von 1889

Abb. 32: St. Gereon, Köln, die Krypta nach der historistischen Wiederherstellung, Meßbildaufnahme von 1889

gen möglich, daß Anton Bardenhewer bereits während seiner Anstellung bei der Glasmalerei Klaus mit den Kartons für St. Gereon befaßt gewesen ist. Als später weitere Aufträge an die aufstrebende Kölner Glasmalerei Schneiders & Schmolz vergeben wurden, wurde Bardenhewer, der mit Essenweins Arbeiten vertraut und zu der Zeit offensichtlich beruflich nicht fest gebunden war, durch Essenwein wiederum als Zwischenglied zwischen sich und die neue Glasmalereianstalt gesetzt.[321]

Daß Anton Bardenhewer über seine Mitarbeit an der Neuverglasung hinaus ab 1884 an der Wiederherstellung der Ausmalung bzw. der malerischen Neuausstattung beteiligt war, belegt sein umfangreiches Wissen über die unter Goebbels Leitung ausgeführten Arbeiten. In mehreren Berichten zu seinen eigenen späteren Arbeiten nennt er vielfältige Details, die ihm nur als Mitarbeiter bekannt geworden sein konnten[322], da man selbst bei einer Wiederherstellung wie dieser, die von vornherein als Neuausstattung geplant war, Restaurierungsinterna meist verschwieg. Das ging soweit, daß in abschließenden Berichten ganz besonders auf die Erhaltung der originalen Farbigkeit hingewiesen wurde, obwohl sie nachweislich verändert worden war. Anton Bardenhewer verfügte gerade über solche Detailkenntnis. Er berichtet später, daß man bei der farbigen Wiederherstellung von St. Gereon die aufgedeckte originale blaue Farbgebung nicht

erhielt.[323] Damit ist seine Mitarbeit bei der Aufdeckung und der späteren Überarbeitung der Ausmalung gesichert belegt.

Abb. 33: St. Gereon, Köln, die Krypta nach der letzten Instandsetzung 1995

45

Abb. 34: St. Gereon, Köln, das Dekagon, Blick nach Westen, um 1895

Abb. 35: St. Kunibert, Köln, Chorausmalung, Medaillon mit Marienkrönung

St. Kunibert, Köln

Bereits seit seiner Rückkehr nach Köln hatte Anton Bardenhewer den Kontakt zu Matthias Goebbels erneut aufgenommen und wieder begonnen, unter seiner Leitung zu arbeiten. Neben den Arbeiten in St. Gereon betreute Goebbels zu dieser Zeit die Neuaustattung der Kirche St. Kunibert, Köln. Anton Bardenhewer begann daher ebenfalls parallel zu arbeiten. In den folgenden Jahren war er als Mitarbeiter von Goebbels an der Freilegung und Wiederherstellung der Wandmalereien von St. Kunibert beteiligt. Bereits im Jahr 1852 war diese Kirche nach Entwürfen August von Essenweins ausgestattet worden. Dabei hatte man, wie für Neufassungen Essenweins üblich, wenig Rücksicht auf die bereits im Jahr 1840 freigelegten Wandmalereien genommen.[324] Warum Essenweins Entwürfe damals nur im Langhaus zur Ausführung kamen, ist nicht belegt.[325] In den Jahren 1856 bis 1859 wurde die Ausmalung des Langhauses durch Neuschöpfungen im Chor und im Querhaus von Michael Welter, Köln, ergänzt.[326] (Abb. 35) Erst 1863 bis 1865 weitete Welter seine historistische Überarbeitung, die gleichfalls keine Rück-

sicht auf das Original nahm, auf die übrigen Gebäudeteile aus. Bereits in diesen Jahren wird der Name Matthias Goebbels im Zusammenhang mit der Neuausmalung genannt. Ob er an der Ausführung beteiligt war oder die Arbeiten unter seiner künstlerischen Leitung standen, ist bislang nicht geklärt.[327]

Im Jahr 1877 begannen im Bereich der Vierung ursprüngliche Wandmalereien hervorzublühen. Doch erst 1880 nahm man das zum Anlaß, die Neuausstattung unter Leitung von Matthias Goebbels durch eine erneute Überarbeitung des Langhauses zu vollenden.[328] (Abb. 36) Goebbels schreibt in einem zeitgleichen Bericht, daß er sich dabei an den erhaltenen Resten der ornamentalen Dekoration orientiert habe.[329] Spätere Untersuchungen lassen an seiner Darstellung zweifeln. Sie zeigten deutlich, daß zumindest die figürliche Malerei sehr frei überarbeitet wurde.[330] (Abb. 37) Dabei muß man berücksichtigen, daß sich eine Darstellung der 'Thronenden Madonna mit Kind' nach der vollständigen Freilegung in einem so schlechten Erhaltungszustand befand, daß Goebbels beschloß, die Konturen abzupausen und das Gemälde im Anschluß anhand dieser Pausen neu auf die Wand aufzutragen. (Abb. 38)

Bei der Wiederherstellung der Heiligendarstellungen an den Langhauspfeilern orientierte er sich an einer dort erhaltenen Ausmalung von 1598. Die Heiligen Dionysius und Christophorus waren jedoch komplette Neuschöpfungen von Goebbels. Von den zwölf Szenen des Marienlebens sind nur vier im Original erhalten. Goebbels veränderte nahezu alle Darstellungen in ihrer Farbigkeit.[331] Fast alle diese Details waren Anton Bardenhewer bekannt, wie seine Ausführungen in einem Bericht von 1911 beweisen.[332] Das belegt seine Beteiligung an den Wiederherstellungsarbeiten.[333]

Führt man sich die großen Veränderungen vor Augen, die die Kirchen St. Gereon und St. Kunibert im Rahmen ihrer jeweiligen Wiederherstellung erfuhren, gewinnt man ein klares Bild von der historistischen Restaurierungsauffassung, die Bardenhewer durch seine Lehrer kennenlernte. Abgesehen von den nach heutiger Auffassung sehr kritisch zu beurteilenden Eingriffen in den Originalbestand muß man anerkennen, daß Anton Bardenhewer in diesen Jahren weitreichende und vielfältige Kenntnisse im Bereich der mittelalterlichen Dekorationen, Ikonographie, Glasmalereitechnik und freskalen Wandmalereitechnik gewann. Parallel dazu schulte er sein zeichnerisches Können. Diese Fähigkeiten ermöglichten ihm später den Weg in die Selbständigkeit und versetzten ihn lebenslang in die Lage, mit hoher künstlerischer und technischer Flexibilität Aufträge aus unterschiedlichen Bereichen anzunehmen.[334]

Nach Abschluß der Arbeiten in St. Gereon und St. Kunibert im Jahr 1885 mußte Anton Bardenhewer sich neu orientieren. Er verließ die Glasmalerei Schneiders &

Abb. 36: St. Kunibert, Köln, nördliches Querschiff und Langhaus nach Westen

Abb. 37: St. Kunibert, Köln, Blick nach Osten, Zustand nach Abnahme der historistischen Neuausmalung mit der anhand der erhaltenen Reste wiederhergestellten Ausmalung der Gewölbe, 1939

Abb. 38: St. Kunibert, Köln, Detailaufnahme der „Thronenden Mutter Gottes" im Chor

Schmolz.[335] „Die Unterzeichneten bescheinigen hiermit, daß Herr Anton Bardenhewer aus Müllendorf vom 8. März 1884 bis Ende August 1885 bei uns als Zeichner tätig war. Derselbe hat während der Zeit alle Anforderungen, welche an ihn gestellt wurden, in stilgerechter und künstlerischer Weise zu unserer größten Zufriedenheit ausgeführt und können wir ihn als einen zuverlässigen und brauchbaren Künstler aufs beste empfehlen. Herr Bardenhewer wird hiermit auf eigenen Wunsch entlassen."[336] Warum er die Firma verließ, ist abschließend nicht zu klären. Mit Sicherheit geschah es nicht im Streit, da er in den folgenden Jahren einen engen beruflichen Kontakt zu der Firma aufrecht erhielt und im Jahr 1893 eine Wohnung auf dem Firmengelände in der Brabanterstraße bezog. Möglicherweise gründete dieser Entschluß im Wunsch, sich in stärkerem Maße mit Arbeiten im Rahmen der Wiederherstellungen mittelalterlicher Kirchen,

im besonderen mit Wandmalereirestaurierungen zu befassen. Darüber hinaus muß man sich die bereits dargestellte Arbeitsteilung in den Glasmalereianstalten nochmals vor Augen führen. Hatte sich ein Zeichner in einem Bereich als besonders geeignet erwiesen, erhielt er selten die Möglichkeit, sich zu verändern. Viele Zeichner erhielten von vornherein auch nur eine Zusage für ein bestimmtes Projekt. Waren die Arbeiten dann abgeschlossen, mussten sie sich eine neue Anstellung suchen. Auch finanzielle Gründe mögen für Bardenhewers Entscheidung eine Rolle gespielt haben. Im Juli des gleichen Jahres war sein Vater gestorben, so daß er seine Mutter zu sich nach Köln holte. Sie bezog eine Wohnung in der Mittelstraße Nr. 23/25.[337] Nach der neuerlichen Schwangerschaft seiner Frau, die am 7. September 1885 eine Tochter, <u>Maria</u> Isabella Paulina[338], zur Welt brachte, bezog die Familie eine neue Wohnung. Sein Gehalt bei Schneiders & Schmolz war vermutlich nicht hoch genug, um die gestiegenen Ausgaben zu decken. Im Jahr 1886 ließ er sich in Greven's Adreßbuch als Zeichner, Meyerstr. 4, eintragen, nachdem er sich beruflich zum zweiten Mal umorientiert hatte.[339]

Das Atelier Heinrich Roesberg

Am 28. August 1885 begann Anton Bardenhewer als Zeichner für das Atelier Heinrich Roesberg, Köln, zu arbeiten.[340] Das Atelier Heinrich Roesberg, Minoritenstr. 21, wurde in Greven's Adreßbuch im Jahr 1893 als „Etablissement für Gesammt-Ausstattung von Wohnräumen, Lager in Tapeten und Teppichen, Möbel- und Vorhangsstoffen, Gardinen, Möbeln, Spiegeln, Kronleuchtern und Dekorations-Gegenständen aller Art" geführt.[341]
Mit dem Wechsel von der Glasmalerei Schneiders & Schmolz zu Roesberg verlegte sich Anton Bardenhewer ganz auf den kunstgewerblichen Bereich. Dieser war ihm seit seiner Zusammenarbeit mit August von Essenwein vertraut, da Essenwein bei seinen Entwürfen für die Neuausstattungen von Kirchen vielfach Entwürfe für liturgische Geräte oder Altäre mitlieferte. Darüber hinaus wird Bardenhewer nach seiner Anstellung bei Zettler und Schneiders & Schmolz mit Fensterentwürfen für den Wohnbereich vertraut gewesen sein, obwohl er selbst vermutlich auf diesem Sektor nicht arbeitete.

Zu den Angeboten des Ateliers Roesberg gehörte neben den oben aufgeführten Ausstattungsmöglichkeiten auch die Ausmalung ganzer Räume. Da in Köln durch die Zerstörungen im Zweiten Weltkrieg und die sich verändernde Mode keine profanen Innenausstattungen des 19. Jahrhunderts erhalten sind, lassen sich Neuausstattungen Bardenhewers nicht mehr nachweisen.

Unterlagen zu den Erzeugnissen des Ateliers Roesberg sind ebenfalls nicht erhalten, so daß man sich keine genauen Vorstellungen von den Entwürfen machen kann, die Bardenhewer im Rahmen seiner Anstellung geliefert haben könnte.[342]

Möglicherweise wurde während dieser Jahre bei Roesberg die Idee einer Zusammenarbeit innerhalb der Familie geboren. Anton Bardenhewers Frau Maria, geborene Birnmeyer, konnte als ausgebildete Stickerin selbst aufwendige Entwürfe ihres Mannes für Draperien, Tücher etc. fachgerecht ausführen. In späteren Jahren leitete sie in der Nähe vom Gereonswall, wo die Bardenhewers zu der Zeit wohnten, eine eigene Stickwerkstatt mit mehreren Mitarbeiterinnen.[343] Isabella Bardenhewer, Anton Bardenhewers Mutter, hatte, wie für Frauen ihrer Generation üblich, sticken gelernt und konnte daher ebenfalls leichtere Arbeiten übernehmen. Diese Zusammenarbeit weitete sich in den folgenden Jahren von Anton Bardenhewers Selbständigkeit, in denen er vielfach Stickentwürfe anfertigte, immer mehr aus. Noch heute ist eine nach gotischem Vorbild gestickte Strahlenkranzmadonna, auf einem Drachen stehend, im Familienbesitz.[344] (Abb. 39 - 41) Sie ist einer der wenigen erhaltenen Belege für Anton Bardenhewers kunsthandwerkliches Schaffen.

Abb. 39: Strahlenkranzmadonna auf der Mondsichel, Familienbesitz Ketnath, München

Erste Versuche einer Etablierung im Bereich der Denkmalpflege

Im Jahr 1887 zog die Familie Bardenhewer in die Venloerstraße um.[345] Einer der Beweggründe mag in dem für die Frauen zusätzlich benötigten Arbeitsraum zu suchen sein. Die enge Zusammenarbeit innerhalb der Familie, durch die Anton Bardenhewer die Fertigung seiner Entwürfe unmittelbar kontrollieren konnte und die zusätzliche Einnahmen brachte, schuf ihm den Freiraum, sich neben seinen Arbeiten für Roesberg um Aufträge im Zusammenhang mit Wiederherstellungen zu bewerben. Daß er sich vom Wechsel zu Roesberg eine solche Schwerpunktverlagerung innerhalb seines Schaffens erhofft hatte, zeigt sein in den folgenden Jahren sich stetig steigerndes Bemühen, entsprechende Aufträge zu erhalten.

Es muß für ihn außerordentlich schwierig gewesen sein, im festen, eng begrenzten Kreis der wenigen Künstler, die in Köln Aufträge zu Wandmalereiwiederherstellung oder Neuausstattungen erhielten, Fuß zu fassen. Bis 1889 ist

Anton Bardenhewers Mitarbeit nur im Zusammenhang mit einer einzigen projektierten und zumindest in Teilen ausgeführten Wiederherstellung nachweisbar.

Ehemalige Prämonstratenserabtei Steinfeld

Wie bereits erwähnt, arbeitete Anton Bardenhewer seit seiner Rückkehr nach Köln wieder eng mit Matthias Goebbels zusammen, der ihn, soweit möglich, bei den unter seiner Leitung stehenden Arbeiten beschäftigte. Seit dem Jahr 1883 setzte Goebbels Wandmalereien in der ehemaligen Prämonstratenserabtei Steinfeld in der Eifel instand.[346] Im Jahr 1885 begann er mit der systematischen Aufdeckung frühgotischer Fresken in der Chorapsis. Bereits an diesen Arbeiten war Anton Bardenhewer mit großer Wahrscheinlichkeit beteiligt. Nach ihrem Ab-

schluß wurde er im Jahr 1886 vom Landeskonservator Paul Clemen beauftragt, mehrere Aufnahmen der Chorausmalung anzufertigen. Sie befinden sich heute im Bestand des Rheinischen Amts für Denkmalpflege, Abtei Brauweiler.[347] Parallel dazu führte er eine eingehende Untersuchung der aufgedeckten Ausmalung des Chores durch.[348] Das belegen seine späteren Ausführungen über den technischen Aufbau der in Steinfeld aufgedeckten Wandmalereien. „Der mittelalterliche Putz besteht aus zwei Schichten, einem aus Kalk, Sand, dicken Kieselsteinen und zerschlagenem Tuff bestehenden Rauhputz und dem darüber aufgetragenen Feinputz. Letzterer ist aus

Abb. 41: Strahlenkranzmadonna, Detailaufnahme der Köpfe

gewaschenem Sand und Kalk gemischt und mit der Stahlkelle geglättet. Hierdurch sind alle Sandkörner in denselben eingedrückt und eine glatte poröse Oberfläche erzielt, in welche die Farben tief eingedrungen sind. [...] Ein sehr schönes Beispiel dieser Art Malerei findet sich in Steinfeld neben dem Triumphbogen auf einem Sandsteinpfeiler. Es sind mehrere, aus dem 14. Jahrhundert stammende, unrestaurierte und vorzüglich erhaltene Mönchsportraits. Hier kann es sich nicht um Fresken handeln, da der Untergrund Sandstein ist, und doch ist hier die Farbe ebenso tief in den Malgrund eingedrungen und ebenso gut mit demselben verbunden. Als Bindemittel kann hierbei nur leichte Kalkmilch verwandt worden sein."[349]
Eine Überarbeitung der Malereien, die diese im Sinne einer historistischen Wiederherstellung des 19. Jahrhun-

derts beeinträchtigt hat, wird in die Zeit nach der Freilegung, ins Jahr 1886 datiert.[350] Es ist anzunehmen, daß Anton Bardenhewer an diesen Sicherungsarbeiten beteiligt war, die sich direkt an die Neuausmalung der Chorkappen, die Matthias Goebbels bereits seit 1884 leitete, anschlossen.[351]
Die Arbeiten in der Abtei Steinfeld sind ein weiterer Beleg dafür, daß Anton Bardenhewer in den ersten Jahren seine Aufträge im Bereich der Wiederherstellungen der Unterstützung durch Goebbels zu verdanken hatte. Goebbels bot Anton Bardenhewer über die Mitarbeit an vielen seiner Projekte hinaus die Möglichkeit, seine Erfahrung im Bereich der Wandmalereirestaurierung so zu erweitern, daß er sich bald um eigenständige Arbeiten bemühen konnte.[352]

Abb. 42: St. Maria Himmelfahrt, Köln, Blick nach Osten   *Abb. 43: St. Maria Himmelfahrt, Köln, Blick nach Westen*

St. Maria Himmelfahrt, Köln

Bereits im Jahr 1887 begann man unter Baumeister Cremer mit der baulichen Instandsetzung der Kirche St. Maria Himmelfahrt in Köln.[353] (Abb. 42 - 43) Die Wiederherstellung des Inneren leitete Matthias Goebbels. Mit der malerischen Ausführung hatte man den Maler Theodor Winkel, Köln, beauftragt.[354] (Abb. 44) Anton Bardenhewer war, vermutlich wieder durch die Vermittlung von Goebbels, an den Arbeiten beteiligt. So lernte er einen der im Bereich der malerischen Wiederherstellungen meistbeschäftigten Maler Kölns, Theodor Winkel, kennen. Auf die gute Zusammenarbeit der beiden in St. Maria Himmelfahrt sind vermutlich ihre späteren gemeinsamen Arbeiten zurückzuführen.[355]

Bardenhewer erhielt im Sommer 1889 den Auftrag, die unter der Tünche des Chors hervorblühenden Wandmalereien vollständig aufzudecken und anschließend wiederherzustellen. (Abb. 45)[356] Im Bildarchiv des Rheinischen Amts für Denkmalpflege, Abtei Brauweiler, ist ein in das Jahr 1889 datierter Aquarellkarton zu den ornamentalen

Gewölbemalereien erhalten.[357] Die malerische Neufassung des Langhauses schloß sich erst in den Jahren 1892 bis 1894 an. Sie erfolgte in enger Anlehnung an das im Chor aufgedeckte Dekorationsschema und wurde mit großer Wahrscheinlichkeit durch Anton Bardenhewer ausgeführt.[358]

Es kann nicht verwundern, daß gerade die Wiederherstellung der farbigen Fassung von St. Maria Himmelfahrt die erste nachweisbare Aufgabe ist, die Anton Bardenhewer selbständig anvertraut wurde. Das erklärt sich aus dem Umstand, daß es sich dabei um eine barocke Innenausstattung handelt. Die Wand- und Gewölbeflächen sind reich stuckiert (Abb. 44 - 47) und die Gründe in blaugrau gehalten. Der Stuck der Fensterlaibungen zeigt Rosa, die übrigen Schmuckformen sind in Blau, Grau, Rosa, Weiß und Gold gefaßt. Vom Standpunkt des 19. Jahrhunderts aus handelte es sich auch bei der Wiederherstellung der farbigen Fassung des Chors eher um Anstreicherarbeiten als um eine hochrangige restauratorische Leistung und damit um eine Arbeit, die man einem eher unbekannten Maler, der sie kostengünstig ausführte, mit gutem Gewissen anvertrauen konnte. Infolge der Ende des

Abb. 44: St. Maria Himmelfahrt, Köln, vor der Freilegung der Chorausmalung

Abb. 45: St. Maria Himmelfahrt, Köln, nach der Wiederherstellung

19. Jahrhunderts noch vielfach geringen Wertschätzung Ausstattungen des 17. Jahrhunderts gegenüber glaubte man, auch mit der Auffrischung der floralen und figuralen Darstellungen im Chorgewölbe nicht unbedingt einen hochrangigen Restaurator beschäftigen zu müssen.[359] Den Auftrag für die sich später anschließende Neufassung des Langhauses wird Bardenhewer erhalten haben, weil man mit seinen Leistungen im Chor sehr zufrieden war. An die malerische Fassung des Inneren schloß sich die Wiederherstellung einer Vielzahl von Ausstattungsstücken an. „Die reiche Vergoldung des ausgedehnten bildnerischen Schmucks ist vollständig erneuert worden, [...]. Auch die zahlreichen Gemälde sind einer gründlichen Reinigung unterzogen worden."[360] Inwieweit Anton Bardenhewer infolge seiner Referenzen durch seine parallele kunstgewerbliche Tätigkeit bei Roesberg hierbei entsprechende Aufträge erhielt, ist nicht zu klären. Für spätere Arbeiten läßt sich vielfach belegen, daß er zusammen mit einer Restaurierung der Ausmalung die Wiederherstellung von Gemälden und anderen Ausstattungsstücken übernahm.[361]

Abb. 46: St. Maria Himmelfahrt, Köln, südliche Langhauswand

Abb. 47: St. Maria Himmelfahrt, Köln, Detailaufnahme des Stucks oberhalb der unteren Arkadenbögen

Zum Abschluß der Instandsetzung von St. Maria Himmelfahrt wurde ein neobarockes Fenster, das die Glasmalerei Schneiders & Schmolz angefertigt hatte, eingesetzt.[362] Anton Bardenhewers langjährigen Erfahrungen in diesem Bereich und seine engen Beziehungen zu der Fa. Schneiders & Schmolz lassen es sehr wahrscheinlich erscheinen, daß es nach seinen Entwürfen bzw. unter seiner Mitarbeit ausgeführt wurde.

St. Peter, Köln

Über die beiden vorgestellten Instandsetzungen hinaus ist Anton Bardenhewers Mitarbeit nur bei einer weiteren einigermaßen gewiß. Diese erfolgte ab dem Jahr 1891 wiederum unter der Leitung von Matthias Goebbels und betraf die Wandmalereien der Pfarrkirche St. Peter in Köln.[363] In ihrem Verlauf kam es zu einer vollständigen Neuausmalung des Inneren.[364] Mit großer Wahrscheinlichkeit arbeitete Bardenhewer zu dieser Zeit als Gehilfe von Goebbels vor Ort.

Es gelang Anton Bardenhewer in diesen Jahren offensichtlich nicht, sich im Bereich der Wandmalereirestaurierung zu etablieren. Der Versuch, seinen Bekanntheitsgrad durch regelmäßige Mitarbeit bei großen Wiederherstellungen unter der Leitung anderer Restauratoren so weit zu steigern, daß ihm eigenständige Restaurierungen übertragen worden wären, schlug fehl. Abgesehen von den Aufträgen, die Matthias Goebbels ihm regelmäßig vermittelte, gelang ihm kein Eindringen in den engen Kreis der Kölner Maler und Restauratoren, die regelmäßig Aufträge erhielten. Darüber hinaus scheinen sich zu dieser Zeit seine finanziellen Verhältnisse verschlechtert zu haben. Im Jahr 1891 findet sich kein Eintrag unter seinem Namen in Greven's Adreßbuch. Ob das ein Hinweis darauf ist, daß er seine Wohnung nicht mehr halten konnte, ist nicht zu klären. Genauso wenig läßt sich belegen, wo sich die Familie Bardenhewer in diesem Jahr aufhielt. Erst im darauffolgenden Jahr findet sich ein erneuter Eintrag für eine Wohnung in der Brabanter Straße.[365] Im Jahr 1893 bezogen Bardenhewers eine Wohnung auf dem Firmengelände der Glasmalerei Schneiders & Schmolz, Brabanter Str. 79.[366] Parallel suchte sich Anton Bardenhewer eine feste Anstellung mit sicherem Gehalt.

VII. ANTON BARDENHEWER ALS ZEICHNER BEIM STÄDTISCHEN HOCHBAUAMT

Am 22. Juni des Jahres 1893 bewarb sich Anton Bardenhewer beim Hochbauamt der Stadt Köln um eine Anstellung als Architekt.[367] Dem Gesuch lag ein Zeugnis von Heinrich Roesberg bei.[368] Es wurde unterstützt durch ein Empfehlungsschreiben des Stadtbaurats Friedrich Carl Heimann, in dem dieser erklärte, daß ihm Anton Bardenhewer als tüchtiger Zeichner bekannt sei und daß er ihm bei der Detaillierung der im Rathaus neu aufzustellenden Figuren und den Entwürfen zum Rathaus helfen könne. Er schlug vor, Anton Bardenhewer für erst einmal zwei Monate zu einem mäßigen Monatsgehalt von 180 Mark anzustellen. Am 26. Juni bestätigte der Oberbürgermeister der Stadt Köln den Empfang des Schreibens und erteilte Herrn Stadtbaurat Heimann die Vollmacht zur Anstellung von Anton Bardenhewer im empfohlenen Umfang.[369]

Bardenhewers Bekanntschaft mit Friedrich Carl Heimann, die sich im Laufe der Jahre wohl zu einer Freundschaft entwickelte, stammte vermutlich aus dem Jahr 1890. In diesem Jahr hatte der an den Belangen der Denkmalpflege sehr interessierte Heimann das Hochbauamt der Stadt Köln übernommen, und Bardenhewer frischte zur selben Zeit die farbige Fassung von St. Maria Himmelfahrt auf.[370] Da der Aufgabenbereich des Leiters des Hochbauamtes über die stadteigenen Baudenkmäler hinaus auch die Baudenkmäler in Privathand oder in der Hand anderer Träger betraf, ist davon auszugehen, daß er sich ebenso mit der Instandsetzung der Kirchen befaßte. Sicherlich kannte Heimann die Aquarellkartons, die Anton Bardenhewer zu den dortigen Malereien angefertigt hatte, und möglicherweise ließ er sich weitere Arbeiten zeigen. Das zeichnerische Talent Bardenhewers muß ihm aufgefallen sein. Bereits im gleichen Jahr erteilte er ihm den Auftrag, Zeichnungen zum Alten Rathaus anzufertigen. Die heute im Bestand des Stadtkonservators Köln erhaltenen farbigen Rekonstruktionszeichnungen der Außenfassade von 1890 stammen mit großer Wahrscheinlichkeit aus diesem Auftrag.[371] Ob Bardenhewer in den Jahren bis 1893 weitere Zeichnungen für Heimann lieferte, ist nicht zu klären. Heimanns Hinweis in seinem Empfehlungsschreiben, daß er gerade diesen Zeichner für die anstehenden Arbeiten des Hochbauamts gebrauchen könne, läßt jedoch darauf schließen.

Am 1. Juli des Jahres 1893 begann Anton Bardenhewer unter der Leitung von Heimann für das Hochbauamt der Stadt Köln zu arbeiten.[372] Seine Anstellung bei der Stadt und das damit veränderte Aufgabenfeld bewogen ihn im Jahr 1894 dazu, sich Architekt zu nennen und sich als solcher in Greven's Adreßbuch eintragen zu lassen.[373] Da die Berufsbezeichnungen rechtlich nicht geschützt waren, konnte man sie nach Belieben führen. Anton Bardenhewer behielt die Berufsbezeichnung Architekt bis in das Jahr 1920 bei.[374]

Friedrich Carl Heimann

Seit dem Tod des Stadtbaurats Willy Weyer im Jahr 1890 leitete der gebürtige Kölner Friedrich Carl Heimann das Kölner Hochbauamt.[375] Er war nach Essenwein und Goebbels der dritte Förderer, der Anton Bardenhewers Lebensweg und seine Arbeitsweise in hohem Maße beeinflußte. Durch ihn lernte Bardenhewer die fortschrittlichen Ideen der Denkmalpflege kennen und die Wichtigkeit einer exakten Dokumentation aller Arbeiten am Original schätzen. In Heimann gewann er einen großen Förderer, der ihm durch Beziehungen und Empfehlungen zu Aufträgen verhalf.

Friedrich Carl Heimann – Zur Person

Friedrich Carl Heimann wurde am 14. Februar 1850 als Sohn des Kaufmanns Albert Heimann in Köln geboren.[376] Seine Schulzeit verbrachte er zuerst in der Domschule und später in der Realschule erster Ordnung an der Kreuzgasse. Dort bestand er im Jahr 1868 sein Abitur. Erste Einblicke in die Architektur erhielt er als Schüler von Julius Raschdorff, der als Kölner Stadtbaumeister u.a. die Renaissancefassade des Rathauses wiederherstellte.[377] In seinen beruflichen Anfangsjahren wurde Heimann durch die großen historistischen Architekten Kölns, besonders Vincenz Statz und Heinrich Wiethase, geprägt. Im Jahr 1869 wechselte er an die königliche Bauakademie nach Berlin, die er 1873 nach bestandener Bauführerprüfung verließ. In den folgenden Jahren arbeitete er zunächst bei der Bergisch-Märkischen Eisenbahn in Elberfeld, dann an den Universitätsbauten in Bonn und errichtete als junger Bauführer die Kirche in Witterschlick bei Bonn.[378] Im Jahr 1878 bestand er die Prüfung zum Regierungsbaumeister und erhielt eine entsprechende Anstellung beim Ministerium für Handel, Gewerbe und öffentliche Arbeiten in Berlin. In dessen Auftrag leitete er in den Jahren 1879 bis 1881 den Bau des Landgerichts in Witten a.d. Ruhr. 1881 wurde er zur Eisenbahn-Verwaltung nach Magdeburg versetzt. Dort stand in den nächsten drei Jahren unter anderem der Bau der Bahnhofsgebäude in Staßfurt und Wohlmirstedt unter seiner Leitung. In den Jahren 1884 bis 1885 war er beim Bau des Empfangsgebäudes des Bahnhofs in Frankfurt/Main beschäftigt. 1885 wurde ihm die Königliche Bauinspektion in Hildesheim übertragen. Während seiner dortigen fünfjährigen Tätigkeit begann er sich vermehrt für mittelalterliche Kunst zu interessieren und seine diesbezüglichen Kenntnisse zu vertiefen. Bereits zu dieser Zeit setzte er sich intensiv für die Wiederherstellung und Erhaltung überkommener Baudenkmäler ein. So war er eine der treibenden Kräfte bei der Erhaltung der farbig gefaßten Fachwerkbauten und des Doms der Stadt Hildesheim. Nachdem er die Wiederherstellung der Kirche St. Martin in Worms und ihre Neuausstattung geplant und geleitet hatte, wurde er im Jahr 1890 von seiner Heimatstadt Köln zum Leiter des städtischen Hochbauamts berufen. Etwa in diese Zeit fällt der Bau der von ihm geplanten katholischen Kirche in Hannoversch-Münden.[379]

Zum Aufgabenbereich des Leiters des Städtischen Hochbauamtes Köln gehörte nicht nur die Betreuung von stadteigenen Baudenkmälern, sondern ebenso die von bedeutenden Baudenkmälern in Privathand. Häufig handelte es sich dabei um architektonisch interessante Wohnhäuser. Gerade um 1890 kam es durch den allgemeinen wirtschaftlichen Aufschwung zu erheblichen städtebaulichen Veränderungen. Ganze Altbauviertel wurden abgerissen und die Gebäude durch repräsentative Neubauten ersetzt.[380] Einen Grund dafür bot der zum Teil schlechte Zustand der Wohnsubstanz gerade in der Altstadt.[381]

Dieser Entwicklung konnte sich der Leiter des Hochbauamtes Heimann selbst als fortschrittlich denkender Denkmalschützer nicht widersetzen. Er bemühte sich aber mit Nachdruck, in der Öffentlichkeit ein Interesse an der Erhaltung der überkommenen Bausubstanz zu wecken. In allen Fällen, in denen er die Originalsubstanz nicht retten konnte, versuchte er eine möglichst umfassende Dokumentation des Gewesenen zu gewährleisten. So ließ er

alle Häuser vor dem Abriß fotografieren.[382] Fand sich beim Abbruch eines Hauses im Innern eine bemerkenswerte Ausstattung mit Decken- oder Wandmalereien, wurden diese in situ fotografiert und vielfach zeichnerisch dokumentiert. Wenn ihr Erhaltungszustand es zuließ, ließ er sie ausbauen bzw. von der Wand lösen und anschließend in den Bestand eines Kölner Museums übertragen. Architektonisch oder künstlerisch bedeutsame Gegenstände wie Grienköpfe, Bogenstellungen, Eisenanker, Statuen und ähnliches rettete Heimann gleichfalls vor der Zerstörung. Häufig integrierte er sie in einen zeitgenössischen Neubau oder Wiederaufbau.[383]

Mit seinem Eintreten für einen hohen Dokumentationsstandard motivierte er andere zum gleichen Engagement. Ab 1893 begannen mehrere Mitglieder des Architekten- und Ingenieur-Vereins für den Niederrhein und Westfalen, wohl auf Anregungen ihres Vereinsmitglieds Heimann, freiwillig und unentgeltlich Bauaufnahmen besonders bedeutender und gefährdeter Häuser der Kölner Altstadt anzufertigen.[384]

Heimanns Wertschätzung der mittelalterlichen Architekturen und ihrer Ausstattungen, die er möglichst in ihrem Originalbestand bewahren wollte, ließen ihn mehr und mehr zu einem der führenden Vertreter einer bewußten Denkmalpflege werden.[385]

Im Jahr 1913 schuf der Oberbürgermeister der Stadt Köln, Ferdinand Franz Wallraf, die Stelle eines besonderen städtischen Konservators.[386] Auf diesen Posten berief die Bürgerschaft nach der Umstrukturierung des Hochbauwesens und aufgrund seines herausragenden Wissens über die Baudenkmäler der Stadt und ihre Ausstattung den bisherigen Leiter des Hochbauamtes, Friedrich Carl Heimann, der 1898 den Titel „Königlicher Baurat" erhalten hatte, auf Lebenszeit.[387] Damit war Köln die erste Stadt des Deutschen Reiches, die die Stelle eines städtischen Konservators einrichtete.[388] „Der städtische Konservator hat die Aufgabe, für die würdige Erhaltung der einzelnen geschichtlich wichtigen Bauten im städtischen, sonstigen öffentlichen oder privaten Besitz zu sorgen, bei einer baulichen Veränderung den Denkmalbestand zu wahren, bei einem unvermeidlichen Abbruch die zeichnerischen Aufnahmen vorzunehmen und den Schutz und die mögliche Wiederverwendung wertvoller Reste sicherzustellen, darüber hinaus soll er gegenüber dem rücksichtslosen Drang moderner Wirtschaft und modernen Verkehrs für die Lebendigerhaltung der zweitausendjährigen Geschichte im Stadtbild eintreten."[389] Zeitgleich wurde Heimann 1913 zum Geheimen Baurat ernannt.[390]

Gegen den zunehmenden Druck der wirtschaftlich aufstrebenden Stadt Köln kam Heimann nicht immer an.

„Ob ein anderer mehr gerettet hätte, wo Heimann mit stiller Resignation manch altes Erbgut schwinden lassen mußte, bleibt fraglich. Gleichwohl dankt manches Denkmal alter Zeit ihm sein Fortbestehen [...]."[391] Um Einfluß auf einen großen Teil der Wiederherstellungen nehmen zu können und eine breite Öffentlichkeit für die Idee der Denkmalpflege zu interessieren, engagierte er sich in vielen Vereinen, hielt Vorträge, veranstaltete Führungen und lieferte vielfältige Veröffentlichungen an die Fach- und Tagespresse.[392] Indem er die Öffentlichkeit mit der Schönheit und der Einmaligkeit der sie umgebenden Gebäude vertraut machte, wollte er sie für deren Erhaltung gewinnen. Über lange Jahre war er Mitarbeiter der Kölnischen Volkszeitung, für die er viele Artikel zu den Bauwerken der Umgebung, ihren Ausstattungen und gegebenenfalls ihrer Wiederherstellung schrieb. Darüber hinaus verfaßte er Beiträge zu weitgefächerten kunsthistorischen Themen, etwa zu historischen Hausformen in Belgien und Wiederherstellungsarbeiten in Marienburg und Tannenberg.[393]

Man darf in Heimann keinen Denkmalpfleger nach heutigen Maßstäben suchen. Er war ein fortschrittlicher Denker, dessen Auffassung jedoch in den Ideen des Historismus wurzelte. So verschliff er bei seinen Instandsetzungen häufig die Grenze zwischen Original und Neuschöpfungen oder versuchte es zumindest. Als Vorsitzender des Zentraldombau-Vereins unterstützte er, ganz Kind seiner Zeit, die Fertigstellung des Doms mit allen Kräften. Darüber hinaus setzte er sich für viele der großen Wiederherstellungen im Kölner Umland ein. Als Vorsitzender des Vereins für das Missionshaus Knechtsteden hatte er an der Wiedererrichtung der Abtei Knechtsteden großen Anteil.[394]

Heimann hielt ähnlich wie Paul Clemen enge Kontakte zu europäischen Kollegen. Im Jahr 1895 wurde er zum Ehrenmitglied des Königlichen Instituts britischer Architekten ernannt.[395]

Am 8. November 1921 erlag Friedrich Carl Heimann auf dem Weg zu einem Konzert im Gürzenich einem Schlaganfall.[396]

Friedrich Carl Heimann - Einzelwerke

Als Stadtbaurat entwarf Friedrich Carl Heimann für die Stadt Köln viele öffentliche Gebäude, so die Handelsrealschule am Hansaring, Schulen in der Dagobertstraße und der Trierer Straße und das noch erhaltene Archiv- und Bibliotheksgebäude bei St. Gereon.[397] Parallel zu diesen Neubauten begann er, sich der Pflege und Wiederher-

stellung der mittelalterlichen Gebäude Kölns zu widmen. Unter seiner Leitung wurde unter anderem der reiche Figurenschmuck des Rathausturms ergänzt, das alte Stapelhaus am Rheinufer wiederhergestellt und nach dem Umbau einer neuen Nutzung zugeführt.[398] In den Jahren 1893 bis 1896 kam es unter ihm zu einer Erweiterung und Neuausstattung einiger Räume des Alten Rathauses.[399] 1894 erforderten feuerpolizeiliche Bedenken den Einbau eines großen Treppenhauses im Gürzenich.[400] Bei diesen Arbeiten, die im hohen Maße in den Bestand eingriffen, versuchte er, die Schäden am Originalbestand so gering wie möglich zu halten.

Ganz im Sinne seiner Zeit verband Heimann bei allen seinen Arbeiten neogotische Architektur und Ausstattung, sei es als vollständige Neubauten oder als Ergänzung überkommener Bauwerke, mit erhaltenen Originalen.[401] Zu den bekanntesten Arbeiten unter seiner Leitung gehört die Wiederherstellung der im Jahr 1893 in St. Cäcilien entdeckten Wandmalereien.[402]

Anton Bardenhewers Arbeiten unter Friedrich Carl Heimann

Zu Anton Bardenhewers Anstellung bei der Stadt kam es, wie bereits erwähnt, aufgrund seines zeichnerischen Talents. Daß der anfänglich auf zwei Monate befristete Werkvertrag im folgenden mehrfach verlängert wurde, verdankte er vermutlich seinen unter August von Essenwein erlangten Kenntnissen, die ihn für Heimann als Mitarbeiter bei den anstehenden großen Wiederherstellungen wertvoll machten. Die sich anschließenden ausführlichen Darlegungen zu Bardenhewers Beschäftigung unter Heimann belegen das. Wie für den gesamten beruflichen Werdegang Anton Bardenhewers gilt auch für die Zeit seiner Anstellung bei der Stadt, daß er immer an mehreren Aufträgen gleichzeitig arbeitete. Daher ist es nicht möglich, die Einzelarbeiten in eine stringente chronologische Abfolge zu ordnen.[403]

Altes Rathaus, Köln

Ab dem Jahr 1893 wurde das Alte Rathaus der Stadt Köln durch das Hochbauamt der Stadt unter Heimanns Leitung instandgesetzt.[404] Da eine ausführliche Bearbeitung dieser Wiederherstellung, vor allen Dingen eine Darstellung der zeitlichen Abfolge der einzelnen Arbeiten fehlt, ist es im folgenden nur möglich, die Mitarbeit Bardenhewers für

Abb. 48: St. Gereon, Köln, Dekagon, 1. Kapelle Südseite. Das Gesicht des Knaben entspricht ganz dem von Bardenhewer später immer wieder gezeichneten Typus.

verschiedene Abschnitte innerhalb der Instandsetzung nachzuweisen.

Infolge des teils sehr schlechten Zustands des Gebäudes und der erwünschten Nutzungsänderung mehrerer Räume kam es zu vielfältigen Eingriffen in den Bestand.[405] Unter der Leitung Heimanns wurde die sogenannte Prophetenkammer, die im Obergeschoß des Verbindungstrakts vom Turm zum Hauptgebäude zwischen Senats- und Hansasaal lag, durch Einbau von Wandschränken zum Verwaltungsarchiv umgebaut. Die acht farbig gefaßten Prophetenfiguren, die Spruchbänder mit Sprüchen aus der Bibel trugen und dem Raum ursprünglich seinen Namen gegeben hatten, hatte man nach einer vorangegangenen Wiederherstellung unter Julius Raschdorff im Treppenhaus belassen. Dort waren sie um 1600 aufgestellt worden.[406] Ihre Fassung war bei diesen Arbeiten und bei vorherigen Wiederherstellungen mehrfach überarbeitet worden. Ob die Texte der Spruchbänder dabei inhaltlich verändert wurden, scheint nicht geklärt.[407]

Bei der Instandsetzung unter Heimann wurde die gesamte ursprüngliche Ausstattung erneut überarbeitet. Die Prophetenfiguren zeigten nach der Abnahme einer späten Übermalung eine Renaissancefassung mit teilweise gotischer Musterung der Gewänder.[408] Die sich anschließende Auffrischung der Fassung orientierte sich an diesen Resten.[409] Erst im Jahr 1895 wurden sie an ihren ursprünglichen Aufstellungsort zurückgebracht. Wer die

Freilegung und Auffrischung der Fassung ausführte, ist nicht geklärt. Möglicherweise war Anton Bardenhewer daran beteiligt. Bislang ist lediglich belegt, daß er die Wände der Prophetenkammer mit einem grünen Tapetenmuster, das man in anderen Teilen des Rathauses entdeckt hatte, schmückte.[410] Zum Abschluß der Neuordnung der Prophetenkammer errichtete man zwei Schränke, die das zu dieser Zeit gerade projektierte Kölner Ratssilber aufnehmen sollten.[411]

Für das seinerzeit infolge der Neukonzipierung Raschdorffs im Inneren entstandene Treppenhaus entwickelten Anton Bardenhewer und der Bildhauer Moest ab dem Jahr 1895 nach den Anweisungen Heimanns ein neues Skulpturenprogramm mit Reliefs über den Türen, die historische Szenen darstellten. Die Skulpturen und Reliefs wurden farbig gefaßt und die Wände bemalt.[412] Inwieweit Bardenhewer nach Abschluß der Planung an der malerischen Ausführung, die sich bis ins Jahr 1900 hinzog, beteiligt war, ist nicht geklärt.

Die starke Beschädigung des Figurenschmucks des Rathausaußenbaus zwang ebenfalls zu erheblichen Ergänzungen und Veränderungen.[413] Bardenhewers Auftrag erstreckte sich zu Anfang nur auf das zeichnerische Kopieren der Originale. Daran schloß sich in enger Zusammenarbeit mit Heimann und dem Bildhauer Moest, der die neuen Figuren und die Ergänzungen anfertigen sollte, das Erarbeiten der bestmöglichen Ergänzungen von Teilstücken oder ganzen Figuren an. Um fehlerhafte oder schlechte Ergänzungen auszuschließen, stellte Bardenhewer zuerst zeichnerische Komplettierungen her. Parallel dazu beauftragte Heimann ihn, die Wand- und Deckenmalereien des Hansasaals nach seinen Vorgaben wiederherzustellen.[414] „Der mit einem Tonnengewölbe versehene Saal ist an der Nordseite mit Maßwerk verziert. [...] An der gegenüberliegenden Wand stehen unter hohen Baldachinen je 3 Heldenfiguren aus der Heiden-, Juden- und Christenzeit."[415] (Abb. 49) Deren farbige Fassung wurde mit hoher Wahrscheinlichkeit im Rahmen der allgemeinen Instandsetzung der Ausstattung ebenfalls durch Bardenhewer aufgefrischt. Wie die Prophetenfiguren waren auch die Helden im Jahr 1866 freigelegt und durch Raschdorff in Ölfarbe neu gefaßt worden.[416] Nach der Wiederherstellung unter Heimann machten die Figuren einen starken Eindruck auf die Betrachter. „Besonders zu erwähnen ist die äußerst schöne Polychromie, die eine prächtige Wirkung hervorruft."[417] Ob es sich dabei um eine Auffrischung der Fassung Raschdorffs handelte oder ob hier wie bei den Propheten eine ältere Fassung freigelegt und wiederhergestellt wurde, ist nicht geklärt.

Die Wanddekoration des Hansasaals erneuerte Anton Bardenhewer nach den Vorgaben Heimanns in Anlehnung an die im Plasmannschen Haus, Rathausplatz, erhaltenen Reste. Die Deckenmalerei schuf er nach schriftlichen und mündlichen Hinweisen auf die ursprüngliche Fassung neu.[418] (Abb. 50) Auf die unter Raschdorffs Leitung durch den Maler Max Schüller ausgeführte dekorative Neuausstattung des Saals nahm man keine Rücksicht.[419] Inwieweit die Originalfresken an der Ost- und Westwand des Saals beeinträchtigt wurden, ist nicht mehr festzustellen. In Anbetracht der umfassenden Wiederherstellung ist jedoch davon auszugehen, daß Bardenhewer sie zumindest der Neuausstattung angleichend übermalte.[420]

Im Zusammenhang mit der Instandsetzung des Rathauses kam es in größerem Ausmaß zu Neuverglasungen. Die Glasmalerei Schneiders & Schmolz erhielt den Auftrag, die Scheiben, mit großer Wahrscheinlichkeit nach Entwürfen, die Anton Bardenhewer nach den Vorstellungen Heimanns ausgeführt hatte, anzufertigen.[421] Bardenhewers große Erfahrung auf dem Gebiet der Glasmalerei und seine vielfache enge Zusammenarbeit mit Schneiders & Schmolz lassen das vermuten.

Abb. 49: Altes Rathaus, Köln, Hansasaal, Blick nach Süden

Abb. 50: Altes Rathaus, Köln, Hansasaal, Südwand

Bereits nach Ablauf der Zweimonatsfrist, die Anton Bardenhewers Mitarbeit ursprünglich begrenzt hatte, hatte der Oberbürgermeister der Stadt Köln am 6. Oktober 1893 den Leiter des Hochbauamts, Friedrich Carl Heimann, um eine Beurteilung des Verhaltens und der Leistungen Bardenhewers gebeten. In einem Schreiben vom 27. Oktober lobte Heimann ausdrücklich dessen guten Leistungen, woraufhin der Werkvertrag verlängert

Abb. 51: Archiv- und Bibliotheksgebäude, Köln, Hauptfront

Abb. 53: Archiv- und Bibliotheksgebäude,
Aufnahme eines Innenraums

Zeit war Bardenhewer mit Rekonstruktionszeichnungen des alten Gürzenich beschäftigt. Nach Fertigstellung wird derselbe sofort die Detailierung der Steinmetzarbeiten für das neue Archiv- und Bibliothekgebäude in Angriff nehmen."[422] Nach einem neuerlichen Vermerk Heimanns, daß die Leistungen und das Verhalten von Anton Bardenhewer in jeder Weise befriedigend seien, wurde Bardenhewers Vertrag am 21. Mai 1894 nochmals verlängert. Am 1. Juli bat Heimann den Oberbürgermeister um eine Gehaltserhöhung für Anton Bardenhewer um 20 Mark pro Monat. Diesem Schreiben lag ein Brief Bardenhewers bei, in dem er seine vorangegangenen Arbeiten für das Hochbauamt auflistete. Abgesehen von verschiedenen architektonischen Zeichnungen habe er den Entwurf und die Detailzeichnungen für die Schreiner- und Bildhauerarbeiten zum Portale des sogenannten Rittersaas ausgearbeitet und glaube dadurch, entsprechende Proben seiner Leistungen gegeben zu haben.[423] „Da nun Architekten, welche mit stilgerechter Ausarbeitung des Innenraums vertraut sind, durchweg verhältnismäßig ein hohes Gehalt beziehen, so erlaube ich mir ebenmäßig um eine Gehaltserhöhung zu bitten."[424] Aufgrund des hohen Arbeitsaufkommens bei der Stadt sei es ihm nicht mehr möglich, regelmäßig eigenen Arbeiten nachzugehen, so daß damit eine feste Einnahmequelle wegfiele. „Ich bitte geneigtest berücksichtigen zu wollen, daß ich bei dem Ausfall durch Aufgabe der mir in meiner früheren Stelle gestatteten Privatpraxis, welche monatlich ca. 80 Mark betrug mit meinem jetzigen Gehalt schwer leben kann."[425] Ab August 1894 wurde die Gehaltserhöhung um 20 Mark auf monatlich 200 Mark genehmigt.[426]

Archiv- und Bibliotheksgebäude, Köln

1894 errichtete Heimann nach eigenen Plänen in Anlehnung an die gotischen Architekturen des Alten Rathauses und des Gürzenichs ein Archiv- und Bibliotheksgebäude als zweigeschossigen, neogotischen Bau mit mittigem Stufengiebel, Eckwarten und rückwärtigen Flankentürmen. (Abb. 51) Der Grundstein zu dem Gebäude wurde am 16. Mai 1894 gelegt.[427]

Entsprechend seiner Architekturauffassung gestaltete Heimann auch das Innere nach gotischen Vorbildern und integrierte originale Architekturfragmente und Ausstattungsstücke abgerissener Bauten in den Neubau.[428] Als im Jahr 1896 im Haus Glesch eine bemalte Holzbalkendecke entdeckt wurde, ließ er diese vor dem Abbruch ausbauen und in einen Raum des nahezu fertiggestellten Stadtarchivs einbauen.[429] (Abb. 52)

wurde. Im Laufe der weiteren Zusammenarbeit zeigte sich, daß Bardenhewer im Zusammenhang mit vielen der anstehenden Wiederherstellungen einzusetzen war. Am 26. Januar des Jahres 1894 wies Heimann in einer neuerlichen Beurteilung seiner Leistungen darauf hin, daß er ihn bei einer Reihe weiterer gerade anstehender Bauvorhaben des Hochbauamts einsetzen wolle. „Zu der

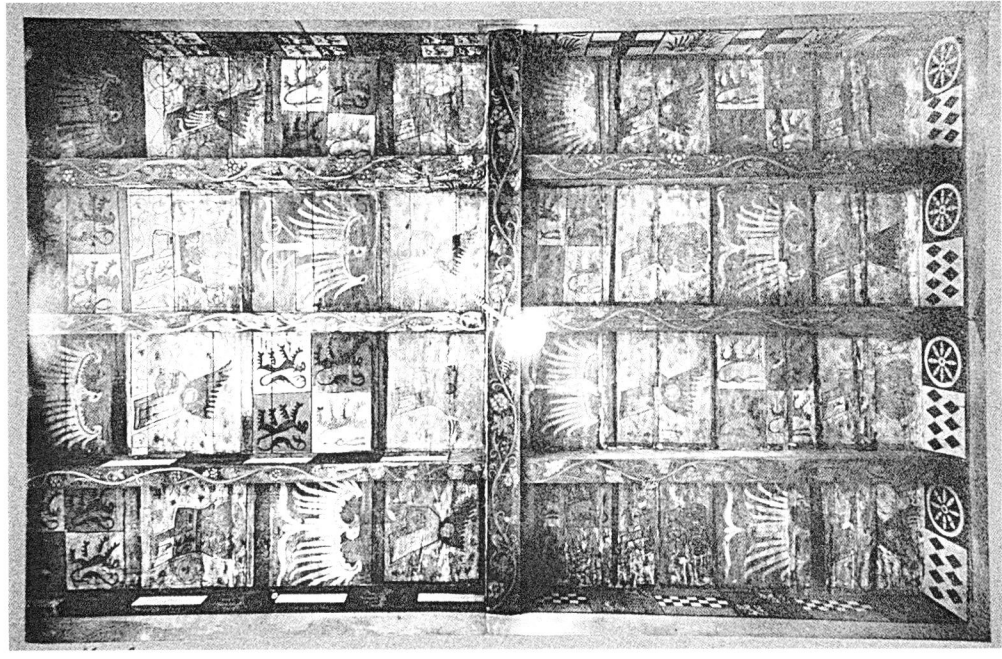

Abb. 52: Ehemalige Holzdecke des Hauses Glesch nach dem Einbau in das Stadtarchiv, Photo Bardenhewer

Nach Heimanns Angaben schmückte Anton Bardenhewer das Innere mit einer farbigen Architekturfassung, die sich an gotischen Dekorationen orientierte, von denen einige profane zeitgleich in Köln entdeckt worden waren. (Abb. 53)

Zur Vollendung der Ausstattung fertigte die Glasmalerei Schneiders & Schmolz neogotische Fenster an.[430] Diese entstanden mit großer Wahrscheinlichkeit wiederum nach den Entwürfen Bardenhewers bzw. nach den Kartons, die er nach Heimanns Wünschen zeichnete.[431]

St. Cäcilien

Die erste Möglichkeit für Bardenhewer, im Rahmen seiner Anstellung bei der Stadt bei der Wiederherstellung mittelalterlicher Wandmalereien mitzuarbeiten, sieht man von der sich eng an historistische Vorstellungen anlehnenden Instandsetzung des Alten Rathauses ab, bot sich mit der Aufdeckung der Wandmalereien in der Kirche St. Cäcilien.

Aufgrund erheblicher baulicher Schäden begann der Architekt Baedecker im Jahr 1893 unter der Leitung des Stadtbaurats Friedrich Carl Heimann mit einer umfassenden Instandsetzung der Kirche.[432] Sehr bald entdeckte man an den Wänden des Langchores lebensgroße Heiligenfiguren aus dem 16. Jahrhundert.[433] Bei dem sich anschließenden Versuch, diese Malereien zu festigen, begann die Putzschicht, auf der sie aufgetragen waren, von

der Wand abzublättern.[434] Darunter traten ältere Malereien zutage, mit deren Freilegung man sofort begann. Aufgrund der Erfahrungen, die Bardenhewer unter Essenwein und dem Dekorationsmaler Loosen im Bereich der Freilegung mittelalterlicher Wandmalereien gewonnen hatte, wurde er mit dieser Aufgabe betraut. Da er die Ausmalung des 16. Jahrhunderts dabei vollständig zerstören mußte, beauftragte Heimann ihn, zuerst Kopien dieser Darstellungen anzufertigen, damit sie zumindest dokumentiert wurden.[435] Nach ihrer Abnahme zeigten sich darunter Reste zweier aufwendiger Wandmalereizyklen. Ihr Zustand war zum Teil sehr fragmentarisch, weitgehend waren sie nur in ihrer roten Vorzeichnung erkennbar. Anton Bardenhewer fand lediglich in einigen Wandschäden ein leuchtendes, direktes Blau und Reste einiger einfacher Erdfarben.[436] Nur diese geringen Spuren ließen Rückschlüsse auf die originale Farbigkeit zu. An ihnen orientierte Bardenhewer sich bei der späteren Wiederherstellung. Das Blau wählte er für die Bildhintergründe. Den wenigen Funden ursprünglicher Farbigkeit, die durch Bardenhewers eigenen Bericht, zeitgenössische Beschreibungen und den späteren Befund belegt sind[437], stellte Heimann 1915 seine eigene Version von der Farbigkeit der aufgefundenen Malereien gegenüber. Sie seien in den Farben zinnoberrot, ockergelb mit orangefarbenen Schatten, lapislazuli und grün ausgeführt, die unbedeckten Körperteile rot konturiert, der Faltenwurf mit kräftigen schwarzen Linien gezeichnet und die Säume nach innen weiß umzogen gewesen. Alle Schuhe

Abb. 54: St. Cäcilien, Köln, Bardenhewers Leinwandpause der erhaltenen Reste der ersten Szenen des Leben Christi

Abb. 55: St. Cäcilien, Köln, Bardenhewers Leinwandpause der erhaltenen Reste der zweiten Szene des Leben Christi

seien schwarz und die Nimben vergoldet gewesen.[438] Offensichtlich rechtfertigte er damit die Farbigkeit der später durch Bardenhewer rekonstruierten Darstellungen, die dieser Beschreibung exakt entsprach. Die vielen Fehlstellen in den Umrißzeichnungen, die Bardenhewer direkt nach der Freilegung angefertigt hatte, sprechen ebenso wie seine schriftlichen Ausführungen gegen eine mehr als in wenigen Resten erhaltene ursprüngliche Farbigkeit. Der Provinzialkonservator Paul Clemen weist noch im Jahr 1889 ausdrücklich darauf hin, daß er bei der wissenschaftlichen Bearbeitung der Wandmalereien von St. Cäcilien auf eine erläuternde farbige Abbildung aufgrund der zu geringen Hinweise auf die originale Farbigkeit verzichtet habe.[439]

Die freigelegten Wandmalereizyklen übertrafen in ihrem Umfang alle bis dahin im Rheinland aufgedeckten Malereizyklen. Sie bedeckten die Seitenwände des Chors auf einer Fläche von je 8,90 m Breite und 5,10 m Höhe und waren jeweils in drei Reihen, die durch Schriftbänder von einander getrennt wurden, angeordnet.[440] Die oberen Reihen zeigten die größten Fehlstellen (Abb. 54 - 59), die mittleren die geringsten Schäden (Abb. 60 - 64). Die unteren Reihen waren ebenfalls nur in Teilen erhalten. Ihre Beschädigungen gingen hauptsächlich auf den früheren Einbau von Emporen zurück. (Abb. 65 -71)

Die Oberflächen aller Darstellungen zeigten Verletzungen, Kratzer und Hackspuren als Folge der damals häufig sehr rüden Freilegungsarbeiten. Der Konservator Dr. Hager, München, sprach sich noch im Jahr 1903 auf dem „Vierten Tag für Denkmalpflege in Erfurt" für die Verwendung ei-

nes stumpfen Stoßeisens zum Ablösen der die Originalmalerei bedeckenden Tüncheschichten aus.[441] Das von vielen Malern damals angewandte Verfahren des Kleisteranstrichs oder die Verwendung einer aufgeklebten Leinwand, bei deren späteren Ablösung der Putz in großen Partien absprang und dadurch Verletzungen am darunter liegenden Original entstanden, verurteilte er nachhaltig.[442] Für Anton Bardenhewers spätere Aufdeckungen mittelalterlicher Wandmalereien ist belegt, daß er den Putz durch leichtes Klopfen mit stumpfen Hämmern von der Wand entfernte. Ob er dieses Verfahren schon in St. Cäcilien anwandte, ist nicht bekannt. Selbst bei dieser eher schonenden Methode kam es vielfach zu größeren Verletzungen des Originals. Wenn sich die später aufgetragene Tünche mit den in secco aufgetragenen Lokalfarben verbunden hatte, löste sie sich mit den darüberliegenden Schichten zusammen von der Wand. In der Mauer aufsteigende Feuchtigkeit zerstörte durch das anschließende Ausblühen von Salzen und häufiges Blasenbilden des Putzes den Originalgrund; er war nicht mehr hinreichend mit der Wand verbunden.[443] In St. Cäcilien kämpfte Heimann noch bis in das Jahr 1915 gegen die in den Mauern aufsteigende Feuchtigkeit an, ohne sie endgültig eindämmen zu können.[444] Die größte Wahrscheinlichkeit, daß das Original nach der Freilegung nur geringe Verletzungen zeigte, bestand dann, wenn der alte Malgrund mittels Eisenkelle geglättet worden war und die Originalmalerei sich fest mit dem Grund verbunden hatte. Dadurch kam es seltener zu einer Verbindung des Originals mit der es bedeckenden Tüncheschicht oder späteren Übermalungen.[445] Nach der Freilegung blieb meist nur

*Abb. 56: St. Cäcilien, Köln,
Bardenhewers Pause der zweiten
Szenen der Cäcilienlegende,
übertragen auf Karton*

*Abb. 57: St. Cäcilien, Köln,
Bardenhewers Pause der mittleren
Szenen der oberen Reihe der Cäcilien-
legende, übertragen auf Karton*

die in Fresco-Technik ausgeführte Unterzeichnung erhalten, da sie tief in den noch feuchten Malgrund eingedrungen war.[446] Die in Secco ausgeführten Feinheiten der Farbigkeit und Binnenzeichnung wurden fast immer empfindlich beeinträchtigt.[447] Die im Langchor von St. Cäcilien aufgedeckten Wandmalereien zeigten exakt dieses Schadensbild.

Trotz der Fehlstellen konnte man nach der Aufdeckung im Jahr 1894 den Inhalt der Wandmalereien eindeutig bestimmen. Der Zyklus auf der Nordseite zeigte Szenen aus dem Leben der Hl. Cäcilie von ihrer Hochzeit bis zum Martyrium. Auf der Südseite war das Leben Christi von der Verkündigung bis zur Dornenkrönung dargestellt.[448] Da wichtige Szenen der Heilsgeschichte fehlten, vermutete man, daß zu beiden Zyklen ehemals noch eine untere vierte Szenenreihe gehört hatte. Die ließ sich jedoch infolge der großen Zerstörungen, die auf dieser Wandhöhe durch frühere Einbauten von Galerien entstanden waren, nicht nachweisen.[449] Nach Rücksprache mit der Kirchengemeinde beschloß man, trotz des großen Umfangs an Er-

Abb. 58: St. Cäcilien, Köln, Bardenhewers Pause der vorletzten Szenen der oberen Reihe der Cäcilienlegende, auf Karton

Abb. 59: St. Cäcilien, Köln, Bardenhewers Pause der letzten Szenen der oberen Reihe der Cäcilienlegende, auf Karton

gänzungen, die vor allen Dingen im oberen Bereich der Zyklen nötig sein würden, die Malereien wieder herzustellen.[450]

Anton Bardenhewer erhielt daraufhin den Auftrag, alle, auch die geringsten Reste der Wandmalereien durch sorgfältige Pausen zu dokumentieren (Abb. 54 - 55), um später auf dieser Grundlage die Zyklen erst auf dem Blatt zu ergänzen und dann die Rekonstruktionen auf die Wand aufzubringen. Zu Beginn der Wiederherstellungsarbeiten im Jahr 1893 fertigte er 37 (Blatt) Pausen aller aufgefun-

denen Konturen an.[451] (Abb. 54 - 73) Darüber hinaus dokumentierte er den Zustand der freigelegten Malereien mit 22 Fotografien.[452] Im Anschluß fertigte er 1894 mehrere Aquarellkartons an, die den Zustand einiger Szenen vor der Wiederherstellung zeigen sollen.[453] Ein Vergleich dieser Aquarelle (Abb. 76 - 77) mit den angefertigten Umrißzeichnungen ohne weitgehende rekonstruierende Ergänzungen (Abb. 54 - 73) macht deutlich, daß Bardenhewer bei den Aquarellen bereits komplettierende Ergänzungen vorgenommen hatte. Unter welcher Begrün-

Abb. 60: St. Cäcilien, Köln, Bardenhewers Pause der mittleren Szenen der mittleren Reihe der Cäcilienlegende, auf Karton mit ersten Ergänzungen

Abb. 61: St. Cäcilien, Köln, Bardenhewers Pause der vorletzten Szenen der mittleren Reihe der Cäcilienlegende, auf Karton

dung es dazu kam und ob es auf Anweisung Heimanns geschah, der den Erhaltungszustand der Wandmalereien in situ hinreichend kannte, um die Veränderungen im Karton zu bemerken, ist nicht mehr zu klären. Möglicherweise sollte die Komplettierung dem Betrachter die Lesbarkeit der Szenen erleichtern. Vielleicht fertigte Bardenhewer diese geschönte Darstellung auch an, um den Fürsprechern einer umfassenden Wiederherstellung bessere Argumentationsmöglichkeiten gegenüber den Gegnern zu verschaffen. Entsprechend geschönte „Zustands-

Aquarelle" lassen sich für viele von Bardenhewers spätere selbständige Arbeiten nachweisen. Sie zeigen immer schon einen Teil der von ihm projektierten Ergänzungen.[454]

Parallel zu der Freilegung der Wandmalereien des Chores und dem Bewilligungsverfahren für eine umfassende Wiederherstellung der Zyklen liefen die baulichen Instandsetzungsarbeiten. Dabei entdeckte man auch im Langhaus Reste der mittelalterlichen Ausstattung.[455] Daraufhin wurde Bardenhewer ab 1894 mit der vollständigen

65

Abb. 62: St. Cäcilien, Köln, Bardenhewers Pause der letzten Szenen der mittleren Reihe der Cäcilienlegende, auf Karton

Abb. 63: St. Cäcilien, Köln, Bardenhewers Pause der zweiten Szene der mittleren Reihe des Lebens Christ, auf Karton

Freilegung der auf den Langhauspfeilern entdeckten Heiligendarstellungen betraut. Im Anschluß deckte er auf der Nordwand des Langhauses die Darstellung eines Engelchors (Abb. 74) und später die Darstellung der Kreuzigung Petri auf (Abb. 75).[456]

Die vielfältigen, aufwendigen Freilegungsarbeiten wurden von einer den hohen Anforderungen Heimanns entsprechenden Dokumentation begleitet. Anton Bardenhewer fertigte Pausen aller Malereien an und dokumentierte ihren Zustand vor und nach der Wiederherstellung durch Fotografien und Aquarelle. Schon bald wurde erkennbar, daß sich die angestrebte umfassende Wiederherstellung der Kirche über viele Jahre hinziehen würde. Für Bardenhewer ergab sich damit zwangsläufig die Möglichkeit, seinen befristeten Vertrag mit der Stadt mehrfach verlängern zu können.

Am 22. November des Jahres 1894 fragte der Kölner Bürgermeister Becker bei Stadtbaurat Heimann an, ob die Beschäftigung von Herrn Anton Bardenhewer weiterhin nötig sei.[457] Dieser antwortete mit einer sehr ausführ-

Abb. 64: St. Cäcilien, Köln, Bardenhewers Pause der letzten Szenen der mittleren Reihe des Leben Christi

Abb. 65: St. Cäcilien, Köln, Bardenhewers Pause der ersten beiden Szenen der unteren Reihe der Cäcilienlegende

hewer betreuten Arbeiten und aller jener, die er im folgenden gerne durch ihn ausführen lassen wolle.

Bardenhewer fertige zur Zeit Skizzen zum Ratssilberzeug[458], Aufnahmen des Dreikönigspförtchens[459] und Zeichnungen der Schrifttafeln des Kaiser-Wilhelm-Denkmals an. Darüber hinaus sei er mit den Aufnahmen der alten Wandgemälde der St. Cäcilienkirche beschäftigt gewesen, und diese Arbeiten seien noch nicht abgeschlossen.[460] Alle Darstellungen sollten unbedingt kopiert werden, um sie auf der Grundlage dieser Kopien stilgerecht

ergänzen zu können. Für eine solche Wiederherstellung hätte allerdings die Stadtverordnetenversammlung die Mittel noch nicht beschlossen. Für die Wiederherstellung der Malereien sei Bardenhewer besonders qualifiziert, da ihm durch Tätigkeit bei August von Essenwein „[...] eine nicht zu unterschätzende Gewandheit zu eigen [sei]."[461] Sollten auch die Mittel für die Mittwochsrentkammer im Rathaus bewilligt werden,[462] „[...] so wird Bardenhewer die geeignete Persönlichkeit sein, welche die noch fehlenden Detailzeichnungen der Ausstattung

Abb. 66: St. Cäcilien, Köln, Bardenhewers Pause der mittleren Szenen der unteren Reihe der Cäcilienlegende, auf Karton

Abb. 67: St. Cäcilien, Köln, Bardenhewers Pause der letzten Szenen der unteren Reihe der Cäcilienlegende, auf Karton

Abb. 68: St. Cäcilien, Köln, Bardenhewers Pause der ersten Szenen der unteren Reihe des Lebens Christi, auf Karton

Abb. 69: St. Cäcilien, Köln, Bardenhewers Pause der mittleren Szenen der unteren Reihe des Lebens Christi, auf Karton

Abb. 70: St. Cäcilien, Köln, Bardenhewers Pause der mittleren Szenen der unteren Reihe des Lebens Christi, auf Karton, bereits mit Ergänzungen

Abb. 71: St. Cäcilien, Köln, Bardenhewers Pause der letzten Szenen der unteren Reihe des Lebens Christi, auf Karton

die noch fehlenden Detailzeichnungen der Ausstattung zu fertigen im Stande wäre. Seine Tätigkeit wird daher vorerst noch auf längere Zeit erforderlich sein."[463]

Ende des Jahres 1894 zog die Familie Bardenhewer wohl infolge der nun gesicherten finanziellen Lage in die Domstr. 72.[464] Am 20. November 1896 kam dort die zweite Tochter <u>Maria</u> Cäcilia Sophia zur Welt.[465] Aufgrund seiner vielfältigen Arbeiten für das Hochbauamt war es Anton Bardenhewer schon bald nicht mehr möglich, private Aufträge anzunehmen und auszuführen. Nach Rücksprache mit Heimann bewarb er sich daher im Jahr 1895 um eine Festanstellung bei der Stadt Köln.

Am 24. Mai des Jahres 1895 schloß der „Architekt Anton Bardenhewer, verheiratet, drei Kinder, ohne Nebeneinnahmen" mit der Stadt Köln einen festen Anstellungsvertrag zu einem Gehalt von jährlich 2.400 Mark. Als Beruf wird in diesem Vertrag „Architekt bei dem Hochbauamt" angegeben.[466] Die darauf folgenden Monate der guten Zusammenarbeit zwischen Heimann und Bardenhewer endeten wegen privater Schwierigkeiten Bardenhewers jäh.

Am 17. Dezember des Jahres 1896 ging beim Oberbürgermeister der Stadt Köln ein Beschwerdebrief von J. Windeck, Colonialwaren, Delikattess und Südfrüchte, ein. Herr Windeck erklärte darin, daß Anton Bardenhewer ihm insgesamt 507,85 Mark für Colonialwaren schulde, „die er mir gutwillig nicht zahlen will."[467] Er habe über seinen Rechtsanwalt bei der Stadt bereits Arrest-Anzeige gegen Bardenhewer eingereicht. Da bei diesem aber nur sehr geringe Pfändung möglich sei, bitte er den Oberbürgermeister, ihm zu helfen, indem er Teile vom Gehalt Bardenhewers einbehalte. Nach einem längeren Briefwechsel zwischen allen Beteiligten verglich sich Anton Bardenhewer mit Herrn Windeck, woraufhin dieser seine Arrestanzeige zurückzog.

Nach dieser leidigen Geschichte wurde der Anstellungsvertrag von Bardenhewer durch die Stadt nicht mehr verlängert. Zum 1. Februar des Jahres 1897 schied der Architekt Anton Bardenhewer aus dem städtischen Dienst aus. Da die Arbeiten in St. Cäcilien zu diesem Zeitpunkt noch nicht abgeschlossen waren, arbeitete er dort fortan als selbständiger Unternehmer weiter, wiederum durch Werkverträge an die Stadt gebunden.[468]

Abb. 72: St. Cäcilien, Köln, Bardenhewers Pause einer Szene der Cäcilienlegende. Er pauste jede Szene einzeln ab und klebte sie anschließend entsprechend der Darstellung an der Wand in Reihen zusammen

Abb. 73: St. Cäcilien, Köln, Bardenhewers Pausen zweier Szenen der Cäcilienlegende entsprechend ihrer Abfolge zusammengeklebt

Abb. 74: St. Cäcilien, Köln, nach der Wiederherstellung unter der Leitung von F.C. Heimann, Blick nach Osten

Abb. 75: St. Cäcilien, Kreuzigung Petri nach der Wiederherstellung durch Anton Bardenhewer

VIII. ANTON BARDENHEWERS ZEIT ALS
STÄDTISCHER ANGESTELLTER

Anton Bardenhewers Arbeiten als Angestellter des Kölner Hochbauamts

Die im Jahr 1895 erfolgte Festanstellung bei der Stadt hatte Anton Bardenhewer die Last genommen, sich neben den vielfältigen Arbeiten, die er im Auftrag Heimanns ausführte, um private Aufträge bemühen zu müssen. Dadurch war ihm der Freiraum geschaffen worden, die in den letzten Jahren begonnenen Arbeiten schnell zu Ende zu führen.

St. Cäcilien

Im Juni des Jahres 1895 hatte Anton Bardenhewer begonnen, sich mit der zeichnerischen Ergänzung der Wandmalereizyklen im Chor der Kirche St. Cäcilien zu befassen.[469] Zunächst hatte er die abgepausten Umrisse maßstabgetreu auf große Leinenbahnen gezeichnet. Die Darstellungen hatte er auf den Leinenbahnen in einem ersten Schritt eher skizzenhaft zu einem Gesamtbild ergänzt. Infolge der zum Teil sehr großen Fehlstellen, vor allem in der oberen Reihe der Südseite, hatte er für die Komplettierung des Gesamtbildes vieles frei hinzuerfinden müssen. (Abb. 76 - 77) Seine Aufgabe hatte darin bestanden, die von den Wänden kopierten Inschriften und Darstellungen „stilgerecht und ikonographisch richtig im Karton zu ergänzen."[470] Als Anhaltspunkt hatte ihm bei seinen Ergänzungen bzw. Neuschöpfungen Abbildungen etwa zeitgleich entstandener mittelalterlicher Malereizyklen gedient.

Die Reste der sich unter den Zyklen entlangziehenden erläuternden Inschriften waren zuvor von F.C. Heimann und dem Domkapitular Arnold Steffens inhaltlich ergänzt worden.[471] Bardenhewer sollte sie nun entsprechend unter den Darstellungen plazieren. In seinen Reinzeichnungen unterschied er durch die Verwendung schwarzer bzw. roter Farbe die aufgedeckte Originalmalerei von seinen Ergänzungen. Seine in rot gezeichneten Ergänzungen konnte man jederzeit als Neuschöpfungen erkennen.[472]

Nach Rücksprache mit allen Beteiligten entstand eine maßstabgetreue farbige Darstellung der komplettierten

Zyklen, die zur endgültigen Bewilligung allen Verantwortlichen vorgelegt wurde (Abb. 78 - 79).[473] Erst im Frühjahr 1896 begann Anton Bardenhewer, die Kartons im Maßstab 1:1 anzufertigen, die ihm als Vorlage für eine Übertragung auf die Wand dienen sollten. Die rein zeichnerischen Arbeiten zogen sich bis Ende März 1896 hin. Ab dem Sommer sollte er mit der Übertragung der Ergänzungen auf die Wand beginnen.[474]

Zu Anfang hatte er nur den Auftrag erhalten, einige wenige Szenen versuchsweise zu ergänzen, damit man sich ein Bild von den insgesamt anfallenden Kosten machen könne.[475] Bevor er mit der Übertragung auf die Wand begann, untersuchte er den originalen Malgrund und die Maltechnik, an die er sich bei der Wiederherstellung anlehnen wollte. „Der Malgrund stellte sich als ein harter, mit der Kelle abgeglätteter Putz dar, dessen chemische Untersuchung als Ergebnis eine Zusammensetzung aus 70 Teilen Sand, 23 Teilen kohlensauren Kalks, sowie geringeren Mengen von Ätzkalk, löslicher Kieselsäure, Ätzmagnesia und Eisenoxyd mit einer Spur Tonerde bezeichnete. Auf die Fläche dieses frischen, eben angetrockneten und abgebundenen Putzes waren die Umrißlinien der figürlichen Darstellungen mit rotem Ocker aufgemalt, die übrigen Farben alsdann in zarten Modulationen eingetragen, wobei man stellenweise die Vorzeichnung nicht genau beachtete, sondern Abänderungen beliebte."[476] Bei seinen anschließenden malerischen Ergänzungen bzw. der Wiederherstellung der originalen Malerei verwendete Anton Bardenhewer als Bindemittel Gerhardsches Kasein.[477]

Die komplettierten mittelalterlichen Malereien (Abb. 81 - 82) hoben sich nach Abschluß der Arbeiten stark von den übrigen schlicht weiß gekälkten Wandflächen ab. Um die Zyklen in eine malerische Gesamtausstattung einzubinden, schuf Bardenhewer für die verbleibenden Wandflächen eine neue Ausmalung.[478] (Abb. 74) Das Apsisgewölbe sollte eine Pfingstdarstellung und die Conche eine Weltgerichtsdarstellung schmücken.[479] Die im 18. Jahrhundert durch den Maler F.X. Schweitzer (gest. 1773) ausgeführte Ausmalung der Chorgewölbe war bereits zuvor bei der Suche nach mittelalterlichen Malereien zerstört worden.[480] Unterhalb der Fenster der Apsis hatte man Reste mehrerer monumentaler, viereckig umrahm-

Abb. 76: St. Cäcilien, Köln, die durch Anton Bardenhewer zeichnerisch komplettierte szenische Abfolge der Cäcilienlegende

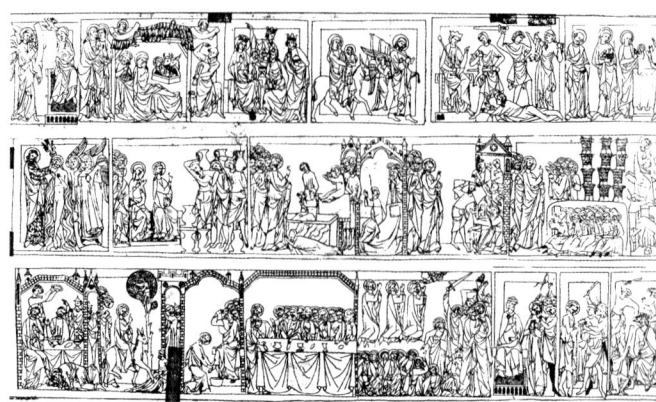

Abb. 77: St. Cäcilien, Köln, die durch Anton Bardenhewer zeichnerisch komplettierte szenische Abfolge des Leben Christi

ter, sitzender Figuren aufgedeckt, die von Anton Bardenhewer, ganz dem Vorbild Essenweins folgend, in die Neuausmalung einbezogen wurden.[481] Er ergänzte sie zu einer abgeschlossenen Folge der Kirchenlehrer und Kirchenväter.[482] Die inhaltliche Überleitung von diesen zu der im Rund der Apsis neu entstandenen Weltgerichtsdarstellung und der im Mittelpunkt des Gewölbes über den Darstellungen der Apostel schwebenden Taube als Symbol des Heiligen Geistes schufen Abbildungen der vier Evangelisten zwischen den Fenstern.[483] Den Triumphbogen schmückten frühgotische Muster, in die sich Medaillons mit den Darstellungen der klugen und der törichten Jungfrauen auf den Pfeilern und von acht weiblichen Heiligen in der Laibung einfügten. Das Medaillon im Scheitel zeigte die Gottesmutter Maria.[484] Auf der Stirnseite des Triumphbogens erblickte man das Lamm Gottes mit dem Buch mit den Sieben Siegeln und dem siebenarmigen Leuchter. Die Apsiswand des südlichen Seitenschiffs schmückten Darstellungen der Heiligen Ursula, Gereon, Georgius, Felix, Nabor und der makkabäischen Mutter. Die Konche füllte eine Kreuzigungsdarstellung, umgeben von Engeln mit den Leidenswerkzeugen.[485]

Nachdem Bardenhewers Entwürfe durch den Provinzialkonservator Clemen, den Stadtbaurat Heimann und den Kirchenvorstand bewilligt worden waren, wurde der Maler Mauß mit der Ausführung nach den Anweisungen Bardenhewers beauftragt.[486] Um sie entsprechend der vermuteten ursprünglichen Ausstattung in einen malerischen Gesamtzusammenhang einzubinden, erhielt Anton Bardenhewer den Auftrag, Entwürfe für eine architektonischen Fassung des gesamten Kircheninneren anzufertigen. Nach dem Vorbild Essenweins orientierte er sich da-

bei an den Resten, die man an einem der Bögen gefunden hatte.[487] Die Pfeiler von St. Cäcilien zeigten nach der Neufassung die Farbe des verwendeten Trachytgesteins mit aufgemaltem Fugenstrich, die Bögen einen Wechsel von dunklen und hellen Steinen. Die Gewölbe schmückte er mit einem Sternenmuster und hob die Schlußsteine durch eine farbige, dekorative Fassung stark hervor.

Parallel zu diesen Arbeiten begann Bardenhewer, die im Langhaus aufgedeckten Wandmalereien wiederherzustellen.[488] Fünf der monumentalen Einzelfiguren, die er zuvor auf den Langhauspfeilern aufgedeckt hatte, waren recht gut erhalten.[489] Trotzdem überfaßte er sie bei der Wiederherstellung, die sich über die Monate Juli, August und September des Jahres 1896 erstreckte, nahezu vollständig. Der Erhaltungszustand der übrigen Heiligen war so schlecht, daß er sie durch Neuschöpfungen ersetzte.[490]

Nach seinen Entwürfen und nach einer Idee Heimanns wurden über dem Gesims des Mittelschiffs Darstellungen sitzender Figuren der Heiligen Kölner Bischöfe angebracht.[491] Ihnen lagen die aufgedeckten Reste mehrerer sitzender Figuren an dieser Stelle zugrunde.[492] Die Darstellung des Engelorchesters an der Nordseite des Langhauses, die Kreuzigung Petri in einer rundbogigen Nische der Südwand und weitere Einzelszenen wurden von Bardenhewer gesichert und anschließend ergänzt.[493] Der Engelchor, der ursprünglich die an der Nordseite angebrachte Orgel umgeben hatte, zeigte in der Mitte, wo diese fehlte, eine große Fehlstelle. In diese hinein komponierte Bardenhewer einen weiteren Engel.

Die Neuausstattung der St. Cäcilienkirche wurde von Zeitgenossen durchaus positiv beurteilt. „Die nach den Plänen des Stadtbaurates Heimann von den Malern Bar-

Abb. 78: St. Cäcilien, Köln, Bardenhewers Aquarellkarton der komplettierten Cäcilienlegende

Abb. 79: St. Cäcilien, Köln, Bardenhewers Aquarellkarton des komplettierten Leben Christi

denhewer und Mauss ausgeführte Wiederherstellung hat ein Gesamtbild seltener Einheitlichkeit geschaffen."[494] Dieses Zitat macht deutlich, wie schwer es ist, bei Arbeiten, die zu dieser Zeit ausgeführt wurden, zwischen dem Ausführenden und dem künstlerischen Leiter zu trennen. Friedrich Carl Heimann wird für die malerische Neufassung die Inhalte festgelegt haben, die künstlerische Gestaltung wird jedoch in hohem Maße auf Anton Bardenhewer bzw. auf mittelalterliche Vorbilder zurückgehen. Da Heimann die Entwürfe Bardenhewers bewilligte, hatte er indirekt großen Einfluß auf die Art der künstlerischen Gestaltung.

Auf Veranlassung Heimanns fertigten Bardenhewer und der Maler Mauß von September 1896 bis Februar 1897 Detailzeichnungen aller Altäre und eines Großteils der übrigen Ausstattung an, um sie im Anschluß entsprechend zu ergänzen und neu zu fassen.[495]

Zum Abschluß der baulichen Instandsetzung wurden drei als dürftig empfundene spätgotische Fenster der Chorapsis durch neue ersetzt.[496] Die Anfertigung der neuen romanischen, „[...] den alten Fenstern im Obergaden entsprechenden [...]"[497]Fenster lag in den Händen der Glasmalerei Schneiders & Schmolz.[498] Aufgrund der Erfahrung, die Bardenhewer als langjähriger Mitarbeiter

Abb. 80: St. Cäcilien, Köln, Herwegens Kopie von Bardenhewers Aquarellkarton zur Cäcilienlegende

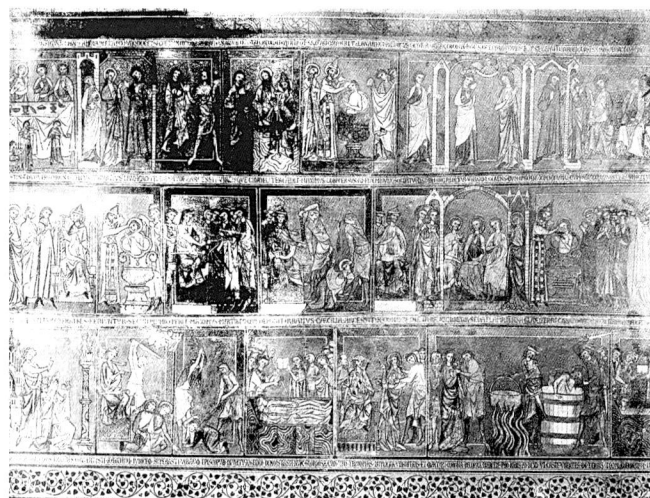

Abb. 81: St. Cäcilien, Köln, Fotografie des Wandmalereizyklus der Cäcilienlegende nach der Wiederherstellung durch Anton Bardenhewer, um 1900

Abb. 82: St. Cäcilien, Köln, Fotografie des Wandmalereizyklus des Leben Christi nach der Wiederherstellung durch Anton Bardenhewer, um 1900

Essenweins auf diesem Gebiet besaß, seiner früheren Anstellung bei der Glasmalerei Schneiders & Schmolz und ihrer wiederholten späteren Zusammenarbeit ist mit grosser Wahrscheinlichkeit davon auszugehen, daß er die der Ausführung zugrundeliegenden Fensterentwürfe nach dem Vorbild der Obergadenfenster und den Vorstellungen Heimanns anfertigte. Die Darstellungen in diesen

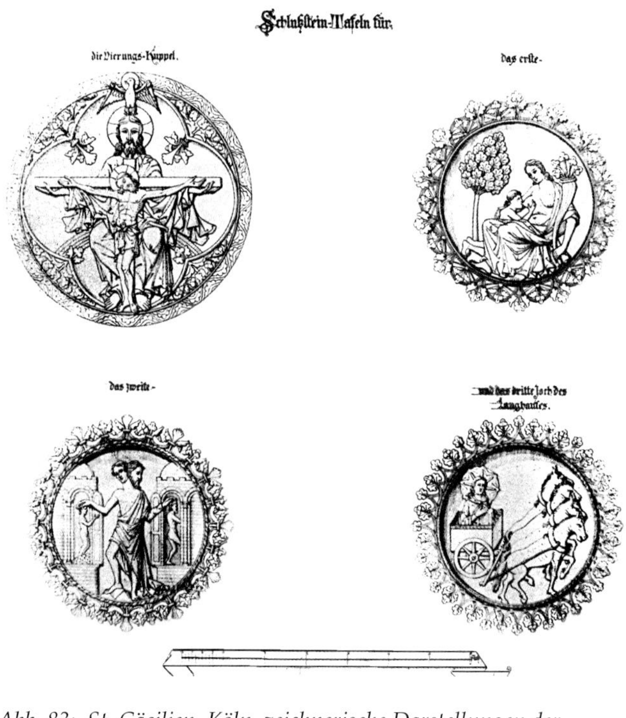

drei Chorfenstern führten die Szenen des Leben Christi von der Chorwänden weiter. Sie zeigten die Geißelung, Kreuztragung, Kreuzigung, Kreuzabnahme, Grablegung, Auferstehung, Begegnung mit Maria Magdalena, Zusammenkunft der Jünger in Emmaus und die Himmelfahrt Christi. „Einen besonderen Schmuck hat das Chor erhalten in den Glasgemälden der 3 großen Fenster der Apsis. Weil in ihr schon eine Anzahl stehender und sitzender Einzelfiguren in den Wandbildern vorhanden waren, mußte von einer Wiederholung solcher in den Fenstern Abstand genommen und mittelalterlichen Beispielen folgend, eine Einteilung der Fensterflächen derart getroffen werden, daß kleine Darstellungen, in fest gezeichnete geometrische Formen eingefügt, und von einem geometrischen Rande umgeben, sie füllen. Jedes Fenster enthält 3 Sechspässe zur Aufnahme von Bildern, welche Ereignisse aus dem Leben des Erlösers zum Vorwurf haben, als Fortsetzung derer, die uns in den Gemälden des 14. Jh. an den Wänden des Chores erhalten sind und mit der Dornenkrönung schließen. Die Darstellungen leiten über zu derjenigen des Pfingstfestes im Gewölbe und des Weltgerichts in der Concha des Chores. Die Fenster überraschen durch eine ganz ungewöhnliche, ruhige Farbenpracht. Die Zeichnung ist korrekt, fließend und stilgerecht, schließt sich auch in den Einzelheiten der Konturierung eng an alte mustergültige Vorbilder an, namentlich an solche, wie wir sie in den Fenstern von St. Kunibert und den Mittelfenstern der Ostkapelle des Doms besitzen. Der Firma Schneiders & Schmolz gebührt alles Lob, die Arbeit zählt jedenfalls zum Besten, was in

Abb. 83: St. Cäcilien, Köln, zeichnerische Darstellungen der Schlußsteine, vermutlich von Anton Bardenhewer

letzter Zeit auf dem Gebiet der Glasmalerei geleistet worden ist." [499]

Der hohe Dokumentationsstandard, den F.C. Heimann als Leiter des Hochbauamtes eingeführt hatte, zeigt sich in der aufwendigen Dokumentation dieser Wiederherstellungsarbeiten. Anton Bardenhewer fertigte 23 Fotografien an, die die Wandmalereizyklen des Chores nach der Wiederherstellung zeigen. Zu den Malereien im Langhaus sind weitere 16 Aufnahmen Bardenhewers entstanden.[500] Die zeichnerische bzw. malerische Dokumentation durch Pausen, Umrißzeichnungen und Aquarelle wurde bereits erwähnt.

Obwohl außer Bardenhewer und dem Maler Mauß keine weiteren Mitarbeiter namentlich aufgeführt werden, scheint es unwahrscheinlich, daß diese beiden alle vorangehend beschriebenen Arbeiten allein ausführten, zumal Bardenhewer neben seiner Tätigkeit in St. Cäcilien im Auftrag des Hochbauamtes kunsthandwerkliche Entwürfe und Architekturzeichnungen anfertigte.

Man muß davon ausgehen, daß Bardenhewer in St. Cäcilien erstmals eine malerische Wiederherstellung vor Ort leitete und mehrere Arbeiter sie nach seinen Anweisungen, Entwürfen und Vorlagen ausführten.

Laufbrunnen und Vater Rhein, Köln

Parallel zu seinen Arbeiten in St. Cäcilien vollendete Anton Bardenhewer im Jahr 1895 mehrere Entwurfzeichnungen für zwei Tafelaufsätze des Kölner Ratssilbers.

Ende des 19. Jahrhunderts hatten Kölner Goldschmiede, angeregt durch die in vielen Großstädten Deutschlands auflebende Wertschätzung der alten Tradition des Ratssilbers, im Auftrag der Stadt Köln, deren Ratssilber im 14. Jahrhundert verlorengegangen war, Teile eines neuen anzufertigen begonnen.[501] Noch im Jahr 1900 wurde dieses Ratssilber um weitere Teile durch Schenkungen wohlhabender Kölner Familien ergänzt.[502]

Bereits im Jahr 1894 hatte Anton Bardenhewer von Stadtbaurat Friedrich Carl Heimann den Auftrag erhalten, Entwürfe für zwei große Tafelaufsätze anzufertigen.[503] In Anlehnung an mittelalterliche Vorbilder schuf er mehrere Detailzeichnungen zu zwei Tafelaufsätzen, dem sogenannten „Laufbrunnen" und dem „Vater Rhein". Bei seinen Entwürfen nahm er sich unter anderem das Ratssilber der Stadt Lüneburg, das zu dieser Zeit im Berliner Kunstgewerbemuseum unter großer Beachtung des Publikums ausgestellt wurde, zum Vorbild.[504] Sieben Zeichnungen Bardenhewers sind noch heute im Bestand des Historischen Archivs der Stadt Köln erhalten. (Abb. 84 -

91)[505] Eine zeigt in Reinzeichnung drei zu variierende Gestaltungsmöglichkeiten des Laufbrunnens. Die Form von Fuß, Sockel und Schale stand zu diesem Zeitpunkt offenbar fest, so daß man lediglich den oberen Teil der Zeichnung durch Darüberklappen zweier weiterer Versionen verändern konnte. Die letzte, zu oberst aufgeklebte Entwurfsvariante des Tafelaufsatzes wurde im Jahr 1897 von der Firma Gabriel Hermeling mit nur geringen Veränderungen ausgeführt.[506] (Abb. 92) Die neogotischen Formen, denen man dabei den Vorzug gab, entsprachen sowohl dem zeitgenössischen Kunstgeschmack in Köln als auch der Vorliebe Heimanns. Möglicherweise spielte auch die zeitgleiche Wiederherstellung des Kölner Gürzenich eine Rolle.[507] Der Laufbrunnen wird durch einen kleinen Motor mit Kölnisch Wasser gespeist. Dieses Detail des Flüssigkeit speienden Brunnens war in der Zeichnung Bardenhewers bereits vorgegeben.[508]

Rathsſilber.   Tafelaufſatz.

Abb. 84: Laufbrunnen, nicht ausgeführter Entwurf Anton Bardenhewers

Abb. 85: Laufbrunnen, nicht ausgeführter Entwurf Anton Barden-hewers

Abb. 87: Laufbrunnen, nicht ausgeführter Entwurf Anton Barden-hewers

Abb. 86: Laufbrunnen, nicht ausgeführter Entwurf Anton Barden-hewers

Bardenhewers Entwurf zum Vater Rhein ist als vorläufige Skizze zu bewerten. (Abb. 93) Sie gab lediglich den groben Aufbau für den im Jahr 1900 von der Firma Gabriel Hermeling ausgeführten Tafelaufsatz, den sogenannten Vater Rhein, der als Ausstellungsstück für die Weltausstellung in Paris angefertigt wurde, vor.

Ein Vergleich mit dem im Kölner Stadtmuseum ausgestellten Tafelaufsatz macht deutlich, wie viel differenzierter und kleinteiliger seine Gestaltung war. Die hohe technische Raffinesse der Ausführung beider Tafelaufsätze beweist die herausragende Qualität der damaligen Arbeiten der Werkstatt Hermeling.[509] Es verwundert daher nicht, daß der Großteil des Kölner Ratssilbers von der Firma Hermeling angefertigt wurde. Dazu gehörten ein vollständiges Tafelsilber für 50 Personen und der große Mittelaufsatz.[510]

Der ein Meter hohe Vater Rhein wurde der Stadt Köln nach der Pariser Weltausstellung durch mehrere Mitglieder der Familie Deichmann als Teil des neuen Ratssilbers geschenkt.[511]

76

Abb. 88: Laufbrunnen, nicht ausgeführter Entwurf Anton Barden-hewers

Abb. 89: Laufbrunnen, später ausgeführter Entwurf des Tafelauf-satzes

Architekturfotografien

Unter der Leitung Friedrich Carl Heimanns wurde der Dokumentationsstandard der Arbeiten des Städtischen Hochbauamts erheblich verbessert.[512] Es wurde üblich, Gebäude vor ihrem Abbruch zumindest zu fotografieren. Befanden sich kunsthistorisch bedeutsame Ausstattungs-stücke im Inneren, wurden diese in situ ebenfalls durch Fotografien oder malerische Aufnahmen dokumentiert. Diese Fotografien dienten Heimann als Grundstock für eine unter seiner Aufsicht erarbeitete fotografische Sammlung der bedeutendsten Kunstwerke und Archi-tekturen Kölns. Viele der im Auftrag Heimanns angefer-tigten Fotografien stammen von Anton Bardenhewer.[513] Wann er zu fotografieren begonnen hatte, läßt sich nicht mehr feststellen. Da sich in seinem Lebenslauf keine Leh-re bei einem Fotografen nachweisen läßt, scheint er Auto-didakt gewesen zu sein.

In der Graphischen Sammlung des Stadtmuseums Köln ist noch heute eine große Anzahl seiner hauptsächlich zu do-kumentarischen Zwecken in den Jahren 1895 bis 1897 im Auftrag Heimanns angefertigten Fotografien erhalten.[514]

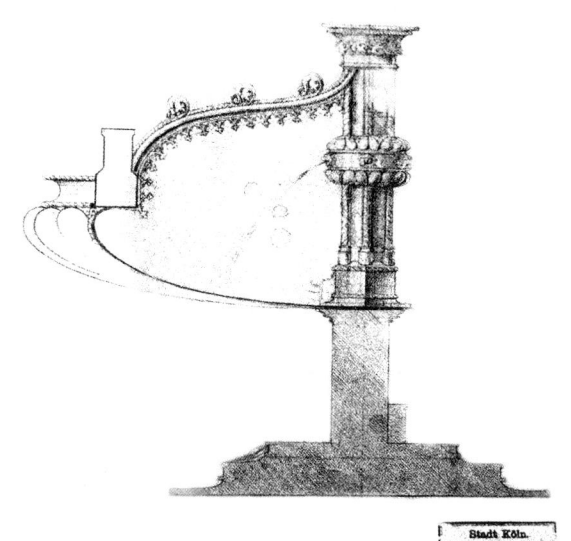

Abb. 90: Laufbrunnen, Detailzeichnung Bardenhewers zur Sockel-und Schalengestaltung, Querschnitt

77

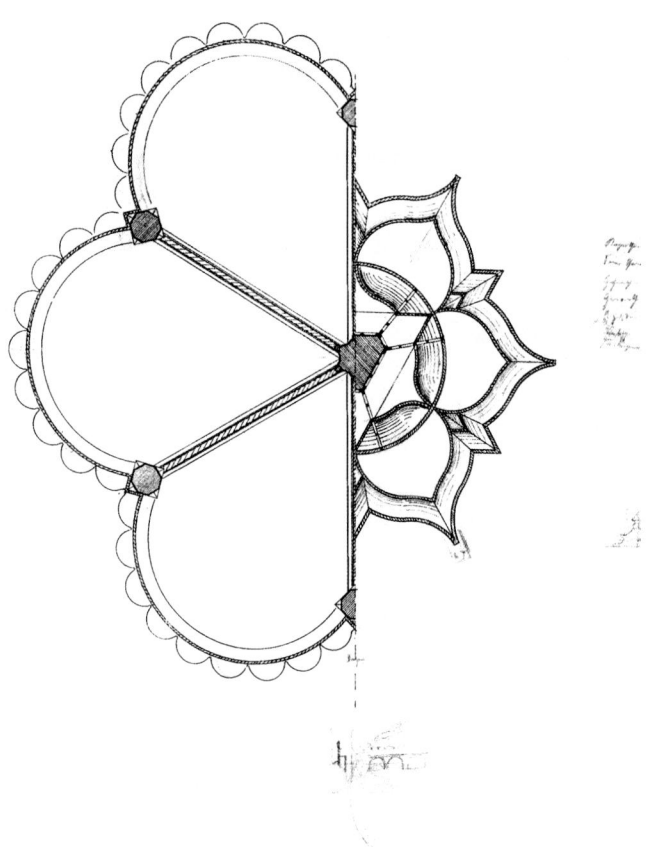

*Abb. 91: Laufbrunnen, Detailzeichnung Bardenhewers zur Sockel-
und Schalengestaltung, Aufsicht*

Abb. 93: Vater Rhein, Bardenhewers nicht ausgeführter Entwurf

Abb. 92: Laufbrunnen, Tafelaufsatz, Teil des Kölner Ratssilbers

Paul Clemen

Während der laufenden Arbeiten in St. Cäcilien machte Anton Bardenhewer die Bekanntschaft von Paul Clemen, der im Jahr 1893 zum ersten Provinzialkonservator der Rheinprovinz berufen worden war und damit die Verantwortung für alle im Bereich der Rheinprovinz ausgeführten Arbeiten am Denkmälerbestand trug.[515]

Die Begegnung zwischen Bardenhewer und Clemen wird durch Heimanns Hinweis auf die Beurteilung der Wiederherstellung der Wandmalereizyklen des Chors durch Clemen belegt. Heimann schreibt, „[...] seine [Bardenhewers] bisherigen geleisteten Arbeiten haben namentlich den Beifall und die Zustimmung des Provinzialkonservators gefunden."[516]

Clemen lernte, wie Heimann wenige Jahre zuvor, Bardenhewers Talent für die zeichnerische und malerische Übertragung auf Karton schätzen.[517] Dieser Fähigkeit bediente sich Clemen in den folgenden Jahren im Rahmen der groß angelegten Inventarisation des Kunstdenkmälerbestands der Rheinprovinz und seiner eigenen Publikationen wiederholt. Neben Heimann war Clemen die zweite herausragende Persönlichkeit der rheinischen Denkmalpflege, die Anton Bardenhewer in den folgenden Jahren förderte und ihm viele Aufträge im Bereich der Denkmalpflege erteilte oder vermittelte.

Paul Clemen – Zur Person

Paul Clemen wurde am 13. Oktober 1866 in Sommerfeld bei Leipzig geboren. Ab 1872 besuchte er die Bürgerschule in Grimma, wechselte 1876 auf das Progymnasium und 1879 auf die dortige Fürsten- und Landesschule St. Augustin, an der er 1885 das Abitur ablegte. Im Rahmen vieler Bildungsreisen, die ihn durch ganz Deutschland und Tirol führten, gelangte er Anfang der 80er Jahre des 19. Jahrhunderts an den Rhein.[518] Er berichtet in seinen Erinnerungen, diese erste Begegnung mit dem Rhein habe ihn, der aus Sachsen stamme, sehr geprägt und in ihm eine starke Verbundenheit mit dieser Gegend geweckt.[519]

Im Jahr 1885 begann Clemen an der Universität Leipzig Kunstgeschichte und Deutsche Philologie zu studieren. Bereits zum Wintersemester 1887/88 wechselte er an die Rheinische Friedrich-Wilhelms-Universität in Bonn. Im darauf folgenden Jahr ging er an die Universität Straßburg, an der er 1889 promoviert wurde.[520]

Paul Clemen war einer der Begründer und Vordenker der modernen Denkmalpflege. Er tauschte sich frühzeitig mit französischen und englischen Kollegen über die Probleme der Denkmalpflege in ihren Ländern aus.[521]

Besonders beeindruckte ihn die starke Strömung der Neogotiker. John Ruskin, der bereits im Jahr 1854 die „Society for the Protection of Ancient Buildings" mit dem Leitspruch: „Erhalten, nicht wiederherstellen!" gegründet hatte, war als einer ihrer Vordenker, sein großes Vorbild.[522] Im Jahr 1887 machte Ruskin seine Abneigung den großen Wiederherstellungen gegenüber sehr deutlich: „Restaurierungen sind in allen Fällen entweder fette Bissen für Architekten oder sie entstammen der Eitelkeit der betreffenden Geistlichen, und ich zähle sie zu der schlimmsten Klasse des Schwindels und der Prahlerei."[523] Clemen formulierte die gleiche Kritik in späteren Jahren, wenn auch weniger scharf. „Gleich schwerwiegend ist die Gefährdung der Kirche durch unverständige, übereilte und zu weitgehende Restaurationen."[524]

Die Provinzialverwaltung der Rheinprovinz hatte seit Inkrafttreten der Gesetze von 1873 und 1875, die alle Provinzialverwaltungen Preußens zur Erhaltung von Denkmälern verpflichteten, eine führende Rolle auf diesem Gebiet erlangt und erhebliche Gelder zur Verfügung gestellt.[525] 1887 war von der Rheinischen Provinzialverwaltung eine Kommission für die Denkmälerstatistik eingesetzt worden, deren Mitglied Paul Clemen von Beginn an war.[526] Als fortschrittlicher Denkmalpfleger sprach er sich früh für eine Abkehr von den historistischen Neuausstattungen aus.[527] Mit seinem Gutachten zu der laufenden Wiederherstellung der Stiftskirche in Boppard, die unter der Leitung des Kölner Architekten Heinrich Wiethase stand, erreichte er im Jahr 1888 eine sorgfältige Untersuchung des Langhauses auf möglicherweise erhaltene Reste der Originalausmalung. - Der Chor war zuvor ohne Rücksichtnahme auf mögliche Funde neu ausgestattet worden. - Im Langhaus entdeckte man nun erstmals im Rheinland unter der Tünche ein vollständig erhaltenes Dekorationssystem, das im Anschluß freigelegt und sorgfältig wiederhergestellt wurde.[528]

Am 1. Oktober 1890 wurde Clemen offiziell mit der Inventarisation aller Kunst- und Baudenkmäler der Rheinprovinz betraut.[529] Seine Aufgabe schloß das Anlegen einer Sammlung von Aufnahmen aller erhaltener mittelalterlicher Wandmalereien, der figürlichen wie ornamentalen, zu dokumentarischen Zwecken ein. Bereits auf den Düsseldorfer Ausstellungen der Jahre 1902 und 1904, deren kunsthistorische Abteilungen er jeweils mitbetreute, wurden vierundsechzig farbige Foliotafeln zum Teil im Originalmaßstab präsentiert, die eine Auswahl von Dekorationen der romanischen Epoche zeigten. Eine davon war ein Karton von Anton Bardenhewer, Nr. 181, Niedermendig, Alte Pfarrkirche, um 1300.[530]

Am 30. Mai 1893 wurde Clemen das Amt des ersten Provinzialkonservators der Rheinprovinz übertragen.[531] Diese Stelle war vorrangig deswegen geschaffen worden, weil es bis dahin nur wenige Veröffentlichungen zu den rheinischen Kunstwerken gab und diese wenigen nur die bedeutendsten Werke betrafen.[532] Eine institutionelle Denkmalpflege schien nötig, da man sich aufgrund der Sachlage kein Bild vom vorhandenen Denkmälerbestand machen konnte.

Clemen setzte die durch die Kommission begonnene Inventarisation der Kunstdenkmäler fort.[533] Über das Sammeln von Abbildungen und das Verfassen kunsthistorischer Kurztexte hinaus begann man, Urkunden, Pläne, Geschichts- und Literaturquellen, einzelne Objekte betreffend, zusammenzustellen. Für diese umfassende Dokumentation des erhaltenen Denkmälerbestands ließ man von eigens bestellten Malern eine große Anzahl malerischer und zeichnerischer Aufnahmen anfertigen.[534] Die Originalaufnahmen gingen in den Bestand eines eigenen Archivs über, dessen Verwaltung dem Provinzialkonservator unterstand. Im Jahre 1921 war die Sammlung des

Rheinischen Denkmälerarchivs bereits auf 27 000 Blatt Zeichnungen, Pausen, Aquarelle etc. angewachsen.[535] „Die Provinzialkommission für die Denkmalpflege in der Rheinprovinz beschloß 1895 die Anfertigung von Kopien und Pausen der mittelalterlichen Malerei in den Rheinlanden, zunächst um diese kunstgeschichtlich außerordentlich wertvollen Denkmäler, die zum Teil im Bestande gefährdet sind und immer mehr verschwinden und verbleichen, in ihrem jetzigen Zustand festzulegen, sodann aber um auf diese Weise das Material für eine große Publikation der sämtlichen Wandmalereien zu sammeln, die im Verein mit der Gesellschaft für rheinische Geschichtskunde in Aussicht genommen ist.″[536] Ganz im Einklang mit den fortschrittlichen Denkmalpflegern seiner Zeit sprach sich Paul Clemen für eine sehr genaue Dokumentation der Originalbefunde aus.[537] Das schloß Fotografien von Wandmalereien in ihrem Zustand vor und gegebenenfalls nach einer Wiederherstellung mit ein. Clemen ließ, selbst wenn keine Arbeiten vor Ort geplant waren oder die finanziellen Mittel für baldige Maßnahmen fehlten, besonders bedeutsame Malereien durch Aufnahmen dokumentieren.[538] Einen Großteil dieser über viele Jahrzehnte hinweg zum Teil im Maßstab 1:1 entstandenen Aufnahmen verwendete Clemen zur Illustration seiner beiden berühmten Werke über die Monumentalmalereien des Rheinlands und anderer Publikationen.[539]

Um der Vielzahl der auf so hohem Niveau zu bearbeitenden Kunstgüter Herr zu werden und zudem über alle Veränderungen an Kunstwerken informiert zu sein, bediente sich Clemen der Hilfe sog. ʻCorrespondenten für Denkmalpflegeʼ, die aus allen Schichten der Bevölkerung stammten. Im Jahr 1896 gab es 170 solcher ʻCorrespondentenʼ.[540] „Einzelnen Correspondenten ist ein bestimmtes Gebiet zugewiesen, auf dem vor allem ihre Wachsamkeit erwünscht ist, es ist ihnen aber natürlich unbenommen, auch über Denkmäler außerhalb ihres Bezirks zu berichten. Sie sind gebeten, am Ende jeden Jahres einen kurzen Bericht über die innerhalb ihres Gebietes stattgefundenen Veränderungen an den Denkmälern und die damit zusammenhängenden Fragen an den Provinzialkonservator zu richten, damit auf diese Weise eine dauernde Übersicht über den Denkmälerbestand der Provinz und gleichzeitig auch die Berichtigung und Weiterführ-ung des Denkmälerinventares ermöglicht werde.″[541]

Ab dem Jahr 1893 trug Clemen die Verantwortung für alle im Bereich der Rheinprovinz anfallenden Restaurierungen. Sein Eintreten für die Belange der Denkmalpflege begann nach der ersten großen Wiederherstellungswelle, als man die in den vergangenen Jahrzehnten geleisteten Arbeiten einer erster Kritik unterzog. Unter sei-

ner Leitung kam es im Sinne dieser neuen kritischen Einstellung gegenüber den bisherigen künstlerischen Wiederherstellungen oder Gesamtausstattungen zu keinem ähnlich großen Projekt mit annähernd einschneidenden Eingriffen in den Originalbestand wie bei den vorangegangen historistischen Arbeiten. In seiner Funktion als Provinzialkonservator war er beratend und gutachterlich tätig. Daher bereiste er die gesamte Rheinprovinz, beriet Gemeinden vor der Ausführung geplanter Restaurierungen und während der entsprechenden Arbeiten. Seine erste Forderung galt dem Erhalt aufgedeckter Wandmalereien. Er bereitete für nötig befundene Restaurationsarbeiten durch Gespräche mit dem Bauherren und dem Architekten bzw. den Ausführenden vor und mußte sich zu entsprechenden Anträgen gutachterlich äußern, Pläne und Vorschläge prüfen.[542] Er verwendete viel Zeit auf die Vermittlung zwischen denkmalpflegerischen und kunsthistorischen Ansprüchen einerseits und dem Interesse des Denkmalbesitzers, häufig der Kirche, andererseits. Bei schwierigen Wiederherstellungsarbeiten durfte er bewährte Kräfte für die Ausführung vorschlagen.[543] Von diesem Privileg machte er, wie noch gezeigt werden wird, häufig Gebrauch.[544] „Es kommt oft schon alles darauf an, in wessen Hand eine solche Arbeit gelegt wird; alle Pfuscher und alle Nichts-als-Handwerker sollen hier ferngehalten werden.″[545] Damit die Finanzierung der entsprechenden Maßnahmen auch dann gewährleistet blieb, wenn der Staat oder die Gemeinde keine ausreichenden Mittel zur Verfügung stellen konnten, wurde ab dem Jahr 1893 im Haushaltsplan der Provinzialverwaltung der Rheinprovinz ein namhafter jährlicher Betrag vorgesehen, der in einem Ständefonds angesammelt wurde und aus dem nach entsprechendem Antrag und Unterstützung durch den Provinzialkonservator die jeweiligen Maßnahmen mitfinanziert werden konnten.[546]

Um sein Wissen und die neue Wertschätzung des original erhaltenen Kunstdenkmals an jüngere Generationen weiterzugeben, schlug Clemen bereits früh, parallel zu seiner vielfältigen Arbeit in der Denkmalpflege, eine universitäre Laufbahn ein. Nach seiner Habilitation an der Rheinischen Friedrich-Wilhelms-Universität in Bonn im Jahr 1893 erhielt er 1899 eine Dozentur an der Kunstakademie in Düsseldorf.[547] Ende des Jahres 1901 wurde er zum Ordinarius der Kunstgeschichte an der Rheinischen Friedrich-Wilhelms-Universität in Bonn berufen.[548]

Sein Streben ging vor allen Dingen dank einer großen rednerischen Begabung dahin, sein umfangreiches Wissen an ein möglichst großes Publikum weiterzugeben. Seine öffentlichen Samstagsvorlesungen im großen Hörsaal der Bonner Universität waren überaus beliebt.[549] 1907 ging er für ein Semester im Rahmen eines Deutsch-Amerikanischen Gelehrten-Austauschs als Gastprofessor nach Harvard .[550]

Ab dem Jahre 1899 gehörte Paul Clemen dem Ausschuß der Organisation für die Tagungen der Deutschen Denkmalpflege an, deren Vorsitzender er ab 1923 wurde.[551] Über den relativ begrenzten Kreis der Interessierten hinaus versuchte er, die breite Öffentlichkeit für die Probleme der Denkmalpflege und deren Notwendigkeit zu sensibilisieren und hielt viele Vorträge zu diesem Thema.[552]

Clemen war sich darüber im klaren, daß jeder Eingriff in das Original dieses unweigerlich veränderte. „Wenn man aber eine Wiederherstellungsarbeit als eine künstlerische Arbeit auffaßt, so wird diese auch wie eine jede künstlerische Leistung den Stempel ihrer Epoche tragen. Wir haben uns daran gewöhnen müssen, daß eine Restauration von 1850 eben ein Spiegelbild der künstlerischen Anschauungen und auch der Formenempfindungen von 1850, wenn auch in einer archaistischen Sprache ist, und daß eine Restauration von 1900 den Ausdruck der Anschauungen dieser Periode darstellt. Diese Erkenntnis hat uns überhaupt stutzig werden lassen gegen den Begriff einer solchen weitgehenden Restauration im allgemeinen."[553] Aus diesem Wissen heraus plädierte er für ein deutliches Abheben der Neuschöpfungen vom Originalbestand. „Auch unsere Zeit wird sich der Erkenntnis nicht verschließen können, daß der lebendigen Kunst mit den schwächlichen Nachahmungen der Alten und schlimmer: mit den Fälschungen ein ebenso schlechter Dienst geleistet wird wie der alten Kunst."[554] Er forderte, daß die Neuschöpfungen einem eigenen künstlerischen Anspruch genügen müßten. „Wir sollten auch eine jede neue selbständige Zutat als eine selbständige künstlerische Leistung fassen. Man kann auch in der Sprache der Alten neuzeitlich schaffen."[555] Eine Zusammenstellung der Forderungen der Denkmalpflege, die Paul Clemen im Jahr 1906 aufstellte, klingt äußerst modern. „Es gilt die großartigsten aller Denkmäler, die Naturdenkmäler, in ihrer Unberührtheit zu erhalten, den beleidigenden Unfug des Reklamewesens in der offenen Landschaft und das barbarische und gefühllose Hineintragen städtischer Einrichtungen in die noch unangetastete Natur nach Kräften einzudämmen."[556] Die genauere Untersuchung der Arbeiten, die Anton Bardenhewer in den folgenden Jahren unter der Aufsicht Clemens ausführte, wird jedoch sehr deutlich zeigen, daß die Spanne zwischen theoretischem Wunsch und zu realisierenden Möglichkeiten bisweilen groß war.

Abb. 94: St. Nicolai, Kalkar, Jüngstes Gericht, nach der Wiederherstellung durch Anton Bardenhewer

Um Einblicke in die Restaurierungstechnik zu erhalten und gegebenenfalls Einspruch gegen bestimmte Verfahren erheben zu können, absolvierte Clemen für eine begrenzte Zeit ein Praktikum an der Metzer Dombauhütte.[557] Dort erwarb er unter der Leitung von Paul Tornow Kenntnisse über Baumaterialien und Verarbeitungstechniken.[558] Aus dieser Zeit erwuchs eine enge Bekanntschaft zwischen Tornow und Clemen, die in späteren Jahren zu Arbeiten Bardenhewers in Metz führte.[559]

Aufgrund des enormen Arbeitspensums, das Clemen in seiner Funktion als Landeskonservator der Rheinprovinz und als Wissenschaftler bewältigte, sah er sich außerstande, alle Arbeiten, die unter seiner Leitung standen, selbst zu überwachen. Daher schrieb bzw. unterschrieb er bisweilen Endberichte zu Restaurierungen, die nicht mit der tatsächlichen Ausführung übereinstimmten. „[...] bevorzugte Restauratoren wie Bardenhewer [konnten] ungehindert ganze Flächen in vereinfachtem Verfahren auf neu aufgetragenem Putz bemalen, statt sich an der mühsamen Aufdeckung der originalen Substanz aufzuhalten, während Clemens Bericht jeglichen Verzicht auf Ergänzungen ausdrücklich bestätigte (ein solcher Fall z.B. in Kalkar)."[560] (Abb. 94) Den hier erhobenen Vorwurf gegen den ausführenden Restaurator muß man abmildern. Zumeist lag die Ausführung im vereinfachten Verfahren im Interesse der Pfarrgemeinde und geschah auf deren Bitte. Dieses Vorgehen hatte zur Folge, daß das Kircheninnere wieder sehr ansehnlich wurde, die Kosten aber erheblich unter denen für eine langwierige Aufdeckung und anschließende sorgfältige Wandmalereirestaurierung lagen. Daß der Provinzialkonservator demgegenüber die Augen verschloß, scheint häufig vorgekommen zu sein. Gleichzeitig äußerte er jedoch scharfe Kritik gegen jede unsach-

gemäße und unfachmännische Wiederherstellung.[561] Schon sehr früh setzte er sich für eine Ausbildung oder zumindest Fortbildung aller Kräfte ein, die im Bereich der Denkmalpflege arbeiteten. Eine Forderung, die in ihrer Radikalität noch heute der Umsetzung harrt.

Am 1. Oktober 1911 trat Clemen von seinem Amt als Provinzialkonservator zurück.[562] Damit verlor er jedoch keineswegs den immensen Einfluß, den er auf die Entwicklung der Denkmalpflege im Rheinland und die Wiederherstellung erhaltener Kunstdenkmälern hatte, da er Vorsitzender des neu gegründeten „Denkmalrat der Rheinprovinz" wurde.[563] Zu dieser Zeit äußerte er sich erstmals eindeutig gegen alle historistischen Tendenzen bei Wiederherstellungen zugunsten des Leitsatzes: Konservieren nicht Restaurieren.[564] „In den kirchlichen Gebäuden haben Rücksichten auf den Kultus vielfach zu weitgehenden Ergänzungen geführt, und zwar zu Ergänzungen, die ihren höchsten Stolz dareinsetzten, sich nicht als solche erkennen zu lassen - was immer nur für eine kurze Frist eine Täuschung bringt."[565] Der theoretischen Forderung setzte er seine Erfahrung aus der Praxis entgegen, die belegte, daß zur Erhaltung eines Kunstwerks Eingriffe häufig nicht vollständig vermieden werden konnten und sollten.[566] Eines der Probleme lag in der Entscheidung für das richtige Maß, die Art und Form der Ergänzungen.[567] An dieser Unvereinbarkeit von theoretischem Anspruch und umzusetzender Wirklichkeit krankt die denkmalpflegerische Restaurierungspraktik vielfach noch heute. Während des Ersten Weltkriegs wurde Clemen mit dem Schutz der Baudenkmäler in den Kriegsgebieten beauftragt.[568] Nach Ende des Krieges nahm er seine Lehrtätigkeit an der Bonner Universität wieder auf. Am 1. Oktober 1935 entließ man ihn aus Altersgründen aus den amtlichen Verpflichtungen eines Universitätsprofessors. Am 8. Juli 1947 starb Paul Clemen im oberbayerischen Bad Endorf.[569]

Anton Bardenhewers Arbeiten für Paul Clemen

Anton Bardenhewer übernahm in den ersten Jahren seiner Tätigkeit für Heimann, als er im Rahmen schlecht bezahlter, kurzbefristeter Werkverträge für das Hochbauamt der Stadt Köln arbeitete, so weit möglich, wiederholt Arbeiten für andere Auftraggeber. Paul Clemen hat ihm vermutlich bereits kurz nach ihrer Bekanntschaft im Jahr 1893, spätestens 1895 angeboten, für die von ihm geplanten Publikationen und den Bestand des Denkmälerarchivs der Rheinprovinz Zeichnungen und Aquarelle von verschiedenen Wandmalereien anzufertigen.[570] Selbst in den Jahren nach Bardenhewers Ausscheiden aus dem

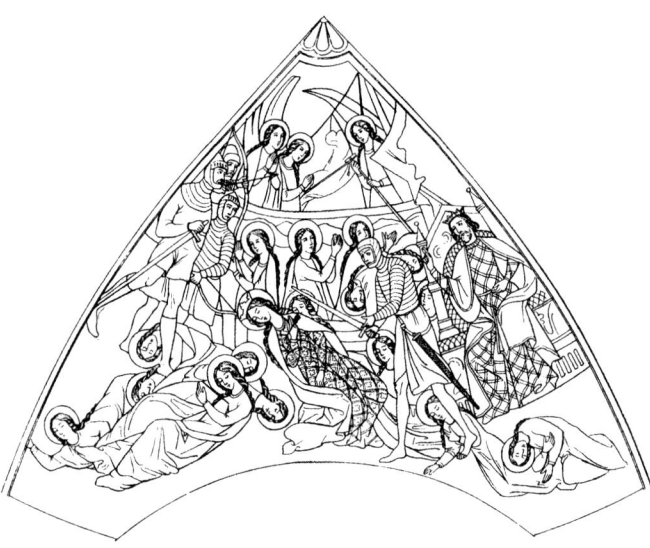

Abb. 95: St. Ursula, Lipp, Umrißzeichnungen der Darstellungen auf zwei Gewölbekappen von Anton Bardenhewer

Dienst der Stadt fertigte er in Clemens Auftrag weiterhin Umrißzeichnungen, farbige Aufnahmen und Fotografien mittelalterlicher Wandmalereien an, die zu dokumentarischen Zwecken im Archiv des Denkmalamts verblieben.[571] (Abb. 95 - 96) Viele der Aufnahmen dienten Clemen zur Bebilderung seiner zahlreichen Publikationen.[572] Sie sind in ihrer dokumentierenden Qualität noch heute anerkannt. Der Vergleich einer Fotografie der im Jahr 1988 vollständig freigelegten Wandmalereien der Kirche Marienhagen mit dem von Anton Bardenhewer angefertigten Aquarell zu dieser Malerei „läßt erkennen, daß Bardenhewers Aquarell dem Original stilistisch so nahe wie möglich kommt."[573]

In den ersten Jahren seiner Anstellung bei der Stadt Köln arbeitete Bardenhewer mehrfach als Mitarbeiter anderer Restauratoren im Rahmen von Wiederherstellungen mittelalterlicher Wandmalereien.[574] Die entsprechenden Aufträge vermittelten ihm Clemen und Heimann. Clemen empfahl ihn 1894 als Zeichner an August Martin, der in dieser Zeit die Wiederherstellung der Malereien von St. Severus, Boppard, ausführte.[575] Die Aufträge von Clemen für Bardenhewer rissen in den kommenden Jahren nicht ab. In einem Brief vom 12. Juni des Jahres 1896 bat Clemen den Bürgermeister der Stadt Köln, Anton Bardenhewer für die nächsten zwei Monate von allen städtischen Diensten zu beurlauben, da er für ihn eine Reihe von Wandmalereikopien anfertigen solle, nachdem er bereits früher für ihn gearbeitet habe.[576]

Seit der Provinzialausschuß der Rheinprovinz auf einen Antrag von Clemen am 14. August des Jahres 1895 die Summe von 2.000,– Mark zur Anfertigung von Pausen und Kopien mittelalterlicher Wandmalereien bewilligt hatte, hatte dieser eine ganze Anzahl Kölner und Düsseldorfer Maler mit entsprechenden Aufnahmen beauftragt.[577] Die ersten Ergebnisse sagten ihm jedoch nicht zu. Statt einer Ansammlung qualitativ sehr unterschiedlicher Aufnahmen wollte er auch im Hinblick auf seine eigenen Veröffentlichungen ein Kontingent stilistisch einheitlicher Abbildungen erhalten. „Es hat sich aber das Bedürfnis herausgestellt, die Herstellung einer größeren Anzahl von Kopien in die Hand eines einzelnen Künstlers zu legen, damit in Auffassung, Ausführung und Technik, zumal mit Rücksicht auf die geplante Publikation eine große Gleichheit erzielt wird. Für diese Aufgabe erscheint der zur Zeit an dem städtischen Hochbauamt in Cöln beschäftigte Architekt Bardenhewer als besonders qualifiziert. Herr Bardenhewer würde bereit sein, einige Monate in den Dienst der Provinzialkommission zu treten, um sich ganz der Herstellung solcher Nachbildungen von Wandmalereien zu widmen. Herr Stadtbaurat Heimann würde mit einer

Beurlaubung des Herrn Bardenhewer vom 1. August ab einverstanden sein."[578] Durch den ganzen Juli des Jahres 1896 zog sich der Briefwechsel um die Beurlaubung Bardenhewers hin. Heimann willigte nach einigem Zögern ein, Anton Bardenhewer nach Abschluß der Arbeiten im Langhaus von St. Cäcilien und der Fertigstellung der Entwürfe für die Chorgewölbe freizustellen. Die Beurlaubung sollte jedoch auf zwei Monate beschränkt bleiben, damit Bardenhewer ohne zu große Verzögerung die Ergänzungen der Wandmalereizyklen im Chor abschließen könnte.[579] Ende Juli verzichtete Clemen im Interesse der andauernden Wiederherstellungsarbeiten in St. Cäcilien auf die Freistellung von Bardenhewer.[580]

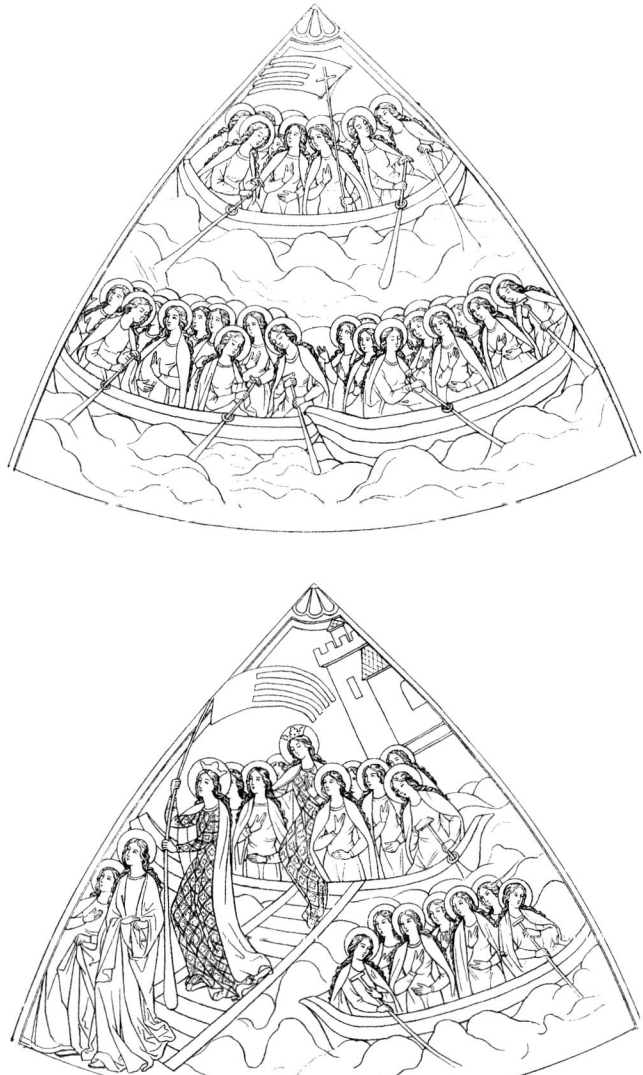

Abb. 96: St. Ursula, Lipp, Umrißzeichnungen der Darstellungen auf zwei Gewölbekappen von Anton Bardenhewer

83

Nachweislich fertigte Bardenhewer 1896 im Auftrag Clemens zumindest sieben Umrißzeichnungen von den Wandmalereien in der Taufkapelle von St. Gereon an.[581] Für die Jahre der Festanstellung bei der Stadt läßt sich noch eine Anzahl weiterer Arbeiten für andere Auftraggeber nachweisen.[582] Offensichtlich wurde die im Anstellungsvertrag unterschriebene Versicherung, daß er keine Nebeneinnahmen habe, von beiden Vertragspartnern nicht so ernst genommen.

Vom Historismus zur Modernen Auffassung

Die Wiederherstellungsarbeiten in der Kirche St. Cäcilien[583] fielen in die Zeit einer allgemeinen Neuorientierung im Bereich der Denkmalpflege. Seit 1890 im Limburger Dom ein originales Ausmalungssystem entdeckt wurde, das im Gegensatz zu den historistischen Neuausstattungen den architektonischen Strukturen einen hohen Rang einräumte, da es sie durch die farbige Fassung betonte, begann man an der Richtigkeit des bisher als der mittelalterlichen Gestaltung entsprechenden historistischen Auffassung zu zweifeln. Mit der anschließenden Aufdeckung entsprechender originaler Ausmalungssysteme in einer Reihe von Kirchen an Ober- und Niederrhein, wandte man sich zunehmend von der historistischen Auffassung ab und für die folgenden Wiederherstellungen und Neuausstattungen einer den ursprünglichen Systemen angepaßten Ausmalung zu.[584] Parallel begann man, mittelalterliche Originalmalereien, die seit den 80er Jahren des 19. Jahrhunderts an Wertschätzung gewonnen hatten, zu erhalten. Bei einer Wiederherstellung übernahm man nicht mehr nur die äußere Form oder den Inhalt der ursprünglichen Malerei, um sie dann durch Übermalung in einen neuen Gesamtzusammenhang zu stellen, sondern man anerkannte mit der neuen Bewertung der historischen mittelalterlichen Wandmalereien die Einmaligkeit des Originals.[585] Um Verletzungen der Substanz bei den erforderlichen Eingriffen möglichst gering zu halten, begann man im Vorfeld, den technischen Aufbau des Putzgrundes und die chemische Zusammensetzung der Farben zu untersuchen.[586] Das von einigen fortschrittlich Denkenden gepredigte neue denkmalpflegerische Credo hieß: „Freilegung und Konservierung allein".[587] Diese Forderung bezog sich zumeist nur auf die freigelegte Wandmalerei und widersprach daher nicht grundsätzlich einer sinngemäßen Ergänzung. Eine solche begründete man damit, daß sie dem Betrachter die Lesbarkeit der Originale vielfach erst ermögliche. Häufig lag der Grund für eine Ergänzung jedoch darin, daß

durch sie der Eindruck einer zusammenhängenden Gesamtausstattung wiedererweckt werden konnte.

Anläßlich des Ersten Tages für Denkmalpflege, am 25. September 1900 in Dresden, trafen die konträren Auffassungen über die richtige Form der Denkmalpflege in Gestalt ihrer führenden Vertreter aufeinander. Regierungs- und Baurat Paul Tornow, zu der Zeit Dombaumeister in Metz, sprach bei dieser Veranstaltung für den Großteil der Teilnehmer. „Jedwedes, auch nur das leiseste Hervortreten der künstlerischen Individualität des restaurierenden Architekten ist bei solchen Neuschöpfungen auf das Peinlichste zu vermeiden."[588] Der Kunsthistoriker Cornelius Gurlitt stellte dagegen die Notwendigkeit einer täuschenden Echtheit des Wiederhergestellten in Frage und widersprach, als nahezu einziger Teilnehmer, dieser Feststellung.[589] „Das, was wir schaffen, ist stets 20. Jahrhundert und wird nie 13. Jahrhundert sein. [...] Zweck der Restaurierung sollte vor allem das Erhalten sein; man sollte das, was zerfallen will, vor weiterer Beschädigung behüten. Man sollte es so herstellen, daß man deutlich erkennt, was an einem Bau alt und was neu ist, und man sollte das, was man neu hinzufügt, auch stilistisch als neu kennzeichnen."[590]

Mit dem Beginn des 20. Jahrhunderts änderten sich die Ansprüche, die an eine Wiederherstellung gestellt wurden, dahingehend, daß vermehrt der Wert des unangetasteten Originals in den Vordergrund trat. Damit rückte in der theoretischen Betrachtung eine neue Einstellung an die Stelle der Verschönerungs- und Verbesserungstendenz des 19. Jahrhunderts.[591] Die Begründung der Denkmalpflege für die Erhaltung der Kunstwerke stützte sich nach wie vor auf deren historische Einmaligkeit. „Ihr [der Denkmalpflege] letzter Beweggrund ist die Achtung vor der historischen Existenz als solcher. Wir konservieren ein Denkmal nicht, weil wir es für schön halten, sondern weil es ein Stück unseres nationalen Daseins ist. Denkmäler schützen heißt nicht Genuß suchen, sondern Pietät üben."[592] Führende Denkmalpfleger sprachen sich jetzt vielfach gegen die Fehler der Vergangenheit wie die Freilegung vieler Dome im Innenstadtbereich aus. „Man kann Bauwerke nicht isolieren, sie sind nicht Museumsstücke. Es kann ein Denkmal auch indirekt zerstört werden: durch Mißklang in der Umgebung."[593] Im Zuge der neuen Tendenzen und im Rahmen der neuen Einschätzung richtete man das Augenmerk vermehrt auf den Ensembleschutz. Am 15. Juli des Jahres 1907 wurde ein Gesetz zur Erhaltung der Ortsbilder und Landschaften verabschiedet.[594] Nachdem die großen Stadtkirchen seit der Mitte des 19. Jahrhunderts eine historistische Überarbeitung erfahren hatten, deren Folgen man zu Beginn des 20.

Jahrhunderts vielfach durch neuerliche Restaurierungen abzumildern suchte, gerieten nun allgemein Baudenkmäler im ländlichen Bereich ins Augenmerk der Denkmalpfleger. Mit Hilfe der aus den schlechten Erfahrung der Vergangenheit erwachsenen neuen Einsicht wollte man bei den Wiederherstellungen von Dorfkirchen die alten Fehler vermeiden.

Diese Entwicklung der Denkmalpflege im außerstädtischen Bereich wurde seit etwa 1900 durch die Bewegung des Heimatschutzes verstärkt. Sie gründete wie die Idee des Denkmalschutzes auf dem starken nationalen Bewußtsein der Zeit.[595] „Denkmalpflege und Heimatschutz wurzeln in der Größe der Nation. Wir wollen der Nation ihre steinernen Denkmäler wieder vor Augen stellen mit ihrer lauten Predigt der Vaterlandsliebe, der Zusammengehörigkeit mit dem heimatlichen Boden, dem Hinweis auf die Geschlechter, die vor uns waren."[596] Das zunehmende Gewicht dieser Strömungen führte am 20. Oktober des Jahres 1906 zur Gründung des Rheinischen Vereins für Denkmalpflege und Heimatschutz im Kölner Gürzenich.[597] Der Verein stellte sich die Aufgabe, Eigentümer auf den Wert ihrer Häuser aufmerksam zu machen mit dem Ziel, an deren Erhaltung mitzuwirken.[598] „Auch der neue Verein will hier mitarbeiten, er will in Anlehnung und in steter Fühlung mit den bestehenden und bewährten staatlichen, provinzialischen und kirchlichen Organisationen arbeiten, er möchte in der Lage sein, rasch und unverzüglich einzuspringen, wo Gefahr droht, und er möchte helfen, das Bewußtsein von der Wichtigkeit der Sache der Denkmalpflege und des Heimatschutzes im ganzen Lande aufrecht zu erhalten."[599] Der Blick der Denkmalpfleger wurde nun vielfach auf scheinbar weniger bedeutende Denkmäler im ländlichen Bereich und ihre Wichtigkeit für das Ortsbild gelenkt.[600]

Nach der neuen Beurteilung der großen Wiederherstellungsprojekte des 19. Jahrhunderts beschloß man, in der Zukunft anders zu handeln. „Nichts ist berechtigter gewiß als Trauer und Zorn über ein entstelltes, zerstörtes Kunstwerk; aber wir stehen hier einer Tatsache gegenüber, die wir hinnehmen müssen, wie die Tatsache von Alter und Tod überhaupt; in Täuschungen Trost suchen wollen wir nicht!"[601] Mit der neuen allgemeinen Wertschätzung des Originals wurden die Dokumentationsrichtlinien, die fortschrittliche Denker wie Paul Clemen und Friedrich Carl Heimann schon seit Ende der 80er Jahre des 19. Jahrhunderts propagiert hatten, nun allgemeingültig.[602] Die Heimatschutzidee trug, über die von Clemen, Heimann und anderen Denkmalpflegern schon seit Jahren versuchte Aufklärung eines größeren Publikums hinaus, die Idee der Denkmalerhaltung in die organisierte Öffentlichkeit der Vereine. Denkmalbesitzer wurden nun vielfach davon überzeugt, daß das Original schützenswert sei. „Die öffentliche Meinung, die vor einem Jahrzehnt noch den wichtigsten Aufgaben der Denkmäler - Erhaltung und Kunstpflege oft ganz teilnahmslos gegenüberstand, wacht jetzt eifersüchtig über die unversehrte Erhaltung unseres Denkmalbestandes und ist mitunter fast allzu nervös, wo sie nur von fern ein Attentat auf ein altes Bauwerk wittert."[603] In diesem Zusammenhang erschienen Ende des 19. Jahrhunderts mehrere Bücher, die eine Brücke schlagen wollten zwischen den Denkmalbesitzern und der Denkmalpflege.[604]

Doch auch die neuen denkmalpflegerischen Richtlinien, die eine das Original schonende Wiederherstellung möglichst ohne jeden Eingriff vorsahen und von etwaigen Ergänzungen Abstand nehmen wollten, boten dem ausführenden Restaurator und dem jeweiligen Auftraggeber nach wie vor weitgespannte Möglichkeiten, je nach Auslegung der Forderungen. „Der Zweck der Instandsetzungsarbeiten ist, gefahrdrohende Schäden zu beseitigen, nicht aber in ängstlicher Weise kleine Risse auszubessern. Diejenige Instandsetzung ist als die beste zu bezeichnen, welche, bei Verbesserung aller wesentlicher Mängel, gar nicht zu bemerken ist."[605] Diese Forderung entspricht ganz der modernen Auffassung, in möglichst geringfügiger Form in die Originalsubstanz einzugreifen. Sie bezog sich jedoch weitgehend auf die Architektur. Bei Wiederherstellungen der Ausstattung folgte man zumeist der überkommenen Praxis, die großflächige malerische Ergänzungen und Neuschöpfungen durchaus befürwortete. Auch Clemen sah in den farbigen, malerischen Aufnahmen mittelalterlicher Malereien, die er publizierte, Vorbilder für zeitgenössische Ergänzungen im Rahmen entsprechender Wiederherstellungen, wobei er sich vehement gegen eine pure Übernahme aussprach.[606] Die Forderung nach einer malerischen Wiederherstellung des Inneren von Kirchen oder dem Schmuck neuer Kirchen war also in den ersten zwei Jahrzehnten des 20. Jahrhunderts noch allgegenwärtig. „Bei der malerischen Ausschmückung kommt es darauf an, daß das gesamte Kircheninnere, Wände, Decken, Fußböden und Ausstattungsstücke eine harmonische Einheit bildet, daß nicht jedes Stück für sich möglichst schön bemalt wird, ohne Rücksicht auf das übrige Ganze." Diese Vorstellung von einer harmonischen Angleichung der Ausstattungsstücke, selbst wenn sie aus verschiedenen Zeiten stammen, kann man teilweise bis in die Gegenwart verfolgen.[607]

Im ersten Jahrzehnt des 20. Jahrhunderts spitzte sich die Diskussion über die richtige Art der Wiederherstellung mittelalterlicher Wandmalereien zu. In der Tradition der historistischen Überarbeitungen gefangen, konnte man sich nur schwer von der Vorstellung malerischer Neufassungen und großflächiger Ergänzungen lösen. Die zeitgenössischen Maler und ihre Ausführungen beurteilte man überaus kritisch und traute ihnen keine selbständigen künstlerischen Neuschöpfungen zu. „Das Niveau dieser Kirchenausmalungen ist in den letzten zwanzig Jahren eher schlechter als besser geworden. Es fehlt in dem eigentlichen Stamm der Kirchenmaler an künstlerisch allseitig geschulten Kräften, die auch das ornamentale Gebiet beherrschen; es fehlt an Verständnis für die Gesetze der monumentalen Dekoration, die auf den architektonischen Rahmen Rücksicht nimmt, es fehlt in verletzender Weise an koloristischem Sinn und an Gefühl für malerische Stimmung. [...] Am schlimmsten sieht es aber auf dem figürlichen Gebiete aus. Es sind hier in rein äußerlicher Nachahmung der alten Stilformen ohne Verständnis für die innere Bedingtheit während der letzten Jahrzehnte in einer ganzen Reihe unserer Kirchen, in alten und in neuen, Einzelfiguren und Zyklen entstanden, die in der künstlerischen Roheit und Ausdruckslosigkeit einen geradezu erschreckenden Tiefstand des künstlerischen Könnens zeigen."[608] Gerade in der Denkmalpflege der ehemaligen Rheinprovinz wurde diese Problematik heftig diskutiert.[609]

Die Umsetzung der Forderung „Konservieren – nicht Restaurieren" in ihrer ganzen Radikalität dauert vielfach noch bis in unsere Tage. „Gerade in den 30er und auch 50er Jahren wurde noch viel übermalt oder in das Original hineinretuschiert, dies jedoch verschwiegen und den Auftraggebern gegenüber behauptet, man habe nur freigelegt und gereinigt."[610] In den 50er Jahren des 20. Jahrhunderts kam es in vielen Kirchen zu radikalen Freilegungen.[611] Als Gegenreaktion zu den Retuschen und Ergänzungen der vorangegangenen Wiederherstellungen hatte sich eine extrem puristische Haltung herausgebildet, „die jede Form einer Fehlstelleninterpretation radikal ablehnt[e]."[612] Sie beruhte jedoch auf einer Fehleinschätzung bzw. auf einem Mißverständnis. „Dieses besteht darin, daß bei derartigen Überlegungen ein Aspekt a priori negiert und außer acht gelassen wird, nämlich die ästhetische Wirklichkeit eines Kunstwerkes. Man betrachtet das Kunstwerk nicht mehr als Kunstwerk, sondern beschränkt sich in der Auseinandersetzung auf einen rein archäologisch-dokumentarischen Zugang."[613] Mittelalterliche Wandmalereien wurden häufig bis auf die ältesten auffindbaren Reste, und seien sie noch so gering, freigelegt, so daß sie nur mehr in einem extrem fragmentierten Zustand und vielfach unlesbar erhalten blieben. (Abb. 99) Die auf wissenschaftlicher Anschauung basie-

rende Forderung einer vollständigen Freilegung auf das vermeintliche Original läßt sich im lebendigen Kirchenraum aber nur selten rechtfertigen.[614] Häufig stellte und stellt sich in der Praxis das Problem, daß man die Malereien nicht für ein Museum erhält, sondern der Gemeinde die Möglichkeit einer Annäherung an die Ausstattung ihres Gotteshauses bieten will. Dazu zählt in erster Linie die Lesbarkeit der Wandmalereien. Große Fehlstellen bewirken beim Betrachter eine Wahrnehmungsstörung. Nur einem Fachmann ist es aufgrund seiner Kenntnis ähnlicher Wandmalereien möglich, sich das Original in etwa in seinem ursprünglichen Zustand vorzustellen. Aus diesen Überlegungen heraus begann man in Fachkreisen bereits seit Anfang des 20. Jahrhunderts allgemein zu fordern, daß über die Notwendigkeit von Ergänzungen und gegebenenfalls über ihre Form grundsätzlich für jeden Einzelfall aufs Neue zu entscheiden sei.[615] Moderne Denkmalpfleger vertreten heute vielfach den Standpunkt, daß man die Kunstwerke in ihrem bis heute gewachsenen Bestand mit den Eingriffen der früheren Jahre erhalten sollte, da auch sie Zeichen der Geschichte und der Geschichtlichkeit der Bauwerke sind.[616]

Die Veränderung von Anton Bardenhewers Restaurierungsauffassung

Betrachtet man die Aufträge, die Anton Bardenhewer in dieser Zeit ausführte, so wird deutlich, daß sich ab etwa 1900 sein Schaffensbereich, entsprechend der allgemeinen Strömungen, zunehmend in den Außenstadtbereich verlagerte. Hier bot sich einem Künstler noch die Möglichkeit, vielfach größere Wiederherstellungen überantwortet zu bekommen. Ab dem zweiten Jahrzehnt des 20. Jahrhunderts führten ihn seine Aufträge nahezu ausschließlich in ländliche Gemeinden. Ausnahmen dazu bildeten nur erneute Arbeiten in Kölner Kirchen, an deren Neuausstattungen oder Überarbeitungen er in früheren Jahren bereits beteiligt gewesen war, und seine Mitarbeit bei Großprojekten.[617]

In Bardenhewers selbständigen Wiederherstellungen und Restaurierungen spiegelt sich die allgemeine Entwicklung der zeitgenössischen Denkmalpflege. Gerade seinen frühen Arbeiten, wie die Wiederherstellung der Wandmalereien der Markuskapelle in Altenberg, die vielfach durch Heimann vermittelt und von seiner Auffassung geprägt wurden, liegt die Idee eines nach Abschluß der Arbeiten einheitlichen Erscheinungsbildes, auf das die gesamte Ausstattung abgestimmt ist, zugrunde.[618]

Mit dieser Auffassung fand er sich im Einklang mit der vorherrschenden Restaurierungsidee, die erst viel später kritisch betrachtet wurde. „Die traditionelle Form der Retusche beschränkt sich bekanntermaßen nur selten auf die Behandlung von Fehlstellen, sondern geht in der Ergänzung fehlender Teile zumeist weit darüber hinaus und artet daher leicht in die 'Übermalung' aus. Der Ursprung dieser Form von Restaurierung wurzelt in der naiven Vorstellung, ein Kunstwerk müsse, um seine richtige Würdigung zu finden, notwendigerweise vollständig sein und könne, falls dies nicht der Fall ist, von einem Fachmann wiederhergestellt werden."[619]

Auch der Abschluß der Arbeiten in St. Cäcilien um 1900 erfolgte ganz im Einklang mit dem von Beginn an eingeschlagenen Weg eine sehr umfassende, weitreichende historistische Wiederherstellung.[620] Die eindeutige farbige Unterscheidung der Neuschöpfungen von den abgepausten Originalen auf den Leinwandbahnen entsprach hingegen bereits den fortschrittlichen Anschauungen und Forderungen der Denkmalpflege. Wenig später begann sich in Bardenhewers Arbeiten das allgemeine Umdenken in der Denkmalpflege zu zeigen. Die praktische Umsetzung der neuen theoretischen Ansätze für einen Wandel in der Denkmalpflege war in hohem Maße vom Verständnis des jeweiligen Auftraggebers vor Ort abhängig.[621] „Das Verständnis, welches im Volke derartigen Resten alter Kunstübung entgegengebracht wird, ist zwar im Wachsen begriffen, aber immerhin noch ein geringes, so daß neben den technischen Schwierigkeiten ihrer Behandlung meist noch die Widerstände zu überwinden sind, welche die Besitzer der betreffenden Gebäude einem weder auf die völlige Erneuerung noch auf die Beseitigung der aufgedeckten Malereien gerichteten Verfahren entgegen setzen."[622] Vielfach spielte die Finanzierbarkeit aufwendigerer Restaurierungsmethoden eine entscheidende Rolle für das zu wählende Restaurierungsverfahren.[623]

Bardenhewer verfügte über große maltechnische und wissenschaftliche Kenntnisse. Die wenigen aus seiner Hand erhaltenen Restaurierungsberichte belegen das überdeutlich.[624] Befaßt man sich mit der seit Ende des 19. Jahrhunderts zugänglichen Literatur zu technischen und gestalterischen Schwierigkeiten malerischrn Wiederherstellungen, wird deutlich, daß zu dieser Zeit bereits umfassendes Wissen dem allgemeinen Zugriff zur Verfügung stand.[625] Inwieweit Bardenhewer seine Kenntnisse aus der entsprechenden Literatur gewann oder ob er hauptsächlich aus eigenen und den Erfahrungen seiner Lehrer schöpfte, ist nicht belegt. Aufgrund der in seinen Restaurierungsberichten ausführlich dargestellten technischen Details und der Übereinstimmung einer von ihm vorgeschlagenen Rezeptur zur Kalkmilchherstellung mit entsprechenden Angaben in der zeitgenössischen Literatur muß man davon ausgehen, daß ihm die wichtigsten Werke gut bekannt waren.[626]

IX. ANTON BARDENHEWERS AUFBRUCH IN DIE SELBSTÄNDIGKEIT

Nach der Anzeige des Kaufmanns Windeck wurde Bardenhewers Anstellungsvertrag durch die Stadt Köln nicht mehr verlängert; daher begann er als selbständiger Unternehmer zu arbeiten. Seine beiden Gönner Heimann und Clemen hielten die Vorgänge um die Arrest-Anzeige durch Windeck offensichtlich eher für ein Kavaliersdelikt, so daß sie ihm weiterhin Aufträge vermittelten und ihm damit den Weg in die Selbständigkeit ermöglichten. Mit ihrer Hilfe gelang es ihm in den folgenden Jahren, sich so weit zu etablieren, daß er zwei feste Mitarbeiter und je nach Auftragslage eine größere Anzahl befristeter Angestellter bezahlen konnte.[627] Er wurde schnell sehr bekannt, und seine Ausführungen wurden allgemein so geschätzt, daß er mit dem wachsenden Auftragsvolumen beginnen mußte, mehrere Arbeiten parallel auszuführen.[628] Wie sein Lehrer Essenwein mußte nun auch Bardenhewer zunehmend die malerische Ausführung vor Ort in die Hände bewährter Mitarbeiter legen, während er selbst Kartons zur Wiederherstellung anfertigte, kunsthandwerkliche Entwürfe schuf, Restaurierungen an mobilen Objekten vornahm und versuchte, die jeweiligen Ausführungen vor Ort durch Reisen und befristete Aufenthalte zu überwachen.[629]

Wiederherstellungen

Friedrich Carl Heimann betreute als Leiter des Hochbauamtes und später als Städtischer Denkmalpfleger alle Wiederherstellungen innerhalb Kölns. Darüber hinaus vertraute man ihm aufgrund seiner Erfahrung und seines Engagements in vielen Vereinen vielfach Instandsetzungsarbeiten in Kirchen des Umlandes an. So wurde er für Anton Bardenhewer über Jahre hinweg ein sicherer Auftraggeber. Über die größeren Aufträge, die er selbst leitete hinaus, nahm Bardenhewer viele kleinere als Mitarbeiter anderer Restauratoren an. Dabei fällt auf, daß er häufig mit der Wiederherstellung architektonischer Fassungen betraut wurde.[630]
Ab etwa 1843 hatte man begonnen, Aufträge für große, bedeutende Restaurierungen häufig erst nach offiziellen Ausschreibungen zu vergeben.[631] Dennoch scheint der Großteil der bedeutenden Aufträge auch weiterhin an einzelne dem Auftraggeber oder dem betreuenden Denkmalpfleger bekannte Künstler und Handwerker vergeben worden zu sein. Für Bardenhewers Aufträge läßt sich nachweisen, daß er sie überwiegend durch persönliche Kontakte erhielt.[632]

Religiöse Wandmalereien

Entsprechend den vielen Wiederherstellungen mittelalterlicher Wandmalereien in den Kirchen Kölns und des Umlands stammten auch die meisten Aufträge, die Bardenhewer in den ersten Jahren seiner Selbständigkeit erhielt, aus diesem Bereich. Seine Mitarbeit in St. Cäcilien, Köln, ebnete ihm den Übergang von der Anstellung beim Städtischen Hochbauamt in die Selbständigkeit.

St. Cäcilien

Nachdem die Gelder für eine vollständige Wiederherstellung der Wandmalereizyklen im Chor von St. Cäcilien bewilligt worden waren und Heimann mit den vorangegangenen Arbeiten Anton Bardenhewers sehr zufrieden gewesen war, schloß er Ende des Jahres 1896, trotz seines anfänglichen Zögerns Bardenhewer mit der vollständigen Ergänzung zu betrauen, am 1. Januar 1897 mit diesem einen Vertrag über seine weitere Mitarbeit bei der Wiederherstellung der St. Cäcilienkirche.[633]
Die Arbeiten in St. Cäcilien zogen sich bis in den Herbst des Jahres 1897 hin.[634] Als letzte Aufgabe erhielt Bardenhewer im Winter 1897 den Auftrag, die Malereien der Sakristei instandzusetzen.[635] Bereits während der baulichen Wiederherstellung hatte man in den Gewölbekappen der Sakristei dekorative Malereien des 15. Jahrhundert entdeckt. Diese in Grün, Rot und Schwarz ausgeführten Blumenranken, die aus den Zwickeln hervorwuchsen, die Schlußsteine umgaben und den architektonisch wichtigen Punkte des Gewölbes betonten, sollte Bardenhewer zu einem geschlossenen Gesamtbild vervollständigen.[636] Seine Arbeit fand unter Fachleuten große Anerkennung. „Es sind hier die fehlenden Stellen der flotten, spätgothischen Ranken nur sorgfältig ausgetupft und nachretouchiert; die Konturen sind aber nicht nachgezogen und auch der Grund ist nicht überstrichen."[637]

Heimann betonte in seinem ausführlichen Bericht über die aufgefundenen Wandmalereien und ihre Wiederherstellung, daß es bei der gesamten Instandsetzung der Malereien von St. Cäcilien nur zur Ausbesserung von Fehlstellen gekommen sei. Durch Beimalen und Austupfen seien lediglich einzelne Stellen geschlossen worden; Übermalungen seien nirgendwo erfolgt.[638] (Abb. 97) Wie seine Beschreibung der originalen Farbigkeit der Wandmalereizyklen des Chores entsprach auch diese Beurteilung nicht den Tatsachen.[639] In diesem Zusammenhang sei noch einmal auf die Übernahme nicht mehr eindeutig zuzuordnender Reste einiger Sitzfiguren im Bereich der Apsis hingewiesen. Die aufgefundenen Umrisse hatte Bardenhewer nach den Vorstellungen Heimanns in das neue Ausmalungskonzept mit eingebunden, indem er sie zu Darstellungen der Kirchenväter ergänzte.[640] Gleiches galt für die Malereireste über den Gesimsen des Mittelschiffs, die er auf Anregung Heimanns in eine Reihe Heiliger Kölner Bischöfe verwandelte. Auf die starken Übermalungen der Heiligendarstellungen (Abb. 98) auf den Pfeilern hat Anton Bardenhewer selbst bei einer erneuten Restaurierung in den Jahren 1930 bis 1931 hingewiesen.[641]

Die erheblichen Eingriffe in die Originalsubstanz, die Ergänzungen und Übermalungen, die die frühen Arbeiten zur Folge hatten, werden in Berichten zu späteren Restaurierungen vollständig aufgelistet.[642] Das führte später zur schonungslosen Entfernung aller dieser Hinzufügungen; übrig blieben Ausmalungsfragmente. (Abb. 99) Es wird beschrieben, daß Bardenhewer, bevor er seine Rekonstruktion auf die Wand auftrug, die zum Teil großflächigen Fehlstellen neu verputzte. Dabei wurden bis zu 15 cm des erhaltenen Originals überdeckt. Um seine Neuschöpfungen mit den erhaltenen Malereiresten zu einem einheitlichen Gesamtbild zu verschmelzen, übermalte er selbst die besser erhaltenen Szenen der Zyklen im Chor, die Speisung der 5000, Jesus vor Pilatus, den Einzug in Jerusalem und die Geißelung Christi vollständig. Bei allen Szenen übermalte er die Inkarnate lasierend und die architektonischen Darstellungen deckend mit Kaseinfarbe. Er ergänzte alle Hintergründe und Faltenwürfe und zog sämtliche Binnenzeichnungen und Konturen nach. Darüber hinaus wurden alle Inschriften ergänzt.[643] Der ornamentale Fries, der die Zyklen nach unten abschloß, war ebenfalls eine Neuschöpfung Bardenhewers.[644]

Die ausführliche Betrachtung der Wiederherstellung der malerischen Ausschmückung der Kirche St. Cäcilien macht deutlich, daß Bardenhewer dort noch ganz nach den bei Essenwein und Goebbels erlernten Verfahren der historistischen Wiederherstellungen vorgegangen war. Die farbige Trennung von Original und eigenen Neuschöpfungen auf den Leinwandbahnen zeigt aber eine erste Veränderung innerhalb seiner Arbeitsweise. Daß diese Neuorientierung keinen Einfluß auf die Ausführungen hatte, mag in der noch allgemein vorherrschenden Vorstellung von einer nach der Wiederherstellung vollständigen, den als ursprünglichen angenommenen Zustand widerspiegelnden Ausstattung zu suchen sein.

St. Markuskapelle in Altenberg

Die Kapelle St. Markus innerhalb des ehemaligen Immunitätsbereichs des Altenberger Doms befand sich im 19. Jahrhundert im Besitz des Grafen Metternich. Da man für sie keine Verwendung hatte, wurde sie lange Jahre als Geräteschuppen benutzt und verwahrloste bis zum Ende des 19. Jahrhunderts zusehends. Im Jahr 1895 gründeten Mitglieder des Kölner Vereins der Altertumsfreunde den St. Markus-Verein, der es sich zur Aufgabe machte, eine Sicherung und Instandsetzung der mittelalterlichen Kapelle zu erreichen. Erst die Spenden größerer Summen durch den Verein der Altertumsfreunde und ein Zuschuß, den der Provinziallandtag nach entsprechenden Gutachten und der Fürsprache Paul Clemens bewilligte, erlaubten ab dem Jahr 1897 eine umfassende Instandsetzung des Gebäudes unter der Leitung des Kölner Stadtbaurats Heimann.[645] Die Finanzlage blieb jedoch weiterhin angespannt. Während der sich bis in das Jahr 1903 hinziehenden Arbeiten mußte Heimann wiederholt zu Spenden aufrufen.[646]

Bereits zu Beginn war man auf eine mittelalterliche Ausmalung gestoßen. Friedrich Carl Heimann beauftragte nach Abschluß der Wiederherstellung in St. Cäcilien seinen bewährten Mitarbeiter Anton Bardenhewer mit einer vollständigen Aufdeckung und anschließenden zeichnerischen und malerischen Aufnahmen dieser Wandmalereien.[647]

Im Jahr 1897 begann Bardenhewer mit der Freilegung. Nach Beseitigung der Kalktünche trat eine einheitliche Innenraumdekoration des 13. Jahrhunderts zutage, die durch eine mehrmalige Tünchung der Wand und die langjährigen Benutzung der Kapelle als Trockenkammer sehr gelitten hatte. Wie zuvor in St. Cäcilien fand man hier aufgrund der ursprünglich angewandten Fresco-Secco-Technik deutlich erhaltene Umrißlinien, aber nur Reste der originalen Farbigkeit.[648] Anhand des freigelegten Originals vervollständigte Bardenhewer im Jahr 1899 die Ausmalung zu einem geschlossenen System.[649] „[...]

auch hier sind die Wände und Gewölbe hell im Putztum erhalten. Letztere zuerst mit roten, dann mit grauen Sternen übersät die vorspringenden Pilaster und Gewölberippen sind hier in farbigem Marmor Fensterlaibungen mit gelbem Ornament auf grauem Grunde bemalt. Die kleinen Säulen mit den im Übergangsstiel so charaktristischen Ringen zeigen die natürliche Schieferfarbe. An figürlichen Malereien sieht man an der Westwand die Krönung Mariä an der Ostwand unter dem Fenster 2 Weihrauchfass-schwingende Engel in der Fensterleibung ein spitzbläterliches Ornament mit vorbildlichen Darstellungen des Altarsakramentes." Die auf der Westwand erhaltene Marienkrönung, deren Zustand nach der Freilegung durch eine Pause Bardenhewers dokumentiert ist, mußte er weitgehend ergänzen.[650] Dabei übermalte er große Teile. Diesem Wiederherstellungsverfahren lag vermutlich

wiederum die zeitgenössische Vorstellung zugrunde, daß eine instandgesetzte Ausmalung sich dem Betrachter in einem einheitlichen Erscheinungsbild zu präsentieren habe. Eine farbige und stilistische Verschmelzung von Alt und Neu war nur zu erreichen, indem Bardenhewer die Übergänge kaschierte. Dabei kam es an den Rändern des von ihm Neugeschaffenen zu einer Überlappung mit dem Original. Die gut erhaltene architektonische Fassung übertünchte er vollständig. Auf den Neuputz trug er eine in Form und Farbe nahezu identische Kopie der Originalfassung auf. Das Original blieb darunter erhalten.[651] Dieses Verfahren, das erheblich schneller und preisgünstiger zu realisieren war als das langwierige sorgfältige Ergänzen fehlender Linien und Ausretuschieren entsprechender Fehlstellen, wendete er auf Wunsch seiner Auftraggeber und des Bauleiters Heimann an.

Abb. 97: St. Cäcilien, Köln, Szenen der Cäcilienlegende, Aquarellkarton von Anton Bardenhewer (Vergleiche mit Abb. 73)

Abb. 98: St. Cäcilien, Köln, zwei Heiligendarstellungen auf den Langhauspfeilern nach der Wiederherstellung durch Anton Bardenhewer

Abb. 99: St. Cäcilien, Köln, nach der Entrestaurierung 1953

Die wiederhergestellte Malerei wurde durch eine neue Fußbodendekoration und eine Neuverglasung, die auf die architektonische Fassung und die figürlichen Wandmalereien abgestimmt wurden, zu einer einheitlichen Gesamtausstattung ergänzt.[652] Die zwei neuen Glasfenster gingen vermutlich auf Entwürfe Bardenhewers nach Absprache mit Heimann zurück. Sie wurden durch die Glasmalerei Schneiders & Schmolz ausgeführt. „Eine zum ganzen malerischen Innenschmuck stimmende Verglasung der Fenster, fertigte, nach Zeichnung und Technik gleich hervorragend, die Kunstwerkstätte von Schneiders & Schmolz in Köln-Lindenthal. Die Darstellungen der 7 Schmerzen Mariä in dem der Eingangstür gegenüber befindlichen Rundfenster passen sich der Form desselben nach den einzelnen Gruppen vortrefflich an, während die fünf Fenster des Chorabschlusses figürliche Einzeldarstellungen in architektonischer Umrahmung enthalten, welche in ihrer Tönung sich von hellem Teppichmuster abheben. Das Mittelfenster zeigt die Majestas do-

mini, die Folge zur Linken Maria und St. Bernard, zur Rechten den Vorläufer des Herrn und St. Engelbert. Wie an dem Wandgemälde der Krönung Mariä, so ist auch bei den Figuren und der ihr zugehörigen Architektur der frühgotische Stil zur Anwendung gebracht. Die Farbenskala der Glasmalereien ist eine wohl ausgewogene, nicht umfangreiche, aber sehr ansprechende." [653]

St. Cyriakus, Niedermendig

Im direkten Anschluß an die Arbeiten in der St. Markuskapelle in Altenberg wurde Anton Bardenhewer mit der vollständigen Aufdeckung und Wiederherstellung der Wandmalereien der alten Kirche von Niedermendig betraut.[654] Diese Kirche hatte man in den 50er Jahren des 19. Jahrhunderts abbrechen wollen, da sie der damaligen Kirchengemeinde nicht hinreichend Platz bot. Nach heftigem Einspruch der Königlichen Regierung, der es gelang, viele Mitglieder der Gemeinde in ihrem Sinne zu be-einflussen, beschloß man, neben der alten Kirche eine Hallenkirche zu errichten, die man durch einen Durch-bruch in der nördlichen Seitenwand mit der alten Kirche verband.[655] Das Kircheninnere wurde zu diesem Zeit-punkt durch eine einzige Darstellung, eine Anna selb-dritt-Darstellung des 15. Jahrhunderts, geschmückt. Der damalige Pfarrverwalter, Kaplan Josef Liell, kopierte die-se Darstellung, möglicherweise auf Wunsch des Provin-zialkonservators. Parallel dazu begann er aus Neugier, nach weiteren Wandmalereien zu suchen und diese un-systematisch freizulegen.[656] Er deckte einen Hl. Christo-phorus und drei Apostel zu seiner Rechten auf.[657] (Abb. 100) Da die Finanzierung einer vollständigen Freilegung nicht gesichert war, wurden die Arbeiten abgebrochen. Der Zustand der freigelegten Malereien und des gesam-ten Gebäudes verschlechterte sich in den folgenden Jah-ren zusehends. Erst im Jahr 1896 beschloß man eine sys-tematische, umfassende Instandsetzung. Auf Veranlas-sung des Provinzialkonservators Paul Clemen wurde im selben Jahr von dem Maler W. Sakur eine farbige Auf-nahme der Ausmalung angefertigt.[658] Im Jahr 1897 be-auftragte Clemen Anton Bardenhewer mit der vollstän-digen Aufdeckung, Sicherung und teilweisen Wiederher-stellung der Ausmalung.[659] Wie zu jeder seiner Arbeiten schrieb Bardenhewer zu dieser einen Abschlußbericht, in dem er sein restauratorisches Vorgehen und den Zustand der Malereien erläuterte.[660] Obwohl nur einige wenige dieser Restaurierungsberichte erhalten sind, ermöglichen sie es, sich ein genaues Bild von Bardenhewers Methoden zu machen. Häufig liefert er über die reine Darlegung sei-nes restauratorischen Vorgehens hinaus Begründungen, warum er gerade das gewählte Verfahren bevorzugt hat-te. In Niedermendig entfernte er zu Beginn die noch vor-handene Tünche und legte alle Malereien frei. Dies ge-schah „theils durch leises Aufschlagen mit einem nicht zu stumpfen Stahlhammer und bei sehr fest haftenden Par-tien durch Abstossen mit Stahlspachteln [...]."[661] Daß es bei der Freilegung häufig zu starken Verletzungen der Malereioberfläche kam, zeigt der Zustand der ca. 1905 freigelegten Wandmalereien von St. Goar. Die vom Maler Will freigelegten Darstellungen sind von lauter kleinen Dellen zerklüftet. (Abb. 102 - 103) Die später durch Bar-denhewer freigelegten Malereien zeigen keine Verletzun-gen, die man so eindeutig auf die Freilegung zurückfüh-ren könnte. (Abb. 104 - 105) In Niedermendig schloß sich eine genaue Untersuchung des Putzgrundes und der Maltechnik an. Seit der Wiederherstellung der Wandma-lereien in St. Cäcilien unter der Leitung Heimanns scheint dieses Vorgehen für ihn zum Standard zu gehören.[662] Ei-

ne solche Voruntersuchung läßt sich für alle seine darauf folgenden Arbeiten nachweisen, sobald er mit der Male-reiwiederherstellung betraut worden war. In Nieder-mendig gehören die Wandmalereien zwei Perioden an, „welche sowohl in der Zeit, den Farbstoffen und den Bin-demitteln verschieden sind. Zu den ältesten gehören der graugelb tuffsteinfarbige Anstrich der Pfeiler und der Bögen des Mittelschiffes mit rothen Fugen. Ueber diesen

Abb. 100: St. Cyriacus, Niedermendig, Wandmalereien an der Nordwand des östlichen Langhausjochs nach der Wiederherstellung durch Anton Bardenhewer

Bögen ein Arkadenfries auf rothem Grunde mit weissen Arkaden und grauen Zwickeln. Ferner die rothen Gurtbögen der Seitenschiffe."[663] (Abb. 106) Diese farbige Architekturfassung, die Bardenhewer ohne Veränderungen übernahm und nur an wenigen Stellen farbig auffrischte, war in Fresco-Technik auf den noch feuchten Putz mit Kalk als Bindemittel aufgetragen worden.[664] Die einzige figürliche Darstellung, die ebenfalls aus dem 13. Jahrhundert stammte, der sechs Meter hohe Heilige Christophorus, war, da etwas später entstanden, in secco auf den trockenen Putz gemalt. Die Farbenskala dieser früheren Ausmalung war recht schlicht. „Die bis jetzt gebrauchte Farben - Skala ist die denkbar einfachste und von groß-artiger Wirkung. Sie besteht aus gelb, roth, schwarz, blaugrün und den hellen Putzflächen. Gelb ist der hellgelbe Oker. Dieselbe Farbe geglüht gibt das Roth ab, dazu kommt Schwarz, welches aus Kohle (Russ) besteht und dieses Schwarz mit weiss vermischt (blaugrau) mußte die Stelle des zu theuren Blau vertreten (des Lapis cappali) welches heute noch mit Gold aufgewogen wird und neben Kobald das einzig haltbare blau ist. Wir finden es deshalb im Mittelalter nur in hervorragenden Kirchen angewandt. Das Bindemittel war Kalk, welcher in gleichen Teilen mit der Farbe vermischt wurde. Die Farbe vertritt dann gleichsam die Stelle des unter den Mörtel gemischten Sandes und trocknet nach einigen Wochen sehr hart auf. Um einestheils ein bequemeres Auftragen zu ermöglichen, ferner das zu starke, durch den Kalk bedingte Aufhellen zu verhindern, musste die so bereitete Farbe noch einen Zusatz von Oel oder Harz (Lack) erhalten. Auch wird heute noch von alten Tünchern ein Zusatz von Kochsalz gebraucht, welches nach meiner eigenen Erfahrung den Anstrich sehr hart und unverwischbar macht."[665] Im 14. und 15. Jahrhundert war die Ausmalung durch eine große Anzahl figürlicher Darstellungen ergänzt worden. (Abb. 107) Ihre Ausführung war erheblich farbenreicher. „Wir finden da ein billiges grün (grüne Erde) und ein sehr dunkles rothbraun (ein vielfach vorkommender Bergoker). Während früher die Farben fast nur rein verwandt wurden, so wurden selbige jetzt auch gemischt. Das ist bei einigen Bildern noch immer Kalk, doch ist bei andern, so bei den Apostelfiguren und dem jüngsten Gericht ein viel fetteres Bindemittel & vielleicht Tempora, welches aus einem Ei und 1/5 Leinöl mit Essig verdünnt, bereitet wurde. Die bis jetzt angeführten Bilder haben helle Hintergründe (den natürlichen Wandputz). Ausgenommen hiervon sind jedoch die unter den Bogenleibungen auf Tuff gemalten. Hier ist der Hintergrund durch schwarzblaue Farbe ausgefüllt. Alle Gemälde sind mit dicken schwarzen Conturen versehen, welche

Abb. 101: St. Cyriacus, Niedermendig, Detailaufnahme der Apostelfolge nach der Wiederherstellung durch Anton Bardenhewer

sich bei der Christophorus - Figur auch auf die Fleischtheile erstrecken. Bei allen übrigen ist das Fleisch roth einkonturirt. Die Schattierung ist nur leicht angedeutet und zwar nach bis zur 2ten Hälfte des XIV. Jahrhunderts üblichen Regel. Die vertieften Parthien und verkürzten Flächen sind schattiert und scheinen die Konturen folglich an beiden Seiten mit Schatten eingefasst zu sein."[666] (Abb. 108 - 111) Der Erhaltungszustand eines Großteils der freigelegten Malereien war sehr gut, worauf schon Bardenhewers ausführliche Farbbeschreibung hindeutet. „Die sämtlichen Malereien hafteten noch ziemlich fest an den Wänden d.h. sie wischten nicht ab. Sie brauchten daher nicht fixiert zu werden, ein einmaliger Ueberzug von Gerhartz Fixirlak (Benzin & Harz) gab den Farben wieder genügende Leuchtkraft zurück."[667] An den Stellen, an denen Teile der Darstellungen verloren waren, wie beim Jüngsten Gericht, pauste er die erhaltenen Konturen ab (Abb. 112) und vervollständigte die Malereien nur soweit

93

Abb. 102: Stiftskirche, St. Goar, Heiligendarstellung im Zwickel der Mittelschiffarkade

Abb. 103: Stiftskirche, St. Goar, Heiligendarstellung im Zwickel der Mittelschiffarkade

es für ihre Lesbarkeit unumgänglich schien. (Abb. 108) Für die dort verlorenen Lokalfarben erfand er keine neue Farbigkeit. (Abb. 109)

Seine Arbeiten dokumentierte Bardenhewer durch mehrere farbige Aufnahmen der Malereien vor und nach der Wiederherstellung und Fotografien beider Zustände. Fünf farbige Kopien in Folio (Abb. 114 - 116) und zehn Fotografien sind im Bildbestand des Rheinland-Pfälzischen Landesamts für Denkmalpflege, Mainz, erhalten.[668]

In seinem Restaurierungsbericht zu Niedermendig erläutert Bardenhewer, „das zu starke Fixiren hat ferner den Nachtheil, dass es die Poren der Wände verstopft & den Durchzug der Luft hindert."[669] Alle seine Ausführungen machen deutlich, daß die Restauratoren des 19. Jahrhunderts über erheblich mehr Wissen in Bezug auf die für eine Wandmalereiwiederherstellung relevanten physikalischen und chemischen Zusammenhänge verfügten, als

man ihnen später allgemein zutraute.[670] „Der grösste Feind und Zerstörer von Wandmalereien ist die Feuchtigkeit, welche theilweise aus dem Boden in die Wände eingedrungen und durch Ausdünstung auch auf die Wände niederschlägt."[671] Noch Jahrzehnte später hat man mittelalterliche Malereien vermeintlich zu ihrem Schutz mit wasserabweisenden Überzügen versehen, ohne auf dieses altbekannte Wissen zurückzugreifen.[672] Bardenhewers Arbeit wurde wegen der geringen Eingriffe in den Originalbestand, seines großen technischen Wissens und der substanzschonenden Ausführung sehr gelobt.[673] Im Wesentlichen retuschierte er die verblaßten Konturen nur an den Stellen nach, wo dies zur Lesbarkeit der Szenen unbedingt notwendig schien. Auf einen Eingriff in farbige Flächen verzichtete er selbst da, wo die Farbe fast völlig verschwunden war wie bei der Darstellung des Jüngsten Gerichts.[674] „Als Bindemittel bei der Restauration wurde Gerrartz Kasein B verwandt, während die Restaurierung selbst durch Aufsetzen von kleinen Farbpunkten in den schadhaften ausgebrochenen Stellen geschah und wurden die alten Farben und Zeichnungen in keiner Weise übermalt. Im Gegentheil wurden kleine Fleckchen unausgefüllt gelassen, es ist dies ein Verfahren, welches dem Bilde den angenehmen alten Charakter erhielt und auch dadurch den Beschauern die Sicherheit gibt, dass keine Uebermalung stattgefunden hat."[675] Begünstigt wurde diese die Originalsubstanz schonende Restaurierung durch den Umstand, daß die alte Kirche nicht mehr zum Gottesdienst genutzt wurde.[676] In den letzten Jahren der Restaurierung verwendete Bardenhewer kein vorgefertigtes Kasein als Bindemittel, sondern ein selbst angerührtes. Vermutlich erzielte er damit bessere Ergebnisse, da er bei späteren Restaurierungen wiederholt auf die Verwendung seines eigenen Kaseins hinweist. „In den letzten Jahren wurde von mir selbst bereitetes Kasein angewandt, mit welchem sehr gute Erfahrungen gemacht worden sind und sei daher die Herstellung dieses

Receptes zur allgemeinen Benutzung nachstehend angegeben: 'Auf 10 kg gewöhnlichen Käsequark nehme man ungefähr 1 kg gelöschten Kalkes und knete gut untereinander. Alsdann treibe man es, wenn möglich, durch eine Farbmühle. Der Käse, welcher zuerst kinselig ist, nimmt einen seimigen Charakter an. In diesem Zustande giesse man so viel Avenarius Carbolineum hinzu, als diese Lösung, ohne zu dunkel zu werden, vertragen kann und zuletzt 5 Liter Wasser, da ohne letztere Zuthat das Kasein in einigen Stunden so dick wird, das es sich nicht mehr auflösen läßt.' Es gibt auch noch andere Recepte. Der Käse wird erwärmt und durch Alkalien, kaustische Soda oder Pottasche aufgelöst. Er nimmt in diesem Falle mehr Oel oder Lack auf, welche sich in demselben verseifen. Diese Art von Kasein ist jedoch nicht zu empfehlen, weil sie den Putz angreift und sich überhaupt mit Kalk nicht verträgt." [677]

Trotz der wiederholten Hinweise von Bardenhewer und seinen Zeitgenossen auf die geringen Eingriffe in das Original zeigen heute einige Szenen deutlich die Ergän-

Abb. 104:
Stiftskirche,
St. Goar,
Darstellung des
Hl. Christopherus

Abb. 105:
Stiftskirche,
St. Goar,
Darstellung einer
weiblichen Heiligen

Abb. 106: St. Cyriacus, Niedermendig, Blick vom Mittelschiff in das südliche Seitenschiff

zungen, die Bardenhewer hinzufügte, um Fehlstellen zu schließen. Dies betrifft in besonderer Weise die Darstellung des Hl. Jakobus.[678] (Abb. 117) Sowohl das Gesicht des Heiligen als auch zweier der durch ihn gekrönten Gestalten sind Neuschöpfungen Bardenhewers, die allerdings bei der letzten Restaurierung im Jahr 1950 durch Hermann Velte überarbeitet wurden.[679] Das Gleiche gilt für einen der fliehenden Ritter in der Ritterkampfszene auf der Langhauswand.[680] Die gut erhaltenen Malereipartien frischte er lediglich in ihrer Farbigkeit auf. Einen Beweis für Bardenhewers die Originalsubstanz schonendes restauratorisches Vorgehen bieten mehrere Fotografien, die Dr. Fritz Michel im Jahr 1928 aufgenommen hat.[681] Obwohl sie teilweise stark überbelichtet sind, belegen sie, daß die vorangegangene Restaurierung weitgehend auf Übermalungen verzichtet hatte. Bardenhewer hatte zwei übereinanderliegende Ausmalungssysteme, die bei der Aufdeckung zu Tage getreten waren, so gut wie möglich erhalten. Die frühere Ausmalung schimmert vielfach noch durch die darüberliegende hindurch.[682]

Zu dieser Zeit hatte sich Bardenhewer bereits von vielen Wiederherstellungsverfahren und -techniken, die er unter Essenwein und Goebbels erlernt hatte, abgewandt. Ein Übermalen des Originals lehnte er nun strikt ab. Diese Veränderung seiner Restaurierungsauffassung ist mit Sicherheit dem Einfluß von Heimann und Clemen zu verdanken. Darüber hinaus kritisierte er die unter Goebbels

noch übliche Verwendung von Ölfarben für die Wiederherstellung der Malereien. „Auch ist viel gesündigt worden, durch den Oelanstrich der Wände, welcher denselben die Porösität genommen und dadurch das Eindringen der frischen Luft verhindert wurde."[683] Bardenhewers Wiederherstellung der Malerei in Niedermendig fand unter Fachleuten große Anerkennung.[684]

Profane Wandmalereien

Im Jahr 1899 wurden unter der Leitung des Kölner Hochbauamtes mehrere mittelalterliche Häuser im Altstadtbereich abgerissen, um Platz für repräsentative Neubauten zu schaffen. Entsprechend dem hohen Dokumentationsstandard, der unter Heimann galt, wurden die zum Abbruch bestimmten Häuser vor dem Abriß fotografiert und ihre Innenräume nach wertvollen Ausstattungsstücken untersucht.[685] Dabei trat eine ganze Anzahl bedeutender profaner Wand- und Deckenmalereien zutage, die man sicherte und wiederherstellte. Da die Gebäude, in denen sie sich ursprünglich befanden, zumeist abgebrochen wurden, war es selten möglich, sie an ihrem Anbringungsort zu belassen.[686] Trotzdem versuchte Heimann, die besonders wertvollen und gut erhaltenen Ausstattungsstücke vor der Zerstörung zu bewahren. Wandmalereien ließ er von der Wand abnehmen, auf einem neuen Untergrund fixieren und anschließend vervollständigen. Anschließend wurden sie in den Bestand eines Kölner Museums überwiesen.[687] Zu Dokumentationszwecken wurden sie fotografiert und vielfach in farbigen Aufnahmen festgehalten. (Abb. 118) Viele dieser fotografischen oder malerischen Aufträge erhielt Anton Bardenhewer.[688] Architektonisch oder gestalterisch wertvolle Decken wurden unter Heimanns Leitung zumeist ausgebaut und häufig in entsprechende Neubauten integriert.[689] Wohl wegen seiner über Jahre erfolgreichen Zusammenarbeit mit Heimann erhielt Anton Bardenhewer eine ganze Anzahl von Aufträgen, die die Sicherung dieser profanen Malereien betrafen. Drei seiner Arbeiten sollen hier stellvertretend vorgestellt werden.[690]

Haus Holzmarkt 67, Köln

Beim Abbruch des eher unscheinbar wirkenden Hauses Nr. 67 am Holzmarkt in Köln entdeckte Friedrich Carl Heimann im Jahr 1899 im Innenhof eine auf Säulen ruhende zierliche Holzgalerie mit schön geschnitztem Geländer aus dem 17. Jahrhundert und eine dreifache Bogenstellung aus der Spätrenaissance mit einem darüber angebrachten Relief, die den Eingang zu einem Saal markierte, „dessen Stuckdekor und Inschriften auf eine Benutzung im Dienste der Rechtspflege hindeuteten."[691] Diese Funde ließ er sofort sichern und ausbauen. Die Holzgalerie verwendete er als verbindende Architektur zwischen dem zeitgleich wiederhergestellten Stapelhaus und der Gartenhalle in der Achse der Mühlengasse.[692] Die Bogenstellung und das Relief überwies er in den Bestand des Historischen Museums.[693] Bei der Entfernung des Deckenputzes im ersten Stockwerk des Vorderhauses entdeckte man unter dem Stuck des 17. Jahrhunderts die recht gut erhaltene originale Bemalung der Holzbalkendecke aus dem 14. Jahrhundert. „Ein bemerkenswertes Stück deutsch-mittelalterlicher Profankunst auf dem Gebiete der Innendekoration trat zutage."[694] Die Malerei der Unterseiten war infolge der für die spätere Anbringung des Putzes erforderlichen Bearbeitung der Balken nicht mehr erhalten. Die Seiten zeigten eine großartige Bemalung mit Ranken, Blumen und Kreissegmenten, in die eine große Anzahl von Fabelwesen und Wappen eingefügt war.[695] Die Deckbretter waren nicht mehr vorhanden.[696] Anton Bardenhewer erhielt von Heimann den Auftrag, die Decke noch vor Ort in ihrem Originalzustand

Abb. 107: St. Cyriacus, Niedermendig, Blick vom Mittelschiff nach Osten

Abb. 108: St. Cyriacus, Niedermendig, Detailaufnahme des oberen Teils der Weltgerichtsdarstellung nach der Wiederherstellung durch Anton Bardenhewer

Abb. 109: St. Cyriacus, Niedermendig, Detailaufnahme des unteren Teils der Weltgerichtsdarstellung nach der Wiederherstellung durch Anton Bardenhewer

Abb. 110: St. Cyriacus, Niedermendig, Detailaufnahme der Weltgerichtsdarstellung

durch mehrere Fotografien zu dokumentieren.[697] Um die Malereien nicht zu verletzen, wurden die Balken anschließend vorsichtig ausgebaut und im Kreuzgang des damaligen Schnütgenmuseums untergebracht.[698]

An der Südwand des gleichen Raumes fand man bei der Entfernung des Putzes 1,20 m über dem Fußbogen eine Fensternische, an die sich westlich ein 1,35 m breites und 2,15 m hohes, großes figürliches Wandbild aus dem 13.

Jahrhundert anschloß.[699] Es stellte auf der linken Bildseite eine Küche mit vier Speisen tragenden Männern dar und rechts davon eine sechsstufige Treppe, die ein Diener zu einer Festtafel hinaufgeht. An ihr sitzen zwei Paare an einem reich gedeckten Tisch. Daneben erkennt man noch die Umrisse einer weiteren Person.[700] Diese Szene nimmt die untere Hälfte der rechten Bildseite ein. Die Darstellung in der oberen Bildhälfte zeigt links eine weibliche, reich gekleidete Gestalt auf einem Sessel sitzend, eine weitere fragmentarisch erhaltene sitzend und davor eine kleinere kniende Figur.[701] Dieses Wandgemälde wurde von Anton Bardenhewer ebenfalls in situ fotografisch dokumentiert. Darüber hinaus erhielt er von Heimann den Auftrag, das Gemälde vorsichtig von der Wand zu lösen.[702] Nachdem er das gut erhaltene Gemälde auf einem neuen Untergrund fixiert hatte, stellte er es durch leichte Retuschen wieder her. Ein Vergleich des fotografierten

Abb. 111: St. Cyriacus, Niedermendig, Teufeldarstellung auf der Ostwand

Abb. 112: St. Cyriacus, Niedermendig, Bardenhewers Pause des Thronenden Christus der Weltgerichtsdarstellung

99

Abb. 113: St. Cyriacus, Niedermendig, Detailaufnahme der Weltgerichtsdarstellung

Freilegungszustandes mit Abbildungen der später wiederhergestellten Wandmalerei zeigt, daß Bardenhewer die Fehlstellen ergänzte und die Darstellung in ihrer Farbigkeit auffrischte, ohne Eingriffe in Gestaltung oder Komposition vorzunehmen. Das Original blieb daher ohne Beschädigung erhalten. Im Anschluß wurde es im unteren Kreuzgang der Minoritenkirche, im alten Wallraf-Richartz-Museum, ausgestellt.[703]

Haus auf der Großen Sandkaule, Köln

Auch bei dem Abbruch eines Hauses auf der Großen Sandkaule wurde eine bemalte Holzdecke gefunden, die der des Hauses auf dem Holzmarkt sehr ähnlich war. Bei dieser Decke waren die Deckbretter erhalten. Bardenhewer erhielt von Heimann den Auftrag, die Decke durch mehrere Fotografien in situ zu dokumentieren.[704] Anschließend ließ Heimann die Decke ausbauen und über-

wies sie in den Bestand des Schnütgenmuseums.[705] Im gleichen Zusammenhang muß es zu einer ganzen Reihe von Abbrüchen von Häusern auf der Sandkaule gekommen sein, bei denen man Decken und Wände mit „spätgotische[n] Mittelrheinische[n] Ornamente[n] gefunden"[706] hat. Inwieweit Bardenhewer an diesen Arbeiten beteiligt war und die vorgefundenen Dekorationen durch farbige Aufnahmen oder Fotografien dokumentierte, ist noch nicht nachgewiesen. Seine Beschreibung der vorgefundenen Motive belegt jedoch eine Mitarbeit oder zumindest seine Anwesenheit vor Ort. „Dieses fast immer grüne Ornament mit schwarzem Umschlägen und bunten Blumen wurde im Gegensatz zu den Niederrheinischen einfach flott ohne viel Vorzeichnung auf der zu bemalenden Fläche geschrieben."[707]

Haus Glesch, Hohestraße Nr. 79, Köln

Beim Abbruch des Hauses Glesch auf der Hohestraße Nr. 79 in Köln fand man in einem der Räume, nachdem man die Wand vom Putz befreit hatte, Darstellungen zum Gleichnis vom 'Verlorenen Sohn' Ende des 14. Jahrhunderts.[708] „Sie stellt die Geschichte von dem ungeratenen Sohne dar, welcher seinen alten Vater bei den Pferden aus der Krippe essen liess."[709] Bardenhewer erhielt von Heimann den Auftrag, diese Malereien in situ durch fotografische Aufnahmen zu dokumentieren.[710] (Abb. im Anhang unter II)

Über diese Aufnahmen hinaus sind von ihm Fotografien der Malereien erhalten, die sie nach der Abnahme von der Wand und in ihrem Zustand nach der Wiederherstellung mit den ausgeführten Ergänzungen der Fehlstellen zeigen. Ob Heimann bei der Abnahme dieser Malereien gerne auf Bardenhewers Erfahrungen zurückgegriffen hätte und dieser einen solchen langwierigeren Auftrag aufgrund seiner vielfältigen Verpflichtungen zu dieser Zeit nicht hat wahrnehmen können, läßt sich nicht mehr klären.[711] Belegt ist, daß die Wandmalereien von Wilhelm Batzem von der Wand abgenommen und ergänzt wurden.[712] Bardenhewer soll mehrere farbige Aquarellkartons zu den Darstellungen angefertigt haben.[713] Die abgenommenen und gesicherten Wandmalereien wurden in den Bestand des Wallraf-Richartz-Museums überwiesen. Nach ihrer Abnahme entdeckte man unter ihnen eine frühere Malerei, die so schlecht erhalten war, daß man sie nicht retten konnte. Sie war vermutlich Anfang des 14. Jahrhunderts entstanden und zeigte ein Muster aus roten Greifen mit schwarzen Flügeln.[714]

Abb. 114: St. Cyriacus, Niedermendig, Wandmalereien auf der Nordwand des östlichen Langhausjochs, Aquarellkarton von Anton Bardenhewer

mittelalterlichen Wandmalereien wiederhergestellt, sondern darüber hinaus die Wände und Decken mehrerer Räume mit einer neuen malerischen Ausstattung in Anlehnung an erhaltene mittelalterliche Reste geschmückt.[718] Auch nachdem er sich selbständig gemacht hatte, schuf er vielfach Neuausstattungen, zumeist in Anlehnung an erhaltene Reste.[719]

Religiöse Wandmalereien – am Beispiel der Kirche St. Jakob, Hilden

Seit Beginn seiner Ausbildung bei Matthias Goebbels und August von Essenwein hatte Anton Bardenhewer malerische Neuausstattungen als Teil der historistischen Wiederherstellung mittelalterlicher Kirchen kennengelernt. Spätestens in St. Cäcilien hatte er selbständig, unter der Leitung von Friedrich Carl Heimann, nach dessen Vorgaben, Entwürfe für religiöse Wandmalereien zur Ergänzung des beschädigten Originals angefertigt.[720] Ganz im Einklang mit seiner anfangs auf historistischen Vorstellungen beruhenden Auffassung kam es bei seinen frühen Restaurierungen von religiösen Wandmalereien häufig zu Wiederherstellungen, die die Grenze zur Neuausstattung überschritten. Er richtete sich dabei, soweit

Im gleichen Raum fand man eine Wappendecke aus der 1. Hälfte des 14. Jahrhunderts, die Bardenhewer ebenfalls in situ fotografierte.[715] Daran anschließend ließ Friedrich Carl Heimann sie ausbauen und später in das von ihm errichteten Stadtarchivs einbauen.[716] (Abb. im Anhang unter II)

Neuausstattungen

Bereits als Mitarbeiter des Ateliers Roesberg hatte Anton Bardenhewer eine große Anzahl von Entwürfen für Neuausstattungen geliefert und viele Arbeiten selbst ausgeführt, auch wenn man aufgrund ihrer Zerstörungen infolge des sich wandelnden Zeitgeschmacks und wegen der großen Verluste durch den Zweiten Weltkrieg heute keine konkreten Arbeiten mehr nachweisen kann.[717] Einige Neuausstattungen, die Bardenhewer in späteren Jahren ausführte, sind jedoch anhand schriftlicher Quellen zu belegen. Während seiner ersten Arbeiten unter Heimann im Alten Rathaus hatte Bardenhewer nicht nur die

Abb. 115: St. Cyriacus, Niedermendig, Weltgerichtsdarstellung, Aquarellkarton von Anton Bardenhewer, S/W-Fotografie

101

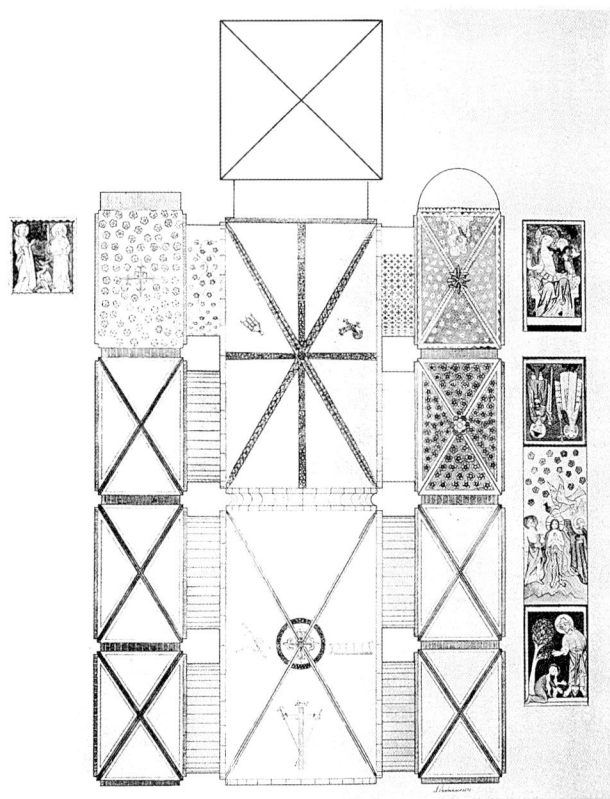

Abb. 116: St. Cyriacus, Niedermendig, Bardenhewers Aquarellkarton zum Ausmalungssystem der Kirche, S/W-Fotografie

ten Arbeiten schloß sich Bardenhewers malerische Neufassung an. Er entwickelte ein sehr zurückhaltendes Dekorationssystem. Die Dienste, Lisenen und Gurtbögen beließ er in ihrer vom verwendeten Trachyt bestimmten Materialwirkung. Die Putzflächen der Wände tönte er nur vorsichtig hell mit Kaseinfarbe ab und schuf damit einen Untergrund, den er nur an wenigen die Architektur hervorhebenden Stellen mit braunroten Blattwerkornamenten versah. Er füllte die Fensterlaibungen aus, betonte die bestimmenden Architekturteile und schmückte die Gewölbe.[725] Diese Raumfassung wurde von Zeitgenossen durchweg positiv beurteilt.[726] Bardenhewer befand sich mit seiner zurückhaltenden architektonischen Fassung, die nur durch wenige Ornamentformen ergänzt wurde, ganz im Einklang mit der von Clemen wiederholt geforderten Form einer Neuausstattung.[727]

sich das anhand der spärlichen Materiallage feststellen läßt, ganz nach den von Paul Clemen formulierten Grundsätzen.[721] „Wo er selbständig in älteren und neueren Kirchen eine dekorative Ausmalung auszuführen hatte, hat er sich mit sicherem Gefühl immer auf die Betonung des architektonischen Rahmens als des Wesentlichen und Bestimmenden beschränkt."[722]

Die erste nachweislich eigene komplette Neuausmalung, die Anton Bardenhewer nicht im Zusammenhang mit einer Wiederherstellung schuf, war die Neufassung des Inneren der Kirche St. Jakob in Hilden.[723] Im Jahr 1902 erhielt er höchstwahrscheinlich durch Vermittlung Paul Clemens den Auftrag, für die gerade instandgesetzte Kirche eine architektonische Raumfassung zu schaffen.[724] Deren Pfeiler, Dienste und Gurtbögen waren bei der baulichen Instandsetzung unter Leitung des Architekten Moritz Korn, Düsseldorf, durch Steinmetze nachcharriert worden. Bei diesen Arbeiten hatte man auch die in Ölfarben ausgeführte Marmorierung der Schiefersäulen der Emporen-Arkaden abgekratzt und den Naturstein im Anschluß blankpoliert. Diesen noch ganz im Geist der im 19. Jahrhundert bevorzugten Steinsichtigkeit ausgeführ-

Abb. 117: St. Cyriacus, Niedermendig, Detailaufnahme der Darstellung des Hl. Jakobus

Profane Wandmalereien – am Beispiel des Stapelhauses, Köln

Nach der Auflösung seines Arbeitsvertrags mit der Stadt Köln erteilte Heimann Bardenhewer nicht nur Aufträge im Zusammenhang mit der Dokumentation und Erhaltung mittelalterlicher Malereien, sondern er bediente sich darüber hinaus seiner malerischen Fähigkeiten im Rahmen der Neuausschmückung wiederhergestellter Bauten.[728] Als herausragendes Beispiel ihrer Zusammenarbeit in diesem Bereich ist die Instandsetzung des Kölner Stapelhauses zu nennen.

Ende des 19. Jahrhunderts wurde nach der Vollendung des Kölner Hafens eine imposante Werftstraße geschaffen, die sich am gesamten städtischen Rheinufer entlangzog. Im Bereich dieser Neustrukturierung stand das alte Kölner Stapelhaus, dessen Erhaltungszustand aufgrund vorangegangener Eingriffe und einer mangelnden Nutzung sehr schlecht war.[729] Die Kölner Bürgerschaft plante daher einen repräsentativen Neubau; das staatliche Vetorecht verhinderte jedoch die Niederlegung des Gebäudes.[730] Unter der Leitung des Stadtbaurats Heimann begann man daher im Jahr 1899 im Rahmen der groß angelegten baulichen Veränderung des Rheinufers mit einer umfassenden baulichen Wiederherstellung.[731] Nach den vorangegangenen Überarbeitungen, vor allen Dingen den einschneidenden Veränderungen während des 19. Jahrhunderts, wollte man nun den vermeintlich ursprünglichen mittelalterlichen Zustand wiedererrichten.[732] Dieses Anliegen erforderte vielfältige Ergänzungen und neuerliche Eingriffe in die Bausubstanz. Entsprechend den Vorstellungen von Heimann wurden die Ergänzungen, soweit möglich, mit den ursprünglich verarbeiteten Materialien ausgeführt. Fehlende Schmuckformen ersetzte man durch Originale, die man beim Abbruch zeitgleich errichteter Gebäude gefunden hatte.[733] Den Abschluß der baulichen Instandsetzung bildete eine Neuverglasung des Stapelhauses. Die Ausführung mehrerer Fenster geschah durch die Glasmalerei Schneiders & Schmolz. Mit großer Wahrscheinlichkeit dienten Entwürfe Bardenhewers, die dieser nach den Vorstellungen Heimanns angefertigt hatte, dabei als Vorlagen.[734]

Der Wiederherstellung lag die Idee einer vollständigen Umnutzung des Gebäudes zugrunde. Die Räume des ersten Obergeschosses sollten die naturhistorische und ethnographische Sammlung der Stadt Köln aufnehmen. Die Holzdecke des Hauptsaales erhielt, darauf Bezug nehmend, eine neue Ausschmückung. Der Maler Niederhäuser bemalte sie nach altkölnischen Motiven.[735] Mehrere Nebensäle des Obergeschosses stattete man mit be-

Abb. 118: Fotografie einer in einem Kölner Wohnhaus freigelegten Wandmalerei, vermutlich von Anton Bardenhewer

malten Holzdecken aus nach dem Vorbild einer kurz zuvor beim Abbruch eines Hauses auf der Großen Sandkaule aufgefundenen Decke (siehe vorangegangenes Beispiel über die Profanan Wandmalereien). Die malerische Ausführung dieser Arbeiten unterstand Anton Bardenhewer.

Der Großteil des Erdgeschosses sollte als Gaststätte genutzt werden. Alle dafür vorgesehenen Räume wurden nach Entwürfen von Professor Hermann Schapers aus Hannover ausgemalt.[736] Bardenhewer und die Maler Niederhäuser und Mauß übernahmen die malerische Ausführung vor Ort.[737] Die Decke eines kleinen Saals und beide Hausflure schmückte man mit altkölnischen Motiven. Die Vorlagen dafür waren kurz zuvor beim Abbruch mehrerer Häuser in der Straße am Himmelreich entdeckt worden.[738] (Siehe Hinweis oben.)

Heimann hatte Bardenhewer einen weitreichenden Auftrag zur malerischen Neuausstattung nach alten Vorbildern erteilt. „Wir erwähnen hierbei, daß nicht alle Malereien von Prof. Schaper herrühren, sondern daß diejenigen Arbeiten, die altkölnische Nachbildungen betreffen, sowie die beiden gewölbten, im Erdgeschoß liegenden Säle nach eigenen Entwürfen des Kunstmalers Anton Bardenhewer hierselbst angefertigt sind."[739] Schriftlich belegt sind lediglich die Nachbildungen in einigen Räumen des Untergeschosses. In einem der kleineren unteren Säle schmückte Bardenhewer eine Wand mit der Kopie einer Wandmalerei aus dem 16. Jahrhundert, die man kurz zuvor im Haus Kreutz, Lintgasse 10, gefunden hatte.[740]

103

Sie zeigte vier Felder, die mit weiblichen Halbfiguren, von Rankenmalerei umgeben, ausgefüllt waren und durch lateinische und niederdeutsche Unterschriften erläutert wurden. Die Seitenwände dieses Saales schmückte der Maler Mauß mit Kopien der kölnischen Stadtansichten des Antonius Woensam von Worms von 1521 und eines Bildes, das der Maler Wilhelm Schreiner, Deutz, im Auftrag der Stadt Köln für die Pariser Weltausstellung im Jahr 1899 gefertigt hatte.[741] Bardenhewer bemalte die Decken der beiden an diesen Saal angrenzenden kleineren Säle. Dort wiederholte er die Rankenmotive, die er in der Sakristei der Kirche St. Cäcilien wenige Jahre zuvor wiederhergestellt hatte.[742] Darüber hinaus wurden alle Räume des Untergeschosses mit Sprüchen geschmückt, die mit wenigen Ausnahmen von Heimann verfaßt worden waren. Sie wurden durch wenige lateinische Inschriften und kölnische Weisheitssprüche ergänzt. Hier zwei Beispiele der von Heimann verfaßten Sprüche. Im Vorraum war zu lesen: „B'schor", wenn Do küss, Wenn Do geiss, „Agjüss!" und im Hauptsaal: Ne goode Wing, e staats Glas Beer, Brängk jedem Wehd Verdeenz un Ehr. Wer ävver Schlabberjux verzapp ov fliedigen Droth, Dem maachen de Gäss sich dorch de Krohd."[743] Am 7. Oktober des Jahres 1901 waren die Arbeiten am Stapelhaus fast abgeschlossen, und das Gebäude wurde für die Kölner Bürger feierlich eröffnet.[744]

X. DIE ENTWICKLUNG ZUM EIGENEN BETRIEB

Es läßt sich zeitlich nicht fixieren, wann die geregelte Auftragslage Anton Bardenhewer in die Lage versetzte, mehrere Mitarbeiter anzustellen und sein Ein-Mann-Unternehmen zu einem kleinen Betrieb auszubauen. Mit dem Wechsel zum neuen Jahrhundert wuchs die Zahl der Aufträge, die Bardenhewer erteilt wurden, stetig. Diese Entwicklung begann damit, daß er sich zunehmend von seinem bislang nahezu einzigen Auftraggeber Heimann löste und außerhalb von Köln als Mitarbeiter anderer Restauratoren beschäftigt wurde.[745] Parallel dazu nahm er jeden Auftrag an, der ihm die Möglichkeit einer selbständigen Arbeit bot.[746] Vermutlich wuchs durch die Arbeiten außerhalb des Kölner Stadtgebietes sein Bekanntheitsgrad stetig, und er vergrößerte seinen Kenntnisstand derart, daß er sich zutraute, sich vermehrt um Aufträge für selbständige Wiederherstellungen zu bemühen. Seine ausgeführten Tätigkeiten wie die Wiederherstellung der Wandmalereien in St. Johann Baptist, Nideggen, stützen diesen Schluß.

In Nideggen war Bardenhewer zu Anfang als Mitarbeiter Wilhelm Batzems mit der Wiederherstellung der figürlichen Malerei beschäftigt. 1900 wurde ihm dann, möglicherweise durch Vermittlung von Paul Clemen, für den er farbige Aufnahmen der figürlichen Darstellungen angefertigt hatte, der Auftrag zur Wiederherstellung der architektonischen Fassung übertragen.[747] Clemen spricht in diesen Jahren in allen seinen Berichten mit großer Hochachtung von den unter Bardenhewers Leitung ausgeführten Wiederherstellungen und nennt sie wiederholt als Vorbilder für ähnliche Arbeiten. „Soweit es sich um ganz oder in Resten erhaltene alte Figuren und figürliche Darstellungen handelt, dürften als beste Wiederherstellungsarbeiten der letzten Jahre die in der Liebfrauenkirche zu Oberwesel, in der Pfarrkirche zu Nideggen und in der Kirche zu Niedermendig ausgeführten anzusehen sein."[748]

Drei Jahre später, 1903, hatte sich Bardenhewers Auftragsvolumen so sehr vergrößert, daß er mehrere Arbeiten gleichzeitig auszuführen begann. Nach wie vor betrafen die meisten dieser Restaurierungen Wandmalereien in Kirchen außerhalb des Kölner Stadtgebietes.[749] Ab dieser Zeit arbeitete Bardenhewer anfangs mit einem, später mit zwei festen über die Jahre hin wechselnden Angestellten zusammen.[750] Je nach Umfang des Auftrags

Abb. 119: St. Lorenz, Ahrweiler, Heiligenreihe während der Freilegung

oder dem Arbeitsaufkommen bei parallel laufenden Wiederherstellungen beschäftigte er darüber hinaus befristet eine wechselnde Anzahl von Gehilfen.[751] Damit trat er in die Nachfolge seines Lehrers Essenwein, der sich ebenfalls nur weniger Mitarbeiter seines Vertrauens und eines wechselnden Stabs von Ausführenden bedient hatte.[752] Eine der wenigen Restaurierungen Bardenhewers, für die die genaue Anzahl seiner Gehilfen belegt ist, betrifft die Wiederherstellung der Kirche St. Martin in Oberwesel im Jahr 1908. Dort arbeiteten fünf Männer unter seiner Oberleitung vor Ort.[753] Aufgrund der dichten Auftragslage und der vielfältigen Arbeiten, die Bardenhewer in den folgenden Jahren übernahm, werden im folgenden nur einige wenige exemplarisch vorgestellt.[754]

Religiöse Wandmalereien

Den Hauptteil der Aufträge Bardenhewers bildete weiterhin die Wiederherstellung mittelalterlicher Kirchenmalereien. Aufgrund des anwachsenden Auftragsvolumens änderte sich ab etwa 1905 seine Arbeitsweise. Er übernahm weitgehend nur noch die Voruntersuchungen und die malerische und fotografische Dokumentation des Ist-

Abb. 120: St. Lorenz, Ahrweiler, Gnadenstuhldarstellung im nördlichen Seitenschiff während der Freilegung

Zustands der wiederherzustellenden Malereien selbst.[755] Im Anschluß besprach er mit dem Eigner des Gebäudes, zumeist der Gemeinde, dem Pfarrer, dem Mitarbeiter des Bauamts der Diözese und dem zuständigen Denkmalpfleger das restauratorische Vorgehen. Nach den dabei ermittelten Vorgaben fertigte er Aquarellkartons im Originalmaßstab an, die seinen Mitarbeitern als Vorbilder für die sich anschließende Wiederherstellung bzw. Ergänzung dienten.[756] Zu Beginn dieser Umstrukturierung arbeitete Bardenhewer noch vielfach selbst vor Ort. Ab

dem Jahr 1906 liefen jedoch so viele Aufträge parallel, daß er viel Zeit allein auf das Bereisen der einzelnen Objekte und das Überwachen der fortlaufenden Arbeiten verwenden mußte.[757] Für eine Kirche ist sogar belegt, daß er bei ihrer architektonischen Fassung nur beratend tätig war und keinerlei Anteil an der Ausführung hatte.[758]

Abb. 121: St. Lorenz, Ahrweiler, Darstellung der Taufe Christi während der Freilegung

St. Lorenz, Ahrweiler

Bei der baulichen Instandsetzung der Kirche St. Lorenz in Ahrweiler ab dem Jahr 1900 unter Leitung des Trierer Dombaumeisters Wilhelm Schmitz waren 1901 unter der Tünche Wandmalereien zutagegetreten.[759] Daraufhin wandte sich das Berliner „Ministerium der geistlichen, Unterrichts- und Medizinalangelegenheiten" am 17. Oktober 1901 an den zuständigen Regierungsbaumeister mit der Bitte, den Provinzialkonservator zur Überprü-

fung und zu einem entsprechenden Gutachten zu veranlassen.[760] Am 6. November 1901 meldete Clemen in einem Schreiben an den Regierungspräsidenten in Koblenz, daß er die Wandmalereien besichtigt und ein geschickter Trierer Maler in der Zwischenzeit sogar weitere „Reste von drei verschiedenen Perioden"[761] bloßgelegt habe. Von Domkapitular Schnütgen, Köln, sei bereits veranlaßt worden, daß an den Malereien vorerst nichts geschehen solle. Erst im Sommer wolle man über das weitere Vorgehen verhandeln. Im allgemeinen bestehe der Grundsatz „[...]

wenn irgend angängig, solche alte aufgefundene Malerei ganz unberührt stehen zu lassen."[762] Sollte man sich dennoch zur Restaurierung entschließen, werde er dafür sorgen, daß die Arbeiten „[...] nur einem ganz erfahrenen Spezialisten anvertraut [werden]."[763] Es gäbe im Westen nur zwei davon, die Maler Batzem und Bardenhewer.[764] Zu Anfang standen die daraufhin beschlossenen Freilegearbeiten unter der Leitung des Malers Wilhelm Batzem, Köln. Ihn hatte Paul Clemen der Gemeinde und dem Regierungspräsidenten im Jahr 1902 für die auszuführenden Arbeiten vorgeschlagen.[765] Nach Abschluß der baulichen Wiederherstellung begann Batzem 1903 mit der vollständigen Freilegung der Wandmalereien.[766] (Abb. 119 - 121) Spätere Ausführungen von Clemen zu der Wiederherstellung der Wandmalereien von St. Lorenz deuten darauf hin, daß Batzem die Malereien im wesentlichen nur freilegte. Welche Darstellungen er darüber hinaus eventuell auch wiederherstellte, ist nicht abschließend geklärt.[767] (Abb. 122 - 123) Gleichfalls läßt sich nicht feststellen, wann er von dem Auftrag zurücktrat, ob er ihm entzogen wurde und aus welchen Gründen dies geschah.[768] Belegt ist lediglich, daß man im Jahr 1906 Anton Bardenhewer mit der Wiederherstellung der architektonischen Fassung betraute.[769]

Es fällt auf, daß Bardenhewer sehr häufig mit der Wiederherstellung architektonischer Fassungen beauftragt wurde und alle seine Neuausstattungen ebenfalls in diesem Bereich entstanden. Der Grund dafür mag darin zu finden sein, daß er mit der Zeit infolge der vielen Instandsetzungen von architektonischen Fassungen hohe Spezialkenntnisse erworben hatte und zudem über ein besonderes Einfühlungsvermögen für das richtige Maß und die Form der Fassung verfügte.[770] „Die Kunst des Herrn Bardenhewer beruht vor allem auf der dekorativen ornamentalen Seite."[771] In späteren Jahren war seine Hand nicht mehr so ruhig, daß er figürliche Neuschöpfungen ausführen konnte. Seine große Erfahrung im maltechnischen Bereich und seine Kenntnis verschiedener typischer Dekorationssysteme blieben ihm dagegen lebenslang erhalten.

Für St. Lorenz erneuerte Bardenhewer die architektonische Fassung auf der Grundlage eines in der Kirche freigelegten Dekorationssystems aus dem 14. Jahrhundert.[772] Eine darüberliegende spätere Fassung hielt man nach diesem Fund nicht für erhaltenswert. Sie ging bei der Freilegung der älteren verloren. Die Ausführung der von Bardenhewer entworfenen architektonischen Neufassung übernahm der Maler Daniel Josef Gries, Ahrweiler.[773] Die freien Mauerflächen wurden schlicht hell getüncht.[774] (Abb. 124)

Für die figürlichen Wandmalereien hatte man einen Kompromiß gefunden und beschlossen, alle zu erhalten.[775] Man verband hier eine einheitliche frühe architektonische Fassung mit figürlichen Darstellungen aus verschiedenen Perioden.[776] An all jenen Stellen, die nicht auf den ersten Blick ins Auge fielen, sollte Bardenhewer auf Anweisung Clemens bei auftretenden, kleineren Fehlstellen nur die Konturlinien weiterführen, um die Darstellungen lesbar zu machen. Auf eine farbige Rekonstruktion des an diesen Stellen Verlorengegangenen sollte er verzichten.[777] (Abb. 125) Da ein großer Teil der figürlichen Malereien an hervorgehobener Stelle angebracht war, betraf dieses vorsichtige restauratorische Verfahren nur sehr wenige von ihnen. Neben den Szenen auf den Emporenbrüstungen erfuhren auch die zwei Szenen der Passion Christi auf den Turmpfeilern und die Darstellung der Hl. Ursula aufgrund ihres schlechten Erhaltungszustands bei der Restaurierung durch Bardenhewer große Eingriffe.[778]

Bereits im 18. Jahrhundert hatte man die Emporenbrüstungen in den Seitenschiffen wohl wegen Baufälligkeit abgebrochen und sie im Zeitgeschmack durch ein geschnitztes Holzgeländer ersetzt. Die großen figürlichen Darstellungen, die die Emporenbrüstungen ursprünglich geschmückt hatten, wurden dabei zur Hälfte zerstört. Der Rest verschwand unter einer neuen Barockfassung. Nach der vollständigen Freilegung durch Anton Bardenhewer waren die recht gut erhaltenen unteren Hälften der szenischen Darstellungen ohne oberen Abschluß. (Abb. 126 - 128) Diesen Zustand wollte die Gemeinde durch eine vollständige Ergänzung der Malereien aufgehoben wissen.[779] Parallel zu seinen Entwürfen für die architektonische Fassung wurde Bardenhewer daher im Jahr 1906 mit Entwürfen für die projektierten Ergänzungen vorerst der Ost- und Südwand der Nordempore betraut.[780] Aufgrund der notwendigen weitreichenden Ergänzungen kam es in diesem Zusammenhang zu einer langwierigen Diskussion über die künstlerische Gestaltung der auszuführenden Neuschöpfungen.[781] So erklärt sich die nachweisbare zeitliche Verzögerung bei der Ausführung. Im Dezember 1906 mahnte der Dechant Spurzem aus Ahrweiler die Entwürfe an, die er bis dahin nicht erhalten hatte.[782] Im Januar des Jahres 1907 begann Bardenhewer mit der Wiederherstellung der Malereireste in der „vorgesehenen und empfohlenen Weise."[783] Die bis Mai 1907 ausgeführte Ergänzung und Wiederherstellung der drei Felder auf der Nordempore beurteilte Clemen mit einer Einschränkung als sehr geschickt. (Abb. 129) „Herr Bardenhewer ist ein ganz vortrefflicher Restaurator, der mit großer Pietät, mit großer technischer Erfahrung und einem feinen Gefühl den alten Linien nachgeht und vor al-

Abb. 122 St. Lorenz, Gnadenstuhldarstellung nach der Wiederherstellung. Die veränderte Übermalung der Darstellung vor allen Dingen der Gesichter, läßt die Wiederherstellung dieser Wandmalerei durch Batzem sehr wahrscheinlich erscheinen

Abb. 123: St. Lorenz, Taufe Christi nach der Wiederherstellung. Vor allen Dingen die Gesichter des Engels, Christi und Johannes des Täufers lassen auf eine Wiederherstellung durch Batzem schließen

Abb. 124: St. Lorenz, Ahrweiler, nach der Wiederherstellung, Blick von Osten in das nördliche Seitenschiff

Abb. 125: St. Lorenz, Ahrweiler, Heiligenreihe im südlichen Seiten-schiff nach der Wiederherstellung durch Anton Bardenhewer

Abb. 126: St. Lorenz, Ahrweiler, Wandmalerei der nordwestlichen Empore nach der Freilegung

lem versteht, die gefundenen Reste geschickt zu-sammenzustimmen. [...] Am wenigsten glücklich ist die Stirnseite der Nordempore nach Osten gelungen, wo die gesamte obere Hälfte der Komposition, wie auf der an-deren Seite, neu erfunden werden mußte. Die Figu-ren sind zumal in den Händen hier etwas hart und trocken."[784] (Abb. 130) Auf die großflächigen Ergänzun-gen der Malereien auf den Wänden der südlichen Empore und der Stirnfläche der Westempore wollte Clemen ger-ne verzichten. „Für das Bedenklichste halte ich figürliche Kompositionen im großen Maßstab. Der Entwurf, den Herr Bardenhewer für eine der Emporenflächen vorge-legt hat, ist künstlerisch ungenügend und unannehmbar. Wenn eine solche Komposition neu zu schaffen ist, dürf-te bei allem strengen Anschluß an die gotische Formge-bung doch eine größere künstlerische Sicherheit zu ver-langen sein. Die äußeren Figuren, zumal der rechtsste-hende König, sind hierfür doch gar zu hilflos und un-vollkommen. Der rein äußerliche Anschluß an den Duc-tus der Gewandung und die Linienführung genügt hier nicht."[785] Gerade angesichts der lebhaften Erörterung, die seit einigen Monaten im Rheinland über das Problem der künstlerischen Wiederherstellungen stattfinde, könne er einen künstlerisch so wenig befriedigenden Entwurf nicht zur Durchführung empfehlen.[786]
Bei der Wiederherstellung der Wandmalereien in St. Lo-renz stieß Bardenhewer bei den vollständig neu zu erfin-denden figürlichen Darstellungen offensichtlich an die Grenzen seines künstlerischen Gestaltungsvermögens, was ihm selbst durchaus bewußt war.[787] Clemen wollte

seinerseits in Anbetracht der gerade heiß diskutierten Frage um das berechtigte Ausmaß von Eingriffen in den originalen Malereibestand im Verlauf einer Restaurie-rung eine Art Präzedenzfall schaffen und eine möglichst allgemein anzuerkennende Lösung finden. „Eine solche Stirnwand mit vorwiegend ornamentalem Schmuck dürf-te deshalb auch künstlerisch viel befriedigender sein als eine solche mit figürlicher Komposition."[788] Wegen der hohen Kosten, die die Kirchengemeinde anteilig für die gesamte Wiederherstellung aufzubringen hatte, entschloß sich Clemen am Ende dennoch, deren Wunsch nach einer vollständigen figürlichen Ergänzung zu entsprechen und diese Lösung auch gegenüber dem zuständigen Diözes-anbaumeister und dem Regierungspräsidenten zu ver-treten.[789] „Auf den Wunsch der Kirchengemeinde mußten die Kompositionen überall ergänzt werden. [...] Wo gan-ze Teile der Figuren fehlten mußten diese wohl oder übel, den kirchlichen Bedürfnissen entsprechend, ergänzt wer-den."[790] Damit war die Diskussion über die Art der aus-zuführenden Ergänzungen nicht beendet. Im September 1907 informierte der stellvertretende Vorsitzende des ka-tholischen Kirchenvorstands Ahrweiler den Regierungs-präsidenten in Koblenz, daß man Anton Bardenhewer am 7. September beauftragt habe, eine Kopie eines bemalten Emporenfeldes, einen Entwurf für eines der neu zu ma-lenden Emporenfelder, eine entsprechende Übermalung der vergrößerten Fotografie des Inneren und zwei Ent-würfe zu der Fassung der Außenfassade anzufertigen.[791] Sobald die entsprechenden Zeichnungen eingetroffen seien, werde er sie nach Koblenz weitersenden.[792] Im Ja-

Abb. 127: St. Lorenz, Ahrweiler, Ostwand der Nordempore nach der Freilegung

Abb. 128: St. Lorenz, Ahrweiler, Wandmalerei der südwestlichen Emporenwand nach der Freilegung

nuar 1908 wurden Skizzen zur Fassung der Außenfassade von Dechant Spurzem mit dem Hinweis, daß sie ihm erst jetzt zugegangen seien, nach Koblenz geschickt.[793] In der gestalterischen Ausführung hatte sich Bardenhewer an den vorgefundenen Resten einer farbigen Fassung aus dem 14. bis 15. Jahrhundert orientiert.[794] Zu den übrigen angeforderten Zeichnungen fehlt in den Akten jeder Hinweis. Offensichtlich fertigte Bardenhewer sie nicht an, so daß die Gemeinde und der Regierungspräsident überlegten, die weiteren Arbeiten an einen anderen Restaurator zu vergeben. Clemen, den man um seinen Rat fragte, äußerte seine Bedenken einem solchen Wechsel gegenüber deutlich. „Auf der anderen Seite ist es sehr schwierig, nachdem Herr Bardenhewer die Vorarbeiten gemacht und sich in die ganze Arbeit eingedacht hat, jetzt einen anderen Künstler mit der Ausführung zu betrauen; ich wüßte ohne weiteres auch keinen zu nennen, der hierfür geeignet wäre."[795] Nach einer Intervention durch Clemen fertigte Bardenhewer erneut einige Skizzen zur möglichen Form der Ergänzungen an. Da die Gemeinde und eine aus Berlin abgeordnete Kommission nach wie vor eine figürlich Ergänzung entsprechend der vorhandenen Malereien forderten, Clemen aber weiterhin einer kleinteiligen Bemalung, möglichst Laubwerk mit eingestreuten Figuren, den Vorzug gab, war noch eine große Anzahl entsprechender Entwürfe nötig, bis es zu einer Einigung kam.[796] Erst 1910 fanden mehrere Entwürfe Bardenhewers die Zustimmung aller Beteiligten, so daß die Arbeiten vor Ort beginnen konnten. Wegen der schwierigen vorangegangenen Diskussion beschloß man, daß Bar-

denhewer die Entwürfe zuerst auf die Wand skizzieren solle. (Abb. 131) Diese Übertragung war im Januar 1912 beendet. Im Mai des gleichen Jahres besichtigte der Provinzialkonservator Renard diese Entwürfe und genehmigte die vollständige Ausführung. Für seine malerischen Neuschöpfungen verwendete Bardenhewer in Anlehnung an den Farbaufbau der ursprünglichen Malerei eine reine Kalkfarbe unter sehr geringem Zusatz von Eitempera aus Ei und 1/10 Honig.[797]

Die abschließende Beurteilung der Wiederherstellung durch Clemen klingt sehr positiv und gibt die großen Schwierigkeiten, die diesen Arbeiten vorausgingen, nicht einmal im Ansatz wieder. „Bei den erhaltenen Teilen handelte es sich nur um ein sorgfältiges Austupfen unter Schonung eines jeden, auch noch so kleinen Restes alter Farbe. Wo ganze Teile der Figuren fehlten, mußten diese, entsprechend der kirchlichen Bestimmung des Raumes, ergänzt werden, dort, wo sie nicht in die Augen fielen, ist einfach die Kontur zur Ergänzung des Zusammenhangs weitergeführt worden, die Fläche selbst aber ist nicht ausgefüllt."[798] Seine spätere Formulierung in einem Artikel anläßlich Bardenhewers siebzigsten Geburtstages verdeutlicht, daß ihm die Schwierigkeiten, die Bardenhewer zu bewältigen hatte, bewußt waren. „Für die staatliche und provinziale Denkmalpflege hat er eine große Reihe von Aufdeckungs- und Wiederherstellungsarbeiten mittelalterlicher Wandmalereien mit Zurückhaltung und Geschmack durchgeführt, in Köln die Restauration der Wandmalereien in St. Cäcilia, der Stiftskirche zu Ahrweiler [...]. In den beiden ersten Fällen handelte es sich um

113

Abb. 129: St. Lorenz, Ahrweiler, die drei Bildfelder der nordöstlichen Emporenwand nach der Wiederherstellung durch Anton Bardenhewer

die Notwendigkeit weitgehender Ergänzungen. Vom rein konservatorischen Standpunkte mag man verschieden darüber denken. In dem Innern eines Kirchengebäudes an hervorragender Stelle wird eben eine lückenhafte alte Darstellung sich in den meisten Fällen als mit den Anforderungen der Kirche unvereinbar erweisen. Die Besonderheit der ihm gestellten Aufgabe hat Bardenhewer, darin ein Enkelsschüler von Viollet-le-Duce und ein unmittelbarer Schüler von Essenwein geschickt und sicher gelöst."[799]

Wie für ihn üblich, dokumentierte Bardenhewer den Zustand der Wandmalereien vor und nach der Wiederherstellung durch mehrere fotografische Aufnahmen.[800] Darüber hinaus entstanden farbige Aquarellkartons zu den Wandmalereien, die in den Bestand des Denkmalamts der Rheinprovinz überwiesen wurden.[801] Im April 1912 waren die Arbeiten endgültig abgeschlossen.[802] (Abb. 123)

Abb. 131: St. Lorenz, Ahrweiler, die hochgemauerte, nordwestliche Emporenwand mit der durch Anton Bardenhewer teils skizzierten, teils schon ausgeführten Ergänzung

Abb. 130: St. Lorenz, Ahrweiler, die Darstellungen auf der Ostwand der Nordempore nach der Wiederherstellung durch Anton Bardenhewer

St. Andreas, Köln

Etwa zeitgleich zu den Arbeiten in St. Lorenz, Ahrweiler, wurde Bardenhewer 1905 mit der Wiederherstellung der Wandmalereien der Kirche St. Andreas in Köln betraut.[803] Bereits 1894 hatte man im Verlauf der baulichen Instandsetzung durch den Architekten Crämer in den Seitenkapellen und dem nördlichen Querhaus frühgotische figürliche Wandmalereien entdeckt.[804] Aufgrund der mangelnden finanziellen Mittel hatte man damals von einer vollständigen Instandsetzung absehen müssen. Statt dessen überspannte man die teilweise freigelegten Darstellungen mit weißem Nesselstoff, dessen Ränder man an der Wand festnagelte.[805] Damit sollte eine Beschädigung der aufgedeckten Malereien verhindert werden. Einzig die Darstellungen einer „Marienkrönung" und der „Dreieinigkeit" in einer der südlichen Seitenkapellen wurden von dieser Behandlung ausgenommen und

durch den Maler Wilhelm Batzem restauriert.[806] (Abb. 132 - 136) Nach dem endgültigen Abschluß der baulichen Instandsetzung entschloß sich die Gemeinde im Jahr 1895, ohne Hinzuziehung des Provinzialkonservators den Kölner Maler Josef Fischer mit einer Neuausmalung des Mittelschiffs zu betrauen. Dieser schuf ohne Rücksicht auf die aufgefundenen Reste der originalen Ausmalung eine vollständig neue Innendekoration.[807] Die figürlichen Darstellungen, Neuschöpfungen im romanisierenden Stil, wurden fast durchgehend als scheußlich beurteilt. „Völlig misslungen und abstossend sind die ungeschickten und dilettantischen Figuren in den Arkaden des Mittelschiffes von St. Andreas, die den niedrigsten Stand des künstlerischen Könnens bei figürlichen Aufgaben zeigen. Ihre Beseitigung würde im Interesse der Kirche wie des Künstlers nur zu wünschen sein."[808] (Abb. 137 - 139) Zum Abschluß der Neuausstattung lieferte die Kölner Glasmalerei Schneiders & Schmolz in den Jah-

115

Abb. 132: St. Andreas, Köln, Marienkrönung nach der Wiederherstellung durch Batzem, möglicherweise unter Mitarbeit von Anton Bardenhewer

Abb. 133: St. Andreas, Köln, Marienkrönung, Zustand vor der Restaurierung 1990

ren 1895, 1897 und 1898 neogotische Fenster.[809] (Abb. 137)

Parallel zu dieser historistischen Neuausstattung beauftragte die Gemeinde den Maler Batzem mit der Restaurierung der bereits nach der groben Freilegung großartig wirkenden Wandmalereien der südlichen Seitenkapellen.[810] Bardenhewer erhielt bereits zu diesem Zeitpunkt Einblick in die Restaurierung, wie erhaltene Aquarellkartons aus dieser Zeit, die in der zugehörigen WMA Batzem/Bardenhewer zugeschrieben werden, belegen.[811] Möglicherweise aufgrund dieser Kenntnisse und sicherlich durch Vermittlung von Clemen, dessen großes Interesse an diesen Arbeiten durch seinen Antrag auf finanzielle Beihilfe durch den Ständefonds belegt wird[812], wurde Badenhewer im Jahr 1905, als man die vorangegangene Neuausstattung zunehmend kritisch beurteilte, der Auftrag zur Restaurierung aller Wandmalereien erteilt. Er sollte die Übermalungen entfernen, die Originalfassung aller Darstellungen freilegen und sie anschließend restaurieren.[813]

Nach ersten Probefreilegungen im Langhaus zeigte sich, daß unter der Neufassung keine Reste der originalen Ausstattung erhalten waren. Daher frischte Bardenhewer dort mit wenigen Korrekturen die Ausmalung Fischers auf.[814] Noch im Jahr 1905 legte er die Wandmalereien in den nördlichen Seitenkapellen und dem nörd-

Abb. 134: St. Andreas, Köln, Marienkrönung nach der Restaurierung 1990. Der Vergleich macht deutlich, daß die Wiederherstellung durch Batzem eine Übermalung im zeitgenössischen Geschmack in enger Anlehnung an das Original gewesen ist

lichen Querschiff vollständig frei.[815] Ab 1906 begann er mit der Sicherung der 1895 durch Batzem unter seiner eigenen Mithilfe aufgedeckten Malereien.[816] Die damals konservatorisch gedachte Maßnahme der Überspannung der Malereien mit Nesseltuch stellte sich als verhängnisvoll heraus. Durch das ständige leichte Reiben der Tücher an der Wand waren die oberen, losen Schichten der Malerei bereits von der Wand abgescheuert worden.[817] Dadurch ergaben sich größere Schwierigkeiten bei der Wiederherstellung, mit der Bardenhewer erst im März 1907 begann. Ein reines Fixieren der Malereien war nicht möglich. Zum Teil bedurfte es sogar größerer Ergänzungen. Das galt vor allen Dingen für die Darstellungen an der Ostwand der Petrus-von-Mailand-Kapelle. Hier zog er die recht gut erhaltenen Konturen nach und tupfte die beschädigten, farbigen Flächen in den in Resten erkennbaren Lokalfarben aus. Darüber hinaus mußten viel Fehlstellen ausgeflickt und nachretuschiert werden.[818] (Abb. 140) Übermalungen des Originalbestands soll er unterlassen haben.[819] „Der basierende Charakter der alten Technik und die weiche harmonische Gesamtstimmung blieben so gleichermaßen bewahrt."[820] Dieser Beurteilung widerspricht der Zustand der „Thronenden Madonna", die im Jahr 1907 vollständig aufgedeckt wurde und deren Gestalt Bardenhewer, nach einer Fixierung der gelösten Teile, weitgehend ergänzte.[821] Eine Fotografie des Zustandes der Malerei nach der Wiederherstellung macht deutlich, daß es entweder bereits 1895 bei den Arbeiten unter Batzem zu einer Übermalung bzw. historistischen Wiederherstellung der Darstellungen gekommen war, oder daß Bardenhewer sie abweichend von den Beurteilungen doch überarbeitet hatte. (Abb. 141)

Den dekorativen Schmuck der Gewölbe der St. Andreaskirche erhielt er ohne Veränderungen. Entsprechend seiner Abkehr von der historistischen Auffassung versuchte er überall, Hinweise auf die Originalfarbigkeit zu finden, diese zu erhalten und bei seinen eigenen Ergänzungen zu übernehmen. Für alle Hintergründe, deren ursprüngliche Farbigkeit er nicht mehr feststellen konnte, verwendete er eine leicht blaue Lasur (wahrscheinlich Smalte), die er im Hintergrund der Darstellungen an der Ostwand der Peter-von-Mailand-Kapelle und im Langhaus vorgefunden hatte.[822] Seine malerischen Ergänzungen führte er in Anlehnung an den originalen Farbaufbau in Kalkkasein aus. 1908 wurde das nördliche Querhaus nach seinen Vorgaben farbig gefaßt. Seine Entwürfe dazu orientierten sich an den im südlichen Querhaus aufgefundenen Originalresten. Sie zeigten jedoch ein erheblich vereinfachtes System.[823]

Die vollständige Aufdeckung und die sich anschließende Restaurierung der Wandmalereien unter der Leitung Bar-

Abb. 135: St. Andreas, Köln, Gnadenstuhl-darstellung nach der historistischen Wieder-herstellung durch Batzem, vermutlich unter Mitarbeit von Anton Bardenhewer

Abb. 136: St. Andreas, Köln, Gnadenstuhl-darstellung nach der Restaurierung 1990

Abb. 137: St. Andreas, Köln, nach der Neuausstattung durch Fischer, Blick nach Osten

Abb. 138: St. Andreas, Köln, nach der Neuausstattung durch Fischer, Raumfassung von 1890 - 1899, nördliche Mittelschiffwand

denhewers beurteilte Clemen in seinem Abschlußbericht durchweg positiv. Sie habe ab 1907 eine Restaurierung ermöglicht, die sich beispielhaft an den erhaltenen Resten orientiert und selbst die stark beschädigten, 1895 freigelegten Malereien zu erhalten gesucht habe.[824] (Abb. 142) Dieser positiven Beurteilung stehen die Untersuchungsergebnisse späterer Restaurierungen konträr gegenüber.[825] Sie belegen, daß Clemen hier, wie schon bei seiner Bewertung der Arbeiten in St. Lorenz, seine Beurteilung schönte. Nur mit entsprechendem Hintergrundwissen ist zwischen den Zeilen der wahre Umfang der Eingriffe in den Originalbestand herauszulesen.[826]

Heimann veröffentlichte nach Abschluß der Arbeiten ebenfalls eine Beurteilung des Geleisteten. Sie gibt die tatsächlichen Eingriffe in die Originalsubstanz erheblich genauer wieder als das Urteil Clemens. Heimann führt aus, daß Bardenhewer die nur fragmentarisch erhaltenen Malereien alle sehr frei vervollständigt habe.[827] Gleichwohl beurteilte er die Restaurierung ebenfalls durchweg positiv. Bei der Wiederherstellung sei streng nach den Grund-

sätzen der Denkmalpflege verfahren worden, indem man sich auf das sorgsame Nachziehen der erforschten Umrißlinien, das Austupfen beschädigter farbiger Flächen beschränkt und die erforderlichen Ergänzungen in der Art der alten Meister bewirkt habe.[828] Die Beurteilung läßt erkennen, daß Bardenhewers restauratorisches Vorgehen im Einklang mit den Vorstellungen auch eher fortschrittlicher Denkmalpfleger dieser Zeit wie Heimann oder Clemen stand. Ein Artikel Heimanns, den er im Jahr 1911 veröffentlichte, als die Restaurierung der Wandmalereien nahezu abgeschlossen war, zeigt, daß sich in der Zwischenzeit die Gewichtung in seinem Urteil verschoben hatte. In diesem Artikel fehlt jede Äußerung zu den weitgehenden Ergänzungen; statt dessen schreibt er, die Malereien seien „[...] in allen Teilen unter möglichster Schonung des alten Bestandes mit einigen wenigen Ergänzungen in trefflicher Weise wiederhergestellt worden."[829]

Nach heutiger denkmalpflegerischer Auffassung läßt sich die Restaurierung in eine bessere und eine schlechtere

Teilausführung trennen. Die Darstellungen an der Westwand des nördlichen Querhausarms wurden nur in sehr
geringem Ausmaß nachretuschiert und übermalt. Dort
hatte Bardenhewer sich nahezu vollständig darauf beschränkt, die figürliche und dekorative Ausmalung neu
zu konturieren, um die Lesbarkeit der Szenen wieder
herzustellen. Dieses auffallend fortschrittliche und vorsichtige restauratorische Vorgehen war möglich wegen
des guten Erhaltungszustands der dort aufgefundenen
Malereien. Die beiden Wandbilder auf der Ostwand des
nördlichen Querhauses waren demgegenüber in einem
erheblich schlechteren Zustand, so daß bei ihnen größere

Ergänzungen erforderlich waren.[830] Gleiches gilt für die
Wandmalereien in der sog. Petrus-von-Mailand-Kapelle,
in der die Darstellung des Drachenkampfs des Hl. Georg
nur noch in Unterzeichnung und Resten der Lokalfarben
erhalten und der untere Teil durch die aufsteigende
Feuchtigkeit sogar zum Großteil vollkommen zerstört
war.[831] (Abb. 143 - 144) Ebenso schlecht war der Erhaltungszustand des monumentalen Christophorus. „[...]
von ihm ist nur die große geschwungene Kontur aufbewahrt."[832] (Abb. 145 - 147)
Die Engelfiguren in den Pendentifs der Vierung waren
vollständige Neuschöpfungen Bardenhewers.[833] Da nach

Abb. 140: St. Andreas, Köln, Ostwand der Petrus-von-Mailand-Kapelle nach einer späteren Restaurierung, bei der die Fehlstellen ebenfalls retuschiert bzw. Teile übermalt wurden, vermutlich 1951 - 1954

Abb. 141: St. Andreas, Köln, Ostwand der Petrus-von-Mailand Kapelle, nach der Wiederherstellung durch Anton Bardenhewer. Deutlich erkennt man die farbigen Retuschen und die Übermalungen der Köpfe von Maria und Christus bei der Marienkrönung.

Abb. 143: St. Andreas, Köln, Drachenkampf des Hl. Georg nach der vollständigen Freilegung bei einer späteren Restaurierung. Vermutlich waren die Schäden im unteren Bereich 1907 noch nicht so umfangreich

Abb. 142: St. Andreas, Köln, Darstellung der Kreuztragung Christi mit der Hl. Katharina und einem Stifter nach der Wiederherstellung durch Anton Bardenhewer. Die Fotografie, vermutlich von Bardenhewer, belegt sein äußerst schonendes Vorgehen bei der Restaurierung einiger Darstellungen

Abb. 144: St. Andreas, Köln, Drachenkampf des Hl. Georg nach der Wiederherstellung durch Anton Bardenhewer

der Abnahme der durch Fischer gefertigten Ausmalung die erhaltenen Malereifragmente an dieser Stelle nur mehr auf große Einzelfiguren schließen ließen, rekonstruierte Bardenhewer sie, mit dem Einverständnis von Clemen, sehr frei. Den Zustand der Wandmalereien vor und nach seiner Restaurierung dokumentierte er durch eine Anzahl von Fotografien.[834] Wie üblich, entstanden zu diesen Arbeiten mehrere farbige Aufnahmen.[835]

Heimanns abschließende Beurteilung der Wiederherstellung war zu seiner Zeit als Lob gemeint, doch klingt sie heute sehr negativ. „Die Wiederherstellung aller dieser Malereien lag in den Händen des Kirchenmalers Anton Bardenhewer in Köln, der überall peinlichste Sorgfalt auf die Erhaltung des Überkommenen verwandte und bei den notwendigen künstlerisch durchzuführenden Ergänzungen denselben sich anlehnte, so daß der Eindruck einer alten wieder aufgefundenen Malerei vollständig gewahrt ist."[836] Alle Ergänzungen und Retuschen Bardenhewers wiesen bei der Untersuchung im Rahmen einer späteren Restaurierung einen zu hohen Bindemittelanteil auf, der zu einer starken Krakeleebildung auf der Oberfläche der Malereien führte. Die einzelnen Farbschollen hatten in den 80er Jahren des 20. Jahrhunderts kaum mehr Haftung mit dem Untergrund, sie neigten zum Abblättern oder waren bereits in großen Partien abgeblättert.[837]

*Abb. 146: St. Andreas, Köln, der Hl. Christopherus nach der voll-
ständigen Freilegung, 1976*

*Abb. 145: St. Andreas, Köln, Darstellung des Hl. Christopherus
nach der Wiederherstellung durch Anton Bardenhewer*

*Abb. 147: St. Andreas, Köln, der Hl. Christopherus nach der
Restaurierung, 1986*

Kunsthandwerkliche Entwürfe

Wann Anton Bardenhewer begann, kunsthandwerkliche Entwürfe anzufertigen, läßt sich zeitlich nicht genau bestimmen. Vermutlich reichen seine ersten Arbeiten auf diesem Gebiet bereits in die Zeit seiner Mitarbeit unter August von Essenwein zurück, der im Rahmen seiner hi-storistischen Gesamtausstattungen viele Entwürfe für Neuverglasungen und Ausstattungsstücke zu liefern hatte. Da Bardenhewer über Jahre als Zeichner für ihn arbeitete, ist davon auszugehen, daß er nicht nur Essenweins Entwürfe für Neuverglasungen und Wandmalereien, sondern auch andere Skizzen in Reinzeichnung übertrug. Seine späteren Anstellungen bei verschiedenen Glasmalereianstalten ermöglichten es ihm, sich weiterhin in dieser Richtung zu schulen. Mit dem Zeugnis von Heinrich Roesberg ist ein eindeutiger Beleg für Bardenhewers frühe kunsthandwerklichen Entwürfe erhalten. Seine späteren Entwürfe für das Kölner Ratssilber im Auftrag des Hochbauamts führten diese Entwicklung weiter und beweisen, daß er ohne Unterbrechung auf diesem Gebiet tätig blieb.

Vermutlich lieferte er bereits im Jahr 1885 für das Atelier Roesberg Entwürfe für Textilien.[838] Leider sind keine Stickvorlagen von seiner Hand erhalten, so daß man auf zeitgenössische Beispiele zurückgreifen muß, um sich in etwa ein Bild von seinen Entwürfen zu machen.[839] Im Bestand der Graphischen Sammlung des Stadtmuseums Köln ist eine Stickanleitung aus der Werkstatt Hermeling archiviert. Sie war für die Ausführung durch Nicolaus

Kampe in Nürnberg bestimmt und vermittelt einen Eindruck davon, wie man sich eine solche Stickvorlage vorzustellen hat.

Kirchenfahne, Kalkar

Der Entwurf für eine Kirchenfahne der Marianischen Jünglings-Kongregation in Kalkar (Abb. 148) im Jahr 1908 ist die erste Stickvorlage, die man Bardenhewer eindeutig zuschreiben kann. Den Auftrag dafür erhielt er von der Jünglingskongregation im Anschluß an die Restaurierung der Wandmalereien in der Kirche St. Nicolai, Kalkar.[840] (Abb. 149 - 151) Da die Wiederherstellungen mittelalterlicher Kirchen zumeist durch die kirchlichen Kongregationen mitfinanziert wurden, die dabei häufig sogar einen Großteil der Kosten trugen, ist die Verbindung beider Aufträge leicht erklärt.[841]

„Die neue Fahne, eine echt künstlerische Seidenstickerei, ist nach dem Entwurfe des Malers Herrn Bardenhewer aus Köln von der Firma Leo Peters in Kevelaer hergestellt. Auf der Vorderseite zeigt sie ein liebliches Bild Mariens, entworfen nach dem Marienleuchter in dem Mittelschiff unserer Kirche, jenem ehrenden Denkmale der hier blühenden mittelalterlichen Kunst aus dem Jahre 1508, sowie das altertümliche Rathaus und die Pfarrkirche. Auf der Rückseite der Fahne erblickt man das Wappen von Calcar und das Bild des hl. Nikolaus."[842] Die Kirchenfahne scheint heute im Original nicht mehr erhalten zu sein, doch gibt es noch Abbildungen.[843] Eine Postkarte, die an-

Abb. 149: St. Nicolai, Kalkar, Rankenmalerei des Gewölbes nach der Wiederherstellung durch Anton Bardenhewer

Abb. 150: St. Nicolai, Kalkar, Gewölbemalerei nach der Wiederherstellung durch Anton Bardenhewer

läßlich der Fahnenweihe zu Christi Himmelfahrt im Jahr 1909 angefertigt wurde, belegt ihre Gestaltung. (Abb. 152) Sie zeigt die Schauseite mit der Darstellung der Strahlenkranzmadonna auf der Mondsichel und zu ihren Füßen die kleinformatigen Darstellungen der Kirche St. Nicolai und des Rathauses von Kalkar. Ein Vergleich mit der Madonna vom Marienleuchter aus St. Nicolai macht deutlich, daß Bardenhewers Madonna in Anlehnung an diese entstand. Sie ist aber keineswegs eine sklavische Kopie der Vorlage.[844] Bardenhewers Madonna scheint einem erheblich früheren, spätgotischen Typ verwandt. Eine entsprechende, ähnlichere Darstellung konnte bislang nicht gefunden werden.

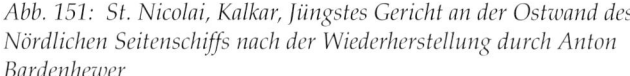

Abb. 151: St. Nicolai, Kalkar, Jüngstes Gericht an der Ostwand des Nördlichen Seitenschiffs nach der Wiederherstellung durch Anton Bardenhewer

Abb. 152: Fahne der Jünglings – Kongregation Calcar, Postkarte

Da keine schriftlichen Hinweise auf die technische Ausführung von Bardenhewers Entwürfen erhalten sind, muß eine Untersuchung der einzigen erhaltenen, nach einer Vorlage Bardenhewers gefertigten Stickerei diesen Mangel ausgleichen.

Im Familienbesitz der Brandenhewers blieb ein Kirchentuch, dessen Schauseite eine Madonna auf der Mondsichel, umgeben von einem Strahlenkranz, zeigt.[845] (Abb. 153) Ein roter Samtbrokat bildet den Untergrund, auf den die Stickerei aufgenäht ist. Mit äußerster Genauigkeit und Feinheit ist mittels farbiger Schattierungen und wechselnder Fadenführung die feine Linienführung und

Modellierung einer gemalten gotischen Madonnendarstellung, die Bardenhewers Entwurf zur Vorlage gedient haben mag, herausgearbeitet.[846] (Abb. 154 - 156) Die Differenziertheit der technischen Ausführung und die feine Abstufung der Farbigkeit dieser erhaltenen Stickerei belegen die hohe künstlerische und gestalterische Qualität der Entwürfe Bardenhewers und der Anfertigungen durch die Stickwerkstätten dieser Zeit. Da sich dieses Kirchentuch im Familienbesitz erhalten hat, ist es wahrscheinlich, daß es in der Stickwerkstatt von Bardenhewers Frau Maria gefertigt wurde.[847]

126

Abb. 153: Strahlenkranzmadonna, gesticktes Andachtsbild

Abb. 154: Strahlenkranzmadonna, Detailaufnahme der unteren Partie der Darstellung

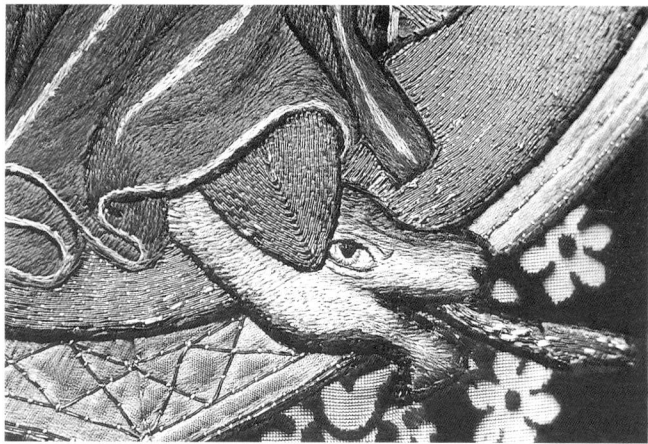

Abb. 155: Strahlenkranzmadonna, Detailaufnahme des Schlangenkopfes mit Gewandsaum und Schuhspitze der Madonna

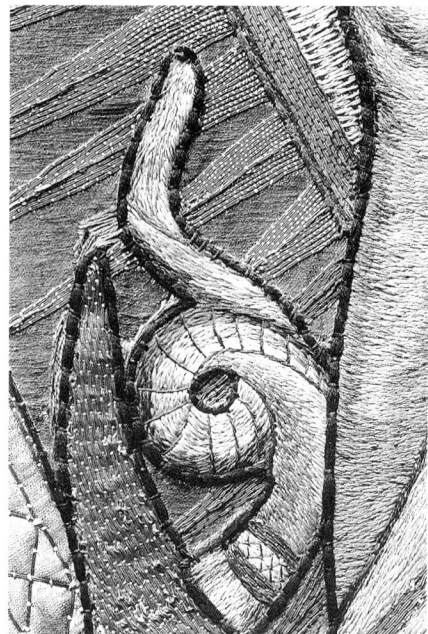

Abb. 156: Strahlenkranzmadonna, Detailaufnahme der geringelten Schlange und des Strahlenkranzes

Kopie der Kölner Stadtbanner

Ende des 19. Jahrhunderts entdeckte der Kölner Dombildhauer Prof. Christian Mohr bei Instandsetzungsarbeiten in der früheren Mittwochsrentkammer des Alten Rathauses unter einem Haufen Gerümpel eine Kiste, in der er einige alte Fahnen fand.[848] Unter ihnen befanden sich Speerfahnen aus dem Jahr 1396, eine Spottfahne des 15. Jahrhunderts, mehrere Standarten aus der 2. Hälfte des 15. Jahrhunderts und die offiziellen stadtkölnischen Banner aus der Zeit von 1400 bis 1733.[849] Sie wurden sofort in das Historische Museum Köln, das zu dieser Zeit in der Hahnentorburg untergebracht war, überstellt. Im Jahr 1910 erteilte der damalige Oberbürgermeisters Wallraf Anton Bardenhewer den Auftrag, aus Anlaß der be-

vorstehenden Kaiserfeier Nachbildungen dieser Fahnen anzufertigen, mit denen er während der Feierlichkeiten die Fassade des Gürzenich schmücken lassen wollte.[850] Ein solcher prestigeträchtiger Auftrag zeigt, wie geschätzt Anton Bardenhewers textile kunsthandwerkliche Entwürfe zu dieser Zeit bereits waren und wie sehr sie in ihrem künstlerischen Wert und technischer Ausführung allgemein anerkannt gewesen sein müssen.[851]

Nach dem Vorbild der aufgefundenen Stadtbanner fertigte Bardenhewer Kartonvorlagen für die spätere Ausführung an. Da die Banner zum Teil nur noch in Fragmenten erhalten waren, mußte er größere Teile ergänzen und konnte sich nicht auf reine Nachbildungen beschränken. Das Stadtbanner aus dem Jahr 1510 war nur noch zu einem Drittel erhalten. Um diese Originalteile herum, die er in das neue Banner einarbeiten ließ, schuf Bardenhewer seine Ergänzungen, die sich an einem Stadtbanner von 1723, das sich nahezu vollständig erhalten hatte und deutlich eine Nachbildung des früheren von 1510 war, orientierten.[852] Ob die Ausführung der Nachbildungen nach seinen Entwürfen durch die Stickwerkstatt seiner Frau erfolgte, läßt sich nicht klären.[853]

Die gewebten Gründe mit den darauf gestickten Darstellungen wurden von Bardenhewer durch malerische Details vervollständigt. Damit ist die Wahrscheinlichkeit, daß die Nachbildungen komplett durch die Familie Bardenhewer angefertigt wurden, sehr groß, zumal eine räumliche Nähe bei der Ausführung die enge Verknüpfung der verschiedenen Techniken leichter zuließ und Bardenhewer den Fortgang der Arbeiten ständig überwachen konnte. Ganz im Einklang mit seinem Vorgehen bei der Wandmalereirestaurierung führte er auch seine kunsthandwerklichen Arbeiten in der durch die Originale vorgegebenen Technik aus. „Material und Technik sind [bei den Bannern von 1510 und 1723] die gleichen. Der Stoff besteht aus feiner, leichter indischer Seide, auf welcher die Malerei in Temperafarbe gefertigt, das echte Gold und Silber mit Gelatine unterlegt, die Schraffur in Öl eingezeichnet ist. Beide Seiten sind durchaus gleich ausgestaltet, für genau übereinstimmende Zeichnung und Bemalung eine besondere Schwierigkeit."[854] Die Nachbildungen wurden von Zeitgenossen als künstlerisch und technisch hervorragend bewertet. „Maler Anton Bardenhewer aus Köln hat diese [Schwierigkeit] völlig überwunden und es verstanden, die Technik der Alten in der von ihm mit größter Sorgfalt geschaffenen Nachbildung der stadtkölnischen Fahnen und Banner anzuwenden."[855] Nach ihrer Verwendung bei der Kaiserfeier wurden die Nachbildungen ab dem Juni des Jahres 1911 im Lichthof des Kunstgewerbemuseums ausgestellt.[856]

Abb. 157: St. Medardus, Bendorf, nach der Wiederherstellung durch Anton Bardenhewer, Blick nach Osten

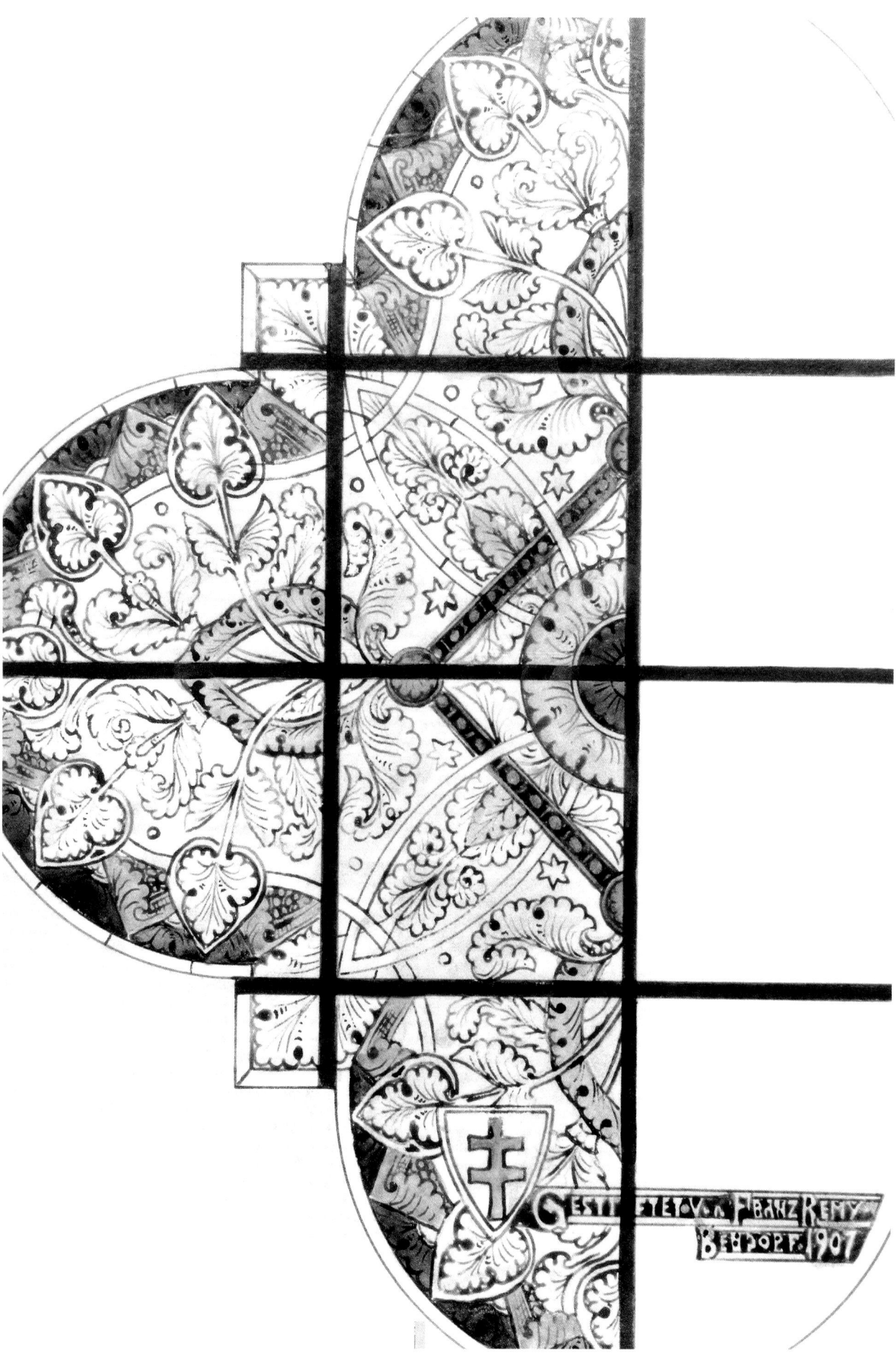

Abb. 159: St. Medardus, Bendorf, Fensterentwurf, vermutlich ausgeführt von Schneiders & Schmolz, Köln

Abb. 160: St. Medardus, Bendorf, Fensterentwurf, vermutlich ausgeführt von Schneiders & Schmolz, Köln

Abb. 158 (S. 130): St. Medardus, Bendorf, Fensterentwurf, vermutlich von Anton Bardenhewer

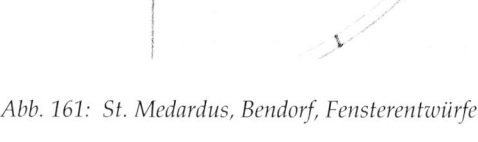

Abb. 161: St. Medardus, Bendorf, Fensterentwürfe

Abb. 162: St. Medardus, Bendorf, Fensterentwurf

St. Medardus, Bendorf

Spätestens ab dem Ende des ersten Jahrzehnts des 20. Jahrhunderts übernahm Anton Bardenhewer im Zusammenhang mit der Wiederherstellung von Wandmalereien auch die Auffrischung der Fassungen von Ausstattungsstücken in den Kirchen.[857] Im Jahr 1907 wurde er mit der Wiederherstellung der Malereien der Kirche St. Medardus in Bendorf beauftragt.[858] Kurze Zeit zuvor hatte man sie bei einer umfassenden Instandsetzung unter

der Leitung des Architekten Ehrhardt Müller, Koblenz, unter mehreren Schichten Tünche entdeckt.[859] Im Verlauf der sich anschließenden Arbeiten unter der Leitung von Bardenhewer wurde ein außerordentlich gut erhaltenes, reiches Dekorationssystem vom Anfang des 13. Jahrhunderts freigelegt, das man mit nur sehr geringen Ergänzungen und Retuschen erhielt.[860] Die figürlichen Darstellungen erwiesen sich demgegenüber als so beschädigt, daß Bardenhewer sie nur in Teilen und mit größeren Ergänzungen erhalten konnte.[861] (Abb. 157) Von den

Abb. 163: St. Medardus, Bendorf, Fensterentwürfe, zumindest der rechte von Schneiders & Schmolz, Köln ausgeführt

Evangelistensymbolen in der Apsis war nur der Engel nahezu vollständig erhalten, die übrigen mußten weitgehend ergänzt werden. Eine Fotografie, die die Apsismalereien nach der Wiederherstellung abbildet, zeigt deutlich, daß alle Konturen der Darstellungen nachgezogen und vielfache Ergänzungen, so die linken Seite Christi und der Fuß des Engels, vorgenommen wurden.[862] Wie üblich entstanden zu den Restaurierungsarbeiten mehrere zeichnerische und malerische Aufnahmen. Seit dem Jahr 1903 wurden diese häufig nicht mehr durch Bardenhewer selbst, zumindest nicht ausschließlich, sondern vielfach von anderen Malern angefertigt, wodurch ein Hinweis auf seine Mitarbeiter gegeben ist.[863] Darüber hinaus dokumentierte Bardenhewer den Zustand der Malereien vor und nach der Wiederherstellung durch eine Anzahl von Fotografien.[864] Ob die Restaurierung der Kreuzigung am Außenbau des Reichardsmünsters ebenfalls unter Bardenhewer ausgeführt wurde, ist ungeklärt.

Parallel zu der Wiederherstellung der Wandmalereien unter seiner Leitung übernahm Bardenhewer die Restaurierung der Fassung des in das Jahr 1529 datierten Sakramentshäuschens. In Anlehnung an viele Restaurierungen, an denen er beteiligt war, liegt die Vermutung nahe, daß er die Entwürfe für die entsprechende Neuverglasung lieferte.[865] Meist blieben die Kartons solcher Fensterentwürfe nicht erhalten. Zu der Neuverglasung der Kirche St. Medardus jedoch sind im Altfotobestand des Rheinland-Pfälzischen Landesamts für Denkmalpflege mehrere Zeichnungen archiviert.[866] (Abb. 158 - 163) Da es sich dabei um Fenster mit reinem Ornament handelt und die Kartons nicht signiert sind, bieten sie keinen weiteren Anhaltspunkt für eine mögliche Zuschreibung an Bardenhewer. Ihre Ausführung durch die Kölner Glasmalerei Schneiders & Schmolz stützt jedoch die Annahme der Urheberschaft Bardenhewers.[867]

133

XI. DIE ZEIT DES ERSTEN WELTKRIEGS

Abb. 164: St. Maximin, Trier, freigelegte Wandmalerei

Wie in Krisenzeiten üblich, kam es nach Beginn des Ersten Weltkriegs weitgehend zum Erliegen künstlerischer Aufträge. Das galt gleichfalls für Arbeiten im Zusammenhang mit Wandmalereirestaurierungen, wie ein Blick auf die Daten der durch Anton Bardenhewer ausgeführten Arbeiten erkennen läßt. Für die gesamte Dauer des Weltkriegs lassen sich nur wenige Restaurierungen Bardenhewers nachweisen, die nicht auf Aufträge aus Vorkriegszeiten zurückgehen. Diese wenigen beziehen sich auf seine Arbeiten im Chor des Aachener Münsters und in St. Maximin in Trier (Abb. 164); sie sind jedoch so schlecht belegt, daß man über ihr Ausmaß keine Klarheit gewinnen kann.[868] Alle übrigen Aufträge, denen er in dieser Zeit nachging, wurden ihm bereits vor 1915 übertragen.[869] Um in dieser angespannten Wirtschaftslage den Lebensunterhalt seiner Familie zu sichern, verlagerte Bardenhewer seine Haupttätigkeit auf einen neuen Bereich.

Während des Krieges bestand eine der vorrangigen Aufgaben der Denkmalpflege in der Sicherung von Kunstdenkmälern. Die erhaltenen mittelalterlichen Glasmalereien nahmen dabei eine besondere Stellung ein.[870] „Die Fliegergefahr, diese beängstigende Begleiterscheinung des Weltkriegs, bedroht in ihren unberechenbaren Folgen die Bauwerke sowie Kunstwerke, die das Äußere schmücken oder das Innere verwahren, zumal diejenigen, die aus leicht zerstörbarem Stoffe hergestellt sind."[871] In

Köln begann man, unter der Aufsicht des Städtischen Konservators und des Beauftragten der Provinzialdenkmalpflege eine Vielzahl der Glasgemälde aus den Kirchen zu entfernen und sie wohlverpackt in Depots einzulagern. „Ihre zeitweise notgedrungene Beseitigung ist gewiß zu beklagen, ihr steht aber ein nicht zu unterschätzender wissenschaftlicher Gewinn gegenüber, der sich in der seltenen Gelegenheit bietet, diese Kunstwerke nach ihrer Herausnahme aus den Fenstern in unmittelbarer Nähe stofflich untersuchen, inhaltlich studieren zu können [...]."[872] Den durch den Ausbau der Fenster ermöglichten wissenschaftlichen Untersuchungen schlossen sich konservatorische Maßnahmen an. Daher bestand in dieser Zeit ein hoher Bedarf an Fachkräften, die über Kenntnisse zur Sicherung und Ergänzung mittelalterlicher Glasfenster verfügten. Es mußten gelockerte Verbleiungen gesichert, Verschmutzungen an Außen- und Innenseiten entfernt und zum Teil dringend notwendige Ergänzungen gefertigt werden;[873] „[...] Maßnahmen, die imstande sind, die Bilder wieder in alter Schönheit erstehen zu lassen, die aber auch einen selbstlos schaffenden, technisch geschulten Kunstglaser zur Voraussetzung haben. Neben seiner Tätigkeit jedoch wird die ebenso wichtige Aufnahme der Gemälde erfolgen müssen, sei es in unmittelbar von diesen zu fertigenden Durchzeichnungen, sei es durch Fotografien zwecks genauer Wiedergabe [...]."[874] Ein Künstler, der seine Fähigkeiten in all diesen Bereichen bereits seit langen Jahren in den Dienst der Kölner Denkmalpflege stellte, war Anton Bardenhewer. Man muß daher davon ausgehen, daß er an der Herausnahme, Wiederherstellung und Dokumentation der Glasmalereien in diesen Jahren beteiligt war. Leider lassen sich, abgesehen von den besonders hervorgehobenen Arbeiten an den Fenstern des Kölner Doms unter der Leitung des Dombaumeisters Hertel, nur die Namen der die Restaurierungen ausführenden Glasmalereifirmen verifizieren.[875] Eine Mitarbeit Bardenhewers ist nicht eindeutig zu belegen.

Neben der wahrscheinlichen Mitarbeit bei der Sicherung der Glasmalereien und ihrer Restaurierung nahm Bardenhewer weiterhin private Aufträge an. In den Jahren 1918 bis 1919 fertigte er im Auftrag Heimanns Rekonstruktionszeichnungen zum Kölner Gürzenich an.[876]

XII. DIE JAHRE NACH DEM ERSTEN WELTKRIEG –
ANTON BARDENHEWERS SPÄTWERK

Der allgemeine wirtschaftliche Niedergang in Deutschland nach dem verlorenen Krieg machte es in den ersten Jahren der Nachkriegszeit für Anton Bardenhewer sehr schwer, an Aufträge heranzukommen. Für die Zeit bis 1922 sind überhaupt keine Arbeiten nachzuweisen.[877] Möglicherweise hielt er sich in dieser Zeit mit Privataufträgen ähnlich den angesprochenen Rekonstruktionszeichnungen für Heimann, kunsthandwerklichen Entwürfen für Privatleute, vielleicht auch mit Innenausstattungen, Restaurierungen von Tafelmalereien und anderen Ausstattungsstücken wirtschaftlich über Wasser. Erst ab der Mitte der 20er Jahre, als sich die Wirtschaftslage etwas stabilisiert hatte, erhielt er wieder größere Aufträge, auch im Bereich der Wandmalereiwiederherstellung.[878] Diese Entwicklung fand ihren Niederschlag in einer Veränderung seiner Berufsbezeichnung in Greven's Adreßbuch. Dort ließ er sich ab 1920 als Kunstmaler eintragen. Seit 1925 wird er wieder als Kirchenmaler geführt.[879] Vermutlich aufgrund seines fortgeschrittenen Alters übernahm er, auch als sich seine Auftragslage wieder gebessert hatte, nur noch wenige Aufträge und arbeitet nicht länger an mehreren gleichzeitig.[880] Die Anfertigung farbiger Aufnahmen von gefährdeten Wandmalereien für das Denkmalarchiv der Rheinprovinz setzte er aber fort.[881] Auf sein Alter mag auch die neue Gewichtung innerhalb seiner Restaurierungstätigkeit zurückzuführen sein. Er begann zunehmend, Gemälde und andere Ausstattungsstücke zu restaurieren. Wieder drückte sich die Verlagerung seines Arbeitsbereichs in der Berufsbezeichnung aus, unter der er sich in Greven's Adreßbuch eintragen ließ. Es weist ihn im Jahr 1934 als Kunstmaler und Gemälderestaurator aus.[882]

Anton Bardenhewer als Gemälderestaurator

Zu welcher Zeit Bardenhewer begann, Tafelmalereien zu restaurieren, läßt sich nicht genau festlegen. Vermutlich gilt für diesen Bereich das, was bereits zu seinen kunsthandwerklichen Entwürfen ausgeführt wurde. Seine Ausbildung im Rahmen historistischer Wiederherstellungen hatte ihn dahingehend geprägt, daß er Aufträge zur Restaurierung von Ausstattungsstücken oder zur Anfertigung von Entwürfen für partielle Neuausstattungen selbstverständlich annahm. Die Übernahme vielfältiger Aufträge aus verschiedenen Bereichen war in der Zeit um 1900 für die angesehenen Restauratoren noch allgemein üblich. Der Maler Wilhelm Batzem hatte ab 1885 in der Kirche St. Severin, Köln, neben den Wandmalereien auch eine Anzahl Tafelmalereien - die Severinslegende, den Altar des Meisters von St. Severin und eine Darstellung der Hl. Ursula mit Schutzbefohlenen - wiederhergestellt. Seine Arbeiten waren von Zeitgenossen sehr gelobt worden.[883] Anton Bardenhewer, der vielfach mit Batzem zusammenarbeitete, wird Einblicke in diese oder ähnliche Arbeiten erhalten und die erforderlichen maltechnischen und restauratorischen Kenntnisse erworben haben.[884] Da sich zu den Restaurierungen von Ausstattungsstücken in der Literatur selten Hinweise finden, kann man erst für 1915 eine selbständige Arbeit Bardenhewers in diesem Bereich nachweisen. In diesem Jahr erhielt er den Auftrag, die Temperamalereien auf den Vorderseiten von 54 Aktenschränken der Alten Registratur im Kölner Rathaus, die im Rahmen einer früheren Wiederherstellung im Vorzimmer des beigeordneten Bürgermeisters aufgestellt worden war, aufzufrischen. Die Malereien aus dem 16. Jahrhundert stellten verschiedene Embleme, wie eine Tiara, eine Krone, eine Bischofsmütze, ein Brautpaar etc. dar und verwiesen so auf den Inhalt der Schränke.[885]

Nur diese eine Restaurierung ist eindeutig zu belegen, da die wenigen Gemälderestaurierungen, die in der Literatur erwähnt werden, dort selten einem ausführenden Restaurator oder einer Werkstatt zugeschrieben werden. Die daraus folgende schlechte Materiallage macht es unmöglich, weitere Arbeiten Bardenhewers vor 1922 nachzuweisen. Erst ab diesem Jahr sind ihm wieder Restaurierungen von Tafelmalereien zuzuschreiben. Da die Aufträge, die ihm ab diesem Zeitpunkt erteilt werden, zumeist sehr prestigeträchtige Objekte betreffen, muß man davon ausgehen, daß er in der vorangegangenen Jahren vielfach entsprechende Arbeiten zur Zufriedenheit seiner Auftraggeber ausgeführt hatte.[886]

St. Pantaleon, Köln

Im Jahr 1922 erhielt Anton Bardenhewer den Auftrag, eine Tafelmalerei aus der Kirche St. Pantaleon, Köln, zu säubern und aufzufrischen. Diese Restaurierung erfolgte nicht, wie sonst üblich, im Rahmen einer oder im Anschluß an eine Wandmalereirestaurierung.[887] Der Auftrag scheint sich lediglich auf das gemalte Antependium des Hochaltars aus dem Jahr 1749 bezogen zu haben.[888] Auf ihm war, in Ölmalerei auf Holz ausgeführt, das Heilige Abendmahl dargestellt. Die Szene, die von bekränzten Postamenten flankiert wurde, umgab ein länglicher Rokokorahmen, über den eine Blumenranke, ausgehend von den Postamenten, herübergezogen war. Auch für diese Restaurierung lassen sich wegen der schlechten Quellenlage keine Hinweise zur technischen Ausführung finden, so daß ihre Qualität nicht zu beurteilen ist. Erst eine ausführliche Untersuchung zu diesem Antependium und seiner Restaurierungsgeschichte könnte diese Fragen klären. Nach der von Zeitgenossen gelobten Wiederherstellung des Antependiums durch Anton Bardenhewer wurde die „dekorativ ansprechende Malerei" im nördlichen Kreuzarm der Kirche, im sog. Peterschor, aufgestellt.[889]

St. Ursula, Köln

Im Jahr 1930 erhielt Prof. H. Diekmann den Auftrag, das Innere der Kirche St. Ursula vollständig neu auszuschmücken. Im Verlauf der nach seinen Entwürfen ausgeführten Ausmalung entschloß man sich, einen Großteil der vorhandenen Ausstattungsstücke ebenfalls wiederherstellen zu lassen.[890] Der genaue Umfang dieser Arbeiten ist so wenig belegt wie die verschiedenen Einzelobjekte, auf die sich dieser Auftrag bezog. Auch die jeweils die Arbeiten ausführenden Restauratoren werden nicht genannt. Lediglich die Restaurierung mehrerer Bilder des Ursulazyklus' durch Bardenhewer ist durch schriftliche Hinweise nachgewiesen.[891] Um welche Einzeltafeln es sich dabei handelt, ist bislang nicht geklärt. Mit großer Wahrscheinlichkeit wurde Bardenhewer parallel zu diesen Arbeiten mit der Wiederherstellung der Fassungen einiger Reliquienbüsten beauftragt. Sie befanden sich in den 30er Jahren in seinem Atelier in der Von-Werth-Straße in Köln.[892]

Klein St. Martin, Köln

Zwei weitere Altargemälde, deren Restaurierung man Anton Bardenhewer eindeutig zuschreiben kann, befanden sich früher in der Kirche Klein St. Martin in Köln. Das eine, eine Darstellung des „Letzten Abendmahls", stammte aus der zweiten Hälfte des 16. Jahrhunderts.[893] Es soll ein Werk Barthel Bruyns gewesen sein und gilt heute als verschollen. Den Auftrag zur Restaurierung dieser Tafelmalerei erhielt Bardenhewer im Jahr 1934. Gleichzeitig wurde ihm die Instandsetzung einer Darstellung der „Kreuzabnahme" übertragen; einer auf Tuch gemalten großen, oben halbkreisförmigen Darstellung, Werk einer niederländischen Schule.[894]

Zu dieser Zeit war Bardenhewer 78 Jahre alt und arbeitete zumeist in seinem Atelier. Die laufenden Restaurierungen mittelalterlicher Wandmalereien wurden zum Großteil von seinen Mitarbeitern ausgeführt. Daß ihm in so hohem Alter die Restaurierung bedeutender Gemälde anvertraut wurde, spricht für die hohe Wertschätzung seiner künstlerischen Fähigkeiten, die er sich in den vorangegangenen Jahren erworben hatte.[895]

Restaurierungen mittelalterlicher Ausstattungsstücke

Vermutlich hatte Anton Bardenhewer schon im Rahmen der Zusammenarbeit mit August von Essenwein Einblicke in die Technik der Wiederherstellung mittelalterlicher, gefaßter Ausstattungsstücke erhalten. Ob er damals bereits selbst in diesem Bereich arbeitete, ist nicht zu klären. Seine im historistischen Ideengut wurzelnde Restaurierungsauffassung legt die Vermutung nahe, daß er Aufträge für die Wiederherstellung von Fassungen jederzeit bereitwillig angenommen hat.[896] Da nur sehr wenige Freilegungen und Auffrischungen mittelalterlicher Fassungen in der Literatur erwähnt und noch seltener einem Restaurator namentlich zugeschrieben werden, ist es schwierig, Bardenhewer konkrete Arbeiten zuzuordnen. Man muß davon ausgehen, daß seine Arbeiten an Ausstattungsgegenständen überwiegend im Rahmen großer Wandmalereiwiederherstellungen erfolgten.[897] Daher ist anzunehmen, daß viele Restaurierungen mittelalterlicher Ausstattungsstücke, die zeitgleich zu seinen laufenden Wandmalereirestaurierungen erfolgten, durch ihn oder unter seiner Leitung ausgeführt wurden. Das gilt beispielsweise für die Wiederherstellung der Fassungen einiger Ausstattungsstücke der Kirche St. Martin in Oberwesel im Jahr 1908.[898]

Kathedrale, Metz

Die ersten Restaurierungen mittelalterlicher Fassungen, die Bardenhewer eindeutig zuzuschreiben sind, datieren in das erste Jahrzehnt des 20. Jahrhunderts. In den Jahren 1907 bis 1912 wurde er mit der Freilegung der Fassungen mehrerer Epitaphe des 14., 15. und 16. Jahrhunderts in der Kathedrale von Metz betraut.[899] Die frühgotischen Epitaphe waren mehrfach, erstmals im 16. Jahrhundert, mit Ölfarbe übermalt worden, so daß Bardenhewer den Auftrag erhielt, diese zu entfernen und die mittelalterliche Fassung zu sichern. Infolge der Übermalung hatte die ursprüngliche Farbigkeit sehr gelitten, so daß er sie in Anlehnung an die erhaltenen Reste wiederherstellen muß-te.[900] Die übrigen Epitaphe waren lediglich übertüncht worden, so daß die Originalfassung weitgehend unangetastet unter dieser Schicht erhalten geblieben war und durch bloße Retuschen aufgefrischt werden konnte.[901] Ein Blick auf Bardenhewers Gesamtwerk und auf die Daten der etwa zeitgleich laufenden Wandmalereirestaurierungen macht deutlich, daß seine Arbeiten in Metz entweder relativ schnell abgeschlossen waren oder daß er sich mehrfach vor Ort aufgehalten haben muß.[902] Vermutlich erklärt sich die lange Zeitspanne der Ausführung in den Jahren von 1907 bis 1912 dadurch, daß ihm der Auftrag zu diesen Arbeiten ursprünglich vom damaligen Metzer Dombaumeister Paul Tornow durch Vermittlung von Paul Clemen erteilt worden war. Als sich Tornow im Jahr 1906 aufgrund von Unregelmäßigkeiten gezwungen sah, von seinem Amt zurückzutreten, wird es zu einer Verzögerung der weiteren Restaurierung und vermutlich sogar zu einer Unterbrechung der Arbeiten gekommen sein.[903] Spätestens 1911 muß Bardenhewer jedoch endgültig ins Rheinland zurückgekehrt sein, da sich die parallel laufenden Aufträge in diesem Jahr so häuften, daß ihm längere Aufenthalte in Metz nicht mehr möglich gewesen sein dürften. Der Hauptteil seiner Tätigkeit in Metz wird vermutlich in das Jahr 1909 gefallen sein, da für dieses Jahr auch Arbeiten Bardenhewers in der Metzer Glosindenkapelle belegt sind.[904] Für beide Kirchen sind die genaue Art seiner Tätigkeit, ihr Umfang und der zeitliche Rahmen bislang nicht näher untersucht worden. Bardenhewers Ausführungen über das fast lückenlos aufgefundene malerische System im Dom zu Metz und seine Beschreibung der Dekoration in einem Vortrag vor dem Kölner Geschichtsverein im Jahr 1911 legen die Vermutung nahe, daß er an der Freilegung und möglicherweise auch an der Wiederherstellung dieser architektonischen Fassung beteiligt gewesen ist.[905]

Dom, Wetzlar

Ab dem Ende des ersten Jahrzehnts des 20. Jahrhunderts lassen sich mit großer Regelmäßigkeit Restaurierungen von Ausstattungsstücken durch Bardenhewer belegen. Im Jahr 1910 frischte er nach Abschluß der Wiederherstellung der Wandmalereien im Dom zu Wetzlar die ursprünglichen Fassungen einer Reihe von Ausstattungsstücken auf.[906] Unter anderem entfernte er von einigen Epitaphen Ölfarbenübermalungen, die die Originalfassungen erheblich beschädigt hatten, so daß er ergänzen mußte. Ihr Zustand scheint dem der Epitaphe in Metz vergleichbar gewesen zu sein.[907] Mit großer Wahrscheinlichkeit befreite Bardenhewer im Rahmen dieses Auftrags auch eine Muttergottesstatue und die Kreuztragungsgruppe von ihren Übermalungen und sicherte die darunter erhaltenen originalen Fassungen.[908]

Altes Rathaus, Hansasaal

Im Jahr 1937 wurden einige Räume des Alten Kölner Rathauses erneut instandgesetzt. Im Rahmen dieser Arbeiten erteilte man Bardenhewer den Auftrag, die Dekoration der südlichen Stirnwand des Hansasaals wiederherzustellen. Dort standen neun überlebensgroße Figuren in halber Höhe der Wand auf Übereck gestellten Sockeln von einer reichen Tabernakelarchitektur umfangen. Weitere drei kleinformatigere Statuen stellten Kaiser Karl IV. und Personifikationen des Stapel- und des Befestigungsrechts dar.[909] Diese bedeutende Steinmetzarbeit war vermutlich im Jahr 1370 entstanden. 1866 war die Fassung der Bildwerke und des Aufbaus im Rahmen einer weitreichenden historistischen Veränderung des Rathauses erstmals freigelegt und im Anschluß durch Julius Raschdorff übermalt worden.[910] Im Juni des Jahres 1937 erhielt Bardenhewer den Auftrag, die Fassung des 19. Jahrhunderts möglichst ohne Beschädigung des Originals abzunehmen und die ursprüngliche unter möglichst geringen Eingriffen aufzufrischen.[911] Unter der Ölfarbenübermalung trat eine originale Temperafarbfassung der Wand und der Figuren in Rot, Grün, Blau und Gold zutage. „Mit einer Beize wird die dick und klatschig aufgetragene Oelfarbe aufgeweicht und heruntergewischt. Nach und nach kommt die Temperafarbe zum Vorschein, manchmal leider verdorben, an den meisten Stellen aber noch in alter Kraft erstrahlend. Auch das Gold der ursprünglichen Bemalung kann erhalten werden."[912] Nach der vollständigen Reinigung der mittelalterlichen Fassung vervollständigte Anton Bardenhewer sie dem Be-

Abb. 165: Altes Rathaus, Hansasaal, Köln, Anton Bardenhewer während der Restaurierung der Südwand

von den historischen Wiederherstellungstechniken seiner Lehrer entfernt, daß er seine eigenen früheren Restaurierungen restaurierte. Er befreite nun das Original soweit möglich von allen früheren Übermalungen und lasierend aufgetragenen farbigen Überzügen, die der Ausstattung ein einheitliches Gesamterscheinungsbild im Sinne der historischen Auffassung hatten geben sollen.[917] Er begann, seine früheren, noch in der historistischen Restaurierungsauffassung wurzelnden Wiederherstellungen den Anforderungen der modernen Denkmalpflege anzupassen. „Mit 78 Jahren hat er sich noch an die Wiederherstellung der Gemälde in Maria Lyskirchen und im Chor von St. Gereon zu Köln gemacht [...]."[918] Parallel zu diesen Restaurierungen übernahm er weiterhin Aufträge zur Wiederherstellung der Ausmalungen von Kirchen, in denen er zuvor noch nicht gearbeitet hatte.[919]

fund entsprechend.[913] Da die Figuren kaum Beschädigungen aufwiesen, waren keine großen Ergänzungen durch einen Steinmetz erforderlich.[914]
Die Ausführung vor Ort lag überwiegend in den Händen von Karl Höhn, Bardenhewers Mitarbeiter der letzten Jahre. Inwieweit der inzwischen 80 Jahre alte Meister selbst Hand anlegte, ist nicht zu klären.[915] Allerdings ist eine Fotografie erhalten, die ihn mit einem Pinsel in der Hand bei der Arbeit an der Tabernakelarchitektur zeigt (Abb. 165).[916] Vermutlich war die Restaurierung im August 1937 abgeschlossen.

Erneute Etablierung im Bereich der Wandmalereirestaurierung

Nach dem Ende des Ersten Weltkrieges erhielt Bardenhewer ab den 20er Jahren wieder vermehrt größere Aufträge im Bereich der Wandmalereirestaurierung. Wie schon in den Jahren vor dem Ausbruch des Weltkrieges stellte er in der Folgezeit sowohl religiöse als auch profane Wandmalereien wieder her.

Religiöse Wandmalereien

Während Bardenhewers gesamter künstlerischer Tätigkeit bildete die Wiederherstellung kirchlicher Ausmalungen den Schwerpunkt seines Schaffens. Das Ergebnis des Wandels von einer historistischen Wiederherstellungsauffassung zu einer modernen Restaurierung mit konservatorischem Anspruch findet sich in seinem Spätwerk. Am Ende seiner künstlerischen Entwicklung hatte er sich so weit

Sayn

Der erste größere Auftrag, den Bardenhewer nach dem Ende des Ersten Weltriegs erhielt, führte ihn in die ehemalige Prämonstratenserabtei Sayn. Im Jahr 1923 hatte dort der Maler Potthast, Wiesbaden, mit einer Untersuchung der Wände und einer ersten Freilegung der Wandmalereien begonnen und im Anschluß eine neue architektonische Fassung in Anlehnung an die erhaltenen Reste entworfen, die er in Langhaus, Querschiff und zum Teil im Chor ausführte. Ab 1925 begann man, die Malereien an der Nord- und Westseite des Außenbaus freizulegen und das Gebäude unter Schonung dieser Stellen neu zu verputzen. Daran schloß sich im Februar 1926, nachdem im Kreuzgang vielfältige Reste der ursprünglichen Fassung gefunden worden waren, eine systematische Untersuchung und Freilegung der Wände des Chores und des Kreuzgangs an.[920] Für diese Arbeiten schlug der damalige Provinzialkonservator Edmund Renard Anton Bardenhewer vor. „Ich halte die Ausdehnung der in Aussicht genommenen Untersuchung der alten Bemalung auch auf den Kreuzgang für sehr erwünscht, wenn ein geeigneter Maler herangezogen wird. Als solchen möchte ich den Maler Anton Bardenhewer in Köln, von Werthstr. 45, empfehlen, der in solchen Arbeiten eine große Erfahrung besitzt. In Anbetracht seines Alters ist er für die Ausführung von Malereien nicht mehr geeignet, dagegen für Aufdeckungsarbeiten noch sehr."[921] Bei den Vorarbeiten legte man im Langhaus der Kirche eine Kreuzigungsdarstellung frei und restaurierte sie. Nach Abschluß der Voruntersuchung beauftragte man Bardenhewer mit der Instandsetzung der Ausmalung des Kreuzgangs auf der Grundlage der aufgefundenen Reste. Die Wandmalereien im Chor wurden infolge eines Gutachtens der Fa. Kunststätten Gebr. Mezger, Überlingen, wieder übertüncht. Trotz der Bedenken Renards wurde Bardenhewer mit der Wiederherstellung der architektonischen Fassung des Kreuzganges beauftragt. Eine Erklärung für diese Auftragserteilung läßt sich in der Aufgabenverteilung finden. Die Arbeiten vor Ort standen zwar unter seiner Leitung, wurden jedoch von einem oder möglicherweise mehreren seiner Mitarbeiter durchgeführt.[922]

St. Gereon

Als ein Beispiel für wiederholte Restaurierungen desselben Objektes werden im folgenden Bardenhewers Arbeiten in der Kirche St. Gereon, Köln, vorgestellt. Bereits als junger Mann war er, wie ausgeführt, als Mitarbeiter von August von Essenwein und Matthias Goebbels an der Neuausstattung dieser Kirche beteiligt gewesen.[923] Nach 1930 erhielt er dreimal hintereinander Aufträge zur Restaurierung der bedeutenden Wandmalereien dieser Kirche.

Abb. 166: St. Gereon, Köln, Taufkapelle, Blick nach Osten

Taufkapelle, St. Gereon

Nach einer baustatischen Untersuchung und der anschließenden Sicherung des Gebäudes war im Jahr 1926 nach Gutachten, die die Kunsthistoriker Dr. Buchner, Direktor des Wallraf-Richartz-Museums, Prof. Witte, Direktor des Schnütgenmuseums, und Prof. Paul Clemen zu den Wandmalereien in der Taufkapelle erstellt hatten, einstimmig beschlossen worden „[...], daß der alten Erfahrung des Meisters Bardenhewer am besten die schwierige und mancherlei Überraschungen versprechende Aufgabe [einer Freilegung und Wiederherstellung der Originalmalereien] anzuvertrauen sei."[924]
Im Rahmen der vorangegangenen baulichen Instandsetzung hatte man zum Teil recht große Risse, die sich in den Wänden gebildet hatten, ausgefugt und im Anschluß daran beschlossen, diese nicht nur durch Retuschen zu schließen, sondern die Arbeiten gleich zum Anlaß zu nehmen, die Wandmalereien reinigen und restaurieren zu lassen. (Abb. 166) Im Jahr 1931 betraute man Bardenhewer mit der Restaurierung dieser Wandmalereien, die er selbst bereits 1896 abgepaust und möglicherweise gereinigt hatte.[925] Nun sollte er die stark verschmutzte Oberfläche der Malereien reinigen und nach der Entfernung

aller früheren, entstellenden Zutaten den mittelalterlichen Bestand sichern. Gegen die neuerliche Überarbeitung in den 30er Jahren erhoben sich jedoch zeitgenössische kritische Stimmen.[926] Die Kritik hatte jedoch keine Auswirkungen auf den erteilten Auftrag. Noch im gleichen Jahr begannen Bardenhewer und sein Mitarbeiter Hübner mit den Arbeiten, denen eine umfangreiche Voruntersuchung vorausging.[927] Dabei zeigte sich, daß die „[...] Untermalung ganz flott in roten und gelben Konturen aufgetragen und daß diese Vorzeichnung am tiefsten in den Feinputz eingedrungen war und am stärksten an ihm haftete."[928] Für die darüber ausgeführte Malerei waren die Farbpigmente in Kalkwasser gelöst worden.[929]
Bei der neuerlichen Freilegung der Malereien, der Abnahme der Übermalungen durch Bardenhewer im Jahr 1931 traten am unteren Mauerabschnitt Reste eines gemalten Teppichs mit charakteristischem Faltenwurf, jedoch ohne Muster, hervor, die bei der vorangegangenen Wiederherstellung durch Neuschöpfungen von Johann Anton Ramboux überdeckt worden waren.[930] Die freige-

legten Reste wurden aufgefrischt, und der gesamte untere Mauerbereich in Anlehnung an sie geschmückt. Darüber hinaus befreiten Bardenhewer und sein Mitarbeiter Hübner die Malereien so weit wie möglich von allen späteren Hinzufügungen. Im Rahmen einer Feierstunde anläßlich des Todes von Bardenhewer im Jahr 1939 im Wallraf-Richartz-Museum wurde erwähnt, daß er die Übermalung erst in den Jahren 1932 bis 1933 vollständig abgenommen und dadurch 'ganz neue Dinge entdeckt' habe. Über die von Bardenhewer in der Taufkapelle angewendeten Restaurierungstechniken ist bekannt, daß er die Farbschicht leicht ansäuerte, um die Leuchtkraft der Farbe zu verstärken.[931] Die originalen Farbschichten und den Malgrund hatte er bei der Freilegung in einem guten Zustand vorgefunden, so daß die figürlichen Darstellungen nur sehr geringe Fehlstellen zeigten. Das ermöglichte ihm, auf größere Ergänzungen weitgehend zu verzichten. Die bereits 1926 ausgefugten Risse wurden in neutralen Tönen geschlossen, ohne die Malerei darauf zu ergänzen. Die ornamentale Dekoration mußte er hingegen aufgrund ihrer vielfachen früheren Übermalungen, die zu starken Schäden am Original geführt hatten, in weiten Teilen anhand der vorgefundenen Reste erneuern.[932]

Alle Beteiligten waren sich von vornherein darin einig gewesen, daß die zum Teil großen Fehlstellen in der ursprünglichen Dekoration, die sich nach der Entfernung der willkürlichen Übermalungen Ramboux gezeigt hatten, zwar unauffällig geschlossen werden sollten, doch die Ergänzungen für den Fachmann eindeutig als Neuschöpfungen zu erkennen bleiben sollten.[933] „Der ornamentale Wandschmuck erhielt ebenfalls durch vorsichtige Bearbeitung eine Wiederbelebung der frühmittelalterlichen Gestalt, eine Arbeit, die um so schwieriger war, als das Ursprüngliche aus mehreren Reparaturschichten herausgeholt werden mußte. Das sind natürlich Arbeiten, die eine ungemein große Sachkenntnis und Vorsicht erfordern."[934] Dieses Urteil macht deutlich, warum die Arbeiten einem schon 75 Jahre alten Künstler übertragen worden waren. Man schätzte seine vielfältigen Erfahrung und Kenntnisse außerordentlich hoch. „Die erste Voraussetzung für die Behandlung mittelalterlicher Wandmalereien ist die Wahl eines geeigneten Künstlers, der neben der nötigen Ehrfurcht vor den alten Schöpfungen künstlerisches Empfinden und die unerläßlichen technischen Kenntnisse besitzt. Die letzteren aber können nur in jahrelanger Erfahrung erworben werden. [...] A. Bardenhewer hat im Laufe der vielen Jahre seiner Tätigkeit die Technik der rheinischen Wandmalereien kennengelernt, so daß ihm wie keinem anderen die erforderlichen maltechnischen Vorkenntnisse zuzutrauen waren."[935] Über

sein maltechnisches Wissen und seine Erfahrungen hinaus sprach in den Augen der Gutachter und des Landeskonservators für die Wahl Bardenhewers, daß er sich in den letzten Jahren seines Berufslebens vollständig von den Wiederherstellungstendenzen des 19. Jahrhunderts gelöst hatte. „Zudem bekennt er, der in der Tradition des Historismus aufgewachsen war und demgemäß seine ersten Arbeiten gestaltet hatte, sich rückhaltlos zu der heute zum Allgemeingut gewordenen Wertschätzung des Dokumentes, die höchste Ehrfurcht vor dem historischen Bestand fordert. Es war ihm also zuzutrauen, daß er sich aller Eingriffe enthalten würde."[936] Seine Ehrfurcht vor dem Original führte dazu, daß er, wenn möglich und nötig, verschiedene Malschichten freilegte, übereinander erhielt und sicherte, wie eine Fotografie des Zustands der Wandmalereien der Kirche in Niedermendig nach der Wiederherstellung deutlich belegt.[937] Dieses behutsame Verfahren ist für Bardenhewers Arbeiten spätestens ab den 20er Jahren des 20. Jahrhunderts typisch.[938]

Kurz darauf verbesserte Bardenhewer auch in den Kirchen St. Maria Lyskirchen, Köln, und der Doppelkirche von Schwarzrheindorf seine eigenen früheren Wiederherstellungen.[939] Wie bei allen seinen Restaurierungen dokumentierte er den Zustand der Wandmalereien nach der Wiederherstellung durch mehrere Fotografien.[940]

In der Taufkapelle von St. Gereon konnte man der aufsteigenden Nässe nicht Herr werden. Bereits im Jahr 1934 zeigten sich die Malereien durch Feuchtigkeitsschäden erneut stark beeinträchtigt.

Abb. 167: St. Gereon, Köln, Krypta mit der Kreuzigungsdarstellung im Hintergrund, Meßbildaufnahme von 1889

Krypta, St. Gereon

Zu Beginn der Arbeiten in der Taufkapelle waren weitere Arbeiten in St. Gereon nicht vorgesehen. Vermutlich erkannte man erst während dieser Wiederherstellung auch den beschädigten Zustand anderer Wandmalereien. Daraufhin wurde der Auftrag ausgedehnt, und Anton Bardenhewer im Jahr 1933 mit der Restaurierung der Kreuzigungsdarstellung, die sich im Bogenfeld über dem Eingang zu der tiefer gelegenen Confessio der Krypta befindet, beauftragt. (Abb. 167) Wie bereits bei den Wandmalereien in der Taufkapelle bestand seine Aufgabe darin, die Darstellung von den starken früheren Übermalungen des 19. Jahrhunderts zu befreien. Nachdem die Originalmalerei auf grauweißlichem Grund in gelbrotem Rahmen darunter weitgehend gut erhalten zutage trat, wurde sie ohne große Eingriffe in den Bestand gesichert. Mehrere Fotografien, die die Darstellung nach der Restaurierung zeigen, belegen, daß Bardenhewer die Originalmalerei mit wenigen Ergänzungen erhielt. Er schloß die Darstellung lediglich durch Austupfen in den vorgegebenen Farben.

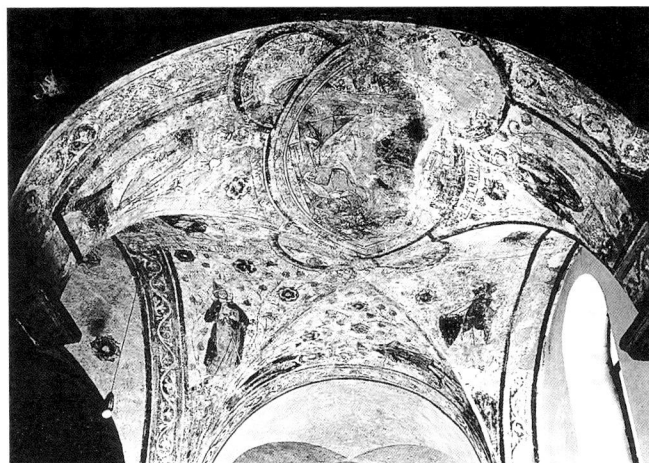

Abb. 169: St. Gereon, Köln, Krypta, Gewölbemalerei, Zustand Februar 1957

Nach den Unterlagen zu den erhaltenen Wandmalereikopien aus der Kirche St. Gereon, die sich im Rheinischen Amt für Denkmalpflege befinden, wurde die Kreuzigung 1935 von Anton Bardenhewer erneut aufgefrischt.[941] Zu diesen Arbeiten fanden sich aber keine weiteren Hinweise, die sie belegen. Lediglich ein kurzer Satz in der Literatur zu St. Gereon verweist darauf, daß es Anton Bardenhewer, wohl aufgrund seines fortgeschrittenen Alters, nur noch gelang, zwei Joche der Deckenmalerei freizulegen und die dort erhaltenen Malereien wiederherzustellen. Er legt nahe, daß dieser letzte Auftrag sich ausschließlich auf die Deckenmalereien bezog.[942] (Abb. 168 - 169)

Abb. 168: St. Gereon, Köln, Krypta nach der Wiederherstellung unter Leitung von Matthias Goebbels

Hochchor, St. Gereon

Als junger Künstler hatte Anton Bardenhewer unter der Leitung von August von Essenwein an der Neuausstattung der Kirche St. Gereon gearbeitet.[943] (Abb. 170) Nun, im Februar 1935,[944] lautete sein Auftrag, die Decken- und Wandmalereien des Hochchors, die man damals, 1897, bei der Entfernung des barocken Stucks aufgedeckt und anschließend dem Gesamtsystem der Neuaustattung anpassend übermalt hatte, von diesen Übermalungen zu befreien, sie durch möglichst geringe Eingriffe lesbar zu machen und zu konservieren.

Nachdem Bardenhewer die Übermalungen abgelöst hatte, zeigte sich, daß der Thronende Christus in der Mandorla, umgeben von Maria, Johannes und den Stiftern Helena und Anno, in der Apsiskalotte gut erhalten war und ohne größere Eingriffe konserviert werden konnte. Die vier großen heiligen, auf Heiden stehenden Ritter auf der Höhe der Fenster mußte er dagegen in Teilen ergän-

zen. Auch die zwei Bischöfe und das heilige Königspaar in den vier Nischen darunter waren nicht mehr vollständig erhalten. In den Fensterlaibungen legte er im mittleren Fenster die Halbfigur der Madonna zwischen zwei stehenden Engeln und in den Seitenfenstern je einen Bischof frei, die noch gut zu erkennen waren. (Abb. 171) Alle diese Darstellungen hatte er, bis auf die Ausmalung der Apsiskuppel, Ende des vorangegangenen Jahrhunderts

selbst überarbeitet.[945] Die Übermalungen, die er abnahm, waren einst unter seiner Mitarbeit von Matthias Goebbels nach den Entwürfen Essenweins ausgeführt worden.[946] Seine Kenntnis von der Ölfarbenverwendung und der Restaurierungstechnik von Goebbels wird ihm bei dieser späten Restaurierung zugute gekommen sein.

Abb. 171: St. Gereon, Köln, Apsis, Zustand 1953

St. Cäcilien

Ebenfalls in den Jahren 1930 bis 1931 wurde Bardenhewer mit der erneuten Restaurierung der Wandmalereizyklen im Chor der Kirche St. Cäcilien beauftragt. Vor allem die Darstellungen auf der Nordseite hatten in den vorange-gangenen Jahren stark unter der aufsteigenden Feuchtig-keit gelitten. Nun wurden sie unter Bardenhewers Lei-tung, wo nötig, retuschierend ergänzt, gefestigt und an-schließend mit Spiritusleim getränkt. In der gleichen Weise behandelte man die originalen Heiligendarstellun-gen auf den Pfeilern. Auch die Renaissance-Ornamentik auf den Gewölbejochen der Sakristei wurde so instand-gesetzt.[947] Die beiden von Bardenhewer 1894 geschaffe-nen Heiligenfiguren auf den Langhauspfeilern wurden ebenso wie einige das Original stark beeinträchtigenden Überfassungen an anderer Stelle entfernt. Paul Clemens ausführliche Beschreibung der in St. Cäcilien angewen-deten ursprünglichen Maltechnik in seinem Monumen-talwerk von 1930 läßt auf eine nochmalige umfangreiche Voruntersuchung durch Bardenhewer in den Jahren 1929 bis 1930 schließen.[948] „Die Malereien sind wie im 13. Jahr-hundert üblich, auf den angefeuchteten, harten, mit der Kelle abgeglätteten Putz in flotten Umrissen mit dem Schleppinsel in fließendem Rötel gemalt, wobei etwa bei den Händen und Köpfen zunächst nur der große Ge-samtumriß festgelegt wurde, über den später die be-stimmte endgültige Kontur hinweggezogen ward, unter Umständen auch mit starken Korrekturen, so daß die al-ten Vorzeichnungen wie Pentimenti daneben stehen. Nur für die Einfassung sind mit Benutzung des Lineals die Umrisse in Schwarz kräftig angegeben. Die Ausfüllung der einzelnen Flächen erfolgte dann mit Farbe, der nur Kalkmilch zugesetzt war, was nicht das gleiche Abbinden mit sich brachte. Die Farbschicht war mit der darübersit-zenden Tünche vielfach verbunden und abgeblättert, so daß zumeist nur die Vorzeichnungen mit geringen Spu-ren von Farbe erhalten waren."[949] Wären diese Ausfüh-rungen ausschließlich auf die Voruntersuchung der letz-ten Restaurierung aus dem Jahr 1893 zurückzuführen gewesen, hätte Clemen diese Kenntnissen sicherlich be-reits in einer seiner vielfältigen früheren Publikationen veröffentlicht.[950]

Eine ausführliche Voruntersuchung des Maluntergrunds und der Maltechnik war seit Bardenhewers ersten Arbei-ten unter der Leitung von Baurat Heimann für seine Restaurierungen obligatorisch.

Parallel zu der Restaurierung der mittelalterlichen Male-reien schuf der Maler Hans Zepter nach den Angaben des neuen Städtischen Konservators Hans Verbeek eine far-bige Innenraumfassung.[951] Die frühere architektonische Fassung von Bardenhewer wurde dabei zerstört.

Profane Wandmalereien

Da sich nahezu keine mittelalterlichen Malereien aus dem profanen Bereich erhalten haben, betrafen Anton Barden-hewers Restaurierungen weitgehend die Wiederherstel-lung historistischer Wandmalereizyklen.[952]

Rheinische Friedrich-Wilhelms-Universität, Alte Aula, Bonn

Im Jahr 1923 war der Maler Peter Cornelius mit der Aus-schmückung der Aula der Rheinischen Friedrich-Wil-helms-Universität in Bonn betraut worden.[953] Infolge ih-rer mangelhaften Kenntnis der Freskotechnik hatten sei-

143

ne Schüler, die die Malerei unter seiner Leitung ausführten, diese auf einer einzigen Schicht feinen Mörtelstucks aufgetragen.[954] Da sie ihn zuvor auch nicht hinlänglich befeuchtet hatten, war es zu keiner festen Verbindung der Malschicht mit dem Untergrund gekommen. Aufgrund dieser Mängel wiesen die Darstellungen, die die Wände wie Wandteppiche bedeckten, bereits nach kurzer Zeit starke Schäden auf.[955] Um die Darstellungen durch eine weitgespannte Farbnuancierung zu bereichern, führten die Maler vielfach Retuschen mit öl- oder fetthaltigen Farben aus, die sich ebenfalls nicht mit dem Untergrund verbanden und weitere großflächige Abblätterungen zur Folge hatten.[956]

Bereits Zeitgenossen beurteilten das erste fertiggestellte Fresko, die „Theologie", trotz der Retuschen, die die Darstellungen beleben sollten, sehr kritisch. „Die Übertragung auf die Wand, die im Juni 1824 begann und im Herbst 1825 beendigt wurde, hat nach dem Urteil derer, die Entwurf und Ausführung vergleichen konnten, der Qualität geschadet. Die ungewohnte Technik des Freskos und die unverzeihliche Vernachlässigung der koloristischen Abtönung, die bei Cornelius etwas Geniales an sich hatte, tragen hieran die größte Schuld."[957] Bereits wenige Jahre nach der Fertigstellung verlief 1829 durch das ganze Bild der „Jurisprudenz" ein langer Riß. Fünf Jahre später, 1834, mußten die älteren Bilder in wochenlanger Arbeit retuschiert und in den Farben aufgefrischt werden. Trotz dieser Nachbesserungen zeigten die Darstellungen bereits nach kurzer Zeit wieder die gleichen Mängel. Es entstanden weitere Risse, einige Farben verblichen sehr rasch und begannen abzublättern, so daß die Schäden immer wieder ausgebessert werden mußten.[958] 1906 wurde der Restaurator Paul Gerhard mit einer Sicherung der Wandmalereien beauftragt.[959] Nach dem Einbau einer Zentralheizung und den sich damit verändernden klimatischen Bedingungen begannen die Wandmalereien jedoch erneut abzublättern, so daß im Jahr 1928 ein durch Gerhard 1906 erprobtes Wiederherstellungsverfahren erneut angewandt wurde.[960]

1935 beauftragte man Anton Bardenhewer mit der umfassenden Reinigung, Instandsetzung und Sicherung der zusehends schwindenden Wandmalereien.[961] Die Arbeiten erfolgten unter „der bewährten Leitung des Kölner Restaurators [...], der sich auch mit großem Erfolge der unter denselben Krankheitserscheinungen leidenden Heltorfer Fresken annahm."[962] Die Ausführung vor Ort lag mit großer Wahrscheinlichkeit zum Großteil in den Händen seines langjährigen Mitarbeiters Karl Höhn. Das Hauptproblem war das Schwinden des Bindemittels, das Bardenhewer mit Hilfe des bereits 1906 von Gerhard er-

probte Regenerierungsverfahrens zu stoppen suchte.[963] Die Arbeiten zogen sich bis in das Jahr 1939 hin.

Schloß Heltorf, Angermund

Anfang der 20er Jahre des 19. Jahrhunderts erteilte Franz Graf Spee Peter Cornelius den Auftrag, den Gartensaal seines Schlosses Heltorf bei Angermund mit Wandmalereien zu schmücken.[964] Unter der Leitung von Cornelius begannen seine Schüler, einen großartigen Freskenzyklus auszuführen, der die wichtigsten Stationen im Leben von Kaiser Barbarossa abbildete. Nach dem Wechsel von Cornelius nach München vollendeten Schüler von Wilhelm Schadow die Ausstattung des Saales.[965]

Aus mangelnder Kenntnis der Freskotechnik begannen sie ihr malerisches Werk, ohne den Untergrund im dafür erforderlichen Schichtenaufbau ausgeführt zu haben. Die Darstellungen zeigten daher bereits 1911 starke Schäden, da die Malschicht durch den einschichtigen, stark geglätteten, feinkörnigen Mörtelstuck keine dauerhafte Bindung mit dem Untergrund eingegangen war. Darüber hinaus hatten die Schadow-Schüler bei ihren Fresken die reiche Farbnuancierung, die ihnen aus der Ölmalerei vertraut war, erzielen wollen. Dafür hatten sie vielfach Retuschen mit öl- oder fetthaltiger Farbe vorgenommen, die jedoch keine Bindung mit dem Malgrund eingegangen waren. Im Jahr 1911 beauftragte Graf Spee daher den Maler Paul Gerhard, die Malereien zu reinigen, auszubessern und zu fixieren. Um sie vor weiterer Zerstörung und gegen Umwelteinflüsse zu schützen, versah Gerhard sie mit einem elastischen Überzug.[966] An diesen Arbeiten war Anton Bardenhewer mit großer Wahrscheinlichkeit durch die Vermittlung Graf Spee, des Pfarrers von St. Maria Lyskirchen, für den er zeitgleich Malereien in der Kirche freilegte und wiederherstellte, und infolge seiner engen Bekanntschaft mit Gerhard, mit dem zusammen er ebenfalls zur selben Zeit die Wandmalereien in der Doppelkirche von Schwarz-Rheindorf bei Bonn untersuchte und wiederherstellte, beteiligt.[967]

In den folgenden Jahren verschlechterte sich der Zustand der Bilder jedoch so sehr, daß Graf Wilderich von Spee Anton Bardenhewer im Sommer des Jahres 1937 mit der neuerlichen Sicherung und Wiederherstellung betraute.[968] Bardenhewer benutzte zur Regeneration des zusehends schwindenden Bindemittels das Verfahren, das der Maler und Maltechniker Paul Gerhardt entwickelt hatte.[969] Ob es sich dabei um die gleiche Art der Fixierung handelte, die sie gemeinsam bereits 1911 erprobt und angewandt hatten, wurde bislang nicht geklärt.[970]

XIII. ANTON BARDENHEWERS LEBENSWERK –
EINE ZUSAMMENFASSUNG

Anton Bardenhewer war einer der meistbeschäftigten, wenn nicht gar der meistbeschäftigte Restaurator mittelalterlicher Wandmalereien seiner Zeit in der ehemaligen Rheinprovinz. „Im Rheinland war er [...] durch ein Menschenalter eine vielbegehrte Kraft."[971] Die folgenden knappen Ausführungen zu den wichtigsten Bereichen seines Schaffens sollen die Gründe dafür noch einmal komprimiert zusammenfassen.

Seine künstlerische Entwicklung

Nach seiner Ausbildung noch ganz im Sinne der großangelegten historistischen Wiederherstellungen löste sich Anton Bardenhewer mit den Jahren zunehmend von dem Erlernten und fand durch die Anleitung von fortschrittlich denkenden Denkmalpflegern wie Friedrich Carl Heimann und Paul Clemen zu einer für seine Zeit sehr modernen, eher konservatorisch ausgerichteten Restaurierungsauffassung. Seine künstlerische Entwicklung und die Qualität seiner Ausführungen spiegeln sich über die Jahre hinweg in den Beurteilungen seiner Einzelarbeiten durch den damaligen Provinzialkonservator Paul Clemen.

Im Zuge der weitgehenden Ergänzungen im Zusammenhang mit der Restaurierung der Wandmalereizyklen im Chor der Kölner Kirche St. Cäcilien in den Jahren 1893 bis 1897 erkennt Paul Clemen zwar die künstlerische Leistung Anton Bardenhewers an, die Ergänzungen im engen Anschluß an den speziellen Stil der Figuren ausgeführt zu haben, kritisiert aber die allzu hart und schwer nachgezogenen Konturen. Die weitgehenden Übermalungen, die die Wandmalereien nach Bardenhewers Überarbeitung aufwiesen, begründete er mit dem vorgefundenen schlechten Erhaltungszustand der Darstellungen, deren Lesbarkeit nur so zu bewerkstelligen gewesen sei.[972] Die wenige Jahre später, ab 1900, durch Anton Bardenhewer ausgeführte Wiederherstellung der Wandmalereien der Kirche St. Johann Baptist in Nideggen beurteilte Clemen dagegen bereits als beispielhaft.[973] „Die Malereien im Chor der Pfarrkirche zu Nideggen sind dagegen mit feinem Verständnis wiederhergestellt. Die Arbeiten haben sich hier wirklich nur auf ein sorgfältiges

und pietätvolles Nachretouchieren beschränkt, die Konturen sind dabei weich und flüssig geblieben."[974] Die hier anklingende Wertschätzung steht am Beginn von Bardenhewers zunehmender künstlerischer Anerkennung. Im Vorfeld der geplanten Instandsetzung der Ausmalung der Kirche St. Lorenz in Ahrweiler weist Clemen bereits darauf hin, daß solche Wiederherstellungen „[...] nur einem ganz erfahrenen Spezialisten anvertraut [werden dürften];"[975] und davon gäbe es im Westen nur zwei, die Maler Batzem und Bardenhewer.[976] Solche hervorragenden Beurteilungen und die daraus resultierenden Empfehlungen von Clemen führten dazu, daß Anton Bardenhewer in den folgenden Jahren bis zum Ersten Weltkrieg einen Großteil der in der Rheinprovinz zu vergebenden Aufträge erhielt.[977]

Seine weitgefächerten Aufgabenbereiche

Anton Bardenhewers wachsendes Selbstwertgefühl und seine sich aufgrund der wechselnden wirtschaftlichen Verhältnisse ändernden Aufgabenbereiche lassen sich anhand der unterschiedlichen Berufsbezeichnung, unter denen er in Greven's Adreßbuch für Köln geführt wird, belegen.

In seinen Anfangsjahren ließ sich Anton Bardenhewer ganz bescheiden, entsprechend seiner Ausbildung, als Zeichner eintragen. Mit seiner Festanstellung beim Städtischen Hochbauamt Köln im Jahr 1893 änderte er die Berufsbezeichnung in Architekt. Nach der Auflösung des Anstellungsvertrags stellte die Selbständigkeit neue Anforderungen an ihn, so daß er sich ab 1899 als Maler und Architekt führen ließ.[978] Die wirtschaftliche Flaute in den Jahren nach dem Ersten Weltkrieg zwang ihn, sich neue Auftragsbereiche zu erschließen. Als Beruf gab er in Greven's Adreßbuch ab dem Jahr 1920 bis 1925 Kunstmaler an.[979]

Die sich in diesen Veränderungen darstellende unterschiedliche Gewichtung seiner verschiedenen Arbeitsfelder innerhalb seines Gesamtwerkes war vermutlich erheblich bedeutender, als die ihm bislang nachzuweisenden Einzelobjekte es vermuten lassen. Im Zentrum der Beurteilungen stand, wenn überhaupt, Anton Bardenhewer, der Wandmalereirestaurator; seine übrigen Arbeiten waren bislang unbekannt. Ein mangelndes Interesse vieler Kunsthistoriker an allen kunsthandwerklichen Aufgaben mag diesem Mangel zugrunde liegen.

Die schlechte Materiallage, die keinerlei Hinweise auf die zu vermutenden Privat- und Kleinaufträge in den Jahren während und nach dem Ersten Weltkrieg gibt, macht es leider unmöglich, diesen Bereich seines Schaffens hinreichend auszuleuchten und durch konkrete Belege und Quellen abzusichern.

Ganz im Sinne seiner sich im Wandel der Einträge im Telefonbuch verdeutlichenden Marktorientiertheit läßt sich Anton Bardenhewer ab 1925, als neue Aufträge im Bereich der Kirchenrestaurierungen zu erwarten waren, als Kirchenmaler eintragen.[980]

Mit zunehmendem Alter wird ihm in den letzten Jahren seines Berufslebens das Arbeiten auf dem Gerüst in den Kirchen vor Ort immer schwerer gefallen sein. Daher übernahm er vermehrt Aufträge zur Restaurierung von Ausstattungsstücken. Diese Arbeiten konnte er zu Hause in seinem Atelier in der von-Werth-Straße 45 ausführen.[981] Um auf diesen neuen Schwerpunkt seines Schaffens hinzuweisen, ließ er im Jahr 1934 letztmals den Eintrag im Adreßbuch ändern und die Berufsbezeichnung Kirchenmaler um die Bezeichnung Gemälderestaurator ergänzen.[982]

Anton Bardenhewer arbeitete während seiner gesamten Schaffenszeit je nach Auftragslage in allen künstlerischen Bereichen, die er sich nach und nach erschlossen hatte. Nachdem er unter Friedrich Carl Heimann begonnen hatte, Bauten und Kunstwerke zu fotografieren, lassen sich nahezu alle seine späteren Arbeiten durch entsprechende Aufnahmen belegen. Da er diese Fotografien offensichtlich nicht als künstlerische Werke betrachtete, sondern sie ausschließlich zu Dokumentationszwecken anfertigte und sie daher weder signiert sind noch eine klare selbständige künstlerische Handschrift zeigen, sind sie ihm nur selten eindeutig zuzuschreiben.[983] Eine der ganz wenigen veröffentlichten Arbeiten mit der Signatur AB ist eine Fotografie des Inneren der Kirche St. Johann Baptist in Nideggen in einem der Inventarbände zu den Kunstdenkmälern der Rheinprovinz.[984] Die Publikation dieses Bandes im Jahr 1910 fällt in die Jahre von Bardenhewers größter Popularität und Anerkennung, so daß sich aus diesem Zusammenhang möglicherweise die gedruckte Signatur erklärt.

Während seiner gesamten Restaurierungspraxis übernahm Bardenhewer neben der Wiederherstellung von mittelalterlichen Wandmalereien viele Aufträge in anderen Bereichen. „Daneben hat er verschiedene alte und

Abb. 172: St. Maria auf dem Kapitol, Köln, Abguß der Madonna, Urheber bislang unbekannt

neue Kirchen nach eigenen Entwürfen ausgemalt, Bilder wiederhergestellt, Holzschnitzereien von schlechten Übermalungen befreit und für Museen geschickte Nachahmungen von Originalen gefertigt."[985] Der letzte Hinweis bezieht sich sicherlich nicht allein auf Bardenhewers Kopien der Kölner Stadtbanner, sondern auf die auch sonst wiederholt angedeutete Anfertigung von Kopien mittelalterlicher Plastiken für Museen.[986] (Abb. 172)

Noch bis kurz vor seinem Tod legte Bardenhewer mittelalterliche Fassungen von Ausstattungsstücken frei.[987] Über die im Katalog aufgelisteten ihm eindeutig zuzuschreibenden Restaurierungen hinaus wird sein Name wiederholt im Zusammenhang mit weiteren Restaurierungen genannt, beispielsweise bei der im Jahr 1937 erfolgten Restaurierung der Kreuzigungsgruppe und der romanischen Madonna in Merheim.[988]

Seine Restaurierungsauffassung – Sein hoher Dokumentationsstandard

Der 1893 unter der Leitung des Stadtbaurates Heimann erfolgten Wiederherstellung der Wandmalereien in der Kirche St. Cäcilien, Köln, war eine ausführliche Voruntersuchung des Malgrunds und der Maltechnik vorausgegangen. Für nahezu alle Restaurierungen Bardenhewers lassen sich derartige teils sehr ausführliche Voruntersuchungen der Wände belegen. Solche Maßnahmen standen nachweislich am Beginn seiner Wandmalereirestaurierungen in der Abteikirche in Brauweiler, im Chor von St. Gereon, dem Vierungsgewölbe der Abteikirche von Essen-Werden, in Neuß, der Krypta des Trierer Doms und der Taufkapelle von St. Gereon.[989] Spätestens seit seiner Bekanntschaft mit dem Maltechniker Paul Gerhard und ihrer Zusammenarbeit in der Doppelkapelle von Schwarzrheindorf im Jahr 1911 verfeinerte Bardenhewer seine eigenen Untersuchungstechniken. Seine Restaurierungsberichte spiegeln seine dabei wachsenden Kenntnisse der mittelalterlichen Maltechniken, der Restaurierungspraktiken früherer Restauratoren, sein kritisches Hinterfragen der vorangegangenen Maßnahmen, seine Fähigkeit, aus deren Mängeln und Fehlern zu lernen, und seine eigene restauratorische Auffassung, die ihn, statt die Fehler zu übernehmen, auf die mittelalterlichen Techniken zurückgreifen ließ, wider. „Der [...] zum Ausbessern schadhafter alter Stellen verwandte, aus Kalk und Sand bestehende Putz ist, wie heute noch üblich, mit dem Filz überzogenen Reibebrett geglättet (abgefilzt). Bei dieser Technik werden die Sandkörnchen nicht in die Wand eingedrückt, sondern bilden eine rauhe Oberfläche, welche noch den Nachteil hat, sehr wenig porös zu sein. Die Poren sind hier durch das Reiben mit Filz auf der wiederholt angefeuchteten Putzfläche zugeschwemmt und der Kalk aus dem Sande ausgewaschen. In diesen Putz kann weder Luft noch Wasser oder Farbe eindringen, derselbe wird nie hart (abgebunden); das Kondenswasser vermischt sich mit Staub zu einer Schmutzschicht, wodurch die dunkle Färbung entsteht. Die Farbe verbindet sich nicht mit demselben und leidet durch das Kondenswasser. Der mittelalterliche Putz besteht nur aus zwei Schichten, einem aus Kalk, Sand, dicken Kieselsteinen und zerschlagenem Tuff bestehenden Rauhputz und dem darüber aufgetragenen Feinputz. Letzterer ist aus gewaschenem Sand und Kalk gemischt und mit der Stahlkelle geglättet. Hierdurch sind alle Sandkörnchen in denselben eingedrückt und eine glatte poröse Oberfläche erzielt, in welche die Farben tief eingedrungen sind. Der neue Putz in der Südapsis wurde genau wie der mittelal-

Abb. 173: Ehemalige Minoritenkirche, Andernach, Kreuzigungsdarstellung im Kreuzgang nach der Freilegung

terliche hergestellt. Auf demselben liess es sich vortrefflich malen die Farben drangen tief in denselben ein, sodass dieselben bei einer notwendig gewordenen Korrektur nicht zu entfernen waren, ohne den Putz zu zerstören."[990]

Unter Heimann hatte Bardenhewer den Wert eines hohen Dokumentationsstandards schätzen gelernt. Davon ausgehend und möglicherweise angeregt durch die unter Heimann eingeübte Zustands- und Verlaufsdokumentation eines Einzelobjekts während der fortlaufenden Arbeiten fertigte Bardenhewer die zu dieser Zeit üblichen Pausen und farbigen Aufnahmen der Wandmalereien mit einem neuen Bestreben nach möglichst objektiver Abbildung des Originals an. (Abb. 173 - 174) Einige dieser Aufnahmen scheint er für ein eigenes Archiv, möglicherweise als Vorlage für bei späteren Restaurierungen erforderliche Ergänzungen, zurückbehalten zu haben. Zu einem Vortrag im Kölner Altertumsverein, den er im Februar 1911 hielt, konnte er daher „[...] eine große Menge von Kopien und Abbildungen alter Malereien [...]"[991] mitbringen, um seinen Vortrag zu illustrieren.[992]

Seit seiner Anstellung beim Hochbauamt der Stadt Köln fotografierte er die Wandmalereien, die er restaurierte, im Verlauf der fortschreitenden Arbeiten. Besonders eindringlich belegen das die im Bildarchiv des Rheinland-Pfälzischen Landesamts, Mainz, archivierten Fotografien der Wandmalereien aus der ehemaligen Stiftskirche Unserer Lieben Frau, Oberwesel,[993] (Abb. 175 - 178) und die im Bildarchiv des Rheinischen Amts für Denkmalpflege erhaltenen Fotografien zu der Restaurierung der Wandmalereien in der Kirche zu Wertherbruch.[994] (Abb. 179 - 183)

Im Laufe seiner langjährigen Restaurierungspraxis auch als Mitarbeiter anderer Restauratoren sammelte Bardenhewer eine große Fülle von Erfahrungen im Bereich der mittelalterlichen Maltechnik. „Die mittelalterlichen Maler zeichneten meistens die Hauptumrisse mit rotem Ocker flott vor, wobei die Details in den Fleischteilen und die Haare erst später bei der Ausarbeitung nachgeholt wurden. Diese schematische, flüchtige Vorzeichnung wurde bei der späteren Ausarbeitung niemals genau innegehalten. Es wurde darüber weg gemalt, wenn man die Zeichnung verbessern konnte. Da sie am tiefsten in den Putz eingedrungen, so ist diese Vorzeichnung, in den meisten Fällen, mit wenigen Farben auf uns gekommen."[995] Sein hoher Kenntnisstand zeigt sich am deutlichsten in seinem ausführlichen Bericht über die Wandmalereien in der Doppelkapelle von Schwarzrheindorf und ihre Wiederherstellung, in dem er auch die Ausmalung anderer Kirchen anspricht. „Wäre dieser Putz mit einer Substanz Wachs, Oel, Milch, Käsestoff, vermischt oder getränkt worden, so würde die Farbe als Kruste auf der Oberfläche geblieben sein. Der Putz ist so gebeizt, wie der Tischler ein Möbel mit Wasserfarbe beizt, wobei die Farbe tief in das Holz eindringt. Dieses Beizen der Wand mit Farbe ist

Abb. 174: Ehemalige Minoritenkirche, Andernach, Kreuzigungsdarstellung im Kreuzgang nach der Freilegung, Aquarellkarton

Abb. 175: Ehemalige Stiftskirche, Unserer Lieben Frau, Oberwesel, Kreuztragung Christi nach der Freilegung

Abb. 176: Ehemalige Stiftskirche, Unserer Lieben Frau, Oberwesel, Kreuztragung Christi nach der Wiederherstellung

fast an allen mittelalterlichen Malereien nachzuweisen, welche vor dem 15. Jahrhundert entstanden sind, so an mehreren Malereien in der Frauenkirche zu Nürnberg, an den Chorwänden von St. Cäcilien, in Marienhagen, in Brauweiler, im Dome zu Wetzlar und im Dome zu Metz. Ein sehr schönes Beispiel dieser Art Malerei findet sich in Steinfeld neben dem Triumphbogen auf einem Sandsteinpfeiler. Es sind mehrere, aus dem 14. Jahrhundert stammende, unrestaurierte und vorzüglich erhaltene Mönchsportraits. Hier kann es sich nicht um Fresken handeln, da der Untergrund Sandstein ist, und doch ist hier die Farbe ebenso tief in den Malgrund eingedrungen und ebenso gut mit demselben verbunden. Als Bindemittel kann hierbei nur leichte Kalkmilch verwandt wor-

den sein. Für die in mittelalterlichen Kirchen nur in Betracht kommende Flachmalerei, bei welcher die Farben fast nur wie ein Hauch aufgetragen werden, genügt diese Technik vollständig."[996]

Die wenigen erhaltenen Restaurierungsberichte Bardenhewers geben häufig Auskunft über die Anfang des 19. Jahrhunderts gängigen Restaurierungstechniken, die er nicht nur nennt und kritisiert, sondern deren Mängel er benennt. „Mehrere Jahre später [...] wurde die St. Cäcilienkirche mit Gerhardschem Kasein und die St. Ursulakirche mit vom Maler Osten hergestelltem Kasein ausgemalt. Die Malerei in allen diesen Kirchen hat nicht gehalten, weil die Farben nicht in den Putz eingedrungen sind und sich nicht mit demselben verbunden haben, da die

Abb. 177: Ehemalige Stiftskirche, Unserer Lieben Frau, Oberwesel, Dreifaltigkeit nach der Freilegung

Abb. 178: Ehemalige Stiftskirche, Unserer Lieben Frau, Oberwesel, Dreifaltigkeit nach der Wiederherstellung

Abb. 179: Ev. Pfarrkirche, Wertherbuch, Apostel Johannes und Thomas nach der Freilegung

Malflächen der meisten derselben vorher mit Bindemittel getränkt oder, wie in St. Cäcilia, mit abgefilztem Putz versehen worden waren."[997]

Das besondere Gewicht, das der architektonischen Fassung bei der Ausmalungen einer mittelalterlichen Kirche zukam, hat Bardenhewer stets betont. In dieser besonderen Hinwendung zu einem sonst meist vernachlässigten Teil der malerischen Dekoration liegt einer der Gründe für seine vielfachen Arbeiten in diesem Bereich. „[...] dagegen hat man dem Hintergrund und den Ornamenten nicht die Wichtigkeit beigelegt, die ihnen zukommt, und sie infolgedessen nicht mit der nötigen Sorgfalt ergänzt. Die harmonische Gesamtwirkung des ganzen Systems ist hierdurch - wie in so mancher neurestaurierten Kirche - gestört, weswegen auch der Laie diesen Bemalungen so wenig Verständnis und Sympathie entgegenbringt."[998] - Noch heute fällt bei zeitgenössischen Restaurierungen die große Sorgfalt auf, mit der man die figürlichen mittelalterlichen Malereien freilegt und sie ohne spätere Übermalungen oder Eingriffe sichert. Die architektonische Fassung wird dagegen nahezu ausnahmslos anhand der vorhandenen Reste vollständig erneuert.[999] Das Wissen um die Mängel vieler zu seiner Zeit gängiger Restaurierungstechniken führte dazu, daß Bardenhewer sich von ihnen abwandte und, wenn er vom Auftraggeber unterstützt wurde und eine entsprechende Finanzierung gesichert schien, erheblich langwierigere und substanzschonendere Verfahren als die allgemein üblichen bevorzug-

te. „Zum Fixieren ist Wachs oder aufgelöstes Harz nur zu gebrauchen. Ganz zu verwerfen sind tierische Mittel wie Kasein, Tempera oder Gelatine, da dieselben faulen; viele Malereien sind durch Fixieren mit diesen zu Grunde gegangen. Man hört mitunter darüber klagen, dass Bilder, die nur fixiert worden, sonst unberührt geblieben, nach kurzer Zeit verdorben sind. Vor dem Fixieren konnte das Wasser ungehindert in den Putz ein und austreten, nach demselben aber treibt es die Farben von den Wänden. [...]

Abb. 180: Ev. Pfarrkirche, Wertherbuch, Apostel Johannes und Thomas nach der Wiederherstellung

Abb. 181: Ev. Pfarrkirche, Wertherbuch, Sakramentshausaufbau bei der Freilegung

Abb. 182: Ev. Pfarrkirche, Wertherbuch, Sakramentshausaufbau nach der Freilegung, Detailaufnahme

Sollte es sich jedoch als nötig herausstellen, dass einige Stellen fixiert werden müssen, so darf dies nicht durch mechanisches Ueberblasen oder Ueberstreichen der ganzen Fläche mit Fixativ geschehen, sondern die einzelnen losen Teilchen müssen mit einem kleinen Pinsel wieder befestigt werden."[1000]

Die Diskrepanz, die zwischen Bardenhewers theoretischen Ausführungen und seinen Restaurierungen mit ihren tatsächlichen Eingriffen in den Originalbestand besteht, erklärt sich zum einen aus den bereits angesprochenen Beschränkungen durch die Finanzierbarkeit bestimmter Verfahren[1001] und aus den individuellen Aufträgen. Zum anderen ist sie charakteristisch für die vorherrschende Ambivalenz in der praktischen Denkmalpflege seiner Zeit. „Wenn man mit ernstzunehmenden Künstlern über alte Kunst spricht, so sagen sie in aller Regel, daß man das Alte nicht antasten dürfe, daß jeder, aber auch jeder Eingriff, selbst der verbessernd gemeinte, das Unnennbare zerstöre. Die Praxis freilich ist anders. Die Denkmalpflege steht vielfach auf dem Standpunkt, daß

außer der - allenfalls zu rechtfertigenden - Beseitigung von Übermalungen das Bild 'eingestimmt' werden müsse, daß Fehlendes beigearbeitet, Mattes aufgefrischt werde. Es kommt so vielfach ein Kompromiß zustande, ein Schwanken der Grenzen, so daß meist kaum mehr gesagt werden kann, was echt und was „eingestimmt" ist."[1002]

Von Zeitgenossen wurden Bardenhewers Restaurierungen, vor allen Dingen seine späten, da sie ganz der modernen Auffassung entsprachen, als sehr fortschrittlich beurteilt. „Die neue Auffassung der Aufgabe der Restauration, nach der auch Bardenhewer gehandelt habe, sei, mit künstlerischem Sinn - wobei sich notwendige Kompromisse nicht vermeiden ließen - und mit Geschmack die erhaltenen Wandmalereien zu bewahren, in den Raum einzustimmen und die störenden Spuren des neunzehnten Jahrhunderts zu beseitigen."[1003]

Bardenhewer war sich seiner Leistungen im Bereich der Wandmalereiaufdeckung und -wiederherstellung in der ehemaligen Rheinprovinz bewußt. Bei einem Vortrag im Jahr 1911 vor den Mitgliedern des Kölnischen Ge-

Abb. 183: Ev. Pfarrkirche, Wertherbuch, Sakraments- hausaufbau nach der Wieder- herstellung

schichtsvereins führte er, wie ein zeitgenössischer Zeitungsartikel belegt, aus: „Die Restauration habe sich dann nach und nach gebessert und er habe in dem Bestreben, vor allem ganze Kirchenausmalungen aufzufinden und zu konservieren, noch manches retten können."[1004]
Die beiden Provinzialkonservatoren, in deren Amtszeit sein künstlerisches Schaffen fiel, formulierten ihre Einschätzungen seiner künstlerischen Arbeiten sehr klar. „Aber sie [die Wandmalereien] mussten ja erhalten blei-

ben, und so begann man historisch vorzugehen, d.h. sie möglichst genau zu erhalten, zugleich aber sie mit leichten Ergänzungen verständlich zu machen und in die Räume einzustimmen. Diese letztere Methode befolgte B. mit 'eminentem künstlerischen Talent'. Er wusste auch die störenden Spuren früherer Instandsetzungen zu beseitigen, das echte Alte zu entdecken und in Einstimmung in den Raum Ergänzungen anzubringen."[1005] Dieses Lob von Landeskonservator Metternich macht deutlich, daß

153

sich Bardenhewer in seiner restauratorischen Auffassung zwar von den historistischen Überarbeitungen entfernt hatte, daß ihn sein maltechnisches und ikonografisches Wissen und seine Kenntnisse der mittelalterlichen Stile und ihrer Formen aber deutlich als einen Restaurator der alten Garde auszeichneten. Im gleichen Sinne hatte sich Paul Clemen fast ein Jahrzehnt früher geäußert. „Er gehört als einer der wenigen übriggebliebenen Veteranen einer heute sonst ziemlich ausgestorbenen Klasse von Künstlern an, die im strengem Anschluß an die historischen Stile des Mittelalters sich bewegt haben. So würde er in die Generation der Göbbels, Mengelberg, Kleinertz einzuordnen sein."[1006] Mit der Einreihung Bardenhewers unter diese Künstler gibt Clemen einen deutlichen Hinweis auf den Teilaspekt seines Gesamtwerkes, der die kunsthandwerklichen Arbeiten betrifft. Alle drei, vor allen Dingen Mengelberg, hatten im Zusammenhang mit den unter ihrer Leitung erfolgten Restaurierungen vielfach kunsthandwerkliche Entwürfe angefertigt.

Anton Bardenhewers Gesamtwerk

Anton Bardenhewers Arbeitspensum während seines langen Lebens nötigt Respekt ab; es war gewaltig. Über die im Katalog zu dieser Untersuchung aufgelisteten einhundertundzwei Einzelobjekte hinaus soll er viele weitere Kirchen, vor allem an der Mosel, restauriert haben.[1007] Bislang ist ihm jedoch nur eine nachzuweisen. Einzig die um das Jahr 1930 erfolgte Freilegung und Sicherung der Wandmalereien in der Chorapsis der romanischen Kirche von Alken im Moseltal ist ihm mit großer Wahrscheinlichkeit zuzuschreiben.[1008] Bardenhewers eigene Äußerungen und Hinweise in Zeitungsartikeln zu seinen Arbeiten machen weitere Restaurierungen in anderen Regionen und eine unter seiner Leitung durchgeführte Voruntersuchung der Wandmalereien in der Kirche St. Lucius in Essen-Werden wahrscheinlich.[1009] Bei der Betrachtung seines Gesamtwerks fällt auf, wie häufig Bardenhewer gerade Darstellungen des Hl. Christophorus wiederherstellte oder zeichnerisch und malerisch dokumentierte, so die monumentalen Heiligenfiguren in Bonn, Limburg, Niedermendig und Almersbach. Sie legen die Vermutung nahe, daß diese Arbeiten auf eine spezielle Absprache mit Paul Clemen zurückgehen. Fast ebenso oft erhielt er Aufträge, ähnliche Malereien zu restaurieren, wie die dekorativen Systeme von Niedermendig, Bendorf, Nideggen und Almersbach. Ob sich eine Erklärung darin findet, daß er einer der meistbeschäftigten Restauratoren war oder daß er als ausgewiesener

Kenner mittelalterlicher, architektonischer Fassungen galt, ist nicht mehr zu trennen.

In den letzten Jahren seiner Tätigkeit als Restaurator hatte sich Bardenhewer einen hervorragenden Ruf erarbeitet. „Bardenheuer, der Altmeister auf dem Gebiete der kirchlichen Renovierung, beschäftigt sich seit mehr als 50 Jahren mit der Erneuerung und Wiederherstellung mittelalterlicher Wandmalereien."[1010] Auch der ehemalige Provinzialkonservator Paul Clemen kritisierte Bardenhewers späte Arbeiten fast nicht mehr.[1011] An die Stelle der früheren Kritik trat am Ende von Bardenhewers künstlerischer Entwicklung die Anerkennung seiner Leistungen. „Ich habe seine künstlerische Einfühlung, sein großes malerisches und technisches Können und das Empfinden für die Werke der alten Kunst, das aus einer tiefen Ehrfurcht kam, immer an ihm geschätzt und bewundert", schrieb Clemen über ihn in einem Brief.[1012] Die meisten Aufträge erhielt Anton Bardenhewer aufgrund seiner großen Bekanntheit und seiner Fähigkeit, sich Freunde und Förderer zu schaffen. Wie die meisten Kunstinteressierten seiner Zeit war er Mitglied vieler Vereine, so auch des Kölner Altertums- und Geschichtsvereins[1013], und engagierte sich im zeitgenössischen Kunst- und Kulturbetrieb.[1014] Unter anderem unterstützte er den Aufbau des Ostasiatischen Museums.

In den letzten Lebensjahren, während er im Kölner Gereonsviertel wohnte, unterhielt er zusammen mit dem damaligen städtischen Konservator Hans Vogts einen festen Stammtisch in der Gaststätte „Gänseblömsche" in der Nähe von St. Gereon.[1015] Er wurde allgemein als ruhig und sehr humorvoll beschrieben. „Als Mensch war er von einer rührenden Einfachheit und Bescheidenheit. Sein gütiges, heiteres Wesen und sein echt rheinischer Humor haben ihm viele treue Freunde erworben."[1016]

Am 14. August des Jahres 1939 starb Anton Bardenhewer, „[...] nachdem er noch bis in die letzten Wochen hinein in der Krypta von St. Maria im Kapitol gearbeitet hatte."[1017] Ende Oktober hielt Hans Vogts, mit dem er über viele Jahre zusammengearbeitet hatte, bei der ersten Winterveranstaltung des Kölnischen Geschichtsvereins eine Gedenkrede für ihn, ein „[...] langjährige[s] Mitglied, das selten bei Veranstaltungen gefehlt habe und aller Sympathien besessen habe."[1018] „Die Gedächtnisstunde gelte in erster Linie dem Künstler, dem die rheinische Kunst und Kunstgeschichte so vieles verdanke."[1019] Anton Bardenhewer ist auf dem Westfriedhof im heutigen Köln - Bocklemünd beigesetzt worden. Das Grabkreuz entwarf der Bildhauer Bibi Haller.[1020] Das Grab ist heute nicht mehr erhalten.[1021]

ANMERKUNGEN

1   Beenken, Das Neunzehnte Jahrhundert in der Deutschen Kunst – Aufgaben und Gehalt – Versuch einer Rechenschaft, München 1944

2   Brix/Steinhauser, Geschichte allein ist zeitgemäß, Historismus in Deutschland, Gießen 1978; Vogts, Vincenz Statz 1819-1898, Leben und Werk eines Kölner Baumeisters, Mönchengladbach 1960.

3   Iseken, Denkmalpflege im Bezugsrahmen von Geschichte und Gegenwart, Aachen 1978; Mielke, Die Zukunft der Vergangenheit, Grundlagen, Probleme und Möglichkeiten der Denkmalpflege, Stuttgart 1975, Althöfer (Hsg.), Das 19. Jahrhundert und die Restaurierung, München 1987.

4   Hoffmann, St. Quirinus in Neuss - Die Restaurierungen im 19. Jahrhundert, Landschaftsverband Rheinland, Arbeitsheft 30, Köln 1991; Hanselmann, Die Denkmalpflege in Deutschland um 1900 - Zum Wandel der Erhaltungspraxis und ihrer methodischen Konzeption, in: Europäische Hochschulschriften, Reihe 28, Kunstgeschichte, Bd. 280, Frankfurt a. M. 1996.

5   Blanchebarbe, Michael Welter (1808-1992) Ein Kölner Dekorationsmaler im 19. Jahrhundert, Bd. 1 u. 2, Köln 1984; Twachtmann-Schlichter, Matthias Göbbels - Dekorationsmalerei und Kirchenrestaurierung im 19. Jahrhundert in Köln, 1994.

6   Holzamer, August Essenwein 1831-1892 - Architekt und Museumsmann, seine Zeichnungen und Entwürfe in Nürnberg, Diss. Regensburg 1985.

7   Siehe dazu Katalog, Nr. 64 u. 98. Die letzte Restaurierung der Wandmalereien in der Doppelkirche von Schwarzrheindorf hat das Bild, das man sich von den vorangegangenen Arbeiten und vom Umfang des erhaltenen Originals gemacht hatte, völlig verändert. Zu den Malereien von Schwarzrheindorf und den verschiedenen Restaurierungen bzw. ihren Auswirkungen auf den Originalbestand ist an der Bonner Universität eine eigene Dissertation entstanden, Poppen, Die Wandmalereien in der Unterkirche der Doppelkapelle von Schwarzrheindorf, Bonn 1997.

8   „Deutscher Architekt, Restaurator, Fotograf in Köln 1894-1926/27, durch Werke nachgewiesen", Saur (Hsg.), Allgemeines Künstler Lexikon, Bd. 7, München/Leipzig 1993, S. 33.

9   Eine Bescheinigung des Pfarrers Dohmen nach den Angaben aus den Kirchenbüchern des Kath. Pfarramts Würm (Bez. Aachen) nennt Angaben zu den Eltern Isabella Borgs, Isabellas Taufdatum und ihre Heirat mit Franz Bardenhewer am 10. Mai 1853; siehe Ergänzungsband, Anhang zum Texteil, Kop. 1.

10   Die Mühle wurde vor einigen Jahren abgerissen. An ihrer Stelle befindet sich heute ein Abenteuerspielplatz. Die Müllendorfer Mühle und der dazu gehörige Hof waren Familienbesitz der Familie Borgs, Familienarchiv Klaus Bardenhewer, Kiel.

11   Personalakte der Stadt Köln, betrifft den Architekten Anton Bardenhewer, angefangen: Juli 1893, geschlossen: 1897, Bd. I, Historisches Archiv der Stadt Köln, Zur Heraldik und Genealogie der Familie Bardenhewer, Schleicher, Ernst von Oidtman und seine genealogisch-heraldische Sammlung in der Universitäts-Bibliothek zu Köln, aus den handschriftlichen Aufzeichnungen für den Druck bearbeitet, ergänzt und mit Registern versehen, Bd. 1, Mappe 1-85, Achatius-Besendriesch, Veröffentlichung der Westdeutschen Gesellschaft für Familienkunde e.V., Sitz Köln, Nr. 58, Köln 1992, S. 477-478

12   Deutsches Geschlechterbuch, Bd. 118, S. 15-21.

13   Zu den Familien der beiden, Ketnath-Hornig, Kunstmaler Anton Bardenhewer, Mitteilungen des Familienverbandes Bardenheuer, Nr. 3, März 1940, S. 70, Familienarchiv Bardenhewer, Sankt Augustin; siehe Ergänzungsband, Anhang zum Textteil, Kop. 2 - 4.

14   Die Familie Bardenhewer war sehr verzweigt, Deutsches Geschlechterbuch, Bd. 118, S. 1-21. Die verschiedenen Familienzweige kamen häufig zusammen. Anton Bardenhewer hielt sein Leben lang engen Kontakt zu seinen Verwandten, beispielsweise zu seinen Vettern aus der Familie Kockerols, siehe: Beemelmans, Nachruf für den Kunstmaler Anton Bardenhewer, in: Familienblatt Kockerols, Nr. 32, Dezember 1939, und: Ketnath-Hornig (1940), S. 70.

15   Zur Mühle, siehe: Unsere Heimat der Selfkantkreis Geilenkirchen-Heinsberg. Ein Heimatbuch, Arbeitsgemeinschaft der Heimatpfleger des Kreises (Hsg.), Geilenkirchen 1936, S. 144.

16   Dabei handelte es sich um ein großes Anwesen mit einer Vorburg aus dem 16. Jh., einem Herrenhaus des 18. Jh. und einem davon durch einen Graben mit Zugbrücke abgetrennten Wirtschaftshof aus dem 16.-17. Jh., Heimatbuch, S. 144-145.

17   Ketnath-Hornig (1940), S. 70. Dort auch Anekdotenhaftes zu der Kindheit Anton Bardenhewers.

18   Das Rühren des Sirups in den großen Apfelkraut - Bottichen, wodurch das Anbrennen der Masse verhindert wurde, galt dabei als eine besonders leichte, doch verantwortungsvolle Aufgabe. Einen Teil seiner Einnahmen erwirtschaftete der Hof durch den Verkauf dieses Apfelkrauts, das in seiner Qualität so hochwertig war, daß es bis nach Aachen vertrieben wurde; Erinnerungen von Frau Philippson, Köln, an Erzählungen ihrer Mutter und ihrer Onkel.

19   Bardenhewer, Lebenslauf des Architekten Anton Bardenhewer vom 20.6.1893, in: Personalakte Bardenhewer, Historisches Archiv der Stadt Köln, Best. 11, Nr. 327; siehe Ergänzungsband, Anhang zum Texteil, Kop. 5.

20   Erinnerungen von Frau Philippson, Unterlagen von Herrn Klaus Bardenhewer, Kiel, Ketnath-Hornig (1940), S. 70. Ob Anton Bardenhewer, wie dort behauptet, bevor er nach Lüttich ging, die ersten Gymnasialjahre in Aachen verbrachte, ist nicht mehr zu klären.

21   Nach eigenen Angaben von Anton Bardenhewer in einem am 24. Mai 1895 mit der Stadt Köln abgeschlossenen Anstellungsvertrag, Personalakte (1893-97); siehe Ergänzungsband, Anhang zum Texteil, Kop. 6.

22   Er soll sieben Fremdsprachen gesprochen haben, T. Philippson, Köln.

23   Einzelheiten zur Fa. Oidtmann, in: anonym, Sechzig Jahre rheinische Glasmalkunst, in: Kölnische Volkszeitung, Nr. 974, 13. Dezember 1917, und: Glasmalerei des 19. Jahrhunderts in Deutschland, Katalog zur Ausstellung im Angermuseum Erfurt, Erfurt 1994.

24   Möglicherweise wurde sein Interesse an der Glasmalerei durch seinen Bruder Anton geweckt, der bereits ab 1880, während seiner Zeit als Mitarbeiter Essenweins, in diesem Bereich arbeitete.

25   Zu Bertram Bardenhewers Glasmalereientwürfen, siehe: Bakelants, De glasschilderkunst in Belgie in de negentiende en twintigste eeuw, Antwerpen 1986, S. 15-16; auf S. 237 einige biographische Daten zu seinem Leben in Belgien. Frau Philippson wurde als junges Mädchen für mehrere Wochen zu ihrem Onkel nach Brüssel geschickt, um dort ihr Französisch zu schulen. Sie kann sich gut an sein Atelier in der Leopoldstr. 2 erinnern. Siehe auch: Beines, Materialien zur Geschichte farbiger Verglasungen von 1780 bis 1914, vorzugsweise für das Gebiet des Bundesrepublik Deutschland, Mönchengladbach 1979, S. 110.

26   Deutsches Geschlechterbuch, Bd. 118, S. 19. Nach den Angaben Bakelants (1986), S. 237, starb Bertram Bardenhewer in Grembergen.

27   Erinnerungen von Frau Philippson an Erzählungen ihrer Mutter und ihrer Onkel.

28   Ketnath-Hornig (1940), S. 70.

29   „Er malte damals als erstes ein Ölgemälde, eine Kopie nach einem Buntdruck, das großen Eindruck machte und das er bis zu seinem Tode bewahrte", Ketnath-Hornig (1940), S. 70.

30   Bardenhewer (1893).

31   Ein Brief Franz Bardenhewers aus dem Jahr 1880 mit der Kölner Anschrift befindet sich im Stadtarchiv Mönchengladbach.; siehe Ergänzungsband, Anhang zum Texteil, Kop. 7.

32   Brief die Pferdebahn betreffend befindet sich im Stadtarchiv Mönchengladbach.

33   Familienarchiv Klaus Bardenhewer, Kiel.

34   Nach einer Kopie der Sterbeurkunde, unterzeichnet durch den Buchhalter Bertram Bardenhewer; siehe Ergänzungsband, Anhang zum Texteil, Kop. 8. u. 9. Seinen aufwendigen Lebensstil hatte er bis zu seinem Tod beibehalten. Maria und Ferdinand Bardenhewer sollen je 30.000 Taler geerbt haben, mit denen sie die Schulden des Vaters abbezahlen mußten, Familienarchiv Klaus Bardenhewer, Kiel. Die Tochter Maria lebte für einige Jahre in Nettersheim/Eifel im Kloster und heiratete 1901 Ernst Heinrich Bartels, einen Ingenieur.

35   Vermutlich litt er an einer Allergie, Hinweis von Klaus Bardenhewer, Kiel.

36 Die Familien Bardenhewer und Bardenheuer sind verwandt. Sie entstammen einem gemeinsamen Zweig, wobei die Bardenheuers im 18. Jh. begonnen hatten, ihren Namen so zu schreiben, wie man ihn spricht.

37 Nähere Informationen zu Ferdinand Bardenhewer sind über die Firma Ferdinand Bardenhewer GmbH & Co, Kiel, zu erhalten.

38 Siehe Katalog, Nr. 35.

39 Die Zeichenschule befand sich bis 1890 in den Räumen des Museums, danach mußte sie umziehen. Bis 1895 führte Niessen sie weiter, siehe: anonym, Die Zeichenschule im Museum, in: Stadtanzeiger, Nr. 516, 11. November 1895.

40 Johannes Niessen war der Nachfolger von J.A. Ramboux als Konservator am Wallraf-Richartz-Museum, Köln, siehe: Johann Anton Ramboux - Maler und Konservator - 1790-1866, Gedächtnisausstellung im Wallraf-Richartz-Museum zu Köln 28. Dez. 1866-26. Febr. 1967.

41 Niessen, Die Zeichenschule im Museum Wallraf-Richartz, in: Kölnische Schriften, Nr. 301, 1. November 1867.

42 Der Vater von Matthias Goebbels stammte aus einer angesehenen Familie aus Siersdorf, Twachtmann-Schlichter (1994), S. 2. Die Familien Bardenhewer und Goebbels waren gut miteinander bekannt.

43 Lebenslauf des Architekten Anton Bardenhewer vom 20.6.1893, in: Personalakte (1893-97); Ergänzungsband, Anhang zum Textteil, Kop. 5.

44 Stiftsherr am Kollegiatstift in Aachen, Jubilarpriester, Ritter hoher Orden. König Wilhelm II. ehrte ihn durch Verleihung des Roten Adlerordens, Königin Wilhelmine von Holland durch den Orden von Oranien-Nassau, Totenschein Goebbels, HAEK, Sammlung Personalia, Kop. 10.

45 Twachtmann-Schlichter (1994), S. 8.

46 Alle biographischen Angaben entstammen dem Totenschein.

47 Totenschein Goebbels.

48 Pfitzner, Zur farbigen Fassung mittelalterlicher Innenräume (im Anschluß an die Instandsetzung des Quirinusmünsters in Neuss), in: Rh. Heimatpflege, 1941, S. 305. Zu August von Essenwein siehe Kapitel IV.

49 Totenschein Goebbels. Siehe Katalog, Nr. 1.

50 ebda.

51 ebda.

52 ebda.

53 „Als Gutachter in Fragen der christlichen Kunst hat er drei Erzbischöfen von Köln erhebliche Dienste geleistet," Totenschein Goebbels. Leider überstieg die zu diesem Thema anstehende Forschung den Rahmen der vorliegenden Arbeit.

54 Twachtmann-Schlichter (1994) macht dazu keine Angaben.

55 Zu Einzelheiten: RA St. Maria Lyskirchen.

56 Zu Essenwein siehe Kapitel IV.

57 Bislang wurde das Gesamtwerk von Matthias Goebbels nicht recherchiert. Soweit Anton Bardenhewer in seinen frühen Jahren als Mitarbeiter fungierte, werden die Arbeiten von Goebbels hier erstmals aufgelistet.

58 Bardenhewer, Vortrag vor dem Kölner Altertumsverein, Februar 1911; Bardenhewer, Bericht über die alten Wandmalereien in der Doppelkirche zu Schwarzrheindorf, Köln, den 1. April 1911.

59 Siehe Katalog, Nr. 96.

60 Wolff, St. Severin, in: Stadtspuren - Denkmäler in Köln, Kier/Krings (Hsg.), Bd. 1, 1984, S. 511.

61 Siehe Kapitel VII. Unter anderem restaurierten sie zu dieser Zeit die floralen Malereien der Kirche St. Columba, Köln, aus dem Jahr 1614, anonym, Entdeckung alter Malereien, in: Kölnische Volkszeitung, Nr. 221 II, 14. August 1889.

62 Siehe Kapitel IX. St. Markuskapelle, Altenberg.

63 Eine ausführliche Würdigung der Neufassung findet sich bei Pfitzner (1941), S. 318-319.

64 Der Zustand nach der Wiederherstellung ist bei Pfitzner (1941), S. 322, durch eine Fotografie dokumentiert.

65 Eine Fotografie ist bei Pfitzner (1941), S. 320, veröffentlicht.

66 Bardenhewer (1911), 1; Bardenhewer (1911), 2.

67 Auch Twachtmann-Schlichter übernimmt Überliefertes. Ihre Bearbeitung von Matthias Goebbels' Werk liefert insgesamt nur wenige biographische Daten, ohne dabei die Hinweise des Totenscheins zu berücksichtigen.

68 Siehe Katalog, Nr. 1.

69 anonym, Die Restauration der Kirche St. Maria in Lyskirchen zu Köln, in: Zeitungsausschnittsammlung der Universitätsbibliothek Köln, o.A.

70 Twachtmann-Schlichter, S. 71 ff., macht bei ihrer Bearbeitung von St. Maria Lyskirchen dazu keine Angaben. Die zu bearbeitende Materialfülle und die ausführliche Beschreibung jeder einzelnen Szene lassen Twachtmann-Schlichter keine klare Trennung der Auswirkung der Überarbeitung durch Matthias Goebbels von der späteren Restaurierung durch Anton Bardenhewer finden, so daß ihre Arbeit beim Erarbeiten der Unterschiede keine Hilfe bietet.

71 ZAS, 1.

72 Siehe dazu die früheren Hinweise zu Goebbels' unbekannten Vorbildern und seiner Ausbildung. Twachtmann-Schlichter macht dazu keine Angaben.

73 [1.) Gewölbemalerei aus verschiedenen Gewölben des Mittelschiffs, Inv.Nr. 22927, H. 0,64, B. 0,79, Details der Gewölbemalerei, Umrißzeichnung, Bleistift; 2.) Mittelschiff, östl. Kreuzgewölbe, Inv.Nr. 42178, H. 0,68, B. 0,73, Szenen aus dem Leben Jesu, Gegenüberstellung mit Szenen des AT, Umrißzeichnung und Aquarell nach der Ergänzung; WMA] Sie werden in der zugehörigen WMA auf das Jahr 1881 datiert und Goebbels zugeschrieben. Da in den meisten WMAs die Aufnahmen den leitenden Restauratoren zugeschrieben werden, widerlegt das keineswegs die Vermutung der Urheberschaft Bardenhewers.

74 Ausführliche Beschreibung aller Szenen bei Twachtmann-Schlichter, S. 71 ff.

75 Zu Paul Clemen siehe Kapitel VIII.

76 Clemen, Anfertigung von Kopien der mittelalterlichen Wandmalereien der Rheinprovinz, in: BPDR, Bd. 3, Bonn 1898, S. 55-56.

77 Bardenhewer (1911), 2.

78 Zu dem Thema allgemein: Meinecke, Die Entstehung des Historismus, München 1965.

79 Zu dem Themenkomplex allgemein: Historismus und die bildende Kunst, Studien zur Kunst des Neunzehnten Jahrhunderts, München 1965.

80 Seit dem ersten Drittel des 19. Jahrhunderts entstanden vielfältige Monographien und Sammelwerke, Moller, Denkmäler deutscher Baukunst, 1815-31, oder Quednow, Beschreibung der Alterthümer in Trier und dessen Umgebung, 1820; siehe dazu Weyres, Denkmalpflege, in: Trier/Weyres (Hsg.), Kunst des 19. Jahrhunderts im Rheinland, Bd. 1, Architektur, Düsseldorf 1980, S. 391.

81 Zu den Anfängen der Denkmalpflege vor allem im Rheinland, siehe: Hilger, Geschichte der bildenden Kunst im Rheinland seit 1815, in: Rheinische Geschichte, Petri/Droege (Hsg.), Bd. 3, Düsseldorf 1979, S. 699-757. „Wer sich intensiver mit den Monumenten beschäftigte, dem konnte ihr oft desolater Zustand nicht entgehen. Jahrzehntelange Vernachlässigung infolge der Säkularisation hatte überall schwere Schäden entstehen lassen. Es erhoben sich, von den Romantikern angeregt, immer kräftiger Stimmen, die eine Rettung und Pflege der Bau- und Kunstdenkmäler forderten," Weyres (1980), S. 391.

82 Heimann, Ein Monumentalwerk über rheinische Kunst im Mittelalter, in: Kölnische Volkszeitung, Nr. 848, 21. Oktober 1916.

83 Borger-Keweloh, Die mittelalterlichen Dome im 19. Jahrhundert, München 1986, S. 29.

84 Zu der Gesamtentwicklung und den allgemeinen Hintergründen siehe: Trier/Weyres, Kunst des 19. Jahrhunderts im Rheinland, 5 Bde., Düsseldorf 1979-1981; Backes, Denkmalpflege im Banne von Politik und Kunstgeschichte, in: Mörsch/Strobel (Hsg.), Die Denkmalpflege als Plage und Frage - Festgabe für August Gebeßler, München/Berlin 1989, S. 6-22.

85 Friedrich Wilhelm IV. ernannte Ferdinand Quast, einen Schüler Schinkels, zum „Konservator der Kunstdenkmäler in der preußischen Monarchie", Weyres (1980), S. 392.

86 Clemen, Die romanische Monumentalmalerei in den Rheinlanden, Düsseldorf 1916. Siehe zur allgemeinen Entwicklung der Denkmalpflege im Rheinland, Clemen, Aufgaben der rheinischen Denkmalpflege, in: Kölnische Zeitung, Nr. 1367, 22. Dezember 1906.

87 Trier/Weyres (1979-1981).

88 „In der schwärmerischen Sehnsucht, die Schöpfungen des Mittelalters in ihrer reinen Schönheit wiederherzustellen, entfernte man die Zutaten der Barockzeit. Der Speyerer Dom, Nôtre-Dame in Paris, Ste. Chapelle sind traurige Denkmäler dieses orthodoxen Purismus,

der auf Violet-le-Duc, G. Scott u.a. zurückgeht", v. Behr, Denkmalpflege in alter Zeit, in: Die Denkmalpflege, VIII. Jg., Nr. 4, Berlin 1906, S. 31.

89   Schmitt, Mittelalterliche rheinische Wandmalereien, Köln 1939.

90   Essenwein, Die Restauration und Ausstattung des Inneren des Münsters zu Konstanz, Freiburg i. Br. 1879, S. 4.

91   Essenwein, Die Wandgemälde im Dome zu Braunschweig, Nürnberg 1881, S. 5.

92   Essenwein (1881), 1, S. 5.

93   ebda.

94   v. Behr (1906), I, S. 30-31. „Wie im Äußeren so hat dieser Purismus sein Unwesen auch im Inneren der Gotteshäuser getrieben, mit nicht stilgerechten Ausstattungsstücken aller Art aufgeräumt. Diesem beklagenswerten Vorgehen ist es zuzuschreiben, daß dort nunmehr eintönige Öde Platz gegriffen hat, wo früher der Eindruck des Wohnlichen herrschte, begründet in einer wechselvollen Ausstattung, aus deren Formen der Geist ihrer Entstehungszeit und frommer Stifter sprach", Heimann, Kunst, in: Zur Jahrhundertfeier der Vereinigung der Rheinlande mit Preußen, Bachem (Hsg.), Köln 1915, S. 226.

95   „Erst der Historismus und damit zusammenhängend die Denkmalpflege des 19. Jahrhunderts haben den Begriff Original zum Problem gemacht, weil sie in der Auseinandersetzung mit dem Kunstwerk und der Vergangenheit dessen Geschichtlichkeit negierten und mit der Aufhebung der Differenz zwischen dem historischen Denkmal und seiner historisierenden Neuschöpfung der Geschichte ihre eigentliche Bedeutung nahmen; [...]", Bacher, Original und Rekonstruktion, in: Mörsch/Strobel (1989), S. 1.

96   Essenwein (1881), 1, S. 9.

97   anonym, Die Restauration der alten Kirchen in Köln, in: Belletristische Beilage zu den Kölnischen Blättern, Nr. 298, 30. Juli 1865. „Die großen romanischen und gotischen kirchlichen Baudenkmäler der Stadt Köln sind in der zweiten Hälfte des vorigen Jahrhunderts umfassenden Wiederherstellungen unterzogen worden. Veranlassung gab im Äußeren die Zunahme der Verwitterungserscheinungen am Gestein und die Reihe der Mängel eines baulosen Zustandes, dem manche Teile der Kirchengebäude entgegen gingen, im Innern die nüchterne, auf wenige kalte Farben beschränkte Behandlung der architektonischen Glieder, Wände und Decken, oder eine stilwidrige, künstlerisch unbedeutende Ausschmückung. Die Gotteshäuser waren nach ihrer äußeren Instandsetzung im Innern mit reichem ornamentalem und bildnerischem Schmuck bedacht worden, namentlich die Kirchen St. Kunibert, St. Gereon, St. Maria Lyskirchen, St. Martin und St. Maria im Kapitol", Heimann, Der alte Bilderschmuck der Kirche St. Cäcilia in Köln, in: Zeitschrift für christliche Kunst, Heft 5, 28. Jg., 1915, S. 77-88.

98   Siehe Kapitel VII.1. Das gilt nicht nur für Kirchen und ihre Ausstattungen, sondern auch für Umbauten oder Instandsetzungen von profanen Gebäuden, siehe: Verbeek, Die sonstige Denkmalpflege seit 1888, in: Vogts (Hsg.), Köln - Bauliche Entwicklung 1888-1927, Köln 1927, S. 204.

99   Borger-Keweloh (1986), S. 146.

100   Es kam zu einem Aufblühen der Produktion von Vorlagen und Musterbüchern. Bock (Hsg.), Die Musterzeichner des Mittelalters, Leipzig 1859; Eyth/Meyer, Das Malerbuch - Die Dekorationsmalerei mit besonderer Berücksichtigung der kunstgewerblichen Seite, Bd. 1 u. 2, Leipzig 1896. Besonders interessant im Zusammenhang mit der Wiederherstellung mittelalterlicher Wandmalereien in Kirchen sind die Vorlagen in Eyth/Meyer, Bd. II: Tafel 7 „Kirchliche Wandmalerei im romanischen Stil nebst Einzelheiten", Tafel 9 „Dekoration einer gotischen Kapelle; Wandmuster und Einzelheiten" oder Tafel 12 „Kirchliche Deckenmalerei im gotischen Stile". Für die Kirchenmaler des 19. Jahrhunderts galt Beetz, Franz, Himmelsleiter, Regensburg 1889, als das grundlegende Vorlagenbuch.

101   Dehio, Denkmalschutz und Denkmalpflege im Neunzehnten Jahrhundert, Straßburg 1905, S. 16.

102   Zum komplexen Thema Kulturkampf siehe: Hegel, Die katholische Kirche in den Rheinlanden, in: Petri/Droege, Rheinische Geschichte, Bd. 3, Düsseldorf 1979, S. 378-395.

103   anonym, Kirchenmalerei, in: Kölnische Zeitung, Nr. 286, 16. März 1907.

104   Borger-Keweloh (1986), S. 56.

105   Die Familie Bardenhewer war sehr religiös. Die Schwester Antons verbrachte mehrere Jahre im Kloster, und zwei seiner Cousins wurden Priester. Hermann Hugo Bardenhewer wurde 1899 Vikar in Manderfeld und später Rektor in Hangelar in der Pfarrei Villich, Kirchlicher Anzeiger für die Erzdiöcese Köln, 40. Jg., Köln 1900. Ein anderer, Otto Bardenhewer, wurde später Dr. phil. et theol., Geh. Hofrat, Geistl. Rat, ordl. Prof. der kath. Theologie in München.

106   Dazu mehr in Kapitel IX.

107   Siehe seine Anstellung als Zeichner im Atelier Roesberg und seine Entwürfe für das Kölner Ratssilber als Angestellter des Hochbauamts der Stadt Köln, Kapitel VI. und VIII.

108   anonym, Nekrolog August Essenwein, in: Generalanzeiger, Nr. 115, 15. Oktober 1892.

109   Stadtchronic Wien, Brandstätter (Hsg.), Wien/München 1986.

110   anonym, August von Essenwein, in: Kölnische Volkszeitung, Nr. 34, 18. Januar 1893. Eine umfassende Monographie über August von Essenwein steht noch aus. Bislang ist über seine Ausbildung nahezu nichts bekannt. Holzamer, Karin, August Essenwein 1831-1892 - Architekt und Museumsmann, seine Zeichnungen und Entwürfe in Nürnberg, Diss. Regensburg 1985, macht dazu kaum Angaben. Die hier vorliegenden Daten und aufgelisteten Arbeiten geben den neuesten Wissensstand zu Essenwein wieder.

111   Gurlitt, Die deutsche Kunst des Neunzehnten Jahrhunderts - Ihre Ziele und Taten, In: Das Neunzehnte Jahrhundert in Deutschlands Entwicklung, Bd. 2, Berlin 1907, S. 405-406.

112   G. A., Nr. 115.

113   Im Nachlaß Essenwein, Germanisches Nationalmuseum Nürnberg, sind vielfältige Entwürfe und Fotografien der von Essenwein entworfenen Liturgiegeräte, Paramente etc. erhalten.

114   Bornheim gen. Schilling, Zur Erhaltung der romantischen Wandlereien, in: Deutsche Kunst- und Denkmalpflege, 10. Jg., 1952, S. 107.

115   Bornheim gen. Schilling (1952), S. 107.

116   Schnütgen, Das v. Essenwein'sche Prachtwerk über die neue farbige Ausstattung von St. Gereon zu Köln, in: Kölnische Volkszeitung, Nr. 645, 13. November 1891.

117   Heimann, Kunst, in: Zur Jahrhundertfeier der Vereinigung der Rheinlande mit Preußen, Bachem (Hsg.), Köln 1915, S. 227.

118   Siehe Essenwein (1879).

119   E.W., Altmeister Anton Bardenhewer, in: Mittelrheinische Landes-Zeitung, Sieg-Rhein-Zeitung, Nr. 196, 23.8.1939.

120   Beispielhaft dazu Essenweins Restaurierungsauffassung, die den Arbeiten an der Liebfrauenkirche in Nürnberg zugrunde lag, in: Brix, Nürnberg und Lübeck im 19. Jahrhundert: Denkmalpflege, Stadtbildpflege, Stadtumbau, in: Studien zur Kunst des 19. Jahrhunderts, Bd. 44, München 1981, S. 146.

121   Essenwein zitiert nach Holzamer (1985), S. 45-46, dort ohne Angabe des Ursprungs.

122   Essenwein zitiert nach Holzamer (1985), S. 46, dort ohne Quellenangabe.

123   Essenwein, Der Bildschmuck der Liebfrauenkirche zu Nürnberg, Nürnberg 1881, S. V. Bei Holzamer (1985), S. 93, zitiert ohne Quellenangabe.

124   Essenwein (1891), S. 4.

125   Essenwein (1879), S. 3-6.

126   Borger-Keweloh (1986), S. 150.

127   Siehe dazu Kapitel III.

128   Eine Praxis, die Anton Bardenhewer in späteren Jahren übernahm.

129   Bei der Jahreszahl zur Restaurierung der Kirche Groß St. Martin, Köln, beziehe ich mich auf: Holzamer (1985). Da es bei den von Holzamer und mir gleichermaßen bearbeiteten Objekten häufig zur Abweichung der Daten und unterschiedlichen Beurteilung der ausgeführten Arbeiten gekommen ist, habe ich bei den für meine Schlußfolgerungen wichtigen Objekten die Restaurierungen Essenweins jeweils im einzelnen nochmals nachvollzogen. Das war nur teilweise möglich, da einige der Kartons, die Holzamer noch bearbeitet hatte, im Archiv des Germanischen Nationalmuseums, Nürnberg, nicht mehr aufzufinden sind. Es zeigte sich, daß Essenwein über die Gesamtauflistung seiner Werke bei Holzamer hinaus weitere Restaurierungen bearbeitete, siehe Katalog, Nr. 2, 35, so daß eine erweiterte Bearbeitung seines Werks wünschenswert wäre.

130   Pfitzner (1941), S. 306.

131   ebda.

132   Siehe dazu Essenwein, Die innere Ausschmückung der Kirche Groß St. Martin in Köln, Nürnberg 1866. Da nur wenige nach Essenweins Entwürfen ausgeführte Neuausstattungen fotografisch so gut do-

kumentiert sind wie die historischen Wiederherstellungen der Kirchen Groß St. Martin und St. Maria im Kapitol, Köln, werden diese beispielhaft für seine übrigen Arbeiten in Abbildungen dargestellt.

133 G. A., Nr. 115. „Mit tiefdurchdachten Bildzyklen stattete er die Kirchen dieser Stadt [Köln], St. Maria i. Kapitol, St. Martin und St. Gereon glänzend aus", Heimann (1915), 3, S. 227. Ausführlich: Twachtmann-Schlichter (1994), S. 12-70. Siehe auch Kapitel IV.

134 Holzamers Beurteilung [Holzamer (1986), S. 22], Essenwein habe einen Hang zum Kunstgewerbe gezeigt, scheint mir das Phänomen der großen historischen Wiederherstellungen der 19. Jahrhunderts, bei denen der leitende Restaurator als quasi universeller Künstler fungierte, wie es beispielsweise auch für Michael Welter gilt, nicht zu treffen. Siehe zu Michael Welter, Blanchebarbe (1984).

135 Zu weiteren Arbeiten Essenweins siehe Katalog, Nr. 2, 89.

136 August Reichensperger aus Koblenz, Jurist, militanter Katholik und Neugotiker, seit 1841 in Köln tätig, dazu: Vey, Ramboux in Köln, in: Kat. (1967), S. 27 ff. Seit 1851 gab Reichensperger zusammen mit weiteren Vertretern der neugotischen Richtung, Friedrich Baudri und Vincenz Statz, das „Organ für christliche Kunst" heraus, Hässlin, Der Gürzenich in Köln - Dokumente aus fünf Jahrhunderten, München 1955, S. 100, und gründete im Jahr 1853 den Verein für christliche Kunst im Erzbistum Köln, der 1854 im Gürzenich eine programmatisch gedachte „Ausstellung altdeutscher und italienischer Gemälde" veranstaltete, Hässlin (1955), S. 102; Volksz., Nr. 34.

137 „Unter den Neugotikern avancierte Köln zur unbestreitbaren Metropole des katholischen Rheinlands mit deutlich antipreußischer Akzentuierung", Beines, Denkmalpflege in Köln I - Die Anfänge im 19. Jahrhundert, Farbdias und Sachinformationen, Köln 1981, S. 4; Beines (1979), S. 129. Siehe: August Reichensperger und die Neugotik, in: Quast, Der Sankt-Blasius-Dom zu Braunschweig, 4. Aufl., Braunschweig 1985, S. 96-98.

138 „Unter ihnen [den Neugotikern] war es vor allem August Reichensperger, der als Landtagsabgeordneter immer wieder für den Schutz der Denkmäler plädiert hat," Weyres (1980), S. 401. Dort ist im folgenden die Bedeutung Reichenspergers für die Entwicklung und Auswirkung der Denkmalpflege im Rheinland, v.a. in Köln, dargestellt.

139 Siehe die Ausführungen von Paul Clemen zu August Reichensperger, in: Clemen, John Ruskin, Leipzig 1900, S. 26. Sein Bruder, Peter Reichensperger, 1852 ebenfalls Mitbegründer der Katholischen Fraktion und 1870 des Zentrums, war einer der Führer des Zentrums während des Kulturkampfes.

140 Handbuch zur rheinischen Baukunst des 19. Jahrhunderts, Weyres/Mann (Hsg.), Köln 1968, S. 14.

141 ebda.

142 Erinnerungen von Frau Philippson an Erzählungen ihres Onkels. Johannes Niessen als Kurator am Wallraf-Richartz-Museum, Köln, hatte erheblichen Einfluß auf den gesamten Kunstbetrieb Kölns in dieser Zeit.

143 Vor Ort konnte Essenwein sich über die Beurteilung Goebbels' hinaus ein eigenes Bild von den Arbeiten Bardenhewers machen.

144 Daß Essenwein Bardenhewer quasi in Köln 'entdeckte' und ihn von dort aus nach Nürnberg mitnahm, bestätigte Baurat Dr. Vogts bei seiner Gedenkrede für Bardenhewer vor dem Kölner Geschichtsverein, siehe: anonym (1939).

145 Meldebogen der Stadt München, Stadtarchiv München PMB B 43.

146 Siehe Essenwein (1881), 2, Vorwort; Katalog, Nr. 3. Zu weiteren Einzelheiten müßte man die Abrechnungsbücher zu der Wiederherstellung unter Essenwein, 5 Bde., Archiv der Kath. Kirchenstiftung z. Unsere Liebe Frau, Nürnberg, durchsehen. Das überstieg jedoch den für diese Untersuchung gesteckten Rahmen.

147 Essenwein (1881), 2, S. V.

148 Siehe Kapitel IV.3.4.

149 Essenwein (1881), 2, S. IV. Eine ausführliche Beschreibung der neuen Statuen für das Äußere gibt Essenwein (1881), 2, S. 1-9.

150 Zu Einzelheiten siehe: Brix (1981), S. 141-146.

151 Brix (1981), S. 142.

152 Hinweise in Brix (1981), S. 144.

153 Sie werden teilweise durch eine große Anzahl Dias belegt, die im Rheinischen Bildarchiv, Köln, erhalten sind und die Ausmalung sowohl nach der Wiederherstellung als auch die den Arbeiten vorausgegangenen Umzeichnungen dokumentieren. In seiner aus-

führlichen Beschreibung des Bildschmucks des Inneren und der Malereien unterscheidet Essenwein nicht zwischen Übernommenem und Neugeschaffenem, so daß sie keinen Anhaltspunkt für die Auswirkungen der Arbeiten auf das Original bietet, Essenwein (1881), 2, S. 10-20.

154 Brix (1981), S. 144, spricht von frei erfundenem, architekturgebundenem Bildschmuck.

155 Zeugnis für Herrn Bardenhewer, gez. Essenwein, Nürnberg, 2. Juni 1882, in Abschrift durch Anton Bardenhewer, Personalakte der Stadt Köln betr. den Architekten Anton Bardenhewer, Best. 11, Nr. 327, Historisches Archiv der Stadt Köln.

156 „Der Sohn des Niederrheins hat vor allem in Nürnberg bei August Essenwein gelernt und an der Vorbereitung wie der Ausführung von dessen großen dekorativen und figürlichen Entwürfen teilgenommen," Clemen, Anton Bardenhewer, in: Kölner Volkszeitung, 7. Februar 1927, Familienarchiv Griebel, München. „Er durfte an Entwürfen Essenweins mitarbeiten [...]," Ketnath-Hornig (1940), S. 71.

157 Zeugnis für den Malergehülfen Toni Bardenhewer aus Köln am Rhein, J. Georg Loosen, Nürnberg, 30. Mai 1882, in Abschrift durch Anton Bardenhewer, Personalakte der Stadt Köln betr. den Architekten Anton Bardenhewer. Bardenhewer selbst schreibt in einem Lebenslauf von 1893: „[...], ferner restaurierte und ergänzte ich mit Herrn Maler Loosen unter Leitung des Herrn Dr. Essenwein die Wandmalereien der erwähnten Liebfrauenkirche," Personalakte (1893-97).

158 Essenwein (1881), 2, S. VII.

159 Siehe Kapitel III.

160 Zum Begriff des Dekorationsmalers und zum Selbstverständnis dieser Berufsgattung, siehe Eyth/Meyer (1896), Textband, Bd. I, Kapitel 1. Die Dekorationsmalerei.

161 Davon zeugen im Rh. Bildarchiv Köln erhaltene Dias und Fotografien der für die Wiederherstellung ergänzten Pausen und der Ausmalung des St. Blasius Doms, Braunschweig, nach der Wiederherstellung, die ebenfalls unter der Leitung Loosens ausgeführt wurde.

162 Bardenhewer (1911), 2, S. 4.

163 Bardenhewer (1911), 2, S. 4-5.

164 Dazu siehe Brix (1981), S. 144-145.

165 Bardenhewers spätere eigenen kunsthandwerklichen Entwürfe lassen vermuten, daß er für die Entwürfe Essenweins Interesse hatte.

166 Essenwein (1881), 2, Vorwort.

167 Siehe Katalog, Nr. 4.

168 Brandes, Braunschweigs Dom mit seinen alten und neuen Wandgemälden, Braunschweig 1863.

169 Essenwein (1881), 1, S. 2.

170 s.o., S. 1-2.

171 s.o., S. 3.

172 s.o., S. 3.

173 s.o., S. 4.

174 Fotografien, die die Ausmalung nach Essenwein dokumentieren, sind bei Gerhardt, Die spätromanischen Wandmalereien im Dome zu Braunschweig, Hildesheim/Leipzig 1934, wiedergegeben.

175 Essenwein (1881), 1, S. 5.

176 s.o., S. 8. Auf den folgenden Seiten ausführliche Beschreibungen seiner Wiederherstellung und der ihr zugrundeliegenden Gedanken.

177 Gerhardt (1934), Abb. 3, 5-7, 10-12, 15-17, 19-20, 22, 23.

178 Besonders deutlich Gerhardt (1934), Abb. 5-6, 17.

179 Gerhardt (1934), Abb. 2. Nahezu die gesamte Ausmalung ist in ihrem Erscheinungsbild nach der Wiederherstellung unter August von Essenwein durch Fotografien der George Behrens'schen Kunstanstalt dokumentiert, Aus dem Dome St. Blasii zu Braunschweig, George Behrens'sche Kunstanstalt (Hsg.), Braunschweig 1889.

180 Gerhardt (1934), Abb. 8-9, 13-14, 23.

181 Siehe dazu die Fotografien in: Behrens (1889). Nähere Untersuchungen hierzu müssen einer späteren Arbeit überlassen bleiben.

182 Essenwein (1881), 1, S. 2.

183 Essenwein (1881), 1, S. 4.

184 Wessely, Die Restaurierung des Domes zu Braunschweig, in: Kunstchronik, Leipzig 1882, Sp. 567.

185 Dorn, Mittelalterliche Kirchen in Braunschweig, Hameln 1979, S. 218.

186 Siehe Behrens (1889). Anton Bardenhewer könnte mit 33 Jahren durchaus schon zu einer eigenen künstlerischen Handschrift gefunden haben, so daß die Gestaltung dieses Profils seine Beteiligung an der Neuausstattung gleichfalls unterstreichen könnte.

187 Die von Dorn (1879), S. 218, angegebenen Daten der Restaurierung unter Essenwein (1881-1884) sind falsch. Die Restaurierung war 1881 abgeschlossen, s.u.

188 Essenwein (1881), 1, S. 4. Am 23. April 1881 fand die Feier zum Abschluß der Neuausstattung statt, Grube (1886).

189 Zeugnis für den Malergehülfen Toni Bardenhewer aus Köln am Rhein, J. Georg Loosen, Nürnberg, 30. Mai 1882, in Abschrift durch Anton Bardenhewer, Personalakte der Stadt Köln betr. den Architekten Anton Bardenhewer. Bardenhewer selbst schreibt in einem Lebenslauf von 1893: „[...] der seit März 1880 - 28. Mai 1882 bei Unterzeichneten beschäftigt war und während der Zeit recht strebsam und fleißig gearbeitet hat." Beurteilt man diese Formulierung nach heutigem Ermessen, so scheint Loosen mit seinem Mitarbeiter nicht zufrieden gewesen zu sein.

190 Essenwein (1881), 1, S. 3.

191 Essenwein (1881), 1, S. 4.

192 Grube, Kurzer Führer durch den Dom St. Blasii zu Braunschweig, Braunschweig 1886, S. 8.

193 Essenwein (1879), S. 9.

194 „Die Kirche besaß eine große Zahl trefflicher alter Glasgemälde aus verschiedenen Epochen. Aber es waren nur mehr vereinzelte Bruchstücke. Es wurden daher zunächst für den Chor jene des vierzehnten Jahrhunderts - es waren freilich nur wenige Tafeln - als Anhaltspunkte genommen, um einen Zyklus herzustellen, dem sie sich einfügten, weil ja aus den wenigen Tafeln sich erkennen ließ, welche Gesamtgedanken hier ursprünglich vorhanden gewesen sein mußten," Essenwein (1881), 2, S. VII. Dazu auch Brix (1981), S. 145.

195 Konservieren - Restaurieren, Ausstellung im Westfälischen Landesmuseum Münster 26. Oktober - 28. Dezember 1975, Münster 1975, S. 93. Hätte man auch Scheibenfragmente integriert, hätte man eine Vielzahl störender, aber unvermeidlicher Notbleie hinnehmen müssen, Kat. (1975), S. 93.

196 Zeugnis für Herrn Bardenhewer, gez. Essenwein, Nürnberg, 2. Juni 1882, in Abschrift durch Anton Bardenhewer, Personalakte der Stadt Köln betr. den Architekten Anton Bardenhewer, Best. 11, Nr. 327, Historisches Archiv der Stadt Köln.

197 Dazu auch Brix (1981), S. 312, Fn. 556: „Chorfenster: Kartons Toni Bardenhewer, Ausführung von Glasmaler H. Klaus." Auch hier klingt an, daß Bardenhewer an der Gestaltung der Darstellungen in den Chorfenster beteiligt gewesen sein könnte. Das läßt sich leider nicht näher klären. Eine Fotografie der Hochchorfenster zeigt Brix (1981), Abb. 180. Die Darstellungen sind wegen des Gegenlichts nur in Schemen zu erkennen.

198 14 Stationen des Kreuzweges, sowie 36 Baldachine in 72 Feldern wurden von der Tiroler Glasmalereianstalt in Innsbruck hergestellt, Essenwein (1881), 2, S. VII.

199 „Die übrigen Glasmalereien, auch des Schiffes, soweit sie neu sind, sind von H. Klaus ausgeführt, die alten von ihm restauriert. Ebenso sind von ihm die alten, in der Michaelskapelle eingesetzten, Glasgemälde restauriert, die neuen ausgeführt," Essenwein (1881), 2, S. VII. Zu den Fenster des Michaelschörchens auch Brix (1981), S. 145. Fotografien der Fenster im Hochbauamt der Stadt Nürnberg, Sammlung Schmidt, K 1 VIII, K1 IX.

200 „Mein Mitarbeiter bei der Herstellung der Kartons war Toni Bardenhewer, der auch bei der Ausführung in Glas dem Glasmaler H. Klaus behilflich war, welcher diese Arbeiten auszuführen hatte," Essenwein (1881), 2, S. VII.

201 Bardenhewer (1893).

202 Zeugnis für Herrn Bardenhewer, gez. Hans Klaus, Glasmaler, Nürnberg, 2. Juni 1882, in Abschrift von Anton Bardenhewer, Personalakte der Stadt Köln, betr. den Architekten Anton Bardenhewer, Best. 11, Nr. 327, Historisches Archiv der Stadt Köln.

203 Siehe dazu die Ausführungen zu den von Essenwein in Anlehnung an die in Braunschweig erhaltenen Reste ausgeführten Glasmalereientwürfen.

204 Ausführlich Oidtmann, Die Glasmalerei im alten Frankenlande, Leipzig 1907.

205 Dazu auch Heinersdorff, Die Trennung zwischen Kartonzeichner und Glasmaler, in: Zeitschrift für alte und neue Glasmalerei und verwandte Gebiete, 1912, S. 128.

206 Oidtmann (1907), S. 18.

207 Frau van Treeck-Vaassen, München, hat mir im Vorfeld meiner Bemühungen eine Aufnahme des Fensters geschickt, so daß ich die

Darstellungen mit nachgewiesenen Arbeiten Bardenhewers vergleichen konnte. Dafür bin ich ihr zu großem Dank verpflichtet. Scholz, Entwurf und Ausführung - Werkstattpraxis in der Nürnberger Glasmalerei der Dürerzeit, Berlin, 1991, S. 176, gibt zu den erneuerten Fenstern an, daß „es sich bei den meisten Köpfen um Kopien Zettlers handelt, die im Zuge der Restaurierung 1879-1881 angefertigt worden sind." So könnte Anton Bardenhewer in Nürnberg die ersten Kontakte zu der Glasmalereianstalt Zettler, München, seinem späteren Arbeitgeber, (siehe Kapitel. V.1) geknüpft haben. Da Essenwein, s.o., jedoch mehrfach darauf hinweist, daß alle Ergänzungen vom Glasmaler Klaus ausgeführt worden seien, müßte man den Hinweis von Scholz auf Zettler hier noch im Einzelnen klären, um eine so frühe Verbindung von Bardenhewer mit der Glasmalerei Zettler sicher belegen zu können.

208 Zeugnis Klaus, Personalakte (1893-97). Zu dieser Zeit waren die Arbeiten in der Liebfrauenkirche und im Braunschweiger Dom bereits abgeschlossen.

209 Pläne zu diesen Arbeiten sind im Nachlaß Essenwein, Germanisches Nationalmuseum, Nürnberg, erhalten. Da die Zeichner ihre Arbeiten üblicherweise nicht signierten, ist eine Mitarbeit Bardenhewers nicht konkret nachzuweisen.

210 Essenwein (1879).

211 Essenwein (1879), S. 3.

212 Essenwein (1879), S. 4.

213 Essenwein (1879), S. 6-8.

214 Essenwein (1879), S. 8. Diese ambivalente Einschätzung zieht sich durch das gesamte Gutachten.

215 Erinnerungen von Frau Philippson, Köln. Für diese Einschätzung spricht, daß er ihn zur Glasmalerei Klaus vermittelte.

216 Erinnerungen Frau Philippson, Köln.

217 Nach dem Meldebogen der Stadt München, PMB B 43, Stadtarchiv München. Eine Kopie einer Abschrift der Heiratsurkunde von Anton Bardenhewer und Maria Birnmeyer ist im Ergänzungsband, Anhang zum Texteil, als Kop. 11 wiedergegeben.

218 Bestand C 21/III Einwohnermelderegister und - karteien, Band Nr. 198, Stadtarchiv Nürnberg.

219 Im Einwohnermelderegister (s.o.) findet sich der Hinweis: [Verzogen] Nach München.

220 Landesausstellung Nürnberg, in: Münchner Bote, 18. Mai 1882, Zeitungsausschnittsammlung Zettler.

221 Kopie einer Abschrift der Heiratsurkunde. Wer der Kaufmann Eduard Demmler war, der als Trauzeuge und Bürge fungierte, läßt sich nicht mehr feststellen.

222 Siehe zum Vergleich: Wagner, Cöln - Die sozialen Verhältnisse um 1900, Köln 1989, S. 52-55.

223 Meldebogen der Stadt München, PMB B 43, Stadtarchiv München.

224 Die Büste von Dr. phil. et theol., Geh. Hofrat, Geistl. Rat, ordl. Prof. der kath. Theologie Otto Bardenhewer steht noch heute in der Universität München.

225 Meldebogen der Stadt München, PMB B 43, Stadtarchiv München. Otto Bardenhewer wurde später Schiffskapitän in San Francisco, Kalifornien, und heiratete in Hamburg. Sein Sohn Fred wurde 1912 in Hamburg geboren und später Polizeioffizier in seiner Heimatstadt. In 2. Ehe heiratete Fred in San Francisco, Familienarchiv Klaus Bardenhewer, Kiel; Geschlechterbuch, S. 20.

226 Angaben nach der Kopie der Meldebescheinigung, Staatsarchiv München.

227 Bardenhewer (1893). Mit großer Wahrscheinlichkeit hat er 1893 auch die Internationale Ausstellung in München besucht, auf der sich die neuen Kunstströmungen vorstellten, siehe: Gurlitt (1907), S. 699.

228 Personalakte (1893-97).

229 Fischer, Vierzig Jahre Glasmalkunst, Festschrift der Kgl. Bayerischen Hofglasmalerei F.X. Zettler zum Gedächtnis ihres vierzigjährigen Bestehens, München 1910, S. 65.

230 Schon früher hatte Mayer Entwürfe für Glasmalereien geliefert, die kleinere Betriebe für ihn ausgeführt hatten. Siehe dazu: Kat. (1994), S. 198. Zur Mayer'schen Hofkunstanstalt allgemein, siehe: Anwander-Heisse, Glasmalerei in München im 19. Jahrhundert, München 1992, S. 22-24.

231 1939 fusionierten die beiden Firmen wieder. Informationen von Dr. E. van Treeck-Vaassen, München, und Herrn Mayer, Franz Mayer'sche Hofkunstanstalt, München.

232 Zur Glasmalerei von Franz Xaver Zettler allgemein, siehe: Anwan-

der-Heisse (1992), S. 26-33.

233 Zu der Unterscheidung von der Münchener und der Kölner Richtung in der Glasmalerei des 19. Jahrhunderts, siehe Kapitel V.3.

234 Beines (1979), S. 99.

235 Anwander-Heisse (1992), S. 32. Möglicherweise war das einer der Gründe, warum Anton Bardenhewer die Münchener Akademie besuchte.

236 s.o.

237 Zeugnis Essenwein; Zeugnis Loosen; Zeugnis Klaus; alle drei in: Personalakte (1893-97).

238 Fischer (1910), S. 36.

239 Bardenhewer (1893).

240 Ausnahmen bilden die Kartons, bei denen Entwurf und Zeichnung in den Händen des selben Künstlers lagen. Für die namhaften Mitarbeiter der Glasmalerei Zettler hat das Fischer (1910) nachgewiesen. Anton Bardenhewer kommt in Fischers Kurzbiographien nicht vor. Selbst eine komplette Durchsicht aller erhaltenen, unsortierten Vorlagen im Archiv der Fa. Mayer, München, würde sehr wahrscheinlich keine Belege für seine Arbeiten bei Zettler ergeben. Auch für Bardenhewers spätere Arbeiten bei Ostermann und Schneiders & Schmolz lassen sich im ersten Fall keine, im letzteren nur wenige konkrete Entwürfe nachweisen. (Siehe Kapitel V. und VI.) Noch Heinersdorff (1912), S. 127, schreibt: „Heute aber gilt in 90 von 100 Fällen bei Auftraggebern wie der Presse der Inhaber einer Anstalt als Kartonzeichner und Glasmaler, als Entwerfer und Ausführender. Wenn es nicht alles Lug und Trug wäre, [...]"

241 Zeugnis Ostermann, in: Personalakte (1893-97). Siehe auch: Kat. (1994), S. 196-198.

242 Anwander-Heisse (1992), S. 36.

243 Kat. (1994), S. 196-198.

244 Die Firma wurde später von der Fa. Zettler übernommen und 1928 aufgelöst.

245 Mitteilung von Herrn Wolfgang Grammel, Stadtarchiv Freising, in einem Brief vom 28. Januar 1997.

246 „Schon in einer mittelgroßen Glasmalerei wechselt die Art der Aufgaben und Aufträge ständig. Es sind gleichzeitig Vorschläge zu machen für moderne Kirchen, für Schlösser in Barock- und Empireformen und für die neuen Waren- und Kaufhäuser. Wir haben nicht mehr wie im Mittelalter nur einen Stil, dessen Beherrschung es möglich machte, allen Aufgaben gerecht zu werden. Gibt es denn wirklich jemand, der die Fähigkeit hat, all den verschiedenen Forderungen, die jene Bauten mit ihren ungeheuren Gegensätzen mit sich bringen, sich anzupassen?", Heinersdorff (1912), S. 128.

247 Die Informationen zur Arbeitsteilung in den Glasmalereianstalten des 19. Jahrhunderts verdanke ich E. van Treeck-Vaassen.

248 Meldebogen der Stadt München, Stadtarchiv München, PMB B 43. Da er sich in München erst zum 20. März abmeldete, ist es sehr wahrscheinlich, daß er Frau und Kind erst nachkommen ließ, nachdem er eine Wohnung gefunden hatte

249 Katalog, Nr. 5.

250 Nähere Informationen zu einem solchen Auftrag konnten bislang jedoch nicht recherchiert werden.

251 Informationen durch Msgr. Dr. Paul Mai, Archivdirektor, Bischöfliches Zentralarchiv Regensburg, in einem Brief vom 13.8.1996.

252 Die Entwicklung einen Malers vom Freskenmaler zum Glasmaler oder umgekehrt und das parallele Arbeiten in beiden Bereichen ist für die Zeichner und Maler dieser Zeit nicht ungewöhnlich, wie Fischer (1910) anhand mehrerer biographischer Abrisse zu den Mitarbeitern der Glasmalerei Zettler eindeutig darlegt.

253 s.o.

254 Eine ausführliche Bearbeitung der historistischen Arbeiten in der Stiftskirche Prüfening steht noch aus. Sie wäre sehr wünschenswert.

255 Zeugnis für Herrn Anton Bardenhewer, gez. F. P. Ostermann, Glasmalereianstalt, Freising, 3. Mai 1884, in Abschrift von Anton Bardenhewer, Personalakte der Stadt Köln, betr. den Architekten Anton Bardenhewer, Best. 11, Nr. 327, Historisches Archiv der Stadt Köln.

256 s.o.

257 anonym, [Schneiders & Schmolz], in: Stadtanzeiger, Nr. 257, 9. Juni 1899.

258 Zu den Anfängen der Glasmalerei in Köln siehe: Rode, Die Wiedergewinnung der Glasmalerei, in: Kunst des 19. Jahrhunderts im Rheinland, Trier/Weyres (Hsg.), Bd. 3, Malerei, Düsseldorf 1979, S. 275-313.

259 Rode (1979), S. 278.

260 22.3.1808 Koblenz - 16.7.1895 Köln, dt. Jurist und Politiker, der großes Interesse für und Kenntnis über die kirchliche Kunst entwickelte. Siehe Kapitel IV.

261 Die Darstellungen waren auf die Glasscheiben aufgemalt worden und wurden dann in das Glas eingebrannt.

262 Ausführlich zu diesem Thema: Beines (1979), S. 81 ff.

263 Beines (1979), S. 82.

264 Dazu ausführlich: Kat. (1994).

265 Katalog der durch die Fa. Schneiders & Schmolz ausgeführten Fenster bei Beines (1979), S. 181 ff.

266 Siehe Kapitel IV. Zu weiteren Einzelheiten und der Glasmalerei im beginnenden 20. Jahrhundert allgemein, siehe Heinersdorff (1912), S. 126-129.

267 Siehe Kapitel IV.

268 Twachtmann-Schlichter (1994), S. 167.

269 Beines (1979), S. 130.

270 Essenwein (1891), S. 4.

271 Bardenhewer (1893).

272 Ob sein Bruder Bertram zu dieser Zeit schon bei Oidtmann in Linnich angestellt war, ist nicht nachzuweisen. Es scheint aber sehr wahrscheinlich, da er bereits 1886 die Zweigstelle der Firma Oidtmann in Brüssel eröffnete, siehe Kapitel II. Bertram Bardenhewer wird später Pate des zweitgeborenen Sohnes von Anton.

273 Er wird später Schiffssteuermann in Pittsburgh, Pennsylvania, Deutsches Geschlechterbuch, Bd. 118, S. 20.

274 anonym, Todesanzeige Gottfried Christian Schneiders, Oktober 1928, Sammlung Bayer, Historisches Archiv der Stadt Köln, Bst. 1010, Bd. 9, Blatt 190; Schneiders, Christ. und Schmolz, Paul, Glasmalerei, Brabanterstr. 79, Greven's Adreßbuch für Köln, Alphabetisches Verzeichnis der bei der Stadt-Fernsprecheinrichtung Beteiligten nebst Angabe der Rufnummern, Jg. 1870-1939, auf Microfiche, Historisches Museum der Stadt Köln, Jg. 1893-96.

275 anonym, Sechzig Jahre rheinische Glasmalkunst, in: Kölnische Volkszeitung, Nr. 974, 13. Dezember 1917; Beines (1979), S. 110.

276 Die Firma bestand bis kurz nach dem 1. Weltkrieg, Rode (1979), S. 306.

277 Heydasch-Lehmann, Die Fenster im Chor der Pfarrkirche St. Andreas durch die Firmen Schneiders & Schmolz (1899) und Reuter (1918), S. 121-135. Sie ergänzten auch die Fragmente eines Glasgemäldes, das sich in der Sakristei des Domes befunden hatte, und setzten es im Anschluß in die St. Stefanuskapelle des Chorumgangs ein. „Zehn Gruppen aus dem neuen Testament ist eine gleiche Anzahl vorbildlicher aus dem alten Bund gegenübergestellt von reichen Teppichmuster sich abhebend. In dem anderen Fenster der besagten Kapelle haben zwei 1,80 Meter hohe Standbilder der Apostel Thomas und Judas Thaddäus Platz erhalten, welche zum vorzüglichsten rechnen, was die Glasmalerei des 14. Jahrhunderts überhaupt geschaffen. Die neu aufgemalte Farbe war nicht leicht zum Halten zu bringen, und erst wiederholtes Aufmalen und scharfes Brennen erzeugte die Haltbarkeit," anonym, In der St. Cäcilienkirche, in: Localanzeiger, Nr. 97, 11. April 1900.

278 Siehe dazu die unter dem Kapitel über die Glasmalerei Zettler beschriebene Arbeitsteilung in großen Glasmalereianstalten dieser Zeit. Auch Beines (1979), S. 110-111. Beines datiert die Gründung der Firma Schneiders & Schmolz fälschlich in das Jahr 1892. Siehe dazu: Zeugnis Schneiders, Personalakte (1893-97).

279 „Die Erfahrungen, welche die fachgemäße Wiederherstellung alter Kunstschätze auf dem Gebiete der Glasmalerei gesammelt hat, kommen auch den neuzeitlichen Erzeugnissen zu gute, [...]", Localanz., Nr. 97.

280 Stadtanz., Nr. 257.

281 Häufig lagen bei Betrieben des 19. Jahrhunderts die Wohnräume der Inhaber über den Werkstätten. Auch die heutigen Inhaber der Glasmalereianstalt Mayer, München, wuchsen auf dem Firmengelände auf (Auskunft Gabriel Mayer).

282 Greven's Adreßbuch, Jg. 1896. In Grevens Adreßbuch, Jg. 1884-85, ist Anton Bardenhewer nicht genannt.

283 Einzelheiten zur Fa. Schneiders & Schmolz siehe: Stadtanz., Nr. 257.

284 Bardenhewer, A., Zeichner, Brabanterstr. 79, Greven's Adreßbuch, Jg. 1893.

285 Die Übereinstimmung der Daten von Restaurierungen, die durch oder unter Leitung Anton Bardenhewers ausgeführt wurden, mit denen durch die Firma Schneiders & Schmolz angefertigten Glas-

malereien ist so groß (siehe Katalogteil), daß man nicht von Zufällen ausgehen kann.

286 Wolff, Paul Clemen und der Kölner Dom, in: Mainzer, Udo (Hsg.), Paul Clemen Zur 125. Wiederkehr seines Geburtstages, Jahrbuch der Rheinischen Denkmalpflege, Bd. 35, Köln 1991, S. 103.

287 Zu der Auftragserteilung bei Wiederherstellungen siehe die späteren Ausführungen zu der Unterstützung Anton Bardenhewers durch seine Gönner Heimann und Clemen.

288 Siehe dazu: Beines (1979), S. 181, Nr. 8.

289 Siehe Kapitel XII.

290 Am 21. April 1883 wurden auf einer Sitzung des Kirchenvorstands sowohl die Pläne für die dekorative Ausstattung als auch für einen Umbau der Altaranlage und eine damit einhergehende Nutzbarmachung des Hochchors für die Gemeinde angenommen, Essenwein (1891), S. 2. Im Erzbischöflichen Archiv, Köln, ist ein ausführlicher Briefwechsel zu den Veränderungen von Altar und Choranlage erhalten, GVA I Köln, St. Gereon, 3. Die Neuausstattung des Dekagons [nach Westen] nach den Entwürfen Essenweins zeigt eine Fotografie bei Verbeek (1987), Abb. 64.

291 Essenwein, Die farbige Ausstattung des zehneckigen Schiffes der Pfarrkirche zum h. Gereon in Köln durch Wand- und Glasmalereien, Frankfurt a. M. 1891.

292 Katalog, Nr. 6.

293 Beschreibung der szenischen Neuausstattung der Kapellen bei Klinkenberg, Köln und seine Kirchen - Führer durch Köln für die Besucher der 50. General-Versammlung der Katholiken Deutschlands, Köln 1903, S. 46-48.

294 Essenwein (1891), S. 1. Dazu auch S. 8: „Der Baumeister des Zehnecks hat uns im 13. Jahrhundert in den Bauformen der damaligen Zeit eine frühchristliche Anlage in ihren Grundmotiven wiedergegeben. Hat er solcherweise die alte Kirche ad aureos martyres in ihren baulichen Grundgedanken erhalten, so hat ohne Zweifel auch der Maler des 13. Jahrhunderts das christliche Grundmotiv beibehalten und in den Formen des 13. Jahrhunderts nachgebildet, jedenfalls mußte es, da von dem Hauptstück jener Malerei des 13. Jahrhunderts keine Kunde auf uns gekommen ist, unsere Aufgabe sein, die Gedanken, welche wir der Ausstattung frühchristlicher Kirchen zu Grunde gelegt finden, zu studieren und im Sinne derselben unsere Dekoration anzulegen; in den Formen aber an das 13. Jahrhundert uns anzuschließen."

295 Essenwein (1891), S. 12.

296 Essenwein (1891), S. 12, dort auch: „Eine Verbesserung würde nichts Anderes sein als eine Veränderung, und während wir bei strengem Anhalten wenigstens die Autorität eines Stils für uns haben, der so Großes und Glänzendes geleistet, während wir wenigstens uns auf einem Gebiet bewegen, dessen Erzeugnisse aller Denkenden Anerkennung errungen haben, würden wir uns sonst nur auf dem Boden ganz privater Anschauung befinden."

297 Essenwein (1891), S. 8.

298 Essenwein (1891), S. 9. Liest man seine ausführlichen Beschreibungen auf den folgenden Seiten, findet man noch viele vergleichbare Beispiele. Die späteren Restaurierungen entdeckten in den Kuppeln unter den Neuschöpfungen Essenweins Medaillons mit der Halbfigur je eines Bischofs und einem Weihrauchfaß schwingenden Engel, RA St. Gereon. Die Neuschöpfungen Essenweins sind in seinem Werk über die Neuausstattung von St. Gereon als große Tafeln abgebildet, Essenwein (1891). Die Figuren aus den acht Halbkuppeln sind auch bei Schnütgen [Buchbesprechung zu Essenweins Werk über die Neuausstattung von St. Gereon, Köln], in: Zeitschrift für christliche Kunst, Nr. 9, 1891, Sp. 289-290, abgebildet.

299 Essenwein (1891), S. 11.

300 Twachtmann-Schlichter (1994), S. 204, Anm. 3, schreibt diese Zeichnungen Goebbels zu. Ein Vergleich mit anderen erhaltenen, nachweislich von Goebbels geschaffenen Aufnahmen läßt diese Zuweisung recht unwahrscheinlich erscheinen. Ein Vergleich mit anderen Aquarellkartons des Malers Schoofs macht dessen Urheberschaft recht wahrscheinlich. Siehe dazu Abbildungen bei Twachtmann-Schlichter (1994).

301 Die Ausmalung der Krypta wurde nach seinen Angaben ebenfalls vervollständigt. (Abb. 32) In welch hohem Maße es dabei zu Neuschöpfungen kam, macht ein Vergleich mit dem Zustand der Krypta nach der vollständigen Entfernung aller nicht originaler mittelalterlicher Wandmalereien deutlich. (Abb. 33)

302 „Die Zeichnung der Ornamente lehnt sich ebenfalls, so genau als es eben geht, an alte Vorbilder an, ohne geradezu einzelne direkt zu kopieren", Essenwein (1891), S. 13.

303 anonym, Die Kapelle in dem Dekagon von St. Gereon zu Köln, in: Kölnische Volkszeitung, Nr. 246 II, 7. September 1885.

304 Volksz., Nr. 246, II.

305 anonym, Das v. Essenwein'sche Prachtwerk über die neue farbige Ausstattung von St. Gereon zu Köln, in: Kölnische Volkszeitung, Nr. 645, 13. November 1891. Wer der hier genannte Künstler war, konnte bislang nicht geklärt werden.

306 Pfitzner (1941), S. 306.

307 Essenwein (1891).

308 Die Ausführung der Polychromie wurde in die Hände von Goebbels gelegt, „[...] dem also in erster Linie die Aufgabe zufiel, in vollster Übereinstimmung mit dem Verfasser teils selbst, teils durch Gehilfen alle jene [Farb-] Proben zu machen", Essenwein (1891), S. 13.

309 Twachtmann-Schlichter (1994), S. 159.

310 Essenwein (1891), S. 14.

311 Twachtmann-Schlichter (1994), S. 198.

312 anonym, Die Gereonskirche, in: Colonia, Sonntagsbeilage zum Kölner Local-Anzeiger, Nr. 20, 17. Mai 1908. Nach der weitgehenden Zerstörung von St. Gereon während des Zweiten Weltkrieges, blieben nur geringe Wandmalereifragmente erhalten; so in der 1. Kapelle der Südseite des Dekagons (Abb. 48). Das Gesicht des Jungen erinnert jedoch stark an die Gesichtstypen, die Anton Bardenhewer für seine Ergänzungen verwendete, so daß hier ein Eingriff bzw. eine Ergänzung unter Goebbels anzunehmen ist.

313 Siehe Kapitel VI.

314 Essenwein (1891), S. 4.

315 Siehe dazu den Anfang dieses Abschnitts.

316 Twachtmann-Schlichter (1994), S. 174-175, 183. Zehn der Fenster weist Beines (1979) nach. Sie werden dort auf S. 181 unter Nr. 8 aufgeführt. Gute fotografische Abbildungen der Neuverglasung des Dekagons bei Klinkenberg, Köln und seine Kirchen - Führer durch Köln für die Besucher der 50. General-Versammlung der Katholiken Deutschlands, Köln 1903, S. 43 u. 45.

317 Volksz., Nr. 645.

318 Essenwein (1891), S. 15.

319 Twachtmann-Schlichter (1994), S. 174.

320 Da Twachtmann-Schlichter (1994), S. 183-197, die bei Klaus ausgeführten Fenster zum Teil beschreiben kann, ist zu vermuten, daß sich im Nachlaß Essenweins, Germanisches Nationalmuseum, Nürnberg, entsprechende Kartons erhalten haben, obwohl sie dazu nichts ausführt. Möglicherweise zitiert sie auch nur Essenwein (1891).

321 Siehe dazu die früheren Ausführungen.

322 Bardenhewer (1911), 2.

323 ebda.

324 Siehe Katalog, Nr. 2. Eine farbige Kopie zu der Ausmalung in Originalgröße soll, nach Holzamer (1985), im Nachlaß Essenweins zu St. Kunibert im Germanischen Nationalmuseum, Nürnberg, erhalten sein. Sie kann z. Zt. nicht gefunden werden und gilt als vermißt.

325 Holzamer (1985) gibt dazu keinen Hinweis.

326 Zu Michael Welter siehe: Bornheim gen. Schilling, Zur Erhaltung der romantischen Wandmalereien, in: Deutsche Kunst- und Denkmalpflege, 10. Jg, 1952, S. 111 und Blanchebarbe (1984).

327 Twachtmann-Schlichter (1994) macht dazu keine Angaben, doch wird Goebbels Name im Zusammenhang mit Welters Neuausmalung in der Literatur genannt.

328 Ob dieser sich dabei an den Entwürfen Essenweins aus den 50er Jahren orientierte, wurde bislang nicht untersucht. Die vielen Unterbrechungen der malerischen Neuausstattung erklären sich vermutlich aus den knappen Finanzmitteln der Gemeinde.

329 Goebbels, in: Zs. f. chr. Kunst, Heft 1, S. 224.

330 Machat, Christoph, St. Kunibert. Das Bauwerk von den Anfängen bis zum Zweiten Weltkrieg, in: Stadtspuren - Denkmäler in Köln, Kier/Krings (Hsg.), Bd. 1, 1984, S. 306-330; ders., St. Kunibert in Köln, in: Rh. Kunststätten, Heft 58, Neuss 1985; ders., Kath. Pfarrkirche St. Kunibert, ehem. Stiftskirche, in: Der Wiederaufbau der Kölner Kirchen, Köln 1987, S. 76-87; WMA St. Kunibert, Bildarchiv d. Rh. Amts f. Denkmalpflege, Abtei Brauweiler, Pulheim.

331 Kdm Rhp. 6.4, Fig. 141. Den Zustand der Ausmalung nach der Wiederherstellung durch Goebbels zeigen drei Fotografien in: Kdm

Rhp. 6.4, Fig. 131, 137 u. Tafel XX. Im Rahmen dieser Arbeiten frischte er den gemalten Wandteppich im Chor auf und stellte die Kreuzigungsdarstellung in der Taufkapelle wieder her.

332 Bardenhewer (1911), 2.

333 Möglicherweise erhielt er aufgrund dieses Wissens in den Jahren 1906 bis 1910 den Auftrag zu einer erneuten Instandsetzung eines Teils der Wandmalereien. Im Bestand des Rh. Amts f. Denkmalpflege, Abtei Brauweiler, sind eine Aufnahmen von Schoofs [Taufkapelle, Inv.Nr. 5524, H. 0,71, B. 0,60, Kreuzigung - Farbige Kopie in Originalgröße im Nationalmuseum, Nürnberg] und zwei von Josef Becker-Leber, der um 1906 vermutlich ein Mitarbeiter Bardenhewers war, erhalten [1.) Chornordwand, Spitzbogennische, Inv.Nr. 17803, H. 1,12, B. 0,73, Aquarell - genaue Kopie mit Einzeichnung der Fehlstellen im Hintergrund; 2.) Chornordwand, Spitzbogennische, Inv.Nr. 39268, H. 0,82, B. 0,38, 1/7 nat.Gr., Aquarell - Zustand nach der Restaurierung, skizzenhafte Durchführung]; Katalog, Nr. 2.

334 Siehe dazu später, vor allem Kapitel XII.

335 Zeugnis für Herrn Anton Bardenhewer, gez. Schneiders & Schmolz, Glasmaler, Köln, den 28. August 1885, in Abschrift durch Anton Bardenhewer, Personalakte der Stadt Köln betr. den Architekten Anton Bardenhewer, Best. 11, Nr. 327, Historisches Archiv der Stadt Köln.

336 ebda.

337 Dort starb sie im Jahr 1896, nach der Kopie des Totenscheins; siehe Ergänzungsband zum Texteil, Kop. 12 u. 13.

338 Sie heiratete am 10. August 1910 Eduard Hornig und ging mit ihm nach München, wo er Direktor einer Elektrizitäts-Gesellschaft wurde. Ihre Tochter, Dr. Antonie Ketnath-Hornig, veröffentlichte 1940 einen Artikel über ihren Großvater, Ketnath-Hornig (1940).

339 Greven's Adreßbuch, Jg. 1886.

340 Bardenhewer (1893) und: Zeugnis für Herrn Toni Bardenhewer von hier, gez. Heinrich Roesberg, Köln, 17. Juni 1893, in Abschrift durch Anton Bardenhewer, Personalakte der Stadt Köln betr. den Architekten Anton Bardenhewer. Diese Anstellung erklärt auch die neue schlichte Berufsbezeichnung „Zeichner" in Greven's Adreßbuch.

341 Greven's Adreßbuch, Jg. 1893.

342 Nur ein Vergleich mit seinen Entwürfen für das Kölner Ratssilber, die er während seiner Anstellung im Kölner Hochbauamt anfertigte, kann einen vagen Eindruck davon vermitteln, siehe später.

343 Erinnerungen von Frau Müller-Herrmann, Köln. An dieser Stelle möchte ich Frau Müller-Herrmann, die selbst als Stickerin arbeitet, in besonderer Weise für ihre freundliche Hilfe, ihre Tips, Ratschläge und ihre Hinweise zur Sticktechnik und den Werkstätten Anfang des 20. Jahrhunderts in Köln danken.

344 Im Rahmen dieser Arbeit war es nicht möglich, den mittelalterlichen Vorbildern der Strahlenkranzmadonna nachzuspüren und die technischen Details näher zu untersuchen. In späteren Jahren (s.u.) haben auch Frau Philippson, Bardenhewers Nichte, und ihre Mutter nach seinen Entwürfen gearbeitet, Auskunft von Frau Philippson, Köln.

345 Toni Bardenheuer, Zeichner, Venloerstr. 4, Greven's Adreßbuch, Jg. 1887. Diesen Eintrag läßt er im folgenden Jahr in Anton Bardenhewer, Zeichner, verbessern, Greven's Adreßbuch, Jg. 1888. Diese Adresse blieb bis 1890 bestehen, Greven's Adreßbuch, Jg. 1889-90.

346 Katalog, Nr. 7.

347 [1.) Chor, Apsis, Fensterzone, Inv.Nr. 7311, H. 0,63, B. 1,16, Maßst. 1:6, Reste Malerei Fensterzone, Umrißzeichnung, Bleistift; 2.) Chor, Apsis, Inv.Nr. 17 780, H. 0,60, B. 0,87, Maßst. ca. 1:10, Krönung Mariens, Umrißzeichnung, Bleistift (vor der gänzlichen Aufdeckung) Siehe auch Katalog, Nr. 7.

348 Siehe den Hinweis in: Abteikirche Steinfeld, Akte zu den Wandmalereikopien, Text Hanna Adenauer, Bildarchiv des Rh. Amtes für Denkmalpflege, Abtei Brauweiler, Pulheim.

349 Bardenhewer (1911).

350 Kdm Rhp. 11.2, S. 552.

351 Kdm Rhp. 11.2, S. 554.

352 Ob Bardenhewer an der Ausführung der Entwürfe Goebbels' für St. Severin, Köln, in den Jahren 1889-1891, beteiligt war, ist bislang nicht geklärt. Siehe Katalog, Nr. 96 und anonym, Kölner Kirchen werden schöner, in: Kölnische Zeitung/Stadtanzeiger, Abendblatt, Nr. 584, Samstag, 17. Nov. 1934.

353 Katalog, Nr. 8. Angaben zu der baulichen Instandsetzung finden sich in: GVA I Köln, St. Gereon, 3, Erzbischöfliches Archiv Köln.

354 anonym, Entdeckung alter Malereien, in: Kölnische Volkszeitung, Nr. 221 II, 14. August 1889. Matthias Goebbels und Theodor Winkel

355 arbeiteten in dieser Zeit mehrfach zusammen, siehe Kapitel IV. Möglicherweise arbeitete Bardenhewer auch 1901 unter Winkel, als dieser die Chorschrankenmalereien des Kölner Doms in farbigen Aquarellen aufnahm. Das erklärte seine später mehrfach geäußerte Detailkenntnis zu diesen Malereien. Ebenfalls 1901 restaurierten Schneiders & Schmolz die Bibelfenster im Kölner Dom. Auch diese Arbeiten könnten auf eine Beteiligung Bardenhewers hinweisen. Zu Winkels Aquarellen und der Fensterrestaurierung, siehe Wolff (1991), S. 97-103. 1907 restaurierten Schneiders & Schmolz die Obergadenfenster des Chores, Wolff (1991), S. 103. Ob Bardenhewer an diesen Arbeiten beteiligt war, ist bislang ebenfalls nicht geklärt.

356 „Es [...] sind soeben unter der Tünche der Chorgewölbe gemalte Blumenranken entdeckt worden, die aus allen Zwickeln aufzuschießen scheinen. In zahlreichen Farben vortrefflich ausgeführt, heben sie sich von dem weißlichen durch Gelb etwas abgetönten Grund sehr bestimmt ab, und die geflügelten Engelsköpfchen, welche bei manchen derselben je aus einem Blumenkelch herauskommen, erhöhen noch den Reiz dieser einfachen aber reizvollen Malerei, die man in der sonst so wenig Farben aufweisenden Kirche nicht hätte vermuten sollen. [...]", anonym, Entdeckung alter Malereien in der St. Maria Himmelfahrtskirche, in: Kölnische Volkszeitung, Nr. 221 II, 14. August 1889.

357 [Malerei verschiedener Gewölbezwickel, Inv.Nr. 9091, H. 0,44, B. 0,57, ornamentale Gewölbemalereien aus dem Jahr 1620]

358 Ab dem Jahr 1893 arbeitete er parallel zu der Wiederherstellung bzw. Auffrischung der Langhausfassung im Rahmen von Werkverträgen für das Hochbauamt der Stadt Köln. Man muß sich bei den vielen Arbeiten, die Anton Bardenhewer neben seinen Restaurierungen in den Kirchen übernahm, immer vor Augen führen, daß das Arbeiten in der Kirche nur ab bestimmten Mindesttemperaturen und bei einer Mindestbeleuchtung möglich war. Bei Kälte und Regen mußte sich Bardenhewer, wie vergleichbare Künstler, mit anderen Arbeiten beschäftigen.

359 „Die Gewölbe sind auf gelbem Grund mit barocken, 1889 aufgedeckten und restaurierten Blumenranken und Engelsköpfen bemalt in frischer, tüchtiger Ausführung," Kdm Rhp. 2.1, S. 141.

360 anonym, [Erneuerungen in der Kirche Maria Himmelfahrt], in: Kölnisches Tageblatt, Nr. 207, 7. September 1894.

361 Siehe Katalog, Nr. 11, 94-95, 100 oder Kapitel VII. 1.3.1.

362 Beines (1979), S. 181, Nr. 10.

363 Katalog, Nr. 9.

364 Mehrere Aquarelle, die diese Arbeit belegen, sollen beim Stadtkonservator Köln erhalten sein, Twachtmann-Schlichter (1994). Sie konnten nicht wiedergefunden werden.

365 Bardenhewer, Anton, Zeichner, Brabanterstr. 7, Greven's Adreßbuch, Jg. 1892. Daß es sich bei der Adresse um einen Schreibfehler handelte und die Familie bereits 1892 in eine Wohnung auf dem Firmengelände der Glasmalerei Schneiders & Schmolz umgezogen war, scheint sehr wahrscheinlich.

366 Greven's Adreßbuch, Jg. 1893.

367 Personalakte (1893-97).

368 „Ich bescheinige dem Herrn Toni Bardenhewer von hier, daß derselbe seit 1885 - bis heute als Zeichner in meinem Hause tätig gewesen und den vielseitigen Anforderungen in lobenswerter Weise entsprochen hat," Zeugnis für Herrn Toni Bardenhewer von hier, gez. Heinrich Roesberg, Köln, 17. Juni 1893, in Abschrift durch Anton Bardenhewer, Personalakte der Stadt Köln betr. den Architekten Anton Bardenhewer, Best. 11, Nr. 327, Historisches Archiv der Stadt Köln.

369 Personalakte (1893-97).

370 Zu Heimann vorher

371 Clemen, Die gotischen Monumentalmalereien der Rheinlande, Textband und Tafelband, Düsseldorf 1930, S. 241, weist die unsignierten Rekonstruktionszeichnungen F.C. Heimann zu.

372 Personalakte (1893-97).

373 Greven's Adreßbuch, Jg. 1894.

374 Greven's Adreßbuch, Jg. 1895-1898.

375 Vogts, Köln - Bauliche Entwicklung 1888-1927, Festgabe zum Deutschen Architekten- und Ingenieurstag 1927, Köln 1927, S. 32.

376 Für das überaus freundliche Überlassen seiner gesammelten Unterlagen zu F.C. Heimann möchte ich an dieser Stelle Herrn Dr. Ralf Beines, Stadtkonservator Köln, danken.

377 Steimel, Kölner Köpfe, Köln 1958, S. 177. Raschdorff, Karl Julius (2.7.1823 Pless/Oberschlesien - 12.8.1914 Berlin) Architekt, 1854-

1872 Stadtbaumeister in Köln, renovierte den Gürzenich (1854-59) und das Rathaus, erbaute das im Zweiten Weltkrieg vernichtete Stadttheater in der Glockengasse, das Aposteln Gymnasium, Baurat, Geheimer Regierungsrat, 1878 Professor an der Technischen Universität Berlin, siehe: Steimel (1958), S. 330.

378 Volksz., Nr. 814.

379 ebda.

380 Eine Auflistung der wertvollsten alten Profanbauten, die ab 1890 abgebrochen wurden, findet sich bei Verbeek (1927), S. 204-206.

381 „1885 Juli 24: Die baufälligen Häuser Holzmarkt 75 und 77 sind eingestürzt. Damit wird das in der Stadtverwaltung längst bekannte Problem der Überalterung des Wohnungsbestandes in der Altstadt öffentlich", Chronik zur Geschichte der Stadt Köln, Bd. 1+2, Fuchs (Hsg.), Köln 1991, S. 158.

382 „Um 1900 erkennt man zusehends den Wert der photographischen Dokumentation, wenngleich die Anwendung in der Praxis noch spärlich zu sein scheint," Schiessl, Untersuchen und Dokumentieren von bemalten Holzdecken und Täfelungen, Bern/Stuttgart 1991, S. 24. Eine Einschätzung, die man in Bezug auf Heimanns und Bardenhewers Dokumentationsstandard nicht bestätigen kann.

383 Siehe Katalog, Nr. 19, Heimann, Die Erweiterungsbauten des Kunstgewerbemuseums in Köln, in: Die Denkmalpflege, 16. Jg., Nr. 14, 4. Nov. 1914, Berlin 1914, S. 105-110 und Verbeek (1927), S. 204. „In diesem Zusammenhang [dem Kahlschlag ganzer Altbebauungsviertel] mag es ein wenig tröstlich erscheinen, daß wenigstens einige 'Reliquien' aus der abgeräumten historischen Substanz gerettet und umsichtig in Neubauten integriert wurden. [...] Auch das Schnütgen- und noch mehr das Kunstgewerbemuseum dienten als Auffanglager für historische Baudetails und vollständige Inneneinrichtungen," Beines, Denkmalpflege Köln II: 1900 - 1942, Köln 1982, S. (2).

384 Heimann, Die Aufnahme bürgerlicher Baudenkmäler durch den Architekten- und Ingenieur-Verein für Niederrhein und Westfalen - Alte Häuser in Köln, in: Aufzeichnungen der 1. Versammlung des Architekten und Ingenieur-Verein für Niederrhein und Westfalen am Montag, den 9. Januar 1893.

385 Ein Zeitgenosse, Dr. Witte, nannte ihn in einem Glückwunschaufsatz einmal das 'Kunstgewissen' der Stadt Köln.

386 Acc. 229: Konservator, S. II, Historisches Archiv der Stadt Köln. „Es ist nun beabsichtigt, für ihn eine Stelle nach der Art eines städtischen Konservators zu schaffen, bei der ihm die besondere Fürsorge für die drei großen Profanbauten der Stadt belassen bleibt, im übrigen aber genügend Bewegungsfreiheit eingeräumt, um seine Kenntnis der kölnischen Geschichte schriftstellerisch niederzulegen und allen Bestrebungen, die sich in gleicher Richtung bewegen, mit Rat und Tat beizustehen", anonym, Ein städtischer Konservator, in: Stadtanzeiger, Nr. 509 III, 2. November 1912.

387 Geheimer Baurat Karl Heimann, in: Deutsche Bauzeitung, 1921, S. 402; anonym, [Heimann], in: Kölnisches Tageblatt, Nr. 48, 4. Nov. 1921; Angaben über den Werdegang F.C. Heimanns, Renard (1920), S. 137-139.

388 Beines (1982), S. (2).

389 Verbeek (1927), S. 204.

390 DBZ (1921), S. 402.

391 H.V., Friedrich Karl Heimann in Köln, in: Die Denkmalpflege, 23. Jg., Nr. 15, 30. November 1921, S. 112.

392 Heimann war u.a. Mitglied im Kölnischen Geschichtsverein, Rheinischen Verein für Denkmalpflege und Heimatschutz, Verein Alt-Köln, Altenberger Domverein, Architekten- und Ingenieur-Verein für Niederrhein und Westfalen, Christlichen Kunstverein der Erzdiözese Köln und Verein der Altertumsfreunde.

393 Literaturhinweise zu Heimanns vielfältigen Publikationen im Ergänzungsband.

394 DBZ (1921), S. 402; anonym, [Heimann], in: Kölnisches Tageblatt, Nr. 48, 4. Nov. 1921. Dazu Katalog, Nr. 72.

395 Steimel (1958), S. 177.

396 H.V. (1921), S. 112; anonym, Friedrich Carl Heimann, in: Kölnische Volkszeitung, Nr. 814, 9. November 1921.

397 Vogts (1927), S. 32.

398 Katalog, Nr. 33.

399 Katalog, Nr. 11.

400 Zu diesen und später geplanten Arbeiten im Gürzenich siehe: Heimann, Der Gürzenich in Cöln, in: Kölnische Volkszeitung, Nr. 999, 17. November 1907.

401 Er wurde von Zeitgenossen „[...] als die wandelnde Überlieferung bezeichnet, als der Mann dastehend, der aus tiefster Heimatliebe Vergangenheit mit Gegenwart verband und, ein fleißiger aufmerksamer Weber, nicht den Faden abreißen ließ, sondern immer wieder verknüpfte und so die Kettenfäden der alten Zeit mit denen der Zukunft durch das fleißige hin und her geführte Schiffchen zusammenfügte", Renard, Friedrich Carl Heimann - Nachträglich zu seinem 70. Geburtstag am 14. Februar 1920, in: Deutsche Bauzeitung, Berlin 1920, S. 138.

402 Katalog, Nr. 12.

403 Siehe dazu die Datierungen der im Katalogteil aufgelisteten Einzelobjekte.

404 Katalog, Nr. 11.

405 Zu den vielen Einbauten von Originaldecken und Ausstattungsstücken, die man in anderen Häusern gefunden hatte, oder deren Nachbildungen im Kölner Rathaus, siehe: Adenauer, Das Schicksal des Kölner Rathauses vor, während und nach dem Zweiten Weltkrieg, in: Fuchs, Das Rathaus zu Köln - Geschichte, Gebäude, Gestalten, Neuausg., Köln 1994, S. 127. Unter Heimann wurde in das Vorzimmer des beigeordneten Bürgermeisters die alte Registratur eingebaut. Sie bestand aus 54 Aktenkästen, deren Vorderseiten mit Temperamalereien aus der 1. Hälfte des 16. Jh. (teilweise später erneuert) versehen waren, die auf den Inhalt der Schriftstücke Bezug nahmen. Diese Malereien wurden 1915 von Anton Bardenhewer ergänzt und wiederhergestellt, Kdm Köln 2.4, S. 244.

406 Kdm Köln, 2.4, S. 227.

407 Eine Auflistung der Sprüche findet sich bei: Scheben, Die Prophetenkammer im Rathhause, in: Kölnische Volkszeitung, 13. Februar 1876.

408 Kdm Köln, 2.4, S. 228.

409 In den Jahren 1929-30 legte man die unterste Fassungsschicht frei, dabei zeigte sich, daß an drei Figuren im 19. Jahrhundert Fehlstellen ergänzt worden waren, Kdm Köln, 2.4, S. 228. Ob diese Arbeiten ebenfalls durch Bardenhewer erfolgten, ist nicht mehr zu klären.

410 Heimann (1908), 2. „1895-98: Die 1865 durch Raschdorff neu konzipierte Prophetenkammer wird durch Anton Bardenhewer besonders repräsentativ bemalt und von Richard Moest ausgestattet," Geis, Lokalpatriotismus und Nationalbewußtsein, in: Fuchs (1994), S. 273. Die dort angegebene Datierung ist mit hoher Wahrscheinlichkeit falsch.

411 Adenauer (1994), S. 128. Die Schränke wurden in den 30er Jahren abgerissen.

412 Geis, in: Fuchs (1994), S. 273.

413 Ausführliche Ausführungen zu dem erneuerten Figurenschmuck bei: Geis, in Fuchs (1994), S. 273

414 Siehe Katalog, Nr. 11. Möglicherweise um für die Neuausmalung entsprechende Vorlagen zu haben, kaufte die Stadt im Juni 1896 Pausen und Nachbildungen der Fresken des Hansasaals des Kölner Malers Martin, anonym, [Ankauf von Fresken], in: Kölnischer Stadtanzeiger, Nr. 264, 12. Juni 1896.

415 Heimann, Das Kölner Rathaus, in: Kölnisches Tageblatt, Nr. 326, 17. Juni 1908.

416 Anonym, [Hansasaal], in: Localanzeiger, Nr. 156, 6. Juni 1908. Zur farbigen Fassung siehe: Ennen, Der hanseatische Saal im Rathause zu Köln, in: Kölnische Blätter, 30. Februar 1867 und: anonym, Kölnischer Geschichtsverein, in: Stadtanzeiger, Nr. 253 V, 3. Juni 1908. Darüber hinaus sind im Bestand des Fotoarchivs des Kölnischen Stadtmuseums mehrere Aufnahmen der Südwand des Hansasaals erhalten: 1. Z. Nr.: 100/1905 zeigt den Hansasaal festlich geschmückt in einer 1905 entstandenen Aufnahme des Hoffotografen Carl Scholz, Köln-Deutz; 2. Z. Verz. 120/1920 „Süd. Wand im Hansasaal vor der Restaurierung, Original im Besitz des Herrn Baurat Heimann" - Fotograf Herwegen; 3. Z. 2556 603/1927 zeigt die farbige Fassung vor der erneuten Restaurierung durch Bardenhewer 1937.

417 Heimann (1908), 2.

418 Kdm Köln 2.4, S. 229.

419 Die Ausstattung des Malers Max Schüller ging bei diesen Arbeiten verloren, siehe: anonym, Der Hansa-Saal im Kölner Rathause, in: Kölner Local - Nachrichten, 18. April 1866.

420 Ob er dabei Rücksicht auf ihre ursprüngliche Form nahm oder ob sie durch die Neufassung überdeckt wurde, scheint nicht geklärt.

421 Beines (1979), Nr. 163.

422 Schreiben in der Personalakte (1893-97); siehe dazu auch Katalog, Nr. 15.

423 Möglicherweise handelt es sich dabei um die 1890-93 geschaffene Portalumrandung der Tür zum Senatssaal, Kdm Köln, 2.2, S. 199.

424 Bardenhewers Gesuch um Gehaltserhöhung vom 1. Juli 1894. Vermutlich handelt es sich bei den hier von Bardenhewer angeführten Arbeiten um seine Beteiligung an der Wiederherstellung des Alten Rathauses, Köln, siehe oben. Alle Schreiben befinden sich in der Personalakte (1893-97).

425 Bardenhewers Gesuch um Gehaltserhöhung, Personalakte (1893-97).

426 Dieser endgültigen Bewilligung der Gehaltserhöhung ging eine weitere Beurteilung Heimanns vom 11.7.1894 voraus, in der dieser nochmals die guten Leistungen Bardenhewers „ [...] namentlich in der Detaillierung von Schreiner- und Bildhauerarbeiten des inneren Ausbaues der mannigfaltigen größeren städtischen Hochbauten [...]" hervorhebt, Personalakte (1893-97).

427 anonym, Grundsteinlegung zum neuen Archiv- und Bibliothekgebäude, in: Kölnische Zeitung, Nr. 411, 16. Mai 1894.

428 Dazu ausführlich Heimann in: Festschrift zur 23. Jahres - Versammlung des Hansischen Geschichtsvereins zu Köln, Das Archiv und die Bibliothek der Stadt Köln, Köln 1894.

429 Wie üblich ließ Heimann die Decke in situ dokumentieren. Darüber hinaus sind Fotografien nach dem Einbau ins Stadtarchiv erhalten.

430 Beines (1979), Nr. 160. Dazu ebenfalls (Abb. 53).

431 Siehe dazu oben die Ausführungen über die Neuverglasung des Rathauses, Kapitel VII.

432 Im Rahmen dieser Arbeit kann das Ausmaß der baulichen Instandsetzung nicht behandelt werden. Siehe dazu Heimann (1915), 2, S. 77-78, anonym, Bildwerke an der St. Cäcilienkirche, in: Localanzeiger, Nr. 323, 24. November 1897: „Anscheinend ist auch noch ein Theil der äußern, bildnerischen Ausschmückung des Mittelschiffes, bestehend aus Heiligenbildern und Figuren von etwa zwei Fuß Höhe, erhalten, der jetzt unter dem Pflaster verborgen liegt.", Fahne, Forschungen auf dem Gebiete der Rheinischen und Westfälischen Geschichte, Bd. 1.1, Köln 1864, S. 23, anonym, Die Cäcilienkirche in Köln, in: Kölnische Volkszeitung, Nr. 632, 17. September 1896.

433 Zu den aufgefundenen Darstellungen siehe: Heimann, Funde in St. Cäcilien, in: Westdeutsche Zeitschrift für Geschichte und Kunst, Korrespondenzblatt Nr. 13, 1894, Sp. 210; Kdm Köln 1.4, S. 188; Heimann (1915), 2, S. 79; WMA Cäcilien, St. Cäcilien, Köln, Kr. Köln, Reg. Bez. Köln, Akte zu den Wandmalereikopien, Text Hanna Adenauer, Bildarchiv Rh. Amt f. Denkmalpflege, Abtei Brauweiler, Pulheim.

434 anonym, Verein von Altertumsfreunden in Köln, in: Kölnische Zeitung, Nr. 919, 13. November 1894.

435 Die farbigen Kopien im Maßstab 1 : 1 wurden in den Bestand des städtischen Museums übergeben, Heimann (1894), 2, Sp. 210. Leider blieben sie nicht erhalten, bzw. konnten bislang nicht wiedergefunden werden Eine fotografische Aufnahme der Pause der Darstellung der Heiligen Drei Könige mit Gefolge ist bei Heimann (1915), 2, als Abb. 4 veröffentlicht.

436 Bardenhewer (1911); WMA Cäcilien.

437 Bardenhewer (1911); Heimann (1894), 2; WMA Cäcilien.

438 Farbangaben zitiert nach Kdm Köln 1.4, S. 188, und Heimann (1915), 2, S. 80.

439 Clemen (1898), Fig. 26.

440 Siehe dazu die bereits ergänzten Zeichnungen Bardenhewers, Heimann (1915), 2, Tafeln VI und VII. Ein Vergleich dieser frühen Zeichnungen Bardenhewers mit späteren Ergänzungen macht deutlich, daß er sich entsprechend seiner mittelalterlichen Vorbilder Musterbüchern bedient haben muß, da er die einmal gefundene kompositorische Lösung einer Szene im Laufe seines Lebens mehrfach verwendete. Besonders deutlich ist diese Übereinstimmung bei der Darstellung des Zacharius auf dem Baum im Zyklus in St. Cäcilien und seiner späteren Ergänzung in Lieberhausen, siehe Heidrich, Die Wandmalereien in der Kirche zu Lieberhausen - Eine Restaurierungsgeschichte (Mschs.), Bonn 1995. Inwieweit sich manche dieser Übereinstimmungen aus einer gemeinsamen Vorlage für die mittelalterliche Originalausmalung erklären lassen, müßte jeweils für den Einzelfall untersucht werden.

441 Mitbegründer des „Tages für Denkmalpflege", erst stellvertretender und später erster Vorsitzender war Paul Clemen, Paul Clemen - 1866-

1947 - Erster Provinzialkonservator der Rheinprovinz, Katalog zur Ausstellung aus Anlaß seines 125. Geburtstages vom 1. Oktober-5. November 1991, Landschaftsverband Rheinland (Hsg.), Köln 1991, S. 12.

442 anonym, Der vierte Tag für Denkmalpflege in Erfurt, Deutsche Bauzeitschrift, 37. Jg., Nr. 90, 11. Nov. 1903, Berlin, S. 580.

443 Siehe dazu Heidrich (1995).

444 Eine Wiederherstellung der Malereien in den 30er Jahren war hauptsächlich wegen der starken Schäden infolge der Feuchtigkeit erforderlich. Siehe Katalog, Nr. 12 u. 88.

445 DBZ (1903) S. 580.

446 Zur Freskomalerei siehe Emmenegger, Techniken der Wandmalerei, ihre Schäden und die typischen Schadenursachen, in: Historische Technologie und Konservierung von Wandmalereien, Vortragstexte der 3. Fach- und Fortbildungstagung der Fachklasse Konservierung und Restaurierung, Schule für Gestaltung Bern, 5. und 6. November 1984, Bern 1985, S. 76-77 u. 86.

447 Zur Seccomalerei, Emmenegger (1985), S. 78.

448 Ausführliche Beschreibung des Dargestellten bei Heimann (1915), 2, S. 81-86; Heimann (1894), 2, Sp. 211-212.

449 Heimann (1894), 2, Sp. 210-211.

450 Siehe dazu Heimanns eigene zurückhaltende Beschreibung der Farbigkeit direkt nach der Aufdeckung der Malereien im Jahr 1894, Heimann (1894), 2, Sp. 212.

451 Clemen (1930), S. 133. Diese Pausen sind heute noch im Depot des Kölnischen Stadtmuseums erhalten. Sie dienten Anton Bardenhewer 1897 als Grundlage für mehrere Umrißzeichnungen, die er auf Veranlassung des Landeskonservators für das Denkmalarchiv der Rheinprovinz und die Publikation Clemens über die Monumentalmalereien des Rheinlands anfertigte. Auf eine farbige Wiedergabe verzichtete Clemen aufgrund der wenigen erhaltenen Hinweise auf die originale Farbigkeit. Acht entsprechenden Umzeichnungen sind heute im Bestand des Kölnischen Stadtmuseums erhalten. [1.) Chor, Nordseite, Inv.Nr. HM 1931/163, H. 185 cm, B. 840 cm, Abklatsche auf Leinen; 2.) Chor, Südseite, Inv.Nr. HM 1931/163, H. 180 cm, B. 842 cm, Abklatsche auf Leinen; 3.) Chor, Südseite, Inv.Nr. HM 1931/163, H. 184 cm, B. 884 cm, Abklatsche auf Leinen; 4.) Chor, Südseite, Inv.Nr. HM 1931/163, H. 165 cm, B. 535 cm, ergänzte Version von 2.), Abklatsche auf Leinen; 5.) Chor, Nordseite, Inv.Nr. HM 1931/163, H. 181 cm, B. 884 cm, ergänzte Version von 8.), Abklatsche auf Leinen; 6.) Chor, Südseite, Inv.Nr. HM 1931/163, H. 145 cm, B. 895 cm, ergänzte Version des christologischen Zyklus' ab Verkündigung, Abklatsche auf Leinen; 7.) Chor, Nordseite, Inv.Nr. HM 1931/163, H. 180 cm, B. 880 cm, Abklatsche auf Leinen; 8.) Chor, Nordseite, Inv.Nr. HM 1931/163, H. 185 cm, B. 874, Abklatsche auf Leinen] Da sie aufgrund ihres großen Formats nur schwer zu bearbeiten sind, sind im Rh. Bildarchiv entsprechende Aufnahmen dieser großen Leinenbahnen archiviert. [1.) RBA 151474/75; 2.) RBA 151436/37; 3.) RBA 151438/39; 4.) RBA 151473; 5.) RBA 151434/35; 6.) RBA 151440/41; 7.) RBA 151476/77; 8.) RBA 151478/79] (Entsprechend der o.a. Reihenfolge aufgelistet.)

452 Clemen (1930), S. 133. Die originalen Fotoplatten gingen damals in den Besitz der Bildstelle des Rheinischen Museums Köln über. Ob sie erhalten sind, konnte bislang nicht geklärt werden. Abzüge der Aufnahmen befinden sich im Fotobestand des Rh. Amts f. Denkmalpflege, Abtei Brauweiler.

453 Die genaue Anzahl der ursprünglich angefertigten Aquarelle ist nicht bekannt. Zwei sind im Bildarchiv des Rh. Amts f. Denkmalpflege, Abtei Brauweiler, erhalten. [1.) Nordwand, Chor, Reihe Mitte, 5. Bild, Inv.Nr. 7308, H. 0,63, B. 0,82, Maßst. 1/3 nat. Gr., Verurteilung der hl. Cäcilie, d. Valerian u. Tiburtius durch Almachius, Kopie von: Bardenhewer, 1894, Aquarell - Zustand vor der Restaurierung; 2.) Nordwand, Chor, mittl. Reihe, 4. Bild, Inv.Nr. 7309, H. 0,63, B. 0,55, Maßst. 1/3 nat. Gr., Geißelung d. Valerian, Kopie von: Bardenhewer, 1894, Aquarell - Zustand vor der Wiederherstellung].

454 Siehe dazu die Vergleiche von Zustandsfotografien und angeblichen Zustands - Aquarellen Anton Bardenhewers bei der Restaurierung der Wandmalereien in der Kirche von Lieberhausen, in: Heidrich (1995).

455 Heimann (1915), 2, S. 78.

456 „Die Restaurationsarbeiten an der Cäcilienkirche zu Köln, die von der städtischen Verwaltung veranlaßt sind, haben bereits eine Reihe merkwürdiger Funde zu verzeichnen", Heimann (1894), 2, Sp. 208-212.

457 Personalakte (1893-97).

458 Katalog, Nr. 14.

459 Katalog, Nr. 16.

460 Katalog, Nr. 12.

461 Beurteilung von Heimann vom 30. November 1894, Personalakte (1893-97).

462 Katalog, Nr. 11.

463 Beurteilung von Heimann vom 30. November 1894, Personalakte (1893-97).

464 Bardenhewer, Architekt, Domstr. 72, Greven's Adreßbuch, Jg. 1896.

465 Sie stirbt 1923 in Köln, unvermählt.

466 Personalakte (1893-97).

467 ebda.

468 Heimann am 23.1.1897, in: Personalakte (1893-97)

469 Nach einer Beurteilung Heimanns vom 18. Juni 1895, in: Personalakte (1893-97). In der selben Beurteilung: „[...] seine bisherigen geleisteten Arbeiten haben namentlich den Beifall und die Zustimmung des Provinzialkonservators gefunden."

470 Beurteilung von Heimann vom 18. Juni 1895, Personalakte (1893-97).

471 Die Vervollständigung des Textes zum Leben der Hl. Cäcilie lag in den Händen des Domkapitulars Arnold Steffens, der dabei die ursprünglichen, fragmentarisch erhaltenen Inschriften berücksichtigte. Die Texte zum Leben Christi suchte Friedrich Carl Heimann aus. Alle Texte sind bei Heimann (1915), 2, S. 81-86 aufgeführt.

472 Heimann (1915), 2, S. 80.

473 Dabei kam es noch zu Veränderung in der Darstellung, so in der vorletzten Szenen des Cäcilienzyklus (Vergleiche Abb. 78 u. Ab. 81). Acht Leinenbahnen, die alle drei Entwicklungsstufen zeigen, befinden sich im Bestand des Kölnischen Stadtmuseums. Siehe dazu die o. a. Inventarnummern. Zusammengesetzte Fotografien kann man im Bestand des Stadtkonservators Köln, des Rh. Bildarchivs und des Rh. Amts f. Denkmalpflege, Abtei Brauweiler, einsehen. Die ergänzten Darstellungen wurden vielfach veröffentlicht. Zuerst durch Clemen (1898), später durch Verbeek (1927), S. 197; Machat, Abb. 86 und v.a. Im Planarchiv des Stadtkonservators Köln finden sich darüber hinaus fotografische Aufnahmen mehrerer zeichnerischer Kopien der Umrißzeichnungen und der Ergänzungen Bardenhewers durch den Architekten Herwegen. (Abb. 80) Dabei handelt es sich um keine vollkommenen Kopien, sondern um vereinfachte Aufnahmen. Herwegen hat dabei häufig auf kleinteilige Binnenzeichnungen besonders im Bereich der Haare oder der Augengestaltung verzichtet. Zum Teil kommt es bei Herwegens Zeichnungen zu merkwürdigen Überschneidungen und einer sehr wackeligen Linienführung beim Thron des Herodes oder der Darstellung von Schaf und Stall etc. Warum diese Zeichnungen entstanden, konnte bislang nicht geklärt werden.

474 Heimann in einem Brief vom 4. März 1896, Personalakte (1893-97).

475 Bericht Heimanns vom 7. März 1896, in: Personalakte (1893-97).

476 Heimann (1915), 2, S. 80.

477 Bardenhewer (1911), 1. Das ursprüngliche Bindemittel ließ sich nicht mehr feststellen. Heimann (1915), 2, S. 81, geht davon aus, daß es sich vermutlich um ein Kalk-Milch-Gemisch gehandelt hat. Ein Gemenge von Eigelb, Öl und etwas Essig, wie es bei der Temperamalerei des 14. Jahrhunderts Anwendung gefunden habe, sei jedenfalls auszuschließen. Eine ausführliche Beschreibung der Wandmalereizyklen nach der Wiederherstellung unter Bardenhewer gibt: anonym, Die St. Cäcilienkirche in Köln, in: Localanzeiger, Nr. 322, 23. November 1897. Zu dem Ausmaß der Eingriffe in das Original siehe später.

478 Heimann in einem Brief vom 18. Juli 1896, in: Personalakte (1893-96); Kdm Köln 1.4, S. 188; anonym, [St. Cäcilienkirche], in: Stadtanzeiger, Nr. 430, 18. September 1896. Vermutlich lag auch die Ausführung dieser Malereien in den Händen des Malers Mauß, da Heimann (1915) von einer umfangreichen Neuausmalung aller unbemalten Wandflächen durch Mauß nach den Anweisungen Bardenhewers spricht.

479 anonym, In der St. Cäcilienkirche, in: Localanzeiger, Nr. 97, 11. April 1900.

480 „Die von F.X. Schweitzer (+1773), einem Kölner Meister, in der Auffassung seiner Zeit gefertigten Deckengemälde, flott gezeichnete bewegte Darstellungen, [...], besaßen eine so dünne Farbschicht, daß sie sich durch Bürsten leicht entfernen ließen: unter ihnen fand

sich nichts an altem Schmuck", Heimann (1915), 2, S. 79; Kdm Köln 1.4, S. 179.

481 Siehe dazu Kapitel VI.

482 Die Hll. Bonaventura, Thomas von Aquin, Benediktus, Bruno, Leo der Große, Cyprianus, Chrysologus, Anselmus, Gregorius, Augustinus, Ambrosius und Hieronymus, Heimann (1915), 2, S. 86.

483 Heimann (1915), 2, S. 86.

484 Das Muster und die Medaillons mit den klugen und den törichten Jungfrauen entsprachen den aufgefundenen Resten. Inwiefern das für die übrigen Darstellungen galt, ist nicht mehr zu klären. Siehe Heimann (1894), 2, Sp. 212 „Die hier zur Darstellung gebrachten Heiligen sind Agnes, Lucia, Appolonia, Agatha, Dorothea, Catharina, Barbara, Margaretha und die Gottesmutter im Scheitel des Bogens", anonym, [St. Cäcilienkirche], in: Stadtanzeiger, Nr. 430, 18. September 1896.

485 Eine ausführliche Beschreibung der gesamten neu geschaffenen Ausmalung und der sie erläuternden Inschriften in: Localanz., Nr. 97; anonym, [St. Cäcilienkirche], in: Stadtanzeiger, Nr. 430, 18. September 1896; Klinkenberg (1903), S. 86-87.

486 Kdm Köln 1.4, S. 189.

487 Beschreibung der Fassung siehe: Kdm Köln 1.4, S. 189. Der Entwurf stütze sich auf geringe Reste, die man bei der Freilegung aller Wände aufgedeckt hatte, Heimann (1915), 2, S. 78. Heimann (1915), 2, S. 87; anonym, Die Cäcilienkirche in Köln, in: Kölnische Volkszeitung, Nr. 632, 17. September 1896.

488 Zur Ausmalung siehe Katalog, Nr. 12.

489 WMA Cäcilien; anonym, Die Cäcilienkirche in Köln, in: Kölnische Volkszeitung, Nr. 632, 17. September 1896.

490 Kdm Köln 1.4, S. 189; Clemen (1930), S. 142; Heimann (1915), 2, S. 78. „[...] Den Schmuck der Pfeiler bildet eine Reihe mächtiger Gestalten auf schwarzem bzw. blauem Grunde in schlichter Umrahmung: Anhalt gaben 5 aufgedeckte Figuren des 15. Jh. von einfacher klarer Zeichnung und groß angelegter Gewandung", anonym, Die St. Cäcilienkirche in Köln, in: Localanzeiger, Nr. 322, 23. November 1897. „Anknüpfend an den altkölnischen Hymnus Gaude Felix Agrippina, dessen Text den Wänden der Seitenschiffe entlang unterhalb der Fenster Platz gefunden, stellen die Gemälde vorzugsweise Heilige dar, die er besingt: Felix und Adauctus, Vitalis, Paulinus, Maurinus, Paulus, Albinus, Hypolitus, Albertus Magnus und die Gebrüder Ewaldi, am Eingang des Chores den Erzengel Michael und Johannes den Täufer", anonym, Die St. Cäcilienkirche in Köln, in: Localanzeiger, Nr. 322, 23. November 1897. Die Heiligen Paulus und Johannes d. T. auf den Pfeilern nach der Restaurierung durch Bardenhewer zeigen die Abb. 2 u. 3 bei Heimann (1915), 2.

491 Kdm Köln 1.4, S. 189 „Unterhalb der oberen Fenster des Langschiffes erblickt man in sitzender Stellung die Bildnisse der großen hl. Bischöfe von Köln: Maternus, Severinus, Evergilius, Kunibert, Agilolph, Hildebold, Bruno, Heribert, Anno und Engelbert, denen Petrus als erster Oberhirt der Kirche hinzugefügt ist. [...] Der ganze malerische Schmuck des Gotteshauses ist nach besonderer Angabe des Herrn Stadtbaurathes Heimann durch die Maler Mauß und Bardenhewer zur Ausführung gelangt; dem letztern lag vorzugsweise die Aufnahme und Wiederherstellung der alten Gemälde ob", Localanz., Nr. 322. „ [...], wobei dem Bildercyklus der Gedanke zu Grunde gelegen ist, daß er der Ausschmückung einer Kirche an Stelle des alten Domes dienen soll, daher insbesondere die hierorts verehrten Heiligen zur Darstellung zu bringen habe. [...] Die ihrer Legende entlehnten Attribute sowie die Kirchenbauten, welche sie hierorts geschaffen, führen die in sitzender Stellung dargestellten Kirchenfürsten bei sich", anonym, Die Cäcilienkirche in Köln, in: Kölnische Volkszeitung, Nr. 632, 17. September 1896.

492 Heimann (1915), 2, S. 78.

493 Zu den Darstellungen, Kdm Köln 1.4, S. 189. Zu den Malereien und ihren Ergänzungen durch Bardenhewer, Heimann (1915), 2, S. 78-88. Den Zustand des Engelorchesters nach der Restaurierung zeigt Heimann (1915), 2, Abb. 1. Die Kreuzigung Petri nach der Restaurierung dokumentiert eine Fotografie bei Heimann (1915), 2, Abb. 5. Sie ist in der RA St. Cäcilien erhalten. Der Zustand der Kreuzigung Petri und einer Kreuzigungsgruppe an einem nördlichen Schiffspfeiler verschlechterte sich in den folgenden Jahren trotz wiederholter Wiederherstellungen so sehr, daß sie 1915 übertüncht wurden, Heimann (1915), 2, S. 87, Kdm Köln 1.4, S. 189.

494 Klinkenberg (1903), S. 86.

495 Im Rahmen dieser Arbeiten entstanden vermutlich auch die Schlußsteintafeln (Abb. 83).

496 Kdm Köln 1.4, S. 179; Clemen (1930), S.133.

497 Kdm Köln 1.4, S. 179

498 Beines (1979), S. 181, Nr. 14; Klinkenberg (1903), S. 86. Ob diese auch eine einfache Flechtwerkverglasung für die Seitenschiffe ausführten, ist bislang nicht geklärt, siehe: anonym, [St. Cäcilienkirche], in: Stadtanzeiger, Nr. 430, 18. September 1896.

499 Heimann (1915), 2, S. 83; anonym, In der St. Cäcilienkirche, in: Localanzeiger, Nr. 97, 11. April 1900.

500 Die Fotografien befinden sich heute verstreut über die Bestände des Bildarchivs des Rh. Amts f. Denkmalpflege, des Rh. Bildarchivs, der Graphischen Sammlung des Kölnischen Stadtmuseums und der Fotosammlung des Stadtkonservators Köln. Zum Teil sind sie in mehreren Abzügen erhalten.

501 Fotografien des Schreibzeugs, des Vater Rhein, eines Kandelabers und zweier Schüsseln in: anonym, Modernes Kunstgewerbe - Das kölner Rathssilber, Illustrirte Zeitung, Nr. 3012, 21. März 1901, S. 445-446.

502 Zu den Einzelheiten siehe: Illustrirte Zeitung, Nr. 3012, S. 445.

503 Siehe Katalog, Nr. 14.

504 Illustrirte Zeitung, Nr. 3012, S. 445.

505 Historisches Archiv der Stadt Köln, Nr. HI 165, Hochbauamt Plan 298-304.

506 Eine ausführlich Beschreibung des Laufbrunnens bei Hiller, Der Tafelaufsatz und das Goldene Buch der Stadt Köln, in: Moderne Kunst, 1899, S. 388-389.

507 Siehe dazu: Illustrirte Zeitung, Nr. 3012, S. 445.

508 Siehe Zeichnung 4., heute: Plan 302, Historisches Archiv der Stadt Köln. Das entsprach den Auftragsvorgaben für diesen Tafelaufsatz.

509 Beide Tafelaufsätze befinden sich heute im Bestand des Kölnischen Stadtmuseums.

510 Im Archiv der Graphischen Sammlung des Kölnischen Stadtmuseums ist ein kleiner Bestand zu den Arbeiten und der Werkstatt von Gabriel Hermeling erhalten.

511 Beschreibung des Vater Rhein in: Illustrirte Zeitung, Nr. 3012, S. 445-446.

512 Siehe dazu Kapitel VII.

513 Siehe die Auflistung in Kdm Köln 2.4, S. 440-575. Seine Kamera und Fotoausrüstung waren noch bis vor wenigen Jahren im Familienbesitz, können jedoch zur Zeit nicht gefunden werden. Als Beispiel dafür, wie man sich seine Kamera vorstellen muß, kann die Reisekamera von Paul Clemen dienen, die im Bestand des Rheinischen Amts f. Denkmalpflege, Brauweiler, erhalten ist, Kat. (1991), S. 70.

514 Siehe die Auflistung der bislang nachgewiesenen Fotografien Bardenhewers im Ergänzungsband.

515 Siehe Kapitel VIII.2.1.

516 Heimann in seiner Beurteilung vom 18. Juni 1895, Personalakte (1893-97).

517 Diese Begabung mag ihn im besonderen Maße angesprochen haben, da er selbst seit seinen Schülertagen Reisen und Kunstwerke in Aquarellen, Zeichnungen und Skizzen festhielt. Kat. (1991).

518 Seine vielfältigen Reisen sind durch eine große Anzahl erhaltener Aquarelle und Skizzen belegt, siehe Kat. (1991).

519 Mainzer (Hsg.), Paul Clemen. Zur 125. Wiederkehr seines Geburtstages, JBRD, Bd. 35, Köln 1991, S. 5-6. Dazu Wolf, Paul Clemen, der Rhein und Bonn, in: Mainzer (1991), 1, S. 369-380.

520 Zu biographischen Einzelheiten siehe Kat. (1991), S. 18-20. Zu Clemens Leben allgemein und umfassend, Mainzer (1991), 1.

521 Brönner, Paul Clemen und die französische Denkmalpflege, in: Mainzer (1991), 1, S. 87-92.

522 Daten aus: Clemen (1900), 1; Paul, Die Kunstanschauung John Ruskins, in: Beiträge zur Theorie der Künste im 19. Jahrhundert, Frankfurt 1971, S. 312, nennt als Gründungsdatum für die Society for the Protection of Ancient Buildings das Jahr 1877 und als Gründer William Morris. John Ruskin habe lediglich durch sein Buch „Lamp of Memory" die Anregung zur Gründung gegeben. [Siehe: Ruskin, Die sieben Leuchter der Baukunst (dt. Übersetzung von Wilhelm Schoelermann), Leipzig 1900] Da Paul Clemen Ruskin sehr verehrte und ihn noch selbst kennenlernte und Paul keine Quelle für seine Daten angibt, stütze ich mich auf seine eigenen Angaben.

523 Zitiert nach Clemen (1900), 1, S. 25.

524 Clemen (1898), 1, S. 6.

525 Siehe Kapitel IV.

526 Horion, Paul Clemen und die Rheinlande, in: Paul Clemen Ehrung, Zeitschrift des Rh. Vereins für Denkmalpflege und Heimatschutz, 19. Jg., Heft 2, 1926, S. 1-2.

527 Mainzer, Paul Clemen - der progressive Konservator, in: Mainzer (1991), 1, S. 61-86.

528 Pfitzner (1941), S. 310; Katalog, Nr. 10.

529 Kat. (1991), S. 18; Mainzer (1991), 1, S. 9-10. Die Rheinprovinz zeigte sich bei der Aufgabe der Erhaltung der Kunstdenkmäler als sehr fortschrittlich. Erst im Jahr 1891 hatte man sich entschlossen, in jeder Provinz eine eigene Provinzialkommission für Denkmalpflege einzurichten, Weyres (1980), S. 392.

530 Clemen (1902), S. 28; Heimann, Ein Monumentalwerk über rheinische Kunst im Mittelalter, in: Kölnische Volkszeitung, Nr. 848, 21. Oktober 1916. „Weiterhin sind ausgestellt farbige Copien der rheinischen und westfälischen Wandgemälde, die seit 4 Jahren durch eine Reihe von besonders angelernten Malern angefertigt sind [...]," Schnütgen, Vorwort, in: Kunsthistorische Ausstellung Düsseldorf 1902, 1. Mai bis 20. October, Illustrirter Katalog, 2. Auflage, Düsseldorf 1902, S. 3. Anton Bardenhewer war einer dieser Maler, die für Clemen farbige Aquarelle von Wandmalereien anfertigten, siehe Kapitel VIII. „Die rheinische Provinzialkommission für die Denkmalpflege hat schon seit fünf Jahren durch die Maler Ehrich, Doeringer, Vorlaender, Schoofs, J. und A. Winkel, Olbers, Batzem, Gartmann, Bardenhewer farbige Kopien nach diesen Malereien anfertigen lassen, die diese immer mehr verschwindenden malerischen Denkmäler mit möglichster Treue festhalten sollen. Aus der über 200 Blatt umfassenden Sammlung sind nur 25 Stück aus verschiedenen Jahrhunderten der Ausstellung eingereiht [...]," Clemen, Farbige Copien Rheinischer und Westfälischer Wandmalereien, in: Kunsthistorische Ausstellung Düsseldorf 1902, 1. Mai bis 20. October, Illustrirter Katalog, 2. Auflage, Düsseldorf 1902, S. 27.

531 Kat. (1991), S. 18; Mainzer (1991), 1, S. 12. Da es sich dabei um ein Ehrenamt handelte, erhielt er nur eine sehr geringe jährliche Vergütung. Seine Wahl erfolgte auf fünf Jahre und mußte danach wiederholt werden, Weyres (1980), S. 392. Zu seinen Aufgaben, Horion (1926), S. 2.

532 „[...] und die kunstgeschichtlich besonders wichtigen Wandmalereien zu Aachen, Werden, Sayn, Trier, Oberwesel, Eltz haben bisher in der Literatur noch gar keine Beachtung gefunden," Clemen, Anfertigung von Kopien der mittelalterlichen Wandmalereien der Rheinprovinz, in: Bonner Jahrbücher, Bd. 102, 1897, S. 257.

533 Heimann (1915), 3, S. 228; siehe: Machat, Paul Clemen als Inventarisator, in: Mainzer (1991), 1, S. 51-60 und Gierschner, Zur Authentizität der romanischen Wandmalereien von Schwarzrheindorf - Versuch einer immanenten Quellenkritik, JBRD, Bd. 35, Köln 1991, S. 115-116.

534 Clemen (1897), S. 260.

535 Clemen, Bericht über die Tätigkeit der Vereinigung von Freunden des Kunsthistorischen Instituts in Bonn, Bonn 1921, S. 9.
Heimann (1915), 3, S. 278. Dazu auch Schnütgen, Die romanischen Wandmalereien der Rheinlande, in: Zeitschrift für christliche Kunst, Nr. 3, 18. Jg., 1905, Sp. 72-74.

536 Clemen (1905), S. 59.

537 Kapitel VII und VIII.

538 Schon vor 1847 hatte der damalige Konservator am Wallraf-Richartz-Museum, Köln, die Erstellung eines Repertoriums von Pausen und Aquarellen gefordert. Der Plan war jedoch nach 1847 wieder fallengelassen worden, siehe: Vey, Ramboux in Köln, Kat. (1967), S. 52-53. „Von Bauwerken, deren Wiederherstellung aus irgend einem Grunde hinausgeschoben werden muß, werden genaue und detaillierte Zeichnungen und fotografische Aufnahmen angefertigt, um sie in ihrer augenblicklichen äusseren Erscheinung festzuhalten und sowohl für archäologische Forschungen wie für spätere Wiederherstellungsarbeiten eine sichere Unterlage zu schaffen. Die Aufnahmen und Restaurationspläne aller mit Unterstützung der Provinz wiederhergestellten Bauwerke werden im Original oder in Kopie im Denkmälerarchiv deponiert," Clemen (1898), 1, S. 28. Anton Bardenhewer schuf für Clemen in späteren Jahren mehrfach solche Aufnahmen, die den Bestand dokumentieren.

539 Clemen (1905), Clemen (1916), 1 und Clemen (1930).

540 Clemen, Denkmalpflege in der Rheinprovinz 1896, Düsseldorf 1898, S. 22.

541 Clemen (1898), 1, S. 23.

542 Reimers, Handbuch für die Denkmalpflege, 2. Aufl., Hannover 1911, S. 4.

543 Reimers (1911), S. 10.

544 So empfahl er im Jahr 1905 der Kirchengemeinde St. Goar in einem Brief „als besonders geeigneten Spezialisten" den Maler Bardenhewer, siehe Katalog, Nr. 44. Auch in seiner Funktion als Vorsitzender des Denkmalrates schlug er in späteren Jahren noch vielfach die ausführenden Restauratoren vor. Darauf weisen die großen Aufträge hin, die sein früherer Schüler und Freund, der Kirchenmaler Dr. Josef Kurthen, in späteren Jahren erhielt. Siehe dazu die Katalogtexte. Siehe auch: Knopp/Hansmann, Josef Kurthen malt Paul Clemen, in: Mainzer (1991), 1, S. 397-421.

545 Clemen (1906), 1.

546 Heimann (1915), 3, S. 228.

547 Als „ordentlicher Lehrer der Kunstgeschichte und Literatur", Kat. (1991), S. 15.

548 Kat. (1991), S. 12. Zu seinen großen Verdiensten beim Aufbau des Kunsthistorischen Instituts der Universität Bonn, siehe Clemen, Paul, Das Kunsthistorische Institut in Bonn, Düsseldorf 1916; Kat. (1991), S. 117-128.

549 Es sollen manchmal über tausend Zuhörer seinen Ausführungen gelauscht haben, Kat. (1991), S. 15. Zu seinen vielfältigen Forschungen siehe die Auflistung seiner Schriften in: Mainzer (1991), 1, S. 423-443.

550 Acta betreffend die anderweite Organisation der Denkmalpflege, Landeshauptarchiv Koblenz, Abt. 403, Nr. 13 995.

551 Horion (1926), S. 3.

552 Verwiesen sei auf einen über 'Denkmalpflege und Heimatpflege an der Mosel' am 19. Juli des Jahres 1909 auf dem Moseltag in Bullay.

553 Clemen (1906), 1.

554 Clemen (1906), 1. Zur allgemeinen Problematik siehe Wohlleben, Konservieren oder restaurieren? Zur Diskussion über Aufgaben, Ziele und Probleme der Denkmalpflege um die Jahrhundertwende, Zürich 1989.

555 Clemen (1906), 1. „Gottfried Semper hat damals 1842, ehe jene verhängnisvolle historische Aberration einsetzte, von der wir jetzt wieder auf den gesunden und geraden Weg zurückgekehrt sind, das Wort ausgesprochen: 'Unsere Kirchen sollen Bauwerke und Schöpfungen des 19. Jahrhunderts sein, man soll sie hinfürders nicht halten für Schöpfungen des 13. und des 15. Jahrhunderts oder irgendeiner anderen Zeit. Man begeht sonst ein Plagiat an der Vergangenheit und man belügt die Zukunft. Am schmählichsten aber behandelt man die Neuzeit, denn man spricht ihr die selbständige Schaffenskraft ab und beraubt sie der künstlerischen Urkunden'," Clemen (1910), 2, S. 142.

556 Clemen (1906), 1.

557 Vermutlich fiel dieses Praktikum in das Jahr 1900, da er sich zu dieser Zeit eine längere Zeit in Metz und später in Trier bei der Restaurierung des dortigen Doms durch Wilhelm Schmitz, einen Schüler Tornows, aufhielt und von dort die anstehenden Restaurierungen im Rheinland durch einen regen Schriftverkehr überwachte, Acten über den Bau und die Reparatur der katholischen Kirche zu Ahrweiler, Restaurierung 1899 ff., Landeshauptarchiv Koblenz, Abt. 441, Nr. 15255.

558 Verbeek, Paul Clemen (1866 - 1947), in: Rheinische Lebensbilder, Bd. 7, Köln 1977, S. 194. Zu Paul Tornow, Clemen, Paul Tornow, in: Die Denkmalpflege, Nr. 8, VIII. Jg., Berlin 1906, S. 63-64.

559 Siehe Katalog, Nr. 46.

560 Verbeek (1977), S. 194.

561 „Die wenigen großen Künstler auf dem Gebiet dieser stilistischen Architektur und Ausschmückungskunst, die wir noch haben, sehen sich immer mehr verdrängt und in den Hintergrund geschoben durch handwerkmäßiges Tun. Wem ist es nicht schon passiert in seiner Tätigkeit, daß, wo er einen Künstler nun mit einer großen Aufgabe betrauen wollte, er schon einen elenden Bauhandwerker, einen kleinen, hochmütigen Unternehmer hier auf dem Plan vorfand, der den Platz ergriffen hatte, daß ein elender Schreiner Innenausstattungen durchführte, daß ein Pfuscher von Anstreichermeister sich anmaßte, einen großen kirchlichen Bau zu verschönern und zu verunzieren [...] Wenn diese schlechte Ausstattung dann nicht längst hinausgeworfen ist, wenn die Wandmalereien nicht, was sie ja glücklicherweise tun, von den Decken und Wänden wieder heruntergefallen sind, dann werden die Inventarisatoren sich damit begnügen können, in vielen, in sehr vielen Fällen einfach zu schreiben: Ausstattung in dem schlechten Geschmack vom Ende des 19. Jahr-

hunderts," Clemen, Denkmalpflege und moderne Kunst, Auszug aus den stenografischen Berichten des Tages für Denkmalpflege, Bd. 1, 1910, in: Clemen, Gesammelte Aufsätze, Düsseldorf 1948, S. 139.

562 Kat. (1991), S. 11. Diesen Posten übernahm sein langjähriger Mitarbeiter Edmund Renard.

563 Siehe Clemen, Zwei Reden des Vorsitzenden des Denkmalrates der Rheinprovinz, Sonderdruck aus der Zeitschrift d. Rh. Vereins f. Denkmalpflege u. Heimatschutz, 1926.

564 Mainzer (1991), 1, S. 27. In diesem Zusammenhang sprach er sich wiederholt auch für die Erhaltung von gewachsenen Kunstwerken aus. „Ich meine, in allen großen Baudenkmälern der Vergangenheit vertragen sich Kunstwerke ersten Ranges, welchem Stil, welcher Kunstauffassung sie auch immer angehören, nebeneinander auf das beste," Clemen (1910), 2, S. 141.

565 Clemen (1930), S. IX.

566 Dazu Mainzer (1991), 2, S. 73-77.

567 Siehe dazu Kapitel X.

568 Mainzer (1991), 1, S. 29. Das nahm er zum Anlaß, um für die Kunstdenkmäler Belgiens mit Hilfe von 38 weiteren Kunsthistorikern und Architekten eine vollständige bildliche Inventarisation vorzulegen. Siehe Goege, Kunstschutz und Propaganda im Ersten Weltkrieg-Paul Clemen als Kunstschutzbeauftragter an der Westfront, in: Mainzer (1991), 1, S. 149-168. Dazu auch Horion (1926), S. 3.

569 Kat. (1991), S. 14.

570 „Durch eine Reihe von besonders geschulten und ausgebildeten Malern - die Herren Bardenhewer, Batzem [...] - sind seitdem (dem Beschluß der Provinzialkommission im Jahr 1895) von den sämtlichen älteren Wandmalereien große farbige Kopien hergestellt worden, bei denen die etwa in letzter Zeit irgend einer Sicherung oder Wiederherstellung unterzogenen Gemälden natürlich im Zustande vor jeder Restauration, dazu ist ein umfangreiches Photographienmaterial erworben und angefertigt worden. Die dem Denkmälerarchiv der Rheinprovinz einverleibte Sammlung von zeichnerischen und farbigen Aufnahmen umfaßt heute schon über 250 Blatt; [...]," Clemen (1905), Tafelband, Einleitung. Zu den durch Anton Bardenhewer angefertigten Fotografien siehe die entsprechenden Katalogtexte.

571 Katalog, Nr. 21, 25, 26, 34. Die im Jahr 1897 von Bardenhewer angefertigten vier Umrißzeichnungen zu den Wandmalereien in Linz wurden durch den Dispositionsfonds des Provinzialausschusses der Rheinprovinz auf Anregung Paul Clemens finanziert. Den Auftrag für die Umrißpausen der Wandmalereien im Dom zu Trier erhielt Bardenhewer mit großer Wahrscheinlichkeit ebenfalls auf Vermittlung Clemens, der sich 1900 selbst in Trier aufhielt, Katalog, Nr. 29. „Mit einigem Befremden wird man vielleicht hier noch die Umrißzeichnungen antreffen. Das erschien bei allen den Schöpfungen am Platze, die so stark, einzelne sogar schon zum zweiten Male, restauriert worden waren, daß sie in ihrer farbigen Gesamterscheinung ihren Wert als kunsthistorische Urkunde fast eingebüßt hatten, und ebenso bei denen, von denen nicht vielmehr als die Umrisse erhalten waren, und deren Bedeutung in eben diesen Umrissen lag", Clemen (1905), Tafelband, Einleitung. Als Beispiel für diese durch Bardenhewer gefertigten Umrißzeichungen siehe die Umrißzeichnungen zu den Gewölbemalereien in der Pfarrkirche, Lipp, (Abb. 96 - 97).

572 Siehe dazu die Auflistung der vielfältigen Publikationen von Clemen zu den mittelalterlichen Wandmalereien und ihrer farbigen Ausstattung im Literaturverzeichnis.

573 Kat. (1991), S. 83.

574 Siehe Katalog, Nr. 16, 18, 19, 75.

575 Katalog, Nr. 10.

576 Personalakte (1893-97).

577 „Die Provinzialkommission für die Denkmalpflege in der Rheinprovinz beschloß 1895 die Anfertigung von Kopien und Pausen der mittelalterlichen Malerei in den Rheinlanden zunächst um diese kunstgeschichtlich außerordentlich wertvollen Denkmäler, die zum Teil im Bestande gefährdet sind und immer mehr verschwinden und verbleichen, in ihrem jetzigen Zustand festzulegen, sodann aber um auf diese Weise das Material für eine große Publikation der sämtlichen Wandmalereien zu sammeln, die im Verein mit der Gesellschaft für rheinische Geschichtskunde in Aussicht genommen ist," Clemen, Die romanischen Wandmalereien der Rheinlande, Tafelband, Düsseldorf 1905, S. 59.

578 Clemen in einem Brief vom 12. Juni 1896, Personalakte (1893-97).

579 Brief von Clemen vom 10. Juli 1896, Personalakte (1893-97).

580   Clemen in einem Brief vom 25. Juli 1896.

581   Siehe Katalog, Nr. 21. Vermutlich im gleichen Jahr entstanden die Aufnahmen der Wandmalereien von St. Severus, Boppard, Katalog, Nr. 10.

582   Vielfach wurden die Arbeiten für Clemen oder aufgrund von dessen Vermittlung ausgeführt. Siehe Katalog, Nr. 10, 16, 17, 20, 23.

583   Siehe VIII.

584   Heimann (1915), 3, S. 227. Siehe Katalog, Nr. 20.

585   Paul Clemen formulierte 1916 seine eigene Kritik an zu weitgehenden Eingriffen im Rahmen von Restaurierungen sehr pointiert durch Zitieren eines frühen Kritikers dieses Vorgehens. „Noch heute gilt, was ein kluger und besorgter rheinischer Kunstfreund im Kunstblatt des Jahres 1843 schrieb: 'Zwei Feinde arbeiten gemeinsam an der Zerstörung der Kunstdenkmale: Armut und Reichtum, und wenn erstere sie tötet, so begräbt sie letztere - aus Freude an kostbaren Leichenbegräbnissen - vollständig," Clemen (1916), 1, S. XVI. Siehe dazu auch den Vortrag von Wolff Metternich vor dem Kölner Geschichtsverein 1939, anonym, Die Erhaltung mittelalterlicher Wandmalereien, Köln 1939.

586   Clemen (1916), 1, S. 645-650. Ein Vorgehen, das Anton Bardenhewer bereits unter Heimann in St. Cäcilien erlernte, siehe Kapitel VII.

587   anonym (1939). Siehe dazu die ausführliche Literaturliste zu diesem Thema bei Hanselmann, Die Denkmalpflege in Deutschland um 1900 - Zum Wandel der Erhaltungspraxis und ihrer methodischen Konzeption, in: Europäische Hochschulschriften, Reihe 28, Kunstgeschichte, Bd. 280, Frankfurt a. M. 1996. Hanselmann selbst befaßt sich trotz des umfassenden Titels nicht mit der Wandmalereirestaurierung.

588   Zitiert nach: Mielke (1975), S. 43. Zu Tornow, Clemen (1906), 2, S. 63-64.

589   Dr. Cornelius Gurlitt, ord. Professor an der Kgl. techn. Hochschule Dresden. Zu Gurlitts Ansicht zu dieser Frage siehe : Gurlitt, Die deutsche Kunst des Neunzehnten Jahrhunderts - Ihre Ziele und Taten, in: Das Neunzehnte Jahrhundert in Deutschlands Entwicklung, Bd. 2, Berlin 1907, S. 610-612.

590   Zitiert nach: Mielke (1975), S. 43.

591   Marhoffer, Der Dom zu Aachen und seine Entstehung, in: Koblenzer Volkszeitung, 21. März 1904, Nr. 145, über die laufende Restaurierung des Aachener Doms: „Die Möglichkeit eines Eingriffes, wie er jetzt in Aachen geschieht, sollte mit dem 19. Jahrhundert vorüber sein. [...] Wer dem Grabtempel des großen Karl ein prunkendes, wenn auch alt sein wollendes Kleid anhängt, treibt meines Erachtens unwürdige Mummenschanz."

592   Dehio (1905), S. 8-9.

593   Dehio (1905), S. 14.

594   anonym, Denkmalschutz und Heimatpflege an der Mosel, Vortrag Prof. Dr. Clemen auf dem Moseltag in Bullay, in: Kölnisches Tageblatt, Nr. 327/ 328, 20./21. Juli 1909.

595   Siehe dazu Kapitel III.

596   anonym, Ein Rheinischer Verein für Denkmalpflege und Heimatschutz, in: Localanzeiger, Nr. 289, 21. Oktober 1906.

597   Die Gründung wurde unter anderem durch Paul Clemen betrieben, Kat. (1991), S. 14; Mainzer (1991), 1, S. 25. Siehe Bornheim gen. Schilling, Paul Clemen und der Rheinische Verein für Denkmalpflege und Landschaftsschutz, in: Mainzer (1991), 1, S. 169-184.

598   Localanz., Nr. 289; Clemen, Was wir wollen. Ziele und Aufgaben, in: Mitteilungen des Rheinischen Vereins f. Denkmalpflege und Heimatschutz, Heft 1, 1907, S. 7-15. „Für die Verbreitung der Ideen der Denkmalpflege in einer größeren Öffentlichkeit sorgte der 1906 mit großem Idealismus gegründete 'Rheinische Verein für Denkmalpflege und Heimatschutz," Weyres (1980), S. 397.

599   Clemen (1906), 1.

600   Clemen, Anfänge, Entwicklung und Ziele der rheinischen Denkmälerstatistik, in: Nachrichten - Blatt für rheinische Heimatpflege, Düsseldorf 1930/31, S. 106.

601   Dehio (1905), S. 17.

602   Siehe dazu die Kapitel VII und VIII.

603   Clemen (1906), 1.

604   Reimers „Handbuch für die Denkmalpflege", Hannover 1899, das 1911 in 2. Auflage erschien.

605   Reimers (1911), S. 15.

606   „Wenn wir unsere alten herrlichen Malereien aus der romanischen und gotischen Zeit sorgfältig unter der Tünche hervorholen und

sorgfältig aufnehmen, wie dies jetzt wieder in den beiden großen durch die Munifizenz eines Kölner Mäcens unterstützten Publikationen geschieht, so hatten wir doch wahrlich neben den wissenschaftlichen Zielen nicht den praktischen Zweck vor Augen, daß diese Malereien mit all ihren Unvollkommenheiten, Mängeln und Dürftigkeiten gedankenlos und sklavisch kopiert würden, sondern daß das Gefühl für das Feierlich-Strenge, für das Architektonisch-Gebundene, den sicheren Sinn für Raumfüllung wecken möchte," K. Z., Nr. 284.

607   Siehe Veränderungen und Ergänzungen der letzten beiden Restaurierungen, 1954 und 1990/91 in der Ev. Kirche in Liebershausen, Heidrich (1995), S. 75-84.

608   K. Z., Nr. 284. Im folgenden wird in diesem Artikel Bezug auf die Ausmalung des Mittelschiffs von St. Andreas, Köln, durch den Maler Fischer genommen, siehe dazu Kapitel X.

609   „Es ist ein geringer Trost und eine noch schlechtere Entschuldigung, daß man sagt: in den Nachbarprovinzen sieht es ähnlich aus - oder schlimmer. Dann sollte eben die Rheinprovinz, die dank der nicht nachlassenden Freigebigkeit des Provinziallandtags auf dem Gebiete des Denkmalpflege eine führende Rolle beanspruchen darf, auch am ehesten Schritte tun, um diesem Übelstand entgegenzuarbeiten," K. Z., Nr. 284. Siehe dazu auch die weiteren Ausführungen in dem Artikel.

610   Kiesow, Einführung in die Denkmalpflege, Darmstadt 1989, S. 134. Siehe dazu auch: Reichwald, Vom bunten Treiben der Restauratoren, in: Mörsch/Strobel (1989), S. 163-176.

611   „Wenn im 19. Jahrhundert das Restaurierziel Original dadurch erreicht wurde, daß man das historische gewachsene und dadurch uneinheitliche Kunstwerk auf ein Idealbild hin programmatisch vervollständigte, so war es nun genau umgekehrt: Man entkleidete den gewachsenen Zustand, um auf ein dahinter oder darunter befindliches vermeintlich Urbild zu stoßen, um ein 'Original' freizulegen", Bacher (1989), S. 2. Siehe dazu die Arbeiten in St. Ursula, Lipp; Katalog, Nr. 27 und Glaise, Die Restaurierung der mittelalterlichen Monumentalmalerei in der Pfarrkirche zu Lipp, in: JBRD, Bd. 24, Kevelaer 1962, S. 31-38 und Abb. II und Beseler, Zu den Monumentalmalereien der Pfarrkirche in Lipp, in: s.o., S. 39-50.

612   Philippot/Mora, Die Behandlung von Fehlstellen in der Wandmalerei, in: Beiträge zur Kunstgeschichte und Denkmalpflege - Walter Frodl zum 65. Geburtstag gewidmet, Wien/Stuttgart 1975, S. 205.

613   Philippot/Mora (1975), S. 205.

614   Zur Diskussion über die Frage des 'Originals' und 'Gibt es das Original überhaupt?' siehe die Ausführungen von Bacher (1989), S. 1-6.

615   v. Behr (1906), I, S. 31.

616   „Den Purifikationen des 19. und 20. Jahrhunderts ist endgültig der Abschied zu geben, die Geschichtlichkeit eines Bauwerkes ist in allen sichtbar gebliebenen Äußerungen seiner Biographie anzuerkennen, seine Altersspuren, seine Gebrauchs- und Verbrauchsspuren und in letzter Folgerichtigkeit sein „Recht auf Vergänglichkeit," Knoepfli, Miszellaneen zur einäugigen Denkmalpflege, in: Mörsch/Strobel (1989), S. 122. Die Diskussion um das Recht auf Vergänglichkeit der Kunstwerke bewegt die Fachkreise seit den ersten Tagungen zur Denkmalpflege um 1900. Siehe: Conrads (Hsg.), Georg Dehio - Alois Riegl: Konservieren, nicht restaurieren, Braunschweig/Wiesbaden 1988.

617   Siehe dazu die Katalog, Nr. 36.

618   Siehe Kapitel IX.

619   Philippot/Mora (1975), S. 204. Noch heute bestimmt das Problem des richtigen Maßes von Wiederherstellung, Ergänzung und reiner Konservierung vielfach Diskussionen in der Denkmalpflege, siehe dazu Mainzer (1991), 2, S. 73; dort auch Fn. 86.

620   Heutige Maßstäbe angesetzt, müßte man fordern, daß Bardenhewer auch bei der Übertragung auf die Wand seine Neuschöpfungen deutlich als solche kenntlich zu machen hätte und sie überall dort, wo sie sich rein auf Vermutungen stützten oder, da es keinerlei Hinweise auf die Originalszenen gab, sogar vollkommene Erfindungen waren, zu unterbleiben hätten. Siehe dazu Philippot/Mora (1975), S. 206.

621   Darauf wird im folgenden an entsprechender Stelle noch eingegangen werden. Es gab evangelische Gemeinden, die sich vehement gegen eine Wiederherstellung überkommener mittelalterlicher Wandmalereien zur Wehr setzten, siehe Katalog, Nr. 65.

622 anonym, Der vierte Tag für Denkmalpflege in Erfurt, Deutsche Bauzeitschrift, 37. Jg., Nr. 90, 11. Nov. 1903, Berlin, S. 580.

623 Bei einigen Wiederherstellungen wurden eine weitgehende Ergänzung der originalen Malerei bzw. groß angelegte Neuschöpfungen ausdrücklich durch Paul Clemen befürwortet, da er meinte, die Gemeinden müßten so viel Geld aufbringen, daß sie dafür wenigstens wieder ein ansehnliches Kircheninneres verdienten. Dazu Katalog, Nr. 41.

624 Siehe die Ausführungen zu Niedermendig in Kapitel IX.

625 Siehe Eyth/Meyer (1896). Dort vor allen Dingen das Kapitel III, Das Material und seine Eigenschaften, im Textband, S. 197-238, und den Hinweis auf J.G. Gentele, Lehrbuch der Farbenfabrikation. Zur mittelalterlichen Wandmalereitechnik, siehe auch Clemen (1916), S. 645-650.

626 Vergleich von Bardenhewers Rezeptur im Restaurierungsbericht von Niedermendig, Bardenhewer (1901), S. 5, mit den Rezepten bei Eyth/Meyer (1896), S. 225.

627 Nach Auskunft des Nordrhein-Westfälischen Wirtschaftsarchivs waren weder Anton Bardenhewers Atelier noch die Stickwerkstatt seiner Frau je als Betrieb gemeldet. Sie zahlten keine Steuern. Einer von Bardenhewers langjährigen Mitarbeitern war der Maler Jakob Gassert, später selbständiger Restaurator in Klein-Villip bei Bonn. Weyres, Die farbige Behandlung staufischer Innenräume, in: Festschrift für Franz Graf Wolff Metternich, JBRD, Neuss 1974, S. 89.

628 Die hohe Wertschätzung, die man Anton Bardenhewer und seinen Arbeiten in Fachkreisen entgegenbrachte, machen Aussagen wie die von Weyres deutlich. „Als mich 1931 der Dechant Hieronymus Hilt mit der Instandsetzung des Inneren der ehemaligen Stiftskirche von Münstermaifeld beauftragte, hatte ich das Glück, für die Aufdeckung und Restaurierung der bedeutenden Wandmalereien den Maler Jakob Gassert zu gewinnen, der lange bei dem alten Restaurator Bardenhewer gearbeitet hatte und dessen Methoden und Tricks genau kannte," Weyres (1974), S. 89.

629 Siehe dazu die vielen Überschneidungen der Datierungen einzelner Restaurierungen in den entsprechenden Katalogtexten.

630 Siehe Katalog, Nr. 24.

631 Wolters, Noch einmal: Restaurieren oder Renovieren?, in: Mörsch/Strobel (1989), S. 192.

632 Bardenhewer gehörte über Jahre hinweg einem Stammtisch mit Skatrunde im 'Gänseblömsche' im Gereonsviertel an, zu dem sich der spätere Leiter des Hochbauamts, Hans Vogts, und weitere für die Kölner Denkmalpflege einflußreiche Leute gesellten.

633 Personalakte (1893-97). „Aufdecken, Erhalten und Ergänzung aller beschriebenen Bildreste war dem Maler Anton Bardenhewer aus Köln anvertraut, der sich dieses Auftrages mit weitgehender Sorgfalt und künstlerischem Interesse entledigte, [...]", Heimann (1915), 2, S. 87.

634 Im August 1897 waren die Arbeiten noch nicht abgeschlossen, anonym, Die St. Cäcilienkirche in Köln, in: Localanzeiger, Nr. 322, 23. November 1897.

635 Sie gingen durch die Zerstörung der Gewölbe im Zweiten Weltkrieg verloren.

636 Den Zustand nach der Restaurierung dokumentiert eine Fotografie bei Heimann (1915), 2, Abb. 6.

637 Clemen (1901), 3, S. 70.

638 Heimann (1915), 2, S. 87. Die Arbeiten in der Kirche St. Cäcilien zogen sich von 1893 bis zur endgültigen Fertigstellung der neuen Ausstattungsstücke im Jahr 1907 hin; die Gesamtkosten beliefen sich auf 75 500 Mark, Heimann (1915), 2, S. 88. Eine Fotografie bei Heimann (1915), 2, als Tafel V abgebildet, zeigt den Blick durch das Langhaus nach Osten nach der Wiederherstellung.

639 Zu der Farbigkeit siehe Kapitel VIII.

640 Siehe weiter oben.

641 Katalog, Nr. 88.

642 RA St. Cäcilien, Archiv der Werkstatt II, Rh. Amt f. Denkmalpflege, Abtei Brauweiler, Pulheim.

643 Siehe dazu Kapitel VII.

644 Bentelev, Die Restaurierungsgeschichte der Wandmalereien an der Nord- und Südwand des Chores in Köln, 30.10.1978, in: RA St. Cäcilien. 1956 erfolgte bei einer im nachhinein als unsachgemäß beurteilten Restaurierung unter der Leitung von Gassert, Klein-Villip, eine nahezu vollständige Abnahme der Übermalungen und Rekonstruktionen Bardenhewers. Siehe Untersuchungsbericht Dr. Her-

mann Kühn, 1978, in: RA St. Cäcilien. Das der damaligen Anschauung der Re-Restaurierung entsprechende Vorgehen hinterließ bis zur Unleserlichkeit fragmentierte Darstellungen. Bei einer 1978-79 durch die Werkstatt des Rh. Amts f. Denkmalpflege durchgeführten neuerlichen Restaurierung hatte sich bereits wieder eine neue Auffassung durchgesetzt, so daß man nun die Malereien lediglich sicherte und konservierte. Dabei blieben die wenigen noch vorhandenen Ergänzungen Bardenhewers, die zuvor durch Gassert vermutlich nicht als solche erkannt worden waren, erhalten. Siehe dazu RA St. Cäcilien.

645 Siehe Katalog, Nr. 23; Kdm 5.3, S. 56.

646 Ein Spendenaufruf bei Heimann (1903), 2, Sp. 76.

647 Die daraus resultierenden Pausen und Umrißzeichnungen wurden in den folgenden Jahren mehrfach veröffentlicht. Eine Umrißzeichnung Bardenhewers von der Marienkrönung ist in Clemen (1916) als Fig. 415 abgebildet. Eine Pause des Zustands der Marienkrönung nach der Aufdeckung und ohne Ergänzungen Bardenhewers ist in Kdm Rhp. 5.3 als Fig. 25 abgebildet. Bislang konnten die den Abbildungen zugrunde liegenden Pausen bzw. Kartons nicht wiedergefunden werden.

648 Heimann, Die St. Markuskapelle in Altenberg, in: Zs. f. christl. Kunst, Nr. 3, 1903, Sp. 65-76; RA St. Markuskapelle, Altenberg.

649 Bardenhewer (1911), 1, S. 5.

650 Die Pause ist bei Heimann (1903), 2 als Abb. 6 und in Kdm 5.3 als Fig. 27 veröffentlicht.

651 Ausführliche Beschreibung der farbigen Fassung, Kdm 5.3, S. 57; Clemen (1916), Fig. 455; RA.

652 Heimann (1903), 2, Sp. 72.

653 Heimann (1903), 2, Sp. 72. Zwei Fenster sind dort als Abb. 5 abgebildet. Parallel zu den Arbeiten in der Markuskapelle wurden durch die Glasmalerei Schneiders & Schmolz, Köln, in den Jahren 1896-1900 die Fenster des Hochchores und des Obergadens des Altenberger Doms restauriert, Beines (1979), Nr. 18, Nr. 23. Ob Anton Bardenhewer entsprechend seiner vielfachen Zusammenarbeit mit Schneiders & Schmolz Entwürfe für diese Fenster anfertigte, ist nicht geklärt.

654 Siehe Katalog, Nr. 25; Kdm Rhp. 17.2, Bd. II, S. 311-326; Clemen, Niedermendig. Wiederherstellung der Wandmalereien der alten katholischen Pfarrkirche, in: BPDR, Bd. 4, 1899, S. 26-30. Dort auch Angaben zur Finanzierung der Arbeiten.

655 Clemen (1899), 1, S. 26-27; Kdm Rhp. 17.2, Abb. 281. Die neue Kirche, nach Plänen von Vincenz Statz, wurde 1857 geweiht, Kdm Rhp. 17.2, S. 314.

656 Liell, Der hl. Christophorus in der romanischen Kirche zu Niedermendig, in: Zs. f. chr. Kunst, Nr. 11, 1. Jg., Düsseldorf 1888, Sp. 397-400. Dort auch Beschreibungen der von ihm aufgedeckten Malereien.

657 Eine Kopie des hl. Christophorus, den er unter 4-5 Schichten Tünche innerhalb eines Tages freilegte, Liell (1888), Sp. 399, als Abb. Sp. 401/102; siehe auch: Kröll, St. Cyriakus, Kath. Pfarramt St. Cyriakus Mendig, o.A., S. 4.

658 Heute befindet sich der Karton im Bestand des Bildarchivs des Rh.-Pfälz. Amtes für Denkmalpflege, Mainz. [Mittelschiff, Nordwand, Ostjoch und _ Westjoch, Inv.Nr. 7081, Maßst. 1:50, Schnitt: Nordwand Mittelschiff mit Eintragung der Wandmalereien - Aquarell vor der gänzlichen Aufdeckung].

659 Zur Ausmalung siehe Katalog, Nr. 25. Ausführliche Beschreibung der Ausmalung in: Clemen (1899), 1, S. 28-30; Kdm Rhp. 17.2, Bd. II, S. 323-325 und Kröll (o.A.), S. 12-30, dort auch Fotografien nahezu aller Darstellungen, S. 6-29.

660 Bardenhewer, Bericht über die Restaurierung der alten Wandmalereien in der katholischen Pfarrkirche zu Niedermendig, Köln, 11 April 1901, Familienarchiv Griebel, München. Leider sind nur einige Restaurierungsberichte in Familienarchiven oder Pfarrarchiven erhalten geblieben. So auch der „Bericht über die alten Wandmalereien in der Doppelkirche zu Schwarzrheindorf", vom 1. April 1911. Alle Originalberichte, die sich im Bestand der Landesdenkmalämter befinden müßten, scheinen verloren gegangen zu sein. Siehe Katalog, Nr. 74.

661 Bardenhewer (1901). „Je schärfer der Hammer, desto leichter mußte der Schlag damit geführt werden, um das unter der abzusprengenden Tünche verborgene Bild nicht zu verletzen und mussten hierbei Metallhämmer mit zu breiten Schlagflächen oder gar solche von

Holz vermieden werden, da durch das, mit denselben manchmal nothwendige heftige Aufschlagen die Verletzung des Putzes und des Bildes leicht erfolgen konnte. Auch fehlt bei letzteren Werkzeugen leicht die Controlle, ob nicht Teile von der Malerei, welche nur oberflächlich mit der Wand verbunden sind, mit abspringen konnten," Bardenhewer (1901), S. 1.

662 Zu St. Cäcilien siehe Kapitel VII. und VIII. Als weiteres Beispiel siehe Katalog, Nr. 63.

663 Bardenhewer (1901), S. 1-2. Zur architektonischen Fassung auch Bardenhewer (1911), 1, S. 5.

664 „Sie zeigen insofern eine Abweichung von allen späteren Malereien als die Farbe fest und unzerstörbar mit dem Putz verbunden sind und deshalb an dem nassen Untergrund aufgetragen sein mussten, soweit sie nicht auf Tuffstein der Pfeiler und Bögen gemalt sind," Bardenhewer (1901), S. 2.

665 Bardenhewer (1901), S. 2-3. Bardenhewers Ausführungen werden so ausführlich zitiert, da es sich bei diesem Bericht um einen der wenigen erhaltenen Restaurierungsberichte handelt und da Bardenhewer die hier beschriebenen Verfahren bei vielen seiner Restaurierungen anwendete.

666 Bardenhewer (1901), S. 3. Daran schließt sich eine Beschreibung der Anna selbdritt-Darstellung an, da diese erst im 15. Jahrhundert und in der Farbigkeit erheblich qualitätvoller ausgeführt worden war, Bardenhewer (1901), S. 3-4.

667 Bardenhewer (1901). Daran schließt sich wieder eine längere Erläuterung zum Verfahren des Fixierens an. „Es sei noch bemerkt, dass das Fixiren oder Lakiren nur sehr mässig geschehen darf, da sonst die Bilder eher den Charakter von Tafelmalerei erhalten. Die Farben sollen aber nicht dunkler werden, als wie sie in trockenem Zustande vorkommen. Ausgenommen sind nur wenige stark modellirte alte Temporamalereien, wie solche beispielsweise in den Chorschränken des Kölner Domes vorkommen, welche auch in ihrem ursprünglichen Zustande schon sehr dunkel, wenn auch nicht so dunkel, wie heute gewesen sein dürften." Bardenhewer (1901). S. 4.

668 „Nach Abschluß der Wiederherstellungsarbeiten wurden für das Denkmälerarchiv der Rheinprovinz große farbige Kopien, ein Übersichtsblatt und vier Einzelblätter der Wandflächen, durch den Maler Bardenhewer angefertigt", Clemen (1899), 1, S. 30. [1.] Ostjoch, Mittelschiff, Nordwand, Inv.Nr. 6902, H. 1,15, B. 0,86, Maßst. 1:10, Aufriß Ostjoch Mittelschiff - Aquarell; 2.) Grundriß u. Gurtbogen 1. südl. Seitenschiffarkade, Inv.Nr. 6903, H. 1,23, B. 0,88, Maßst. 1:10, Grundriß der Kirche mit Eintragung der Gewölbemalerei, sowie 1 Gurtbogen - Aquarell; 3.) Langhaus, Ostwand, Inv.Nr. 6904, H. 1,28, B. 0,85, Maßst. 1:10, Jüngstes Gericht - Aquarell; 4.) Mittelschiff, Südwand, Inv.Nr. 6906, H. 1,33, B. 0,93, Maßst. 1:10, System der Ausmalung Ostjoch, Südwand - Aquarell; 5.) südl. Seitenschiff, Südwand, Inv.Nr. 6905, H. 0,63, B. 0,96, Maßst. 1:10, Aufriß der Seitenschiffwand mit Wandmalerei - Aquarell] Einige Aufnahmen wurden veröffentlicht, so der Karton zu den Malereien auf der nördlichen Mittelschiffwand, schwarz-weiß, in Clemen (1899), 1, S. 28, zwei farbige Aufnahmen und eine Fotografie im Textband zu Clemen (1930), S. 100, und drei farbige Kopien und eine Pause im zugehörigen Tafelband, Clemen (1930). Einer der Aquarellkartons wurde als Nr. 181 auf der Kunsthistorischen Ausstellung in Düsseldorf im Jahr 1902 ausgestellt, Niedermendig, Alte Pfarrkirche, um 1300, Clemen (1902), S. 28. Die Originalaufnahmen konnten bislang nicht gefunden werden, doch sind fotografische Aufnahmen von ihnen im Bildbestand des Rh.-Pfälz. Amtes f. Denkmalpflege, Mainz, erhalten. (Abb. 112)

669 Bardenhewer (1901), S. 4.

670 Dazu auch Vitet, Über die Reparaturen, Restauration, Erhaltung und Vollendung mittelalterlicher Baudenkmäler, in: Allgemeine Bauzeitung, Förster, Jugwig (Hsg.), 17. Jg., Wien 1852, S. 305-364.

671 Bardenhewer (1901), S. 5 „Besonders nach einem abgehaltenen Gottesdienst sind in den meisten Kirchen die Wände so nass, dass das Wasser an denselben herunter sickert. Diesem Uebelstand abzuhelfen gibt es nur ein Mittel, nämlich, die feuchte Luft möglichst schnell durch Lüften der Kirche zu entziehen. Leider wird heute noch in letzterer Hinsicht viel gesündigt, da in vielen Kirchen überhaupt keine rationale Lüftungsanlage vorhanden oder selbige aus Nachlässigkeit gar nicht benutzt wird. Zu einer guten Lüftung gehört, dass die frische Luft nahe über dem Boden eingeführt und die verdorbene durch die in den höchsten Punkten der Gewölbe angebrachten Oeffnungen abgeleitet wird. Ueberhaupt muß als Regel gelten, dass alle innern Theile der Kirche von der frischen Luft bestrichen werden können," Bardenhewer (1901), S. 6.

672 Gerade in den 50er und 60er Jahren hat man, da man vorgefertigte Farben zur Restaurierung verwendete, darauf keine Rücksicht genommen oder die Malereien mit einem Glasfaserüberzug versehen oder mit Silikat getränkt. Beides erwies sich in späteren Jahren als das Original schädigend. Siehe dazu die Wandmalereien im Kapitelsaal der Abtei Brauweiler oder Katalog, Nr. 6.

673 Pfitzner, Zur farbigen Fassung mittelalterlicher Innenräume (im Anschluß an die Instandsetzung des Quirinusmünsters in Neuss), in: JBRD, 13. Jg., Heft 3, 1941, S 310. Siehe dazu auch den ausführlich zitierten Restaurierungsbericht zu Niedermendig.

674 Clemen (1899), S. 30.

675 Bardenhewer (1901), S. 5.

676 Man konnte sich auf die reine Erhaltung des Vorhandenen beschränken, Clemen (1899), S. 27-28.

677 Bardenhewer (1901), S. 5.

678 Möglicherweise beauftragte Clemen Anton Bardenhewer im Jahr 1897 mit den Umrißzeichnungen der Wandmalereien in St. Martin, Linz, wegen der engen Verwandtschaft der dortigen Darstellung des Apostels Jakobus major mit den Pilgern mit der hier in Niedermendig aufgedeckten. Siehe Katalog, Nr. 26. Beide belegen die im 13. und 14. Jahrhundert beliebten Wallfahrten nach Santiago de Compostela.

679 Siehe Kröll (o.A.), S. 9.

680 Siehe Kröll (o.A.), S. 13. Das Gleiche läßt sich für weitere Darstellungen belegen.

681 Fotografien zu der St. Cyriakuskirche Niedermendig aus dem Nachlaß Dr. Fritz Michel, Koblenz, Fotografiensammlung des Landeshauptarchivs Koblenz, Abt. 710, Nr. 11 464-11 467.

682 „Es ergab sich ein vollkommenes System der Ausmalung, die zwei zeitlich nicht sehr weit auseinander liegenden Perioden angehört", Clemen (1899), 1, S. 28. Dort im Anschluß eine knappe Beschreibung der Ausmalung und die Abbildung eines von Bardenhewer geschaffenen Aquarellkartons von einem Teil der Ausmalung des Mittelschiffs. Er zeigt die überanderliegenden Ausmalungssysteme. (Abb. 114)

683 Bardenhewer (1901), S. 6. „Die eben beschriebene Kirche in Niedermendig ist ganz trocken, da Oelfarben nie daran verwandt wurden und dürfen wir deshalb den Gemälden ein hohes Alter voraussagen, so dass auch spätere Geschlechter sich noch an der einfachen aber harmonischen Farben Wirkung erfreuen und aus derselben ersehen, wie unsere Zeit die von unsern Vorfahren übernommenen Arbeiten wieder achten und schätzen gelernt haben," Bardenhewer, S. 6.

684 „Unter den letzten Wiederherstellungen alter Dekorationen dürften die Arbeiten in der Kirche zu Niedermendig [...] als die besten zu bezeichnen sein. In Niedermendig sind die weichen, fliessenden Farben der alten, derben Dekoration - [...] - wie der Gesamtton mit großem Geschick wiederhergestellt," Clemen, Bericht der Provinzialkommission über die Wiederherstellung älterer Wandmalereien und über die letzten Ausmalungen von älteren rheinischen Kirchen, in: BPDR, Bd. 6, Bonn 1901, S. 70. Ebendort S. 71: „In Niedermendig ist vor allem auch die Behandlung des flockigen Hintergrundes und der nur in wenigen Resten erhaltenen Farben der Gewänder wohlgelungen."

685 Im Fotobestand der Grafischen Sammlung des Stadtmuseums Köln befinden sich immer noch einige Fotografien aus dieser Zeit. Siehe Ergänzungsband, Kapitel III. und (Abb. 118).

686 Ausnahmen von dieser Regel bildeten Wandmalereien, die man in bedeutenden städtischen Gebäuden entdeckte, wie dem Alten Rathaus oder dem Stapelhaus in Köln.

687 Nach den schriftlichen Hinweisen wurden die meisten Malereien vom Wallraf-Richartz-Museum oder dem Schnütgen-Museum übernommen. Ob diese auf einen neuen Grund aufgebrachten Malereien heute noch in den Beständen erhalten sind, wurde bislang nicht geklärt. Auf Anfrage konnten sie in beiden Museen nicht gefunden werden.

688 Siehe dazu die Auflistung der Fotografien im Ergänzungsband, Kapitel II.

689 Zum Ausbau von Ausstattungsstücken aus den zum Abbruch bestimmten Häusern und dem Einbau der Originale in Neubauten, siehe Heimann, Frühgotische Balkendecken- und Wandmalerei aus einem Kölner Wohnhause, in: Zeitschrift für christliche Kunst, Nr. 8, 1906, Sp. 237-244 und: Heimann (1914), S. 108.

690 Katalog, Nr. 19.

691 Heimann (1906), 1, Sp. 237.

692 Siehe Katalog, Nr. 33.

693 Heimann (1906),1, Sp. 237.

694 ebda.

695 Ausführliche Beschreibung der Holzbalkendecke und ihrer Bemalung bei Heimann (1906), 1, Sp. 238-241, Abb. 1 u. 2.

696 anonym, Über mittelalterliche Wandmalereien, in: Localanzeiger, Nr. 51, 20. Februar 1911, S. 8.

697 Nach diesen Aufnahmen schuf der städtische Architekt Carl Baedeker im Jahr 1902 vier farbige Kartons mit Detailaufnahmen, die im Bildarchiv des Rh. Amts f. Denkmalpflege, Abtei Brauweiler, erhalten sind. [Haus Holzmarkt 67 (nicht mehr erhalten), Malerei der Deckenbalken, Inv.Nr. 9676 - 9679, H. 0,50, B. 0,65, ehemals in einem Saal des 1. OG, jetzt Schnütgenmuseum, Aquarell - 4 Blätter mit je 5 Balkenteilen, WMA Haus Holzmarkt] Siehe auch Heimann (1906), 1, Sp. 244.

698 1906 ließ Heimann die Balkendecke in den Erweiterungsbau des Kunstgewerbemuseums einbauen, „[...] bei welchem eine Reihe der im Laufe aus dem Abbruch alter Kölner Wohnhäuser geretteter Architekturteile, Ausbaustücke, Wand- und Deckenmalereien Verwendung finden, auch eine remterartige, spätgotische Halle wieder aufgebaut werden soll, [...]," Heimann (1906), 1, Sp. 244.

699 Heimann (1906), 1, Sp. 241-244, Abb. 3. Dort eine ausführliche Beschreibung der Malerei.

700 „An einem Tisch, bedeckt mit siebenmalig gefalteten Linnen, bestellt mit Schüsseln, Messern und Vorlegemessern, sitzen 2 Paare, das eine ein Mann in Mütze mit einer Dame in rotem Gewande über grünem Unterkleid, das andere Fürst und Fürstin, prächtiger gekleidet, im Schmucke der Kronen, sich die Hände reichend; spärliche Reste einer fünften Figur sind noch vorhanden," Heimann (1906), 1, Sp. 242.

701 „Dasselbe stellt zwei große sitzende Figuren und eine kleinere in kniender Stellung dar; erhalten ist eine in faltenreiches Gewand gehüllte Frauengestalt, breit gelagert in einem Sessel. Wirksam heben sich von blauem Grund alle Figuren ab, deren Gewandung mit gehäuftem, eckig gebrochenem Gefältel an die Schöpfungen der rheinischen Malerei um die Mitte des XIII. Jahrh. erinnert, ebenso wie die ornamentale Zutat des Bildes," Heimann (1906), 1, Sp. 243. Ausführliche Beschreibung bei Clemen (1916), S. 523-532.

702 Heimann (1906), 1, Sp. 244.

703 Noch 1911 war das „Gastmahl" im Kreuzgang der Minoritenkirche zu besichtigen. Im Bildarchiv des Rh. Amts f. Denkmalpflege, Abtei Brauweiler, ist eine farbige Aufnahme von Josef Winkel aus dem Jahr 1889 erhalten. [Haus Holzmarkt 67, Saal des 1. Stocks, Südwand, heute W.-R.-Museum, Inv.Nr. 17698, Gastmahl, Aquarell, WMA Haus Holzmarkt] Das weist darauf hin, daß Bardenhewer auch mit dem jüngeren Winkel zusammenarbeitete. Möglicherweise hatten sich die Verhältnisse zu dieser Zeit bereits geändert, und Bardenhewer, der früher Mitarbeiter des älteren Winkel war, war nun Arbeitgeber des jüngeren.

704 Nach ihrem Vorbild schuf Bardenhewer eine Deckenausmalung für einen Raum des Stapelhauses, siehe Kapitel IX.

705 Localanz., Nr. 51.

706 Bardenhewer (1911), 1, S. 11.

707 ebda.

708 Localanz., Nr. 51.

709 Bardenhewer (1911), 1, S. 10.

710 Siehe die Auflistung der Fotografien Bardenhewers im Ergänzungsband, Kapitel II.

711 Über die Wiederherstellung der Malerei aus dem Haus Holzmarkt 67 hinaus war er zu dieser Zeit mit einer Reihe weiterer Aufträge beschäftigt. Siehe Katalog, Nr. 22, 24, 26, 28-29, 32-33.

712 Clemen (1930), S. 232. Vermutlich handelte es sich dabei um die früheste Zusammenarbeit von Bardenhewer und Batzem. In den folgenden Jahren arbeiteten sie vielfach zusammen.

713 Eine Hausakte des Rheinischen Amts f. Denkmalpflege, Abtei Brauweiler, zu den hier beschriebenen profanen Wandmalereien verweist auf mehrere Aquarelle, die Anton Bardenhewer angefertigt haben soll. Zu der Darstellung vom „Ungeratenen Sohn" soll ein Aquarellkarton in den Bestand des Bildarchivs des Rheinischen Amts übergegangen sein. Er konnte bislang nicht gefunden werden. Da Bardenhewer diese Profanmalerei bei seinem Vortrag 1911 beim Kölner Geschichtsverein erwähnte, bei dem er zu allen vorgestellten Malereien entsprechende farbige Aufnahmen zeigte, ist belegt, daß

714 er zumindest einen Karton zu der Malerei angefertigt hatte. „[...] wie solches sich noch an manchen Stellen auf Balken und Deckbrettern erhalten hat. Auffallend ist überhaupt wie häufig sich in der Provanmalerei dieselben Ornamentalenmuster wiederholt haben," Bardenhewer (1911), 1, S. 10. Diese Formulierung legt nahe, daß er über die ihm bislang nachzuweisenden Aufdeckungen und Wiederherstellungen bzw. Abnahmen von Profanmalereien hinaus weitere Arbeiten in diesem Bereich ausführte, bei denen er das Können erlangt hatte, auf das er hier zurückgriff.

715 Siehe Auflistung der Fotografien im Ergänzungsband, Kapitel II.

716 Siehe Kapitel VII., Localanz., Nr. 51.

717 Siehe Kapitel VI.

718 Siehe Kapitel VII. und Bardenhewers malerische Neuausstattung des Stadtarchivs, Kapitel VII.

719 „Daneben hat er verschiedene alte und neue Kirchen nach eigenen Entwürfen ausgemalt, [...]", Beemelmans, Kunstmaler Anton Bardenhewer, in: Kölnische Zeitung-Stadtanzeiger, Morgenblatt, Nr. 416, 19.8.1939.

720 Siehe Kapitel VIII.

721 „1. Befolgung der überlieferten klassischen Dekorationsgesetze der mittelalterlichen Jahrhunderte und der Gesetze der Raumausfüllung, die gerade in den Rheinlanden in einer Reihe von auserlesenen Vorbildern vorliegen, aber ohne unkünstlerisches kleinliches und schematisches Kopieren von Einzelheiten.
2. Strenger Anschluß an die speziell rheinische Ornamentik ohne Eklektizismus - aber die Verwendung dieser Ornamentik ohne Schablonen und mit vollem Verständnis für das organische Wachstum, die eigentliche Bedeutung dieser Ornamentik.
3. Das koloristische Zusammenstimmen der ganzen Dekoration, das Betonen eines ganz bestimmten Farbakkords, damit in Verbindung die weiche, dünne und mehr lasierende Behandlung der ganzen Ausmalung.
4. Eine strenge und korrekte Zeichnung, die den Mangel an innerem Vermögen nicht durch rein äußerliche Versuche der Stilisierung zu ersetzen sucht, und vor allem mehr künstlerische Qualität an Stelle der rein handwerksmäßigen Arbeit. Der letzte Punkt zeichnet den eigentlichen Krebsschaden dieses ganzen Zweiges der Monumentalkunst," Clemen (1901), 3, S. 73.

722 Clemen (1927).

723 Ob er vorher bereits ähnliche Aufträge erhalten hatte, läßt sich nicht mit Sicherheit nachweisen. Möglicherweise war er bereits an der architektonischen Neufassung der Wallfahrtskirche St. Mariä Heimsuchung in Marienheide unter dem Architekten Heinrich Wiethase beteiligt, Tacke, Die Wallfahrtskirche St. Mariä Heimsuchung in Marienheide, in: Rh. Kunststätten, Heft 312, 1. Aufl., Rh. Verein f. Denkmalpflege und Landschaftsschutz (Hsg.), Köln 1987, S. 4-5.

724 Zu den vorangegangen Wiederherstellungsarbeiten siehe Katalog, Nr. 38.

725 Eine ausführliche Beschreibung findet sich bei Korn/Renard, Hilden - Wiederherstellung der evangelischen Pfarrkirche, in: BPDR, Bd. 8, Düsseldorf 1904, S. 8-12.

726 Die Raumfassung ist nicht mehr erhalten. In späteren Jahren schuf Bardenhewer weitere Neufassungen, siehe Katalog, Nr. 62, 83.

727 „Die größeren Aufgaben dürfen nicht in die Hände von reinen Handwerkern gelegt werden. Man kann nicht einmal sagen, daß diese Pseudokünstler billiger wären. Für etwas Schlechtes ist der geringste Preis zu teuer; stehen aber nicht erhebliche Mittel zur Verfügung, so soll man sich beschränken, den hervorragendsten Teil, etwa das Chor, durch einen ordentlichen Künstler ausschmücken zu lassen, und man mag sich im übrigen mit schlichter Dekoration begnügen. Solange wir keine besseren Monumentalmaler haben, können wir nichts besseres tun als abwarten," K. Z., Nr. 284.

728 Eine solche Neuausstattung nach alten Vorbildern schuf Bardenhewer unter Heimann bereits für das Alte Rathaus, siehe Katalog, Nr. 11 und Kapitel VII.

729 „Der Freilegung fiel das 1838 an Stelle der alten öffentlichen Lagerhäuser „auf Rom" und „Haus Ahren" errichtete grosse Lagergebäude zum Opfer, und nun liess sich die ganze bauliche Anlage des Stapelhauses, aber auch der bauliche Zustand desselben übersehen, der eine Erneuerung dringend erheischte, wollte man nicht den Mittelpunkt der Rheinfront Kölns, den das Stapelhaus mit der St. Martinskirche bildet, mit einer Ruine verunzieren," Rheinland, Nr. 44, S. 345.

730 Rheinland, Nr. 44, S. 345.

171

731 „Nach seinen Plänen und unter seiner Oberleitung ist das Werk so ausgeführt worden, dass es seinem Meister Ehre macht und der Stadt Köln zu glänzender Zier gereicht," Rheinland, Nr. 44, S. 349. Siehe auch: anonym, Das Stapelhaus in Köln, in: Stadtanzeiger, Nr. 462, 8. Oktober 1901.

732 Allgemein zum Stapelhaus, den einschneidenden Eingriffen der vorangegangenen Wiederherstellungen und den Arbeiten unter Heimann siehe Katalog, Nr. 33 und Rheinland, Nr. 44, S. 345-346. Die Arbeiten vor Ort wurden von dem städtischen Architekten Carl Baedeker geleitet. Auch das Stapelhaus dokumentierte Bardenhewer für Heimann durch fotografische Aufnahmen, siehe die Auflistung der Fotografien im Ergänzungsband.

733 „Stilisierte Eisenanker zwischen den Fenstern, und Gringköpfe, die sich aus alter Zeit hier und dort in Köln erhalten haben, [...]" Rheinland, Nr. 44, S. 347. Diese Stücke stammten aus Heimanns eigener großen Sammlung, die er über Jahre hinweg mit den wertvollsten Funden kölnischer Baureste ausgestattet hatte. „Überhaupt hat Herr Baurath Heimann seit Jahren alles von wertvollen kölnischen Bauresten, dessen er habhaft werden konnte, gesammelt, um es am Stapelhaus zu verwerten," Rheinland, Nr. 44, S. 347. Eine Abbildung des wiederhergestellten Stapelhauses in: Rheinland, Nr. 44, S. 349. Möglicherweise handelt es sich hierbei um eine Aufnahme Bardenhewers.

734 Siehe Beines (1979), S. 182, Nr. 166. Den Saal des Obergeschosses schmückten hohe Fenster, „[...] die in Kartuschen die Namen der bedeutendsten Naturforscher von Albertus Magnus bis auf die Gegenwart erhalten," Rheinland, Nr. 44, S. 347. Ob diese von Schneiders & Schmolz stammten, ist nicht geklärt. Außer dieser Firma arbeiteten noch zwei weitere an der Neuverglasung, anonym, Eine Besichtigung des renovierten Stapelhauses, in: Localanzeiger, Nr. 274, 8. Oktober 1901.

735 Rheinland, Nr. 44, S. 347.

736 Eine sehr ausführliche Beschreibung der dekorativen Ausmalung nach Schaper in: Rheinland, Nr. 44, S. 348; Stadtanz., Nr. 462. Zu Schaper allgemein, Bornheim gen. Schilling (1952), S. 108.

737 „[...] Ant. Bardenhewer, Ludwig Mausz, E. Niederhäuser, Franz Dallens, Joh. Noll, Maler und Anstreicherarbeiten nach Angaben des Hr. Prof. Herrmann Schaper in Hannover," Localanzeiger, Nr. 274. Darauf wird auch in Stadtanz., Nr. 462 hingewiesen: „Die Malereien sind, soweit sie nicht altkölnische Nachbildungen sind, von Professor Schaper skizziert, von den Herren Mausz, Bardenheuer und Niederhäuser ausgeführt [...]."

738 Rheinland, Nr. 44, S. 348.

739 anonym, Zur Eröffnung des Stapelhauses, in: Stadtanzeiger, Nr. 463, 8. Oktober 1901. „Die Lintgasse, die Gasse am Himmelreich und auch die Hochstraße haben solche wertvollen Erinnerungsstücke aus Abbrüchen geliefert, die sonst spurlos untergegangen wären," Stadtanz., Nr. 462.

740 Rheinland, Nr. 44, S. 348. Man hatte die Malereien in der Lintgasse 1899 beim Abbruch des Hauses entdeckt, Heimann (1906), 1, Sp. 237. Die Originalmalerei war damals, möglicherweise auch von Anton Bardenhewer, von der Wand abgenommen, auf einem neuen Untergrund fixiert und in den Bestand des Rheinischen Museums überwiesen worden.

741 Die Stadtansichten erhielten nach der Vorgabe Heimanns folgende Unterschriften. Unter der Kopie der Stadtfront nach Woensam stand: „Während der Regierung der deutschen Kaiser Ferdinand I. und Maximilian II. liess Kölns Bürgerschaft in den Jahren 1558-1569 unter der Verwaltung der Bürgermeister Johann Pyll, Philipp Gail, Hermann Sudermann und Melchior von Mülheim dieses Gebäude als Fischkaufhaus und Schlachthaus errichten durch Peter von Ordenbach und Meister Jörgen van Rile, und diente dasselbe, auch Stapelhaus genannt, im 19. Jahrhundert zu Lagerzwecken dem Kölner Hafen." Unter die zweite Stadtansicht ließ man folgendes anbringen: „Während der Regierung Wilhelms II., deutschen Kaisers und Königs von Preussen, unter der Verwaltung des Oberbürgermeisters Wilhelm Becker und des Beigeordneten Justizrat Franz Jansen, wurde dies Haus durch den Stadtbaurat Friedrich Carl Heimann, Kgl. Baurat, und den Architekten Karl Bädeker in den Jahren 1899-1901 von Grund auf erneuert und in den Obergeschossen zur Aufnahme der naturwissenschaftlichen Sammlungen, im Untergeschoss als Erholungsstätte der Kölner eingerichtet," Rheinland, Nr. 44, S. 348, dort auch Abbildungen S. 346 u. 347. Wieder, wie bereits beim Alten Rathaus, arbeiteten Mauß und Bardenhewer hier gemeinsam

742 an einer malerischen Neuausstattung. Ausführliche Beschreibung der aufwendigen Neuausstattung in Rheinland, Nr. 44, S. 348. Dort auch eine Abbildung der bemalten Decke, S. 346. Siehe auch Kapitel IX.

743 Eine Auflistung einiger dieser Sprüche findet sich in Rheinland, Nr. 44, S. 348-349. Dort, S. 346, auch die Abbildung eines mit Sinnsprüchen geschmückten Raumes.

744 „Kleinere Nebenräume mit künstlerischer Ausstattung lehnen sich an die Hauptrestaurationssäle an; sie sind aber theilweise noch unfertig," anonym, Das restaurierte Stapelhaus in Köln, in: Frankfurter Zeitung, Nr. 222 II, 11. Oktober 1901.

745 Siehe Katalog, Nr. 30, 32, 35-37, 43.

746 Katalog, Nr. 31, 37.

747 Siehe Katalog, Nr. 32. Ob Anton Bardenhewer zu dieser Zeit bereits die Restaurierung von Ausstattungsstücken übernahm, ist bislang nicht geklärt. Allerdings wurden die hölzerne Muttergottes, Anfang 14. Jh. und der Hl. Johannes Baptista, Mitte 14. Jh., zu dieser Zeit neu gefaßt, was darauf hinzudeuten scheint. Siehe zu Bardenhewers kunsthandwerklichen Arbeiten Kapitel X. Ähnlich verhielt es sich bei der Auftragserteilung für St. Lorenz, Ahrweiler. Dort war zu Anfang Wilhelm Batzem mit der Wiederherstellung betraut worden, und Anton Bardenhewer arbeitete vermutlich als sein Mitarbeiter vor Ort. 1906 übernahm Bardenhewer dann die Leitung der Arbeiten, siehe Kapitel X.

748 Clemen (1901), 3, S. 71. Siehe Katalog, Nr. 25, 32 u. 75.

749 Siehe Katalog, Nr. 34, 39-40.

750 Leider sind die schriftlichen Belege zu diesem Thema sehr rar, so daß man sich auf die wenigen vorhandenen Hinweise beziehen muß, die manchmal von Gehilfen sprechen, und auf wenige Fotografien, die Mitarbeiter Bardenhewers bei der malerischen Ausführung an der Wand zeigen. Für die Arbeiten in St. Martin, Oberwesel, ist belegt, daß Bardenhewer sie zusammen mit fünf Gehilfen ausführte, siehe Katalog, Nr. 53. Nur die Maler Hübner und Hoen, die in den letzten Jahren Bardenhewers Mitarbeiter waren, werden häufiger namentlich genannt. Bardenhewers Nichte, Frau Philippson, kann sich daran erinnern, daß im Atelier ihres Onkels immer zwei feste Angestellte gearbeitet hätten, der Mitarbeiterstab bei großen Aufträgen jedoch bis auf zehn Personen angewachsen sei.

751 Hinweis von Frau Philippson, Köln.

752 Siehe Kapitel IV.

753 Acta betreffend den Bau und die Reparatur an der katholischen Pfarrkirche zu Oberwesel, Landeshauptarchiv Koblenz, Abt. 441, Nr. 30 928.

754 Zu den weiteren Arbeiten in den Jahren bis zum Ersten Weltkrieg siehe Katalog, Nr. 32-74.

755 Für eine ausführliche technische Analyse des Malgrunds und der Farben arbeitete Anton Bardenhewer später, in Schwarzrheindorf, mit dem Maltechniker Paul Gerhard zusammen, Clemen (1916), S. 645. Siehe auch Katalog, Nr. 64.

756 Zu einigen der Arbeiten sind diese Kartons in Originalgröße oder maßstabgerechten Pausen noch erhalten, siehe Katalog, Nr. 50, 54.

757 Siehe Katalog, Nr. 29, 43-54, 57-59, 61-71, 73-76.

758 Katalog, Nr. 72. „Kirchenmaler Anton Bardenhewer in Köln hat in der uneigennützigsten Weise die Leitung der Ausschmückung der Abteikirche ohne jede Vergütung übernommen. Unter seiner Leitung hatte Bruder Vigbert des Missionshauses die Malerei ausgeführt," anonym, Knechtsteden, in: Kölnische Zeitung, 27. Febr. 1914, Familienarchiv Griebel, München. Diese beratende Tätigkeit hatte er F.C. Heimann zuliebe übernommen, der über zwei Jahrzehnte Vorsitzender des Vereins des Missionshauses Knechtsteden war. Allerdings macht der erhaltene, umfangreiche Briefwechsel zu dieser Wiederherstellung sehr deutlich, daß es dabei zu vielen Mißverständnissen gekommen ist und Bardenhewer sich im nachhinein sicherlich gewünscht hat, seine Hilfe nie angeboten zu haben, siehe: Instandsetzung der Abteikirche Knechtsteden (1866-1927), Reg. Düsseldorf 25915 u. 27738, Nordrhein-Westfälisches Hauptstaatsarchiv Düsseldorf.

759 Nach einem Artikel in der Norddeutschen Allgemeinen Zeitung vom 24. Sept. 1901, in: LhaK, Ahrweiler, 15255. Zu der Kirche St. Lorenz und der baulichen Wiederherstellung, Clemen, Ahrweiler. Wiederherstellung der katholischen Pfarrkirche, in: BPDR, Bd. 13, Düsseldorf 1909, S. 3-14.

760 Das administrative Verfahren nach der Entdeckung der Wandmalereien wird in diesem Fall aufgrund der guten Aktenlage exem-

plarisch für nahezu alle in den Jahren nach 1893 ausgeführten Wiederherstellungen ausführlich dargestellt.

761 Das Auffinden von drei zeitlich nacheinander ausgeführten Malschichten, vom Ende des 13. Jahrhunderts, aus dem 15. und 17. Jahrhundert, bestätigt die Katholische Pfarre St. Lorenz im November 1901, LhaK, Ahrweiler, 15255.

762 LhaK, Ahrweiler, 15255. Eine genaue Untersuchung des administrativen Vorgehens im Vorfeld der Arbeiten in St. Lorenz macht die schon mehrfach angesprochene enge Verbindung der im Bereich der Denkmalpflege engagierten Zeitgenossen und ihre Einflußnahme deutlich, so das sofortige Eingreifen von Schnütgen.

763 ebda.

764 ebda.

765 In demselben Schreiben führt er aus, daß Batzem die vorangegangenen Restaurationsarbeiten in Oberwesel zu seiner Zufriedenheit ausgeführt habe und er ihn deshalb mit den Arbeiten in Ahrweiler betrauen wolle, Acten über den Bau und die Reparatur der katholischen Kirche zu Ahrweiler, Restaurierung 1899 ff., Landeshauptarchiv Koblenz, Abt. 441, Nr. 15255.

766 Siehe Katalog, Nr. 41. „Im Inneren der Kirche wurde im Jahr 1903 das vollkommene System einer dekorativen Ausmalung blossgelegt, außerdem aber eine grosse Anzahl von verschiedenwertigen und aus verschiedenen Zeiten stammenden figürlichen Malereien," Clemen (1909), S. 16.

767 Daß er einige restaurierte, belegt ein Schreiben des Dechant Spurzem, Ahrweiler, vom 3. Juli 1904, in dem dieser leider nicht auf einzelne Darstellungen eingeht, LhaK, Ahrweiler, 15255.

768 Diese Arbeitsteilung entspricht der in St. Johannes Baptist in Nideggen, Katalog, Nr. 32. Möglicherweise lag ihr das fortgeschrittene Alter Batzems zugrunde, das ihm nicht mehr ermöglichte, umfangreiche, detaillierte Wiederherstellungen an mittelalterlichen Wandmalereien zu übernehmen. In späteren Jahren übernahm auch Anton Bardenhewer aufgrund der Unsicherheit seiner Hand nur noch die Freilegung von Wandmalereien. Mit der anschließenden Wiederherstellung wurden zunehmend andere Maler betraut, siehe Katalog, Nr. 82 und Kapitel XI.

769 Siehe auch Katalog, Nr. 41. Beschreibung der Fassung bei Clemen (1909), S. 16.

770 Seine Äußerungen in einem Bericht zu seiner Restaurierung der Ausmalung der Kirche St. Nicolai, Kalkar, machen sein besonderes Verständnis für die dekorative Fassung und seine fortschrittliche Beurteilung ihrer besonderen Wichtigkeit deutlich. „Auch alle weissen, unbemalten Flächen wurden sorgfältig gereinigt und ausgeflickt, ebenso wie die bemalten Stellen, ohne die alte Farbe zu übermalen. Diese weiten unbemalten Flächen sind, wie die bemalten, als ein gleich wichtiges Glied des mittelalterlichen Dekorationssystems anzusehen. Man glaubt leider vielfach noch immer, diese Flächen mit allerhand Mustern übermalen zu müssen, und stört damit die künstlerische Wirkung eines so klaren Dekorationssystems," Bardenhewer, Kalkar (Kreis Kleve). Wiederherstellung der katholischen St. Nikolaus-Pfarrkirche. Wiederherstellung der Ausmalung, in: BPDR, Bd. 13, Düsseldorf 1909, S. 73.

771 Aus einem Schreiben Clemens vom 2. Mai 1907, LhaK, Ahrweiler, 15255.

772 Clemen (1909), S. 13.

773 WMA St. Lorenz, Ahrweiler; Bardenhewer (1911), 1, S. 9; Clemen (1909), S. 16-17. Seine Ausführung wird als stark schematisch charakterisiert.

774 Die Arbeiten Batzems und die von Gries sind durch die Zahlungen der Gemeinde an beide Maler aus dem Jahr 1904 belegt, LhaK, Ahrweiler, 15255.

775 Clemen (1930), S. 294. Eine ausführliche Beschreibung der Wandmalereien bei Clemen (1909), S. 17-18.

776 Wie üblich fertigte Anton Bardenhewer auch zu dieser Restaurierung einen Bericht an. [Siehe dazu Kapitel IX.] Der handschriftliche Bericht, der vom 6. März 1907 datiert, wurde in den Bestand des Denkmalamts der Rheinprovinz übernommen, Clemen (1930), S. 293. Er müßte sich heute im Archiv des Rh.-Pfälz. Amtes f. Denkmalpflege, Mainz, befinden, konnte aber bislang nicht gefunden werden.

777 Clemen (1930), S. 295.

778 Siehe WMA und LhaK, Ahrweiler, 15255. Die letzte Restaurierung in den 80er Jahren unseres Jahrhunderts hat die architektonische Fassung nach Befund aufgefrischt und die figürlichen Darstellun-

gen mit ihren Ergänzungen erhalten; daher zeigt der Großteil der Wandmalereien noch die starken Eingriffe und großflächigen Ergänzungen der Restaurierung unter Bardenhewer.

779 Clemen (1909), S. 13. „Die endgültige Freilegung und die Wiederherstellung und Konservierung erfolgten durch den Maler Anton Bardenhewer, [...]," Clemen (1909), S. 18. Aus Clemens Ausführungen geht nicht hervor, ob Bardenhewer an den Freilegearbeiten unter Batzem beteiligt war oder ob sich diese Aussage auf spätere Aufdeckungsarbeiten von Malereien, die Batzem noch nicht aufgedeckt hatte, bezog.

780 Nach einem Brief Clemens von 1906 und einem Besichtigungsbericht des Berliner „Ministeriums für geistliche, Unterrichts- und Medicinalangelegenheiten", LhaK, Ahrweiler, 15255. In seinem Vortrag vor dem Kölner Geschichtsverein, 1911, stellte Bardenhewer die Malereien der Nordempore vor. Geht man von der erhaltenen Textvorlage für diesen Vortrag aus, so gab er dabei keinerlei Hinweise auf ihre nahezu vollständige Neuschöpfung durch ihn. Dort sagt er lediglich, daß der heilige Petrus auf der Südwand der Empore fast unrestauriert geblieben sei, Bardenhewer (1911), 1, S. 9.

781 Siehe über die Hinweise im Text hinaus den dazu erhaltenen umfangreichen Briefwechsel, LhaK, Ahrweiler, 15255.

782 LhaK, Ahrweiler, 15255.

783 Aus einem Schreiben des Dechant Spurzem vom 14. Januar 1907, LhaK, Ahrweiler, 15255.

784 Aus einem Schreiben Clemens vom 2. Mai 1907, LhaK, Ahrweiler, 15255.

785 ebda.

786 ebda.

787 Darauf weist Clemen in dem o.a. Schreiben hin.

788 Aus einem Schreiben Clemens vom 2. Mai 1907, LhaK, Ahrweiler, 15255.

789 „Für die großen städtischen Kirchen sorgen weiterhin die Kirchen-Gemeinden, die kirchlichen Korporationen und die Kommunen; sie setzen ihren Stolz darin, dies auch ohne Zuschüsse aus öffentlichen Fonds zu tun," Clemen (1906), 1.

790 Clemen (1930), S. 295.

791 Bereits im März 1907 hatte Bardenhewer das Innere der Kirche fotografiert und auch Skizzen zu einer möglichen Neubemalung der Südempore angefertigt, LhaK, Ahrweiler, 15255.

792 Schreiben des stellvertretenden Vorsitzenden des katholischen Kirchenvorstands, Josef Brogsitter, vom 9. September 1907, LhaK, Ahrweiler, 15255. In diesem Schreiben weist er auch darauf hin, daß man Anton Bardenhewer zuvor nicht hatte damit beauftragen können, da dieser bis zum 7. September in St. Goar beschäftigt gewesen sei. Siehe Katalog, Nr. 44.

793 LhaK, Ahrweiler, 15255.

794 Diese am Westbau aufgefundene Originalfassung war 1901 durch den Maler Thomas in Keimschen Mineralfarben radikal erneuert worden, WMA St. Lorenz. Zu der Außenfassung Clemen (1909), S. 11. Dort auch eine Fotografie der gefaßten Kirche.

795 LhaK, Ahrweiler, 15255.

796 Leider ist nur der umfangreiche Schriftverkehr erhalten, nicht jedoch die große Anzahl der ausgeführten Entwürfe, LhaK, Ahrweiler, 15255.

797 WMA St. Lorenz, Ahrweiler.

798 Clemen (1909), S. 18.

799 Clemen (1927).

800 „Endlich sind vor und nach der Aufdeckung eine große Zahl von photographischen Aufnahmen hergestellt worden, um den Zustand zu fixieren," Clemen (1909), S. 18. Eine große Anzahl fotografischer Aufnahmen nahezu aller Darstellungen vor und nach der Wiederherstellung sind im Altfotobestand des Rh.-Pfälz. Amtes f. Denkmalpflege, Mainz, erhalten. Die Original-Platten zu den Fotografien waren, wie üblich, in den Bestand des Rheinischen Museums, Köln, überwiesen worden. Zwei farbige Aufnahmen Bardenhewers befanden sich bis 1930 im Denkmalarchiv Bonn. Eine ist im Tafelband zu Clemen (1930) als Tafel 67 veröffentlicht. Eine Fotografie des Inneren mit der wiederhergestellten Ausmalung zeigt Clemen (1909), S. 16. Ob die Initialen (FB) darunter auf Anton Bardenhewer hinweisen, wurde noch nicht geklärt.

801 „Einzelne Darstellungen sind farbig aufgenommen, die Kopien sind dem Denkmälerarchiv der Rheinprovinz einverleibt worden," Clemen (1909), S. 18. Im Bildarchiv des Rh.-Pfälz. Amtes f. Denkmalpflege, Mainz, sind zwei farbige Aquarellkartons von 1907 er-

halten [1) nördl. Seitenschiffwand, Inv.Nr. 15377, H. 0,96, B. 0,61, Martyrium der Hl. Apollonia, Aquarell; 2) nördl. Seitenschiff, Inv.Nr. 15378, H. 0,98, B. 0,65, Hl. Dreifaltigkeit, Aquarell]. Sie werden in der zugehörigen WMA dem Maler Hans Josef Becker-Leber zugeschrieben. Dabei handelt es sich jedoch um die von Clemen Bardenhewer zugeschriebenen farbigen Aufnahmen, die sich bis 1930 im Denkmalarchiv Bonn befunden hatten. Eine im Tafelband zu Clemen (1930) als Tafel 67 veröffentlichte Aufnahme belegt, daß über die beiden erhaltenen Aquarellkartons hinaus ursprünglich weitere vorhanden gewesen sein müssen, da sie nicht den vorhandenen entspricht. Eine Fotografie des Inneren mit der wiederhergestellten Ausmalung zeigt Clemen (1909), S. 16. Mit hoher Wahrscheinlichkeit war der Maler Becker-Leber zu dieser Zeit einer der Mitarbeiter Bardenhewers, und Clemen wies die malerischen Aufnahmen dem leitenden Restaurator, also Bardenhewer, zu. In den Akten zu den Arbeiten in St. Lorenz wird explizit auf Zeichnungen Bardenhewers zu allen Bildern hingewiesen, wobei zwei Bilder vollständig abgebildet seien, LhaK, Ahrweiler, 15255. Dabei handelt es sich u.a vermutlich um die oben angesprochenen Aquarellkartons. Zu der vielfachen Mitarbeit Becker-Lebers siehe Katalog, Nr. 16, 29, 31, 34, 45.

802 Anton Bardenhewer berechnete der Gemeinde für vier Bilder 5.000 M. Ob er für seine übrigen Arbeiten zuvor schon bezahlt worden war und welchen Betrag er erhalten hatte, geht aus den Akten nicht hervor, LhaK, Ahrweiler, 15255. Allerdings folgte der Rechnung ein längerer Briefwechsel über die Begleichung der vollständigen Summe, da Bardenhewer nur 1.300 M. erhielt und sich die Kirchengemeinde und die Provinzialverwaltung um die restliche Kostenübernahme stritten. Wie dieser Streit endete, geht aus den Akten nicht hervor, LhaK, Ahrweiler, 15255. Wie üblich, fertigte Anton Bardenhewer zu seinen Arbeiten einen entsprechenden Restaurierungsbericht an. Er datiert vom 6. März 1907, Clemen (1909), S. 18, konnte aber bislang nicht gefunden werden.

803 Zu den Malereien allgemein, siehe: K. Z., Nr. 284.

804 ebda.

805 ebda.

806 ebda.

807 Eine Fotografie des Langhauses nach der Neuausmalung durch Fischer, bei: Machat, Kath. Pfarrkirche St. Andreas, ehem. Stiftskirche, in: Der Wiederaufbau der Kölner Kirchen, Köln 1987, Abb. 35. Dabei handelte es sich nicht um eine rein dekorative, ornamentale Architekturfassung, sondern ganz im Sinne der historistischen Restaurierungsauffassung um eine neues figürliches Ausmalungssystem.

808 BPDR, Bd. 6, S. 73. „Am wenigsten gelungen ist im Inneren die neue Ausmalung des Mittelschiffs, die in einer dekorativen Einrahmung greulich mißverstandene statuarische Heiligenfiguren als Ausschmückung der Nischen im Obergaden zeigt. [...], so sei in der Kommission die Ausmalung des Mittelschiffes vom künstlerischen Standpunkt als eine grobe Geschmacklosigkeit bezeichnet worden. [...]; wäre aber der Provinzialkonservator herangezogen worden, so hätte wohl diese wenig künstlerische Ausschmückung des Mittelschiffes verhindert werden können. [...] Diese grotesken Figuren, die mehr Kartenkönigen als den ehrwürdigen Heiligengestalten unserer Vorstellung gleichen, können unmöglich erbaulich wirken," K. Z., Nr. 284. Dazu auch Aldenhoven/Clemen/Frentzen/Janssen/Schil/Schnütgen, Gutachten über die kirchliche Monumentalmalerei in den Rheinlanden, in: BPDR, Bd. 12, Düsseldorf 1908, S. 70.

809 Beines (1979), S. 181-182, Nr. 20-21 u. 172. Eine szenische Beschreibung der Fenster bei: Klinkenberg, Köln und seine Kirchen - Führer durch Köln für die Besucher der 50. General-Versammlung der Katholiken Deutschlands, Köln 1903, S. 92-93. Möglicherweise entstanden diese Fenster nach Entwürfen oder unter der Mitarbeit von Bardenhewer, dessen Anwesenheit in St. Andreas zumindest für 1895 belegt ist, siehe später.

810 s.o. Von Batzem ist zu diesen Arbeiten im Bildarchiv des Rh. Amts f. Denkmalpflege eine farbige Aufnahme erhalten. [4. südl. Seitenkapelle, Inv.Nr. 39172, H. 0,55, B. 0,21, Apostel Paulus - Ältere Vorzeichnung unter der Gestalt des Hl. Paulus neben der Krönung Mariens, Pastell] Die Kopie Batzems zeigt eine Vorzeichnung des Hl. Paulus, die nur die halbe Höhe der später ausgeführten Malerei hat. Sie war bedeutend reicher in der Pinselführung als die ausgeführte Gestalt und trotz des kleineren Maßstabs von weit größerer Bedeutung. Sie wurde von Hahn 1978-87 erneut aufgedeckt. Siehe Kata-

log, Nr. 16. Die ursprüngliche Malerei war in einer Kalkseccotechnik ausgeführt, doch von Batzem mit einer Kaseintempera übermalt worden, Hahn, Die Restaurierung der Wandmalereien von St. Andreas, in: Colonia Romanica, Bd. 5, Köln 1990, S. 111-120, S. 115.

811 WMA St. Andreas, BRAD.

812 Der Provinziallandtag bewilligte im Jahr 1907 5.000,— M. für die Wiederherstellungen im Inneren der St. Andreaskirche in Köln, K. Z., Nr. 284.

813 Eine ausführliche Beschreibung der durch Bardenhewer freigelegten Malereien bei Heimann, In der St. Andreaskirche zu Köln, in: Localanzeiger, Nr. 102, 14. April 1911.

814 „Die figürliche Neuausmalung des Langhauses von Josef Fischer stellt sich als eine künstlerisch sehr bescheidene Neuschöpfung in romanisierendem Stil dar; auch durch die Korrekturen durch Anton Bardenhewer ist sie nicht besser geworden," Clemen (1930), S. 155.

815 Dazu ausführlich: Heimann, In der St. Andreaskirche zu Köln, in: Localanzeiger, Nr. 102, 14. April 1911. „Sehr viel sorgsamer und behutsamer [als die Restaurierung Batzems] war die Bloßlegung und Restaurierung der Wandmalereien in den nördlichen Seitenkapellen wie im nördlichen Querschiff durch den Maler Anton Bardenhewer im Jahr 1905 und in den folgenden Jahren," Clemen (1930), S. 156.

816 Hinweise auf Bardenhewers Mitarbeit unter Batzem in WMA St. Andreas. Siehe auch Katalog, Nr. 16.

817 „Bei vorsichtigem Aufdecken an verschiedenen Stellen ergab sich nun aber leider, daß unter dieser Nesselhülle die alten Reste selbst sehr rasch verschwanden. Es ist nicht zu verhindern, daß die Bespannung in Berührung mit der Wand selbst kommt; die alte Farbe sitzt aber so lose, daß sie bei der fortgesetzten leisen Reibung allmählich abgescheuert wird und immer mehr verschwindet," K. Z., Nr. 284. Dazu auch Clemen, Aufnahmen gotischer Wandmalereien der Rheinlande, in: Bonner Jahrbücher, Jahrbücher des Vereins von Altertumsfreunden im Rheinland, Heft 117, Bonn 1908, S. 353-354.

818 „Eine vollständige Sicherung und Wiederherstellung der kunstgeschichtlich so überaus wertvollen Reste, die zudem zum größten Teil in allen Hauptpartien erhalten sind, dürfte deshalb nicht mehr hinauszuschieben sein," K. Z., Nr. 284.

819 Kurzfassung einer Restaurierungsbeschreibung in der WMA St. Andreas nach Clemen.

820 Clemen (1908), 2, S. 354.

821 WMA St. Andreas, Köln, Kr. Köln, Reg. Bez. Köln, Akte zu den Wandmalereikopien, Text Hanna Adenauer, BRAD.

822 Bardenhewer, Bericht über die alten Wandmalereien in der Doppelkirche zu Schwarzrheindorf, Köln, den 1. April 1911.

823 WMA St. Andreas.

824 WMA St. Andreas.

825 Siehe dazu auch den Hinweis weiter oben auf die Übermalungen bei der „Thronenden Madonna".

826 Eine solche Diskrepanz zwischen den real vorgenommenen Eingriffen in die malerische Substanz und den verharmlosenden Formulierungen muß man auch bei anderen Beurteilungen von Clemen annehmen.

827 Heimann, Die wiederhergestellten alten Wandmalereien in St. Andreas zu Köln, in: Localanzeiger, Nr. 100, 13. April 1906.

828 Heimann (1906), 2.

829 Heimann, In der St. Andreaskirche zu Köln, in: Localanzeiger, Nr. 102, 14. April 1911.

830 „Beide Wandbilder fanden sich nicht mehr vollständig vor, ihre nach Stil und Technik gleichermaßen sorgsame Ergänzung des Figürlichen läßt den alten Bestand, von dem überdies photographische Aufnahmen gemacht sind, vollständig erkennen," Heimann, Die Aufdeckung der Wandmalereien in der St. Andreaskirche in Köln, in: Localanzeiger, Nr. 352, 19. Dezember 1907.

831 „Unter dem Fenster der Kapelle wird aus aufgedeckten Umrissen und Farbenspuren die Gestalt des mit dem Drachen kämpfenden St. Georg aufs neue entstehen und damit der bildnerische Schmuck dieser Kapelle wieder vollständig sein. Bei der Wiederherstellung der Gemälde ist streng nach den Grundsätzen der Denkmalpflege verfahren worden, indem man sich auf das sorgsame Nachziehen der erforschten Umrißlinien und das Austupfen beschädigter farbiger Flächen beschränkte, die erforderlichen Ergänzungen in der Art der alten Meister bewirkte," Heimann, Die wiederhergestellten alten Wandmalereien in St. Andreas zu Köln, in: Localanzeiger, Nr. 100, 13. April 1906. Diese Beurteilung stellt ein weiteres Mal nicht den wahren Zustand dar.

832 Clemen (1908), 2, S. 354.

833 Kdm Rhp. 6.4, S. 75.

834 Clemen (1930), S. 155. Die originalen Bildplatten wurden wie üblich in der Bildstelle des Rh. Museums, Köln, archiviert. Ob sie heute im Bestand des Rheinischen Bildarchivs, des Stadtkonservators Köln oder des Rh. Amts f. Denkmalpflege, Abtei Brauweiler, erhalten sind, ist nicht geklärt.

835 Drei farbige Aquarellkartons, die die Darstellungen nach der Restaurierung unter Bardenhewer zeigen, sind im Bildarchiv des Rh. Amts f. Denkmalpflege, Abtei Brauweiler, erhalten. Sie werden in der zugehörigen WMA auf 1907 datiert und A. Volkhausen [1.] 2. nördl. Seitenkapelle, Ostwand, Inv.Nr. 40488, H. 1,14, B. 0,60, 1/5 nat Gr., in vier Reihen von oben nach unten: Krönung Mariä, Visitatio, Geburt Christi, Anbetung, Kreuzigung, Aquarell - Zustand nach der Wiederherstellung; 2.) 2. nördl. Seitenkapelle, West- u. Ostwand, Inv.Nr. 14313, H. 1,20, B. 0,70, Krönung Mariens, Verkündigung, Heimsuchung, Geburt, Anbetung der Könige, Kreuzigung, Aquarell] und J. Osten [nördl. Querhaus, Ostwand, Inv.Nr. 36373, H. 0,91, B. 0,79, Thronende Madonna mit 4 Heiligen, Aquarell - Zustand nach der Wiederherstellung] zugeschrieben. Ob Volkhausen und Osten zu dieser Zeit als Mitarbeiter Bardenhewers vor Ort waren oder ob sie die Aufnahmen im Rahmen der von Clemen veranlaßten Gesamtaufnahme der Wandmalereien des Rheinlands anfertigten, ist bislang nicht geklärt.

836 Heimann (1907), 1.

837 Alle im Verlauf der Restaurierungen von 1895 und 1907 freigelegten und restaurierten Wandmalereien wiesen bei der letzten Restaurierung in den 80er Jahren des 20. Jahrhunderts ähnliche oder gleiche Schadensmerkmale auf. Die von Batzem wiederhergestellten Bilder in der südlichen Seitenschiffkapelle neigten dazu abzupudern. Das deutete auf einen Abbau des benutzten Bindemittels hin. Möglicherweise war die von ihm bei seinen Ergänzungen und Übermalungen verwendete Farbe von Anfang an sehr schwach gebunden. Hahn (1990), S. 111. Zu weiteren technischen Details, Hahn (1990), S. 115. Sein Bericht geht auf eine grundlegende Untersuchung und anschließende Restaurierung der Wandmalereien durch die Restauratoren der Werkstatt II des Rh. Amts f. Denkmalpflege, Abtei Brauweiler, in den Jahren 1977-87 zurück. In ihrem Verlauf wurden die Malereien von allen Übermalungen befreit und gesichert. Danach blieben etwa 40% der Originalmalerei erhalten. Die vorgenommenen Retuschen wurden in Trateggiotechnik ausgeführt, so daß die retuschierten Fehlstellen deutlich erkennbar sind. Teile der Wandmalereien, die Darstellungen des nördl. Querhausarms und Teile der übrigen Ausmalung, so der Apostel Paulus, sind verschwunden.

838 Siehe Kapitel VI.

839 Dieser Bereich von Anton Bardenhewers Werk wurde bislang nicht erforscht, siehe auch Katalog, Nr. 79.

840 Dazu Katalog, Nr. 49; sowie Renard, Kalkar (Kreis Kleve). Wiederherstellung der katholischen St. Nikolaus-Pfarrkirche, in: BPDR, Bd. 13, Düsseldorf 1909, S. 60-62; Arntz, Wiederherstellung der katholischen St. Nikolaus-Pfarrkirche, in: s.o., S. 62-70; Bardenhewer (1909), S. 70-73. In diesem Artikel Bardenhewers ist der sonst übliche Restaurierungsbericht erhalten. Dadurch gewinnt man einen sehr genauen Einblick in den Zustand der Malereien vor und nach der Wiederherstellung unter Bardenhewers Leitung und in die von ihm angewendeten Techniken. Den Zustand der Wandmalereien nach der Wiederherstellung dokumentierte Bardenhewer wie üblich durch eine Anzahl Fotografien.

841 Dazu auch Clemen (1906), 1.

842 Aus einem im Buch der Kongregation erhaltenen zeitgenössischen Artikel vom 21. Mai 1909. An dieser Stelle sei Frau Gerda Kühnen, Kalkar, für ihr freundliches Entgegenkommen und ihre Suche nach der Fahne gedankt. Sie entdeckte dabei das Buch der Kongregation.

843 Eine Postkarte mit der Abbildung vom 23.05.1909, auf der der Pfarrer von St. Nicolai den Maler Anton Bardenhewer daran erinnert, daß er seine Zeichnungen und Aufnahmen zu den Arbeiten in der Kirche an Prof. Clemen zu übergeben habe, hat sich im Besitz von Frau Philippson, Köln, erhalten. Seitlich neben der abgebildeten Fahne steht zu lesen: Entwurf nach dem Calcarer Marienleuchter (1508) von A. Bardenhewer Cöln - Ausführung von Leo Peters Kevelaer.

844 Eine Abbildung des Marienleuchters in Kdm Rhp. 1.4, S. 73.

845 Dieses Kirchentuch hat sich im Familienbesitz Griebel, München, erhalten.

846 Die Vorlage wurde bislang nicht ermittelt.

847 Noch Bardenhewers Nichte, Fr. Philippson, hat gemeinsam mit ihrer Mutter nach den Vorlagen ihres Onkels Handarbeiten ausgeführt.

848 Zu Mohr und der Mittwochsrentkammer siehe Kapitel VII.; Heimann, Die alten Kölner Stadtbanner, in: Localanzeiger, Nr. 164, 17. Juni 1911.

849 Heimann (1911), 1. Dort auch Beschreibungen einiger der aufgefundenen Stadtbanner.

850 Heimann (1911), 1.

851 „Auch dekorative Arbeiten vielfältiger anderer Art sind unter seinen Händen entstanden, so die großen Banner, die im Gürzenich bei den städtischen Festen von der Galerie herunterhängen, als geschickte Nachahmungen der im historischen Museum befindlichen Originale," Clemen (1927).

852 „Die hervorragendsten Stücke des altkölnischen Fahnenbestandes sind zweifellos die beiden großen, um 1510 und 1723 gefertigten Banner. Das letztere ist vollständig erhalten, das erstere etwa zu einem Drittel. Aber dieses ältere Fragment zeigt nur zu deutlich, daß die Arbeit der späteren Zeit in der ganzen Form und dem Inhalt der Darstellung lediglich eine Wiederholung des früheren Banners ist, nur umgesetzt in eine andere, dem Zeit- und Kunstgeschmack entsprechende Form. Danach ließ sich eine Ergänzung des Banners von 1510 unschwer bewerkstelligen," Heimann (1911), 1. Dort im Anschluß eine Beschreibung der Nachbildung des Banners von 1510 und des Banners von 1723.

853 Eine wissenschaftliche Untersuchung über die Stickwerkstätten Kölns im 19. Jahrhunderts wäre sehr wünschenswert und brächte möglicherweise Klarheit über diesen Bereich von Anton Bardenhewers künstlerischem Schaffen.

854 Heimann (1911), 1.

855 ebda.

856 ebda.

857 Darauf wird, soweit seine Arbeiten bekannt sind, in den einzelnen Katalogtexten hingewiesen. Siehe dort.

858 Zu St. Medardus, Bendorf, allgemein, siehe: Renard, Bendorf (Kreis Coblenz). Wiederherstellung der evangelischen Pfarrkirche, in: BPDR, Bd. 13, Düsseldorf 1909, S. 27-31.

859 Siehe Katalog, Nr. 48. Zu der baulichen Wiederherstellung, Renard (1909), 1, S. 29-31.

860 „Die schönste und reichste Kirchendecoration aus dieser Zeit befindet sich in der Kirche zu Bendorf [...]," Bardenhewer (1911), 1, S. 6. Im Anschluß daran eine ausführliche Beschreibung des Ausmalungssystems. Auch WMA Ev. Kirche, Bendorf, Akte zu den Wandmalereikopien, Text Hanna Adenauer, Bildarchiv Rh.-Pfälzisches Amts für Denkmalpflege, Mainz; Kdm Rhp. 16.3, S. 92. „[...]; dieselbe [romanische Ausmalung] ist durch den Maler A. Bardenhewer in Köln in sorgfältigster Weise mit einem Kostenaufwand von etwa 4.000 M. hergestellt worden," Renard (1909), 1, S. 31. Dort eine Beschreibung der dekorativen Fassung.

861 WMA Bendorf; Clemen (1916), S. 630.

862 In Kdm Rhp. 16.3, als Abb 89.

863 Für Bendorf schufen die Maler Lübbecke und Volkhausen im Jahr 1907 drei Kartons, die heute im Bestand des Rh.-Pf. Amtes f. Denkmalpflege, Mainz, erhalten sind. [Inv.Nr. 18196, H. 0,27, B. 0,21, Details der ornamentalen Ausmalung (roman.), Aquarell] und [1.) Chor, Ostapsis, Inv.Nr. 20887, H. 0,48, B. 0,70, Christus umgeben von Evangelistensymbolen; Aquarell; 2.) Chor, Apsis, Inv.Nr. 20888, H. 0,59, B. 0,79, Christus umgeben von Evangelistensymbolen, Bleistiftzeichnung].

864 Im Altfotobestand des Rh.-Pf. Amtes f. Denkmalpflege, Mainz, ist ein großes Konvolut dieser Aufnahmen erhalten. Eine Fotografie der wiederhergestellten inneren Ausmalung ist bei Renard (1909), 1, S. 28, veröffentlicht. Sie zeigt als Signatur die Initialen F.B., möglicherweise zeichnete Bardenhewer so seine Fotografien.

865 Darauf wurde bereits mehrfach, unter anderem im Zusammenhang mit der Markuskapelle, Altenberg, Kapitel IX., hingewiesen. Siehe dazu auch die Hinweise auf die Zusammenarbeit von Anton Bardenhewer mit der Glasmalerei Schneiders & Schmolz weiter oben und in den Katalogtexten.

866 Dort archiviert unter Inv.Nr. 16556-16559 bzw. Rhl.Pfalz 6168-6171.

867 Auf den Kartons ist die ausführende Firma angegeben. Es kam zu einer Erneuerung der gesamten Verglasung, Renard (1909), 1, S. 29.

868 Siehe Katalog, Nr. 78-79. Im BRPLD sind einige Fotografien der in St. Maximin aufgedeckten Wandmalereien, leider ohne Datierung und Angabe des Restaurators, erhalten.

869 Siehe dazu die entsprechenden Katalogtexte. Die Wiederherstellung der Wandmalereien der Pfarrkirche von Almersbach, die er im Juli 1915 begann, geht mit großer Wahrscheinlichkeit auch auf frühere Absprachen zurück, siehe Katalog, Nr. 80.

870 Renard, Köln. Sicherung und Aufnahme von kirchlichen Glasmalereien, in: Zeitschrift des Rh. Vereins für Denkmalpflege und Heimatschutz, 18. Jg., Heft 1, 1925, S. 50-56. Eine Auflistung der ausgebauten und sicher eingelagerten Glasmalereien findet sich bei Verbeek (1927), S. 202.

871 Heimann, Geborgene Schätze alter Kölner Glasmalerkunst, in: Kölnische Volkszeitung, Nr. 908, 17. November 1918.

872 Heimann (1918), 1.

873 Heimann, Alte Glasmalereien in Köln, in: Die Denkmalpflege, 20. Jg., 1918, S. 106.

874 Heimann (1918), 1.

875 Renard (1925), S. 51 u. 54.

876 Katalog, Nr. 80.

877 In die Jahre der beruflichen Schwierigkeiten fielen auch der Tod seiner Frau (1921); siehe Ergänzungsband, Anhang zum Texteil, Kop. 14, und seiner jüngsten Tochter (1923), Ketnath-Hornig (1940), S. 71.

878 Katalog, Nr. 82-85. Möglicherweise wurde ihm 1927 ein Auftrag im Zusammenhang mit Wiederherstellungsarbeiten an der Ausmalung der Kirche St. Maria Lyskirchen, Köln, erteilt. Im BRAD ist eine Aufnahme von Gerhard Schoofs aus dem Jahr 1898 erhalten. [Tympanon über dem Westportal, Inv.Nr. 5555, H. 0,50, B. 0,65, Anbetung der hl. 3 Könige, Aquarell; *WMA*.] Sie wurde 1927 durch den Maler Becker-Leber kontrolliert. Da dieser zu dieser Zeit Mitarbeiter Anton Bardenhewers war, legt das die Vermutung erneuter Restaurierungsarbeiten unter Leitung Bardenhewers nahe.

879 Greven's Adreßbuch, Jg. 1920-1934.

880 Zum Teil gab es sogar lange Pausen zwischen seinen Arbeiten, deren Grund nicht zu klären ist. So zwischen den Arbeiten im Jahr 1927 in Köln-Niehl und Wesel und den erst 1930 begonnenen Arbeiten in Lechenich, siehe Katalog, Nr. 86.

881 Siehe Katalog, Nr. 86, 89-90.

882 Greven's Adreßbuch, Jg. 1920-1934.

883 „Auf Veranlassung des Dombildhauers Christian Mohr ließ der Kirchenvorstand die Übermalungen [der Severinslegende] durch W. Batzem 1885 beseitigen, der die Bilder 1886 vortrefflich wiederherstellte," Kdm Rhp. 2.2, S. 308.

884 Zur Zusammenarbeit von Batzem und Bardenhewer siehe Katalog, Nr. 16, 28, 30, 32, 36, etc.

885 Siehe Katalog, Nr. 76.

886 Die vielfältigen Restaurierungen Anton Bardenhewers in verschiedenen Bereichen machten es unmöglich, im Rahmen der vorliegenden Untersuchung weiteren Einzelobjekten nachzuforschen. Das muß einer späteren Bearbeitung der Einzelbereiche vorbehalten bleiben.

887 Siehe Katalog, Nr. 81.

888 Das Antependium hatte eine Breite von 3 m und war 1 m hoch, Kdm. Köln, 2.2, S. 125.

889 Kdm Rhp. 2.2, S. 125.

890 Siehe Katalog, Nr. 87.

891 „Einzelne Bilder haben in jüngster Zeit eine Instandsetzung durch Maler A. Bardenhewer erfahren," Kdm Köln. 2.3, S. 69.

892 Nach Erinnerung von Frau Philippson, Köln.

893 „5. Altargemälde, letztes Abendmahl, nach dem Verzeichnis von Barthel Bruyn, 2. H. des 16. Jh. (Kd. Köln II, I, S. 260) vor einigen Jahren durch Bardenhewer instandgesetzt, jetzt in der Sakristei," Kdm Köln, Ergb., S. 81.

894 Kdm Köln, Erb., S. 82, vermerkt dazu, daß die Kreuzabnahme, „[...] vor einigen Jahren durch Bardenhewer erneuert [worden sei]." Der Umfang und die Art dieser Erneuerung sind nicht bekannt. 1937 befand sich die Kreuzabnahme „[...] jetzt während der Bauarbeiten in der Kirche St. Maria i. Kap. auf der vorläufigen Ostwand des Langhauses über dem Altar," Kdm Köln, Erb., S. 82. Der Verbleib beider Gemälde wurde im Rahmen dieser Arbeit nicht untersucht.

895 „Bardenhewer ist in seiner Restaurierungskunst unübertroffen. Mit welcher Vorsicht und Sorgfalt geht er zu Werk!" anonym, Neun Ritter werden gewaschen, in: Kölner Beobachter, Westdeutscher-Beobachter - Abend-Ausgabe, 31. Juli 1937.

896 „Daneben [neben den Wandmalereirestaurierungen] laufen unendlich viele mannigfache Arbeiten an der mittelalterlichen Plastik, die er mit sicherem Gefühl für die verborgenen Werte vor Verfall rette-

te," E.W., Altmeister Anton Bardenhewer, in: Mittelrheinische Landes-Zeitung, Sieg-Rhein-Zeitung, Nr. 196, 23.8.1939.

897 Siehe zu seinen Arbeiten in diesem Bereich über die im folgenden aufgelisteten Beispiele hinaus auch Katalog, Nr. 53, 67, 71, 98, 100. Die meisten dieser Arbeiten sind ihm bislang nicht eindeutig zuzuordnen. Wie für seine kunsthandwerklichen Entwürfe und seine Restaurierungen von Tafelmalereien gilt auch hier, daß die Restaurierung von Ausstattungsstücken im Rahmen der vorliegenden Untersuchung lediglich angesprochen werden kann. Eine ausführliche Bearbeitung dieser Bereiche und der Einzelobjekte muß späteren Veröffentlichungen vorbehalten bleiben.

898 „[...]; insbesondere wurde das wertvolle Chorgestühl von den vielfachen Ölanstrichen befreit und die ursprüngliche Bemalung des barocken Hochaltars in ihrer mehrfarbigen Marmorierung wiederhergestellt. Auch der kleine Flügelaltar vom Anfang des 16. Jahrhunderts mit der geschnitzten Mittelgruppe der Anbetung ist ausgebessert und im Seitenschiff aufgestellt worden; [...]", Renard, Oberwesel (Kr. St. Goar). Wiederherstellung der St.-Martins-Pfarrkirche und ihrer Ausmalung, in: Zs. des Rh. Vereins f. Denkmalpflege und Heimatschutz, 18. Jg., Heft 1, 1925, S. 79.

899 Hinweis auf die Freilegung und Sicherung der Originalfassung der Epitaphen durch Anton Bardenhewer finden sich mehrfach in der Literatur, siehe Katalog, Nr. 46, Ketnath-Hornig (1940), S. 71.

900 Siehe Katalog, Nr. 46 und anonym, Über mittelalterliche Wandmalereien, in: Localanzeiger, Nr. 51, 20. Februar 1911, S. 8.

901 „So scheinen einige frühgotische Epitaphien im Dome zu Metz schon Ende des 16. Jahrhunderts eine Instandsetzung durch Übermalung mit Ölfarbe erhalten zu haben, andere waren übertüncht und sind bis auf unsere Zeit unberührt geblieben", Bardenhewer, Anton, Vortrag vor dem Kölner Altertumsverein, Februar 1911, S. 1.

902 Siehe Katalog, Nr. 47-70.

903 „In Metz muß nun zunächst eine ganz neue Hütte gebildet und organisiert werden," Clemen (1906), 2, S. 63.

904 Ketnath-Hornig (1940), S. 71, Katalog, Nr. 46.

905 Bardenhewer (1911), 1, S. 2 u. 8. Möglicherweise war er darüber hinaus an der Restauration der Glasmalereien beteiligt, siehe Clemen (1906), 2, S. 64.

906 Siehe Katalog, Nr. 63 und Bardenhewer (1911), 1, S. 7-8. Dort auch eine Beschreibung der architektonischen Fassung. Zu Bardenhewers Restaurierung der Wandmalereien, Clemen (1930), S. 128-129.

907 Bardenhewer (1911), 2.

908 Stiehl, Wetzlar. Wiederherstellung des Domes, in: BPDR, Bd. 16, Düsseldorf 1912, S. 51.

909 Ausführliche Beschreibung des Dargestellten in Köln. Beob. (1937).

910 Siehe zur Restaurierungsgeschichte, Katalog, Nr. 101. Die Fassung des 19. Jahrhunderts von Julius Raschdorff wurde von Bardenhewers Zeitgenossen sehr kritisch beurteilt.

911 „Jeder aber wird noch vor Augen haben, daß die Gestalten in ihrem aufdringlichen Farbenkleid eigentlich ein etwas kurioses Aussehen hatten. [...] Seit etwa vier Wochen arbeitet nun schon ein Meister der Restaurierungskunst, mit seinem Helfer Karl Höhn an der Säuberung der Figuren und der ganzen ornamentalen Verzierung der Wand," Köln. Beob. (1937). Bei dieser Arbeit handelt es sich um die letzte Herstellung einer mittelalterlichen Fassung, die man Anton Bardenhewer zuweisen kann.

912 Köln. Beob. (1937). Diese Beschreibung ist der einzige Hinweis auf die Freilegungstechnik Bardenhewers bei mittelalterlichen Fassungen. Im Anschluß wird die aufgedeckte Originalfassung beschrieben.

913 „Man wird aber noch mehr staunen, wenn Meister Bardenhewers Hand die schadhaften Stellen ausgebessert und nachgearbeitet hat, wenn er mit seinem großen Verständnis für die Technik der mittelalterlichen Meister wirklich den Farbton überall getroffen hat," Köln. Beob. (1937).

914 Adenauer, Das Schicksal des Kölner Rathauses vor, während und nach dem Zweiten Weltkrieg, in: Fuchs (1994), S. 128.

915 „Bardenhewer ist durch manche Instandsetzungsarbeiten bekannt geworden. Sein letztes großes und vielbewundertes Werk war die Wiederherstellung der Fresken in Schwarz-Rheindorf. Heute ist Bardenhewer bereits im 81. Lebensjahr. Man möchte jedem 81jährigen die Frische und rüstige Lebendigkeit Bardenhewers gönnen. Er kletterat auf den Leitern und Gerüsten herum, als stände er im besten Mannesalter," Köln. Beob. (1937).

916 Köln. Beob. (1937).

917 Siehe Katalog, Nr. 91, 93, 95, 98. Besonders deutlich wird seine Abkehr von allen historistischen Tendenzen und sein nahezu ausschließlich konservierendes Vorgehen in den letzten Jahren beim Vergleich der Fotografien der Ausmalung von Schwarzrheindorf in ihrem Zustand vor und nach der Freilegung durch ihn, Wolff Metternich, Die romanischen Monumentalmalereien in Schwarz-Rheindorf, in: JBRD, Bd. 14/15, 1938, S. 517-528. Zu Bardenhewers die Originalsubstanz schonendem Vorgehen, Gierschner, Zur Authentizität der romanischen Wandmalereien von Schwarzrheindorf - Versuch einer immanenten Quellenkritik, JBRD, Bd. 35, Köln 1991, S. 115-148.

918 H. L., Schwarzrheindorf, neu entdeckt, in: Kölnische Volkszeitung, Rubrik: Westmark, Mittwoch, 11. Dezember 1935. Nach Abnahme der großflächigen Ölfarbenübermalungen Matthias Goebbels' durch die Mitarbeiter Bardenhewers zeigten sich die Deckenmalereien in einem sehr guten Erhaltungszustand. Unter Bardenhewers Leitung wurden lediglich farbige Retuschen ausgeführt, um die Bildflächen wieder zu schließen. An den Stellen, wo Bardenhewer durch eine Entfernung der früheren Übermalungen zu große Verletzungen des Originalbestand fürchtete, behielt er sie bei. Die Fotografien, die während der laufenden Restaurierung entstanden, zeigen das deutlich. Zu den Restaurierungsdetails siehe Katalog, Nr. 95.

919 Siehe Katalog, Nr. 89-90, 92, 96.

920 Kdm Rhp. 16.3, Abb. 356 u. 358.

921 Acta betreffend die patronatsfiskalische katholische Kirche nebst Pfarrgebäude in Sayn, Landeshauptarchiv Koblenz, Abt. 441, Nr. 35 891 - 35 893. Dort ist ein ausführlicher Briefwechsel zwischen allen Verantwortlichen erhalten, der die Voruntersuchungen Bardenhewers, die Auftragserteilung etc. enthält.

922 In den letzten Jahren übernahm zumeist, wie bereits mehrfach angesprochen, sein langjähriger Mitarbeiter Höhn die Ausführungen vor Ort.

923 Siehe Katalog, Nr. 6, 20. Den Zustand der damals geschaffenen Ausstattung des Oktogons zur Zeit der erneuten Aufträge an Anton Bardenhewer dokumentiert eine Fotografien von 1939.

924 Metternich, Die Sicherung der Wandmalereien in der Taufkapelle der Basilika St. Gereon zu Köln, in: JBRD, 8. Jg, Düsseldorf 1932, S. 108.

925 Siehe Katalog, Nr. 21; Metternich (1932), S. 105-112.

926 anonym, Ein Kunstwerk des 13. Jahrhunderts wiederhergestellt - Die Taufkapelle in St. Gereon nach der Erneuerung, in: Stadtanzeiger, Nr. 506, 7. Oktober 1931.

927 Roessle, St. Gereon, in: Colonia Romanica, Bd. 10, Köln 1995, S.160, schreibt, daß Bardenhewer in der Taufkapelle bereits seit 1926 restauriert habe, ohne das näher zu erläutern. Vermutlich handelt es sich dabei um einen Irrtum, und Roessle bezieht sich auf das Jahr der verfaßten Gutachten zu den Wandmalereien und der damit projektierten Restaurierung der Taufkapelle.

928 Clemen (1916), S. 645-646.

929 Clemen (1916), S. 646.

930 Zu Ramboux siehe Bornheim gen. Schilling (1952), S. 113.

931 Metternich (1932), S. 109 und RA St. Gereon.

932 Metternich (1932), S. 109-110 und RA St. Gereon.

933 Metternich (1932), S. 110.

934 Stadtanz., Nr. 506.

935 Metternich (1932), S. 107-108.

936 Metternich (1932), S. 108.

937 Metternich (1932), Tafel III. Auf dieser Fotografie erkennt man sowohl einen neutral geschlossenen Riß als auch zumindest zwei übereinanderliegende Malschichten im unteren Bereich.

938 Wie bereits in Kapitel I dargelegt, unterlag die Wahl des Wiederherstellungsverfahrens nicht allein dem Restaurator. So findet sich dieses substanzschonende und die Ausmalungssysteme verschiedener Perioden erhaltende Vorgehen auch schon bei früheren Restaurierungen Bardenhewers, siehe Katalog, Nr. 25, wohingegen etwas später ausgeführte ein ganz anderes Bild seines restauratorischen Vorgehens widerspiegeln, siehe Katalog, Nr. 41.

939 Siehe Katalog, Nr. 95, 98.

940 Sie sind bei Metternich (1932) als Abb. 75-77, 79-81 und Tafel III u. IV veröffentlicht und zeigen deutlich, daß Bardenhewer nur sehr geringe Eingriffe in den freigelegten Originalbestand vornahm.

941 WMA St. Gereon.

942 Pfitzner, (1941), S. 306.

943 Siehe Katalog, Nr. 6.

944 Am 7. Februar 1935 beschloß der Kirchenvorstand einstimmig die Renovierung des Hochchors, siehe: GVA I Köln, St. Gereon, 3, Erzbischöfliches Archiv, Köln.

945 Siehe Katalog, Nr. 21 und WMA St. Gereon.

946 Siehe Katalog, Nr. 6.

947 WMA Cäcilien.

948 Darauf weist auch die Einzelanalyse bei Clemen (1916) unter Fn. 9, S. 647, hin.

949 Clemen (1930), S. 141. Siehe auch die Ausführungen auf den vorangegangenen Seiten, S. 134 ff.

950 Siehe dazu Katalog, Nr. 12 und Kapitel VII., VIII. und IX.

951 Bentelev, Die Restaurierung der frühgotischen Wandmalereien im Chor der ehem. Stiftskirche St. Cäcilien (Schnütgenmuseum) zu Köln, 1979, in: RA St. Cäcilien.

952 Zur historistischen Monumentalmalerei allgemein, Bornheim gen. Schilling (1952), S. 106-109.

953 Siehe Katalog, Nr. 99; Pfitzner, Die romantischen Wandmalereien in der Alten Aula der Bonner Universität, in: Volksblatt Euskirchen, 21.10.1942, Bonner Stadtarchiv Bst. 114/782 und E.S., Restaurierung der alten Universitätsaula, Zeitungsartikel 1935, o.A., aus: Familienarchiv Griebel, München. Dort Beschreibungen der Wandmalereien. Diese Fresken waren die einzigen Zeugen der Cornelius-Schule am Rhein. Kupferstiche der Darstellungen der „Theologie" und „Philosophie" von Josef von Keller (1811-73) sind bei Riemer, Die Wandgemälde der Alten Aula, in: Bildchronik der Bonner Universität, Bonn 1968; S. 28 u. 29 abgebildet. Lithographien von Alois Weber, die die beiden anderen Wandbilder zeigen und ein Stahlstich einer Gesamtansicht des Raumes, aus: Die Rheinische Friedrich-Wilhelms-Universität zu Bonn (1839), sind ebenfalls bei Riemer (1968) wiedergegeben. Farbige Aufnahmen der Kartons der „Theologie" und „Philosophie" sowie Details aus der „Medizin" und der „Jurisprudenz" sind bei Pfitzner (1937) veröffentlicht. Eine Darstellung der „Jurisprudenz" mit der sie umrahmenden Leiste ist bei E.S. (1935) abgebildet. Bei allen finden sich Beurteilungen der Darstellungen. Die Abbildungen bei Riemer (1968) geben eine klare Vorstellung von der Ausstattung der Alten Aula. Im Archiv der Rh. Friedrich-Wilhelms-Universität, Bonn sind ein Originalkarton von Götzenberger mit handschriftlichen Farbangaben und mehrere Lithographien von Alois Weber, 1848 bei Henry und Cohen, Bonn, erschienen, erhalten. Detailaufnahmen aus der „Medizin" und der „Jurisprudenz" sind bei Pfitzner (1942) abgebildet. Ob Bardenhewer bei seinen früheren Arbeiten in der Universität die Wandmalereien in der Aula bereits restaurierte, ist bislang nicht geklärt. Siehe Katalog, Nr. 59. Zu Cornelius und Goetzenberger, Bornheim (1952), S. 110, 112 u. 114 und Pfitzner (1942).

954 Zur Wandmalereitechnik und den typischen Schäden aufgrund mangelnder Kenntnis der Technik, Emmenegger, Techniken der Wandmalerei, ihre Schäden und die typischen Schadensursachen, in: Historische Technologie und Konservierung von Wandmalereien, Vortragstexte der 3. Fach- und Fortbildungstagung der Fachklasse Konservierung und Restaurierung, Schule für Gestaltung Bern, 5. und 6. November 1984, Bern 1985, S. 76-86 u. 89-91.

955 Bei der Darstellung der „Theologie" waren Farbpigmente verwendet worden, die sich durch die Verbindung mit Kalk veränderten.

956 Siehe zu diesen mangelhaften Kenntnissen der Freskotechnik auch Kapitel XII.

957 E.S. (1935).

958 Katalog, Nr. 99. Kleinere Wiederherstellungsarbeiten wurden in den Jahren 1845, 1847 und 1854 durch den akademischen Zeichenlehrer Christian Hohe ausgeführt. 1861 bot der Maler Götzenberger an, die Wandmalereien nochmals selbst instandzusetzen. Das wurde abgelehnt.

959 Einer der besten Kenner der Wandmalerei des 19. Jahrhunderts, Pfitzner, Die romantischen Wandmalereien in der Alten Aula der Bonner Universität und im Gartensaal von Schloß Heltorf bei Düsseldorf, in: Rheinische Heimatpflege, 9. Jg., 1937, S. 556. Siehe zu Gerhardt die Ausführungen unter Kapitel XII.

960 Zu dem Wiederherstellungsverfahren siehe Kapitel XII. Ob Anton Bardenhewer 1906 oder 1928 an der Wiederherstellung durch Gerhardt beteiligt war, wie sich das mit hoher Wahrscheinlichkeit für Gerhardts Arbeiten in Schloß Heltorf 1911 belegen läßt, ist nicht geklärt.

961 E.S. (1935).

962 Pfitzner (1942). Zu den Fresken im Gartensaal des Heltorfer Schlosses, siehe Kapitel XII.

963 Zum Wiederherstellungsverfahren s.o.

964 Pfitzner (1942). Wie es zu der Parallelität der Aufträge an Cornelius für die Ausschmückung der Universitätsaula in Bonn und des Gartensaals von Schloß Heltorf kam, ist nicht geklärt.

965 Katalog, Nr. 102. Dort auch nähere Erläuterungen zu dem Wechsel der ausführenden Maler. Im Bestand des Düsseldorfer Landesmuseums befinden sich Ektachrome zum gesamten Zyklus. Diese sind bei Jenderko-Sichelschmidt, Profane Historienmalerei, in: Kunst des 19. Jahrhunderts im Rheinland, Trier/Weyres (Hsg.), Bd. 3, Malerei, Düsseldorf 1979, S. 145-190 als Tafeln 32 - 37 veröffentlicht. Zu Schadow, Lessing, Plüddemann und Mücke allgemein, Bornheim gen. Schilling (1952), S. 109-111.

966 Pfitzner, Die romantischen Wandmalereien in der Alten Aula der Bonner Universität und im Gartensaal von Schloß Heltorf bei Düsseldorf, in: Rheinische Heimatpflege, 9. Jg., 1937, S. 557.

967 Siehe Katalog, Nr. 58 und 64. Zu der maltechnischen Untersuchung in Schwarzrheindorf, Clemen (1916), S. 645-646. Dort unter Fn. 9 eine ausführliche Einzelanalyse.

968 Beemelmans (1939), 1; Ketnath-Hornig (1940), S. 72.

969 Pfitzner (1937), S. 557 u. 561.

970 Kurz vor seinem Tod war er im Juni des Jahres 1939 mit dem Kölnischen Geschichtsverein in Heltorf und erläuterte dort die Bilder und ihre einstigen Schäden, Beemelmans, Nachruf für den Kunstmaler Anton Bardenhewer, in: Familienblatt Kockerols, Nr. 32, Dezember 1939, Familienarchiv Griebel, München. Möglicherweise findet sich, angeregt durch die vorliegende Arbeit, der entsprechende Vortrag in einem Archiv, so daß man genauere Kenntnisse über den von ihm geleitete Restaurierung erhält.

971 Clemen (1927).

972 Katalog, Nr. 12. Im gleichen Zusammenhang kritisiert Clemen die harten und derben Konturen bei den Malereien im Mittelschiff des Limburger Doms. Dadurch wird die angenommene Beteiligung Anton Bardenhewers an dieser Wiederherstellung zusätzlich gestützt, Katalog, Nr. 20.

973 Katalog, Nr. 32.

974 Clemen (1901), 3, S. 71.

975 Aus einem Schreiben von Clemen, LhaK, Ahrweiler, 15255. Katalog, Nr. 41 und Kapitel X.

976 Aus demselben Schreiben, LhaK, Ahrweiler, 15255.

977 Siehe Katalog, Nr. 32-75.

978 Greven's Adreßbuch, Jg. 1899-1915.

979 Greven's Adreßbuch, Jg. 1920.

980 Greven's Adreßbuch. Jg, 1925.

981 „Auf den höchsten Gerüsten, in den schwierigsten Stellungen malte er mit sicherer Hand, obwohl er nur noch zittrig seinen Namen schreiben konnte," Beemelmans, Nachruf für den Kunstmaler Anton Bardenhewer, in: Familienblatt Kockerols, Nr. 32, Dezember 1939, Familienarchiv Griebel, München. Der zweite Teil dieser anekdotenhaften Formulierung gibt vermutlich den wahren körperlichen Zustand des nahezu achtzigjährigen Anton Bardenhewer wieder.

982 Greven's Adreßbuch, Jg. 1934.

983 Siehe zu dieser Problematik Kapitel VIII. und die vielfachen Hinweise in der vorangegangenen Untersuchung und in den Katalogtexten.

984 Kdm Rhp. 9.1, Tafel XV.

985 Beemelmans (1939), 1.

986 Leider sind ihm bislang keine konkreten Beispiele aus den Beständen der Kölner Museen nachzuweisen. Ob der Abguß der Madonna aus St. Maria im Kapitol möglicherweise von ihm stammt, konnte noch nicht geklärt werden. (Abb. 172) Das gilt ebenso für den eindeutigen Nachweis seiner Restaurierungen von Gemälden, die sich heute im Bestand des Wallraf-Richartz-Museums befinden.

987 Siehe dazu die Ausführungen in Kapitel XII. und die Hinweise in den Katalogtexten.

988 Ketnath-Hornig (1940), S. 72. Bislang konnten diese Arbeiten nicht belegt werden.

989 Clemen (1916), S. 645-646.

990 Bardenhewer (1911), 2, S. 2-3.

991 Localanz., Nr. 51.

992 Leider hat sich kein Nachlaß Anton Bardenhewers erhalten, und auch im Familienbesitz befinden sich keine entsprechenden Aufnahmen.

993 Siehe Katalog, Nr. 75.

994 Siehe Katalog, Nr. 39.

995 Bardenhewer (1911), 2, S. 5 -6.

996 Bardenhewer (1911), 2, S. 3.

997 Bardenhewer (1911), 2, S. 4.

998 Bardenhewer (1911), 2, S. 6.

999 Siehe dazu die vielfältigen Hinweise in den Katalogtexten.

1000 Bardenhewer (1911), 2, S. 7-8. Dieses Verfahren des Konservierens mit Wachs hat er zum Abschluß seiner letzten Arbeiten in Schwarzrheindorf angewandt, E.W., Altmeister Anton Bardenhewer, in: Mittelrheinische Landes-Zeitung, Sieg-Rhein-Zeitung, Nr. 196, 23. August 1939. Zu der Technik siehe Emmenegger (1985), S. 79.

1001 „Es ist lächerlich zu glauben, daß eine Firma, die sich nach dem Abschluß eines Vertrags vor unvorhergesehenen Schwierigkeiten sieht, die Mitarbeiter nicht zur Eile, mit all den damit verbundenen Konsequenzen anhält", Wolters (1989), S. 192.

1002 Schmitt (1939).

1003 Graf Wolff-Metternich zitiert in anonym (1939).

1004 Localanz., Nr. 51.

1005 Graf Wolff-Metternich zitiert in Protokoll (1939), S. 2.

1006 Clemen (1927).

1007 Witte, Anton Bardenhewer - Zum 80. Geburtstag am 8. April, in: Kölnische Volkszeitung, 8. April 1937.

1008 Diese Arbeiten waren 1930 noch nicht abgeschlossen, Clemen (1930), S. IX. Zu Alken, Clemen (1930), S. 215. Die dort abgebildeten Aufnahmen weisen ebenfalls auf Bardenhewers Urheberschaft hin.

1009 Localanz., Nr. 51.

1010 H. L., Schwarzrheindorf, neu entdeckt, in: Kölnische Volkszeitung, Rubrik: Westmark, Mittwoch, 11. Dezember 1935.

1011 Katalog, Nr. 52. Nach der Restaurierung schreibt Clemen (1930), S. 2, daß die Köpfe der Apostel an eine Übermalung im 15. Jahrhundert denken ließen, die Veränderung jedoch vermutlich auf die Hand des Restaurators zurückzuführen sei. Diese sehr vage formulierte Kritik ist vermutlich auf das hohe Ansehen des alten Bardenhewer im Jahr 1930 zurückzuführen, da Clemen die Arbeiten betreut hatte.

1012 Ketnath-Hornig (1940), S. 71. Nach der Formulierung zu urteilen, handelte es sich dabei um den Kondolenzbrief. Darüber hinaus müssen im Nachlaß Bardenhewers eine Anzahl von Briefen Clemens vorhanden gewesen sein, sie blieben jedoch genauso wenig erhalten wie seine Kopien der Wandmalereiaufnahmen oder ähnliche Unterlagen.

1013 „An den Veranstaltungen der Rheinischen Denkmalspflege und des Kölner Geschichtsvereins nahm er [...] lebhaften Anteil [...]," Ketnath-Hornig (1940), S. 72.

1014 Dazu siehe Baudri, einige Jahrzehnte früher, der sich im hohen Maße für die städtischen Belange engagierte, Vogts, Die Glasmalereiwerkstatt von Friedrich Baudri in Köln (Nach seinen Tagebüchern 1854-1871), in: Im Schatten von St. Gereon: Erich Kuphal zum 1. Juli 1960, Veröffentlichung des Kölnischen Geschichtsvereins, Bd. 25, Köln 1860, S. 353-384.

1015 Erinnerungen von Fr. Philippson, Köln.

1016 Beemelmans (1939), 1.

1017 anonym, Die Erhaltung mittelalterlicher Wandmalereien, Zeitungsausschnitt, o. A., Köln 26. Oktober 1939, Familienarchiv Griebel, München. Zu den dort 1906 freigelegten Malereien sind eine Reihe von malerischen Aufnahmen erhalten, die eindeutig nicht aus Bardenhewers Hand stammen. In der zugehörigen WMA werden sie dem Maler Becker-Leber zugeschrieben, der in diesen Jahren mehrfach im Zusammenhang mit Restaurierungen unter Anton Bardenhewers Leitung genannt wird. Siehe dazu Katalog, Nr. 45. Kopie der Todesanzeige, siehe Ergänzungsband, Anhang zum Textteil, Kop. 15.

1018 Protokoll der Gedächtnisstunde des Kölner Geschichtsvereins im Wallraf-Richartz-Museum, am Sonntag, dem 22. Oktober 1939, Familienarchiv Griebel, München, S. 1.

1019 Protokoll (1939), S. 1.

1020 Ein angeheirateter Verwandter der Familie Bardenhewer.

1021 Als die Pacht in den 60er Jahren ablief, vergaß die Familie sie zu verlängern.

KATALOG

Werk-/Inhaltsverzeichnis

(Die Jahreszahlen in Klammern stehen für eine frühere Tätigkeit Bardenhewers unter anderen
Restauratoren oder für ihm nicht eindeutig zuzuweisende Arbeiten)

Anton Bardenhewer

gesichert zuzuschreibende Arbeiten, *chronologisch*

Ausführliche Beschreibungen aller im folgenden aufgeführten Kirchenbauten und ihrer jeweiligen Ausmalung finden sich in der zu den Einzeldarstellungen angegebenen Literatur, daher werden Baugeschichte und Ausmalungssystem der Bauwerke nur knapp skizziert. Weiterführende Literatur wird innerhalb der Kurztexte genannt. Da sich der Großteil der zu den Restaurierungen erhaltenen Abbildungen in gleichen Beständen befindet, werden diese wie folgt abgekürzt:

Bildarchiv des Rheinischen Amts für Denkmalpflege,
Abtei Brauweiler, Pulheim   = BRAD
Bestand des Landesamts für Denkmalpflege
Rheinland-Pfalz, Mainz   = BLDRP
Rheinisches Bildarchiv, Köln   = RBA

1. 1879 - 1881   St. Maria Lyskirchen, Köln

Dreischiffige, dreijochige Pfeilerbasilika mit Emporen, im Verlauf der Straße abgeschrägte Westfassade mit schlichtem Giebel; Chorgeviert mit Flankentürmen und halbkreisförmig geschlossener Apsis über Krypta, um 1210-20 errichtet. Von Vorgängerbauten nur die vielfach veränderte Krypta erhalten. Gotisierende Veränderung des Langhauses, der Westfassade, der Chorkapellen, 1520-30. 1658-62 im Zuge barocker Umbauarbeiten Ostapsis erneuert, Altarapsiden der Osttürme, Langhaus und Emporen verändert. Im 18. Jh. Westempore vergrößert und stukkiert.

Ausmalung:
Reiche architektonische Fassung und figürliche Darstellungen, 1230-70. Westportal, inneres Tympanon: Anbetung der Könige, um 1230; Mittelschiff, Kreuzgewölbe: 12 Szenen aus dem Leben Jesu auf den südl. Gewölbekappen; auf den nördl. Kappen: 12 Szenen aus dem AT, Mitte 13. Jh.; Gewölbezwickel: Propheten u. Heilige mit Spruchbändern, um 1250; Langhauswände: [ehemals] Heiligenfiguren, Apostel; südl. Chorkapelle, Kreuzgewölbe: Legende des Hl. Nikolaus, um 1270; nördl. Chorkapelle, Kreuzgewölbe: Legende der Hl. Katharina, um 1280; Westempore, Westwand: Szenen des Marienlebens, um 1320-40. Ausführlich, *Goldkuhle*.

Restaurierungen:
Bedingt durch den schlechten Zustand des Gebäudes blühte bereits 1865 die Gewölbemalerei durch die Kalktünche der Chöre. Ab 1868 begann unter der Leitung des Stadtbaumeisters Raschdorff nach Entwürfen von Vincenz Statz eine umfassende historische Wiederherstellung der Kirche. Ab 1879 folgte eine Instandsetzung bzw. Neuausmalung des Inneren durch den Kanonikus Matthias Goebbels, nachdem man beim Einrüsten auf weitgehend gut erhaltene originale Kompositionen gestoßen war. Die Arbeiten unter seiner Leitung führten vielfach zu Übermalungen der Fresken sowie zu freien Veränderungen und Ergänzungen, die weitgehend in Ölfarbe ausgeführt wurden.
Goebbels zog nahezu alle Konturen in harten schwarzen Linien nach, ergänzte alle Fehlstellen, erneuerte die Hintergründe in Preußischblau und übermalte die grünen Begleitstreifen in einem dunkleren Ton. Das Chorquadrat und die drei Kappen der Apsis füllte er mit romanisierenden Neuschöpfungen. Die Rippen, Rundpfeiler, Dienste und Gurte schmückte er mit schablonierten Ornamenten, *Abb. Metternich, S. 322*. Die überarbeiteten Darstellungen in den Mittelschiffjochen dokumentierte Otto Vorländer durch mehrere Umrißzeichnungen. Anton Bardenhewer arbeitete als Gehilfe von Matthias Goebbels vor Ort. Daher konnte er in einem späteren Restaurierungsbericht die Temperatechnik, die bei der Restaurierung angewandt worden war, erläutern, *Bardenhe-*

wer (1911),2, S. 4. Zu dieser Wiederherstellung sind im BRAD drei Aufnahmen und eine Lithographie erhalten, die in der zugehörigen *WMA* Goebbels zugeschrieben und in das Jahr 1881 datiert werden. [1.) Gewölbemalerei aus verschiedenen Gewölben des Mittelschiffs, Inv.Nr. 22927, H. 0.64, B. 0.79, Details der Gewölbemalerei, Umrißzeichnung, Bleistift; 2.) Mittelschiff, östl. Kreuzgewölbe, Inv.Nr. 42178, H. 0.68, B. 0.73, Szenen aus dem Leben Jesu, Gegenüberstellung mit Szenen des AT, Umrißzeichnung und Aquarell nach der Ergänzung; 3.) Südkappe, östl. Mittelschiffgewölbe, Inv.Nr. 9089/9090, H. 0.73, B. 1.01, Geburt Christi, Darstellung Jesu im Tempel, Aquarell (gekauft aus dem Besitz von Stauff, Köln); 4.) Mittelschiff, östl. Kreuzgewölbe, Inv.Nr. 22978, Szenen aus dem Leben Christi, Lithographie; *WMA*] 1891 wurde das Innere durch den Maler Theodor Winkel im Anschluß an die durch Goebbels instandgesetzten Malereien ausgemalt. 1896 schufen die Maler Gerhard Schoofs, Kevelaer, und Otto Vorländer im Rahmen der Inventarisation der Wandmalereien des Rheinlands weitere Aufnahmen. Die Aufnahmen der Anbetung vom Westportaltympanon sind farbig, da hier, im Gegensatz zu den übrigen Darstellungen, nach der Überarbeitung durch Goebbels die originale Farbigkeit erhalten war, *Clemen (1897), S. 55-56*. Eine Aufnahme von Schoofs [Tympanon über dem Westportal, Inv.Nr. 5555, H. 0.50, B. 0.65, Anbetung der Hl. 3 Könige, Aquarell; *WMA*] ist im BRAD erhalten. Darüber hinaus sind dort drei Umrißzeichnungen von Vorländer im Maßstab 1:10 aus der gleichen Zeit archiviert. [1.) Mittelschiff, mittleres Kreuzgewölbe, Inv.Nr. 6910, H. 0.73, B. 0.98, Szenen aus dem Leben Jesu und des AT, Umrißzeichnung; 2.) Mittelschiff, westl. Kreuzgewölbe, Inv.Nr. 6911, H. 0.73, B. 0.98, Szenen aus dem Leben Jesu und dem AT, Umrißzeichnung; 3.) Mittelschiff, östl. Kreuzgewölbe, Inv.Nr. 6913, H. 0.68, B. 0.99, Szenen aus dem Leben Christi, Umrißzeichnung, Tusche; *WMA*] 1906 fertigte Hans Josef Bekker-Leber auf Veranlassung Clemens weitere farbige Aufnahmen an. [1.) Südturm, Untergeschoßwölbung, Inv.Nr. 13486, H. 0.72, B. 1.02, Legende des Hl. Nikolaus, Aquarell; 2.) Gewölbe der nördl. Chorkapelle, Inv.Nr. 13485, H. 0.73, B. 1.01, Legende der Hl. Katharina, Umrißzeichnung; *WMA*] Ab 1926 kam es aufgrund starker Feuchtigkeit im Mauerwerk zu umfassenden baulichen Arbeiten, an die sich eine neuerliche Wiederherstellung des Inneren anschloß. Die Aufnahme von Schoofs wurde 1927 von dem Maler Becker-Leber kontrolliert. Eine Änderung der Chorfenster und der Ausmalung des Chores war beabsichtigt.
Nach den Zerstörungen infolge des Zweiten Weltkriegs wurde die Ausmalung ab 1947 unter der Leitung des Dombaumeisters Willy Weyres, Köln, durch einen ehemaligen Mitarbeiter Anton Bardenhewers, den Maler Höhn (Hoen), restauriert. Den Schaden, den die Feuchtigkeit angerichtet hatte, bezeichnete *Goldkuhle, S. 12*, als Substanzverlust von mindestens 10-15%. 1951 erneuerte man die Dächer. 1957 entdeckte man im Inneren weitere Wandmalereien. 1962 wurde der Außenbau farbig gefaßt. 1972-77 kam es bei einer neuerlichen Restaurierung der Wand- und Deckenmalereien durch die Werkstatt II des Rh. Amts f. Denkmalpflege zu einer weitgehenden Reduktion auf den Originalbestand. 1988 wurden die Wandmalereien unter der Leitung des Amtsrestaurators Hohmann durch die Werkstatt II eingehend untersucht. (Siehe Katalog, Nr. 58, 95)

Literatur: *anonym*, Die Restauration der Kirche St. Maria in Lyskirchen zu Köln, in: Zeitungsausschnittsammlung der Universitätsbibliothek Köln, o.A.; *Clemen, Paul*, Anfertigung von Kopien der mittelalterlichen Wandmalereien der Rheinprovinz, in: BPDR, Bd. 3, Bonn 1898, S. 55-56; *Klinkenberg, Joseph*, Köln und seine Kirchen - Führer durch Köln für die Besucher der 50. General-Versammlung der Katholiken Deutschlands, Köln 1903, S. 100-109; *Clemen, Paul*, Aufnahmen gotischer Wandmalereien der Rheinlande, in: Bonner Jahrbücher, Heft 117, Bonn 1908, S. 353-355; *Kdm Köln. 2.1*, 1911, S. 286-314; *Bardenhewer, Anton*, Bericht über die alten Wandmalereien in der Doppelkirche zu Schwarzrheindorf,

Köln, den 1. April 1911, S. 4; *Clemen, Paul,* Die romanischen Wandmalereien der Rheinlande, Tafelband (Publikation der Gesellschaft für rheinische Geschichtskunde, Bd. 25), Düsseldorf 1905, S. 573 ff.; *Verbeek, Hans,* Die sonstige Denkmalpflege seit 1888, in: Vogts, Hans, Köln - Bauliche Entwicklung 1888-1927, Köln 1927, S. 200; *Clemen, Paul,* Die gotischen Monumentalmalereien der Rheinlande, Textband und Tafelband, (Publikationen der Gesellschaft für rheinische Geschichtskunde, Bd. 41), Düsseldorf 1930, S. 67 ff.; *anonym,* Ein Juwel altkölnischer Baukunst: St. Maria Lyskirchen wird wiederhergestellt, Zeitungsartikel (vermutlich 1934); *Wolff Metternich,* Die Instandsetzung der Kirche St. Maria Lyskirchen in Köln, in: Rheinische Heimatpflege, 7. Jg., Düsseldorf 1935, S. 319-324; *anonym,* Eine Schifferkirche am Rhein: St. Maria Lyskirchen zu Köln, Zeitungsartikel (1939); *Goldkuhle, Fritz,* Mittelalterliche Wandmalerei in St. Maria Lyskirchen, in: Bonner Beiträge zur Kunstwissenschaft Bd. 3, Düsseldorf 1954; *Handbuch der Deutschen Kunstdenkmäler, Nordrhein-Westfalen,* Rheinland, Bd. 4.1 [*HDK, 4.1*], Dehio (Hsg.), neu bearb. v. Ruth Schmitz-Ehmke, Darmstadt 1967, S. 362-365; *Machat, Christoph,* Kath. Pfarrkirche St. Maria Lyskirchen, in: Der Wiederaufbau der Kölner Kirchen, Köln 1987, S. 114-120; *Schäfke, Werner,* Kölns romanische Kirchen, 4. Aufl., Köln 1987, S. 180-208; *Krombholz, Ralf,* Köln: St. Maria Lyskirchen, in: Stadtspuren - Denkmäler in Köln, Bd. 18, Köln 1992; *Fußbroich, Helmut,* St. Maria Lyskirchen in Köln, in: Rh. Kunststätten, Heft 60, 6. bearb. Aufl., Neuss 1992; *Twachtmann-Schlichter, Anke,* Matthias Goebbels - Dekorationsmalerei und Kirchenrestaurierung im 19. Jahrhundert in Köln, Diss. Westf. Wilhelms-Universität Münster, in: Studien zur Kunstgeschichte, Bd. 89, Hildesheim/Zürich/New York 1994, S. 71-123, 263; *Westfehling, Uwe,* St. Maria Lyskirchen, in: Colonia Romanica, Bd. 11, Köln 1996, S. 104-116; *RA St. Maria Lyskirchen,* Archiv der Werkstatt II, RAD.

2. 1880 - 1885   St. Kunibert, Köln

Dreischiffige, dreijochige Gewölbebasilika im gebundenen System mit weit ausladendem dreijochigem westl., die Breite des Langhauses wenig übertretendem östl. Querhaus, Chorflankentürmen und halbrund geschlossener Apsis, auf den Fundamenten eines Vorgängerbaus 1215-47 errichtet. Vierungsturm um 1261. 1901 Paramentenkammer angebaut.

Ausmalung:
Reiche architektonische Fassung und figürliche Darstellungen, Mitte 13. Jh. Apsisgewölbe: Weltgericht; Chor, Wandnische, Nordseite, in drei Zonen übereinander: Szenen aus den Leben des Hl. Nikolaus von Myra und Antonius des Einsiedlers, Kreuzigung mit Ecclesia und Synagoge, Mitte 13. Jh.; Chor, Wandnische, Südseite: Wandtabernakel mit dreiteiligem architektonischen Aufbau und gemaltem Figurenschmuck, Ende 14. Jh. (im 16. Jh. überarbeitet); in den Nischen: zwei als Sockel eingelassene Kalkstein-Antependien, in den sieben Feldern der Blendarkaturen gemalte Figuren, 1. Viertel 14. Jh.; Flachnische darüber: Thronende Madonna mit Kind, 19. Jh.; Querhaus, Tonnengewölbe: Marienkrönung; über Marienaltar: Szenen des Marienlebens, 1220-30; Vierung: Kreuzabnahme, Johannes d. T., 14. Jh.; Langhauspfeiler: lebensgroße Hll. Ewaldus albus, Kunibert, Ewaldus niger, Clemens, um 1440; Flachnische über Sakristeieingang: Hl. Dionysius, um 1250; Taufkapelle: Kreuzigung mit Maria und Johannes, nach 1260; Kreuzgang: Kreuzigung flankiert von Johannes und Maria mit knienden Stiftern. 1598 Überarbeitung der Ausmalung. Mitte 18. Jh. Malereien übertüncht. Ausführlich *Kdm Rhp. 6.4, S. 264-267.*

Restaurierungen:
1830 begann eine Sicherung der zunehmend baufällig werdenden Kirche, an die sich 1840 die Freilegung der Wandmalereien anschloß. Ab 1852 wurde das Kircheninnere nach Entwürfen von August von Essenwein neu ausgestattet. Ein farbiger Karton in Originalgröße soll dazu im Nachlaß Essenweins zu St. Kunibert im Germanischen Nationalmuseum, Nürnberg, erhalten sein. (Er kann z. Zt. nicht gefunden werden und gilt als vermißt.) 1855-59 schuf der Maler Michael Welter eine Neuausmalung des Chores, des Querhauses und der Taufkapelle mit inhaltlicher Übernahme einiger Originaldarstellungen. 1863-65 wurde die historische Überarbeitung der Ausmalung und der Ausstattung durch Michael Welter und den Stiftskanoniker Matthias Goebbels ohne Rücksichtnahme auf die Komposition des Originals fortgesetzt. Michael Welter schuf zwischen 1865-85 Entwürfe zur Neuverglasung, die die Werkstatt F. Baudri, Köln, ausführte. 1877 wurden Wandmalereien im Bereich der Vierung aufgedeckt. Das nahm man 1880-85 zum Anlaß, die Neuausstattung durch eine Ausmalung des Langhauses unter Leitung

von Goebbels zum Abschluß zu bringen. Dieser schreibt in einem zeitgleichen Bericht, er habe sich bei der Neuausstattung an erhaltenen Resten der ornamentalen Dekoration orientiert. Die figürliche Malerei wurde, wie spätere Untersuchungen deutlich zeigten, sehr frei überarbeitet. Die Darstellung der 'Thronenden Madonna mit Kind' befand sich nach der Freilegung in einem so schlechten Zustand, daß Goebbels die Konturen abpauste und anhand der Pausen das Gemälde auf erneuertem Putz neu schuf. Die Hll. Dionysius und Christophorus waren ebenfalls Neuschöpfungen von Goebbels. Darüber hinaus veränderte er vielfach die Farbigkeit des Originals. Von den zwölf Szenen des Marienlebens sind lediglich vier im Original erhalten. Soweit Goebbels sich bei der Wiederherstellung der Wandmalereien an den Langhauspfeilern an den vorgefundenen Resten orientierte, bezog er sich auf eine 1598 ausgeführte Ausmalung. Zuletzt restaurierte er den gemalten Wandteppich im Chor und die Kreuzigung in der Taufkapelle, *Kdm Rhp. 6.4, Fig. 141.* Der Zustand der Ausmalung nach der Wiederherstellung ist durch Fotografien dokumentiert, *Kdm Rhp. 6.4, Fig. 131, 137 u. Tafel XX.* Mit großer Wahrscheinlichkeit arbeitete Anton Bardenhewer als Gehilfe von Goebbels vor Ort. Daraus resultierte sein Detailwissen, über das er in einem späteren Bericht Auskunft gibt, *Bardenhewer (1911), S.4.* Dort beschreibt er die Rezeptur der verwendeten Tempera und erläutert verschiedene Veränderungen am Original. 1898 wurde eine umfassende Instandsetzung des Äußeren nötig. An sie schloß sich 1899-1910 eine erneute Wiederherstellung des Inneren an, an der Anton Bardenhewer wiederum beteiligt war. 1900 schufen die Maler G. Schoofs und Peter Koep zwei farbige Aufnahmen, die 1906 durch eine farbige Aufnahme des Malers Hans Josef Becker-Leber ergänzt wurden. Die Aufnahmen von Schoofs [Taufkapelle, Inv.Nr. 5524, H. 0.71, B. 0.60, Kreuzigung - Farbige Kopie in Originalgröße im Nationalmuseum, Nürnberg; *WMA*] und Becker-Leber [1.) Chornordwand, Spitzbogennische, Inv.Nr. 17803, H. 1.12, B. 0.73, Aquarell - genaue Kopie mit Einzeichnung der Fehlstellen im Hintergrund; 2.) Chornordwand, Spitzbogennische, Inv.Nr. 39268, H. 0.82, B. 0.38, 1/7 nat.Gr., Aquarell - Zustand nach der Restaurierung, skizzenhafte Durchführung; *WMA*] sind im BRAD erhalten. 1919 begann eine erneute Überarbeitung der Ausstattung. Entsprechende Planunterlagen zur Neugestaltung der Fenster und eines Marmorfußbodens befinden sich im Planarchiv des Stadtkonservators Köln. 1935 wurde in der Rosenkranzkapelle die Ausmalung des 19. Jahrhunderts entfernt und durch eine helle Neufassung ersetzt.
Nach schweren Kriegsschäden wurde der Bau bis 1993 wiederhergestellt. Das Innere wurde 1955 durch den Kirchenmaler Hans Heider schlicht architektonisch gefaßt. Von den figürlichen Darstellungen sind die Malereien der Taufkapelle, der Chorwandnischen und die Ausmalung oberhalb des Marienaltars erhalten. Bis auf die Malereien der südl. Chorwandnische spiegeln sie deutlich die Veränderungen durch Wiederherstellungen und Witterungsschäden wider. Den Unterschied des Vorkriegszustands gegenüber der heutigen Innenraumgestaltung machen zwei Fotografien bei *Beseler (1957), Abb. 109-110,* deutlich. (Siehe Katalog, Nr. 31)

Literatur: *Weyden, E.,* Die Ausmalung des Chores der Kirche St. Cunibert in Köln, in: Organ f. chr. Kunst, 9. Jg., Nr. 14, 1859, S. 157-160; *ders,* Neuentdeckte Wandgemälde in der Kirche St. Cunibert in Köln, in: Organ f. chr. Kunst, 13. Jg., Nr. 9, 1863, S. 103-105; *Mertens, J. Peter,* Die letzten 50 Jahre der Kirche St. Kunibert in Köln, Köln 1870; *Klinkenberg, Joseph,* Köln und seine Kirchen - Führer durch Köln für die Besucher der 50. General-Versammlung der Katholiken Deutschlands, Köln 1903, S. 66-71; *Clemen, Paul,* Aufnahmen gotischer Wandmalereien der Rheinlande, in: Bonner Jahrbücher, Heft 117, Bonn 1908, S. 353-355: *Bardenhewer, Anton,* Bericht über die alten Wandmalereien in der Doppelkirche zu Schwarzrheindorf, Köln, den 1. April 1911, S. 4; *Kdm Rhp. 6.4,* S. 233, 240, 253-277; *Renard, Edmund,* Berühmte Kunststätten, Bd. 38, S. 63 ff; *Clemen (1916),* S. 590-592; *Rh. Heimatpflege, Zs. für Museumswesen, Denkmalpflege, Archivberatung, Volkstum, Natur- und Landschaftsschutz,* 7. Jg., Heft 1, 1935, S. 360-361; *Schmidt-Rost, Hans,* Original, fahr hin in deiner Pracht!, in: Stadtanzeiger, Nr. 100, 30. April 1955; *Beseler, Hartwig,* Der Wiederaufbau der Kölner Kirchen 1953-1956, in JBRD, Bd. 21, Kevelaer 1957, S. 170; *HDK, 4.1,* S. 346-350; *Blanchebarbe, Ursula,* Michael Welter (1808 - 1992) Ein Kölner Dekorationsmaler im 19. Jahrhundert, Bd. 1 u. 2, in: Kölner Schriften zu Geschichte und Kultur, Bd. 7, Köln 1984, S. 64-85, 162-164, 512-529; *Machat, Christoph,* St. Kunibert. Das Bauwerk von den Anfängen bis zum Zweiten Weltkrieg, in: Stadtspuren - Denkmäler in Köln, Kier/Krings (Hsg.), Bd. 1, 1984, S. 306-330; *ders.,* St. Kunibert in Köln, in: Rh. Kunststätten, Heft 58, Neuss 1985; *Machat, Christoph,* Kath. Pfarrkirche St. Kunibert, ehem. Stiftskirche, in: Der Wiederaufbau der Kölner

Kirchen, Köln 1987, S. 76-87; *Schäfke, Werner*, Kölns romanische Kirchen, 4. Aufl., Köln 1987, S. 156-165; *Twachtmann-Schlichter, Anke*, Matthias Goebbels - Dekorationsmalerei und Kirchenrestaurierung im 19. Jahrhundert in Köln, Diss. Westf. Wilhelms-Universität Münster, in: Studien zur Kunstgeschichte, Bd. 89, Hildesheim/Zürich/New York 1994, S. 124-158; *Rosendahl, Birgit*, St. Kunibert, in: Colonia Romanica, Bd. 10, Köln 1995, S. 288-300; *WMA St. Kunibert*, BRAD.

3. 1880 - 1883　　　　　　Liebfrauenkirche, Nürnberg

1355- 1361 errichtete Hallenkirche, Anfang des 16. Jh. und im 17. Jh. umfassend baulich verändert und neue Ausstattung geschaffen.

Ausmalung:
Architekturfassung, 14. Jh., Langhausrundpfeiler: Apostel, Kirchenväter; Gewölbe: Ornamentik; Seitenschiffostwände: Altarbilder, 14. Jh. Die gesamte Ausmalung im 19. Jh. stark überarbeitet.

Restaurierungen:
1879-1881 wurde die Kirche unter Leitung August von Essenweins umfassend wiederhergestellt. Dabei kam es zu einer weitgehend freien Fassadenrestaurierung. Über die durchgreifenden baulichen Eingriffe hinaus schuf Essenwein Entwürfe für eine neugotische Ausstattung. Das Figurenprogramm der Vorhalle veränderte er durch Bemalung und Umstellung, so daß es sich seinem Gesamtkonzept anpaßte. Die erhaltenen Wandmalereien wurden durch Übermalung den umfangreichen Ergänzungen angeglichen. Anton Bardenhewer war unter dem Dekorationsmaler J. G. Loosen, Köln, an der Wandmalereirestaurierung beteiligt. Parallel arbeitete er als Zeichner für Essenwein. Im RBA sind Dias erhalten, die die fertiggestellte Ausmalung und vorherige Umzeichnungen zeigen.
Nach der Zerstörung im Zweiten Weltkrieg mußte die Kirche nahezu wieder aufgebaut werden. Sie wurde bis 1988 unter der Leitung der Architekten Peter Leonhardt und Hubertus Schütte umfassend restauriert.

Literatur: *Essenwein, August*, Der Bildschmuck der Liebfrauenkirche zu Nürnberg, Nürnberg 1881; *Bardenhewer, Anton*, Bericht über die alten Wandmalereien in der Doppelkirche zu Schwarzrheindorf, Köln, den 1. April 1911, S. 3-4; *E.W.*, Altmeister Anton Bardenhewer, Mittelrheinische Landes-Zeitung, Sieg-Rhein-Zeitung, Nr. 196, 23.8.1939; *Schwemmer, Wilhelm*, Die Stadt Nürnberg, in: Bayerische Kunstdenkmale, Kurzinventar, 2. überarb. Aufl., München 1977, S. 46; *Brix, Michael*, Nürnberg und Lübeck im 19. Jahrhundert: Denkmalpflege, Stadtbildpflege, Stadtumbau, in: Studien zur Kunst des 19. Jahrhunderts, Bd. 44, München 1981, S. 141-146; *Holzamer, Karin*, August Essenwein 1831-1892 - Architekt und Museumsmann, seine Zeichnungen und Entwürfe in Nürnberg, Diss. Regensburg 1985; *Abrechnungsbücher* zu der Wiederherstellung unter August von Essenwein, 5 Bde., Archiv der Kath. Kirchenstiftung z. Unsere Liebe Frau, Nürnberg.

4. 1880 - 1881　　　　　　St. Blasius, Braunschweig

Dreischiffige, vierjochige, gewölbte Basilika mit dreischiffiger Krypta, westl. Querriegel mit Türmen, östl. Querhaus mit halbrunden Seitenapsiden und einjochigem Chor mit halbrundem Abschluß über Krypta, ab 1173 als Grabkirche Heinrich d. Löwen über Vorgängerbau des 11. Jh. errichtet. Im 14. und 15. Jh. bauliche Veränderungen, Anbau eines weiteren südl. Seitenschiffs, nördl. Seitenschiff durch zweischiffige Halle ersetzt.

Ausmalung:
Reiche figürliche Malereien, 1. Hälfte 13. Jh. Chor, je sechs Szenen in drei Zonen übereinander, Nordwand: Leben Johannes d. T., Opfer und Tod Abels; Südwand: Leben der Hll. Blasius und Thomas Becket, Aufrichtung der ehernen Schlange, Dornbusch; Gewölbe: Stammbaum Jesse; Vierungsgewölbe: "Himmlisches Jerusalem", Geburt Christi, Kreuzigung, Auferstehung; südl. Querschiff, Ost- u. Südwand: Christus in der Vorhölle, Auferstehung, Christi Himmelfahrt, kluge und törichte Jungfrauen, Kreuzlegende, Apostelreihe; nördl. Querschiff, Gewölbe: Jüngstes Gericht; Westwand: fünf Heiligenmartyrien; Gewölbe: Marienkrönung, vierundzwanzig Älteste, Engel; Langhauspfeiler: Heiligendarstellungen.

Restaurierungen:
1845 entdeckte man bei durchgreifenden baulichen Maßnahmen unter Baurat Krahe Reste eines Ausmalungssystems und legte sie frei. Erst 1860 schloß sich eine umfassende historische Wiederherstellung der Ausmalung durch Prof. Heinrich Brandes an. Nach Instandsetzung der gut erhaltenen Malereien des Chors, der Vierung und des südl. Querhausarms ergänzte Brandes die Ausmalung der verbleibenden Flächen nach eigenen Entwürfen. Dabei setzte er seine Neuschöpfungen deutlich von den wiederhergestellten Malereien ab, *Essenwein, S. 2.* 1876-1881 folgte eine umfassende bauliche Wiederherstellung unter der Leitung des Baurats Wiehe, bei der die Malereien in der Chorapsis zerstört wurden, ohne daß man sie vorher durch Pausen dokumentierte, *Wessely, Sp. 552.* Auf den Langhauspfeilern legte man Heiligendarstellungen frei, der Verputz der Gewölbe und Wände wurde weitgehend erneuert. Eine daraufhin gewünschte historische Neugestaltung lag ab 1879 in den Händen Essenweins. Die Apsismalereien wurden nach Entwürfen Essenweins durch neue ersetzt. Der Maler I.G. Loosen, Köln, dessen Mitarbeiter Anton Bardenhewer zu dieser Zeit war, schuf bis 1881 unter der Leitung und nach Entwürfen Essenweins eine nahezu komplette Überfassung der übrigen Ausmalung mit vielfältigen Ergänzungen. Parallel arbeitete Bardenhewer als Zeichner für Essenwein. 1895-96 überarbeitete A. Quensen nochmals die Ausmalung des Chors und des südl. Querhausarms. Dabei wurde die Apostelreihe unter Verwendung früherer Pausen weitgehend erneuert und die Apsis neu ausgemalt. Im RBA ist eine große Anzahl von Fotografien der Wandmalereien und der Umzeichnungen erhalten. 1937-41 wurden die Malereien der Vierung, des Chors, *Demus/Hirmer, Abb. 220-221,* und die Heiligendarstellungen an den Langhauspfeilern nach den Pausen von Brandes durch die Maler R. Curdt und O. Schulz wiederhergestellt und zum Teil durch zeitgeschichtlich motivierte Malereien ersetzt bzw. ergänzt.
Ab 1945 begann eine "Entstaatlichung" des Domes, bei der auch ein Teil der nachmittelalterlichen Malereien verloren ging, *Gosebruch, S. 4.* 1952-55 folgte eine weitere Restaurierung der Malereien des südl. Querhausarms durch F. Herzig. 1994-95 wurden die Wandmalereien eingehend untersucht. Die erhaltenen Malereien konnten aufgrund ihres teilweise sehr beschädigten Zustands nicht vollständig von den Übermalungen des 19. Jahrhunderts befreit werden.

Literatur: *Brandes, Heinrich*, Braunschweigs Dom mit seinen alten und neuen Wandgemälden, Braunschweig 1863; *Essenwein, August*, Die Wandgemälde im Dome zu Braunschweig, Nürnberg 1881; *Wessely, I.E.*, Die Restaurierung des Domes zu Braunschweig, in: Kunstchronik, Leipzig 1881, Sp. 549-553 und 1882, Sp. 565-567; *Grube, Friedrich*, Kurzer Führer durch den Dom St. Blasii zu Braunschweig, Braunschweig 1886; *anonym*, Aus dem Dome St. Blasii zu Braunschweig, George Behrens'sche Kunstanstalt (Hsg.), Braunschweig 1889; *Goebbels, Matthias*, in: Zs. f. chr. Kunst, Bd. I, S. 224; *Meier/Steinacker*, Die Bau- und Kunstdenkmäler der Stadt Braunschweig, Wolfenbüttel 1906; *Pfeifer, Hans*, Der Dom zu Braunschweig, in: [Kalender der] Buchdruckerei Julius Krampe, Braunschweig 1909; *Kdm. Braunschweig*, Die Bau- und Kunstdenkmäler der Stadt Braunschweig, bearb. von P.J. Meier und K. Steinacker, Braunschweig 1926, S. 8-13; *Gerhardt, Joachim*, Die spätromanischen Wandmalereien im Dom zu Braunschweig, Diss. Bonn (bei Geheimrath Prof. Dr. Paul Clemen) 1932, Hildesheim/Leipzig 1934; *E.W.*, Altmeister Anton Bardenhewer, Mittelrheinische Landes-Zeitung, Sieg-Rhein-Zeitung, Nr. 196, 23.8.1939; *Klamm, Johann Christian*, Die mittelalterlichen Monumentalmalereien im Dom zu Braunschweig, Diss. Berlin 1968, (MS); *Dorn, Reinhard*, Mittelalterliche Kirchen in Braunschweig, Hameln 1979, S. 218-220; *Gosebruch, Martin*, Der Braunschweiger Dom und seine Bildwerke, Freiburg 1980; *Quast, Adolf*, Der Sankt-Blasius-Dom zu Braunschweig, 4. Aufl., Braunschweig 1985; *Demus/Hirmer*, Romanische Wandmalerei, München 1992, S. 193-195; *Nachlaß* August von Essenwein, Germanisches Nationalmuseum, Nürnberg.

5. 1883 - 1884　　　　　　St. Georg, Prüfening

Ehem. Benediktinerabtei, 1109 gegründet; dreischiffige, dreijochige Pfeilerbasilika mit östl. Querhaus, einjochigem Hauptchor, zwei Nebenchören, darüber fünfgeschossigen Türmen, drei halbrunden Apsiden und an den südl. Nebenchor sich anschließender Kapelle. Im 15. Jh. baulich erweitert. Im 17. Jh. polygonaler Schluß des Hauptchors. Im 18. Jh. westl. Vorhalle errichtet.

Ausmalung:

Reiche architektonische Fassungen und vielfältige figürliche Darstellungen, Mitte 12. Jh. Apsis: Christus und Apostel; Vierung, Gewölbe: Thronende Ecclesia; Zwickel: Evangelistensymbole; Bögen: Märtyrer in vier Reihen angeordnet, Propheten in vier Reihen, *Hirmer/Demus, Abb. 50*, Wände: Kaiser Heinrich V., Bischof Otto; Vierungspfeiler: Verkündigung, Heiligendarstellungen; Johannes-Chor: Szenen aus dem Leben Johannes d.T.; Benediktus-Chor: Szenen aus dem Leben des Hl. Benedikt; Westportal: segnender Christus, von Engelhalbfiguren umgeben. Um 1700 alle Gewölbe mit Deckengemälden geschmückt. Ausführlich, *Kdm Bayern 2.10, S. 187-219*.

Restaurierungen:

In den 80er Jahren des 19. Jahrhunderts beschränkten sich die Arbeiten auf die barocken Deckengemälde, deren Farbigkeit dabei verändert wurde, und die Wiederherstellung der Ausstattung. In diesem Zusammenhang kam es mit großer Wahrscheinlichkeit zu Neuverglasungen. Der genaue Zeitpunkt, zu dem Anton Bardenhewer vor Ort arbeitete, läßt sich nur anhand seines Lebenslaufs annähernd bestimmen und damit in die Jahre 1883-84 datieren. Ab 1897 wurden die Wandmalereien des Hauptchors aufgedeckt und umfassend historistisch überarbeitet. Anhand der aufgefundenen Reste wurde das Programm rekonstruiert. Die Wandmalereien der Nebenchöre legte man 1899-1900 frei und erhielt sie mit geringen konservierenden Eingriffen. Die historistischen Wiederherstellungsarbeiten standen unter der Leitung der Konservatoren Haggenmiller, Regensburg, und Pfleiderer, München.

Literatur: *Kdm Bayern 2.10*, S. 162-236; *Clemen (1916)*, S. 355-357; *Demus/Hirmer*, Romanische Wandmalerei, München 1992.

6. 1884 - 1885   St. Gereon, Köln

Im Kern spätstaufisch umgebauter, ovalrunder Zentralbau des 4. Jh. mit jeweils vier hufeisenförmigen Konchen an der Nord- und Südseite, westl. vorgelagerter Eingangshalle mit seitlichen Konchen und Hauptapsis im Osten. Über dreischiffiger Hallenkrypta erhöhter Langchor des 11. Jh. Erweiterung der Krypta und des Gebäudes um Chorflankentürme und Halbrundapsis, Mitte 12. Jh. Ausbau des ursprünglichen Zentralbaus zum viergeschossigen, gewölbten Dekagon mit westl. Vorhalle, Anfang 13. Jh. Anbau einer Taufkapelle mit achtstrahligem Gewölbe an der Südseite, um 1227. Anfang 14. Jh. im Süden Errichtung der Sakristei als zweijochiger, kreuzrippengewölbter Rechteckbau. Ende 14. Jh. Langchor gotisch verändert und gewölbt. 1683 Neuausmalung des Oktogons. 1766-67 barocke Umgestaltung des Innenraums, Erneuerung der Malereien des Chores. 1807 Kreuzgang und Stiftsgebäude abgerissen.

Ausmalung:

Apsiskalotte: Majestas Domini flankiert von Maria und Johannes d. T., umgeben von Evangelistensymbolen; vier untere Nischen: zwei Hll. Bischöfe, Brustbilder eines Königs und einer Königin; Nischen darüber: vier Hll. Ritter; Mittelfensterlaibung: Madonna mit Kind im Medaillon zwischen zwei Erzengeln, zwei männl. Gestalten; Seitenfensterlaibungen: Brustbilder von Erzengeln, Hll. Bischöfe, kniende, gekrönte Gestalten; untere Arkadenzwickel: acht Prophetenhalbfiguren mit Spruchbändern, um 1160; südl. Kapelle: [ehemals] Dionysiuslegende; Sakristei: architektonische Fassung; Tympanon, Westportal, innen: Jüngstes Gericht; außen: Christus flankiert von den Hll. Gereon und Helena als Halbfiguren, um 1230; Dekagon: Ausmalungssystem, um 1230; Taufkapelle: architektonische Fassung und figürliche Darstellungen, um 1240, gemalte Teppiche; Tympanon: Märtyrer, Engel; Gewölbekappen: blauer Grund mit goldenen Sternen; Ostapsisgewölbe: Majestas Domini zwischen Maria und Johannes; Wandnischen: Heiligenstandbilder unter gemalten Arkaden; darüber: Evangelistensymbole und Engelhalbfiguren; Westapsis: sieben Halbfiguren in Medaillons; Krypta, Ostwände: thebäische Krieger, maurische Märtyrer, 1. Hälfte 13. Jh.; Tympanon über Eingang zur Heiligengruft: Kreuzigung flankiert von Hll. Gereon und Helena, um 1300; Gewölbe: Rankenwerk mit eingestreuten Heiligen und Einzeldarstellungen, Streumuster aus stilisierten Blüten, 13. Jh., *Abb. Bandmann, S. 9*. Ausführlich *Clemen (1916), S. 407-416 u. 535-560*.

Restaurierungen:

1821 entdeckte man auf den Tympanonfeldern des Westportals Wandmalereien und überfaßte sie 1823 mit Öl-Kaseinfarbe. Dabei übermalte man die Konturen des Originals deckungsgleich. Zeitgleich erfolgte die Aufdeckung der Malereien in der Krypta. Sie wurden im Anschluß wieder übertüncht. Die Gewölbemalereien wurden ab ca. 1870 erneut freigelegt und in einem Gewölbe wiederhergestellt. 1855 legte man die Wandmalereien der Taufkapelle frei, die anschließend von Anton Ramboux im Sinne einer historistischen Wiederherstellung übermalt wurden. 1861-99 erfolgte eine umfassende historistische Wiederherstellung des Außenbaus und parallel kam es 1883-91 zu den ersten Arbeiten im Inneren unter Leitung August von Essenweins. Nach seinen Entwürfen entstand eine komplette Neuausstattung, von der lediglich eine Kapelle ausgenommen blieb, *Essenwein (1891), Springer, Abb. 5*. Die Leitung der Ausführung vor Ort lag in den Händen von Kaplan Matthias Goebbels. Dabei setzte er auch die Kryptajoche und die Kreuzigungsdarstellung über dem Eingang zur Confessio instand. 1884-85 arbeitete Bardenhewer unter der Leitung von Goebbels für Essenwein vor Ort. Daraus erklärt sich sein Detailwissen von den aufgedeckten Malereien, bspw. daß die originale blaue Farbgebung bei dieser Restaurierung nicht erhalten blieb, *Bardenhewer (1911), 2, S. 6*. Als Angestellter der Glasmalerei Schneiders & Schmolz, Köln, war er parallel an der Ausführung von zehn Fenstern, *Beines, Nr. 8*, nach den Entwürfen Essenweins beteiligt. Die Verglasung sollte "[...] im engsten Anschluß an die besten spätromanischen Vorbilder erfolgen", *Volksz., Nr. 645*. 1897 wurde die Krings-Kapelle aus Mitteln einer Stiftung ausgestattet; *Klinkenberg, S. 44*. Nach schwerer Beschädigung im Zweiten Weltkrieg wurde die Kirche bis Ende der 60er Jahre ohne Rücksicht auf die Ausstattung des 19. Jahrhunderts wiedererrichtet. 1956 befreite Roland Gassert, Klein-Villip, die Wandmalereien der Krypta von allen Veränderungen und Ergänzungen. Zurück blieb das 'Skelett' einer Originalausmalung. Den Zustand der Gewölbemalereien der Krypta vor diesem Eingriff dokumentiert eine Abbildung in *Renard, Fig. 34*. 1962-66 wurde der schwer beschädigte Gewölbe- und Rippenputz der Taufkapelle im Verlauf einer Instandsetzung abgeschlagen und erneuert; so blieben an diesen Stellen keine Reste der alten Fassung erhalten. Die übrigen Malereien wurden mit Silikat fixiert. Diese zu dieser Zeit gebräuchliche Methode wirkte sich überaus schädlich auf den weiteren Erhaltungszustand der Malereien aus, *RA*. 1962-74 fand man im Verlauf von Instandsetzungsarbeiten im Dekagon Fresken, die bei den Umbaumaßnahmen des 13. Jahrhunderts vermauert worden waren. 1970 entfernte man die Vermauerung einer Wandnische in der westlichen Vorhalle und entdeckte im oberen Teil der Konche Malereien aus dem 12. Jahrhundert. 1983-84 wurde aufgrund der Silikatfixierung der 60er Jahre und starker Feuchtigkeitsschäden eine erneute Restaurierung der Wandmalereien der Taufkapelle durchgeführt. (Siehe Katalog, Nr. 20, 91, 93, 97)

Literatur: *Weyden, E.*, Die Kirche St. Gereon in Köln, in: Organ f. chr. Kunst, 10. Jg., Nr. 16, 1860, S. 184-187, Nr. 17, S. 195-198, Nr. 18, S. 210-211, Nr. 19, S. 223-225, Nr. 20, S. 235-236, Nr. 21, S. 246-248, Nr. 22, S. 259-261, Nr. 23, S. 270-271, Nr. 24, S. 286-288; *ders.*, St. Gereon in Köln, in: Organ f. chr. Kunst, 18. Jg., Nr. 15, 1868, S. 173-175; *Reichensperger, August*, Die Sankt-Gereons-Kirche in Köln, in: Rheinlands Baudenkmale des Mittelalters, Bock, Franz (Hsg.), Köln/Neuss 1868-1875, Faksimile der Erstausgabe, Düsseldorf 1979; *anonym*, Die Kapelle in dem Dekagon von St. Gereon zu Köln, in: Kölnische Volkszeitung, Nr. 246 II, 7. September 1885; *Essenwein, August von*, Die farbige Ausstattung des zehneckigen Schiffes der Pfarrkirche zum hl. Gereon in Köln durch Wand- und Glasmalereien, Frankfurt 1891; *anonym*, Das v. Essenwein'sche Prachtwerk über die neue farbige Ausstattung von St. Gereon zu Köln, in: Kölnische Volkszeitung, Nr. 645, 13. November 1891; *Schnütgen, Alexander*, [Buchbesprechung zu Essenweins Werk über die Neuausstattung von St. Gereon, Köln], in: Zeitschrift für christliche Kunst, Nr. 9, 1891, Sp. 287-293; *anonym*, Die alten Malereien in Kölner Kirchen, in: Rheinischer Merkur, Nr. 218/219, 21./22. September und Nr. 236/237, 12./13. September 1896; *Becker, Hermann*, Die Restauration in der Krypta der St. Gereonskirche, Zeitungsausschnittsammlung der Universitätsbibliothek Köln, o.A.; *Clemen, Paul*, Anfertigung von Kopien der mittelalterlichen Wandmalereien der Rheinprovinz, in: BPDR, Bd. 3, 1898, S. 57; *Klinkenberg, Joseph*, Köln und seine Kirchen - Führer durch Köln für die Besucher der 50. General-Versammlung der Katholiken Deutschlands, Köln 1903, S. 40-51; *anonym*, Die Gereonskirche, in: Colonia, Sonntagsbeilage zum Kölner Local-Anzeiger, Nr. 20, 17. Mai 1908; *Bardenhewer, Anton*, Bericht über die alten Wandmalereien in der Doppelkirche zu Schwarzrheindorf, Köln, den 1. April

1911, S. 6; *Clemen (1916)*, S. 405-426, 533-560; *Renard, Edmund*, Köln, Berühmte Kunststätten, Bd. 38, Leipzig 1925; *Bandmann, Günther*, Köln, St. Gereon, in: Führer zu den großen Baudenkmälern, Heft 60, Berlin 1945; *Beseler, Hartwig*, Der Wiederaufbau der Kölner Kirchen 1953-1956, in JBRD, Bd. 21, Kevelaer 1957, S. 163; *Bauer, Gerd*, Bericht über die Sicherung und Abnahme der Malereifragmente in den drei rechten Konchen des Dekagon von St. Gereon, Köln, 18.3.1975, in: RA St. Gereon; *HDK, 4.1*, S. 337-342; *Beines, Johannes Ralf*, Materialien zur Geschichte farbiger Verglasungen von 1780 bis 1914, vorzugsweise für das Gebiet des Bundesrepublik Deutschland, in: Haberey/Beeh/Beines, Farbfenster in Bonner Wohnhäusern, Landeskonservator Rheinland, Arbeitsheft 24, Mönchengladbach 1979; *Schäfke, Werner*, St. Gereon in Köln, in: Rh. Kunststätten, Heft 300, 1. Aufl., Neuss 1984; *ders.*, St. Gereon, in: Stadtspuren - Denkmäler in Köln, Kier/Krings (Hsg.), Bd. 1, 1984, S. 278-297; *Blanchebarbe, Ursula*, Michael Welter (1808 - 1992) Ein Kölner Dekorationsmaler im 19. Jahrhundert, Bd. 1 u. 2, in: Kölner Schriften zu Geschichte und Kultur, Bd. 7, Köln 1984, S. 534-536; *Springer, Peter*, Rückkehr zum Vorbild. Die Domvollendung und die Wiederherstellung der romanischen Kirchen Kölns im 19. Jahrhundert, in: Colonia Romanica, Bd. 2, Köln 1987, S. 37-54; *Machat, Christoph*, Kath. Pfarrkirche St. Gereon, ehem. Stiftskirche, in: Der Wiederaufbau der Kölner Kirchen, Köln 1987, S. 64-75; *Schäfke, Werner*, Kölns romanische Kirchen, 4. Aufl., Köln 1987, S. 100-155; *Lehnkühl, Thomas*, Dokumentation zur Restaurierung der Nikolauskapelle in der Katholischen Pfarrkirche St. Gereon zu Köln, Münster 20. Jan. 1992 - 10. April 1992, in: RA St. Gereon; *Twachtmann-Schlichter, Anke*, Matthias Goebbels - Dekorationsmalerei und Kirchenrestaurierung im 19. Jahrhundert in Köln, Diss. Westfälische Wilhelms-Universität Münster, in: Studien zur Kunstgeschichte, Bd. 89, Hildesheim/Zürich/New York 1994, S. 159-247; *Roessle, Jochen*, St. Gereon, in: Colonia Romanica, Bd. 10, Köln 1995, S. 155-172 (nur zur groben Orientierung geeignet, besonders in Bezug auf die verschiedenen Restaurierungen und ihre Auswirkungen auf das Erscheinungsbild der Ausstattung); *Bentelev, Ivan*, Köln. Kath. Pfarrkirche St. Gereon, in: JBRD, Bd. 37, Köln 1996, S. 254-262; *WMA St. Gereon*, Pfarrkirche St. Gereon, Köln, Akte zu den Wandmalereikopien, Text Hanna Adenauer, BRAD; *RA St. Gereon*, Archiv der Werkstatt II, RAD; *Akte* über die katholische Pfarrkirche St. Gereon, GVA, I, Köln, St. Gereon, Nr. 3 (Kirche, Vol. V, 1895-1943), Historisches Archiv des Erzbistums Köln; *Akte* über die katholische Pfarrkirche St. Gereon, GVA, I, Köln, St. Gereon, Nr. 7 (Kirche, Vol. IV, 1885-1894), Historisches Archiv des Erzbistums Köln; *Landesbeihilfen* für die Instandsetzung denkmalwerter Kirchen in Köln: St. Gereon (1948-72), BR 2016-20, Nordrhein-Westfälisches Hauptstaatsarchiv, Düsseldorf.

7. 1886   Ehem. Prämonstratenserabtei Steinfeld

Dreischiffige, kreuzgratgewölbte Pfeilerbasilika im gebundenen System mit zweigeschossigem Westquerbau, Vierungsturm, östl. Querhaus, quadratischem Chorjoch mit halbrund geschlossener Apsis, jeweils zwei rechteckigen Chorkapellen und zwei kreuzgratgewölbten Kapellenbauten vor der südl. Querhauswand, ab 1142 über Vorgängerbau errichtet. 1475 aufgrund baulicher Schäden umfangreiche Wiederherstellungsarbeiten. Anfang 16. Jh. Sakristeianbau. Im Verlauf des 16.-18. Jh. vielfältige Erweiterungen und Veränderungen. Anfang 18. Jh. Neuausstattung des Inneren.

Ausmalung:
Architektonische Fassung und figürliche Darstellungen, 14. Jh., mit großer Wahrscheinlichkeit anstelle eines älteren Ausmalungssystems. Chor, Apsis: Marienkrönung, 14. Jh.; Chorwände: Heilige; Chorpfeiler: Gottesmutter, Hl. Potentinus, 14. Jh.; südl. Querhausarm: Kreuzigungsgruppe mit Stiftern, Ende 14. Jh.; nördl. Querhausarm: fragmentarische Inschriften [ehemals Skala einer Sonnenuhr]; Pfeiler neben Triumphbogen: mehrere Mönchporträts, 14. Jh. Um 1475 Weißtünchung des Inneren. Anfang 16. Jh. dekorative Gewölbemalerei des Malers Hubert von Aachen. Gewölbekappen: Rankenwerk, Anfang 16. Jh.; Bogenlaibungen: Renaissance-Arabesken, teils mit figürlicher Darstellung, Anfang 16. Jh.; Vierungsbogen: Szenen des AT, Wurzel Jesse, die klugen und törichten Jungfrauen, Medaillons mit Mariensymbolen; östl. Langhausgurtbogen: Engelsturz, Anfang 16. Jh.; südl. Scheidbogen: Stigmatisierung des Hl. Franziskus. Im Lauf des 17. Jh. wiederholt barocke Überfassungen, z. T. mit Rückgriff auf gotische Formen. Ursulakapelle, Apsis: Majestas Domini, umgeben von der Hl. Ursula und ihren Gefährtinnen, um 1170, Nordwand, Bogenfeld: Fragmente figürlicher Malereien, 12. Jh. Ausführlich *Metternich*, S. 424-434 mit Abbildungen, Kdm Rhp. 11.2, S. 550-554.

Restaurierungen:
Nach einem Brand 1873 begann 1884 eine historistische Wiederherstellung unter der Leitung des Architekten Heinrich Wiethase, Köln. Dabei traten Reste eines gotischen Ausmalungssystems zutage. Bereits 1883 hatte man im südlichen Querhausarm eine Kreuzigungsgruppe gefunden, die im Anschluß unsachgemäß durch Kanonikus Matthias Goebbels restauriert worden war. 1884 wurden unter seiner Leitung Chorkappen neu bemalt, *Kdm Rhp. 11.2*, S. 554. 1885 begann man mit der Freilegung der Malereien in der Chorapsis. 1886 fertigte Anton Bardenhewer mehrere Aufnahmen zu dieser Ausmalung an. [1.) Chor, Apsis, Fensterzone, Inv.Nr. 7311, H. 0.63, B. 1.16, Maßst. 1:6, Reste Malerei Fensterzone, Umrißzeichnung, Bleistift; 2.) Chor, Apsis, Inv.Nr. 17 780, H. 0.60, B. 0.87, Maßst. ca. 1:10, Krönung Mariens, Umrißzeichnung, Bleistift (vor der gänzlichen Aufdeckung); *WMA*] Da eine Restaurierung, die die Malereien im Geist der historistischen Wiederherstellungen beeinträchtigt hat, ebenfalls in das Jahr 1886 datiert wird, *Kdm Rhp. 11.2*, S. 552, ist es gut möglich, daß sie durch Bardenhewer erfolgte, bzw., daß er unter Goebbels arbeitete, der mit der Restaurierung betraut war (s.o.). Die *WMA Steinfeld* berichtet von einer Untersuchung, die 1886 durch den Maler Bardenhewer erfolgt sei. Seine eigenen späteren Ausführungen weisen ebenfalls auf eine solche Voruntersuchung hin. "Ein sehr schönes Beispiel dieser Art Malerei findet sich in Steinfeld neben dem Triumphbogen auf einem Sandsteinpfeiler. Es sind mehrere, aus dem 14. Jahrhundert stammende, unrestaurierte und vorzüglich erhaltene Mönchsportraits. Hier kann es sich nicht um Fresken handeln, da der Untergrund Sandstein ist, und doch ist hier die Farbe ebenso tief in den Malgrund eingedrungen und ebenso gut mit demselben verbunden. Als Bindemittel kann hierbei nur leichte Kalkmilch verwandt worden sein," *Bardenhewer (1911)*, S. 3. Ab 1887 sollte unter Leitung von Goebbels nach weiteren Malereien gesucht werden. Eine Abbildung bei *Metternich, S. 421*, beweist jedoch, daß es nicht dazu kam. In den 90er Jahren des 19. Jahrhunderts wurde der Großteil der barocken Ausstattungsstücke neu gefaßt. Zwei Bleistiftzeichnungen Bardenhewers, Pausen der Apsismalerei, der Heiligenfiguren und farbige Rekonstruktionen dieser Darstellungen werden in *Clemen, 1930, S. 167*, auf das Jahr 1903 datiert. Die Bleistiftzeichnungen sind dort als *Tafel 33* und *Fig. 192* veröffentlicht. Diese Aufnahmen entstanden im Rahmen eines Kostenvoranschlags, den Bardenhewer für eine projektierte Instandsetzung der Malereien erstellte. Aufgrund mangelnder finanzieller Mittel und der nach Clemens Urteil zu weitreichenden Neufassung kam es jedoch nicht zu einer Auftragsvergabe an Bardenhewer. Die Skizze für die geplante Neufassung befindet sich im BRAD. [Einblick in Chor, Querschnitt durch Langhaus, Inv.Nr. 17 781, H. 0.63, B. 0.96, Maßst. 1:22 - Ausmalungssystem, Skizze für geplante Wiederherstellung des Inneren, Aquarell; *WMA*] Erst 1920 begann die lange geforderte Instandsetzung des Inneren, die sich anfänglich auf die baulichen Belange beschränkte. Ab 1925-36 schloß sie die farbige Ausstattung mit ein. Der Maler Josef Kurthen legte in der Chornische eine frühgotische Dekoration frei, die bereits durch den spätgotischen Anstrich hervorblühte, und an den Vierungspfeilern monumentale Darstellungen von Maria und Potentinus, ausführlich: *anonym (1926)*. Ab 1931 führte der Maler Gassert, Klein-Villip, die Aufdeckung und Wiederherstellung der Malereien fort. Dabei wurde die beschädigte Fassung des 17. Jahrhunderts abgenommen, um die darunter erhaltene Ausmalung des frühen 16. Jahrhunderts freizulegen, *Kdm Rhp. 11.2*, S. 554. Eine Ölfarbenfassung der barocken Ausstattungsstücke aus dem 19. Jahrhundert wurde entfernt, *Metternich*. Zu den Arbeiten von Joseph Kurthen und Gassert sind im BRAD zehn bzw. eine Aufnahme erhalten.
1956-59 folgte eine Instandsetzung der Barockausstattung unter Rücksichtnahme auf Reste der neobarocken Fassung. Die letzte Restaurierung hat die figürlichen Darstellungen mit den früheren Eingriffen erhalten und die ornamentale Ausmalung vervollständigt. Im nördlichen Querhausarm legte sie Reste mehrerer gotischer Inschriften frei. Die Darstellung in der Apsis der Ursulakapelle blieb ebenfalls mit ihren Eingriffen und Ergänzungen erhalten. Die reiche szenische Darstellung im Bogenfeld der Nordwand wurde in ihrem fragmentarischen Zustand belassen.

Literatur: *Clemen, Paul*, Anfertigung von Kopien der mittelalterlichen Wandmalereien der Rheinprovinz, in: BPDR, Bd. 2, 1897, S. 60; *Bardenhewer, Anton*, Bericht über die alten Wandmalereien in der Doppelkirche zu Schwarzrheindorf, Köln, den 1. April 1911, S. 3; *Kdm Rhp 11.2*, S. 513-564; *anonym*, Die Wandgemälde in der Steinfelder Abtei, in: Stadtanzeiger, Nr. 121, 7. März 1926; *Kurthen, Joseph*, Neuentdeckte Wandmalereien im Kloster Steinfeld, in: Kunstgabe des Vereins für christliche Kunst im Erzbistum Köln, Neuss (Hsg.), Köln 1927, S. 15-18; *Clemen (1930)*, S. 167 ff.; *Rh. Heimatpflege*, Zs. für Museumswesen, Denkmalpflege, Archivberatung, Volkstum, Natur- und Landschaftsschutz, 7. Jg., 1935, S. 387; *Wolff Metternich*, Die ehemalige Prämonstratenserabteikirche Steinfeld in der Eifel, in: Schutz der Rheinlandschaft, 8. Jg, Heft 1, Düsseldorf 1936, S. 411-434; *HDK, 4.1*, S. 611-615; *Twachtmann-Schlichter, Anke*, Matthias Goebbels - Dekorationsmalerei und Kirchenrestaurierung im 19. Jahrhundert in Köln, Diss. Westf. Wilhelms-Universität Münster, in: Studien zur Kunstgeschichte, Bd. 89, Hildesheim/Zürich/New York 1994; *WMA Steinfeld*, Abteikirche Steinfeld, Akte zu den Wandmalereikopien, BRAD; *Instandsetzung* der katholischen Pfarrkirche in Steinfeld (1903-34), Reg. Aachen 16700, Nordrhein-Westfälisches Hauptstaatsarchiv, Düsseldorf.

8. 1889 St. Mariä Himmelfahrt, Köln
1892 - 1894

Ehemal. Jesuitenkirche, 1618-1689 nach Entwurf von Christoph Wamser errichtet. Dreischiffige, gewölbte Emporenbasilika mit türmeflankierter Westfassade, östl. Querschiff, quadratischem Ostturm, dreiseitig geschlossenem Langchor und zwei Nebenchören mit 5/8 Schluß.

Ausmalung:
Wand- und Gewölbeflächen reich stuckiert, die Gründe blaugrau, der Stuck der Fensterlaibungen in Rosa, die übrigen Schmuckformen in Blau, Grau, Rosa, Weiß und Gold gefaßt, *Mainzer, Abb. VIII*.

Restaurierungen:
1887 erfolgte unter Leitung des Baumeisters Cremer eine Instandsetzung des Gebäudes. Ab 1889 wurden die im Chor unter der Tünche entdeckten Malereien unter der Leitung von Matthias Goebbels durch den Maler Theodor Winkel, als dessen Mitarbeiter Anton Bardenhewer hier möglicherweise arbeitete, aufgefrischt. Im BRAD ist ein auf 1889 datierter Aquarellkarton Bardenhewers erhalten. [Malerei verschiedener Gewölbezwickel, Inv.Nr. 9091, H. 0.44, B. 0.57, ornamentale Gewölbemalereien aus dem Jahr 1620; *WMA*] Die Langhausfassung wurde in den Jahren 1892-94 im Anschluß an die im Chor aufgefundenen Malereien instandgesetzt, *Kdm 2.1, S. 134*. Aufgrund Bardenhewers späterer Ausführungen scheint es sehr wahrscheinlich, daß ihm diese Arbeit übertragen wurde, *Bericht (1911)*. Im Verlauf der Arbeiten wurden eine Anzahl von Ausstattungsstücken, bspw. die Beichtstühle und das Äußere neu gefaßt. Die Glasmalerei Schneiders & Schmolz, Köln, fertigte, möglicherweise nach Entwürfen Bardenhewers, neo-barocke Fenster an, *Beines, S. 181, Nr. 10*. Eine Fotografie, die den Zustand der Malerei in den 20er Jahren - leider in schwarz-weiß - dokumentiert, ist in *Renard* als *Fig. 171* veröffentlicht.
Nach schweren Kriegsschäden wurde die Kirche bis 1965 rekonstruierend wiederhergestellt. Daran schloß sich bis 1980 eine Erneuerung der Innenausstattung und der farbigen Fassung nach Befund an. Ab 1977 restaurierten Mitarbeiter der Werkstatt II des Rh. Amts f. Denkmalpflege die im 19. Jahrhundert ausgeführte partielle Fassung des Portals. Das Innere zeigt heute die rekonstruierte Barockfassung.

Literatur: *anonym*, Entdeckung alter Malereien in der St. Maria Himmelfahrtskirche, in: Kölnische Volkszeitung, Nr. 221 II, 14. August 1889; *Klinkenberg, Joseph*, Köln und seine Kirchen - Führer durch Köln für die Besucher der 50. General-Versammlung der Katholiken Deutschlands, Köln 1903, S. 112-114; *Renard, Edmund*, Köln, Berühmte Kunststätten, Bd. 38, 2. Aufl., Leipzig 1925; *Kdm Köln. 2.1*, S. 125-166; *Beseler, Hartwig*, Der Wiederaufbau der Kölner Kirchen 1953-1956, in JBRD, Bd. 21, Kevelaer 1957, S. 171; *HDK, 4.1*, S. 350-353; *Beines, Johannes Ralf*, Materialien zur Geschichte farbiger Verglasungen von 1780 bis 1914, vorzugsweise für das Gebiet des Bundesrepublik Deutschland, S. 181-182, in: Haberey/Beeh/Beines, Farbfenster in Bonner Wohnhäusern, Landeskonservator Rheinland, Arbeitsheft 24, Mönchengladbach 1979; *Mainzer, Udo* (Hsg.), Die Jesuitenkirche St. Mariae Himmelfahrt in Köln, in: Beiträge zu den Bau- und Kunstdenkmälern im Rheinland, Bd. 28, Düsseldorf 1982; *Hansmann, Wilfried*, St. Mariä Himmelfahrt, in: Rh. Kunststätten, Heft 250, 3. verb. Aufl., Neuss 1986; *Machat, Christoph*, Kath. Pfarrkirche St. Mariä Himmelfahrt, ehem. Jesuitenkirche, in: Der Wiederaufbau der Kölner Kirchen, Köln 1987, S. 88-96; *RA St. Maria Himmelfahrt, Köln*, Archiv der Werkstatt II, RAD; *WMA St. Maria Himmelf.*, St. Maria Himmelfahrt, Köln, Kr. Köln, Reg. Bez. Köln, Akte zu den Wandmalereikopien, BRAD; *Landesbeihilfen* für die Instandsetzung denkmal-

werter Kirchen in Köln: Sankt Maria Himmelfahrt (1949-74), BR 2016-12, Nordrhein-Westfälisches Hauptstaatsarchiv, Düsseldorf.

9. 1891 St. Peter, Köln

Dreischiffige, gewölbte Hallenkirche im Typ der Emporenbasilika mit dreiseitig geschlossenem Chor, um 1515-30 über Vorgängerbau des 12. Jh. errichtet. Vom Vorgängerbau Westturm und Teile der nördl. Seitenschiffwand mit Veränderungen aus dem 13. Jh. erhalten. 1618 bauliche Veränderung des Westturms.

Ausmalung:
Turm, Nordwand: Weltgerichtsdarstellung, 14. Jh.

Restaurierungen:
1863-66 wurde der Kirchenbau mit seiner Ausstattung unter der Beteiligung der Brüder Mengelberg historistisch überarbeitet. Daran schloß sich 1891 eine Neuausmalung unter Leitung des Kaplans Matthias Goebbels an. Mit großer Wahrscheinlichkeit arbeitete Anton Bardenhewer zu dieser Zeit als Gehilfe von Goebbels vor Ort. Mehrere Aquarelle, die diese Arbeit belegen, sollen beim Stadtkonservator Köln erhalten sein. (Sie konnten bislang in der Plankammer nicht gefunden werden und gelten als vermißt.) 1925-28 schmückte Hans Zepter die Gewölbe mit spätexpressionistischen Gemälden, *Abb. Pfitzner, S. 314*.
Im Zweiten Weltkrieg wurden die Malereien bis auf die Ausmalung von drei Gewölben des südlichen Seitenschiffs zerstört. Die schweren baulichen Schäden machten einen Wiederaufbau nötig, der 1960 abgeschlossen war; dabei wurden Mittelschiff und Chor flach gedeckt.

Literatur: *Pfitzner, Carlheinz*, Zur farbigen Fassung mittelalterlicher Innenräume (im Anschluß an die Instandsetzung des Quirinusmünsters in Neuss), in: Rh. Heimatpflege, JBRD, 13. Jg., Heft 3, 1941, S. 314; *HDK, 4.1*, S. 380-384; *Twachtmann-Schlichter, Anke*, Matthias Goebbels - Dekorationsmalerei und Kirchenrestaurierung im 19. Jahrhundert in Köln, Diss. Westf. Wilhelms-Universität Münster, in: Studien zur Kunstgeschichte, Bd. 89, Hildesheim/Zürich/New York 1994; *Sporbeck, Gudrun*, St. Peter, in: Colonia Romanica, Bd. 11, Köln 1996, S. 182-195.

10. 1893 – 1896 St. Severus, Boppard

Dreischiffige Pfeilerbasilika mit Querhaus, türmeflankierter Vierung auf kreuzförmigem Grundriß, 1. Hälfte 12. Jh. Bauliche Erweiterungen, Chor und Wölbung, 13. Jh.
Ausmalung:
Reiche architektonische Fassung, 1. Drittel 13. Jh. Mittelschiff, Nordwand: Szenen aus dem Leben des Hl. Severus, Tierfries, 1. Hälfte 13. Jh.; oberhalb Emporenarkaden: figürliche Darstellungen; südl. Seitenschiffwand: Majestas Domini, 1. Hälfte 13. Jh.; südl. Seitenschiff, Westjoch, Fensterlaibung: figürliche Darstellung; nördl. Seitenschiff, Kreuzgewölbe: Christus als Weltenrichter in der Mandorla, flankiert von Johannes und Maria, 13. Jh.; 2. Joch von Osten, Gewölbe: Legende des Hl. Ägidius, Legende der 10.000 Märtyrer, 2. Hälfte 13. Jh. Ausführlich *Clemen (1916), S. 482-499*.

Restaurierungen:
1888-1895 wurde die Kirche unter der Leitung des Architekten Heinrich Wiethase, Köln, umfassend wiederhergestellt. Im Verlauf der Arbeiten wurde der Chor ohne Voruntersuchung neu gefaßt. Nachdem Paul Clemen die Leitung der Arbeiten übernommen hatte, forderte er eine sorgfältige Untersuchung des Langhauses, um eventuell vorhandene ältere Malereien zu sichern. Daraufhin fand man, erstmals im Rheinland, unter der Tünche eine vollständig erhaltene architektonische Fassung, Abb. *Pfitzner, S. 311*. Sie wurde durch den Dekorationsmaler Franz Wirth, Aachen, erneuert. Die figürlichen Darstellungen waren in erheblich schlechterem Zustand als die dekorative Malerei. Daher wurden sie 1892 unter Leitung des Historienmalers August Martin, Kiedrich, von der Wand abgepaust und später anhand der vorgegebenen Konturen in Kaseintechnik auf den erneuerten Putz gemalt. Mit großer Wahrscheinlichkeit arbeitete Anton Bardenhewer für Martin als Zeichner vor Ort. Die bei *Clemen (1916)* abgebildeten Pausen und die Übersicht von *Tafel XXXI* zeigen zum Teil den für spätere Ergänzungen Bardenhewers ty-

pischen Kopf- und Gesichtstyp. Damit wird seine Mitarbeit sehr wahrscheinlich, da nicht davon auszugehen ist, daß er bei einer reinen Abzeichnung für Clemens Publikation die Vorlage in solcher Form verändert hätte.

Die bei dieser Restaurierung im großen Umfang überarbeiteten Darstellungen der Severuslegende und der Heiligenlegenden im Kreuzgewölbe des südl. Seitenschiffs hat man bei der letzten Restaurierung in der überfaßten Form erhalten. Die übrigen figürlichen Darstellungen sind sehr verblaßt, teils nur in ihren Umrissen zu erkennen. Die architektonische Fassung wurde anhand des Befunds erneuert. An den Seitenschiffwänden fand man weitere Malereifragmente, die freigelegt und gesichert wurden. Das Gebäude wird seit 1997 baulich instandgesetzt.

Literatur: *Scheins, M.,* Die Pfarrkirche des h. Severus zu Boppard, in: Bock (Hsg.), Rheinlands Baudenkmale des Mittelalters, Köln/Neuss 1868-1875, Faksimile der Erstausgabe, Düsseldorf 1979; *Clemen/Cuno,* Boppard. Restauration der Wandmalereien in der St. Severuskirche, BPDR, Bd. 1, Bonn des 1896, S. 20-22; *Clemen (1916),* S. 475-499; *Pfitzner, Carlheinz,* Zur farbigen Fassung mittelalterlicher Innenräume (im Anschluß an die Instandsetzung des Quirinusmünsters in Neuß), in: JBRD, 13. Jg., Heft 3, 1941, S. 293-323.

11. 1893 - 1896   Altes Rathaus, Köln

1360 nach Brandzerstörung des Vorgängerbaus von 1135-39 als langgestreckter, zweigeschossiger Neubau errichtet. Im Obergeschoß großer Ratssaal, seit dem 19. Jh. Hansasaal genannt. Die südl. Stirnwand des Hansasaals wird von einer reichen Tabernakelarchitektur mit eingestellten steinernen Standfiguren der Neun Guten Helden geschmückt. 1407-14 Erweiterung des Baus um fünfgeschossigen Turm und kleinen Verbindungstrakt, in dessen Obergeschoß 1448 die sog. Prophetenkammer eingerichtet wurde. 1569-73 Vorhalle errichtet.

Ausmalung:
Alle Standfiguren im Inneren und die Architektur farbig gefaßt.

Restaurierungen:
1893-95 wurde das Gebäude umfassend historistisch instandgesetzt, dabei kam es zu vielfältigen Veränderungen. So wurde bspw. die Prophetenkammer mit Wandschränken für ein Verwaltungsarchiv ausgestattet, im Verbindungstrakt wurde eine neuen Treppe eingebaut und für das Portal zum Senatssaal wurde eine neue Umrahmung gefertigt. Der Figurenschmuck des Rathauses wurde durch Anton Bardenhewer und den Bildhauer Moest unter der Leitung des Stadtbaurats Friedrich Carl Heimann teils restauriert, teils erneuert. Die Prophetenfiguren der sog. Prophetenkammer wurden überarbeitet, bevor sie 1895 wieder aufgestellt wurden. Bardenhewer setzte die Wand- und Deckenmalereien des Hansasaals instand. Bereits 1866 war die Fassung der Bildwerke des Hansasaals freigelegt und aufgefrischt worden. Der Maler Max Schüller hatte gleichzeitig eine neue dekorative Ausschmückung des Saals geschaffen. Die Wanddekoration erneuerte Bardenhewer nun im Anschluß an die erhaltenen Reste des Plasmannschen Hauses, die Decke gestaltete er entsprechend der vorgefundenen Reste. Im Anschluß an die umfassende Instandsetzung entdeckte man 1896 die sog. Tuchmalereien, die von Anton Bardenhewer abgenommen und in den Bestand des Wallraf-Richartz-Museums eingegliedert wurden, *Kdm Köln 2.4, S. 244.* Im gleichen Jahr kaufte die Stadt Pausen und Nachbildungen der Fresken des Hansasaals, die der Maler A. F. Martin 1878 angefertigt hatte. Sie befinden sich heute im Bestand des Stadtkonservators Köln. Die Glasmalerei Schneiders & Schmolz fertigte mehrere neogotische Fenster an, *Beines, S. 182, Nr. 163* - mit großer Wahrscheinlichkeit nach Entwürfen Bardenhewers. 1917-22 erfolgte eine erneute Wiederherstellung der Fresken und der Südwand des Hansasaals. Vielfältige Aquarellkartons, Pausen und Fotografien aus dieser Zeit befinden sich im Bestand des Stadtkonservators Köln.
Im Zweiten Weltkrieg wurde das Alte Rathaus weitgehend vernichtet. Nach dem Krieg baute man es rekonstruierend wieder auf. Von der sog. Prophetenkammer sind nur die 8 hölzernen Prophetenfiguren von 1410 erhalten. Vom Hansasaal konnte nur der Aufbau der Südseite gerettet werden. (Siehe Katalog, Nr. 76, 101)

Literatur: *anonym,* Der Hansa-Saal im Kölner Rathause, in: Kölner Local-Nachrichten, 18. April 1866; *Ennen,* [Der Hansasaal], in: Kölnische Blätter, 30. Feb. 1867; *Scheben, W.,* Die Prophetenkammer im Rathause, in: Kölnische Volkszeitung, 13. Februar 1876; *anonym,* Das Kölner Rathaus, in: Kölnisches Tageblatt, Nr. 326, 17. Juli 1908; *Clemen (1930),* S. 241 ff.; *Kdm Köln, 2.4,* S. 159-244; *HDK, 4.1,* S. 399-400; *Beines, Johannes Ralf,* Materialien zur Geschichte farbiger Verglasungen von 1780 bis 1914, vorzugsweise für das Gebiet des Bundesrepublik Deutschland, in: Haberey/Beeh/Beines, Farbfenster in Bonner Wohnhäusern, Landeskonservator Rheinland, Arbeitsheft 24, Mönchengladbach 1979; *Allgemeines Künstler Lexikon,* Saur (Hsg.), Band 7, München/Leipzig 1993, S. 33; *Adenauer, Hanna,* Das Schicksal des Kölner Rathauses vor, während und nach dem Zweiten Weltkrieg, in: Fuchs, Peter, Das Rathaus zu Köln - Geschichte, Gebäude, Gestalten, Neuausg., Köln 1994, S. 127 ff.; *Profanbauten* im Stadtkreis Köln, Bd. 1, BR 2016-49, Nordrhein-Westfälisches Hauptstaatsarchiv, Düsseldorf.

12. 1893 - 1897   St. Cäcilien, Köln

Dreischiffige Pfeilerbasilika mit Emporen, Kryptenvorhalle, Ostapsis und Seitenschiffapsiden, 1100-1170 über Vorgängerbauten errichtet. Seitenschiffe seit 1160-70 gewölbt. Mittelschiff flach gedeckt. Im 15. Jh. nach Umwandlung in ein Augustiner-Nonnenstift Langhaus kreuzrippengewölbt; Errichtung der nördl. Sakristei anstelle der Nebenapsis, gründliche Instandsetzung, Ausbau des Nonnenchores und Vermauerung der Krypta. Im 16. Jh. Neuausmalung der Kirche. Im 18. Jh. Malereien im Chor übertüncht; barocke Ausmalung der Apsis und des Vierungsgewölbes durch F.X. Schweitzer. 1802 Klostergebäude abgerissen und durch Hospitalbauten ersetzt.

Ausmalung:
Malereien im Chor auf doppellagigem Putz, in 3 hohen Streifen übereinander in Freskotechnik ausgeführt, Südseite: christologischer Zyklus - Verkündigung bis Dornenkrönung; Nordseite: Legende der Hl. Cäcilia - Hochzeit bis Martyrium; unterhalb der Apsisfenster: Heilige; zwischen den Fenstern: Evangelisten mit ihren Symbolen; über Triumphbogen: Lamm Gottes auf dem Buch mit sieben Siegeln, gerahmt von sieben Leuchtern; Triumphbogenlaibung: Fries mit Medaillondarstellungen der klugen und törichten Jungfrauen, neun weibliche Heilige; Langhaus, Südmauer: Kreuzigung Petri; alle Wandmalereien letztes Viertel 13. Jh.; Langhaus, Nordseite, oberhalb der ehem. Orgel: Hl. Cäcilie mit musizierenden Engeln, spätes 14. Jh.; Langhauspfeiler: Hll. Johannes d. T., Paulus, Felix, Benediktinerin, spätes 15. Jh. Apsis im 18. Jh. durch F.X. Schweitzer neu ausgemalt. Sakristei, Gewölbekappen: stark wucherndes, dunkelgrünes Pflanzenornament in Grün, Rot und Schwarz mit bunten, roten und violetten Blumen, Ende 15. Jh. Ausführlich, *Kdm Köln 1.4, S. 169-217.*

Restaurierungen:
1848-49 wurde der Westteil der Kirche unter Stadtbaumeister Bernhard Wilhelm Harperath nach Plänen von Johann Peter Weyer historistisch erneuert. Dabei öffnete man die vormals vermauerte Krypta. 1893-98 folgte eine umfassende Restaurierung der Kirche unter Leitung des Stadtbaurats Friedrich Carl Heimann durch den Architekten Baedeker. Ab 1893 begann die Beseitigung der baulichen Schäden. Dabei entdeckte man an den Langseiten des Chores Wandmalereien des 16. Jahrhunderts. Unter diesen trat bald eine ältere Malschicht zutage. Diese beiden frühgotischen Zyklen in mehreren Bildstreifen übereinander wurden ab 1894 durch Anton Bardenhewer aufgedeckt. Die darüberliegenden Malereien des 16. Jahrhunderts kopierte er zur Dokumentation. Der Ausmalung F.X. Schweitzers schenkte man keinerlei Beachtung. Die Zyklen des 13. Jahrhunderts waren fast nur in ihrer roten Vorzeichnung erhalten. An den wenigen verbliebenen Farbfragmenten lehnte Bardenhewer seine Wiederherstellung an. So schreibt er in einem späteren Bericht, daß die Chormalereien der St. Cäcilienkirche in einigen Wandschäden ein leuchtendes, direktes Blau gezeigt hätten, *Bardenhewer (1911), S. 6.* Auf Wunsch der Kirchengemeinde, gegen den Vorschlag des Landeskonservators, wurden die Zyklen ab dem Winter 1896 unter Benutzung gleichzeitiger (mittelalterlicher) Vorbilder und im Anschluß an andere frühgotische Kompositionen komplettiert. Aufgrund der teils nur fragmentarisch erhaltenen Szenen mußte Bardenhewer vieles frei erfinden. Für die Ergänzungen verwendete er als Bindemittel Gerhardsches Ka-

sein, *Bardenhewer (1911)*. Um die Vervollständigung der Szenen zu rechtfertigen, erstellte er Pausen aller Reste direkt von der Wand, ergänzte sie auf dem Blatt und brachte die vervollständigten Darstellungen nach Rücksprache mit allen Beteiligten auf die Wand auf. 1893 schuf er 37 (Blatt) Pausen der Konturen der Zyklen im Chor, *Clemen (1930), S. 133*. Acht großformatige Umzeichnungen nach diesen Pausen sind im Bestand des Kölnischen Stadtmuseums erhalten. [1.) Chor, Nordseite, Inv.Nr. HM 1931/163, H. 185 cm, B. 840 cm, Abklatsche auf Leinen; 2.) Chor, Südseite, Inv.Nr. HM 1931/163, H. 180 cm, B. 842 cm, Abklatsche auf Leinen; 3.) Chor, Südseite, Inv.Nr. HM 1931/163, H. 184 cm, B. 884 cm, Abklatsche auf Leinen; 4.) Chor Südseite, Inv.Nr. HM 1931/163, H. 165 cm, B. 535 cm, ergänzte Version von 2.), Abklatsche auf Leinen; 5.) Chor, Nordseite, Inv.Nr. HM 1931/163, H. 181 cm, B. 884 cm, ergänzte Version von 8.), Abklatsche auf Leinen; 6.) Chor, Südseite, Inv.Nr. HM 1931/163, H. 145 cm, B. 895 cm, ergänzte Version des christologischen Zyklus ab Verkündigung, Abklatsche auf Leinen; 7.) Chor, Nordseite, Inv.Nr. HM 1931/163, H. 180 cm, B. 880 cm, Abklatsche auf Leinen; 8.) Chor Nordseite, Inv.Nr. HM 1931/163, H. 185 cm, B. 874, Abklatsche auf Leinen] Die Originalpausen sollen sich im Depot des Kölnischen Stadtmuseums befinden. Sie dienten Bardenhewer 1897 als Grundlage für mehrere Aufnahmen, die er für das Denkmälerarchiv der Rheinprovinz anfertigte, *Kdm Rhp. 6.4, Tafel XVIc*. Auf eine farbige Wiedergabe wurde aufgrund der wenigen Hinweise auf die originale Farbigkeit verzichtet, *Clemen (1898), Fig. 26*. Zusammengesetzte Aufnahmen der Zyklen sind in der Plankammer des Stadtkonservators Köln und im BRAD erhalten, *Machat, Abb. 85*. Dort sind jeweils auch Fotografien der durch Bardenhewer ergänzten Kompositionen archiviert, *Machat, Abb. 86*. Im RBA befindet sich ein weiterer Fotografiensatz der Umzeichnungen. [1.) RBA 151474/75; 2.) RBA 151436/37; 3.) RBA 151438/39; 4.) RBA 151473; 5.) RBA 151434/35; 6.) RBA 151440/41; 7.) RBA 151476/77; 8.) RBA 151478/79] (Entsprechend der o.a. Reihenfolge aufgelistet.) Darüber hinaus schuf Bardenhewer mehrere Aquarellkartons, die den Zustand einzelner Szenen vor der Wiederherstellung wiedergeben. Zwei Kartons von 1894 sind im BRAD erhalten. [1.) Nordwand, Chor, Reihe Mitte, 5. Bild, Inv.Nr. 7308, H. 0.63, B. 0.82, Maßst. 1/3 nat. Gr., Verurteilung der hl. Cäcilie, d. Valerian u. Tiburtius durch Almachius, Aquarell - Zustand vor der Restaurierung; 2.) Nordwand, Chor, mittl. Reihe, 4. Bild, Inv.Nr. 7309, H. 0.63, B. 0.55, Maßst. 1/3 nat. Gr., Geißelung d. Valerian, Aquarell - Zustand vor der Wiederherstellung; *WMA*] Die Texte, die sich unter den Zyklen entlangzogen, wurden nach den Vorschlägen des Domkapitulars Arnold Steffens für den Cäcilienzyklus und von Heimann für den Christuszyklus unter Einbeziehung der noch lesbaren Fragmente ergänzt. Den Zustand der freigelegten Malereien dokumentieren 22 Fotografien Bardenhewers, *Clemen (1930), S. 133*, die sich heute im BRAD befinden. Die originalen Fotoplatten gingen damals in den Besitz der Bildstelle des Rheinischen Museums Köln über. Ob sie erhalten blieben, ist bislang nicht bekannt. Parallel begann man mit der Aufdeckung von Wandmalereien im Langhaus. Auf den Pfeilern fand man monumentale Einzelfiguren, die Bardenhewer ab 1895 nahezu komplett überfaßte. Zum Teil kam es zu vollständigen Neuschöpfungen, *Clemen (1930), S. 142*. Im Langhaus deckte Bardenhewer die Darstellung eines Engelchors, eine Kreuzigung Petri und weitere Einzelszenen auf. Sie wurden von ihm gesichert und zum Teil ergänzt. Den Zustand der Malereien nach der Restaurierung dokumentiert ein Foto bei *Heimann (1915), Tafel V*. Der Maler Mauß schuf auf den unbemalten Wandflächen eine umfangreiche Neuausmalung, *Heimann (1915)*. Im Verlauf der baulichen Instandsetzung wurden drei Fenster der Chorapsis ersetzt, *Clemen (1930), S.133*. Die Ausführung lag in den Händen der Glasmalerei Schneiders & Schmolz, *Beines, S. 181, Nr. 14*, mit großer Wahrscheinlichkeit nach Entwürfen Bardenhewers. 23 Fotografien Bardenhewers zeigen die Wandmalereizyklen im Chor und 16 Aufnahmen die übrigen Malereien nach der Wiederherstellung. Diese Fotografien befinden sich im BRAD, in der Graphischen Sammlung des Kölnischen Stadtmuseums und in der Fotosammlung des Stadtkonservators Köln. Anton Bardenhewer und der Maler Mauß fertigten auf Veranlassung Heimanns Zeichnungen der gesamten Ausstattung der Kirche an und faßten einen Großteil der Ausstattungsstücke neu. 1897 begann man, unter dem Pflaster des Mittelschiffs nach bildnerischem Schmuck zu suchen, da *Fahne* geschrieben hatte, daß der Baumeister Felten nach einer frühen Restaurierung Heiligenstandbilder von etwa zwei Fuß Größe, mit Pappdeckeln geschützt, einige Zoll unter dem Boden belassen habe, *Localanz., Nr.*

323. 1897 restaurierte Bardenhewer die Renaissance-Gewölbemalereien der Sakristei und ergänzte sie zu einem geschlossenen Gesamtbild. Sie gingen durch die Zerstörung des Gewölbe im Zweiten Weltkrieg verloren. 1904 wurden ein Hochaltar und eine Kanzel nach Entwürfen F.C. Heimanns errichtet. Neuerliche Arbeiten sind für 1915-16 belegt, da in diesem Jahr die Kreuzigung Petri aufgrund ihres schlechten Erhaltungszustands übertüncht wurde. Zeitgleich wurde die Ausstattung vervollständigt, *Localanz. Nr. 106*. 1926 wurden Bauarbeiten zum Schutz der durch die aufsteigende Feuchtigkeit wieder stark beschädigten Wandmalereien des Chores erforderlich, *Wild, S. 339*.

Nach den schweren Schäden im Zweiten Weltkrieg wurde das Gebäude bis 1956 in großen Teilen erneuert und zum heutigen Schnütgen-Museum umgebaut. Dabei wurden die schemenhaft erhaltenen Heiligendarstellungen an den Pfeilern zerstört. Bis 1956 erfolgte eine umfassende "Entrestaurierung" der Wandmalereien durch den Restaurator P. Gassner. Er nahm die Rekonstruktionen der vorangegangenen Restaurierung ab, so daß nur ein Malereifragment erhalten blieb. Die Veränderung vom Vorkriegszustand zu dem nach der Restaurierung durch Gassner machen zwei Fotografien bei *Beseler, Abb. 103-104*, sehr deutlich. 1970 folgte eine erneute Restaurierung des Freskos auf der Nordwand des Langhauses durch die Werkstatt II des Rh. Amts f. Denkmalpflege. Bereits 1978-79 schloß sich eine Restaurierung des Chores ebenfalls durch die Werkstatt II an. Dabei blieben die verbliebenen Übermalungen Bardenhewers fast überall erhalten, *RA*. (Siehe Katalog, Nr. 88)

Literatur: *Fahne, A.*, Forschungen auf dem Gebiete der Rheinischen und Westfälischen Geschichte, Bd. 1.1, Köln 1864, S. 23; *Heimann, Friedrich Carl*, in: Köln. Volkszeitung, 21. Aug. 1894, Nr. 497; *ders.*, in: Localanzeiger, 24. Aug. 1894, Nr. 229; *ders.*, Funde in St. Cäcilien, in: Westdeutsche Zeitschrift für Geschichte und Kunst, Korrespondenzblatt Nr. 13, 1894, Sp. 208-212; *anonym*, in: Köln. Zeitung, 13. Nov. 1894, Nr. 919; *anonym*, Köln, St. Cäcilia, in: Westd. Zs. f. Geschichte und Kunst, Korrespondenzblatt Nr. 13, 1894, Sp. 158; *anonym*, Die Cäcilienkirche in Köln, in: Kölnische Volkszeitung, Nr. 632, 17. September 1896; *anonym*, [St. Cäcilienkirche], in: Stadtanzeiger, Nr. 430, 18. September 1896; *Clemen, Paul*, Anfertigung von Kopien der mittelalterlichen Wandmalereien der Rheinprovinz, in: BPDR, Bd. 2, 1897, S. 59; *anonym*, Die St. Cäcilienkirche in Köln, in: Localanzeiger, Nr. 322, 23. November 1897; *anonym*, Bildwerke an der St. Cäcilienkirche, in: Localanzeiger, Nr. 323, 24. November 1897; *Clemen, Paul*, Anfertigung von Kopien der mittelalterlichen Wandmalereien der Rheinprovinz, in: BPDR, Bd. 3, 1898, S. 57; *anonym*, In der St. Cäcilienkirche, in: Localanzeiger, Nr. 97, 11. April 1900; *Klinkenberg, Joseph*, Köln und seine Kirchen - Führer durch Köln für die Besucher der 50. General-Versammlung der Katholiken Deutschlands, Köln 1903, S. 85-87; *Bardenhewer, Anton*, Bericht über die alten Wandmalereien in der Doppelkirche zu Schwarzrheindorf, Köln, den 1. April 1911, S. 4, 6; *Bardenhewer, Anton*, Vortrag vor dem Kölner Altertumsverein, Februar 1911, S. 4-5; *Heimann, Friedrich Carl*, Der alte Bilderschmuck der Kirche St. Cäcilia in Köln, mit 3 Tafeln und 6 Abbildungen, Sonderabdruck aus "Zeitschrift für christliche Kunst", 28. Jg., Heft 5, Düsseldorf 1915; *Kdm Köln. 1.4*, S. 169-189; *anonym*, Der Innenschmuck der St. Cäcilien-Kirche, in: Localanzeiger, Nr. 106, 16. April 1916; *Renard, Edmund*, Köln, in: Berühmte Kunststätten, Bd. 38, 2. Aufl., Leipzig 1925, S. 108; *Verbeek, Hans*, Die sonstige Denkmalpflege seit 1888, in: Vogts, Hans, Köln - Bauliche Entwicklung 1888-1927, Köln 1927, S. 199-200; *Wild, W.*, Trockenlegung feuchter Gebäude mittels. pat. Mauersäge und Schwammsanierung, in: Vogts (1927), S. 339 f.; *Clemen (1930)*, S. 133-143, 380; *HDK, 4.1*, S. 321-333; *Beseler, Hartwig*, Der Wiederaufbau der Kölner Kirchen 1953-1956, in: JBRD, Bd. 21, Kevelaer 1957, S. 159-162; *Kühn, Hermann*, Untersuchungsbericht zu der Wandmalerei in St. Cäcilien, 1978, in: RA St. Cäcilien; *Bentelev, Ivan*, Die Restaurierung der frühgotischen Wandmalereien im Chor der ehem. Stiftskirche St. Cäcilien (Schnütgenmuseum) zu Köln, 1979, in: RA Cäcilien; *Beines, Johannes Ralf*, Materialien zur Geschichte farbiger Verglasungen von 1780 bis 1914, vorzugsweise für das Gebiet der Bundesrepublik Deutschland, S. 181-182, in: Haberey/Beeh/Beines, Farbfenster in Bonner Wohnhäusern, Landeskonservator Rheinland, Arbeitsheft 24, Mönchengladbach 1979; *Spiegel, Elisabeth Maria*, St. Cäcilien. Die Ausgrabungen. Ein Beitrag zur Baugeschichte, in: Stadtspuren - Denkmäler in Köln, Bd. 1, Kier/Krings (Hsg.), 1984, S. 209 - 234; *Krings, Ulrich*, St. Cäcilien. Das frühstaufische Bauwerk aus der Mitte des 12. Jahrhunderts. Seine Gestalt und die Geschichte seiner späteren Veränderungen, in: ebenda, S. 235-255; *Schäfke, Werner*, Kölns romanische Kirchen, 4. Aufl., Köln 1987, S. 68-75; *Machat, Christoph*, St. Cäcilien, ehem. Stiftskirche, in: Der Wiederaufbau der Kölner Kirchen, Köln 1987, S. 46-53; *Bock, Ulrich*, St. Cäcilia, in: Colonia Romanica, Bd. 10, Köln 1995, S. 121-132; JBRD, Bd. 29; *WMA Cäcilien*, St. Cäcilien, Köln, Kr. Köln, Reg. Bez. Köln, Akte zu den Wandmalereikopien, Text Hanna Adenauer, BRAD; *RA St. Cäcilia*, Archiv der Werkstatt II, RAD.

13. 1894 - 1897   **Stadtarchiv, Köln**

Stadtbaurat Friedrich Carl Heimann errichtete 1893-97 nach eigenen Plänen in Anlehnung an die Architektur des Alten Rathauses und des Gürzenichs einen zweigeschossigen neogotischen Bau mit mittigem Stufengiebel, Eckwarten und rückwärtigen Flankentürmen. Das Innere
wurde von Anton Bardenhewer nach Heimanns Angaben farbig gefaßt.
Die Fenster fertigte die Glasmalerei Schneiders & Schmolz, Köln, *Beines,
S. 182, Nr. 160,* mit großer Wahrscheinlichkeit nach den Entwürfen Bardenhewers. Eine 1896 im Haus Glesch entdeckte bemalte Holzbalkendecke wurde vor dem Abbruch dort aus- und im zeitgleich errichteten
Stadtarchiv eingebaut.

Literatur: *Festschrift* zur 23. Jahres-Versammlung des Hansischen Geschichtsvereins zu Köln, Das Archiv und die Bibliothek der Stadt Köln, Köln 1894;
anonym, Grundsteinlegung zum neuen Archiv- und Bibliothekgebäude, in:
Kölnische Zeitung, Nr. 411, 16. Mai 1894; *anonym,* Ausstellung für christliche
Kunst, in: Welt und Wissen, Feuilleton der Kölnischen Volkszeitung, Nr. 309,
38. Jg., 3. Bl. Abend-Ausgabe, Dienstag, 27. April 1897; *Mitteilungen* aus dem
Stadtarchiv von Köln, 31. Heft, Köln 1902; S. 170; *HDK, 4.1,* S. 402; *Beines, Johannes Ralf,* Materialien zur Geschichte farbiger Verglasungen von 1780 bis
1914, vorzugsweise für das Gebiet des Bundesrepublik Deutschland, in: Ha-
berey/Beeh/Beines, Farbfenster in Bonner Wohnhäusern, Landeskonservator
Rheinland, Arbeitsheft 24, Mönchengladbach 1979.

14. 1894 - 1895   Laufbrunnen und Vater Rhein, Köln

Ab dem Ende des 19. Jahrhunderts schufen Kölner Goldschmiede in Anlehnung an die alte Tradition des Ratssilbers für die Stadt Köln ein neues Ratssilber, beginnend mit einigen Pokalen und einem goldenen Buch
mit Schreibzeug. Der Großteil war eine Weihnachtsgabe an die Stadt
zum Jahr 1900 als Schenkung wohlhabender Kölner Familien.
1894 entwarf Anton Bardenhewer als Angestellter des städtischen
Hochbauamts unter Stadtbaurat Friedrich Carl Heimann zwei Tafelaufsätze, den sog. Laufbrunnen und den Vater Rhein. Sieben Zeichnungen Bardenhewers sind im Bestand des Historischen Archivs der
Stadt Köln erhalten (Nr. HI 165, Hochbauamt Plan 298-304). Eine Zeichnung (7.) zeigt die gestalterische Entwicklung des Laufbrunnens, da die
jeweilige Veränderung des Entwurfs über den zu verbessernden Teil ge-
klebt wurde. Es entstanden drei Entwurfsstadien, die bei *Schäfke (1981),
S. 90,* als drei einzelne Darstellungen veröffentlicht wurden.

1. Stadt Köln   Plankammer des Hochbauamtes
Abth. A1 Gebäude I No 40 (heute: Plan 300). Bleiftiftskizze zu einem
neogotisch beeinflußten Tafelaufsatz, Laufbrunnen
Beschriftung:
Bearbeitet von Bardenhewer
Heimann, 20. Juni '94

2. Stadt Köln   Plankammer des Hochbauamtes
Abth. A1 Gebäude I No 40 (heute: Plan 303). Detailzeichnung des
Fußes und der Schale des Laufbrunnens, jeweils in Aufsicht

3. Stadt Köln   Plankammer des Hochbauamtes
Abth. A1 Gebäude I No 40 (heute: Plan 304). Bleiskizze zu einem
Tafelaufsatz, Vater Rhein
Beschriftung:
Bearbeitet von Bardenhewer
Heimann, 30. Juni '94

4. Stadt Köln   Plankammer des Hochbauamtes
Abth. A1 Gebäude I No 40 (heute: Plan 302) Detailzeichnung eines
Schalenfußes, vermutlich Variante zu Plan 300

5. Stadt Köln   Plankammer des Hochbauamtes
Abth. A1 Gebäude I No 40 (heute: Plan 301). Bleiskizze eines Tafel-
aufsatzes, neobarock beeinflußte Variante zu Plan 300
Beschriftung:
Bearbeitet von Bardenhewer
Heimann

6. Stadt Köln   Plankammer des Hochbauamtes
Abth. A1 Gebäude I No 40 (heute Plan 299) Bleiskizze eines Tafel-
aufsatzes, Variante zu Plan 300
Beschriftung:
Bearbeitet von Bardenhewer
Heimann, 30. Juni '94
Am unteren Rand des Blattes sind Detailzeichnungen der einzelnen
Ebenen angesetzt.

7. Stadt Köln   Plankammer des Hochbauamtes
Abth. A1 Gebäude I No 40 (heute Plan 298)
Vermutlich die Reinzeichnung zur Vorlage für die Bewilligung vor
der Ausführung durch Hermeling. Die Gestaltung von Fuß und
Schale ist dabei festgelegt, für den Schalenrand und den Aufsatz
sind drei verschiedene Möglichkeiten vorgeschlagen, die man über-
einanderklappen kann. Die oberste, neogotische Form ist die später
ausgeführte.
Beschriftung:
Rathssilber   Tafelaufsatz
bearbeitet von Bardenhewer
der Stadtbaurat Heimann
mit Bleistift vermerkt: ausgeführt

Der Laufbrunnen, der durch einen kleinen Motor mit Kölnisch Wasser
gespeist wird, wurde 1897 von G. Hermeling mit geringen Ergänzungen
nach dem Entwurf 7, ausgeführt. [Ausführliche Beschreibung, *Hiller*]
Bardenhewers Entwurf zum Vater Rhein ist als vorläufige Skizze zu bewerten, die den Aufbau des 1900 von der Firma Gabriel Hermeling ausgeführten Tafelaufsatzes vorgibt. Dieser Tafelaufsatz wurde für die
Weltausstellung in Paris angefertigt. Die hohe technische Raffinesse der
Ausführung beweist die große Qualität der Arbeiten der Werkstatt
Hermeling. Beide Tafelaufsätze sind im Bestand des Kölnischen Stadtmuseums erhalten.

Literatur: *Hiller, Paul,* Der Tafelaufsatz und das Goldene Buch der Stadt Köln,
in: Moderne Kunst, 1899, S. 388-389; *anonym,* Modernes Kunstgewerbe - Das
kölner Rathssilber, Illustrirte Zeitung, Nr. 3012, 21. März 1901, S. 445-446; *Schäfke, Werner,* Das Ratssilber der Stadt Köln, Kölnisches Stadtmuseum, Köln 1980;
ders., Goldschmiedekunst: Die Kölner Meister, in: Kunst des 19. Jahrhunderts
im Rheinland, Trier/Weyres (Hsg.), Bd. 5, Kunstgewerbe, Düsseldorf 1981, S.
87-92.

15. 1894   **Gürzenich, Köln**
1897

Zweigeschossiger, rechteckiger, freistehender Saalbau mit bekrönendem
Zinnenkranz und polygonalen Eckwarten. 1441-47 als städtisches Fest-
und Tanzhaus errichtet. Ende 16 Jh. Umbau zum Kaufhaus.

Restaurierungen:
1855-1857 wurde das Gebäude unter der Leitung von Johann Anton
Ramboux nach Plänen des Stadtbaumeisters Julius Raschdorff umfassend historistisch überarbeitet und dabei stark verändert. An der Ausschmückung waren 1860-61 der Dekorationsmaler Michael Welter, der
Bildhauer Christian Mohr und der Glasmaler Peter Graß beteiligt. 1865
malte der Düsseldorfer Maler Adolf Schmitz den Einzug Isabellas, der
Schwester König Heinrich III. und Braut König Friedrich II. in Köln an
die Wand des Isabellensaals. 1894 schuf Anton Bardenhewer für Friedrich Carl Heimann, vermutlich als Grundlage für die etwas später unter Heimann ausgeführten Umbaumaßnahmen, mehrere zeichnerische
Aufnahmen des Gebäudes. Einige veröffentlichte Heimann 1894 im
Centralblatt, *Heimann (1894).* Ein aquarellierter Querschnitt ist in der
Plankammer des Stadtkonservators Köln erhalten:

"Der Gürzenich zu Köln 1441 - 1855", Köln 1894,
abgezeichnet: Der Stadtbaurath F.C. Heimann,
Bearbeitet durch: Bardenhewer
Maßstab 1 : 50
[B 306/3/16 - 8002 - XIV 3/22 Nr. 1923]

Vermutlich zeitgleich fertigte die Glasmalerei Schneiders & Schmolz, Köln, eine neogotische Verglasung, *Beines, S. 182, Nr. 162*, möglicherweise nach Entwürfen Bardenhewers.

1897 schuf Bardenhewer für Heimann weitere Aufnahmen vom Gürzenich. Drei Zeichnungen sind bei *Heimann (1911)* als *Abb. 22*: Querschnitt Gürzenich, *Abb. 23*: Ostfront, Gürzenich und *Abb. 24*: Längsschnitt und Grundriß des Obergeschosses veröffentlicht. Alle Zeichnungen sind dort datiert: Köln, 1897, und mit der Überschrift: Der Gürzenich zu Köln, 1444 - 1855, versehen. Möglicherweise stammt auch *Abb. 21*: Lageplan und Grundriß des Untergeschosses, von Bardenhewer. Den Zeichnungen lagen genaue Aufmessungen des alten Bestandes von Friedrich Schmitz, Ernst Friedrich Zwirner und Vinzenz Statz zugrunde, *Heimann (1911), S. 55*. Die Zeichnungen sind vermutlich die von Bardenhewer im Auftrag Heimanns angefertigten, erwähnten fünf maßstäblichen Rekonstruktionszeichnungen, *Kdm Köln, 2.4, S. 285*. (Ehemals befanden sich alle Zeichnungen in der Plankammer des Stadtkonservators Köln. Dort sind sie z. Zt. nicht aufzufinden.) Die Zeichnung der Ostfassade ist bei *Pfotenhauer* als *Fig. 1* ohne Angabe des Zeichners veröffentlicht. Zumindest diese Zeichnung muß also erhalten sein.

Im Zweiten Weltkrieg wurde das Gebäude bis auf die Umfassungsmauern zerstört. In den Jahren 1952-55 baute man es rekonstruierend wieder auf, dabei wurde es baulich mit der Ruine von St. Alban verbunden. (Siehe Katalog, Nr. 80)

Literatur: *Ennen*, Das Tanzhaus Gürzenich in Köln, in: Kölnische Zeitung, Nr. 49, 18. Februar 1858; *Heimann, Friedrich Carl*, Unser Gürzenich, in: Localanzeiger, 4., 6., 10., 11., 15., 17., 19., 24. und 15. März 1894; *ders.*, Umbauten im Gürzenich, in: Centralblatt der Bauverwaltung, Ministerium für öffentliche Arbeiten (Hsg.), Bd. 14, Berlin 29. September 1894; *ders.*, Der Gürzenich in Cöln, in: Kölnische Volkszeitung, Nr. 999, 17. November 1907; *ders.*, Aus der Baugeschichte des Gürzenichs und Fischkaufhauses, in: Mitteilungen des Rh. Vereins f. Denkmalpflege und Heimatschutz, 5. Jg., Heft 1, Köln 1911, S. 49-63; *Kdm Köln, 2.4*, S. 285; *Clemen (1916)*, S. 527; *Hässlin, Johann Jakob* (Hsg.), Der Gürzenich in Köln - Dokumente aus fünf Jahrhunderten, München 1955; *HDK, 4.1*, S. 400-401; *Schwering, Max-Leo*, Der Kölner Gürzenich, Mönchengladbach, 1964; *Beines, Johannes Ralf*, Materialien zur Geschichte farbiger Verglasungen von 1780 bis 1914, vorzugsweise für das Gebiet des Bundesrepublik Deutschland, in: Haberey/Beeh/Beines, Farbfenster in Bonner Wohnhäusern, Landeskonservator Rheinland, Arbeitsheft 24, Mönchengladbach 1979; *Blanchebarbe, Ursula*, Michael Welter (1808 - 1992) Ein Kölner Dekorationsmaler im 19. Jahrhundert, Bd. 1 u. 2, in: Kölner Schriften zu Geschichte und Kultur, Bd. 7, Köln 1984, S. 352-356, 598-599; *Pfotenhauer, Angela*, Köln: Der Gürzenich und Alt St. Alban, in: Stadtspuren - Denkmäler in Köln, Bd. 22, Köln 1993.

16. 1895   St. Andreas, Köln

Dreischiffige, zweijochige Pfeilerbasilika im gebundenen System mit kreuzrippengewölbtem Langhaus, vorgelagertem, dreigeschossigem, turmlosem Westbau, Querschiff und Vierungsturm, Anfang 13. Jh. als Ausbau einer Vorgängerkirche des 11. Jh. errichtet. Anfang 14. Jh. Erweiterungen und Anbau von Kapellenbauten, zumeist als Stiftungen einzelner Familien. Anfang 15. Jh. teilweise erneuert und Erweiterung unter anderem durch Langchor mit 7/10-Schluß und einen 1835 abgebrochenen Anbau am südl. Querhausarm. Kleinere Baumaßnahmen im 16. Jh.-18. Jh. Neufassung der Kirche im 17., Neutünchung im 18. Jh.

Ausmalung:
Architektonische Fassung, 1. Hälfte 13. Jh., mit Eingriffen, Veränderungen und figürlichen Ergänzungen, 14.-17. Jh. Südöstl. Kapelle (sog. Herz-Jesu-Kapelle): Marienkrönung, Weltenrichter, gerahmt von vier stehenden Heiligen, Apostel Paulus, um 1320; 1. Kapelle, Nordseite (sog. Josefskapelle): Kreuzigung mit Maria und Johannes, 14. Jh., 2. Kapelle, Nordseite (sog. St. Petrus-von-Mailand-Kapelle), Gewölbe: grüne Ranken mit gelbroten Blumen, 15. Jh., Westwand: Hl. Christophorus, Nordwand: Hl. Georg als Drachenkämpfer, Ostwand, in vier Zonen übereinander: Szenen des Marienlebens: Krönung Mariens, Verkündigung, Visitatio, Geburt Christi, Anbetung der Hl. Drei Könige und figurenreiche Kreuzigung mit Stifterfiguren zu Füßen des Gekreuzigten, um 1340; 3. Kapelle, Nordseite: Einzelfiguren, 14. Jh.; nördl. Querhaus: Malereien, 14. und 15. Jh., im 17. Jh. erneuert, dabei die alten Darstellungen übermalt: Hll. Andreas und Jakobus, 14. Jh. und Darstellungen 17. Jh., schwebende Engel mit Weihrauchfässern, 1. Hälfte 14. Jh., Hl. Kathari-

na und kreuztragender Christus, 2. Hälfte 15. Jh., Kreuztragung, um 1470, Thronende Madonna mit vier Heiligen, Mitte 15. Jh.; Langhaus: dekorative Malerei, 17. Jh.; Mittelschiffpfeiler: Jüngstes Gericht, Ende 15. Jh. Ausführlich *Kdm Rhp. 6.4, S. 75-78, Clemen, 1930, S. 156-162.*

Restaurierungen:
In den Jahren 1849-53, 1857, 1876-80 und 1890-99 kam es zu umfassenden historistischen Wiederherstellungsarbeiten. Im Verlauf der letztgenannten Arbeiten unter Theodor Cremer fand man 1894 zunächst hauptsächlich in den Seitenkapellen Wandmalereireste. Da keine finanziellen Mittel zu ihrer Instandsetzung zur Verfügung standen, wurden sie mit Ausnahme der "Marienkrönung" und der "Dreieinigkeit" in einer der südlichen Seitenkapellen mit dünnem weißen Nesselstoff überspannt, der an den Rändern aufgenagelt wurde. Ohne Hinzuziehung des Provinzialkonservators betraute die Gemeinde 1895 den Maler Josef Fischer mit der Ausmalung des Mittelschiffs. Anstatt sich den aufgefundenen Resten anzuschließen oder sich an ihnen zu orientieren, schuf er eine neue Innendekoration, *Machat, Abb. 35*. Bei den figürlichen Darstellungen handelte es sich um sehr bescheidene Neuschöpfungen im romanisierenden Stil, die bereits von den Zeitgenossen als scheußlich beurteilt wurden, *BPDR, Bd. 6, S. 73*. Parallel wurde der Maler Wilhelm Batzem mit der Restaurierung der Wandmalereien der südlichen Seitenkapellen, die sich nach der Freilegung recht gut erhalten zeigten, beauftragt. Dazu ist im BRAD eine farbige Aufnahme von W. Batzem erhalten. [4. südl. Seitenkapelle, Inv.Nr. 39172, H. 0.55, B. 0.21, Apostel Paulus - Ältere Vorzeichnung unter der Gestalt des Hl. Paulus neben der Krönung Mariens, Pastell; *WMA*] Die Kopie Batzems zeigt eine Vorzeichnung des Hl. Paulus, die nur die halbe Höhe der später ausgeführten Malerei hat. Sie war bedeutend reicher in der Pinselführung als die ausgeführte Gestalt und trotz des kleineren Maßstabs von weit größerer Bedeutung. Sie wurde 1978-87 von Hahn erneut aufgedeckt. Vermutlich arbeitete Bardenhewer anfangs als Mitarbeiter Batzems vor Ort. 1895, 1897 und 1898 fertigte die Glasmalerei Schneiders & Schmolz, möglicherweise nach Entwürfen Bardenhewers, neogotische Kapellenfenster, *Beines, S. 181-182, Nr. 19-20 u. 172*. [Szenische Beschreibung der Fenster, *Klinkenberg, S. 92-93*] 1905 wurde Bardenhewer mit der Restaurierung der freigelegten Wandmalereien beauftragt. Hahn mutmaßt, daß es 1919 zu erneuten Wiederherstellungsarbeiten zumindest in Teilen der Kirche, bspw. in der St. Josef-Kapelle, gekommen sei, ohne das näher zu begründen, *Hahn (1990), S. 119*. Möglicherweise bezieht er sich dabei auf die 1919 begonnene Grabung unter der Sakristei, in deren Verlauf man eine ungewöhnliche Dekorationsmalerei entdeckte, *Kahle, S. 157*. Neuerliche Arbeiten sind erst für 1927 belegt. Zu ihnen ist in der *WMA* vermerkt, daß der Maler Hans Josef Becker-Leber in diesem Jahr die Aufnahmen von 1895 anläßlich erneuter Instandsetzungsarbeiten kontrolliert habe. 1934 wurde die spätgotische Malerei in den Gewölben der östlichen Kapelle des südlichen Seitenschiffs instandgesetzt.

Nach schweren Kriegsschäden erfolgte eine umfangreiche Wiederherstellung bis 1954, dabei wurden 1951 Teile der erhaltenen Malereien in Leimfarben übermalt, *Hahn (1990), S. 116*. 1953 öffnete und veränderte man die Krypta. Die dabei zutagegetretenen Malereireste des 11. Jahrhunderts in den Apsisnischen und an den Pfeilervorlagen und Reste des frühen 14. Jahrhundert an den Seitenwänden wurden teilweise durch die anschließenden Umbauarbeiten von 1954 bzw. durch die Übermalung von 1955 zerstört. Sie sind nur durch zeitgenössische Fotografien dokumentiert. 1965-67 wurde das Kircheninnere erneut überarbeitet. Die Umbauarbeiten und Neuverputzungen zerstörten dabei die wenigen erhaltenen Reste der Ausmalung des späten 15. Jahrhunderts bis auf Fragmente im nördl. Querhausarm. Im Anschluß wurde der Innenraum neu gefaßt. 1977-87 legten die Restauratoren der Werkstatt II des Rh. Amts f. Denkmalpflege, Abtei Brauweiler, unter der Leitung des Restaurators Horst Hahn die Wandmalereien erneut frei und sicherten sie. Danach blieben etwa 40% der Originalmalerei erhalten. Die vorgenommenen Retuschen wurden in Trateggiotechnik ausgeführt, so daß die retuschierten Fehlstellen deutlich erkennbar sind. Alle im Verlauf der Restaurierungen von 1895 und 1907 freigelegten und restaurierten Wandmalereien wiesen bei der letzten Restaurierung in den 1980er Jahren ähnliche oder gleiche Schadensmerkmale auf. Dabei stellte der Restaurator Hahn fest, daß die von Wilhelm Batzem behandelten Bilder in der südlichen Seitenschiffkapelle dazu neigten abzupudern, was auf einen

Abbau des benutzten Bindemittels hindeuten könnte oder darauf, daß die Malerei von Anfang an sehr schwach gebunden war. Bei den Ergänzungen und Retuschen Anton Bardenhewers war dagegen ein zu hoher Bindemittelanteil festzustellen, der zu einer starken Krakeleebildung führte. Die einzelnen Farbschollen hatten kaum mehr Haftung zum Untergrund, neigten zum Abblättern oder waren bereits in großen Partien abgeblättert, *Hahn (1990), S. 111.* (Zu weiteren technischen Details der Restaurierung, *Hahn (1990), S. 115.*) (Siehe Katalog, Nr. 42)

Literatur: *Bosen, Christian*, Die St. Andreaskirche zu Köln, in: Bock, Franz (Hsg.), Rheinlands Baudenkmale des Mittelalters, Köln/Neuss 1868-1875, Faksimile der Erstausgabe, Düsseldorf 1979; *Clemen, Paul*, Anfertigung von Kopien der mittelalterlichen Wandmalereien der Rheinprovinz, in: BPDR, Bd. 2, 1897, S. 59-60; *anonym*, [Die neuen Fenster von St. Andreas], in: Kölner Localanzeiger, 9. Juli 1899; *Bericht* der Provinzialkommission über die Wiederherstellung älterer Wandmalereien und über die letzten Ausmalungen von älteren rheinischen Kirchen, in: BPDR, Bd. 6, 1901, S. 66-73; *Klinkenberg, Joseph*, Köln und seine Kirchen - Führer durch Köln für die Besucher der 50. General-Versammlung der Katholiken Deutschlands, Köln 1903, S. 90-94; *Heimann, Friedrich Carl*, Die wiederhergestellten alten Wandmalereien in St. Andreas zu Köln, in: Localanzeiger, Nr. 100, 13. April 1906; *ders.*, Die Aufdeckung der Wandmalereien in der St. Andreaskirche in Köln, in: Localanzeiger, Nr. 352, 19. Dezember 1907; *anonym*, 47. Provinziallandtag der Rheinprovinz, Düsseldorf, 15. März, in: Kölnische Zeitung, Nr. 284, 16. März 1907; *Clemen, Paul*, Aufnahmen gotischer Wandmalereien der Rheinlande, in: Bonner Jahrbücher, Jahrbücher des Vereins von Altertumsfreunden im Rheinland, Heft 117, Bonn 1908, S. 353-355; *ders.*, Aufnahmen gotischer Wandmalereien der Rheinlande, in: BPDR, Bd. 12, Düsseldorf 1908, S. 67-69; *Heimann, Friedrich Carl*, In der St. Andreaskirche zu Köln, in: Localanzeiger, Nr. 102, 14. April 1911; *Bardenhewer, Anton*, Vortrag vor dem Kölner Altertumsverein, Februar 1911, S. 7; *ders.*, Bericht über die alten Wandmalereien in der Doppelkirche zu Schwarzrheindorf, Köln, den 1. April 1911; *Kdm Rhp. 6.4*, S. 21-78, 209; *Clemen (1930)*, S. 155 ff.; *Rh. Heimatpflege*, Übersicht über die mit Unterstützung durch Öffa-Darlehen bzw. 20%ige Reichszuschüsse ausgeführten Arbeiten der Denkmalpflege, in: Rheinische Heimatpflege, 7. Jg., Heft 1, 1935, S. 358; *Kahle, Barbara u. Ulrich*, St. Andreas, in: Stadtspuren - Denkmäler in Köln, Bd. 1, Kier/Krings (Hsg), Köln 1984, S. 154-182; *Machat, Christoph*, Kath. Pfarrkirche St. Andreas, ehem. Stiftskirche, in: Der Wiederaufbau der Kölner Kirchen, Köln 1987, S. 26-34; *Schäfke, Werner*, Kölns romanische Kirchen, 4. Aufl., Köln 1987, S. 24-50; *Heydasch-Lehmann, Susanne*, Die Fenster im Chor der Pfarrkirche St. Andreas durch die Firmen Schneiders & Schmolz (1899) und Reuter (1918), in: Colonia Romanica, Bd. 5, Köln 1990, S. 121-135; *Hahn, Horst*, Die Restaurierung der Wandmalereien von St. Andreas, in: Colonia Romanica, Bd. 5, Köln 1990, S. 111-120.

17. 1895 - 1897 Architekturfotografien, Köln

Im Rahmen seiner Arbeit als Angestellter des Städtischen Hochbauamts Köln unter Stadtbaurat Heimann schuf Anton Bardenhewer vielfältige Architekturfotografien. Der Großteil dieser Aufnahmen entstand als Dokumentation des Ist-Zustands zu Beginn einer Restaurierung oder vor dem Abbruch eines Gebäudes. Eine Auflistung der recherchierten und erhaltenen Fotografien findet sich im Anhang (siehe dort).

18. 1896 Dreikönigspförtchen, Köln

Immunitätstor in der Südostecke des ehem. Stiftsbereichs von St. Maria im Kapitol, um 1330 errichtet. Kalksteinfiguren der Muttergottes und der Heiligen Drei Könige über dem Durchgang des Tores in vierteiliger Baldachinarchitektur eingestellt.

Ausmalung:
Eingestellte Figuren und die sie umgebende Architektur farbig gefaßt.

Restaurierungen:
1842 wurden die Figuren durch den Bildhauer Christian Stephan im Stil seiner Zeit restauratorisch überarbeitet. Ab 1895 plante man eine Wiederherstellung im Auftrag des Städtischen Hochbauamts unter der Leitung von Stadtbaurat Heimann. 1896 erfolgte sie in enger Anlehnung an den Originalbefund. Darüber hinaus fügte man heraldischen Schmuck und kurze Inschriften hinzu, *Heimann, S. 35.* Dabei handelte es sich um freie Erfindungen Heimanns. Die Wiederherstellung der Figuren lag in den Händen des Bildhauers Iven. Die Zeichnungen für die

entsprechende Rekonstruktion fertigte Anton Bardenhewer nach den Wünschen Heimanns an. Bardenhewer frischte abschließend die ursprüngliche Bemalung auf. Diese war in den Farben Rot, Blau, Grün, Grau und Weiß ausgeführt, von denen sich die Gewandmuster, die königlichen Insignien und die Gefäße in Gold abhoben. Die Figuren standen vor einem tiefblauen mit Sternen geschmückten Hintergrund, *Heimann, S. 36*

Nach dem Zweiten Weltkrieg erfolgte 1950 eine Komplettabnahme der Überfassung des 19. Jahrhunderts, dabei zerstörte man die darunter fragmentarisch erhalten gebliebene Originalfassung. Das RBA besitzt mehrere Fotografien, die den Zustand der Fassung vor der Abnahme zeigen. Heute befindet sich die Figurengruppe, die vor Ort durch einen Abguß ersetzt wurde, im Schnütgenmuseum.

Literatur: *Heimann, Friedrich Carl*, Das Dreikönigspförtchen, in: MRVfDH, Heft 1, 55. Jg., 1911, S. 33-37; *HDK, 4.1*, S. 361; *Maul, Georg*, Figurengruppe des Dreikönigspförtchens im Schnütgenmuseum, Restaurierungsbericht, Dez. 1981 - Jan. 1982, in: RA St. Cäcilien, Archiv der Werkstatt II, RAD.

19. 1896 - 1899 Wohnhäuser, Köln

Anton Bardenhewer erhielt während seines ganzen Arbeitslebens Aufträge von der Stadt oder einzelnen Kirchengemeinden Kölns. Anfangs setzte er auch als Selbständiger die während seiner Anstellung beim Hochbauamt der Stadt Köln begonnene Arbeit der Dokumentation der bei Abbrucharbeiten in der Kölner Innenstadt entdeckten profanen Wandmalereien durch Aquarellkartons und Fotografien fort. Als besonders bedeutend eingestufte und gut erhaltene Wandmalereien nahm er von der Wand ab und fixierte sie auf einer neuen Unterlage, bevor sie in den Bestand des Wallraf-Richartz-Museums oder des Schnütgen-Museums überstellt wurden. (Ob diese auf einen neuen Grund aufgebrachten Malereien noch erhalten sind, ist nicht geklärt. Auf Anfrage konnten sie in beiden Museen bislang nicht gefunden werden.) Nur einige wenige dieser Arbeiten sind durch Fotografien oder schriftliche Mitteilungen zu belegen.

I. "Gastmahlszene", Haus Holzmarkt 67, Köln

Ausmalung:
Saal, Bretterdecke: Ornamentik, Wappen, Tierdarstellungen, Masken, Anfang 14. Jh.; Südwand, Fensterlaibung, links: Küche; Mitte: vier speisetragende Männer; rechts: Diener, der Treppe zur Festtafel hinaufgeht, Festtafel mit Königspaar, älterem bärtigen Mann, jungem Mädchen, einer jüngeren männlichen Gestalt; darüber: zwei sitzende, eine kleinere knieende Gestalt; darüber: Zinnen, Stadtdarstellung, 2. Hälfte 13 Jh. Ausführlich, *Heimann*.

Beim Abbruch des Hauses entdeckte man 1899 unter dem Stuck des 17. Jahrhunderts die originale Bemalung der Holzdecke, *Heimann, Abb. 1-2*, und ein großes figürliches Wandbild, *Abb. 3.* Das Wandgemälde wurde von Anton Bardenhewer abgelöst und anschließend im unteren Kreuzgang der Minoritenkirche, im alten Wallraf-Richartz-Museum, ausgestellt. Im BRAD ist eine farbige Aufnahme davon von Josef Winkel aus dem Jahr 1889 erhalten. Die Balkendecke, deren Deckbretter nicht mehr erhalten waren, wurde im Kreuzgang des Schnütgenmuseums untergebracht. Noch vor Ort fertigte Bardenhewer mehrere Fotografien an. Nach ihnen schuf C. Baedeker 1902 vier farbige Kartons mit Detailaufnahmen. Sie sind im BRAD erhalten. Ausführlich *Clemen (1916), S. 523-532.*

II. "Malereien auf Deckenbalken", Sandkaule, Köln

Beim Abbruch eines Hauses auf der Großen Sandkaule wurde eine bemalte Holzdecke gefunden, die der des Hauses auf dem Holzmarkt sehr ähnlich war und deren Deckbretter erhalten waren. Sie wurden nach dem Ausbau ebenfalls ins Schnütgenmuseum gebracht. Anton Bardenhewer dokumentierte diese Deckenmalerei durch mehrere Fotografien. Sie zeigen den Originalzustand an der Sandkaule. Nach ihrem Vorbild schuf Bardenhewer Decken für das Stapelhaus, die er ebenfalls fotografierte. (Dazu Katalog, Nr. 33)

III. Wandmalereizyklus „Der ungeratene Sohn"und bemalte Holzbalkendecke, Haus Glesch, Hohestraße 79, Köln

Mehrere Fotografien Anton Bardenhewers dokumentieren den Originalzustand der im Haus Glesch 1896 aufgefundenen Wandmalereien und der bemalten Balkendecke in situ und ihren Zustand, nachdem sie durch Wilhelm Batzem von der Wand abgenommen und ergänzt worden waren, *Clemen (1930), S. 232*. Eine Hausakte des Rh. Amts f. Denkmalpflege zu den hier beschriebenen profanen Wandmalereien weist darüber hinaus auf mehrere Aquarelle Bardenhewers hin. Zu der Darstellung vom „Ungeratenen Sohn" soll zumindest ein Aquarellkarton im BRAD archiviert worden sein, während die abgenommene und gesicherte Malerei in den Bestand des Wallraf-Richartz-Museums übernommen wurde. Beide konnten bislang nicht gefunden werden.

Literatur: Mitteilungen aus dem Stadtarchiv von Köln, 31. Heft, Köln 1902, S. 170; *Heimann, Friedrich Carl*, Frühgotische Balkendecken- und Wand-Malerei aus einem Kölner Wohnhause, in: Zs. f. chr. Kunst, Nr. 8, 1906, Sp. 237-244; *anonym*, Über mittelalterliche Wandmalereien, in: Localanzeiger, Nr. 51, 20. Februar 1911, S. 8; *Bardenhewer, Anton*, Vortrag vor dem Kölner Altertumsverein, Februar 1911, S. 5, 10; *Clemen (1916)*, S. 520-532; *Renard, Edmund*, Köln, Berühmte Kunststätten, Bd. 38, 2. Aufl., Leipzig 1925, S. 98; *Clemen (1930)*, S. 228-232; *Kdm Köln 2.4*, S. 440.

20. 1896   St. Georg, Limburg

Basilikale Emporenkirche mit dreijochigem Langhaus, westl. Doppelturmfassade, Doppelturmfassaden der Querhäuser, Vierungsturm und rundem Ostchor mit Chorumgang, Ende 12. bis 1. Drittel 13. Jh. im gebundenen System um den kleineren Vorgängerbau des 10. und 11 Jh. herum unter Übernahme einiger Bauteile errichtet. Umbauten und Erweiterungen Ende des 13., im 14., 17. und 18. Jh. Im Inneren Erdgeschoß und Emporengeschoß der Prozessionskirche rundherum begehbar.

Ausmalung:
Architektonische Fassung, 1. Hälfte 13. Jh., in den folgenden Jahrhunderten um figürliche Darstellungen bereichert. Gewölbe: Allegorische Gestalten, zwei Erzengel; nördl. Langhauswand, Emporenfensterzwickel: Apostel; Triforiumgeschoß: Halbfiguren von Königen, Tugenden, Vögeln; südl. Langhauswand: Apostel, Hl. Nikolaus; Zwickel: Halbfiguren in Medaillons, Legende des Hl. Nikolaus, Legende der Hll. Antonius u. Paulus; westl. Vierungspfeiler: Hll. Georg, Nikolaus, 13. Jh.; nördl. Seitenschiff: Hl. Christophorus; südl. Querschiff: Johannes d. T., Samson, Hl. Joseph; Emporenkapelle, Gewölbekappen: Christus als Weltenrichter in der Mandorla, flankiert von Evangelistensymbolen, Kreuzigung Petri; Vierung: Thronender Christus zwischen Hll. Nikolaus und Georg; ehem. Schloßkapelle: Hl. Christophorus, Mitte 13. Jh. Im 17. Jh. mehrfach überarbeitet. 1749 übermalt. 1784 Innenraum hell getüncht, 1849 klassizistisch geweißt. Ausführlich *Clemen (1916), S. 502-519*.

Restaurierungen:
1872 wurde der Außenputz unter der Leitung von Hubert Stier entfernt. (Die Fassung wurde erst in unserem Jahrhundert wieder rekonstruiert.) Parallel begann man mit einer groben Freilegung der Wandmalereien. Bis 1876 stellten der Maler Wittkop, Münster, und sein Sohn die ornamentale Ausmalung in Anlehnung an die gefundenen Reste auf einem erneuerten Putz wieder her. Sie fertigten Pausen aller figürlicher Darstellungen an, *Clemen (1916), Fig. 357-363, 365, 367*. Ab 1890 wurde die ursprüngliche Ausmalung komplett freigelegt und mit vielfältigen Ergänzungen instandgesetzt. Die bei *Clemen (1916)* als *Tafel XXXIII* abgebildeten Aufnahmen zeigen teilweise die fur spätere Ergänzungen Anton Bardenhewers typischen Kopf- und Gesichtsformen. Das scheint die Annahme zu widerlegen, daß Bardenhewer die Aufnahmen nur für Clemens Publikation anfertigte. Im Protokoll zur Gedächtnisstunde für Bardenhewer im Kölner Geschichtsvereins wird gleichfalls erwähnt, daß er 'früher dort [in Limburg] auch tätig' war. 1934-35 nahm man die früheren Übermalungen im Rahmen einer umfassenden baulichen Wiederherstellung unter der Leitung von Willy Weyres ab. Die figürlichen Darstellungen wurden im Anschluß durch den Maler Fuchs teils sehr frei vervollständigt. Die Farbigkeit veränderte man bei der Wiederherstel-

lung, da „[...] unser Auge die starke Buntheit der ersten Zeit kaum mehr zu genießen vermöchte," *Weigert, S. 121.*
Eine 1974 bis Anfang der 90er Jahre andauernde Restaurierung versuchte, sich auf die Wiederherstellung der Fassung des 13. Jahrhunderts zu beschränken. Doch mußten alle Malereien, die in Secco-Technik ausgeführt waren, neu geschaffen werden. Die figürlichen Darstellung erhielt man zum Teil in ihrer überarbeiteten Form. Die Ausmalung zeigt heute Reste aller Perioden. Die Darstellungen oberhalb der Arkaden lassen deutlich die Wiederherstellung in den 30er Jahren erkennen und der Hl. Christopherus im nördlichen Seitenschiff die Überfassung des 19. Jahrhunderts. An der Nordwand hat man die gut erhaltene Übermalung der 30er Jahre weggeputzt und nun stark veränderte Darstellungen in veränderter Farbigkeit konserviert. Eine Rekonstruktion der staufischen Raumfassung durch die Restauratoren, die im Dom an einer Modellwand ausgestellt ist, zeigt eine davon abweichende dunklere, bläuliche Farbigkeit.

Literatur: Ibach, I., Der Dom zu Limburg, in: Bock, Franz (Hsg.), Rheinlands Baudenkmale des Mittelalters, Köln/Neuss 1868-1875, Faksimile der Erstausgabe, Düsseldorf 1979; *Clemen (1916)*, S. 500-519; *Weigert, Hans*, Die Wiederausmalung des Limburger Domes und grundsätzliche Fragen der Kirchenbemalung, in: Deutsche Kunst und Denkmalpflege, 1935, S. 121-125; *Protokoll* der Gedächtnisstunde des Kölner Geschichtsvereins im Wallraf-Richartz-Museum, am Sonntag, den 22. Oktober 1939, S. 2; *Ronig, F.J.*, Der Dom zu Limburg, in: Schnell, Kunstführer Nr. 590, 10. Aufl., München/Zürich 1979; *Metternich, Wolfgang*, Der Dom zu Limburg an der Lahn, Darmstadt 1994.

21. 1896 - 1900   St. Gereon, Köln
Chor und Taufkapelle

Baubeschreibung: Katalog, Nr. 6

Ausmalung: Katalog, Nr. 6;

Restaurierungen: Katalog, Nr. 6
Im Anschluß an die Arbeiten im Dekagon folgte eine Instandsetzung der Ausmalung der Taufkapelle und des Chores. *Renard, Fig. 35*, zeigt die historistische Chordekoration. Diese Neuausmalung wurde durch Clemen sehr negativ beurteilt, *Clemen (1901), S. 72-73*. Nachdem man 1897 die im 18. Jahrhundert ausgeführte Stuckdekoration entfernt hatte, für die man den Malgrund zur besseren Haftung des Stucks angehackt hatte, zeigte sich die darunter erhaltene Originalbemalung sehr beschädigt. Die Dekoration der Apsis ergänzte bzw. übermalte der Maler Johannes Osten nach dem Vorbild des Apsisgemäldes von St. Patroklus in Soest, *Clemen (1916), S. 408, Verbeek, Abb. 35*. Bardenhewer scheint als sein Mitarbeiter vor Ort gearbeitet zu haben. *Machat, S. 66*, weist die Erneuerung der zentralen Deesis einem Maler H. Bardenhewer zu. (Bei dem H. handelt es sich mit hoher Wahrscheinlichkeit um einen Schreibfehler.) Da *Machat* keine Quelle angibt, läßt sich seine Behauptung nicht kontrollieren. Die Prophetenhalbfiguren in den Zwickeln der unteren Arkadenreihe erneuerte Osten nahezu vollständig. Den Zustand der Malereien nach der Wiederherstellung zeigen zwei Fotografien bei *Clemen (1916)* als *Fig. 289 u. Tafel XXVII*. Die Einzelfiguren waren zum Teil in Umriß, Binnenzeichnung und Farbe vorzüglich erhalten und wurden nur nachretuschiert. Die Wiederherstellung der Figuren in der mittleren Nischenreihe erfolgte durch Bardenhewer und war recht schwierig, da die Konturen durch die Überarbeitungen und Veränderungen des 16. und 17. Jahrhunderts sehr gelitten hatten, *Clemen (1916), S. 407*. Wie üblich, fertigte Bardenhewer mehrere farbige Aufnahmen an, die bislang nicht gefunden werden konnten. Drei Kartons zu den Hl. Rittern im Hochchor sind bei *Clemen (1916)* als *Tafel XXVIII* veröffentlicht. Die Figuren der unteren Nischen wurden nicht restauriert.
Zu den Darstellungen in der Taufkapelle schuf Anton Bardenhewer 1896 sieben Umrißpausen in roter Farbe auf Leinwand, die zum Teil in *Clemen (1916)* als *Tafeln XXXVI u. XXXVII* abgebildet sind. [1.] Taufkapelle, Inv.Nr. 40 477, H. 2.27, B. 1.80, Hll. Katharina und Helena; 2.) Taufkapelle, Ostchor, Inv.Nr. 40 478, H. 2.27, B. 1.80, Christus zwischen Maria und Johannes dem Täufer; 3.) Taufkapelle, Mittelnische Südwand, Inv.Nr. 40 479, H. 2.10, B. 1.80, 2 Hl. Ritter, Georg und Gereon; 4.) Taufkapelle, Nische Ostwand, Inv.Nr. 40 480, H. 2.30, B. 1.80, Hll. Laurentius und Stephanus; 5.) Taufkapelle, Inv.Nr. 40 481, H. 2.27, B. 1.80, Engel und

der Hl. Laurentius, Erzengel über den Hll. Gereon und Georg, Engel, Halbfigur eines Märtyrerdiakons im Tympanon über der Tür zur Kirche; 6.) Taufkapelle, Inv.Nr. 40 482, H. 2.35, B. 1.80, 2 Hll. Bischöfe; 7.) Taufkapelle, Inv. Nr. 40 483, H. 2.30, B. 0.94, Hl. Fürst; *WMA*] Sie und ein Aquarellkarton von Franz Schmitz, datiert 1882, der ebenfalls den Zustand der Wandmalereien nach der 1850 durch den Romantiker Johann Anton Ramboux erfolgten Wiederherstellung zeigt, befinden sich im BRAD. Die Überarbeitung durch Ramboux war erheblich schonender als in dieser Zeit allgemein üblich, *Metternich, S. 106-107* u. *Abb. 78*. Bardenhewer scheint 1896 nur die Umrißpausen angefertigt, jedoch keine weitere Eingriffe an den Malereien vorgenommen zu haben.

Nach dem Zweiten Weltkrieg war die Taufkapelle mehrere Jahre ohne Dach und Verglasung dem Wetter ausgesetzt, wodurch es zu schweren Schäden am Gebäude und den Wandmalereien kam. Erst 1962-66 begann man, die Wandmalereien zu sichern und zu restaurieren. Den Putz des Restgewölbes und der Rippen schlug man ab und legte die Kapitelle chemisch frei. Durch diese Behandlung wurden möglicherweise noch vorhandene Fassungsfragmente zerstört.

Literatur: Katalog, Nr. 6; *Clemen, Paul*, Anfertigung von Kopien der mittelalterlichen Wandmalereien der Rheinprovinz, in: BPDR, Bd. 2, 1897, S. 60; *ders.*, Bericht der Provinzialkommission über die Wiederherstellung älterer Wandmalereien und über die letzten Ausmalungen von älteren rheinischen Kirchen, in: BPDR, Bd. 6, Bonn 1901, S. 66-73; *Renard, Edmund*, Köln, Berühmte Kunststätten, Bd. 38, Leipzig 1925; *Wolff Metternich*, Die Sicherung der Wandmalereien in der Taufkapelle der Basilika St. Gereon zu Köln, in: JBRD, Bd. 8, Düsseldorf 1932, S. 105-112; *Demus/Hirmer*, Romanische Wandmalerei, München 1992, S. 197-198; *WMA St. Gereon*, Pfarrkirche St. Gereon, Köln, Akte zu den Wandmalereikopien, BRAD.

22. 1897 - 1899   St. Ursula, Köln

Dreischiffige Emporenbasilika mit Querhaus, kryptalosem Langchor und breitgelagertem Westbau, Anfang des 12. Jh. über Vorgängerbauten des 4. und 5. Jh. errichtet. 1. Viertel 13. Jh. Westbau durch Mittelturm erhöht. 2. Hälfte 13. Jh. dreijochiger Langchor mit 5/8-Schluß errichtet. Anfang 14. Jh. Mittelschiff eingewölbt und weiteres südl. Seitenschiff angebaut. 1. Hälfte 15. Jh. Westturm in Teilen erneuert und im Anschluß gotisches Seitenschiff verändert. 1642-43 und 1657 Innenraum einschneidend verändert. 1643 Errichtung der sog. Goldenen Kammer.

Ausmalung:
Marienkapelle, Südpfeiler: Christus in der Kelter, Blumenranke, Ende 15. Jh.; nordwestl. Langhauspfeiler: Heiliger mit Stab, Ende 15. Jh.; nördl. Seitenschiff, Gurtbogen: knieender Engel, Ende 15. Jh.; südwestl. Arkadenbogen: Christi Himmelfahrt, 2. Hälfte 15. Jh.

Restaurierungen:
1873-83 wurde das Langhaus umfassend historistisch wiederhergestellt. Im Anschluß begann 1886 eine Instandsetzung des Chores. Dieser wurde nach Abschluß der baulichen Arbeiten ab 1894 durch den Kirchenmaler Fischer, Krefeld, ausgemalt. Fischer schmückte die Wände neben dem Hochaltar in Höhe der Sakristeitüren mit Teppichmustern und die Gewölbe mit Darstellungen des Welterlösers, der Hl. Ursula als Patronin und der Hl. Angela als Stifterin des Ursulinen-Ordens, *Localanz., Nr. 245*. Nach Abschluß der Ausmalung wurde der Maler J. Osten 1895-99 mit der Neufassung der übrigen Flächen betraut. Möglicherweise arbeitete Anton Bardenhewer ab ca. 1897 als Mitarbeiter von Osten. [Siehe dazu Katalog, Nr. 20] Das erklärte das Detailwissen zu dieser Restaurierung in einem seiner späteren Berichte, *Bardenhewer (1911), S. 4*. Der von Osten angewendeten Technik der Kasein-Malerei spricht Bardenhewer dort mindere Qualität zu und stellt ihr die von Matthias Goebbels benutzte Ei-Essig-Öl-Tempera als das bessere Bindemittel gegenüber. Die Überarbeitung Ostens habe nicht gehalten, weil die Farben nicht in den Putz eingedrungen seien und sich nicht mit demselben verbunden hätten, da die Malflächen vorher mit Bindemittel getränkt worden seien, *Bardenhewer (1911), S. 4*. In dem Bericht finden sich darüber hinaus Einzelheiten zu den von Osten vorgenommenen Ergänzungen, die es ebenfalls wahrscheinlich erscheinen lassen, daß Bardenhewer 1897 vor Ort gearbeitet hat. Möglicherweise geht die Abnahme der Darstellung „Christus in der Kelter" auf ihn zurück. Teile der Neu-

fassung zeigt *Renard, Fig. 26*. Die Glasmalerei Schneiders & Schmolz fertigte ein Fenster mit der Hl. Sippe, dem 12 jährigen Jesus im Tempel und der Himmelfahrt Christi für das südl. Seitenschiff an, *Klinkenberg, S. 59*. Ob es nach Entwürfen Bardenhewers oder unter seiner Mitarbeit entstand, ist nicht geklärt. 1930 erfolgte eine moderne Ausmalung unter Leitung von Prof. H. Diekmann, in deren Verlauf der Kirchenbau verändert wurde. So wurden bspw. die beiden oberen Fenster der nördlichen Querhausmauer zugemauert.

Nach starken Zerstörungen im Zweiten Weltkrieg wurde das Gebäude bis 1965 rekonstruierend wiederhergestellt. 1950 und 1960 fand man im südlichen Schiff Wandmalereien von ca. 1460. Von diesen blieb lediglich die Darstellung des Schmerzensmannes erhalten. 1973 deckte man im Verlauf einer neuerlichen Restaurierung des Innenraums originale Fassungsreste und einige Wandmalereien auf. (Siehe Katalog, Nr. 87)

Literatur: *anonym*, Die Kölner Kirchen, in: Localanzeiger, Nr. 245, 9. September 1894; *Klinkenberg, Joseph*, Köln und seine Kirchen - Führer durch Köln für die Besucher der 50. General-Versammlung der Katholiken Deutschlands, Köln 1903, S. 51-60; *Clemen (1916)*, S. 89 ff., S. 814 ff., S. 420; *Bardenhewer, Anton*, Bericht über die alten Wandmalereien in der Doppelkirche zu Schwarzrheindorf, Köln, den 1. April 1911, S. 4; *Renard, Edmund*, Köln, in: Berühmte Kunststätten, Bd. 38, 2. Aufl., Leipzig 1925; *Clemen (1930)*, S. 91, S. 420-421; *Weigert, Hans*, Die Wiederausmalung des Limburger Domes und grundsätzliche Fragen der Kirchenbemalung, in: Deutsche Kunst und Denkmalpflege, 1935, S. 123; *Kdm Köln 2.3*, S. 24-69; *Beseler, Hartwig*, Der Wiederaufbau der Kölner Kirchen 1953-1956, in JBRD, Bd. 21, Kevelaer 1957, S. 179; *HDK, 4.1*, S. 391-198; *Machat, Christoph*, Kath. Pfarrkirche St. Ursula, ehem. Stiftskirche, in: Der Wiederaufbau der Kölner Kirchen, Köln 1987, S. 152-163; *Schäfke, Werner*, Kölns romanische Kirchen, 4. Aufl., Köln 1987, S. 264-276; *Künstler-Brandstädter, Karen*, St. Ursula, in: Colonia Romanica, Bd. 11, Köln 1996, S. 208-224; *Hahn, Horst*, Köln. Kath. Pfarrkirche St. Ursula, in: JBRD, Bd. 37, Köln 1996, S. 283-297; *RA St. Ursula*, Archiv der Werkstatt II, RAD; JBRD, Bd. 37.

23. 1897 - 1903   Markuskapelle, Altenberg

Einschiffiger, dreiseitig geschlossener Bruchsteinbau mit queroblongem Joch und 5/8-Schluß der Apsis, um 1220 am Nordflügel des ehem. Klosterbezirks des Altenberger Doms über Vorgängerbau errichtet.

Ausmalung:
Architektonische Fassung, 13. Jh.; Gewölbekappen: rote und graue Sterne, Sepulcrum: gerahmt von weihrauchfaßschwingenden Engelfiguren, 13. Jh.; seitlich des Ostfensters: figürliche Darstellungen in Medaillons, eingefaßt in Ranken; Westwand, Bogenfeld: Marienkrönung, 14. Jh. Malereien in Fresko-Secco-Technik ausgeführt. Ausführlich *Heimann, Clemen (1916), S. 602*.

Restaurierungen:
1897-1902 wurde die Markuskapelle, die sich zu dieser Zeit im Besitz des Grafen Wolff Metternich befand, unter der Leitung des Königlichen Baurats F.C. Heimann, Köln, umfassend instandgesetzt. Im Anschluß an die bauliche Instandsetzung folgte eine systematische Aufdeckung und Wiederherstellung der Ausmalung durch Anton Bardenhewer. Nach Beseitigung der Kalktünche traten die Umrißlinien der Originalfassung und die originale Farbigkeit deutlich hervor. Anhand dieser Reste vervollständigte Bardenhewer 1899 das Ausmalungssystem. Er überzog das Original mit einem Neuputz, auf den er eine in Form und Farbe nahezu identische Kopie der Originalfassung auftrug, *Clemen (1916), Fig. 455*. Das Original blieb darunter erhalten, *RA*. Die aufgedeckten Malereien wurden in mehreren Aufnahmen dokumentiert. Die Marienkrönung ergänzte Bardenhewer weitgehend bzw. übermalte sie in großen Teilen. Warum diese Form der Erneuerung gewählt wurde, ist nicht geklärt. Eine Umrißzeichnung Bardenhewers von der Marienkrönung ist in *Clemen (1916)*, als *Fig. 415* abgebildet. Diese Aufnahme und ausführliche Ausführungen Heimanns zu dieser Restaurierung mit drei weiteren Abbildungen der Ausmalung und zwei Abbildungen der Fenster, die von der Fa. Schneiders & Schmolz ausgeführt worden waren und zu denen möglicherweise Anton Bardenhewer die Entwürfe geliefert hatte, ergeben ein deutliches Bild der Maßnahmen. Dazu trägt eine in *Kdm Rhp. 5.3* als *Fig. 25* abgebildete Pause der Marienkrönung ohne Ergänzungen bei. Bislang konnten die den Abbildungen zugrunde liegenden Pausen bzw. Kartons nicht gefunden werden.

1952 wurden Teile der Raumfassung, so das Ornamentband, durch den Maler Heider in Leimfarbe ergänzt. Im Herbst 1973 deckte die Werkstatt II des Rh. Amts f. Denkmalpflege, Abtei Brauweiler, nach einer gründlichen Untersuchung der Wandmalereien die Originalfassung, soweit sie erhalten war, auf und sicherte sie.

Literatur: *Clemen, Paul,* Anfertigung von Kopien der mittelalterlichen Wandmalereien der Rheinprovinz, in: BPDR, Bd. 2, 1897, S. 60; *Heimann, Friedrich Carl,* Die Markus-Kapelle in Altenberg, in: Zs. f. chr. Kunst, Nr. 3, 1903, Sp. 65-72; *Kdm Rhp. 5.3,* S. 55-58; *Bardenhewer, Anton,* Vortrag vor dem Kölner Altertumsverein, Februar 1911, S. 5; *Clemen (1916),* S. 602; *ders. (1930),* S. 4; *HDK, 4.1,* S. 530; *Beines, Johannes Ralf,* Materialien zur Geschichte farbiger Verglasungen von 1780 bis 1914, vorzugsweise für das Gebiet des Bundesrepublik Deutschland, in: Haberey/Beeh/Beines, Farbfenster in Bonner Wohnhäusern, Landeskonservator Rheinland, Arbeitsheft 24, Mönchengladbach 1979; *RA Markuskapelle, Altenberg,* Archiv der Werkstatt II, RAD.

24. 1897 St. Servatius, Siegburg

Dreischiffige, basilikale Emporenkirche mit vorgelagertem Westturm und je einer dem Mitteljoch der Seitenschiffe vorgelagerten Vorhalle, zwischen 1150-70 begonnen. 1220 mit Fertigstellung des Turms beendet. Mittelschiff ursprünglich flach gedeckt, Seitenschiffe kreuzgratgewölbt. 1265-70 dreiteilige, kreuzrippengewölbte Choranlage mit zweijochigem Hauptchor, einjochigen Nebenchören und Hauptapsis mit 5/8-Schluß errichtet. Ab 1503 spätgotische Ergänzungen und Umbauten der Seitenschiffe und des Langhauses, in deren Verlauf das südl. Seitenschiff abgerissen und erneuert. Im 17. und 18. Jh. Instandsetzung und bauliche Veränderungen. 1948 erweitert.

Ausmalung:
Südl. Seitenchor, drei Blendfenster: dekorative Malereien, nach 1265/70; Nordwand: szenische Darstellung, nach 1265/70; Wände: Reste architektonischer Fassung; Gewölbe: Rankenmalerei, um 1500.

Restaurierungen:
1864-69 wurde die Kirche unter der Leitung des Bauführers Jungbekker durchgreifend baulich instandgesetzt. 1888 folgte unter dem Kreisbauinspektor Baurat Eschweiler ein neogotischer Neubau der Seitenschiffe, an den sich 1897-1900 eine Instandsetzung des Äußeren und Inneren anschloß. Dabei stieß man im südl. Seitenchor auf Wandmalereien. Ohne Rücksicht auf diese Funde entfernte man den alten Putz in großen Teilen, so daß von der Originalmalerei fast nichts erhalten blieb. Vermutlich im Anschluß daran rekonstruierte Anton Bardenhewer das Dekorationssystem anhand der wenigen Reste.
Nach den Zerstörungen im Zweiten Weltkrieg wurde die Kirche bis 1960 umfassend rekonstruierend instandgesetzt. Bereits 1953 erneuerte man die spätgotische Raumfassung anhand der Reste. Im südlichen Nebenchor legte man 1955 Wandmalereifragmente frei. 1986 schlug man den Verputz des 19. Jahrhunderts ab. Dabei entdeckte man die ornamentale Fassung der Blendfenster. Bei der sich 1988-90 anschließenden Restaurierung stellte man die ornamentalen Fresken im südlichen Seitenchor wieder her.

Literatur: *Clemen/Faust,* Siegburg (Kreis Sieg). Wiederherstellung der katholischen Pfarrkirche, in: BPDR, Bd. 6, 1901, S. 43-48; *Kdm Rhp., 5.4,* S. 194; *Kisky, Hans,* Bericht über die Tätigkeit der Rheinischen Denkmalpflege 1953-1956, in: JBRD, Bd. 21, 1957, S. 282; *HDK, 4.1,* S. 578-582; *Polzin, Angelika,* Die Pfarrkirche St. Servatius in Siegburg, in: Rh. Kunststätten, Heft 363, Köln 1991; *Bentelev, Ivan,* Siegburg. Kath. Pfarrkirche St. Servatius, in: JBRD, Bd. 37, Köln 1996, S. 321-325; *RA St. Servatius,* Archiv der Werkstatt II, RAD.

25. 1897 - 1901 St. Cyriakus, Niedermendig

Dreischiffige, zweijochige Gewölbebasilika im gebundenen System mit vorgelagertem Westturm, quadratischem Chor und halbrunden Nebenapsiden, um 1200. 1474 Anbau der Sakristei vor die südl. Seitenapsis. 1852-1857 neogotische Kirche nach Plänen von Vincenz Statz unter Einbeziehung der alten Kirche errichtet.

Ausmalung:
Architektonische Fassung, Anfang 13. Jh., 2. Hälfte 13. Jh.-15. Jh. durch figürliche Darstellungen ergänzt. Langhaus, Südseite: unter halbrund geschlossenen Bogenfeldern Apostel, Ritterkampfszene, 2. Hälfte 13. Jh.; darunter: Martyrium des Hl. Laurentius; Nordseite: Apostel, monumentaler Hl. Christophorus, Mitte 13 Jh.; unterhalb: Kreuzigung, 14. Jh.; darunter: Anna selbdritt, Anfang 15. Jh.; auf Höhe der Fenster: Hl. Jakobus de Compostella mit Pilgern, Ende 13. Jh.; über Triumphbogen: Jüngstes Gericht, 2. Hälfte 13. Jh.; Mittelschiffgewölbe: dekorative Malerei, arma christi; nördl. Arkadenbögen: Hl. Margaretha, weibl. Heilige mit Buch und Palme; südl. Arkadenbögen: Taufe Christi, Hl. Jakobus Major, Christus als Gärtner, Thronende Madonna mit Kind, südöstl. Seitenschiffgewölbe: Hl. Anna selbdritt, um 1300, Hl. Nikolaus, 14. Jh. Ausführlich *Kdm Rhp. 17.2, Bd. II, S. 323-325.*

Restaurierungen:
In den 70er Jahren des 19. Jahrhunderts errichtete man in Niedermendig eine Hallenkirche mit dem Vorhaben, die alte Kirche abzubrechen. Aufgrund der Einwände der Denkmalpflege und des großen Interesses vieler Mitglieder der Gemeinde nahm man von diesem Vorhaben Abstand. 1887 begannen aufgrund des schlechten Zustands der alten Kirche Malereien durch den Putz zu blühen. Kaplan Josef Liell deckte, davon angeregt, die Anna selbdritt auf. Während dieser Arbeit stieß er auf weitere Malereireste und begann den Hl. Christophorus, Abb. *Liell, Sp. 401/102,* und weitere Darstellungen unsystematisch freizulegen. Da vorerst keine Sicherung der Malereien geplant war, verschlechterte sich der Zustand der freigelegten Malereien schnell. 1896 beschloß man eine systematische Restaurierung. Ein farbiger Aquarellkarton von W. Sarkur von 1896 ist im BLDRP erhalten. [Mittelschiff, Nordwand, Ostjoch und Westjoch, Inv.Nr. 7081, Maßst. 1:50, Schnitt: Nordwand Mittelschiff mit Eintragung der Wandmalereien - Aquarell vor der gänzlichen Aufdeckung; WMA] Die bereits aufgedeckten Malereien machten ein ausgedehntes Ausmalungssystem wahrscheinlich, daher wurde Anton Bardenhewer 1897 parallel zu einer umfassenden baulichen Instandsetzung mit der vollständigen Aufdeckung, Sicherung und teilweisen Wiederherstellung der Ausmalung beauftragt. Seine Arbeit wurde von Zeitgenossen aufgrund der geringen Eingriffe in den Originalbestand und sein großes technisches Vermögen sehr gelobt, *Pfitzner, S. 310.* Begünstigt durch den Umstand, daß die alte Kirche nicht mehr zum Gottesdienst genutzt wurde, konnte man sich auf die reine Erhaltung des Vorhandenen beschränken, *Clemen (1899), S.27-28.* Im wesentlichen wurden die verblaßten Konturen retuschiert. Auf einen Eingriff in farbige Flächen wurde auch da, wo die Farbe fast völlig verschwunden war, wie in der Darstellung des Jüngsten Gerichts, verzichtet, so *Clemen (1899), S. 30.* Als Dokumentation fertigte Bardenhewer fünf farbige Aquarelle in Folio und zehn Fotografien des Zustands vor und nach der Restaurierung an, die im BLDRP erhalten sind. [1.) Ostjoch, Mittelschiff, Nordwand, Inv.Nr. 6902, H. 1.15, B. 0.86, Maßst. 1:10, Aufriß Ostjoch Mittelschiff - Aquarell; 2.) Grundriß u. Gurtbogen 1. südl. Seitenschiffarkade, Inv.Nr. 6903, H. 1.23, B. 0.88, Maßst. 1:10, Grundriß der Kirche mit Eintragung der Gewölbemalerei, sowie 1 Gurtbogen - Aquarell; 3.) Langhaus, Ostwand, Inv.Nr. 6904, H. 1.28, B. 0.85, Maßst. 1:10, Jüngstes Gericht - Aquarell; 4.) Mittelschiff, Südwand, Inv.Nr. 6906, H. 1.33, B. 0.93, Maßst. 1:10, System der Ausmalung Ostjoch, Südwand - Aquarell; 5.) südl. Seitenschiff, Südwand, Inv.Nr. 6905, H. 0.63, B. 0.96, Maßst. 1:10, Aufriß der Seitenschiffwand mit Wandmalerei - Aquarell; WMA] Der Karton zu den Malereien auf der nördlichen Mittelschiffwand ist schwarz-weiß in *Clemen (1899), S. 28,* abgebildet. Im Textband *Clemen (1930), S. 100,* sind zwei farbige Kopien und eine Fotografie, im Tafelband drei farbige Kopien veröffentlicht. Darüber hinaus dokumentierte Bardenhewer die aufgedeckten Reste durch Pausen, eine bei *Clemen (1930)* als *Tafel 9* abgebildet. Fotografien aller Pausen sind im BLDRP erhalten. Vermutlich 1928 von Dr. Fritz Michel, Koblenz, aufgenommene Fotografien belegen eine sehr vorsichtige Restaurierung. Obwohl sie in Teilen überbelichtet sind, zeigen die Fotos deutlich, daß nach der Wiederherstellung Malereireste aus zwei Perioden erhalten blieben. Die Ausmalung zeigte sich nach der letzten Restaurierung durch den Restaurator Hermann Velte im Jahr 1950 im Zustand von 1928.

Literatur: *Liell, H. F. Josef,* Der hl. Christophorus in der romanischen Kirche zu Niedermendig, in: Zs. f. chr. Kunst, Nr. 11, 1. Jg., Düsseldorf 1888, Sp. 397-402; *Clemen, Paul,* Niedermendig. Wiederherstellung der Wandmalereien der alten katholischen Pfarrkirche, in: BPDR, Bd. 4, 1899, S. 26-30; *ders.,* Anfertigung von Kopien der mittelalterlichen Wandmalereien der Rheinprovinz, in: BPDR, Bd. 4, 1899, S. 54; *Bardenhewer, Anton,* Bericht über die Restaurierung der alten Wandmalereien in der katholischen Pfarrkirche zu Niedermendig, Köln, 11. April 1901, Familienarchiv Griebel, München; *ders.,* Vortrag vor dem Kölner Altertumsverein, Februar 1911, S. 5-6; *Clemen (1930),* S. 100-101; Kdm Rhp. 17.2, Bd. II, S. 311-326; *Pfitzner, Carlheinz,* Zur farbigen Fassung mittelalterlicher Innenräume (im Anschluß an die Instandsetzung des Quirinusmünsters in Neuß), in: JBRD, 13. Jg., Heft 3, 1941, S. 293-323; *Kröll, Josef,* St. Cyriakus, Kath. Pfarramt St. Cyriakus Mendig, o.A.; *Fotografien* zu der St. Cyriakuskirche Niedermendig aus dem Nachlaß Dr. Fritz Michel, Koblenz, Fotografiensammlung des Landeshauptarchivs Koblenz, Abt. 710, Nr. 11 464-11 467; *Brief vom 6. Okt. 1898,* in: Acta betreffend den Bau und die Reparatur an der katholischen Kirche zu Andernach, Landeshauptarchiv Koblenz, Abt. 441, Nr. 30 063; *WMA* Niedermendig, BLDRP.

26. 1897   St. Martin, Linz

Dreischiffige, vierjochige Pfeilerbasilika mit Emporen, Westturm und Langchor mit polygonaler Apsis, Anfang 13. Jh. Die Seitenschiffe kreuzgratgewölbt. Um 1512 bauliche Veränderungen, das Mittelschiff mit Sterngewölben überwölbt. Im 17. und 18. Jh. mehrfach bauliche Eingriffe.

Ausmalung:
Reiche architektonische Fassung, um 1200. Figürliche Darstellungen, um 1230. Langhaus, Nordseite über Arkaden: Schutzmantel-Ursula von Engeln mit Kronen und Palmen und elf Jungfrauen umgeben, Hll. Margaretha, Katharina, Barbara, je von Engeln mit Weihrauchfässern flankiert; Südseite: Hl. Jakobus von herbeiströmenden Pilgern, Bettlern und Kranken umgeben, Hll. Petrus, Martin, je von weihrauchfaßschwingenden Engeln mit Kerzen flankiert, alle Heiligen sind in Architekturen eingestellt, um 1220; Empore, Westwand: Darstellung in drei Zonen übereinander, um 1512, oben: zwei kniende Engel, Mitte: Verkündigung mit Stifterfamilie, unten: Geburt Christi, Anbetung der Könige; nördl. Seitenschiff: Hl. Elisabeth, um 1240; Südempore: Hl. Nikolaus, drei goldene Äpfel spendend, *Kdm Rhp. 16.2, Abb. 204,* Kreuzigung mit Maria und Johannes; Außenwand, Nordempore: Martyrium des Hl. Erasmus, 16. Jh.; Innenwand: Simson beim Einreißen des Philisterhauses, Malereifragmente. Ausführlich *Kdm Rhp. 16.2, S. 234-237.*

Restaurierungen:
Die Wandmalereien des Langhauses wurden 1855 anläßlich einer Wiederherstellung aufgedeckt und durch ‚Stubenmaler' Köller, Linz, von der Tünche befreit. Auf Veranlassung des damaligen preußischen Konservators der Kunstdenkmäler, Ferdinand von Quast, wurden sie ab 1861 durch die Maler Fischbach, Unna, und Meister, Köln, in Ölwachstechnik sehr frei überarbeitet, *WMA Linz.* Wegen der Verwendung falscher Farben kam es zu einer raschen Zersetzung der Malerei, so daß 1890-91 eine zweite vollständige Überarbeitung durch den Maler Hugo Büschkens, Düsseldorf, unter Einbeziehung der aufgedeckten Wandmalereien folgte. Im Rahmen der durch die Rheinische Denkmalpflege veranlaßten Aufnahme der Monumentalmalereien des Rheinlands schuf Anton Bardenhewer unter Benutzung alter Pausen Büschkens mehrere Umrißzeichnungen, *Clemen (1897), Fig. 18.* Auf eine farbige Wiedergabe verzichtete Clemen aufgrund der zweimaligen Restaurierung. Die vier Umrißpausen, datiert 1897, sind im BLDRP archiviert. [1.] Mittelschiff, Nordwand, Westjoch, Inv.Nr. 4795, H. 0.62, B. 0.97, Hl. Ursula mit Gefährtinnen, gerahmt von Engeln, Umrißzeichnung - Unter Benutzung älterer Pausen; 2.) Mittelschiff, Nordwand, Mitteljoch, Inv.Nr. 4796, H. 0.61, B. 0.98, Hl. Margarethe, gerahmt von Engeln, Umrißzeichnung, Tusche; 3.) Mittelschiff, Nordwand, Ostjoch, Inv.Nr. 4797, H. 0.61, B. 0.92, Hll. Katharina und Barbara mit Weihrauchfaß schwingenden Engeln, Umrißzeichnung, Tusche, Zusammengestellt unter Benutzung der älteren Pausen; 4.) Langhaus, Südwand, Westjoch, Inv.Nr. 4798, H. 0.60, B. 0.97, Hl. Jakobus major mit Pilgerschar, Umrißzeichnung, Tusche, Zusammenstellung unter Benutzung älterer Pausen; *WMA*] Die Zeichnungen 1.) und 2.) sind unter den Inv.Nr. 12663 und Inv.Nr. 52 im

BLDRP nochmals in größerem Maßstab erhalten. Die originalen Pausen, die Bardenhewer für seine Umrißzeichnungen als Grundlage dienten, finden sich zusammen mit einem reichhaltigen Fotomaterial ebenfalls dort. Ein Foto (ca. 1900-10) zeigt die Ausmalung des 19. Jahrhunderts. Die Aufnahmen 4.) und 1.) sind bei *Clemen (1905)* als *Tafel 58,* die beiden anderen als *Tafel 59* veröffentlicht. Seit 1910 zeigte die Kirche erneut erhebliche Feuchtigkeitsschäden. Erst 1925-31 erfolgte daraufhin eine neuerliche Freilegung und Instandsetzung der Ausmalung, die unter der in großen Partien abblätternden Übermalung zum Vorschein kam, durch die Firma Kunstwerkstätte Gebr. Mezger, Überlingen. Dabei wurden die dekorative Fassung anhand vorgefundener Reste erneuert und weitere spätgotische Wandmalereien entdeckt. Die im Landeshauptarchiv Koblenz erhaltenen Fotografien von 1928 dokumentieren den Zustand der Ausmalung in verschiedenen Stadien der Restaurierung. Eine Fotografie zeigt die in großen Partien abblätternde Ölfarbenübermalung des 19. Jahrhunderts, während die anderen Fotografien den Zustand nach der Wiederherstellung wiedergeben. Die Reste der Originalausmalung sind dort in ihrem verblaßten Zustand erhalten und durch eindeutig kenntlich gemachte Ergänzungen komplettiert. Dieser Kompromiß vermittelte zwischen den Ansprüchen der Denkmalpflege und dem Wunsch der Kirchengemeinde. Bei der Restaurierung 1993 durch den Restaurator Eward Onnen wurde die architektonische Fassung anhand der Reste erneuert. Die bildlichen Darstellungen ließ er in einer teils freigelegten Form stehen, wobei zur Vervollständigung neue Retuschen ausgeführt wurden, *Oellers, Abb. 9.* 1996 wurden die Wandmalereien nochmals gesichert.

Literatur: *Clemen, Paul,* Anfertigung von Kopien der mittelalterlichen Wandmalereien der Rheinprovinz, in: BPDR, Bd. 2, 1897, S.60; *ders.,* Niedermendig. Wiederherstellung der Wandmalereien der alten katholischen Pfarrkirche, in: BPDR, Bd. 4, Bonn 1899, S. 29; *ders. (1905),* Tafel 58-59; *Renard, Edmund,* Almersbach (Kreis Altenkirchen). Instandsetzung der evangelischen Pfarrkirche, in: BPDR, Bd. 20, Düsseldorf 1917, S. 6-11; *Kdm Rhp. 16.2,* S. 217-242; *Clemen, Paul, (1930),* S. 3; *Ronig, Franz,* Aktenvermerk zur Restaurierung der St. Martinskirche, Bischöfliches Generalvikariat Trier, Archiv des Rheinland-Pfälzischen Landesamts für Denkmalpflege, Mainz 1993; *Ernst, Karl Josef,* Aktennotiz, Linz, alte Pfarrkirche St. Martin, Restaurierung der Wandmalereien, Archiv des Rheinland-Pfälzischen Landesamts für Denkmalpflege, Mainz 1993; *Oellers, Adam C.,* Linz am Rhein, in: Rheinische Kunststätten, Heft 71, 2. veränd. Aufl., Neuss 1994; *Acta* betreffend den Bau und die Reparatur an der katholischen Kirche zu Linz, Landeshauptarchiv Koblenz, Abt. 441, Nr. 15 323; *Acta* betreffend die patronatsfiskalische katholische Kirche nebst Pfarrgebäude in Sayn, Landeshauptarchiv Koblenz, Abt. 441, Nr. 35 891; *Acta* betreffend den Bau und die Reparatur an der katholischen Kirche zu Linz, Landeshauptarchiv Koblenz, Abt. 441, Nr. 15 320 - 15 323; *Fotografien* zu der St. Martinskirche Linz, Fotografiensammlung des Landeshauptarchivs Koblenz, Abt. 441, Nr. 31 343; *WMA* Linz, BLDRP; *WMA* Niedermendig, BLDRP.

27. 1897   St. Ursula, Lipp

Dreischiffige, flachgedeckte Pfeilerbasilika mit Turm, kreuzrippengewölbtem Chorquadrat und halbrund geschlossener Apsis, um 1220-30 über Vorgängerbau errichtet. 1503 Südschiff und Turm über alten Grundmauern erneuert. 1910-11 nördl. Seitenschiff und Sakristei neoromanisch angebaut.

Ausmalung:
Chor, Gewölbekappen: Szenen aus der Legende der Hl. Ursula und ihrer Gefährtinnen, um 1230; Apsiskalotte: Majestas Domini, um 1240; Chorwände: paarweise einander zugewandte Standfiguren der Apostel unter spitzbogigen Arkaden, um 1240; Südschiff: Wandmalereireste, Hl. Hubertus und Schutzmantel-Ursula, Anfang 16. Jh. Ausführlich *Kdm Rhp. 4.3, S. 119-122.*

Restaurierungen:
1875-85 wurde das Gebäude unter der Leitung des Baumeisters Lange, Köln, umfassend wiederhergestellt. Dabei entdeckte man Wandmalereien. 1883 wurden die Malereien des Chorgewölbes durch den Zeichenlehrer und Maler Ferdinand Müller, Bedburg, historistisch überarbeitet. Die aufgedeckten Darstellungen übermalte er ohne Rücksichtnahme auf das Original sehr frei in Ölfarbe und veränderte sie dabei im

Charakter der Zeichnung, *Clemen (1930), S. 94.* Den Apostelzyklus über-strich er, so daß die Originalmalerei bis zur Freilegung 1960 erhalten blieb. Auf Veranlassung Clemens schuf Anton Bardenhewer 1897 im Rahmen der systematischen Aufnahmen der Monumentalmalereien des Rheinlands mehrere Umrißzeichnungen der Szenen der Ursulale-gende, *Clemen (1898), Fig. 27, Kdm. 4.3, Fig. 56-59.* Eine ist im BRAD er-halten. [Kreuzgewölbe, Chorhaus, Inv.Nr. 6908, H. 0.72, B. 0.72, Ursula-legende, Umrißzeichnung (Tusche); *WMA*] Auf eine farbige Wiederga-be wurde aufgrund der Überarbeitung durch Müller verzichtet. Die Umrißzeichnungen entsprechen dem Zustand nach der Restaurierung und wurden in *Clemen (1930), S. 94*, erneut veröffentlicht. 1933 führte die Restaurierung der Malereien durch den Maler Gerhardt, Düsseldorf, zur weiteren Zerstörung des Originalbestands, unter anderem durch die Neuschaffung ganzer Malereipartien. 1935-37 wurden die vollkommen überfaßten und veränderten Wandmalereien durch Peter Dohnen, Köln, gereinigt und nochmals weitgehend übermalt. Er schuf ohne Rücksicht auf den Originalbestand einen neuen Apostelzyklus.
1956-60 führte der schlechte Zustand der Kirche zu starken Putzschäden und zum Abblättern der Malereien. Nach der daraufhin veranlaßten „Entrestaurierung" durch Emil Geschöll blieben lediglich Reste der Unterzeichnung erhalten. Die figürliche Malerei blieb wie im „Rohbau" stehen. Er ließ bspw. den maltechnischen Aufbau des Freskos bewußt mit allen Pentimenten durchschimmern. Somit blieb keineswegs ein dem Original in seiner Erscheinungsform angenäherter Zustand erhal-ten, wie von den Verantwortlichen behauptet wurde. Der fast lebens-große, originale Apostelzyklus in der Fensterzone wurde 1956 nach der Freilegung überstrichen, jedoch 1960 in seinem fragmentarischen Er-haltungszustand durch Emil Geschöll wieder freigelegt, *Glaise, Abb. 27.* Die architektonische Fassung rekonstruierte man im krassen Gegensatz zu den fragmentarischen figürlichen Darstellungen anhand der vorge-fundenen Reste. Im Chorquadrat fand man unter einer Kalksecco-Mal-schicht Reste einer reinen Fresko-Malerei, die der Originalmalerei des Chorjochs im Duktus entsprachen, *Glaise, S. 32.* Dies ist ein Hinweis auf zwei knapp aufeinander erfolgte Ausmalungen, deren Reste mit großer Wahrscheinlichkeit bis zur letzten durchgreifenden Restaurierung er-halten waren. 1970 wurden die Malereien durch Frau König, Bonn, ge-reinigt. Der Apostelzyklus ist der besterhaltene Teil der Malerei. [Dazu ausführlich, *Beseler, RA.*]

Literatur: *Kdm Rhp. 4.3*, S. 116-123; *Clemen, Paul*, Anfertigung von Kopien der mittelalterlichen Wandmalereien der Rheinprovinz, in: BPDR, Bd. 3, 1898, S. 57; *ders. (1930)*, S. 94-95; *Rh. Heimatpflege*, Zs. für Museumswesen, Denkmalpflege, Archivberatung, Volkstum, Natur und Landschaftsschutz, 7. Jg., 1935, S. 384; *JBRD*, Bd. 14/15, 1938, S. 601 f.; Kölner Stadtanzeiger vom 29.11.1936; *HDK, 4.1*, S. 455-456; *Glaise, Wolfhart*, Die Restaurierung der mittelalterlichen Monu-mentalmalerei in der Pfarrkirche zu Lipp, in: JBRD, Bd. 24, Kevelaer 1962, S. 31-38; *Beseler, Hartwig*, Zu den Monumentalmalereien der Pfarrkirche in Lipp, in: s.o., S. 39-50; *Demus/Hirmer*, Romanische Wandmalerei, München 1992, S. 195-197; *RA St. Ursula, Lipp*, Archiv der Werkstatt II, RAD; *WMA Lipp*, BRAD.

28. 1898 - 1899   St. Martin, Euskirchen

Dreischiffige, dreijochige Pfeilerbasilika mit vorgesetztem Westturm und Ostchor, 2. Hälfte 12. Jh. Um 1300 Langhaus gotisch überformt, Mittelschiff querrechteckig, Seitenschiffe längsrechteckig kreuzgratge-wölbt, das südl. früher errichtet als das nördl., Chor mit 5/8-Schluß. Im Westturmuntergeschoß und Mittelschiff Reste des romanischen Vor-gängerbaus erhalten. Ab 1434 gotischer Umbau der Seitenschiffe und Einwölbung des Mittelschiffs.

Ausmalung:
Architektonische Fassung, 13. Jh.; südl. Seitenchor, unter Fenster: Tep-pichmuster, Fries; neben Fenster: Madonna mit Kind, zur Linken knien-der Stifter in Mönchstracht mit Rosenkranz, 19. Jh.; Gewölbekappen: Rankenmalerei, 15. Jh.

Restaurierungen:
1863 begann unter der Leitung von Vincenz Statz eine durchgreifende Restaurierung des Gebäudes. An sie schlossen sich 1881 weitreichende historistische Veränderungen an. 1898-99 folgte eine umfassende Wiederherstellung unter dem Diözesanbaumeister Heinrich Renard,

Köln, in deren Verlauf man Wandmalereien entdeckte. Anton Barden-hewer wurde vermutlich im direkten Anschluß mit der Aufdeckung und Wiederherstellung der dekorativen Malerei betraut. Ein Wandge-mälde aus dem ausgehenden 19. Jahrhundert im südlichen Seitenschiff weist auf eine in dieser Zeit zumindest in Teilen erneuerte Fassung hin. Möglicherweise handelte es sich um eine der wenigen unter Bardenhe-wer entstandenen Neufassungen. Bardenhewer selbst erwähnt mehr-fach von ihm geschaffene Neufassungen, ohne die Kirchen im Einzelnen mit Namen zu nennen.
Nach einem Erdbeben 1951 mußten große Teile der Gewölbekappen des Mittelschiffs erneuert werden. 1952 untersuchte der Restaurator Merin die Malereien. Die zerstörte Rankenmalerei wurde im Anschluß nicht rekonstruiert. 1965-71 folgte eine umfassende bauliche Instandsetzung, in deren Verlauf eine Restaurierung und Ergänzung der Wand- und Sockelmalerei der Chorwand des südlichen Seitenschiffs in Kasein durch Josef Kenz, Euskirchen, ausgeführt wurde. Diese farbige Fassung wurde 1970-72 im Rahmen einer Restaurierung durch Merin restlos ent-fernt. Bei den Arbeiten stieß er unerwartet auf Reste eines spätgotischen Ausmalungssystems. Diese architektonische Fassung des Chores und die mehrfach überarbeitete Malerei des 19. Jahrhunderts in der süd-lichen Nebenapsis sind erhalten.

Literatur: *Kdm Rhp. 4.4*, S. 37-54; HDK, *4.1*, S. 191; *Eimert, Dorothea*, Katholische Stadtpfarrkirche St. Martin, Euskirchen, in: Schnell, Kunstführer Nr. 1380, 1. Aufl., München/Zürich 1983; *RA St. Martin*, Euskirchen, Archiv der Werkstatt II, RAD.

29. 1899 - 1901   Dom, Trier
1906

Dreischiffige, fünfjochige Basilika mit polygonalem Ostchor, Chorflan-kentürmen, halbrund geschlossener Westapsis und westl. Doppelturm-fassade, 13. Jh., mit Einbeziehung baulicher Reste des Vorgängerbaus aus dem 11. Jh. 1450-1481 Umbauten, in deren Verlauf die Savignyka-pelle entstand.

Ausmalung:
Ostchor und Seitenschiffe: ornamentale Malerei, 12.-13. Jh.; Mittl. Ost-joch: ornamentale Malerei, 11. Jh.; Gurtbögen: Ornamente, Einzeldar-stellungen, 13. Jh.; Westapsis, Südnische: Legende des Hl. Eligius, Bi-schof; Mittelnische: Christus als Weltenrichter, Deesis, Engel; Nordni-sche: Hl. Michael mit Seelenwaage und Drachen als Attribute, daneben: Hl. Petrus; Pfeiler: Schutzmantelmadonna; Savignykapelle, Tonnenge-wölbe und oberer Wandstreifen: Jüngstes Gericht; östl. Gewölbe: Ran-ken, Evangelistensymbole, Ende 15. Jh.; Westkryptawände: Quaderung; Westwand: Figur in Proskinese; Jochgurte: Ranken; mittleres Kreuzge-wölbe: Jüngstes Gericht, Mitte 12. Jh.; Ostkrypta: römische Dekoratio-nen; Westchor, außen, Nordwand: Figurenzyklus; Südwand: Szenen aus dem Leben des Hl. Lambertus, etwa 1260; Neuausmalungen der Kirche um 1610 und 1719. 1763 Innenraum geweißt. Ausführlich *Kdm Rhp. 13.1, S. 207-212, Schmitz (1901), S. 52-53 u. 58.*

Restaurierungen:
1843-51 kam es zu einer umfassenden historischen Instandsetzung. 1891-1910 begann unter der Leitung von Reinhold Wirtz sen. eine bau-liche Überarbeitung der Kirche. Ab 1898 übernahm Wilhelm Schmitz, der in Metz unter Paul Tornow ausgebildet worden war und 1906 Met-zer Dombaumeister wurde, die Leitung der Wiederherstellung, die sich von da an auch mit der Ausstattung befaßte. 1899 begann man mit Frei-legungsarbeiten in der Westkrypta, bei denen figürliche und ornamen-tale Wandmalereien des 12. und 13. Jahrhunderts und Reste einer Ar-chitekturfassung zutage traten. In den Jahren 1899-1901 entstanden zu diesen Malereien vier Pausen, die Anton Bardenhewer zugeschrieben werden und auf seine Mitarbeit vor Ort hindeuten. Diese ging vermut-lich auf Vermittlung Clemens zurück, der sich 1900 selbst in Trier auf-hielt, *LhaK, Ahrweiler, 15255.* [1.) Westkrypta, Kreuzgewölbe, Inv.Nr. 7257, H. 1.60, B. 3.40, nat.Gr., Weltgericht, Umrißpause, Bleistift; 2.) Westkrypta, Inv.Nr. 7258, H. 0.38, B. 1.03, nat.Gr., Rankenornament, Um-rißpause, Blei; 3.) Westkrypta, Inv.Nr. 7259, H. 0.36, B. 1.45, nat.Gr., Or-namentstreifen, Umrißpause, Blei; 4.) Westkrypta, Inv.Nr. 7260, H. 0.39,

B. 2,35, nat.Gr., Ornamentstreifen, Umrißpause, Blei; *WMA*] Diese Umrißpausen konnten im BLDRP nicht gefunden werden. (Duplikate aller Kopien erhielt das Provinzialmuseum, Trier. Diese sind möglicherweise noch erhalten. Das konnte bislang nicht erschöpfend geklärt werden.) 1902-07 faßte der Maler Thomas, Trier, den Chor und die Seitenschiffe. Er tönte die Wandflächen leicht ein, gliederte sie durch romanisierende Motive und betonte die architektonischen Glieder. Nach Übernahme der Bauleitung 1905 durch den Dombaumeister Julius Wirtz stieß man in den 1668 vermauerten Nischen des Westchors auf Darstellungen des Hl. Michael als Seelenwäger, Hl. Petrus, des Weltgerichts und Szenen aus dem Leben des Hl. Elysius. Sie dokumentierte Bardenhewer 1906 durch mehrere farbige Aufnahmen, die als verschollen gelten. In der 1481 durch Einziehen einer Mauer entstandenen sog. Savignykapelle deckte man eine spätromanische Darstellung des Jüngsten Gerichts und in den Gewölben Rankenmalereien und Evangelistensymbole auf, zu denen ebenfalls Aufnahmen angefertigt wurden. Bislang konnte nur eine dieser im Jahr 1907 entstandenen Aufnahmen gefunden werden. [Gewölbe, Kreuzgangkapelle, Inv.Nr. 15376, H. 0.73, B. 1.02, Pflanzenornament mit Evangelistensymbolen, Aquarell] Sie ist im BLDRP archiviert und wird C.H.J. Becker zugeschrieben, der um 1906-07 vielfach mit Bardenhewer zusammenarbeitete.

Literatur: *Scheuffgen*, Trier. Wiederherstellung des Domes, in: Bonner Jahrbücher, Heft C, Bonn 1896; S. 196-198; *Schmitz, Wilhelm*, Dombaumeister, Trier. Wiederherstellung des Domes, in: BPDR, Bd. 4, Bonn 1899, S. 36-48, *ders.*, Trier. Wiederherstellung des Domes, in: BPDR, Bd. 6, Bonn 1901, S. 52-61; *Clemen, Paul*, Aufnahmen gotischer Wandmalereien der Rheinlande, in: BPDR, Bd. 12, Düsseldorf 1908, S. 67-69; *Herwegen, Ildefons*, Der Gemäldefries an der Westapsis des Domes zu Trier, in: Zs. f. chr. Kunst, Bd. 25, 1912, Sp. 354-360; *Clemen (1916)*, S. 616 ff.; *ders. (1930)*, S. 396 ff.; *Kdm Rhp. 13.1*, S. 154-212; *Hoffmann, Godehard*, Gotische Wandmalerei im Trierer Dom nach den wiederentdeckten Zeichnungen von A. Bardenhewer, in: Kurtrierisches Jahrbuch-Sonderdruck, 30. Jahrgang, 1990; *WMA Dom, Trier*, BLDRP; *Acten* über den Bau und die Reparatur der katholischen Kirche zu Ahrweiler, Restaurierung 1899 ff., Landeshauptarchiv Koblenz, Abt. 441, Nr. 15255.

30. 1899 - 1902   St. Mariä Himmelfahrt (Liebfrauen), Andernach

Dreischiffige Pfeilerbasilika im gebundenen System, mit dreijochigem Langhaus, vier Türmen, Doppelturmfassade des Westbaus, Chor mit Chorflankentürmen und halbrund geschlossener Apsis, Anfang 13. Jh. über Vorgängerbau errichtet. Ende 13. bis Anfang 14. Jh. umfassende Wiederherstellung aufgrund statischer Schäden. Im 16. Jh. bauliche Veränderungen, im Osten des nördl. Seitenschiffs Anbau einer Sakristei. Im 18. Jh. weitere bauliche Veränderungen.

Ausmalung:
Reiche architektonische Fassung, Anfang 13. Jh., später um figürliche Darstellungen ergänzt. Südl. Seitenschiff, Emporenkapelle, Apsis: Kreuzigung mit Maria und Johannes, 13. Jh., im 15. Jh. um zwei Figuren ergänzt; Emporenkapelle, Gewölbe: Thronende Madonna, nicht mehr zu identifizierende Gestalt; nördl. Langhauswand, oberhalb Emporenarkade: vielfigurige Kreuzigungsgruppe, 1. Hälfte 14. Jh.; Westempore, nördl. Zwickel: Hl. Christophorus; südl. Zwickel: Strahlenkranzmadonna auf Mondsichel, im Hintergrund gespannter Wandteppich, um 1500; unter den Emporen: große Wandbilder, nach 1500; nördl. Seitenschiffwand, Westjoch: Malereifragmente. Ausführlich *Clemen (1916)*, S. 445-449.

Restaurierungen:
1877-99 wurde die Kirche historistisch wiederhergestellt. Bei den Arbeiten entdeckte man 1883-1892 ein weitgehend erhaltenes Dekorationssystem. Ab 1894 legten die Maler Ehricht und Döringer, Düsseldorf, die Malereien systematisch frei. 1899 erhielt der Maler Josef Fischer den Auftrag zu einer vollständigen Freilegung und anschließenden Wiederherstellung, bei der er sich nur vage an den aufgefundenen Resten orientierte. Das von ihm verwendete Bindemittel Kasein löste sich innerhalb weniger Jahre auf, so daß seine Übermalungen abpuderten. Aus dem Jahr 1899 ist im BLDRP die Pause einer Wandmalerei von

Wilhelm Batzem, Köln, erhalten, die den Zustand der Malerei vor der Wiederherstellung belegt. [Nordwestturm, Inv.Nr. 7310, H. 0.34, B. 0.33, Mönche an einer Tafel von Engeln bedient, Umrißpause, Blei; *WMA*]. Fischer schuf 1901 weitere Aufnahmen, die sich ebenfalls im BLDRP befinden. [1.] Mittelschiff, 1. Joch Nordseite, Inv.Nr. 8177, H. 0.85, B. 1.13, Detail der spätrom. Dekoration, Emporenarkade mit frühgotischer Kreuzigung, Aquarell; 2.) Apsis, Südempore, Inv.Nr. 9163, H. 0.94, B. 0.64, Kreuzigung, Aquarell; *WMA*]. Anton Bardenhewer arbeitet mit hoher Wahrscheinlichkeit als Mitarbeiter Fischers oder Batzems vor Ort. Ab 1926 erfolgte eine Neuausmalung, die von Zeitgenossen heftig kritisiert wurde. Dem Maler Georg Kau, München, wurde 1929 die Ausschmückung des Chores übertragen.

1944 wurde die Ausmalung durchgreifend überarbeitet in der Hoffnung, die ursprüngliche Malerei unter der Übermalung, die bereits in großen Teil abblätterte, aufzufinden. Die Restauratorin Gisela Scheyögg reinigte 1987-91 alle erhaltenen Malereien der unterschiedlichen Epochen ohne große Eingriffe und erneuerte die architektonische Fassung nach Befund. Darüber hinaus legte sie einige kleine Malereifragmente in den Seitenschiffen frei.

Literatur: *Clemen, Paul*, Anfertigung von Kopien der mittelalterlichen Wandmalereien der Rheinprovinz, in: BPDR, Bd. 6, 1901, S. 65; *ders. (1916)*, S. 443-449; *ders. (1930)*, S. 226 ff.; *Pfitzner, Carlheinz*, Zur farbigen Fassung mittelalterlicher Innenräume (im Anschluß an die Instandsetzung des Quirinusmünsters in Neuß), in: JBRD, 13. Jg., Heft 3, 1941, S. 293-323; *Kdm Rhp. 17.2, Bd. I*, S. 84-112; *Glatz, Joachim*, Mariä Himmelfahrt in Andernach am Rhein (Liebfrauenkirche), in: Schnell, Kunstführer Nr. 560, 3. überarb. Aufl., München/Zürich 1994; *Acta* betreffend den Bau und die Reparatur an der katholischen Kirche zu Andernach, Landeshauptarchiv Koblenz, Abt. 441, Nr. 30 063; *WMA Liebfrauen, Andernach*, BLDRP

31. 1899 - 1910   St. Kunibert, Köln
1907

Baubeschreibung: Katalog, Nr. 2

Ausmalung: Katalog, Nr. 2

Restaurierungen: Katalog, Nr. 2
Ursprünglich schuf Anton Bardenhewer 1899 drei Aufnahmen zu den Malereien in der Taufkapelle, die in den Bestand des BRAD übergingen. Vermutlich entstanden sie, wie eine noch im BRAD erhaltene Aufnahmen von G. Schoffs aus dem Jahr 1899, im Rahmen der groß angelegten Inventarisation der Wandmalereien des Rheinlands ab 1895. [Taufkapelle, Inv.Nr. 5524, H. 0.71, B. 0.60, Kreuzigung; *WMA*] Im BRAD sind zwei weitere Aufnahmen der Wandmalereien von St. Kunibert erhalten, die der Maler Hans Josef Becker-Leber 1907 anfertigte. [1.) Chor, Nordwand, Spitzbogennische, Inv. Nr. 17803, H. 1:12, B. 0.73 - genaue Kopie mit Einzeichnung der Fehlstellen im Hintergrund; 2.) Chor, Nordwand, Spitzbogennische, Inv.Nr. 39268, H. 0.82, B. 0.38, 1/7 nat. Gr. - Zustand nach der Restaurierung / skizzenhafte Durchführung; *WMA*] Sie weisen auf eine Restaurierung zu dieser Zeit hin, an der Bardenhewer, mit dem Becker-Leber in den Jahren 1906-07 vielfach zusammenarbeitete, möglicherweise beteiligt war. Die Aufnahme 2.) zeigt die für Bardenhewers Ergänzungen typischen Kopf- und Gesichtstypen, so bspw. bei dem knienden Knaben rechts, und scheint diese Vermutung zu belegen. 1909 wurde die Marienkapelle nach Entwürfen von F.C. Heimann instandgesetzt. Aufgrund der vielfältigen Zusammenarbeit Bardenhewers und Heimanns ist es wahrscheinlich, daß diese Arbeiten im Anschluß an die Restaurierung erfolgten und die Ausführung ebenfalls unter der Leitung Bardenhewers stand.

Literatur: Katalog, Nr. 2; *Clemen, Paul*, Aufnahmen gotischer Wandmalereien der Rheinlande, in: BPDR, Bd. 12, Düsseldorf 1908, S. 67-69; *Bardenhewer, Anton*, Bericht über die alten Wandmalereien in der Doppelkirche zu Schwarzrheindorf, Köln, den 1. April 1911, S. 4; *Clemen (1916)*, S. 811; *Verbeek, Hans*, Die sonstige Denkmalpflege seit 1888, in: Vogts, Hans, Köln - Bauliche Entwicklung 1888-1927, Köln 1927, S. 200; *Demus/Hirmer*, Romanische Wandmalerei, München 1992, S. 200.

32. 1899 - 1900   St. Johann Baptist, Nideggen

Dreischiffige, vierjochige Emporenbasilika mit vorgelagertem Westturm, niedrigem Chorquadrat und halbrund geschlossener Apsis, um
1177-1219. Bauliche Veränderungen des Turms und der Seitenschiffe
und Anbau der Sakristei im 14. und 15. Jh. Im 17. Jh. nach Zerstörung
baulich instandgesetzt. Im 18. Jh. nach Erdbeben neuerliche Wiederherstellung. Das Langhaus flachgedeckt.

Ausmalung:
Architektonische Fassung, 1. Hälfte 13. Jh., durch figürliche Darstellun-
gen ergänzt. Apsis: Thronender Christus in der Mandorla, umgeben von
Evangelistensymbolen, gerahmt von Maria und Johannes d. T., um
1240; darunter: vier Hll. Ritter, Hl. Wilhelm von Vercelli umgeben von
neun Bettlern und Krüppeln; Fensterlaibungen: je zwei Hll. Jungfrauen;
Triumphbogen, Ostseite: kluge und törichte Jungfrauen, Mitte 13. Jh.;
Triumphbogen, Westseite: Jüngstes Gericht; Mittelschiff, östl. Pfeiler,
Nordseite: männl. Heiliger, um 1300, westl. Pfeiler, Südseite: Hl. Sebastian, drei Heilige, 15. Jh.; nördl. Seitenschiff, Ostjoch: Heiligendarstel-
lungen [nicht zu identifizieren], Hl. Christophorus vor schabloniertem
Hintergrund, 15. Jh. Ausführlich *Arntz, Clemen (1916), S. 635-640, WMA*.

Restaurierungen:
1898 traten zu Beginn einer historischen Wiederherstellung unter der
Leitung von Ludwig Arntz, Münsterbaumeister in Straßburg, beim Ab-
kratzen und Abschlagen des Putzes Wandmalereien zutage, deren komplette Freilegung sofort beschlossen wurde. Bereits 1898 stellte Wilhelm
Batzem, Köln, die besterhaltenen Malereien, die Ausmalung des Chores,
wieder her. Das „Jüngste Gericht", das sich über dem Triumphbogen befunden hatte, ging infolge des voreiligen Abschlagens des Putzes verloren. Zeitgenossen berichten, die Malereien seien gereinigt und nur in
sehr geringem Maße ergänzt worden. Spätere Untersuchungen haben jedoch gezeigt, daß unter Batzem zumindest der Christuskopf im Anschluß an gleichzeitige und verwandte Christusdarstellungen in rheinischen Kirchen, der Engel unter den Evangelistensymbolen, Schulter
und Wange der Mutter Gottes und ein Teil der Mandorla ergänzt und alle Konturen nachgezogen wurden, *WMA, Kdm Rhp. 9.1, Fig. 144*. Die
übrigen Darstellungen wurden nach der Freilegung ebenfalls mit Tem-
pera-Farbe im Stil der damaligen Zeit übermalt, *Clemen (1916), Fig. 443*.
Die Köpfe zeigten die für das 19. Jahrhundert typische Modellierung.
Anton Bardenhewer fertigte 1899 vermutlich als Mitarbeiter Batzems
vier Aufnahmen der Apsismalerei vor der Restaurierung [1.] Hauptapsis, Halbkuppel, Inv.Nr. 17869, H. 0.50, B. 0.65, Thronender Christus in
der Mandorla, Evangelistensymbole, Maria und Johannes, Aquarell
vor der Restaurierung; 2.) Chor, Apsisgemälde, Inv.Nr. 6917, H. 0.82, B.
1.22 s.o., Aquarell vor der Ergänzung; 3.) Chor, Apsis, Inv.Nr. 7337, H.
0.95, B. 0.70, nat Gr., Christuskopf, Pause in rot; 4.) Apsis, Fensterzone,
Inv.Nr. 6918, H. 0.79, B. 1.17, 2 Hll. Ritter, Aquarell; *WMA*] und 1900 eine weitere [östl. Stirnseite, Triumphbogen, Inv.Nr. 7705, H. 0.54, B. 0.71,
kluge und törichte Jungfrauen - verschiedene Ornamente, Aquarell
nach der Restaurierung, *WMA*] an, die im BRAD erhalten sind. Die vier
Aufnahmen von 1899 werden in der *WMA* fälschlich Wilhelm Batzem
zugeschrieben; möglicherweise, weil die Restaurierung unter seiner
Leitung stand. Auf einer bei *Clemen (1916)* als *Tafel XLI* abgebildeten Gesamtaufnahme der Malereien des Ostchors zeigen die Heiligendarstellungen zum Teil die für Bardenhewers Ergänzungen typischen Kopf-
und Gesichtsformen. Das scheint seine Beteiligung an der Wiederherstellung der figürlichen Malereien zu beweisen. Den Zustand der Wandmalereien nach der Wiederherstellung dokumentierten mehrere Fotografien, *Clemen (1900), S. 59*. Vermutlich wurden sie ebenfalls von Bardenhewer angefertigt. 1900 wurde er mit der Wiederherstellung der Dekoration des Langhauses beauftragt. Sie war nur in Resten erhalten, so
daß er sie anhand des Vorgefundenen, das die Dekoration allerdings in
allen Teilen nachwies [*WMA*], ergänzte und auffrischte, *Bardenhewer, S. 6*.
Ob die Restaurierungen der hölzerne Muttergottes, Anfang 14. Jh., *Kdm
Rhp. 9.1, Fig. 146*, und des Hl. Johannes Baptista, Mitte 14. Jh., die beide
zu dieser Zeit neu gefaßt wurden, unter seiner Leitung standen oder er
sie selbst durchführte, ist nicht geklärt.
Nach starken Zerstörungen im Zweiten Weltkrieg wurde die Kirche bis
1959 rekonstruierend aufgebaut. Ab 1947 nahm der Restaurator Franz

Stiewi, Aachen, bei der Wiederherstellung des Inneren die Fresken von
der Wand ab und lagerte sie in Bettücher gehüllt im Pfarrhaus ein. 1953
bemalte Gangolf Minn die erneuerte Flachdecke des Langhauses. Erst
1956 brachte Stiewi die abgenommenen Apsismalereien auf einen erneuerten Kalkputz auf. Im Anschluß wurde der gesamte Innenraum
farbig gefaßt. Die Darstellungen im Chor zeigen bis auf die Frauenfi-
guren in den Fensterlaibungen, von denen fast nur die Vorzeichnungen
erhalten sind, deutlich die Eingriffe der Restaurierungen.

Literatur: *Arntz, Ludwig*, Nideggen. Wiederherstellung der katholischen Pfarrkirche, in: BPDR, Bd. 4, Bonn 1899, S. 21-26; *Clemen, Paul*, Nideggen. Aufdek-
kung und Wiederherstellung der Wandmalereien in der katholischen Pfarrkirche, BPDR, Bd. 5, 1900, S. 56-59; *ders. (1916), S. 634-640; Kdm Rhp. 9.1*, 1910,
S. 219-232; *Bardenhewer, Anton*, Vortrag vor dem Kölner Altertumsverein, Februar 1911, S. 6; *Kisky, Hans*, Bericht über die Tätigkeit der Rheinischen Denkmalpflege 1953-1956, in: JBRD, Bd. 21, 1957, S. 189; *HDK, 4.1*, S. 506; *Schäfer,
Theo*, Die Pfarrkirche St. Johannes in Nideggen, in: Rh. Kunststätten, Heft 200,
1. Aufl., Köln 1977; *WMA Nideggen*, BRAD.

33. 1899 - 1901   Stapelhaus, Köln

Städtisches Gebäude mit größerem nördl. Teil als Fischkaufhaus und
kleinerem südl. als Schlachthaus von Peter von Ordenbach, damaliger
Stadtbaumeister Kölns, und Steinmetz Jörgen van Rile in gotischen und
Renaissanceformen ausgeführt und am 3. Dezember 1568 vollendet.
Zweigeschossige Anlage unter vier gesonderten, nahezu gleichseitigen
Walmdächern, die das Gebäude der inneren Anordnung entsprechend
in zwei Teile gliedern. Die Teilung im südl. Teil durch siebenfache Bogenstellung auf kurzen, gedrungenen, viereckigen Pfeilern. Die Decke
aus eng gelegten, roh bearbeiteten Tannenholzbalken mit weißem Kalk-
anstrich. Ausführlich *Rheinland, Nr. 44*.

Restaurierungen:
Anfang des 19. Jahrhunderts veränderte man bei Umbauarbeiten die innere Aufteilung des Gebäudes. In den 50er Jahren wurde das Äußere go-
tisierend überarbeitet. Nach einem Gutachten des Dombaumeisters
Zwirner, Köln, setzte man ab 1881 die historisierende Wiederherstellung
fort. Dabei kam es erneut zu schweren Eingriffen in die äußere und innere Gestaltung. 1899 begann eine Wiederherstellung unter Leitung des
Königlichen und Stadtbaurats Friedrich Carl Heimann und des Architekten Karl Baedeker, bei der eine Erhaltung bzw. Wiederherstellung des
ursprünglichen baulichen Zustands unter Befreiung von allen Zutaten
des vergangenen Jahrhunderts angestrebt wurde. Wo die ursprüngliche
Gestalt nicht erhalten war, wurde sie in Anlehnung an kölnische Vorbilder aus der Zeit der Erbauung rekonstruiert, so daß es erneut zu Eingriffen in die Originalsubstanz kam. Bspw. richtete man den in früheren
Jahren abgerissenen achteckigen Turm der Westseite nun an der Südseite wieder auf. Für alle Ergänzungen wurde bei dieser Restaurierung
auf ursprünglich verarbeitete Materialien zurückgegriffen. Die stilisierten Eisenanker und Gringköpfe, die man zwischen die Fenster setzte, stammten aus dem Abbruch anderer etwa zeitgleich erbauter Gebäude Kölns. Ein vergoldeter, aus Blei getriebener Baldachin, der von einem verfallenen Hausgiebel am Turmmarkt stammte, wurde an der
Nordwestecke über einem Standbild des Stapelhauserbauers Peter von
Ordenbach angebracht. Die Holzdecke des großen Saals im Obergeschoß, das die naturhistorische und ethnographische Sammlungen der
Stadt aufnehmen sollte, bemalte der Maler Niederhäuser nach altkölnischen Motiven. (Details zu den Umbauarbeiten und der neuen Nutzung, *Rheinland, Nr. 44*) Die Decke eines kleinen Saals im Erdgeschoß
und beide Hausflure schmückte man mit altkölnischen Motiven, die
beim Abbruch eines Hauses am Himmelreich aufgedeckt worden waren. Die Restaurationsräume im Erdgeschoß wurden nach Entwürfen Prof. Schapers, Hannover, ausgemalt. Einen weiteren Raum
schmückte Anton Bardenhewer mit der Nachbildung einer Wandmalerei des 16. Jahrhunderts aus dem Hause Kreuz, Lintgasse 10 (4 Felder
mit Ranken u. weibl. Halbfiguren, darunter: ergänzte lateinische u.
niederdeutsche Inschriften). Die Originalmalerei, die man 1899 beim
Abbruch des Hauses Kreuz entdeckte, wurde abgenommen und in den
Bestand des Rheinischen Museums überwiesen. Die Seitenwände des
kleinen Saals im Erdgeschoß des Stapelhauses schmückte der Maler
Mauß mit kölnischen Stadtansichten nach dem Holzschnitt des Anto-

nius Woensam von Worms von 1521 und einem Bild, das der Maler Wilhelm Schreiner, Deutz, im Auftrag der Stadt Köln 1899 für die Pariser Weltausstellung gefertigt hatte, Abb., *Rheinland, Nr. 44*. Die Decken zweier kleiner, diesen Raum flankierender Säle schmückte Bardenhewer mit Motiven aus der Sakristei der Kirche St. Cäcilien. Alle Wände wurden mit von Baurat Heimann selbst verfaßten Sprüchen, lateinischen Inschriften und kölnischen Lebensweisheiten versehen. (Einige in *Rheinland, Nr. 44* aufgelistet.) Die Glasmalerei Schneiders & Schmolz fertigte die Neuverglasung mit hoher Wahrscheinlichkeit nach Entwürfen Bardenhewers an, *Beines, S. 182, Nr. 166*.

Literatur: *anonym*, Das Stapelhaus in Köln, in: Rheinland in Wort und Bild, Gratisbeilage für die Abonnenten des „Kölner Tageblatt", Nr. 44, 1. Jg., 3. November 1901, S. 345-349; *anonym*, Das restaurierte Stapelhaus in Köln, in: Frankfurter Zeitung, Nr. 222 II, 11. Oktober 1901; *anonym*, Eine Besichtigung des renovierten Stapelhauses, in: Localanzeiger, Nr. 274, 8. Oktober 1901; *anonym*, Zur Eröffnung des Stapelhauses, in: Stadtanzeiger, Nr. 463, 8. Oktober 1901; *anonym*, Das Kölner Stapelhaus an der Rheinuferstraße, in: Localanzeiger, Nr. 275, 9. Oktober 1901; *Renard, Edmund*, Köln, Berühmte Kunststätten, Bd. 38, 2. Aufl., Leipzig 1925, S. 95 u. S. 98; *Verbeek, Hans*, Die sonstige Denkmalpflege seit 1888, in: Vogts, Hans, Köln - Bauliche Entwicklung 1888-1927, Köln 1927, S. 196-206; *Kdm Köln, 2.4*, S. 317; *Beines, Johannes Ralf*, Materialien zur Geschichte farbiger Verglasungen von 1780 bis 1914, vorzugsweise für das Gebiet des Bundesrepublik Deutschland, in: Haberey/Beeh/Beines, Farbfenster in Bonner Wohnhäusern, Landeskonservator Rheinland, Arbeitsheft 24, Mönchengladbach 1979.

34. 1900   Münster, Aachen
1911

Oktogonaler Zentralbau mit vorgelagertem Atrium und Westwerk, ca. 786-805 errichtete Pfalzkapelle Karls d. Großen. Reiche gotische Erweiterungen ab der 1. Hälfte des 14. Jh. Chorhalle 1414 geweiht. Kapellen des 14. und 15. Jh. Große Teile der Kirche im 17. Jh. nach Brand erneuert. Im 18. Jh. Wiederherstellung, barocke Umbauten und Ergänzungen. 1720-30 das alte Kuppelmosaik erneuert, dabei das karolingische Kuppelmosaik zerstört; das Innere italienisch stuckiert und ausgemalt.

Ausmalung:
Oberkirche, Vorhalle und Wände: Wandmalereien, 10. Jh.; Vorhalle, Tonnengewölbe: Ornamentik, Medaillons mit figürlichen Darstellungen; Westwand: geometrisches Teppichmuster; Nordseite, nahe Chorschluß: Sternenmuster, von Wellenlinien umzogen; Oberkirche, Ostwand: Gottvater mit Taube, flankiert von Engeln, davor zwei kniende Stifter, 15. Jh.; Empore, Westwand: figürliche Malereien; Oktogon, südl. Ostpfeiler: drei Heilige; unteres Oktogon, westl. Laibung, nördl. Gurtbogen: zwei Figuren, Vogel; Unterkirche, Gewölbe, Kuppel: Malereireste. Ausführlich *Clemen (1916), S. 28-76, WMA*.

Restaurierungen:
1870 wurde der barocke Stuck im Rahmen einer historistischen Überarbeitung abgeschlagen. 1879-84 setzte man Kirche und Ausstattung umfassend instand, baute u.a. den Westturm mit Loggia an und rekonstruierte das Kuppelmosaik nach einem Entwurf von Jean de Bethune. 1888-95 schlossen sich weitere historistische Baumaßnahmen an. 1873-1913 wurde das Innere nach Entwürfen von Prof. Schapers, Hannover, neu ausgestattet. Ob Bardenhewer, der bereits andere Entwürfe Schapers ausgeführt hatte [siehe Katalog, Nr. 33], an der Ausführung beteiligt war, ist nicht geklärt. Die Arbeiten waren sehr umstritten, wie zeitgenössische Zeitungsartikel belegen. Matthias Goebbels, der zu dieser Zeit Kanonikus in Aachen war, griff vielfach beratend ein. Eine detaillierte Beschreibung des neuen Ausmalungsprogramms gibt *Loersch*. Bei den Restaurierungsarbeiten deckte man in der oberen Vorhalle und an den Wänden der Oberkirche Reste ottonischer Wandmalereien auf. Um 1900 waren noch Reste mehrerer Dekorationssysteme aus verschiedenen Perioden, auch karolingische Vorzeichnungen, erhalten. Dies belegen 37 Aufnahmen, die im BRAD archiviert, doch bislang nur teilweise einzelnen Malern zugeordnet sind. Domwerkmeister Johann Baecker fertigte farbige Kopien in Originalgröße an, von denen Anton Bardenhewer farbige Verkleinerungen für das Denkmälerarchiv schuf, *Clemen*

(1901), S. 63. [1.) Reste otton. Ausst., Kuppel, Inv.Nr. 4341, H. 0.58, B. 0.77, Aquarell; 2.) Reste otton. Ausst., Kuppel, Inv.Nr. 4340, H. 0.55, B. 0.74, Aquarell; 3.) Reste otton. Ausst., Kuppel, Inv.Nr. 4342, H. 0.58, B. 0.77, Aquarell; 4.) otton. Ausst., Kuppel, Inv.Nr. 4339, H. 0.58, B. 0.77, Aquarell; 5.) Zusammenstellung der Ausmalungsreste aus der Kuppel, Inv.Nr. 17785, H. 0.50, B. 0.65, Aquarell, *WMA*] Eine ist in *Clemen (1905)* als *Tafel 2* veröffentlicht. Die Kopien werden in der zugehörigen *WMA* fälschlich auf 1911 datiert. Die ottonischen Malereien waren fast nur in ihren Hauptlinien zu erkennen. Im BRAD ist heute lediglich eine Umrißpause erhalten. [Unterer Umgang, Nordseite, 2. Joch, Inv.Nr. 30214, H. 1.16, B. 0.88, nat.Gr., männliche Gestalt, Tierköpfe und Kreuz (Skizze), Umrißpausen, Blei, farblich dunkle Stellen in Bleistift angelegt; *WMA*] 1902 nahm der Maler Olbers nach der Errichtung eines Gerüsts die Malereien der Kaiserloge in großen Aquarellkopien auf, *Clemen (1916), Anm. 54*. Die sich in den folgenden Jahren anschließende Wiederherstellung des Inneren hat vielfältige zeitgenössische Kritik und eine umfassende Grundsatzdiskussion über Restaurierungsprinzipien hervorgerufen. (Siehe bspw. *Marhoffer*). 1906-08 fertigte der Maler Hans Josef Becker-Leber, der in dieser Zeit vielfach mit Bardenhewer zusammenarbeitete, mehrere Aufnahmen an, die er 1911, bei Baumaßnahmen unter der Leitung des Regierungsbaumeisters Erich Schmidt, durch weitere ergänzte. Anton Bardenhewer wurde 1911 mit der systematischen Freilegung und Dokumentation der Wandmalereien der Unterkirche beauftragt. Er fertigte fünf Kopien zur Ausmalung an. Diese Kopien sollen im Suermondt Museum, Aachen, archiviert worden sein. (Sie konnten auf Anfrage nicht gefunden werden und gelten als vermißt.) An der Trennwand zur Hubertuskapelle und im Oktogon fand man Reste einer Temperamalerei aus der 1. Hälfte des 15. Jahrhunderts. An den Wand- und Gewölbeflächen der Unterkirche hatten sich Wappen mit Helmzier, an der Westseite die drei ungarischen Könige Stephanus, Ladislaus und Emericus und im Chor ein Marienzyklus erhalten, *WMA*. 1913 traten an der Ostwand der Oberkirche spätgotische Dekorationen zutage.
Nachdem der Dom 1941 bei einem Luftangriff schwer beschädigt worden war, wurde er bis in die 60er Jahre wiederhergestellt. (Siehe Katalog, Nr. 78)

Literatur: *Loersch*, Aachen. Wiederherstellung und Ausschmückung der Münsterkirche, in: BPDR, Bd. 2, Bonn 1897, S. 6-13; *Clemen, Paul*, Anfertigung von Kopien der mittelalterlichen Wandmalereien der Rheinprovinz, in: BPDR, Bd. 6, 1901, S. 62-65; *Marhoffer, Albert*, Der Dom zu Aachen und seine Entstehung, in: Koblenzer Volkszeitung, 21. März 1904, Nr. 145; *Clemen (1905)*, Tafel 2; *ders.* *(1916)*, S. 1-76; *Kdm Rhp., 10.1.*; *Buchkremer, Joseph*, Münsterkirche zu Aachen, in: Führer zu großen Baudenkmälern, Heft 15, 1944; *Kreusch, Felix*, Kriegsschäden und Wiederherstellungsarbeiten am Aachener Dom, in: JBRD, Bd. 21, Kevelaer 1957, S. 106-125; *HDK, 4.1*, S. 6-8; *WMA Münster, Aachen*, BRAD.

35. 1900 - 1903   St. Quirinus, Neuss

Dreischiffige, dreijochige, kreuzrippengewölbte Basilika im gebundenen System mit vier Ecktürmen, Vierungskuppel, Kleeblattchor, einem von einem Mittelturm bekrönten Westbau und querschiffartigen Ausbauten vor dem mittleren Joch der Seitenschiffe, ab 1209 über den Resten mehrerer Vorgängerbauten errichtet. Dabei die fünfschiffige, fünfjochige Krypta vom Vorgängerbau des 11./12. Jh. erhalten. 1741 nach Brand Kleeblattchor in reduzierten Formen wiederaufgebaut, Kuppel über Vierungsturm errichtet und das Innere neu gefaßt.

Ausmalung:
Reiche architektonische Fassung und figürliche Darstellungen, 13. Jh. Oberer Umgang, Bogenlaibungen: sechs Engelpaare; Südseite, Fensterlaibung: Brustbilder von Engeln; Querhaus, Südwand: Stifterbildnisse, zwei stehende, nimbierte Gestalten; Querhausostwand, Nischen; Heiligendarstellungen, 1864; darunter: gemalter Wandteppich.. Die Ausmalung im 19. Jh. vollständig verändert. Ausführlich *Clemen (1916), S. 472-474*.

Restaurierungen:
1804 schuf der Kanonikus Franz Josef Wallraf, Köln, Pläne für eine historistische Umgestaltung der Kirche. 1806-08 entstand, sich an die Pläne anschließend, eine freskale Neuausmalung der Vierungskuppel und des Chores mit Grisaillen durch Peter von Cornelius. Sie wurde 1838 mit

Einwilligung von Cornelius wieder beseitigt. 1843-47 begann eine umfassende historische Wiederherstellung unter der Leitung des Bauinspektors Oppermann, an die sich 1852 eine entsprechende Neufassung des Inneren nach Plänen August von Essenweins anschloß. 1859-60 schufen die Maler Kleinertz, Criefeld und Gartzke eine veränderte Ausmalung unter mißverstandener Übernahme zahlreich hervorblühender alter Fassungsreste, Abb. *Kdm Rhp 3.3, S. 388.* Im Zusammenhang mit einer Restaurierung des Inneren, 1859-64 nach Plänen von Vincenz Statz, untersuchte man die Wände erstmals systematisch auf Malereien. Da man den alten Putz in großen Partien abschlug, blieben nur wenige Fragmente erhalten, auf deren Grundlage man die Darstellungen rekonstruierte. Der Nazarener Franz Ittenbach, Düsseldorf, schuf 1864 im östlichen Querschiff vier große, heute erhaltene Heiligendarstellungen. Mit einem 1882 von August von Essenwein erstellten Gutachten zur Außenrestaurierung begann die zweite umfassende Überarbeitung von St. Quirinus. Die historische Wiederherstellung des Kirchenbaus, bei der der Originalbestand, vor allem der Krypta, erheblich beeinträchtigt wurde, zog sich bis 1900 hin. Im August 1888 reichte F.C. Heimann ein Gutachten zur Außenrestaurierung ein. Er wollte den Bau nicht gänzlich rückbauen, sondern beispielsweise das barocke Kuppeldach erhalten. Diese für die Zeit fortschrittliche Einstellung zur Erhaltenswürdigkeit späterer baulicher Veränderungen wurde zwar diskutiert, doch nicht berücksichtigt. 1900-02 schloß sich eine historische Wiederherstellung der Ausmalung unter der Leitung der Maler Josef Winkel und Josef Fischer, Köln, unter Mitarbeit Anton Bardenhewers an. Sie führte zu einer Neufassung, der die Neuausmalung von 1860, die in Anlehnung an die Ausmalung des 13. Jahrhunderts entstanden war, als Vorlage diente. Die Reste der alten Ausmalung wurden entfernt, Abb. *Pfitzner, S. 296 u. 300.* Abschließend erhielt die Kirche eine historische Ausstattung. Die Glasmalereianstalt Schneiders & Schmolz, Köln, fertigte vor 1902, möglicherweise nach Entwürfen Bardenhewers, neoromanische Glasfenster an, *Beines, S. 182, Nr. 114.* 1930-38 wurde, nachdem das Bindemittel der letzten Ausmalung, Kasein, sich nahezu aufgelöst hatte und die Farbpigmente abzustauben begannen, im Rahmen einer neuerlichen umfassenden Restaurierung der Putz abgeschlagen, so daß keine Malereireste erhalten blieben. Bis 1932 waren Reste der architektonischen Fassung bspw. in der Ostpartie erhalten gewesen. 1938-39 faßte man das Innere unter der Leitung von Willy Weyres neu. Da er keine Rücksicht auf eine vorhandene Fassung nehmen mußte, betrachtete er die Aufgabe in erster Linie als eine künstlerische. Daher nahm er sich gewisse Freiheiten. Zum Teil wurde das System der früheren Fassung übernommen, zum Teil verzerrt erneuert oder völlig verändert, *RA.* Da Weyres sich im Hinblick auf die Maltechnik (reine Kalktechnik), die Farbskala und den Maßstab der Ornamente an der alten Fassung orientierte, wies die neue Fassung eine starke Verwandtschaft zu mittelalterlichen Ausmalungssystemen auf. Unter Zeitgenossen war diese Lösung größtenteils sehr anerkannt.
Nach den Zerstörungen im Zweiten Weltkrieg baute man das Gebäude bis 1952 rekonstruierend wieder auf. Etwa 1950 schuf der Maler Bewanger den Salvator in der Chorapsis, und die Firma H. Breuer, Loevenich, erneuerte die Raumfassung. Die letzte Restaurierung hat die malerische Ausstattung der verschiedenen Perioden gereinigt bzw. wiederhergestellt.

Literatur: *anonym,* Die Krypta der St. Quirinuskirche in Neuß, in: Zs. f. chr. Kunst, Nr. 5, 1. Jg., Düsseldorf 1888, Sp. 184-185; *Kdm Rhp 3.3,* S. 374-393; *Clemen (1916),* S. 469-474; *Pfitzner, Carlheinz,* Zur farbigen Fassung mittelalterlicher Innenräume (im Anschluß an die Instandsetzung des Quirinusmünsters in Neuß), in: JBRD, 13. Jg., Heft 3, 1941, S. 293-323; *Bader, Walter,* St. Quirinus zu Neuss, in: Rh. Bilderbuch, Hsg. Landesbildstelle Niederrhein, Ratingen 1955; *HDK, 4.1,* S. 500-503; *Beines, Johannes Ralf,* Materialien zur Geschichte farbiger Verglasungen von 1780 bis 1914, vorzugsweise für das Gebiet des Bundesrepublik Deutschland, in: Haberey/Beeh/Beines, Farbfenster in Bonner Wohnhäusern, Landeskonservator Rheinland, Arbeitsheft 24, Mönchengladbach 1979; *Hoffmann, Godehard,* St. Quirinus in Neuss - Die Restaurierungen im 19. Jahrhundert, Landschaftsverband Rheinland (Hsg.), Arbeitsheft 30, Köln 1991; *RA St. Quirinus, Neuss,* Archiv der Werkstatt II, Bd. I-IV, RAD.

36. 1900   Liebfrauen, Trier

Polygonaler Zentralbau, ab 1235 mit vorgezogenem Chorjoch und 7/12-Schluß und im Norden vorgelagerter Marienkapelle anstelle einer älteren Anlage errichtet. 1447 Erneuerung der Bedachung des Vierungsturms. 1631 nach Zerstörung des Turmhelms durch einen Sturm veränderter Wiederaufbau.

Ausmalung:
Architektonische Fassung, 13. Jh., durch figürliche Darstellungen ergänzt. Pfeiler: Apostel, um 1500, darunter: ältere Aposteldarstellung; nördl. Vierungspfeiler: Schmerzensmann, 1. Hälfte 15. Jh.; nordöstl. Kapelle: Hll. Ursula, Jakobus, Bischof, 2. Hälfte 15. Jh.; Chor: Verkündigung, Krönung Mariens, drei Heilige, Kreuzigung, Kreuztragung, 1. Hälfte 15. Jh.; Westportal: Christus; Nordportal: Johannes; Marienkapelle und Südchor: Apostel, 13. und 14. Jh. Ausführlich *Kdm Rhp. 13.3, S. 194-196.*

Restaurierungen:
1859 begann eine umfassende Wiederherstellung der Kirche, die anfangs unter der Leitung von Christian Schmidt, Trier, stand. Ab 1864 übernahm der Kölner Dombaumeister Vincenz Statz die Leitung. Die Ablösung Schmidts führte zu einem Grundsatzstreit über die allgemeine Restaurierungsmethodik, *Kdm Rhp. 13.3, S. 134.* 1864-68 wurden die Gewölbemalereien nach der Anfertigung von Pausen durch den Maler P. Gumbsheimer erneuert. Dabei ging das ursprüngliche Ausmalungssystem verloren. Den Zustand der Chorausmalung beurteilte man als so schlecht, daß man sie für nicht erhaltenswürdig befand. Daher entfernte man sie. Die Maler B. Ehricht und W. Döringer, Düsseldorf, schmückten die Wände nach eigenen Entwürfen in den Jahren 1895-97 mit neuen Malereien 'unter möglichster Anlehnung an die Stilrichtung des 13. Jahrhunderts in Zeichnung und Farbe', *Kdm. Rhp. 13.3, S. 195.* Die Ausführung erfolgte in Kaseintechnik. Ab 1900 begann Wilhelm Batzem, Köln, mit der Restaurierung der Apostel und einiger anderer Darstellungen. Dabei kam es zum Teil zu weitreichenden Ergänzungen und Überfassungen, so bspw. bei der Darstellung des Schmerzensmannes. Einen Teil der Ausmalung erneuerte er vollständig. Anton Bardenhewer arbeitete zeitgleich, möglicherweise als Mitarbeiter Batzems, vor Ort. 1902 schloß sich die Restaurierung der übrigen Wandmalereien durch den Maler H. Aschenbroich, Düsseldorf, an. Zu beiden Restaurierungen waren 1938 Berichte der ausführenden Restauratoren im *Pfarrarchiv,* unter *X-4,* erhalten, *Kdm. Rhp. 13.3, S. 195.*

Literatur: *Bock, Franz,* Die Liebfrauenkirche zu Trier, In: Rheinlands Baudenkmale des Mittelalters, Köln/Neuss 1868-1875, Faksimile der Erstausgabe, Düsseldorf 1979; *Clemen, Paul,* Anfertigung von Kopien der mittelalterlichen Wandmalereien der Rheinprovinz, in: BPDR, Bd. 5, 1900, S. 81 ff.; *anonym,* Die Malereien in der Liebfrauenkirche zu Trier, in: Kölnische Volkszeitung, 3. März 1905; *Schmitz, A.,* Beiträge zur Geschichte der Liebfrauenkirche, ihrer Plastik und Malerei, in: Jb. der Ges. f. n. Forschung, 1900-1905, Trier 1906, S. 29 f.; *Kdm Rhp. 13.3,* S. 124-196; *Clemen (1930),* S. 255 f., S. 411.

37. 1901 - 1903   Ehem. Abteikirche, Brauweiler

Ehem. Benediktinerabtei St. Nikolaus und Medardus; Klostergründung 1024. 1048-61 nach Abbruch des Vorgängerbaus Neubau errichtet, nur Ostteile der Seitenschiffwände und Krypta damals vollendet, in Teilen erhalten. Ab Mitte 12. Jh. Westbau mit Dreiturmfassade, zweijochigem, dreischiffigem Langhaus im gebundenen System und Kreuzgang. Ab Ende 12. Jh. Neubau Chor, Querhaus mit Hängekuppel, Vierungsturm, zwei längsrechteckigen Nebenchören und Chortürmen. 1514 Neueinwölbung des Mittelschiffs. Bauliche Eingriffe im 16. und 17. Jh. 1780 westl. Vorhalle im Zusammenhang mit Neubau der Abtei errichtet.

Ausmalung:
Reiche, architektonische Fassung und figürliche Darstellungen, 1220-25. Apsis: [ehemals] Thronender Salvator mit Assistenzfiguren, 1300; Chorschranken: Blütenranken, um 1514; Chorjoch, Nischen: Heilige; Langhauspfeiler: Apostel Johannes, Bartholomäus, Judas Thaddäus unter grauen Baldachinen auf blauem Grund, Mitte 14. Jh.; Langhaus, Arka-

denzwickel: auf rotem Grund Medaillons mit Engelhalbfiguren und Spruchbändern auf blauem Grund; Langhaus, Südwand: St. Martin auf gelbem Grund, Mitte 15. Jh.; westl. Vierungspfeiler: St. Michael, St. Georg, unter ihm zwei musizierende Engel, Mitte 14. Jh.; Langhausgewölbe: grüne Rankenmalerei mit bunten Blumen, nach 1514; Querschiff, Ostwände: je eine Christusfigur, 17. Jh.

Restaurierungen:
Vor 1847 traten in der Apsis Reste einer monumentalen Dekoration zutage. Nach einer umfassenden Entbarockisierung des Inneren erfolgte 1866-74 unter Leitung des Architekten Heinrich Wiethase, Köln, eine umfassende historisierende Restaurierung. Ab 1874 erneuerte der Maler Gisbert Münster, Köln, die Ausmalung des Chores und der Seitenschiffe. Über einer neuen Tünche schuf er mit Ölfarbe eine komplette Neuausstattung, so daß die alte Malerei darunter erhalten blieb. *Pfitzner (1941), S. 308*, behauptet, daß sich unter dem Anstrich Münsters, den er mit Darstellungen 'im Sinne der Alten' in Öl bemalte, keine Reste der alten Dekoration befunden hätten, da der Putz damals zum großen Teil erneuert worden wäre. Es seien lediglich zwei figürliche Darstellungen in den Wandnischen in der Südseite des Chorquadrats erhalten geblieben. Dieser Darstellung widersprechen sowohl der Restaurierungsbericht Anton Bardenhewers von 1901 als auch die Befunde späterer Restaurierung. Ab 1895 begann unter Leitung des Diözesanbaumeisters Heinrich Renard eine vollständige Freilegung der Originalmalerei, da die Ölmalerei Münsters abzublättern begann und darunter Spuren der alten farbigen Ausmalung sichtbar wurden. Anton Bardenhewer erhielt den Auftrag, die Dekoration des Langhauses und der Seitenschiffe wiederherzustellen. Eine Fotografie, die den Zustand der Fassung nach der Freilegung und Wiederherstellung zeigt, ist bei *Bardenhewer, S. 4*, veröffentlicht. Infolge der zu dieser Zeit üblichen Freilegetechnik - Anschlagen der oberen Kalkschichten mit Steinmetzmeißeln - wurde die Oberfläche der Originalmalerei teilweise stark verletzt. Sie zeigte Kratz- bzw. Hackspuren. Die Münstersche Ölfassung der Seiten- und Querschiffe konnte Bardenhewer nur mit einer starken Lauge entfernen. Dabei gingen Teile der früheren Ausmalung verloren. Wegen des an der Turmwand des Mittelschiffes bloßliegenden, sehr fein gefugten Tuffstein-Mauerwerks nahm Bardenhewer an, daß die Kirche ursprünglich nur zum Teil verputzt und mit Darstellungen geschmückt gewesen war, *Clemen (1916), S. 657, Anm. 4*. Diese Annahme legte er seiner Rekonstruktion der farbigen Fassung zugrunde. (Zur farbigen, architektonischen Raumfassung und der Zusammensetzung der benutzen Farben, *Bardenhewer, S. 5*.) Oberhalb der Mittelschiffarkaden fanden sich in den Nischen romanische Figuren auf blauem Grund. Diese waren bereits 1901 in einem so schlechten Zustand, daß nur Reste eines Hl. Martin zu erkennen waren, die in ihrem fragmentarischen Zustand belassen wurden, *Bardenhewer, S. 6*. Die Gewölbe der Seitenschiffe und der Vierung schmückte Bardenhewer, da sie keine originale Ausmalung zeigten, mit Motiven aus dem Dom zu Limburg, *Clemen (1916), Fig. 452*. Die Mittelschiffgewölbe erhielten eine Rankenmalerei in Anlehnung an die in der Sakristei von St. Cäcilien, *Abb. Pfitzner (1941), S. 307*. Bardenhewer besserte alle schadhaften Stellen aus, ohne die erhaltenen Teile der alten Malereien zu beeinträchtigen oder sie zu fixieren. An den zur Vervollständigung der Fassung rekonstruierten Stellen trug er die Farbe auf den sehr stark angefeuchteten Putz in mehreren Lasuren übereinander auf, um die Putzstruktur durchscheinen zu lassen und eine vollständige Deckung zu verhindern. (Weitere technische Details, *Bardenhewer, S. 7*.) Die bauliche Instandsetzung unter der Oberleitung Renards und die Wiederherstellung der Wandmalereien durch Bardenhewer unter der Aufsicht Clemens wurden von Zeitgenossen allgemein gelobt. Häufig wurde das sorgfältige Aufspüren des alten Bestandes und das Zurücktreten eigener künstlerischer Neuschöpfungen betont, die man als Zeichen eines grundlegenden Wandels in der Auffassung der Denkmalpflege verstand. Eine Umrißzeichnung Bardenhewers zu den Darstellungen im Chor ist im BRAD erhalten und in *Clemen (1930), S. 121*, veröffentlicht. Wie üblich fertigte Bardenhewer auch farbige Aufnahmen an. Eine Darstellung des Dekorationssystems im Langhaus von 1901 ist bei *Clemen (1916)* als *Fig. 454* veröffentlicht. (Sie konnte im BRAD nicht gefunden werden.) In der Krypta entdeckte man in einer Bogenlaibung eine Szene mit vier Bischöfen. Bardenhewer erhielt den Auftrag, diese Malerei abzulösen und in das Provinzial-Museum, Bonn, zu übertragen. Er überklebte das Bild zuerst mit einem mit Kleister bestrichenen Papier

und legte zur Unterstützung einen genau passenden Lehrbogen an die Wand. Dann schnitt er den Putz mit einer aus Blumendraht gewundenen Säge von der Wand. Zuletzt hintergoß er das ganze mit Gips und versteifte es durch Eisenstangen. Das überklebte Papier konnte man, wenn der Gips trocken war, leicht mit Wasser abweichen, und das Bild blieb unbeschadet erhalten, *Bardenhewer, S. 7*. Im Rahmen der Wiederherstellung wurde eine neoromanische Neuverglasung durch die Glasmalerei Schneiders & Schmolz, möglicherweise nach Entwurf Bardenhewers, angefertigt, *Beines, S. 181, Nr. 31*. 1938/39 beurteilte man die vorangegangene Restaurierung sehr kritisch und begann, in der Hoffnung, unter der Kaseinfassung Bardenhewers, deren Bindemittel sich aufzulösen begann, die ursprüngliche Malschicht aufzudecken, mit einer neuerlichen Freilegung. Mehrere Fotografien bei *Pfitzner (1941), S. 307*, zeigen das Innere nach der Wiederherstellung.
1953 machten Kriegsschäden und dadurch entstandene statische Probleme eine Wiederherstellung des Gebäudes nötig. Ab 1959 setzte man im Rückgriff auf den Zustand nach der Restaurierung von 1938, die sich auf Fragmente der spätromanischen Ausmalung gestützt hatte, die farbige architektonische Fassung instand und stellte die spätgotische Rankenmalerei in den Gewölben wieder her. Im Verlauf der vielen Überarbeitungen erlitt die Ausmalung schwere Schäden. So ging bspw. der Thronende Salvator im Verlauf einer Restaurierung verloren, der Hl. Georg ist ab der Mitte des Oberschenkels eine Neuschöpfung, und in den Zwickeln der Arkadenbögen befinden sich Medaillons mit den Halbfiguren von Engeln mit Spruchbändern auf blauem Fond, die so stark beeinträchtigt sind, daß keine nähere Bestimmung ihrer Entstehung möglich ist.

Literatur: *Bock, Franz*, Die ehemalige Benediktiner-Abteikirche zu Brauweiler, in: Rheinlands Baudenkmale des Mittelalters, Köln und Neuss 1868-1875, Faksimile der Erstausgabe, Düsseldorf 1979; *Simons, Andreas*, Farbenschmuck mittelalterlicher Bauwerke. Schwarzrheindorf, 1150-1155, in: Jahrbücher des Vereins von Altertumsfreunden im Rheinlande, Bd. 10, 1847, S. 149; *Bardenhewer, Anton*, Brauweiler. Ausmalung der Abteikirche und Wiederherstellung der alten Malereien, in: BPDR, Bd. 8, Düsseldorf 1904, S. 4-7; *anonym*, Über mittelalterliche Wandmalereien, in: Localanzeiger, Nr. 51, 20. Februar 1911, S. 8; *Bardenhewer, Anton*, Vortrag vor dem Kölner Altertumsverein, Februar 1911, S. 3-4; *Clemen (1916)*, S. 656-658; *Kdm Rhp.*, Landkreis Köln, S. 18-58; *Clemen (1930)*, S. 119 ff.; *Pfitzner, Carlheinz*, Zur farbigen Fassung mittelalterlicher Innenräume (im Anschluß an die Instandsetzung des Quirinusmünsters in Neuß), in: JBRD, 13. Jg., Heft 3, 1941, S. 293-323; JBRD, Bd. 23, 1960; *HDK, 4.1*, S. 93 ff.; *Bader, Walter*, Brauweiler, in: Rh. Kunststätten, Heft 10, Köln 1974; *Beines, Johannes Ralf*, Materialien zur Geschichte farbiger Verglasungen von 1780 bis 1914, vorzugsweise für das Gebiet des Bundesrepublik Deutschland, in: Haberey/Beeh/Beines, Farbfenster in Bonner Wohnhäusern, Landeskonservator Rheinland, Arbeitsheft 24, Mönchengladbach 1979.

38. 1902   St. Jakob, Hilden

Dreischiffige Emporenkirche mit vorgelagertem Westturm, zweijochigem Langhaus, kreuzgratgewölbten Seitenschiffen, 12. Jh., und halbrund geschlossenem Chor, 2. Hälfte 13. Jh. über Vorgängerbau des 9. Jh. errichtet. 1536 Sakristei im Osten des nördl. Seitenschiffs angebaut. Nach Einsturz 1695 ab 1696 Errichtung eines neuen Turms auf dem Untergeschoß des alten.

Ausmalung:
Architektonische Raumfassung, 1902 durch Anton Bardenhewer. Die in Trachyt ausgeführten Dienste, Lisenen und Gurtbögen in ihrer Materialwirkung belassen. Die Putzflächen mit Kaseinfarbe hell abgetönt und auf diesem Untergrund braunrote Blattwerk-Ornamente angebracht, die hauptsächlich die Fensterlaibungen füllen und die Architektur betonen. Ausführlich *Korn/Renard*.

Restaurierungen:
1859 und 1882 kam es zu notwendigen baulichen Wiederherstellungsarbeiten. Dabei traten an der nördl. Chorwand die Vorzeichnungen von sechs großen Einzelfiguren zutage, die man nicht erhielt. 1901 begann eine grundlegende, systematische Wiederherstellung unter der Leitung des Architekten Moritz Korn, Düsseldorf. An allen Wand- und Gewölbeflächen wurden dicke Tüncheschichten abgekratzt und Risse im Verputz ausgebessert. Sehr wahrscheinlich untersuchte Anton Bardenhe-

wer die Wände bereits 1901 auf erhaltene Malereien hin. Darauf charrierten Steinmetze die aus Trachyt-Quadern bestehenden Pfeiler und Gurtbögen nach. Eine in Ölfarben ausgeführte Marmorierung der Schiefersäulen der Emporen-Arkaden kratzte man ab und polierte den Naturstein, so daß ganz im Sinne des 19. Jahrhunderts überall das Steinmaterial sichtbar blieb. Die im Anschluß an diese Arbeiten durch Anton Bardenhewer neu geschaffene Raumfassung wurde von Zeitgenossen durchweg positiv beurteilt. Sie ist nicht erhalten.

Literatur: *Korn/Renard*, Hilden. Wiederherstellung der evangelischen Pfarrkirche, in: BPDR, Bd. 8, Düsseldorf 1904, S. 8-12; *Kdm Rhp. 3.1*, S. 113-115.

39. 1903 Ev. Pfarrkirche, Wertherbruch
1912

Zweischiffiger, kreuzrippengewölbter, asymmetrischer Backsteinbau mit dreigeschossigem, vorgesetztem Westturm und 3/5-Chorschluß, 2. H. 15. Jh.

Ausmalung:
Architektonische Fassung und figürliche Darstellungen; Chor: drei Apostelpaare; Nordwand: Muttergottes mit Stifter in gemalten Rahmen, gemalter Wandtabernakelaufbau mit Engeln, Hl. Bischof; darunter: Malereifragmente, 15. Jh.

Restaurierungen:
Ab 1888 wurde das Inneren instandgesetzt, ohne daß man dabei auf Wandmalereien stieß. Erst als die Malereien 1903 durch die Tünche durchblühten, wurde Anton Bardenhewer mit einer systematischen Aufdeckung und Wiederherstellung der Malereien beauftragt. Zu diesen Arbeiten ist eine farbige Aufnahme Bardenhewers im BRAD erhalten. [Nordwand, Chorjoch neben Madonna, Inv.Nr. 23778, H. 0.82, B. 0.45, Apostel Petrus und Paulus; WMA] Sie ist im Tafelband zu *Clemen (1930)* als *Tafel 89* veröffentlicht. Nach *Clemen (1930)*, S. 386, dokumentierte Bardenhewer Teile der Ausmalung durch Fotografien, die im Rheinischen Museum, Köln, archiviert wurden. Einige sind heute ebenfalls im BRAD archiviert. Vermutlich 1912 wurde Anton Bardenhewer mit der Wiederherstellung weiterer Wandmalereien beauftragt. Eine dazu von ihm geschaffene Aufnahme, die in der WMA auf 1912 datiert wird, ist im BRAD erhalten [Chor, Inv.Nr. 23777, H. 0.82, B. 1.04, Sakramentshäuschen, Aquarell; WMA] Ein Satz Fotografien der Ausmalung wurde 1928 von Bardenhewer und dem Fotografen Steinle, Bonn, aufgenommen, *Clemen (1930)*, S. 386. Im BRAD ist ein reichhaltiger Fotobestand erhalten. Ob in ihm alle angesprochenen Fotografien enthalten sind, ist bislang nicht geklärt.
Nach starken Zerstörungen im Zweiten Weltkrieg wurde die Pfarrkirche bis 1956 instandgesetzt. Ab 1961 erfolgte eine umfassende Restaurierung der Wandmalereien, in deren Verlauf die früheren Ergänzungen abgenommen wurden. Anfang der 90er Jahre wurden die figürlichen Malereien durch die Restauratorin Gabriele Raschke mit den Eingriffen der vorangegangenen Restaurierungen gereinigt und konserviert. Die architektonische Fassung wurde nach Befund erneuert.

Literatur: *Clemen (1930)*, S. 386 ff.; *HDK, 4.1*, S. 628; *Raschke, Gabriele*, Die spätgotische Tabernakelmalerei in der ev. Kirche in Wertherbruch, Diplomarbeit Fachhochschule Köln 1996; *WMA Wertherbruch*, BRAD.

40. 1903 - 1904 St. Salvator, Duisburg

Dreischiffige, kreuzrippengewölbte Basilika mit fünfjochigem Langhaus, nicht vortretendem Querhaus, zweijochigem Chor mit 5/8-Schluß, ab 1415 über Vorgängerbau des 14. Jh. errichtet. 1479-1513 eingezogener, dreigeschossiger Westturm unter Johann Haller vorgebaut. Gleichzeitige Verlängerung der Seitenschiffe nach Westen. Restaurierung der Gewölbemalereien in der 1. Hälfte des 16. Jh. und aller Malereien 1753 durch Johann Nikolaus Kreuter, jeweils durch Inschrift belegt.

Ausmalung:
Reiches Dekorationssystem und figürliche Darstellungen, Anfang 16. Jh.; Chor: Salvator; nordwestl. Vierungspfeiler: Hl. Christophorus; Lang-

hausgewölbe, mittleres Joch: sechs Engelsfiguren mit Spruchbändern; nördl. Seitenschiff, Westjoch: grüne Ornamente mit farbigen Blumen, Lamm Gottes, Evangelistensymbole, Engelsfiguren. Ausführlich. *Kdm Rhp. 2.2, Humann.*

Restaurierungen:
1843-52 wurde die Kirche historistisch überarbeitet. 1883 deckte der Maler F. Crämer, Düsseldorf, im Rahmen einer baulichen Instandsetzung die Darstellung des Salvators im Chor auf und begann mit der Wiederherstellung. Bis 1893 wurden der Hl. Christophorus, die Engelsfiguren und die Gewölbemalereien des nördlichen Seitenschiffs aufgedeckt. Erst als man beim neugotischen Ausbau der Kirche 1903-04 weitere Wandmalereien unter der Tünche entdeckte, beauftragte man Anton Bardenhewer mit einer systematischen Aufdeckung und anschließenden Wiederherstellung der Ausmalung. Den Zustand der aufgedeckte Wandmalereien dokumentierte Bardenhewer 1903 mit farbigen Aufnahmen der Deckenausmalung der drei Querhausjoche, des Langhauses und des Chores und Fotografien der Gewölbemalereien und des Hl. Christophorus. Mehrere fotografische Aufnahmen der Gewölbemalereien sind in *Clemen (1930)* als *Fig. 392-396* veröffentlicht. Im BRAD sind drei Aquarellkartons und eine aquarellierte Fotografie Bardenhewers erhalten. [1.) Querschiff, nördl. Joch, Inv.Nr. 13075, H. 0.98, B. 0.67, Gewölbemalerei, Ranken, Engel mit Spruchbändern, Aquarell; 2.) Gewölbejoch, Langhaus, Inv.Nr. 13076, H. 1.02, B. 0.67, Gewölbemalerei, Aquarell; 3.) Langchor, 1. Gewölbe von Westen, Inv.Nr. 13077, H. 0.99, B. 0.67, Engel mit Musikinstrumenten, Schweißtuch der Veronika, Aquarell; 4.) Mittelschiffpfeiler, Inv.Nr. 35767, H. 0.71, B. 0.50, Hl. Christophorus, Foto, aquarelliert; WMA] Alle Aufnahmen werden in der WMA auf 1907 datiert. Der Vergleich mit den bei *Clemen (1930)*, S. 393, erwähnten Aufnahmen von 1903 zeigt jedoch eine völlige Übereinstimmung, so daß es sich hierbei wohl um einen Datierungsfehler handelt.
Nachdem das Gebäude im Zweiten Weltkrieg beschädigt worden war, dauerte die bauliche Wiederherstellung bis 1960. Von der Ausmalung blieb nichts erhalten. 1977 legte man die Fassung des Sakramentshauses frei. 1995-97 wurde der Außenbau umfassend instandgesetzt.

Literatur: *Humann, G.*, Gewölbemalerei in der Salvatorkirche zu Duisburg, in: Zs. f. chr. Kunst, Heimann (Hsg.), 1. Jg., Düsseldorf 1888, Sp. 261-266; *Kdm Rhp. 2.2*, S. 19-27; *Bardenhewer, Anton*, in: Festschrift zur neu eingeweihten Salvatorkirche, Duisburg 1904; *anonym*, Über mittelalterliche Wandmalereien, in: Localanzeiger, Nr. 51, 20. Februar 1911, S. 8; *Bardenhewer, Anton*, Vortrag vor dem Kölner Altertumsverein, Februar 1911, S. 1, 10-11; *Clemen (1930)*, S. 393 ff.; *Kisky, Hans*, Bericht über die Tätigkeit der Rheinischen Denkmalpflege 1953-1956, in: JBRD, Bd. 21, 1957, S. 203; *HDK, 4.1*, S. 148-149; *Hinnenberg, Carl Dieter*, Die Salvatorkirche in Duisburg, in: Rh. Kunststätten, Heft 204, 1. Aufl., Neuss 1978; *RA St. Salvator, Duisburg*, Archiv der Werkstatt II, RAD; *WMA St. Salvator, Duisburg*, BRAD.

41. 1903 - 1912 St. Lorenz, Ahrweiler

Hallenkirche mit geschlossenem Westbau, eingezogenem Mittelturm, Emporen und durch Nebenchöre polygonal gestaltetem Ostbau, 1209 begonnen; nach Brand vermutlich erst 1269 fortgesetzt und Anfang 14. Jh. vollendet. Bauliche Veränderungen im späten 15. Jh. 1695 Erneuerung des beim Stadtbrand 1689 zerstörten Turmhelms. 1731 Errichtung eines einheitlichen Daches. Im 18. Jh. weitere bauliche Eingriffe.

Ausmalung:
Architektonische Fassung und figürliche Darstellungen, 14. Jh. Anfang 15. Jh. übertüncht und zum Teil in Anlehnung an die ältere Malerei (bspw. bei der Dreieinigkeit) neue Ausmalung geschaffen. Im Verlauf des 15. Jh. durch gestiftete Einzeldarstellungen ergänzt. Nördl. Seitenschiff: Dreieinigkeit, 14. Jh., mit Übermalungen des 15. Jh.; nördl. Turmpfeiler: zwei Szenen der Passion Christi, um 1400. 1. Hälfte 15. Jh.: Emporenbrüstung, Nordseite (von Westen): Jüngstes Gericht, Szenen der Laurentiuslegende; östl. Stirnwand: Verkündigung, Schweißtuch der Veronika, Tanz der Salome, Martyrium Johannes d. T., Salome mit dem Haupt des Täufers; nördl. Seitenschiffwand: Hl. Martin, Kreuzigung; nördl. Pfeiler: Hl. Bischof; Empore, Nordwand: Hll. Lucia, Elisabeth; Mittelschiff, Nordwand: Bischof, Papst. Mitte 15. Jh.: nördl. Turmpfeiler: Hl. Ursula; südl. Seitenschiffwand: Hll. Sylvester, Cornelius, Hubertus,

Antonius Abbas, Quirinus; Nordwand, 3. Emporenjoch: Martyrium der Hl. Apollonia. Ende 15. Jh.: Westwand, südl. Empore: Hl. Petrus; Südwand, 2. Emporenjoch: Taufe Christi. Im 16./17. Jh. und 17./18. Jh. Ausmalung überfaßt und verändert. Ausführlich *Clemen (1909), S. 16-18; Kdm Rhp. 17.1, S. 88-92.*

Restaurierungen:
1900 begann eine durchgreifende Wiederherstellung des Gebäudes unter der Leitung des Trierer Dombaumeisters Wilhelm Schmitz. In ihrem Verlauf fand man am Turm Reste einer farbigen Fassung des 14. bis 15. Jahrhunderts, die der Maler Thomas in Keimschen Mineralfarben radikal erneuerte. Ab 1903 begann die Wiederherstellung der Ausmalung. Sie stand anfangs unter der Leitung von Wilhelm Batzem, Köln, den Clemen für diese Arbeit vorgeschlagen hatte. Die die Malereien umgebenden Flächen wurden vom Maler Daniel Josef Gies, Ahrweiler, getüncht. Ab 1906 übernahm Anton Bardenhewer die Leitung. Er stellte die architektonische Fassung auf der Grundlage des Dekorationssystems aus dem 14. Jahrhundert wieder her. Die darüberliegende spätere Fassung ging dabei verloren. Damit blieb die frühe dekorative Fassung unter Einbeziehung aller in verschiedenen Perioden entstandenen figürlichen Darstellungen erhalten. Die Emporenbrüstungen waren im 18. Jahrhundert abgebrochen und durch Maßwerkgeländer in Holz ersetzt worden. Dadurch wurde jeweils über die Hälfte der darauf befindlichen Darstellungen vernichtet. Bei der Restaurierung mauerte man die Emporen wieder glatt hoch. Die verlorenen Malereienpartien ergänzte Bardenhewer als reine Neuschöpfungen, *Kdm Rhp. 17.1, Abb. 89.* Mit diesen großflächigen Ergänzungen wurde dem Wunsch der Kirchengemeinde entsprochen. Bardenhewer verwendete für die Ausführung Kalkfarbe unter geringem Zusatz von Eitempera aus Ei und 1/10 Honig, *WMA.* An allen Stellen, die nicht ins Auge fielen, führte er lediglich die Konturlinie der Darstellungen weiter, um den Zusammenhang klar ablesbar zu machen, ohne ganze Felder farbig zu rekonstruieren, *Clemen (1930), S. 295.* Zwei Szenen der Passion Christi, das Martyrium des Täufers, Salome mit dem Haupt des Täufers und die Darstellung der Hl. Ursula erfuhren aufgrund ihres schlechten Erhaltungszustands große Eingriffe, *WMA.* Zu dieser Restaurierung fertigte Bardenhewer einen handschriftlichen Bericht vom 6. März 1907 an, *Clemen (1930), S. 293.* (Er müßte sich im BLDRP befinden, konnte aber bislang nicht gefunden werden.) Im Rahmen der Restaurierung fertigte er mehrere farbige Aufnahmen an, die z.Zt. als verschollen gelten. Eine farbige Aufnahme ist im Tafelband zu *Clemen (1930)* als *Tafel 67* abgebildet. Zu nahezu allen Darstellungen in ihrem Zustand vor und nach der Wiederherstellung sind im Altfotobestand des LDRP Fotografien, zum Teil von Bardenhewer, erhalten. Eine Fotografie, die das Innere mit der wiederhergestellten Ausmalung zeigt, ist in *Clemen (1909), S. 16,* veröffentlicht. Im BLDRP befinden sich zwei farbige Aquarellkartons von 1907. [1.] nördl. Seitenschiffwand, Inv.Nr. 15377, H. 0.96, B. 0.61, Martyrium der Hl. Apollonia, Aquarell; 2.) nördl. Seitenschiff, Inv.Nr. 15378, H. 0.98, B. 0.65, Hl. Dreifaltigkeit, Aquarell, *WMA].* Sie werden dort dem Maler Hans Josef Becker-Leber zugeschrieben. Möglicherweise fertigte dieser sie als Mitarbeiter Bardenhewers an.
Bei der letzten Restaurierung in den 80er Jahren wurde die architektonische Fassung anhand des Befunds aufgefrischt. Die figürlichen Darstellungen erhielt man mit den Ergänzungen.

Literatur: *Lindner, Arthur*, Die Wandmalereien von St. Laurentius zu Ahrweiler, Kölnische Volkszeitung, Sonntagsbeilage, 28. Februar 1904; *Bardenhewer, Anton*, Restaurierungsbericht vom 6. März 1907; *Clemen, Paul*, Aufnahmen gotischer Wandmalereien der Rheinlande, in: BPDR, Bd. 12, Düsseldorf 1908, S. 67-69; *ders.*, Ahrweiler. Wiederherstellung der katholischen Pfarrkirche, in: BPDR, Bd. 13, Düsseldorf 1909, S. 3-18; *Bardenhewer, Anton*, Vortrag vor dem Kölner Altertumsverein, Februar 1911, S. 9; *Clemen (1930), S. 293 ff.; Kdm Rhp. 17.1, S. 73-108; Acten* über den Bau und die Reparatur der katholischen Kirche zu Ahrweiler, Landeshauptarchiv Koblenz, Abt. 441, Nr. 31 665: *WMA St. Lorenz, Ahrweiler,* BLDRP.

42. 1905 - 1908   St. Andreas, Köln

Baubeschreibung: Katalog, Nr. 16

Ausmalung: Katalog, Nr. 16

Restaurierungen: Katalog, Nr. 16
1905 wurde Anton Bardenhewer mit der Wiederherstellung der Wandmalereien betraut. Er sollte den Originalbestand freilegen und sichern. Zu Beginn restaurierte er die Malereien in den nördlichen Seitenkapellen und dem nördlichen Querschiff. (Ausführlich *Heimann (1911)*) Teile der Ausmalung, bspw. die Ostwand der Petrus-von-Mailand-Kapelle, waren bereits 1895 unter Batzem/Bardenhewer aufgedeckt und danach mit Tüchern verhängt worden. (Siehe Katalog, Nr. 16) Dieses Verfahren, das ihnen hatte Schutz bieten sollen, führte durch die ständige leichte Reibung der Tücher zu einem Abscheuern loser Malschichten. 1906 begann Bardenhewer mit der Sicherung dieser Malereien. Die Freilegung unter seiner Leitung beurteilte Clemen durchweg positiv. Sie habe ab 1907 eine Restaurierung ermöglicht, die sich beispielhaft an den erhaltenen Resten orientiert und auch die stark beschädigten Reste der 1895 freigelegten Malereien zu erhalten gesucht habe. Bardenhewer retuschierte die Fehlstellen, damit sie nicht störend ins Auge fielen, und nahm nur an den Stellen, an denen sich die Originalmalerei sehr beschädigt zeigte, bspw. in der Petrus-von-Mailand-Kapelle, Ergänzungen vor. Nach Clemen zog er lediglich die erhaltenen Konturen nach, tupfte beschädigte, farbige Flächen aus, retuschierte und flickte behutsam aus. Doch habe er alle Übermalungen unterlassen, wodurch der Charakter der alten Technik, der Komposition und die Farbigkeit bewahrt blieben, *WMA.* Dieser positiven Beurteilung Clemens stehen die Untersuchungsergebnisse späterer Restaurierungen konträr gegenüber. Sie belegen, daß bspw. die Thronende Madonna, die unter Bardenhewer 1907 nochmals aufgedeckt wurde, starke Eingriffe aufwies. Nach einer Fixierung der gelösten Teile ergänzte er vor allem die Gestalt der Madonna weitgehend, *WMA.* Viele der weitreichenden Eingriffe erklären sich allerdings aus dem Zustand der Malereien nach den Veränderungen durch die Überarbeitung 1895. Die Farbigkeit versuchte Bardenhewer im Original zu erhalten. Bspw. übernahm er die leicht blaue Lasur (wahrscheinlich Smalte), die er im Hintergrund der Darstellungen an der Ostwand der Peter-von-Mailand-Kapelle und im Langhaus vorfand, *Bardenhewer, 2, S. 6.* Die dekorative Ausmalung erhielt er ohne Veränderungen. Im Langhaus beließ er, aufgrund des Mangels an erhaltenen Resten des Originals, die Neuschöpfung Fischers mit wenigen Korrekturen, *Clemen (1930), S. 155.* Die ursprüngliche Malerei war in einer Kalkseccotechnik ausgeführt und 1895 mit einer Kaseintempera übermalt worden, *Hahn (1990), S. 115.* Bardenhewer arbeitete 1907 mit Kalkkasein. Neben der Beurteilung Clemens wird der wahre Umfang der Eingriffe Bardenhewers bei *Heimann (1906),* deutlich. Er führt aus, daß Bardenhewer alle nur im Fragment erhaltenen Malereien sehr frei vervollständigt habe. Die sich anschließende Bewertung der Arbeiten ist jedoch durchweg positiv. Bei der Wiederherstellung sei streng nach den Grundsätzen der Denkmalpflege verfahren worden, indem man sich auf das sorgsame Nachziehen der erforschten Umrißlinien und das Austupfen beschädigter farbiger Flächen beschränkt und die erforderlichen Ergänzungen in der Art der alten Meister bewirkt habe, *Heimann (1906).* Bardenhewers Arbeiten standen im vollen Einklang mit den Vorstellungen der zeitgenössischen Denkmalpflege. 1908 wurde die Ausmalung des Querhauses in Anschluß an die vorgefundenen Reste in einem allerdings wesentlich vereinfachten System ausgeführt. Nach heutiger Vorstellung trennt sich die Restaurierung in einen besseren und einen schlechteren Teil. Die Darstellungen an der Westwand des nördlichen Querhausarms wurden unter Bardenhewer nur in sehr geringem Ausmaß nachretuschiert oder übermalt. Dort beschränkte man sich wirklich nahezu ausschließlich auf eine Nachkonturierung der figürlichen und dekorativen Malereien, um ihre Lesbarkeit zu gewährleisten. Die Engelfiguren in den Pendentifs sind, da nach der Abnahme der Ausmalung Fischers dort erhaltene Malereifragmente lediglich auf große Einzelfiguren schließen ließen, völlige Neuschöpfungen Bardenhewers. Er schuf sie mit dem Einverständnis Clemens. Den Zustand der Malereien dokumentierte er durch mehrere Fotografien, *Clemen (1930), S. 155,* die im Bestand des RBA und des BRAD erhalten sind. Drei im BRAD erhaltene Aquarellkartons werden auf 1907 datiert und A. Volkhausen [1.] 2. nördl. Seitenkapelle, Ostwand, Inv.Nr. 40488, H. 1.14, B. 0.60, 1/5 nat Gr., in vier Reihen von oben nach unten: Krönung Mariä, Visitatio, Geburt Christi, Anbetung, Kreuzigung, Aquarell - Zustand nach der Wiederherstellung; 2.) 2. nördl. Seitenkapelle, Ostwand, Inv.Nr. 14313, H. 1.20, B. 0.70, Krönung Mariens, Verkündigung, Heimsuchung, Ge-

burt, Anbetung der Könige, Kreuzigung, Aquarell; *WMA*] und J. Osten [nördl. Querhaus, Ostwand, Inv.Nr. 36373, H. 0.91, B. 0.79, Thronende Madonna mit 4 Heiligen, Aquarell - Zustand nach der Wiederherstellung, *WMA*] zugeschrieben. Sie zeigen die Darstellungen nach der Restaurierung und wurden vermutlich im Rahmen der von Clemen veranlaßten Gesamtaufnahme der Wandmalereien des Rheinlands angefertigt.

Literatur: Katalog, Nr. 16; *Heimann, Friedrich Carl*, Die wiederhergestellten alten Wandmalereien in St. Andreas zu Köln, in: Localanzeiger, Nr. 100, 13. April 1906; *Bardenhewer, Anton*, Vortrag vor dem Kölner Altertumsverein, Februar 1911, S. 7; *ders.*, Bericht über die alten Wandmalereien in der Doppelkirche zu Schwarzrheindorf, Köln, den 1. April 1911, S. 6; *Pfarrer Breuer*, in: Historisches Archiv des Erzbistums Köln (HAEK), Generalvikariatsakten (GA) St. Andreas, im September 1917; *Clemen (1930)*, S. 156-159, S. 423; *Beseler, Hartwig*, Der Wiederaufbau der Kölner Kirchen 1953-1956, in JBRD, Bd. 21, Kevelaer 1957, S. 155-158; *Hahn, Horst*, Die Restaurierung der Wandmalereien von St. Andreas, in: Colonia Romanica, Bd. 5, Köln 1990, S. 111-120; *Kosch, Clemens*, St. Andreas, in: Colonia Romanica, Bd. 10, Köln 1995, S. 41-62; *WMA St. Andreas*, BRAD.

43. 1905 - 1909   St. Peter, Essen - Werden

Westwerk der ehem. Abteikirche St. Luidger, Essen-Werden; enthält Reste des Ursprungsbaus von 943. Quadratischer Mittelraum, an drei Seiten von halb so breiten, zweigeschossigen Seitenräumen umgeben, tritt im Außenbau als Turm in Erscheinung. Im 13. Jh. bauliche Veränderungen, Einbindung in die Langhausgliederung. Im 14. Jh. Patroziniumswechsel. Weitreichende bauliche Veränderungen im 15. und 17.-18. Jh.

Ausmalung:
Figürliche und ornamentale Wandmalereien, 10. Jh. Tonnengewölbe, südl. Altarnische: fünf Szenen in unsymmetrischen Feldern, umgeben von Friesen aus Ranken und Palmetten, das mittlere durch roten Grund hervorgehoben, [vermutlich] Martyrium der thebäischen Legion, *Clemen (1916), Tafel VII*; Tonnengewölbe, nördl. Altarnische: ebenfalls fünf Szenen, [vermutlich] Leben Johannes d. T.; Vorhalle, Ostwand: Wandmalereien; Gurtbogenlaibung, Stirnseite und Laibung des mittleren Gurtbogens: spätgotische geometrische und florale Ornamentik in Rot und Gelb. Ausführlich *Clemen (1916)*, S. 78-87.

Restaurierungen:
1840-50 wurde die Kirche umfassend historistisch überarbeitet. 1884-98 folgte eine erneute Wiederherstellung mit einschneidenden Veränderungen. 1888 begann die ornamentale Malerei durch den Putz zu blühen. Die daraufhin unter der Leitung Effmanns aufgedeckten und aufgenommenen Malereien wurden 1893 mit neuem Putz überdeckt. Erst 1907 entdeckte man im Rahmen einer weiteren Instandsetzung in den Quertonnen Reste der figürlichen Malereien und weitere ornamentale Dekorationen. Die Ornamentik stellte Bardenhewer ab 1909 wieder her. Dabei ergänzte er die erhaltenen Reste auf der Stirnseite, der Laibung und dem Gurt der Nordseite zu einem Gesamtbild und kopierte dieses auf die Südseite. Die Gewölbemalerei wurde aufgrund ihres schlechten Zustands wieder übertüncht. Die figürliche Malerei wurde angeblich ohne Ergänzungen gesichert, *Jordan, Abb. 2*. (Für eine Beurteilung sind die zeitgenössischen Fotografien zu unscharf.) Bereits 1905, also im Vorfeld seiner Arbeiten, fertigte Bardenhewer Aquarellkartons zu den Malereien an. Sie sind im BRAD erhalten und werden in der zugehörigen *WMA* in das Jahr 1909 datiert. Ein Aquarellkarton [nördl. Seitenschiff, Inv.Nr. 21967, Detail der ornamentalen Ausmalung, Aquarell; *WMA*] wird Bardenhewer-Flintsch zugeschrieben. Beide Maler arbeiteten zeitgleich, vermutlich gemeinsam, in St. Luidger. Da die Leitung der Restaurierung im übrigen Teil der Kirche eindeutig Bardenhewer zugewiesen wird, war Flintsch möglicherweise ein Mitarbeiter Bardenhewers. [Siehe Katalog, Nr. 56] Drei weitere erhaltene Aufnahmen werden Flintsch zugeschrieben. [1.] südl. Seitenschiff, Altarnische, Inv.Nr. 21966, H. 0.77, B. 0.49, 5 Szenen aus dem Martyrium der thebäischen Legion, Aquarell; 2.) Stirnwand und Laibung Gurtbogen, nördl. Seitenschiff, Inv.Nr. 21968, H. 0.77, B. 0.51, Detail der Ornamentalen Ausschmückung, Gurte und Bögen, Aquarell; 3.) nördl. Seitenschiff, Tonne, Altarnische, Inv.Nr. 21967, H. 0.77, B. 0.49, Szenen aus dem Leben Johannes

des Täufers (?), Aquarell; *WMA*]. Einen weiteren Karton schuf Joseph Lübbecke. [südl. Tonne, Mittelfeld, Inv.Nr. 17934, H. 1.01, B. 2.42, nat.Gr., Martyrium der thebäischen Legion, Opferszene, 2 Pausen: a) Kohle auf Pauspapier, b) nach der ersten Pause auf Ölpapier; *WMA*]. Die Kartons 1.) und 3.) sind in *Clemen (1916)* als *Tafeln VII, VIII* abgebildet. Den Zustand der Malereien vor und nach der Restaurierung dokumentieren mehrere Fotografien, teilweise von Bardenhewer, die im BRAD erhalten sind. Ein Hinweis bei *Ketnath-Hornig (1940), S. 72*, läßt vermuten, daß Bardenhewer die Malereien in den 30er Jahren nochmals wiederherstellte. (Entsprechende Arbeiten konnten bislang nicht nachgewiesen werden.) Die Malereien sind fragmentarisch und schemenhaft erhalten. Die letzte Restaurierung hat einige Fragmente der Gewölbemalereien wieder aufgedeckt und konserviert.

Literatur: Kdm Rhp. 2.2, S. 86-88; *Effmann, W.*, Die karolingisch-ottonischen Bauten zu Werden, Bd. 1, 1899; *Jordan*, Wiederherstellungsarbeiten an der ehemaligen Abteikirche zu Werden a.d. Ruhr, in: Die Denkmalpflege, Jg. 12, Nr. 9, 1910, S. 65-69; *Bardenhewer, Anton*, Vortrag vor dem Kölner Altertumsverein, Februar 1911, S. 2-3; *anonym*, Über mittelalterliche Wandmalereien, in: Localanzeiger, Nr. 51, 20. Februar 1911, S. 8; *Clemen (1916)*, S. 77-87; *Elbern, Viktor H.*, Die Kirchen in Werden und ihre Kunstschätze, Arbeitskreis St. Luidger (Hsg.), 4. Aufl., Essen-Werden 1977; *Sölter, Walter*, Die ehemalige Abteikirche Essen-Werden, in: Rh. Kunststätten, Heft 254, Köln 1981; *WMA Ehem. Peterskirche, Essen-Werden*, BRAD.

44. 1906 - 1908   Ev. Pfarrkirche, Sankt Goar

Ehem. Stiftskirche des 8. Jh., im 12. Jh. durchgreifend verändert. Aus dieser Zeit: Krypta, Teile des Chores und der Chorflankentürme. Im 13. Jh. Westturm und neuer Chor mit 5/10-Schluß errichtet. 1443-1469 Neubau des Langhauses, netzgewölbte, dreischiffige Emporenhalle mit fast quadratischer Grundform und aus der Flucht der Seitenschiffe hervortretenden Kapellen. In der 2. Hälfte des 16. Jh. größere Reparaturen. Im 18. Jh. weitere Wiederherstellungsarbeiten.

Ausmalung:
Architektonische Fassung, 13. Jh., bis ins 18. Jh. um Darstellungen ergänzt. Langhaus: Apostelzyklus von Spruchband mit Credo begleitet; Turmempore, Bogenzwickel: Verkündigung; Triumphbogen, Ostwand: Weltgericht; nördl. Seitenschiff: 1. Joch, Gewölbe: zwei Figurengruppen in zeitgenössischer Tracht, Gnadenstuhldarstellung und Hl. Joist, Patrone der Bruderschaften; Wand: Blattornament, Hl. Katharina; 2. Joch, Gewölbe: Hl. Ludwig, Muttergottes, Hl. Maria Magdalena, Ritter; Wand: Hl. Elisabeth; 3. Joch, Gewölbe: Anbetung der Könige; Wand: Hll. Antonius, Hieronymus, darunter, links: Katharinenlegende, rechts: Heiligenlegende; 4. Joch, Gewölbe: Ornamentik; westl. Pfeiler: Salvator mit Stifter; 5. Joch, Gewölbe: Laubwerk; Zwickel: Hl. Nikolaus, den Jungfrauen goldene Äpfel reichend, Bischof, zu dessen Füßen ein Mann liegt, Martyrium des Hl. Sebastian; südl. Seitenschiffwand: Martyrium der Hl. Agatha, Hl. Lucia; Pfeiler: Hll. Gertrud, Nothburga, beide 16. Jh.; südl. Seitenschiff: 1. Joch, Gewölbe: Evangelistensymbole, Hl. Laurentius; Wand: Benediktinerabt, Hl. Ursula; 2. Joch, Gewölbe: Hll. Georg, Christophorus, Sebastian, Johannes d. T.; über Südportal: Ritter Johann Boos von Waldeck und seine Ehefrau Katharina Beusser von Ingelheim kniend mit ihren Wappen; links der Tür: Hl. Vitus über heidnischem König, Hl. Quirinus mit Hausmarke des Stifters; darunter: [eventuell] Hl. Erasmus; 3. Joch, Gewölbe: vier Kirchenväter; 4. Joch, Gewölbe: Pieta unter dem Kreuz, stehende Madonna, zwei Apostel, Hl. Goar, daneben: Wappen derer von Katzenellenbogen; 5. Joch, Gewölbe: Ornamente, 13. Jh.; westl. Südkapelle: Gottvater, kniende Maria und Johannes als Fürbitter; gegenüber: Johannes d. T.; östl. Südkapelle, Pfeiler: Hl. Georg als Drachenkämpfer, Anfang 16. Jh.; Turmjoch: dichtes Rankenwerk, dazwischen: Garten Gethsemane, Muttergottes mit Hl. Katharina, weibl. Heilige, zwei Engel mit Krone, Hl. Goar mit Kirchenmodell, Hll. Sebastian, Christophorus, Apostel Thomas und Philippus; westl. Pfeiler: Muttergottes, umgeben von Engeln mit Stifter, Mitte 16. Jh. Vielfach in der Kirche angebrachte Memorien-Inschriften des 18. Jh. Ehem. Taufkapelle, Tonnengewölbe u. Wände: Malereien, 13. Jh., Kreuzgewölbe: Evangelistensymbole, 15. Jh. Ausführlich *Bardenhewer/Renard, 1908.*

Restaurierungen:
1841 wurde das Innere weiß getüncht. Ende des 19. Jahrhunderts blühten unter der Tünche die Malereien hervor. Aufgrund des schlechten Zustands des Gebäudes kam es 1889-95 unter der Leitung des Architekten Heinrich Wiethase, Köln, zu einer durchgreifenden baulichen Instandsetzung. In ihrem Verlauf deckte man Teile der Ausmalung auf und restaurierte zwei Grabdenkmäler. Eine Voruntersuchung der Wände erfolgte nicht. Daher ging bei der Erneuerung des Putzes das Weltgericht oberhalb des Triumphbogens verloren; erhalten blieben nur ein Posaune blasender Engel im Scheitel und einige Flammen der Höllendarstellung am unteren rechten Rand. 1905-07 folgte eine erneute Wiederherstellung unter der Leitung des Architekten Gottlob Bernhard, bei der der Maler Will, Rheinböllen, die Malereien teilweise freilegte. Aufgrund der Qualität und der Vollständigkeit des zutagetretenden Ausmalungssystems wurde Anton Bardenhewer 1907, nachdem ihn Clemen bereits 1905 vorgeschlagen hatte, mit der Freilegung und Wiederherstellung der Malereien betraut. Die Wiederherstellung, die bereits im November 1907 beendet war, erfolgte in einer für die Zeit äußerst behutsamen Form. Daher blieb eine der reichsten und bedeutendsten Ausmalungen der rheinischen Spätgotik erhalten. Bei den Ergänzungen verwendete Bardenhewer Eiweiß mit 1/10 Honig als Bindemittel. Bei einigen der figürlichen Darstellungen kam es jedoch zu größeren Übermalungen. Die Darstellung der Pestaussendung blieb bspw. nur in der Komposition original erhalten, *WMA*. Die freigelegte Ausmalung beschreibt *Heimann (1908)* ausführlich, wobei er sich vielfach auf *Bardenhewer/Renard* bezieht. In dem Artikel Heimanns ist eine zeitgenössische Einschätzung der Restaurierung Bardenhewers erhalten. Er beschreibt die Freilegung als mit äußerster Sorgfalt ausgeführt, die Wiederherstellung und Ergänzung aller Einzelheiten als pietätvolles Eingehen auf Technik und Inhalte der Originalmalerei, *Heimann (1908)*. Über die Restaurierungstechnik Bardenhewers und den maltechnischen Befund der aufgedeckten Malereien geben *Bardenhewer/Renard, S. 55*, ausführlich Auskunft. Anton Bardenhewer schuf 1908 vier farbige Aufnahmen, die im BLDRP erhalten sind. [1.) südl. Seitenschiff, 3. Gewölbe, nördl. Seitenschiff, Ostjoch, Inv.Nr. 17757, H. 0.68, B. 1.01, Hl. Sebastian, Kirchenvater Augustinus, Hl. Nikolaus, Aquarell; 2.) Turmhalle, Inv.Nr. 17758, Gewölbefeld, Aquarell; 3.) Turmgewölbe, Südkappe, Inv.Nr. 37358, H. 0.91, B. 0.94, Madonna mit Heiligen zwischen Ranken, Aquarell; 4.) Westjoch, südl. Seitenschiff, Inv.Nr. 17756, H. 0.67, B. 0.50, Evangelistensymbole, Aquarell - Zustand vor der Restaurierung; *WMA*] Eine ist im Tafelband zu *Clemen (1930)* als *Tafel 85* veröffentlicht. Zwei zur Zeit nicht auffindbare Zeichnungen, ein Grundriß und ein Längsschnitt von Bardenhewer, sind dort als *Fig. 361-362* und in *Bardenhewer/Renard* als *Fig. 30 u. 37* veröffentlicht. Den Zustand der Malereien dokumentierte Bardenhewer ab 1907, parallel zu seiner Restaurierung, durch 23 Fotografien, die im BLDRP erhalten sind. Einige sind in *Bardenhewer/Renard, S. 48*, und *Clemen (1930)* als *Tafeln 86-88* u. *Fig. 363-375* abgebildet. Darüber hinaus fertigte Bardenhewer einen ausführlichen Restaurierungsbericht, in dem mehr als fünfzig Einzeldarstellungen ausführlich beschrieben werden, *Abschrift, Nr. 82*. 1927-30 kam es zu einer Instandsetzung der Krypta, des Kirchenraums und einer Erneuerung der Verglasung des mittleren Chorfensters nach einem Entwurf von César Klein.
1961-64 wurden alle Übermalungen oder Ergänzungen Bardenhewers abgenommen. Die letzte Restaurierung Anfang der 80er Jahre erneuerte die architektonische Fassung anhand des Befunds und reinigte die bildlichen Darstellungen. Die Heiligenlegenden an der nördlichen Seitenschiffwand sind am schlechtesten erhalten.

Literatur: *Clemen/Cuno*, St. Goar. Restauration der evangelischen Pfarrkirche, BPDR, Bd. 2, S. 52-56; und Bd. 6, S. 38; *Bardenhewer/Renard*, St. Goar. Wiederherstellung der spätgotischen Ausmalung in der evangelischen Stiftskirche, in: BPDR, Bd. 12, Düsseldorf 1908, S. 47-56; *Heimann, Friedrich Carl*, Die Stiftskirche zu St. Goar, in: Kölnische Volkszeitung, Nr. 168, 24. Februar 1908; *Waters, Franz*, [Stiftskirche St. Goar], in: Sonntagsblatt der Koblenzer Volkszeitung, 23. Januar 1910, Nr. 4; *Bardenhewer, Anton*, Vortrag vor dem Kölner Altertumsverein, Februar 1911, S. 10; *Clemen, Paul*, Neujahrsgabe der Vereinigung von Freunden des Kunsthistorischen Instituts in Bonn, Privatdruck, Bonn 1928; *ders. (1930)*, S. 355 ff.; *Ledebur, Alkmar Frh. von*, Stiftskirche St. Goar, in: Schnell, Kunstführer Nr. 1483, 1. Aufl., München & Zürich 1984; *WMA Ehem. Stiftskirche, St. Goar*, BLDRP; *Acta* betreffend den Bau und die Reparatur an der evangelischen Stiftskirche St. Goar, Landeshauptarchiv Koblenz, Abt. 441, Nr. 29

204

516; *Abschrift* der Evangelischen Gemeinde St. Goar, Nr. 82, St. Goar, 6.11.1907, Bericht über die innere Wiederherstellung der Kirche, in: Acta, s.o.

45. 1906 - 1911   St. Maria im Kapitol, Köln

Dreischiffige Basilika mit Dreikonchenchor über Krypta und türmeflankiertem Westbau, im 11. Jh. über Vorgängerbau des 9./10. Jh. an der Stelle des antiken Kapitols errichtet. Im 12. Jh. Ausbau des Westturms. Um 1200 Wiederherstellung der Kirche. Um 1240 Mittelschiff eingewölbt. 1466 die Salvator-Kapelle (Hardenrath-Kapelle) geweiht. 1493 die Hirtz-Kapelle gestiftet. Umbauten im 17. und 18. Jh.

Ausmalung:
Krypta, Stirnkapelle, Gewölbe: Ornamentik, vier Szenen aus dem Leben Johannes d. T.; Südwand: drei Szenen des Martyriums Johannes d. T.; Nordwand: figürliche Darstellungen, 12. Jh.; südl. Seitenschiff, Apsis: Kreuzigung mit Stiftern, um 1200; nördl. Seitenschiff, Apsis: zwei Malschichten übereinander, Letztes Abendmahl, Heiligenlegende, 12. Jh. und Marienkrönung, 14. Jh.; nördl. Kreuzflügel, Apsis: drei Malschichten übereinander, Christus in der Mandorla umgeben von Evangelistensymbolen, um 1200, darüber: Kreuzigungsgruppe, Anfang 13. Jh., darüber Christus in der Mandorla mit Evangelistensymbolen, 13. Jh.; südl. Kreuzflügel, Apsis: zwei Malschichten übereinander, thronender Christus in der Mandorla, umgeben von Evangelistensymbolen, Kreuzigung, um 1200, darüber: Lamm Gottes von Evangelistensymbolen umgeben, 14. Jh. Malereien im 17. und 18. Jh. teilweise überfaßt. Wandmalereien der beiden östl. Kapellen, 2. Hälfte 15. und Anfang 16. Jh. Hardenrath-Kapelle: ehem. Sängerchor u. Orgelspieler, christologischer Zyklus, Heiligenfiguren, Stifterdarstellungen, in Öl ausgeführt. Ausführlich *Kdm Rhp. 2.1, S. 388, Clemen (1916), S. 226-245*.

Restaurierungen:
1832 und 1868-69 wurde das Gebäude historisch überarbeitet. Parallel malte der Maler Gatzke 1866 den Chor nach Entwürfen von Eduard von Steinle (2.7.1810 Wien - 18.9.1868 Frankfurt/M., Mitglied der Nazarener in Rom) aus. Das originale dekorative Ausmalungssystem wurde vollkommen zerstört. 1868-71 schuf der Kaplan Matthias Goebbels nach Entwürfen August von Essenweins eine Neufassung des Quer- und Langhauses in Temperafarbe, *Abb. Krings, Fig. 189*. Die dabei aufgefundenen Reste einer figürlichen Originalausmalung wurden beseitigt. Im Anschluß folgte eine Neuausmalung der Vierung. Die ornamentalen Malereien führte der Dekorationsmaler Schüller aus. Im Verlauf der Arbeiten fand man in den seitlichen Konchen und an der Stirnseite des Westbaus Reste figürlicher Darstellungen. Diese beseitigte man, ohne sie zu kopieren oder durch eine ausführliche Beschreibung zu dokumentieren. Technisch war diese Ausmalung so schlecht ausgeführt, daß die Vierung bereits 1890, das Langhaus und die Konchen ab 1902 durch den Maler P. Koep überarbeitet werden mußten. Von der ursprünglichen Ausmalung blieben nur Fragmente figürlicher Darstellungen in den Ostteilen der Krypta erhalten. Darstellungen aus dem Leben Johannes des Täufers, die man im Gewölbe der mittleren, östlichen Kapelle fand, wurden 1897 von dem Maler Gerhard Schoofs auf Veranlassung Clemens farbig aufgenommen. Im BRAD sind zwei Aquarellkartons G. Schoofs von 1897/98 [Krypta, Apsiskuppel, Ostkapelle, südl. Seitenschiff, Inv.Nr. 5523, H. 0.36, B. 0.29, Kreuzigung mit Maria, Johannes und Stiftern; *WMA*] und von 1900 erhalten. [Krypta, Apsis nördl. Seitenschiff, Inv.Nr. 7704, H. 0.54, B. 0.71, in zwei Malschichten: eine romanische Darstellung des Abendmahls, verbunden mit einer Heiligenlegende; jüngere Schicht: eine hochgotische Krönung Mariens; *WMA*] Sie spiegeln eine Überarbeitung des 19. Jahrhunderts wider. Beide Aufnahmen kontrollierte und ergänzte Anton Bardenhewer, als er 1906 mit der Restaurierung der Wandmalereien betraut wurde. Bardenhewers Auftrag erstreckte sich auf die Freilegung der Wandmalereien der Querhausapsiden und die Freilegung, Fixierung und Wiederherstellung der Wandmalereien in der Krypta. Dabei sollen keine Eingriffe in den Originalbestand vorgenommen worden sein, wie der zeitgenössische Zustand der Wandmalereien in situ bei einem Vergleich mit den Kopien zeigt, *WMA*. In *Bardenhewer (1911)* sind viele Hinweise zu dieser Restaurierung gegeben. Den Zustand der Malereien nach der Restaurierung zeigen mehrere Fotografien bei *Renard, Fig. 20, 25 u. 52*.

Zu der Restaurierung der Wandmalereien in der Krypta durch Barden-hewer entstanden fünf farbige Aufnahmen. [1.) Ostkapelle, Kreuzge-wölbe, Inv.Nr. 13489, H. 0.36, B. 0.41, Taufe Christi, Detail: Köpfe zweier Engel; 2.) Kreuzgewölbe, Ostkappe, Inv.Nr. 13490, H. 0.29, B. 0.37, Tau-fe Christi, Detail: Kopf des Täufers; 3.) Hauptkapelle, Südwand, Inv.Nr. 13491, H. 0.51, B. 0.70, Predigt Johannes des Täufers, Tanz der Salome, Enthauptung des Täufers; 4.) Kuppelgewölbe mittl. Querschiffkapelle, Inv.Nr. 13488, H. 0.51, B. 0.62, in drei Ausmalungsschichten: Reste einer Majestas Domini, umgeben von Evangelistensymbolen, b) großfigurige Kreuzigung mit Stiftern und den Gestalten von Ecclesia und Synagoge, c) eine zweite Darstellung der Majestas Domini - Zustand bei der Auf-findung; 5.) Gewölbekuppel, südl. Querhaus, Inv.Nr. 13487, H. 0.52, B. 0.67, Majestas Domini und Reste einer Kreuzigung; *WMA*] Sie werden in der *WMA* dem Maler Josef Becker-Leber zugeschrieben, der zu die-ser Zeit mit großer Wahrscheinlichkeit ein Mitarbeiter Bardenhewers war. Ab 1935 wurde aufgrund von Bauschäden eine umfassende In-standsetzung des Gebäudes nötig. In ihrem Verlauf wurde der Putz ab-geschlagen. Dabei entdeckte man geringe Reste der ältesten Fassung. Die Übermalungen von Goebbels, Koep, Bardenhewer und seinen Mit-arbeitern entfernte man. Die Erneuerung der Innenausstattung erfolgte unter der Leitung der Architekten Krücken und Hartmann.
Im Zweiten Weltkrieg wurde das Gebäude weitgehend zerstört und ab 1956 neu aufgebaut. Infolge der vielfachen Überfassungen und der starken Kriegszerstörung sind nur geringfügige Wandmalereifragmen-te in den östl. Kapellen erhalten. (Siehe Katalog, Nr. 68, 100)

Literatur: *anonym*, Innere Ausschmückung der Kirche St. Maria im Capitol, in: Organ f. chr. Kunst, Bd. 18, 1868, S. 181-183; *Endert, J. van*, Die Bemalung des südlichen Querschiffes der Kirche St. Maria im Capitol in Köln, in: Organ f. christl. Kunst, Bd. 18, 1869, S. 103-106; *Clemen, Paul*, Anfertigung von Kopien der mittelalterlichen Wandmalereien der Rheinprovinz, in: BPDR, Bd. 3, 1898, S. 55-56; *Klinkenberg, Joseph*, Köln und seine Kirchen - Führer durch Köln für die Besucher der 50. General-Versammlung der Katholiken Deutschlands, Köln 1903, S. 71-78; *Kdm Köln. 2.1*, Düsseldorf 1911, S. 227-273; *Bardenhewer, Anton*, Bericht über die alten Wandmalereien in der Doppelkirche zu Schwarzrhein-dorf, Köln, den 1. April 1911, S. 4; *Clemen (1916)*, S. 220-245; *Renard, Edmund*, Köln, Berühmte Kunststätten, Bd. 38, 2. Aufl., Leipzig 1925; *Schorn, W.*, Die Si-cherungsarbeiten an der Kirche St. Maria im Kapitol zu Köln, in: Rh. Heimat-pflege, 9. Jg., 1937, S. 529-540; *Pfitzner, Carlheinz*, Zur farbigen Fassung mittel-alterlicher Innenräume (im Anschluß an die Instandsetzung des Quirinus-münsters in Neuß), in: JBRD, 13. Jg., Heft 3, 1941, S.304-306; *Beseler, Hartwig*, Der Wiederaufbau der Kölner Kirchen 1953-1956, in JBRD, Bd. 21, Kevelaer 1957, S. 171-174; *HDK, 4.1*, S. 357 ff.; *Krings, Ulrich*, St. Maria im Kapitol. Die Bautätigkeit des Mittelalters und der Neuzeit bis zum Zweiten Weltkrieg, in: Stadtspuren - Denkmäler in Köln, Kier/Krings (Hsg.), Bd. 1, 1984, S. 345-380; *Hilger, Hans Peter*, St. Maria im Kapitol zu Köln, in: Rh. Kunststätten, Heft 59, Köln 1985; *Holzamer, Karin*, August Essenwein 1831-1892 - Architekt und Mu-seumsmann, seine Zeichnungen und Entwürfe in Nürnberg, Diss. Regensburg 1985, S. 64-68; *Machat, Christoph*, Kath. Pfarrkirche St. Maria im Kapitol, ehem. Damenstiftskirche, in: Der Wiederaufbau der Kölner Kirchen, Köln 1987, S. 97-113; *Schäfke, Werner*, Kölns romanische Kirchen, 4. Aufl., Köln 1987, S. 166-180; *Twachtmann-Schlichter, Anke*, Matthias Goebbels - Dekorationsmalerei und Kir-chenrestaurierung im 19. Jahrhundert in Köln, Diss. Westfälische Wilhelms-Universität Münster, in: Studien zur Kunstgeschichte, Bd. 89, Hildesheim/ Zü-rich/ New York 1994, S. 63-64; *Stracke, Wolfgang*, St. Maria im Kapitol, in: Co-lonia Romanica, Bd. 11, Köln 1996, S. 79-103; *WMA St. Maria im Kapitol*, BRAD.

46. 1907 - 1912   Kathedrale u. Glosindenkapelle, Metz

Restaurierungen:
1870 begann eine umfassende Wiederherstellung der Kathedrale, die ab 1874 unter der Leitung des Dombaumeisters Paul Tornow stand. Mit großer Wahrscheinlichkeit vermittelte Clemen Anton Bardenhewer auf-grund seiner Bekanntschaft mit Tornow nach Metz. Bardenhewer be-gann vermutlich, bedingt durch die Absetzung Tornows vom Posten des Dombaumeister, 1906, erst 1907 mit seinen Arbeiten in Metz. Das ge-naue Ausmaß seiner Mitarbeit vor Ort ist nicht geklärt. Möglicherweise war er an Glasmalerei- und Wandmalereirestaurierungen beteiligt. Ein-deutig läßt sich nur die Restaurierung mehrerer Epitaphen des 14., 15. und 16. Jahrhunderts durch ihn belegen. Die frühgotischen Epitaphen waren mehrfach, erstmals bereits im 16. Jahrhundert, mit Ölfarbe über-malt worden, *Bardenhewer (1911), 1.* Bardenhewer erhielt den Auftrag,

die Originalfassung freizulegen und zu sichern. 1909 wurde er mit Ar-beiten in der Glosindenkapelle betraut. Die Art und das Ausmaß seiner dortigen Arbeiten sind bislang nicht geklärt.

Literatur: *Clemen, Paul*, Paul Tornow, in: Die Denkmalpflege, Nr. 8, 8. Jg., Ber-lin 1906, S. 63-64; *Bardenhewer, Anton*, Vortrag vor dem Kölner Altertumsverein, Februar 1911, S. 8; *Bardenhewer, Anton*, Bericht über die alten Wandmalereien in der Doppelkirche zu Schwarzrheindorf, Köln, den 1. April 1911, S. 3; *anonym*, Über mittelalterliche Wandmalereien, in: Localanzeiger, Nr. 51, 20. Februar 1911, S. 8; *Ketnath-Hornig, Antonie*, Kunstmaler Anton Bardenhewer, Mittei-lungen des Familienverbandes Bardenheuer, Nr. 3, März 1940.

47. 1907   Ev. Pfarrkirche, Hamminkeln

Zweischiffige, kreuzrippengewölbte Hallenkirche mit breit gelagertem Langhaus, dreigeschossigem, vorgesetztem Westturm, der Reste eines Vorgängerbaus aus der 2. Hälfte des 12. Jh. enthält, Chorjoch und 5/8-Schluß, Mitte 15. Jh. errichtet.

Ausmalung:
Architektonische Fassung und figürliche Darstellungen, Anfang 16. Jh. Chor: Apostelreihe; Nordwand: Hl. Christophorus; Mittelschiff, nördl. Scheidwand: Jüngstes Gericht; Seitenschiffgewölbe: Ranken, Westjoch: eingefügte Evangelistensymbole. Ausführlich *Hensler (1912), S. 55-57.*

Restaurierungen:
1878 traten im Verlauf einer baulichen Instandsetzung Teile des Jüngsten Gerichts und die Apostelreihe zutage. Sie wurden wieder übertüncht. Erst 1906 begann eine grundlegende Wiederherstellung des Gebäudes, bei der man große Teile der Ausmalung freilegte. Diese wollte die Ge-meinde sofort wieder übertünchen. Nach langen Auseinandersetzungen wurde Anton Bardenhewer im Mai 1907 mit der systematischen Freile-gung und Wiederherstellung zunächst der spätgotischen Gewölbema-lerei der Seitenschiffe und des ca. 6 m hohen und 4 m breiten Hl. Chri-stophorus an der Nordseite des Chors betraut. Dabei entdeckte er eine Verwandtschaft der Maltechnik zu den Malereien in Hanselaer. Dort wie hier sei über die weiße Tünche eine ganz dünne Lasur aus Schwarz mit viel Wasser ausgeführt, *Bardenhewer, S. 73.* Die Darstellung des Hl. Christophorus erlitt bei dieser Restaurierung einige Veränderungen. Bardenhewer übermalte sie so stark, daß bspw. Gesicht und Hände ein-deutig Schöpfungen seiner Zeit waren, *Clemen (1930), S. 392.* Die übri-ge Malerei blieb zum großen Teil übertüncht, *Bardenhewer (1909), S. 73.* Bardenhewer fertigte je eine Aufnahme des Hl. Christophorus vor bzw. nach der Restaurierung an. [1.) Chor, Nordseite, Inv.Nr. 12814, H. 0.35, B. 0.36, 1/15 nat.Gr., Christophorus, Aquarell - Zustand vor der Restau-rierung; 2.) Chor, Nordseite, Inv.Nr. 14250, H. 0.94, B. 0.63, ca. 1/6 nat.Gr., Christophorus, Aquarell - Zustand nach der Restaurierung; *WMA*] Karton 2.) ist bei *Hensler, S. 55*, und *Clemen (1930)* als *Fig. 391* ab-gebildet. Die Aufnahmen und mehrere Fotografien der Wandmalereien von Bardenhewer sind im BRAD archiviert. Heute ist von den figür-lichen Darstellungen nur der Hl. Christophorus mit dem zu seinen Füßen knienden Stifterpaar erhalten.

Literatur: *Kdm Rhp. 2.1*, S. 65; *Clemen, Paul*, Aufnahmen gotischer Wandmale-reien der Rheinlande, in: BPDR, Bd. 12, Düsseldorf 1908, S. 67-69; *Bardenhewer, Anton*, Kalkar (Kreis Kleve). Wiederherstellung der katholischen St. Nikolaus-Pfarrkirche. Wiederherstellung der Ausmalung, in: BPDR, Bd. 13, Düsseldorf 1909, S. 73; *Hensler, E.*, Wiederherstellung gotischer Wandmalereien und kirch-licher Ausstattungsstücke am Niederrhein. Hünshoven (Kreis Geilenkirchen), Hanselaer (Kreis Cleve), Hamminkeln, Brünen und Ringenberg (Kreis Rees), in: BPDR, Bd. 16, Düsseldorf 1912, S. 55-59; *Clemen (1930)*, S. 391 ff., *HDK, 4.1*, S.220-221; *WMA Hamminkeln*, BRAD.

48. 1907   St. Medardus, Bendorf

Dreischiffige, zweijochige, gewölbte Pfeilerbasilika im gebundenen System mit halbrund geschlossenem Chor und südöstl. Chorflanken-turm, um 1200. Um 1230 an der Südseite Doppelkapelle, sog. Rei-chardsmünster, angebaut. 1790-92 Veränderung des Reichardsmünsters durch Anbau einer größeren katholischen Kirche.

Ausmalung:
Architektonische Fassung, 1. Hälfte 13. Jh., Chorgewölbe: große Sterne und Rosen. 2. Hälfte 13. Jh., um wenige figürliche Darstellungen ergänzt. Apsisgewölbe: Thronender Salvator in der Mandorla, von Evangelistensymbolen umgeben; über Triumphbogen: Thronender Christus auf dem Regenbogen, flankiert von zwei Engeln mit Leidenswerkzeugen, 2. Hälfte 13. Jh; Außenbau Reichardsmünster: Kreuzigung mit Maria, Johannes, Maria Magdalena, wohl 16. Jh. Ausführlich *Clemen (1916)*, S. 629-631, *Kdm Rhp. 16.3*, S. 92.

Restaurierungen:
1864-67 wurde die katholische Kirche durch den Architekten F. Nebel ausgebaut. Ab 1907 folgte eine umfassende Wiederherstellung des Gebäudes unter der Leitung des Architekten Ehrhardt Müller, Koblenz. Dabei kam es zur Erneuerung der Verglasung. Im Fotoarchiv des LDRP sind mehrere Fotografien von Glasfensterentwürfen, die vor 1907 gefertigt worden sind, erhalten. Die Ausführung lag in den Händen der Glasmalerei Schneiders & Schmolz, Köln. Ob die Entwürfe auf Anton Bardenhewer zurückgehen, ist nicht zu klären. Nachdem im Inneren der Kirche unter der Tünche Reste der ehemaligen Ausmalung entdeckt worden waren, erhielt Anton Bardenhewer den Auftrag, sie freizulegen und wiederherzustellen. Der Erhaltungszustand der romanischen Dekoration war so gut, daß Bardenhewer sie nur geringfügig ergänzte bzw. retuschierte, *Kdm Rhp. 16.3*, S. 92. Die figürlichen Darstellungen waren teilweise stark beschädigt, *Clemen (1916)*, S. 630. Einzig der Engel der Evangelistensymbole war vollständig erhalten, die übrigen mußten weitgehend ergänzt werden. Eine Fotografie der Apsisausmalung zeigt deutlich, daß die Konturen nachgezogen und einige Details, so bspw. die linke Seite Christi und der Fuß des Engels, ergänzt wurden, *Kdm Rhp. 16.3, Abb 89.* Im Chor deckte Bardenhewer Reste einer spätgotischen Dekoration auf. Die Bemalung des Sakramentshäuschens von 1529 wurde ebenfalls instandgesetzt. Im BLDRP sind drei Aufnahmen der Malereien von den Malern Lübbecke [Inv.Nr. 18196, H. 0.27, B. 0.21, Details der ornamentalen Ausmalung (roman.), Aquarell] und K. Volkhausen [1.) Chor, Ostapsis, Inv.Nr. 20887, H. 0.48, B. 0.70, Christus umgeben von Evangelistensymbolen, Aquarell; 2.) Chor, Apsis, Inv.Nr. 20888, H. 0.59, B. 0.79, Christus umgeben von Evangelistensymbolen, Bleistiftzeichnung] aus dem Jahr 1907 erhalten. Möglicherweise arbeiteten sie in dieser Zeit für Bardenhewer. Im Bildarchiv sind ebenfalls Fotografien, teils von Bardenhewer, die den Zustand der Malereien nach der Wiederherstellung zeigen, archiviert. Eine Fotografie der inneren Ausmalung ist bei *Renard,* S. 28 veröffentlicht. Ob die Restaurierung der Kreuzigung am Außenbau des Reichardsmünsters ebenfalls unter Bardenhewer erfolgte, ist ungeklärt.
Nach großen Zerstörungen im Zweiten Weltkrieg blieben nur Teile des Reichardsmünsters und der Chor der alten Kirche erhalten. Bei der letzten Restaurierung in den 80er Jahren erneuerte man die Fassung anhand der Reste. Die Darstellung in der Apsis blieb mit ihren vielfältigen Ergänzungen erhalten, der Außenbau wurde nach Befund gefaßt.

Literatur: *Renard, Edmund*, Bendorf (Kreis Coblenz). Wiederherstellung der evangelischen Pfarrkirche, in: BPDR, Bd. 13, Düsseldorf 1909, S. 27-31; *Bardenhewer, Anton*, Vortrag vor dem Kölner Altertumsverein, Februar 1911, S. 6-7; *Clemen (1916)*, S. 628-631; *Kdm Rhp. 16.3; Acta* betreffend Bau und Reparatur an der katholischen Kirche zu Bendorf, Landeshauptarchiv Koblenz, Abt. 441, Nr. 32608; *Umbau 1904-1944*, Akte im Bestand der Evang. Pfarrgemeinde Bendorf; *WMA* Bendorf, Ev. Kirche, Akte zu den Wandmalereikopien, BLDRP.

49. 1907 - 1908   St. Nicolai, Kalkar

Sechsjochige, dreischiffige Hallenkirche, netzgewölbt, mit zwei parallelen Chören und eingezogenem Westturm, nach Brand des Vorgängerbaus ab 1409 errichtet. Hauptchor sterngewölbt mit zwei Jochen und 5/8-Schluß, 1421, Langhaus und nördl. Vorhalle, 1455, südl. Vorhalle, 1483 und südl. Nebenchor mit einem Joch und 5/8-Schluß, 1493 vollendet. 1484-1485 die beiden Kapellen errichtet, die nördl. von Rütger Kloempner, die südl. von Joh. Nederholt ausgemalt. Bis Anfang des 16. Jh. mehrfache Erweiterungen.

Ausmalung:
Reiche architektonische Fassung mit wenigen figürlichen Ergänzungen, 1. Hälfte 15. Jh.; nördl. Seitenschiff, Ostwand: Jüngstes Gericht, umrahmt von zwölf Aposteln; Gewölbe: Ranken, Ende 15. Jh. Zu dieser Zeit vermutlich weitere Ergänzungen und Übermalungen. Ausführlich *Bardenhewer, 1909*, S. 70-73.
Restaurierungen:
Um 1900 wurde erstmals eine umfassende Restaurierung des Gebäudes ins Auge gefaßt. Nach einem Gutachten des Architekten Ludwig Arntz im Jahr 1903 begann dieser 1905-1906 mit der baulichen Instandsetzung. [Ausführlich, *Arntz*] Im Verlauf der Arbeiten entdeckte man im Inneren unter einem schmutzig-braunen Anstrich Wandmalereien, die Anton Bardenhewer freilegte und instandsetzte. Sie sollen in sehr gutem Zustand gewesen sein, so daß nur geringe Retuschen nötig waren und auf Ergänzungen vollkommen verzichtet werden konnte, *Bardenhewer, S. 73.* Bardenhewer erläutert in seinem Bericht die besondere Behandlung der Ornamente, die er am Niederrhein beobachtet habe. Sie seien zuerst sorgfältig einkonturiert und dann sei die Lokalfarbe unter Aussparung von Lichtern durchsichtig lasierend aufgetragen worden. Das Gleiche habe er bei den verwandten Ausmalungen von Kranenburg, Hamminkeln, Hanselaer und der Salvatorkirche, Duisburg, beobachtet. Er habe dieses maltechnische Prinzip bei seinen Wiederherstellungen übernommen. Aufgrund der mehrfachen Übermalungen läßt sich nicht mehr eindeutig klären, ob die Originalmalerei tatsächlich so aufgebaut war. Vielfach zweifeln die nachfolgenden Restauratoren das an und glauben, daß dieser Aufbau auf die Wiederherstellung Bardenhewers zurückzuführen sei. Clemen berichtete, daß nur Fehlstellen, auch in den weißen, unbemalten Flächen, ausgeflickt worden seien, ohne die alte Farbe zu übermalen. Das originale Dekorationssystem sei nahezu unbeeinträchtigt erhalten geblieben, *Clemen (1930)*, S. 389. Das bewußte Erhalten der freien Flächen des Ausmalungssystems zeigt eine deutliche Abkehr von der historischen Restaurierungspraktik, wie *Bardenhewer, S. 73*, klar formuliert: „Diese weiten unbemalten Flächen sind, wie die bemalten, als ein gleich wichtiges Glied des mittelalterlichen Dekorationssystems anzusehen. Man glaubt leider vielfach noch immer, diese Flächen mit allerhand Mustern übermalen zu müssen, und stört damit die künstlerische Wirkung eines so klaren Dekorationssystems." Diese für die Zeit fortschrittliche Erkenntnis entspricht der heutigen Auffassung und verdeutlicht Bardenhewers theoretische Annäherung an moderne Restaurierungsprinzipien. Die figürlichen Darstellungen sind dagegen fast nur in der Komposition des Originals erhalten. Mehrere farbige Aufnahmen Bardenhewer von 1908 sind im BRAD erhalten. [1.) Inneres, Blick nach Osten, Inv.Nr. 17581, H. 0.99, B. 0.71, Aquarell; 2.) Mittelschiffgewölbe von Osten, Inv.Nr. 17725, H. 0.93, B. 0.63, Malerei eines Gewölbes, im Mittelfeld Christus, übrige Kappen Rankenornament, in Westkappe: 2 Wappen tragende Engel, Aquarell; 3.) Ostwand des nördl. Seitenschiffes, Inv.Nr. 17726, H. 0.68, B. 0.63, Jüngstes Gericht, Aquarell - vor der Restaurierung; 4.) Mittelschiff, 1. Joch v. Osten, Inv.Nr. 17727, H. 0.34, B. 0.41, Engel mit Wappen (rechts), Aquarell; 5.) Mittelschiffgewölbe v. Osten, Inv.Nr. 17728, H. 0.34, B. 0.41, Engel mit Wappen (links), Aquarell; *WMA*] Das Jüngste Gericht in seinem Zustand nach der Restaurierung ist bei *Clemen (1930), Tafel 92* abgebildet. Diese Aufnahme belegt, daß Bardenhewer über die erhaltenen Kartons hinaus weitere angefertigt haben muß. Zwölf Fotografien Bardenhewers dokumentierten die verschiedenen Zustände der Malereien. Eine ist in *Bardenhewer, S. 70* und bei *Clemen (1930)* als *Fig. 390* veröffentlicht. Sie zeigt die Ausmalung nach der Restaurierung. Im Verlauf der Arbeiten wurden viele Ausstattungsstücke umfassend wiederhergestellt und zum Großteil neu gefaßt, *HDK, 4.1*, S. 261-269. Inwieweit das unter Leitung oder durch Bardenhewer geschah, ist nicht zu klären. Vor 1940 deckte man unter einer früheren mit Leimfarbe ausgeführten Übermalung, die bei den figürlichen Darstellungen direkt auf das gotische Original aufgetragen wurde, die Wandmalereien erneut auf, *WMA*. Da bislang keine in Leimfarbe ausgeführte Restaurierung Bardenhewers bekannt ist, läßt das auf eine weitere, spätere Restaurierung bzw. Überarbeitung der Malereien schließen.
1951-53 'entrestaurierte' man die Malereien in der für diese Zeit typischen Form und stellte fest, daß ein großer Teil des Jüngsten Gerichts durch Bardenhewer ergänzt worden war. 1955 schloß sich eine systematische Wiederherstellung der Kirche an, in deren Verlauf die Male-

reien stark überarbeitet wurden. 1986 wurde die Gewölbemalerei des nördlichen Seitenschiffs restauriert. Seit Anfang 1998 wird das Innere neuerlich restauriert.

Literatur: *Kdm Rhp. 1.4*, S. 48-75; *Renard, Edmund*, Kalkar (Kreis Kleve). Wiederherstellung der katholischen St. Nikolaus-Pfarrkirche, in: BPDR, Bd. 13, Düsseldorf 1909, S. 60-62; *Arntz, Ludwig*, Kalkar (Kreis Kleve). Wiederherstellung der katholischen St. Nikolaus-Pfarrkirche, in: s.o., S. 62-70; *Bardenhewer, Anton*, Kalkar (Kreis Kleve). Wiederherstellung der katholischen St. Nikolaus-Pfarrkirche. Wiederherstellung der Ausmalung, in: s.o., S. 70-73; *Bardenhewer, Anton*, Vortrag vor dem Kölner Altertumsverein, Februar 1911, S. 10-11; *Clemen (1930)*, S. 389 ff.; *Kisky, Hans*, Bericht über die Tätigkeit der Rheinischen Denkmalpflege 1953-1956, in: JBRD, Bd. 21, 1957, S. 227; *HDK, 4.1*, S. 261-269; *Bauer*, Kalkar, Kath. Pfarrkirche St. Nicolai, in: JBRD, Bd. 37, 1996, S. 236-237; *WMA* Kalkar, St. Nikolaus, Kalkar, Akte zu den Wandmalereikopien, BRAD.

50. 1907 - 1908   Ev. Pfarrkirche, Wiehl - Marienhagen

Einschiffiger, dreijochiger, kreuzgratgewölbter Bau mit 5/8-Chorschluß und vorgelagertem älterem Westturm, nach 1300, über einem Vorgängerbau des 12. Jh., möglicherweise als eine Gründung des Johanniterordens, errichtet. Erweiterung und bauliche Veränderung im 15. und 16.-17. Jh.

Ausmalung:
Architektonische Fassung und figürliche, dreizonige Chorausmalung, frühes 14. Jh. Apsisgewölbe: Marienkrönung auf gemustertem rotem Grund unter Baldachin, flankiert von je zwei Evangelistensymbolen (in der ikonographisch seltenen Form des Cherubim Chipus) und fünf kleiner Engelsfiguren auf hellblauem Grund; Fensterzone: Apostelreihe auf blauem Grund; Wandzone: Gastmahldarstellung, je 2 stehende Heilige seitlich des Chorfensters, Anbetung der Könige, um 1310; Gewölbe: Ornamentik. Im 15. und 16. Jh. durch weitere Darstellungen ergänzt. Im 16. Jh. übertüncht. Ausführlich *Clemen (1910)*, S. 27, *Kisky*.

Restaurierungen:
1907 begann unter der Leitung des Architekten Moritz Korn, Düsseldorf, eine bauliche Instandsetzung des Inneren, bei der es zu Veränderungen des Gebäudes kam. Während der Arbeiten trat in der Apsis ein gut erhaltener Malereizyklus zutage, mit dessen sorgfältiger Aufdeckung und Freilegung der Provinzialkonservator Anton Bardenhewer beauftragte, *Clemen (1910)*, S. 25. 1908 begann Bardenhewer mit den Arbeiten. Bis auf geringe Verletzungen in den Gewandpartien der Apostel infolge des Einbaus einer Orgel um 1800 war die Malerei gut erhalten. Man versetzte die Orgel um 50 cm nach vorne, so daß Bardenhewer die Malerei dahinter wiederherstellen konnte und sie anschließend sichtbar blieb. Die Orgel ließ man in ihrer Form unverändert, da man ihr einen eigenen Denkmalwert zuerkannte. Bardenhewer arbeitete mit einer für seine Zeit ungewöhnlichen Zurückhaltung. Die Malereien der Gewölbe und die Apostelfolge blieben nahezu unbeeinträchtigt. Die Darstellungen auf Sockelhöhe waren stärker beschädigt. Bei der Wiederherstellung hatte Bardenhewer jedoch mit Veränderungen durch eine frühere Restaurierung zu kämpfen. Um ihre Wirkung abzuschwächen, veränderte er bspw. die frühere Ergänzung am Kopf des Herodes. Direkte, eigene Ergänzungen führte er nur an der rahmenden Ornamentik und um den Teppichmotiv des Sockels aus, *WMA*. Die Gewölbemalereien waren sehr gut erhalten und mußten nur ausgetupft werden, *Clemen (1910)*, S. 27. Ein farbiges Übersichtsblatt der Chordekoration von Bardenhewer aus dem Jahr 1908 [Chor, Inv.Nr. 19511, H. 0.90, B. 0.73 Übersicht Ausmalung Chor, Aquarell; *WMA*] ist bei *Clemen (1910)*, *Heimann, Abb. 58* und *Clemen (1930)*, S. 164, abgebildet. Mit vier weiteren Aufnahmen Bardenhewers von 1908 ist es im BRAD erhalten. [1.) Chor, Fensterzone, Inv.Nr. 17767, H. 0.67, B. 0.50, nat.Gr., Detail - Kopf des Hl. Philippus, Aquarell - vor der Restaurierung; 2.) Chor, Fensterzone, südl. Feld, Inv.Nr. ohne; H. 1.84, B. 1.68, nat.Gr., 4 Apostel, Aquarell; 3.) Chor, Fensterzone, Inv.Nr. 19831, H. 0.90, B. 0.67, nat.Gr., Jakobus der Jüngere und weibliche Heilige, Aquarell - Zustand vor der Instandsetzung; 4.) Chor, Fensterzone, Inv.Nr. 19830, H. 0.71, B. 0.55, nat.Gr., Kopf des Hl. Johannes, Aquarell vor der Restaurierung; *WMA*] Die Aufnahme 2.) ist in *Clemen (1910)*, die Aufnahmen 1.) und 4.) sind in *Clemen (1930)*, S. 164, veröffentlicht. 1930 befand sich im Provinzialmuseum, Bonn, eine ge-

rahmte farbige Kopie der vier ersten Apostel der Reihung von Bardenhewer in Originalgröße, *Clemen (1930)*, S. 163. Sie ist in *Clemen (1910)*, s.o. und *Clemen (1930)* als *Tafel 32*, abgebildet, scheint jedoch nicht erhalten zu sein. 1933 wurden die Wandmalereien aufgefrischt und anschließend mit einem Leimfarbenüberzug versehen.
1959 erfolgte eine sog. „Entrestaurierung" mit einer anschließenden Konservierung der verbliebenen Malereifragmente durch Brigitte Glaise, Werkstatt II des Rh. Amts f. Denkmalpflege, Abtei Brauweiler. Eine Abbildung des Endzustands, *Kisky, Abb. 65*, zeigt zahlreiche großflächige Neuverputzungen. Diese wurden an den Stellen angelegt, an denen zuvor Ergänzungen Bardenhewers die Ausmalung zu einem Gesamtbild komplettiert hatten. Dieser Befund zeigt, daß die Ergänzungen Bardenhewers erheblich weitreichender waren, als aus den Äußerungen Bardenhewers und Clemens hervorgeht. Entgegen seinen Ausführungen hat Bardenhewer hier großflächige Neuverputzungen mit Eigenschöpfungen gefüllt und Teile des Originals, eventuell um der Ausmalung ein einheitliches Kolorit zu geben, übermalt. An vielen Stellen kamen unter einer Tünche des 16. Jh. frühere Farbfragmente zutage, *Kisky*. Daraus ist zu schließen, daß die Freilegung unter Bardenhewer nicht sehr sorgfältig erfolgte. *Kisky* weist darauf hin, daß Bardenhewer nur Reste vorgefunden haben könne. Ein Vergleich mit Bardenhewers übrigen Arbeiten läßt es möglich erscheinen, daß die starken Verletzungen auf die früheren Überarbeitung oder die von 1933 zurückgehen könnten. [Eine ausführlich Untersuchung muß darüber Klarheit bringen.] 1988 erfolgte erneut eine Sicherung der Wandmalereien.

Literatur: *Kdm Rhp. 5.1*, S. 40-42; *Clemen, Paul*, Marienhagen (Kreis Gummersbach). Wiederherstellung der evangelischen Pfarrkirche und ihrer frühgotischen Wandmalereien, in: BPDR, Bd. 14, Düsseldorf 1910, S. 25-27; *Bardenhewer, Anton*, Bericht über die alten Wandmalereien in der Doppelkirche zu Schwarzrheindorf, Köln, den 1. April 1911, S. 3; *ders.*, Vortrag vor dem Kölner Altertumsverein, -Februar 1911, S. 7; *Heimann, Friedrich Carl*, Mittelalterliche Kirchenausstattung im Oberbergischen, in: Mitteilungen des Rh. Vereins f. Denkmalpflege und Heimatschutz, 5. Jg., Heft 3, Köln 1911, S. 247-249; *Clemen (1930)*, S. 163 ff.; *HDK, 4.1*, S. 635-636; *Kisky, Hans*, Die gotischen Wandmalereien in der Kirche zu Marienhagen, in: JBRD, Kevelaer 1962; *ders.*, Marienhagen, in: Rheinische Kunststätten, Sonderheft 1963; *WMA Ev. Pfarrkirche, Marienhagen*, BRAD.

51. 1908   St. Pankratius, Oberpleis

Dreischiffige Pfeilerbasilika mit vorgelagertem fünfgeschossigen Westturm, Querschiff über siebenschiffiger Hallenkrypta, einjochigem Chor über dreischiffiger Krypta und halbrund geschlossener Apsis; im Kern 1100-1160. Um 1220 Querschiff und Chor über altem, kreuzförmigem Grundriß neu aufgebaut, Langhaus und südl. Seitenschiff gewölbt. Im 15. Jh. nördl. Seitenschiff erneuert.

Ausmalung:
Reiche architektonische Fassung, 13. Jh. Nördl. Seitenschiff, Gewölbeschlußsteine: Wappenschilde; Außenbau: farbig gefaßt.

Restaurierung:
1891-94 wurde die Kirche unter der Leitung des Architekten Heinrich Wiethase, Köln, historistisch erneuert und eine Sakristei angebaut. Das Innere erhielt eine in Ölfarben ausgeführte Neufassung. Die erhaltene barocke Ausstattung ersetzte man durch eine neoromanische. 1906 erhielt Anton Bardenhewer im Rahmen einer neuerlichen Instandsetzung den Auftrag, die ursprüngliche architektonische Fassung freizulegen und wiederherzustellen.
1948-52 wurde die Kirche aufgrund der schweren Beschädigungen im Zweiten Weltkrieg umfassend überarbeitet. Dabei wurde die Raumfassung im Anschluß an wiederaufgefundene Reste erneuert. In den Gewölben des nördlichen Seitenschiffs legte man eine spätgotische Rankenmalerei frei und ergänzte sie zu einem Gesamtbild.

Literatur: *HDK, 4.1*, S. 522-524; *Flink, Robert*, St. Pankratius, Oberpleis, in: Rh. Kunststätten, Heft 80, 3. Aufl., 1989.

52. 1908 - 1909   Alte katholische Pfarrkirche, Refrath

Einschiffige, flachgedeckte Kirche mit vorgesetztem Westturm, 11. Jh., Chor mit querrechteckigem Joch und halbrund geschlossener Apsis, 12. Jh. Im 18. Jh. geringe bauliche Veränderungen, rechteckige Sakristei im Scheitel der Chorapsis 1765-66 angebaut, Dächer erneuert. Chorgewölbe durch Flachdecke ersetzt.

Ausmalung:
Chor: Apostel paarweise einander zugeordnet in Bordürenrahmen vor gemustertem Hintergrund, um 1425. Ausführlich *Renard, S. 39.*

Restaurierungen:
1898 stürzte nach einem Unwetter der Turmhelm in das Langhaus und führte zu erheblichen Schäden am Gebäude. Erst 1906-09 folgte die dringend erforderliche Instandsetzung der zunehmend verfallenden Kirche unter der Leitung der Architekten Gustav und Franz Krause, bei der man die lebensgroßen Aposteldarstellungen im Chor entdeckte. Ab 1908 legte Anton Bardenhewer die Wandmalereien frei und sicherte sie. Dabei fand er eine dekorative Malerei in der Form eines Vögel darstellenden Schablonenmusters, das er als Nachbildungen Sizilianischer Stoffe des 14. Jh. deutete, *Localanz., Nr. 51.* Die Wiederherstellung beschränkte er, da die Kirche nicht mehr benutzt wurde, auf das geringste Maß, *Renard, S. 40.* Zu den Malereien schuf er zumindest eine farbige Aufnahme, die 2 Apostel abbildet, *Renard, S. 41, Clemen (1930)* als *Fig. 274.* Sie ist im BRAD erhalten. Eventuell geht die gleichzeitig ausgeführte schlichte Verglasung des Chores auf Entwürfe Bardenhewers zurück, da in der für die Arbeiten ausgeschriebenen Rechnung ein Gesamtbetrag von 1800 M. für die Sicherung der Wandmalereien im Chor, einschließlich der Fenster und des Deckenputzes, in einer Summe ausgezahlt wurde. Nach der Restaurierung schrieb *Clemen (1930), S. 2,* daß die Köpfe der Apostel an eine Übermalung im 15. Jahrhundert denken ließen, die Veränderung jedoch vermutlich auf die Hand des Restaurators zurückzuführen seien. Diese sehr vage formulierte Kritik ist möglicherweise auf die jahrelange Bekanntschaft von Clemen und Bardenhewer sowie das hohe Ansehen des alten Bardenhewer im Jahr 1930 zurückzuführen. 1954-57 folgte die für die 50er Jahre typische 'Entrestaurierung', bei der die Malereien bis auf das fragmentarische Original bloßgelegt wurden. Acht Apostel sind in einem teilweise sehr beschädigten Zustand erhalten, die übrigen vier Felder sind heute komplett mit dem Sternornament des Hintergrunds ausgefüllt. Die letzte Restaurierung hat die gemalte Umrahmung einer Nische im Chor freigelegt.

Literatur: Kölner Stadtanzeiger, Sonntagsbeilage, 1905, Nr. 39; *Renard, Edmund*, Refrath (Kreis Mülheim am Rhein). Wiederherstellung der alten katholischen Pfarrkirche, in: BPDR, Bd. 14, Düsseldorf 1910, S. 37-40; *Heimann, Friedrich Carl*, Mittelalterliche Kirchenausstattung im Oberbergischen, in: Mitteilungen des Rh. Vereins f. Denkmalpflege und Heimatschutz, 5. Jg., Heft 3, Köln 1911, S. 247; *anonym*, Mittelalterliche Wandmalereien, in: Localanzeiger, Nr. 51, 20. Februar 1911, S. 8; *Bardenhewer, Anton*, Vortrag vor dem Kölner Altertumsverein, Februar 1911, S. 9-10; *Clemen (1930), S. 270 ff.; Kisky, Hans*, Bericht über die Tätigkeit der Rheinischen Denkmalpflege 1953-1956, in: JBRD, Bd. 21, 1957, S. 277; *HDK, 4.1*, S. 53-54.

53. 1908 - 1916   St. Martin, Oberwesel

Große, zweischiffige Anlage mit zweijochiger ins Langhaus eingezogener Turmhalle und fünfseitig geschlossenem Chor, Anfang des 14. Jh. über Vorgängerbau errichtet. Im 18. Jh. Gewölbe und nördl. Seitenschiff erneuert, bzw. ausgebaut.

Ausmalung:
Architektonische Fassung, 14. Jh. Gewölbekappen: große Sterne, eingestreute Masken und Tierfiguren; Apsis: acht Wappen; Langhaus, 1. Gewölbe: Evangelistensymbole; 3. Gewölbe: musizierende Engel. Ende 15. Jh. Ausmalung überarbeitet und durch Einzeldarstellungen ergänzt. Gewölbekappen: Halbfiguren der Apostel und Propheten; Chorgewölbe: zwölf Apostel, je zwei in einer Kappe; Langhaus, 1. Gewölbe: sechs von Laubwerk umgebene Köpfe; 3. Gewölbe: acht Propheten des AT; 4. Gewölbe: drei Wappen, Löwe, Wildschwein, Adler, Walfisch; Chorsüd-

wand: gemalter Monstranzschrein; Chornordwand, Blendarkade: Ecce homo, Kreuztragung; östl. Turmpfeiler: Martyrium des Hl. Sebastian, Hl. Petrus; 2. Turmpfeiler: Martyrium der 10.000, Hl. Margareta; nördl. Turmpfeiler: Hll. Petrus, Paulus in Renaissancerahmung, 1660; Langhauspfeiler: Hl. Anna Selbdritt vor einem von Engeln gehaltenen Vorhang, Hll. Barbara, Nikolaus, Schmerzensmann; Seitenschiff, Westwand: Hl. Christophorus; Nordwand, neben Eingang: Kreuzigung, Stifterfamilie; Seitenchor: vier Passionsszenen, Hl. Johannes mit Stifter; Südwand: Hirte, Hl. Abt mit Ketten, Martyrium der Hl. Margarete. Im 18. Jh. Ausmalung überarbeitet, später übertüncht. Ausführlich *Renard, S. 76-78.*

Restaurierungen:
Um 1905 begann eine umfangreiche Wiederherstellung des Inneren. Unter der Tünche traten bis 1908 ein reiches, spätgotisches Dekorationssystem und zahlreiche figürliche Darstellungen hervor. Die Ausmalung wurde ab 1908 von Anton Bardenhewer und fünf Gehilfen wiederhergestellt. Bei der Darstellung des Hl. Christophorus war der Kopf des Christuskindes durch das Gewölbe des 18. Jh. überschnitten worden, daher hatte man ihn auf die Gewölbekappe gemalt. Da er oberhalb des Gewölbes erhalten war, legte man ihn wieder frei. Aufgrund des schlechten Erhaltungszustands der Malereien entschied die Denkmalpflege die Ausmalung auf der Grundlage der Reste zu komplettieren, da es sich bei den Darstellungen nicht um kunstgeschichtlich besonders große Werte handele, *Renard, S. 76-77.* Das erforderte weitreichende Überarbeitungen und Ergänzungen. Der gemalte Architekturaufbau ist mit Ausnahme der Engel und des Zinnenkranzes eine Neuschöpfung Bardenhewers, ebenso der Kopf des Hl. Petrus. Eine Fotografie bei *Rave, Abb. 31,* zeigt das Innere nach der Wiederherstellung. Weitere Detailfotografien der Gewölbemalereien im restaurierten Zustand sind bei *Renard, Abb. 49,* veröffentlicht. Die Malereien dokumentierte Bardenhewer durch farbige Aufnahmen der Hl. Annaselbdritt, des Sebastianmartyriums, der Hll. Valentin und Barbara und von Teilen der Deckenmalerei und durch 14 Fotografien, *Clemen (1930), S. 334.* Vier Fotografien sind in *Clemen (1930)* als *Fig. 344-348* abgebildet. Drei Aufnahmen Bardenhewers aus den Jahren 1915-16 [1.) Südseite, 2 Pfeiler von Osten, Inv.Nr. 28630, H. 0.71, B. 0.48, Annaselbdritt, Aquarell; 2.) Südseite, östl. Turmpfeiler, Inv.Nr. 28629, H. 0.72, B. 0.48, Martyrium des Hl. Sebastian, Aquarell; 3.) 2. Gewölbe von Osten, Inv.Nr. 28628, H. 0.67, B. 0.98, Malerei eines Gewölbes, Aquarell; *WMA*] und eine große Anzahl Fotografien sind im BLDRP erhalten. Darüber hinaus hatte er je einen Grundriß, Querschnitt und Längsschnitt angefertigt, in die er die Malereien hineingezeichnet hatte. (Diese Aufnahmen konnten bislang nicht gefunden werden.) Gleichzeitig mit der Wandmalereirestaurierung wurde die Originalfassung eines Großteils der alten Ausstattungsstücke freigelegt und aufgefrischt, *Renard, S. 79,* bspw. die Fassung des Sakramentshauses im Chor. Ob diese Arbeiten unter oder durch Bardenhewer erfolgten, ist nicht zu klären.
Die letzte Restaurierung sicherte die Malereien mit den früheren Ergänzungen und Eingriffen. Infolge weiterer Schäden durch Feuchtigkeit wird der Bau seit 1997 instandgesetzt. Besonders die großflächigen Ergänzungen, so im unteren Bereich der Christophorusdarstellung, sind dabei betroffen. Die Ausmalung wird abschließend restauriert.

Literatur: *Renard, Edmund*, Oberwesel (Kr. St. Goar). Wiederherstellung der St.-Martins-Pfarrkirche und ihrer Ausmalung, in: Zs. des Rh. Vereins f. Denkmalpflege und Heimatschutz, 18. Jg., Heft 1, 1925, S. 72-79; *Kdm Rhp.,* Kr. St. Goar; *Rave, Paul Ortwin*, Oberwesels kirchliche Baukunst, in: Zs. d. Rh. Vereins f. Denkmalpflege und Heimatschutz, - Oberwesel, eine mittelalterliche Stadt -, 16. Jg., Heft 1-3, 1922, S. 55-58; *Back, Friedrich*, Werke der Plastik und Malerei in Oberwesel, in: s.o., S. 64-81; *Clemen (1930)*, S. 334 ff; *WMA St. Martin, Oberwesel*, BLDRP; *Acta* betreffend den Bau und die Reparatur an der katholischen Pfarrkirche zu Oberwesel, Landeshauptarchiv Koblenz, Abt. 441, Nr. 30 928.

54. 1908 - 1914   St. Viktor, Oberbreisig

Dreischiffige, zweijochige Gewölbebasilika mit queroblongem, in voller Höhe zum Mittelschiff hin geöffnetem Westturm und Polygonalchor, 1220-40. Nördl. Seitenschiff mit Empore, südl. bei gleicher Höhe emporenlos. Im 17. Jh. bauliche Veränderungen.

Ausmalung:
Architektonische Fassung, Mitte 13. Jh.; bis Ende 15. Jh. um figürliche Darstellungen ergänzt. Apsisgewölbe: Jüngstes Gericht, Ende 15. Jh.; Chornischen: Engelsfigur mit erhobener Rechten, Stifter, Hl. Petrus, Ende 13. Jh.; über Lavabonische: Halbfigur des Hl. Georg mit Drachen, 15. Jh.; Bogenfeld über Sakristeitür: Marienkrönung, 15. Jh.; südöstl. Arkadenbogenlaibung: Halbfiguren und Engel in Medaillons zwischen Blattornamenten, 13. Jh.; südl. Seitenschiffgewölbe: Evangelistensymbole; südöstl. Fensterlaibung: drei Engel; Altarnische darunter: Maria und Johannes, Ende 15. Jh. - ursprünglich wohl durch ein plastisches Kruzifix vervollständigt; Bogenfeld neben Fenster: Hl. Jakobus Major mit Pilgern, 13. Jh.; südöstl. Seitenschiffgewölbe: einige Nimben, überdeckt durch spätere Malerei, [vermutlich] Christus in der Mandorla, umgeben von Heiligen, 13. Jh.; südl. Seitenschiff, Westwand: Ölbergszene, Ende 15. Jh.; südl. Seitenschiff, Bogenlaibung: Ordensfrau mit Stab; südl. Mittelschiffpfeiler: Drachenkampf des Hl. Georg, Mitte 14. Jh.; südl. Mittelschiffpfeiler: Hl. Christophorus, 1. Hälfte 16. Jh.; nördl. Mittelschiffwand: Veronika mit Schweißtuch, Ende 15. Jh.; nordöstl. Seitenschiffwand: Hll. Barbara, Katharina, Dorothea mit Stadtansicht im Hintergrund, 1. Hälfte 16. Jh.; Außenbau: gefaßt. Ausführlich *Renard, S. 69-72, WMA*.

Restaurierungen:
1849 begann man mit einer umfassenden baulichen Wiederherstellung des Inneren, bei der man auf Reste der ehemaligen farbigen Fassung stieß, die sofort wieder übertüncht wurden. Erst 1903-15 im Rahmen einer neuerlichen Sicherung und Wiederherstellung der Kirche begann der Maler Dydereski, Andernach, 1904 mit einer systematischen Freilegung der Malereien. Nachdem die Qualität und Quantität der Ausmalung deutlich wurden, betraute man Anton Bardenhewer ab 1908 mit der vollständigen Freilegung des Dekorationssystems und der figürlichen Darstellungen. (*Backes, S. 8*, behauptet, Bardenhewer habe die Malereien bereits 1904 freigelegt, ohne diese frühe Datierung zu belegen.) Auf die schonende Aufdeckung der Malereien unter Bardenhewer weist Clemen in der Literatur mehrfach hin, bspw. *Clemen (1930), S. 220*. 1911 erhielt Bardenhewer den Auftrag zur Wiederherstellung. Aufgrund der ungesicherten Finanzierung konnte er jedoch erst im Frühjahr 1914 beginnen. Anhand vielfältiger Reste im Inneren und am Außenbau setzte er das Ausmalungssystem des 13. bis 15. Jahrhunderts instand. Die erhaltene figürliche Malerei fixierte und ergänzte er teilweise sehr stark. Besonders deutlich wird das bei einigen Details der Chorausmalung, so den Füßen des Hl. Petrus, dem Stier, bei Kopf und Teilen der Flügel des Adlers. Im nördlichen Seitenschiff mußten große Teile des Putzes erneuert werden, so daß er die Darstellungen dort entsprechend ergänzen mußte. Den Drachenkampf des Hl. Georg am Mittelschiffpfeiler überarbeitete er in den Umrissen und erneuerte den Kopf des Heiligen. Im BLDRP sind acht Aufnahmen Bardenhewers aus den Jahren 1908-14 erhalten. [1.) Mittelschiff, Nordwand, Inv.Nr. 26496, H. 0.35, B. 0.80, nat. Gr., Fries, Aquarell; 2.) Mittelschiff, westl. Gewölbe, Inv.Nr. 28889, H. 0.63, B. 0.52, nat.Gr., Gewölbemalerei, Aquarell; 3.) Mittelschiff, westl. Gewölbe, Inv.Nr. 28890, rund, Durchmesser: 50 cm, nat.Gr., Gewölbemalerei, Schlußstein, Aquarell; 4.) Mittelschiff, östl. Gewölbe, Inv.Nr. 26498, H. 0.99, B. 0.68, Gewölbemalerei, Zwickelornament, Aquarell; 5.) Mittelschiff, Inv.Nr. 28942, Ornament: 1/5 nat.Gr., Gewölbemalerei: 1/10 nat.Gr., Gesamtübersicht Gewölbemalerei und Ornament Nordwand, Mittelschiff, Aquarell; 6.) Chor, Nordwand über Sakristeitür, Inv.Nr. 17941, H. 0.47, B. 0.79, nat.Gr., Krönung Mariens, Aquarell; 7.) Mittelschiff, östl. Joch, Inv.Nr. 26497, H. 0.75, B. 0.86, nat.Gr. Gewölbemalerei, Schlußstein, Aquarell; 8.) südl. Seitenschiff, Ostjoch, Inv.Nr. 31998, H. 0.93, B. 0.64, ca. 1/10 nat.Gr., Dekorationssystem südl. Seitenschiff, Aquarell; *WMA*]. Der Karton 8.) ist bei *Clemen (1916)* als *Tafel XL* veröffentlicht. Die Aufnahmen wurden mit Ausnahme der Übersichtsblätter in Originalgröße ausgeführt; das weist auf die Ausführung der Ergänzungen durch Mitarbeiter Bardenhewers hin. Durch solche Aufnahmen in Originalgröße war es Bardenhewer möglich, seinen Mitarbeitern die Ausführung am Ort zu überlassen und sich parallel um Arbeiten in anderen Kirchen zu kümmern. Im Altfotobestand des LDRP ist eine große Anzahl Fotografien der Wandmalereien, teils vermutlich von Bardenhewer, erhalten. Fotografien des Inneren nach Osten und der Heiligendarstellungen im nördl. Seitenschiff nach der Wiederherstellung sind bei *Renard* als *Abb. 42-43*, veröffentlicht. Das wiederhergestellte Apsisgemälde zeigt *Kdm Rhp. 17.1, Abb. 419*.

In den Jahren 1962-1965 erfolgte eine bauliche Instandsetzung mit einer anschließenden Restaurierung der Wandmalereien durch den Restaurator Walter Dick. Dabei wurden alle Übermalungen abgenommen und die Wandmalereien anhand der aufgefundenen Reste am Außen- und im Innenbau vervollständigt. Bei der letzten Restaurierung 1989-90 wurde die architektonische Fassung nach Befund erneuert. Die erhaltenen Malereien wurden mit ihren späteren Eingriffen gesichert, und ein kleines Malereifragment wurde über der Arkade der nördlichen Langhauswand freigelegt. Die Malereien auf den Wänden des Chores sind zum Großteil nur fragmentarisch oder in ihren Unterzeichnungen erhalten. Die starken Eingriffe der beiden vorangegangenen Restaurierungen zerstörten mehrere Darstellungen im Langhaus.

Literatur: *Renard, Edmund*, Oberbreisig (Kreis Ahrweiler). Wiederherstellung der katholischen Pfarrkirche und ihrer Ausmalung, in: Zs. des Rh. Vereins f. Denkmalpflege und Heimatschutz, 18. Jg., Heft 1, 1925, S. 62-72; *Clemen (1930)*, S. 220 ff.; *Kdm Rhp.* 17.1, S. 464-477; *Backes, Magnus*, Die Kirchen von Bad Breisig, in: Rh. Kunststätten, Heft 1, Köln 1970; *Acten* über den Bau und die Reparaturen der katholischen Kirche zu Oberbreisig, Landeshauptarchiv Koblenz, Abt. 441, Nr. 30 189; *WMA Pfarrkirche, Oberbreisig*, BLDRP.

55. 1908   **Kirchenfahne, Kalkar**

Im Anschluß an die Restaurierung der Wandmalereien in der Kirche St. Nicolai, Kalkar, schuf Anton Bardenhewer im Auftrag der damaligen Jünglings-Congregation Calkar den Entwurf für eine Kirchenfahne. Für die Gestaltung der Darstellung auf der Schauseite der Fahne diente ihm der Marienleuchter aus St. Nicolai von 1508 als Vorbild. Die Kirchenfahne ist in Abbildungen erhalten und bietet ein gutes Beispiel für die Parament-Entwürfe Bardenhewers.

Literatur: Buch der Jünglings-Congregation Calcar, Pfarrarchiv Kalkar.

56. 1909 - 1910   **Ehem. Abteikirche St. Luidger, Essen-Werden**

Dreischiffige, dreijochige, flachgedeckte Emporenbasilika auf kreuzförmigem Grundriß, in gebundenem System, mit Stützenwechsel, Mehrturmfassade im Westen, mächtigem, achtseitigem Vierungsturm, Querhaus und 5/8-Schluß der Hauptapsis, nach Brand 1256-75 über Vorgängerbau des 9.-12. Jh. errichtet. Älterer Westturm mit Resten des 943 geweihten Westwerkes. Krypta 1059 geweiht. Im 15., 16. und 17. Jh. umfassende Erweiterungen und Veränderungen.

Ausmalung:
Reiche, architektonische Fassung, wenige figürliche Darstellungen, um 1275. Pendentifs: vier Erzengel in Diakontracht, Zepter und Reichsapfel in den Händen; Vierung, Nischen: stehende Gestalten; über Triumphbogen: Maria zwischen dem Hl. Luidger mit dem Kirchenmodell und Karl dem Großen. Nach einer Angabe des Missale von Goswinus de Blankensteyn (+1457) auf den Mittelschiffpfeilern: Hll. Antonius, Jodocus, Barbara, Ludgerus, Katharina und Maria Magdalena. Ausführlich *Kdm Rhp. 2.2, S. 95-96, WMA*.

Restaurierungen:
Ab 1840 kam es wiederholt zu Eingriffen in den Baubestand. 1884-1909 erfolgte eine historische Wiederherstellung des Gebäudes mit anschließender Erneuerung der Ausstattung. 1909-10 deckten die Maler Bardenhewer und Flintsch die Ausmalung des 13. Jahrhunderts auf und stellten sie wieder her. (Flintsch war möglicherweise ein Mitarbeiter Bardenhewers, siehe Katalog, Nr. 43.) G. Schoofs dokumentierte die Ausmalung im Rahmen der Gesamtinventarisation der Wandmalereien der Rheinprovinz durch sechs Aufnahmen, *Clemen (1916), S. 88*. Im BRAD blieb nur eine erhalten, die die Malereien der Vierung nach der Freilegung zeigt. [Vierung, Zwickel, Inv.Nr. 5910, H. 0.65, B. 0.50 Engel in Diakongewändern, Ornament eines Gurtbogens, Aquarell - Zustand vor der Restaurierung; *WMA*] Infolge des schlechten baulichen Zustands mußte der Putz in großen Partien erneuert werden, so daß nur die Engel auf den Pendentifs erhalten blieben. Die übrige Malerei vervollständigte Bardenhewer teils anhand der Fragmente bzw. schuf sie neu. Die architektonische Fassung des Mittelschiffs zeigt eine Fotografie bei

Jordan, Abb. 5. Die Instandsetzung und Bemalung der Ausstattungsstücke wurde dem Maler Rosenthal, Köln, und die Auffrischung der Altarbilder dem Maler Aschenbroich, Düsseldorf, übertragen, *Jordan, S. 68.*

Die heutige Ausmalung entstand nach dem Zweiten Weltkrieg in sehr freier Anlehnung an die erneut aufgedeckten Reste. 1977 wurde die farbige Architekturfassung rekonstruiert. Die letzte Restaurierung hat die architektonische Fassung aufgefrischt und die Engel in den Pendentifs erhalten.

Literatur: *Jordan,* Wiederherstellungsarbeiten an der ehemaligen Abteikirche zu Werden a.d. Ruhr, in: Die Denkmalpflege, Jg. 12, Nr. 9, 1910, S. 65-69; *Clemen (1916),* S. 88-96; *Kdm Rhp. 2.2,* S. 95-96; *Kdm Rhp. 2.3,* Düsseldorf 1934, S. 95 f.; *Kisky, Hans,* Bericht über die Tätigkeit der Rheinischen Denkmalpflege 1953-1956, in: JBRD, Bd. 21, 1957, S. 209; *Elbern, Viktor H.,* Die Kirchen in Werden und ihre Kunstschätze, Arbeitskreis St. Luidger (Hsg.), 4. Auflage, Essen-Werden 1977; *Sölter, Walter,* Die ehemalige Abteikirche Essen-Werden, in: Rh. Kunststätten, Heft 254, Köln 1981; *Elbern, Viktor H.,* Die Kirchen in Werden, Arbeitskreis St. Luidger (Hsg.), 6. vollst. neu bearb. Aufl., Essen-Werden 1983; *Hohmann,* Essen-Werden. Ehem. Benediktiner-Abteikirche St. Luidger, in: JBRD, Bd. 37, S. 218-220; *WMA Abteikirche, Essen-Werden,* BRAD.

57. 1909   Alt St. Heribert, Deutz

1659-63 dreischiffige, kreuzrippengewölbte Basilika unter Benutzung der Fundamente des 1583 völlig zerstörten Vorgängerbaus mit Westgiebel und turmflankiertem, dreiseitig geschlossenem Langchor, im gotischen Stil errichtet. Von den Vorgängerbauten nur Teile der Krypta, um 1125, in einer in der 1. Hälfte des 16. Jh. überarbeiteten Form erhalten.

Ausmalung:
Architektonische Fassung, 17. Jh., hauptsächlich in Blau, Gold und Weiß. Arkadenbögen, Untersicht: florale Ornamentik; Pfeiler: Palmettenfries; Konsolen: vergoldete Bänder. Ausführlich *Bardenhewer (1911), RA Alt St. Heribert.*

Restaurierungen:
1905-12 wurde das Gebäude unter der Leitung des Baurats Stock instandgesetzt. Im Inneren trat bei der Erneuerung des Putzes eine Architekturfassung des 17. und 18. Jahrhunderts zutage. Obwohl Anton Bardenhewer sich der Gemeinde bereits 1905 für die Wiederherstellung anbot und Skizzen für eine Polychromierung und einen Kostenvoranschlag erstellte, erhielt der Maler Renard sen., Kevelaer, den Auftrag. [In der Literatur wird allgemein behauptet, daß Bardenhewer 1912 die Malereien des 16. und 17. Jahrhunderts gesichert und ergänzt habe. Die Akten widerlegen das.] Vermutlich wurde Bardenhewer 1909 die Instandsetzung der Ausstattung übertragen. Nachzuweisen ist bislang nur seine Neufassung des Altars. Mit großer Wahrscheinlichkeit faßte er gleichzeitig die Apostel im Chor und das Wappen von Abt Ämilianus Behren neu; möglicherweise auch die Rokokoholzverkleidung im Chor, die 1772 unter Abt Ämilianus Behren angefertigt und nachweislich 1909 erneuert wurde, *Mainzer, Abb. 159.* Die Bemalung des Wappens über der Sakristeitür war wie die des Altars weiß mit blauen Füllungen und vergoldeten Verzierungen, *Kdm Köln. 2.3, S. 219.* Ab 1930 diente die Kirche dem Schnütgen-Museum als Depot.
Im Zweiten Weltkrieg wurde die Kirche stark und die barocke Ausstattung nahezu vollständig zerstört. Ab 1954 errichtete man das Gebäude rekonstruierend neu. 1976 sicherte der Maler Gassert, Klein-Villip, einige Malereifragmente. Er sollte dazu Pausen 1:1 erstellen, *RA Alt St. Heribert.* (Sie befinden sich nicht im BRAD.) Nach der Übergabe der Kirche an die griechisch-orthodoxe Gemeinde wurde sie dem neuen Ritus entsprechend ausgestattet. 1992 wurde das Innere durch die Restauratoren Anke Franz und Horst Hahn, Werkstatt II des Rh. Amt f. Denkmalpflege, Abtei Brauweiler, eingehend untersucht. Dabei entdeckte man unter der heutigen Fassung mehrere frühere Fassungen, *RA.*

Literatur: *Bardenhewer, Anton,* Vortrag vor dem Kölner Altertumsverein, Februar 1911, S. 11; *anonym,* Über mittelalterliche Wandmalereien, in: Localanzeiger, Nr. 51, 20. Februar 1911, S. 8; *anonym,* Die Kirche der ehemaligen Benediktiner Abtei St. Heribert in Köln Deutz, in: Rheinische Volkswacht, Nr. 24, 28. Januar 1926; *Verbeek, Hans,* Die sonstige Denkmalpflege seit 1888, in: Vogts, Hans, Köln - Bauliche Entwicklung 1888-1927, Köln 1927, S. 202; *Lohmann,* Die Abteikirche zu Deutz, in: Köln. Volkszeitung, Nr. 477, 22. Juni 1928; *Kdm Köln. 2.3,* S. 204-219; *Kdm Rhp. 7.3,* S. 191 ff.; *HDK, 4.1,* S. 406-407; *Mainzer, Udo* (Hsg.),

Die Jesuitenkirche St. Mariae Himmelfahrt in Köln, in: Beiträge zu den Bau- und Kunstdenkmälern im Rheinland, Bd. 28, Düsseldorf 1982; *Fußbroich, Helmut,* St. Heribert, in: Stadtspuren - Denkmäler in Köln, Kier/Krings (Hsg.), Bd. 1, 1984, S. 549-556; *RA Alt St. Heribert,* Archiv der Werkstatt II, RAD; *Akte* über die katholische Pfarrkirche St. Heribert, GVA, I, Deutz, St. Heribert, Nr. 2,1 und 2,2 (Kirche, Vol. IV, 1888-1911), Historisches Archiv des Erzbistums Köln; Landesbeihilfen für die Instandsetzung denkmalwerter Kirchen in Köln: Alt-St. Heribert, Köln-Deutz (1950-76), BR 2016-14, Nordrhein-Westfälisches Hauptstaatsarchiv, Düsseldorf.

58. 1910   St. Maria Lyskirchen, Köln

Baubeschreibung: Katalog, Nr. 1

Ausmalung: Katalog Nr. 1

Restaurierungen: Katalog, Nr. 1
1910 fand man bei Instandsetzungsarbeiten in einer Nische neben dem Westportal Reste einer ornamentalen Ausmalung von 1551. Anton Bardenhewers Ausführungen in einem Bericht von 1911 lassen darauf schließen, daß er die Malereien entweder selbst freilegte oder die Arbeiten unter seiner Leitung erfolgten, *Bardenhewer (1911).* 1912 ließ der Pfarrer von Maria Lyskirchen, Graf Spee, die geschichtlich bedeutsame Krypta freilegen und wiederherstellen. Möglicherweise war Anton Bardenhewer an diesen Arbeiten gleichfalls beteiligt.

Literatur: Katalog, Nr. 1; *Bardenhewer, Anton,* Bericht über die alten Wandmalereien in der Doppelkirche zu Schwarzrheindorf, Köln, den 1. April 1911, S. 4; *anonym,* Ein Juwel altkölnischer Baukunst: St. Maria Lyskirchen wird wiederhergestellt, Zeitungsartikel (vermutlich 1934).

59. 1910   Rh. Friedrich-Wilhelms-Universität, Bonn

Ehem. Kurfürstliche Residenz, geschlossene Vierflügelanlage unter Verwendung des West- und Nordtrakts eines Vorgängerbaus von 1633-34 nach Plänen des bayerischen Hofbaumeisters Enrico Zuccali, 1697-1703 begonnen. 1715-23 nach Plänen von Robert de Cotte durch dreiflügeligen Ausbau der Südfront und weitere Anbauten erweitert. 1728 unter Kurfürst Clemens August weiterer Ausbau. 1777 nach großem Brand nur in Teilen wieder aufgebaut. 1818 von König Friedrich Wilhelm III. von Preußen als Sitz der durch Kabinettsorder ins Leben gerufenen Rheinischen Friedrich-Wilhelms-Universität bestimmt. Seitdem mehrfach um- und ausgebaut. 1926-39 die stadtwärts gelegenen Flügel nach den alten Plänen ergänzt. 1927-30 die neue Aula im Querbau errichtet.

Ausmalung:
Hauptflügel, Erdgeschoßdecken: barocker Stuck und bildliche Darstellungen. Ausführlich *Kdm Rhp. 5.3., S. 165-169.*

Restaurierungen:
1910 wurden infolge der Umnutzung mehrerer Räume bauliche Veränderungen erforderlich. Paul Clemen, der zu dieser Zeit am Kunsthistorischen Institut der Universität lehrte, befaßte sich im Rahmen seiner Tätigkeit als Provinzial-Konservator der Rheinprovinz mit den erforderlichen Instandsetzungsarbeiten. Er versuchte, die wenigen Reste der originalen Ausstattung weitestmöglich zu erhalten. In zwei schmalen Nebenräumen des damaligen evangelisch-theologischen Seminars war die alten Dekoration nahezu vollständig erhalten, *Kdm Rhp. 5.3., Fig. 106-107.* Der Hauptraum, das ehemalige grüne oder chinesische Kabinett, zeigte eine ganz außerordentlich feine und pikante Dekoration in Grün und Gold, *Clemen in einem Brief vom 24. Juni 1910, S. 1.* An diese Formulierung schließen sich 14 Seiten ausführliche Beschreibung und Bewertung der Dekoration und ihrer Schäden an. Für die notwendige Voruntersuchung und die spätere Sicherung und Wiederherstellung der Dekoration empfahl Clemen Anton Bardenhewer, der in der Lage sei, einen genauen Kostenvoranschlag für die gesamten Arbeiten abzugeben, *Clemens Brief, S. 3.* Daher schlägt Clemen vor, einen Ortstermin mit Bardenhewer anzusetzen. Ob Bardenhewer daraufhin den Auftrag für die Arbeiten erhielt, ist nicht geklärt. Aufgrund der vielfältigen Zusammenarbeit von Clemen und Bardenhewer und der hohen Wert-

schätzung von Bardenhewers Arbeiten durch Clemen sowie den vielen Aufträgen, die Bardenhewer über Clemens Vermittlung erhielt, scheint das jedoch wahrscheinlich. Die Akten im Archiv der Rh. Friedrich-Wilhelms-Universität Bonn belegen, daß es zu weiteren Instandsetzungsarbeiten an der Ausstattung kam. Diese wurden möglicherweise, zumindest zum Teil, ebenfalls von Bardenhewer ausgeführt. Die veränderte Aufteilung der Seminare und der zugehörenden Räume und die heutige, von der früheren abweichende Bezeichnung macht eine Zuordnung der Beschreibungen Clemens schwierig. Eine Einzeluntersuchung wird hier Klarheit schaffen müssen.

Nach dem Zweiten Weltkrieg wurde das in großen Teilen zerstörte Gebäude nach den Originalplänen wiederaufgebaut. Dabei errichtete man den vierten Eckpavillon, der zuvor nie ausgeführt worden war. (Siehe Katalog, Nr. 99)

Literatur: *Schrörs, Heinrich*, Die Bonner Universitätsaula und ihre Wandgemälde, Bonn 1906; *Kdm 5.3.* S. 165-170; *anonym*, Die Bonner Universität im Jahre 1821, 14.9.1913, Zeitungsausschnittsammlung des Bonner Stadtarchivs, 100/452; *anonym*, Die Wiederherstellung des kurfürstlichen Schlosses, 19.11.1925, Zeitungsausschnittsammlung des Bonner Stadtarchivs, 100/452; *anonym*, Zur Geschichte der Kurfürstlichen Universität Bonn, in: General-Anzeiger, Nr. 16738, 25. April 1940, S. 4; *Akten* zu den Arbeiten im Hauptgebäude der Universität Bonn, aus: Archiv der Rh. Friedrich-Wilhelms-Universität, Bonn, Bestand: Rektorat, Sig.: A 3,1, Bd. 4, 1908-1915.

60. 1910   Kopie der Kölner Stadtbanner

Bei Instandsetzungsarbeiten am Alten Rathaus, Köln, entdeckte der Dombildhauer Prof. Christian Mohr in der früheren Mittwochsrentkammer unter einem Haufen Gerümpel eine Kiste, in der sich mehrere alte Fahnen befanden. Es handelte sich dabei um Speerfahnen von 1396, eine Spottfahne des 15. Jahrhunderts, Standarten aus der 2. Hälfte des 15. Jahrhunderts sowie die offiziellen stadtkölnischen Banner aus der Zeit von 1400-1733. Sie wurden in den Bestand des Historischen Museums Köln überstellt. Auf Anregung des Oberbürgermeisters Wallraf fertigte Anton Bardenhewer 1910, anläßlich der Kaiserfeier, Nachbildungen dieser Fahnen an, die während der Feier die Fassade des Gürzenich schmückten. Die Fahnen wurden nach den Entwürfen Bardenhewers in der Stickwerkstatt seiner Frau gefertigt. Zum Teil wurden dabei erhaltene Fragmente der alten Banner in die Nachbildungen eingearbeitet, bspw. bei einer Fahne von 1510. Die gewebten und gestickten Darstellungen wurden durch malerische Ergänzungen vervollständigt. Diese Malereien führte Anton Bardenhewer selbst aus. Im Juni 1911 wurden die Fahnen im Lichthof des Kunstgewerbemuseums ausgestellt. Ob sie zumindest in Teilen erhalten sind, ist nicht geklärt.

Literatur: *Heimann, Friedrich Carl*, Die alten Kölner Stadtbanner, in: Localanzeiger, Nr. 164, 17. Juni 1911; *Ketnath-Hornig, Antonie*, Kunstmaler Anton Bardenhewer, Mitteilungen des Familienverbandes Bardenheuer, Nr. 3, März 1940.

61. 1910   St. Johann Baptist, Geilenkirchen - Hünshoven

Einschiffige, dreijochige Backsteinkirche mit vorgelagertem Westturm, einjochigem Chorhaus und 5/8 Schluß, Mitte 15. Jh. Im 18. Jh. Turm vollendet. Sakristei, 1. Hälfte 19. Jh.

Ausmalung:
Triumphbogen, Stirnseite: Jüngstes Gericht, Ende 15. Jh. Ausführlich *Hensler, S. 53-54*.

Restaurierungen:
1908 deckte man bei Instandsetzungsarbeiten unter der Leitung von Prof. Buchkremer, Aachen, an der Stirnseite des Triumphbogens eine Darstellung des Jüngsten Gerichts auf. Sie wurde 1910 unter der Leitung Anton Bardenhewers restauriert. Ihren Zustand vor und nach der Wiederherstellung belegte Bardenhewer durch Fotografien. Eine ist in *Clemen (1930)* als *Fig. 421* veröffentlicht. Die Fotografien befinden sich heute im BRAD. Im Jahr 1939 soll noch einmal eine Restaurierung der Wandmalereien unter der Leitung Bardenhewers erfolgt sein, *Ketnath-*

Hornig (1940), S. 72. Entsprechende Arbeiten konnten bislang nicht nachgewiesen werden.

1951 schufen die Architekten Dominikus und Gottfried Böhm nach der völligen Kriegszerstörung der alten Kirche einen Neubau unter Einbeziehung der alten Südwand und des Chores.

Literatur: *Kdm Rhp. 8.2*, S. 158-161; *Hensler, E.*, Wiederherstellung gotischer Wandmalereien und kirchlicher Ausstattungsstücke am Niederrhein. Hünshoven (Kreis Geilenkirchen), Hanselaer (Kreis Cleve), Hamminkeln, Brünen und Ringenberg (Kreis Rees), in: BPDR, Bd. 16, Düsseldorf 1912, S. 53-54; *Clemen (1930)*, S. 413 ff.; *Ketnath-Hornig, Antonie*, Kunstmaler Anton Bardenhewer, Mitteilungen des Familienverbandes Bardenheuer, Nr. 3, März 1940; *HDK, 4.1*, S. 199.

62. 1910 - 1911   Pfarrkirche, Mehren

Dreischiffige, flachgedeckte Pfeilerbasilika mit vorgelagertem Westturm, Chorquadrat und halbrunder Apsis, um 1200. Im 18. Jh. Fachwerkaufbau im Osten zur Abdichtung der Anschlußstelle von Langhausdach und Chorbedachung, Veränderung der Fensterformen.

Ausmalung:
Architektonische Fassung, die sich ganz dem Formenkanon der üblichen architektonischen Fassung des 13. Jh. anschließt, durch Anton Bardenhewer 1911 ausgeführt.

Restaurierungen:
1907 schlug man im Rahmen von Instandsetzungsarbeiten den Putz des 18. Jahrhunderts ab. Ab 1910 begann eine umfassende bauliche Wiederherstellung, in deren Verlauf die Seitenschiffe einschließlich der nördlichen Kapelle aufgrund des schlechten Bauzustands nahezu vollständig erneuert wurden. Auf den neu verputzten Flächen wurde 1911 nach den Angaben und unter Leitung Anton Bardenhewers eine schlichte Ausmalung mit einzelnen ornamentalen Motiven ausgeführt, *Renard, S. 34*. Diese entstand vermutlich in Anlehnung an wenige aufgefundene Reste und typische mittelalterliche Ausstattungen. Der Putz des Außenbaus wurde abgeschlagen und das Bruchsteinmauerwerk freigelegt. Bei der letzten Restaurierung frischte man die schlichte Fassung wieder auf.

Literatur: *Renard, Edmund*, Mehren (Kreis Altenkirchen). Wiederherstellung der evangelischen Pfarrkirche, in: BPDR, Bd. 17, Düsseldorf 1913, S. 32-34; *Kdm Rhp. 16.1*, S. 134-137; *Allgemeines Künstler Lexikon*, Saur (Hsg.), Band 7, München/Leipzig 1993, S. 33.

63. 1910 - 1911   Dom, Wetzlar

Ehem. Stiftskirche Unsere Liebe Frau, um 1000 errichtet. 1170-90 Erweiterungen und Umbauten. Vor 1230 Beginn des Neubaus von Chor und Chorkapellen durch Umbauung des Vorgängerbaus. 1240-75 Querhaus und südl. Seitenschiff, 1292 nördl. Seitenschiff, 1300-1307 Mittelschiff fertiggestellt. Dreischiffige, dreijochige Hallenkirche mit über die Flucht der Seitenschiffe heraustretendem Querhaus, Chor mit Chorquadrat, polygonaler Apsis und mehreren Nebenkapellen. Neue Westfassade, um 1336 begonnen, Turm bis 1490. Der Bau zu diesem Zeitpunkt nicht beendet. Seit dem 16. Jh. simultane Pfarrkirche St. Marien.

Ausmalung:
Wandmalereien verschiedener Perioden, vermutlich ohne einheitlichen Plan bis 16. Jh. Chor- und Mittelschiffgewölbe: [ehemals] einzelne figürliche Darstellungen zwischen floralen Motiven; Triumphbogen: Jüngstes Gericht; Westwand: Jüngstes Gericht; daneben: Hl. Christophorus; nördl. Querhausarm: Heilige unterm Kreuz; südl. Querhausarm: Szenen in schmalen Rechteckfeldern, möglicherweise ehemals Retabeln von Altären. Ausführlich *Stiehl (1909), S. 103; (1912), S. 50*.

Restaurierungen:
1870 wurde die Kirche historistisch wiederhergestellt. Dabei traten am Äußeren Reste einer ursprünglichen Fassung zutage. Am Südgiebel des Querschiffs waren vor 1870 die Reste gemalter Figuren erhalten, die durch eine Erneuerung des Putzes zerstört wurden, *Stiehl (1909), S. 103*.

1902 begann eine ausführliche Bauforschung, an die sich sorgfältige Grabungen anschlossen. Ab 1904 setzte man nach Sicherung des Bestands unter der Leitung von Ernst Stiehl die Kirche umfassend instand. Bevor die angestrebte künstlerische Wiederherstellung des Inneren begann, erhielt Anton Bardenhewer den Auftrag, die Wände systematisch auf eine mögliche ursprüngliche Fassung zu untersuchen. Im Verlauf dieser Arbeiten traten zahlreiche alte Dekorationen unter der Tünche hervor, *Bardenhewer (1911), S. 8.* Das Innere erhielt im Anschluß eine vollständig erneuerte Dekoration, die der Maler Blaue, vermutlich unter der Leitung Bardenhewers, ausführte. Er orientierte sich dabei an allen aufgedeckten Resten gleichermaßen, obwohl sie aus mehreren Ausmalungsphasen stammten. Bei der Wiederherstellung der figürlichen Darstellungen mußte Bardenhewer vieles ergänzen, da sie fast ausschließlich in ihrer roten, tief in den nassen Putz eingedrungenen Vorzeichnung erhalten waren. Von den Binnenfarben waren nur sehr geringe Spuren geblieben. Daher ergänzte Bardenhewer alle Figuren in den Konturen und stellte die Binnenfarben durch Austupfen wieder her, *Clemen (1930), S. 128-129.* Sechs große farbige Kopien Bardenhewers, die die Wandmalereien der Westwand und des Gewölbes zeigten, wurden im Denkmalarchiv Bonn archiviert, *Clemen (1930), S. 128.* (Sie konnten bislang nicht gefunden werden.) Parallel zu den Wandmalereien stellte Bardenhewer Teile der Ausstattung wieder her. Er legte die Fassung einiger Epitaphe frei, die Ende des 16. Jahrhunderts mit Ölfarbe übermalt worden waren. Andere Epitaphe hatte man nur übertüncht, so daß sie bis zu dieser Restaurierung unberührt geblieben waren und ihre Fassung nur aufgefrischt werden mußte, *Bardenhewer (1911).* Mit großer Wahrscheinlichkeit befreite er auch eine Muttergottes und eine Kreuztragungsgruppe von ihren Übermalungen, *Stiehl (1912), S. 51.*

Der Wiederaufbau der durch den Zweiten Weltkrieg stark beschädigten Kirche war erst nach 1950 abgeschlossen. Von der reichen Ausstattung blieb fast nichts erhalten. In den Jahren 1981-91 wurde das Kircheninnere grundlegend restauriert.

Literatur: *Bardenhewer, Anton*, Vortrag vor dem Kölner Altertumsverein, Februar 1911; *ders.*, Bericht über die alten Wandmalereien in der Doppelkirche zu Schwarzrheindorf, Köln, den 1. April 1911, S. 4; *Stiehl, Ernst*, Wiederherstellung des Wetzlarer Doms, Vortrag 1911, *ders.*, Wetzlar. Wiederherstellung des Domes, in: BPDR, Bd. 11, Düsseldorf 1907, S. 46 ff.; Bd. 13, Düsseldorf 1909, S. 92-111; Bd. 16, Düsseldorf 1912, S. 44-53; *Bardenhewer, Anton*, Vortrag vor dem Kölner Altertumsverein, Februar 1911, S. 7-8; *Clemen (1930), S. 128 ff.; Sebald, Eduard*, Der Dom zu Wetzlar, Königstein 1989; *Schmidt, Hartmut*, Der Dom zu Wetzlar, in: Schnell, Kunstführer Nr. 2000, 1. Aufl., München/Zürich 1992; *Hanselmann, Jan Friedrich*, Die Restaurierung des Wetzlarer Domes, in: ders., Die Denkmalpflege in Deutschland um 1900 - Zum Wandel der Erhaltungspraxis und ihrer methodischen Konzeption, Europäische Hochschulschriften, Reihe 28, Kunstgeschichte, Bd. 280, Frankfurt a. M. 1996, S. 281-314; *Acta* betreffend den Bau und die Reparatur an der gemeinschaftlichen luth. Kirche Dom zu Wetzlar, Landeshauptarchiv Koblenz, Abt. 441, Nr. 28991.

64. 1910 - 1912   Doppelkirche, Schwarzrheindorf
1902

Ehem. Burgkapelle St. Klemens, Mitte 12. Jh. errichtet. Ab Ende 12. Jh. als Kloster genutzt. Kirchenanlage mit Unter- und Oberkirche, auf kreuzförmigem Grundriß mit zentralem, beherrschendem Turm und zweijochigem, vorgelagertem Saal. 1587/88 Klostergebäude zerstört. Kirche im 30jährigen Krieg mehrfach beschossen und erobert. Im 17. Jh. Erneuerung des Turmhelms, die Wandmalereien bereits 1625 weiß übertüncht. 1747-57 gründliche, verändernde Instandsetzung unter Kurfürst Clemens August.

Ausmalung:
Unterkirche, 1151-56. Gewölbe: Visionen des Ezechiel; Ostapsis: Salvator umgeben von Aposteln, Evangelisten, Bischof; Konchen: Szenen des NT, Cherub mit Schwert und Apfel; Fenstergewände: Personifikationen der Tugenden; nördl. und südl. Kreuzarm, Nischen: Könige. Ausführlich *Simons, Clemen (1916), S. 278-325, WMA, Bauer.*
Oberkirche, Ausmalung auf östl. Altarraum beschränkt, um 1173. Apsis: Majestas Domini, gerahmt von Evangelistensymbolen, von anbetenden Stiftern, Graf Arnold von Wied und seiner Schwester Hedwig und Hll. Johannes d. T., Stephanus, Petrus, Laurentius umgeben; darunter: Engel

mit Spruchband, Hll. Cosmas, Damian, Eustachius, zwei Ritter, Mauritius, Cassius, Florentius, Mallusius, Hippolytus; Wände: Szenen des NT; Gewölbe: [ehemals] um das apokalyptische Lamm versammelte Schar der Auserwählten, Nordwand: Johannes auf Patmos, Südwand: Darbringung Jesu im Tempel. Ausführlich *Arntz, Clemen (1916), S. 343-352.*

Restaurierungen:
1846-47 entdeckte Andreas Simon bei Arbeiten in der Unterkirche Wandmalereien. Diese wurden durch Besucher, die die Tünche abbröckelten, zunehmend bloßgelegt. Die Oberfläche der Malereien erlitt dabei vielfache Verletzungen. Bereits *Simon, S. 162,* schrieb, daß sich die Malerei leicht abwaschen ließe und vielfach nur die gelbe Vorzeichnung erhalten sei. Ab 1854 begann der Zeichenlehrer Christian Hohe, Bonn, die Malereien vollständig freizulegen, zu kopieren und anschließend wiederherzustellen. Entgegen seinen Angaben hatte Hohe die ornamentalen wie die figürlichen Darstellungen weitgehend übermalt und ergänzt, *Metternich, S. 514-517.* Bei allen Ergänzungen hatte er sich theologischen Rat bei Pfarrer Pfeifer aus Vilich geholt. (Dazu *WMA, Welt und Wissen* und *Bardenhewer (Bericht 1911)*) 1861-65 folgte eine bauliche Wiederherstellung der Unterkirche. 1868 entdeckte Ernst Aus'm Weerth Malereien in der Oberkirche. Diese wurden ab 1875 durch den Architekten Lambris und den Maler Wirth freigelegt, instandgesetzt und dabei ebenfalls stark überarbeitet. Lambris arbeitete auf Veranlassung Aus'm Werths bereits seit 1868 in der Unterkirche, um Ergänzungen der Restaurierung Hohes zu verändern, *Gierschner, S. 126-142.* Im Anschluß an die Arbeiten faßte man die Westjoche anhand der architektonischen Bemalung der Ostteile neu. In den Jahren 1902-04 wurde das Gebäude unter der Leitung des Landbauinspektors Ludwig Arntz historistisch instandgesetzt. Dabei entfernte man den äußeren Verputz. Die vielfältigen frühen Wiederherstellungsversuche und Restaurierungen der Wandmalereien lassen sich durch eine große Anzahl im BRAD erhaltener Aufnahmen gut belegen. Dort sind achtundvierzig Aufnahmen Christian Hohes von 1854, neunzehn Aufnahmen A. Lambris' von 1875, sechzehn Aufnahmen, die der Maler Welter nach Hohe vor 1900 geschaffen hat, sieben Aufnahmen Josef Winkels von 1898 und acht Aufnahmen Wilhelm Batzems von 1902 erhalten. 1938 enthielt es 144 Kopien der Gesamtkompositionen und von Einzelheiten, zum Teil in natürlicher Größe, *Metternich, S. 528.* Darüber hinaus haben sie Spuren am Original hinterlassen. Durch das rabiate Freilegen der Malereien zerstörte man vielfach die oberste Kalkschicht und legte die Malerei bis auf die Freskoschicht frei, *Bauer, S. 30* (Zum Aufbau der Originalmalerei, *Bauer, Theophilus*) Bereits Hohe fand nahezu überall nur noch die Unterzeichnung. In einer Promemoria spricht er von einigen Farbspuren, wodurch sich ein Teil seiner sehr weitreichenden Ergänzungen erklärt. Die Veränderungen, die die Malereien im einzelnen durch die Restaurierungen von Hohe und später von Lambris erlitten, erläutert *Bardenhewer (1911), 2, S. 5-7.* Besonders kritisch spricht er sich dort gegen die geringe Bedeutung aus, die man der Architekturfassung und der ornamentalen Malerei beigemessen habe. Das habe dazu geführt, daß man die Ornamentik ohne Rücksicht auf das Original schablonenhaft und falsch erneuert habe. Bardenhewer selbst betonte mehrfach die besondere Bedeutung gerade der nicht-figürlichen Malerei. Bei der Restaurierung 1902 beseitigte der Maler Wilhelm Batzem in der Unterkirche mehrere technische Unzulänglichkeiten früherer Restaurierungen und führte eine systematische Untersuchung des Putzgrunds, der aufgedeckten Malereien etc. durch. Bis auf einige Korrekturen, bspw. an der Darstellung der Tugenden in den Fensterlaibungen, die von Hohe mißverständlich als Ritter ergänzt bzw. verändert worden waren, erfolgten keine weiteren Eingriffe in den Malereibestand der Unterkirche. Doch legte man die Architekturfassung der Wand- und Gewölbefelder der Oberkirche frei und ergänzte sie in Anlehnung an die Reste in Kalkfarbe mit Milchzusatz zu einem Gesamtbild, *Arntz, S. 37.* Die häufige Zusammenarbeit von Bardenhewer und Batzem um die Jahrhundertwende läßt Bardenhewers Mitarbeit 1902 sehr wahrscheinlich erscheinen. 1910-11 wurde er mit der weiteren Wiederherstellung der Wandmalereien der Unterkirche betraut. Bei diesem Auftrag legte man Wert auf die Feststellung, daß er ein Künstler sei, der nahezu ohne Ergänzungen und mit großer Rücksicht auf das Original arbeite. Zuerst entfernte Bardenhewer an vielen Stellen den Neuverputz Hohes und ersetzte ihn durch einen dem mittelalterlichen nachempfundenen Putz. Die figürliche Überarbeitung Hohes ließ er bei

dieser Restaurierung nahezu unbeachtet. Unter seiner Leitung wurden die schablonierte Ornamentik und die Übermalung der Hintergründe abgenommen und anhand der vielfältigen Reste das darunter aufgefundene Original aufgefrischt, *Welt und Wissen*. Für eine ausführliche technische Analyse des Malgrunds und der Farben arbeitete Anton Bardenhewer mit dem Maltechniker Paul Gerhard zusammen, *Clemen (1916), S. 645.* Eine detaillierte Ausdeutung der Ezechiel-Szenen in der Unterkirche wurde parallel zu der Restaurierungstätigkeit von Wilhelm Neuss geschrieben und aufgelegt. Mit großer Wahrscheinlichkeit standen Bardenhewer und Neuss miteinander in Kontakt, so daß Bardenhewer extreme Mißdeutungen Hohes mit Hilfe des theologischen Wissens von Neuss korrigieren konnte. Im Februar 1912 waren die Restaurierungsarbeiten abgeschlossen. Fotografien der Darstellungen der Unterkirche nach der Restaurierung sind bei *Clemen (1916)* als *Fig. 205, 224-225, 230* wiedergegeben.

1955-57 wurde das Äußere unter der Leitung Rudolf Wesenbergs neu verputzt und die Innenausstattung durch Hans Schwippert erneuert. In den 90er Jahren folgte eine umfassende Restaurierung der Wandmalereien der Unterkirche durch die Werkstatt II des Rh. Amts f. Denkmalpflege, Abtei Brauweiler, unter der Leitung des Restaurators Gerd Bauer. In ihrem Verlauf zeigte sich, daß Bardenhewer erheblich umsichtiger mit dem Original verfahren war, als man im Vorfeld angenommen hatte. (Dazu *Bauer*, *Poppen* und *RA*) (Siehe Katalog, Nr. 98)

Literatur: *Simons, Andreas*, Farbenschmuck mittelalterlicher Bauwerke. Schwarzrheindorf, 1150-1155, in: Jahrbücher des Vereins von Altertumsfreunden im Rheinlande, Bd. 10, 1847, S. 147-185; *Bock, Franz*, Die ehemalige Stiftskirche zu Schwarzrheindorf, in: Rheinlands Baudenkmale des Mittelalters, Köln/Neuss 1868-1875, Faksimile der Erstausgabe, Düsseldorf 1979; *Aus'm Weerth, Ernst*, Wandmalereien des christlichen Mittelalters in den Rheinlanden, 1880, S. 9 ff.; *Hohe, Christian*, Promemoria, 1864, in: Clemen (1916), Anm. 14; *Theophilus Presbyter*, Schedula deversarum artium, übersetzt von Albert Ilg, Wien 1874; *Clemen, Paul*, Anfertigung von Kopien der mittelalterlichen Wandmalereien der Rheinprovinz, in: BPDR, Bd. 4, 1899, S. 52-54; *Arntz, Ludwig*, Schwarz-Rheindorf - Wiederherstellung der ehemaligen Stiftskirche, in: BPDR, Bd. 8, Düsseldorf 1904, S. 31-41; *Kdm Rhp. 5.3*, S. 339-364; *Bardenhewer, Anton*, Vortrag vor dem Kölner Altertumsverein, Februar 1911, S. 3; *ders.*, Bericht über die alten Wandmalereien in der Doppelkirche zu Schwarzrheindorf, Köln, den 1. April 1911, S. 1-3, 7-8; *anonym*, Über mittelalterliche Wandmalereien, in: Localanzeiger, Nr. 51, 20. Februar 1911, S. 8; *Neuss, Wilhelm*, Das Buch Ezechiel in Theologie und Kunst mit besonderer Berücksichtigung der Gemälde in der Kirche von Schwarz-Rheindorf, 1. und 2. Heft der Beiträge zur Geschichte des alten Mönchtums und des Benediktiner-Ordens, F.D. Herwegen (Hsg.), Köln 1912; *anonym*, Schwarz Rheindorf, 20. Febr. 1912, in: Welt und Wissen, Feuilleton der Kölnischen Volkszeitung, Nr. 164, 23. Febr. 1912; *Clemen (1916)*, S. 269-357; *Wolff Metternich*, Die romanischen Monumentalmalereien in Schwarz-Rheindorf, in: JBRD, Bd. 14/15, 1938, S. 511-528; *Verbeek, Albert*, Schwarzrheindorf. Die Doppelkirche und ihre Wandgemälde, Düsseldorf 1953; *HDK, 4.1*, S. 59-62; *Binding/Verbeek*, Die Doppelkirche in Bonn-Schwarzrheindorf, in: Rh. Kunststätten, Heft 93, 12. verb. Aufl., Köln 1991; *Gierschner, Sabina*, Zur Authentizität der romanischen Wandmalereien von Schwarzrheindorf - Versuch einer immanenten Quellenkritik, in: JBRD, Bd. 35, Köln 1991, S. 115-148; *Bauer, Gerd*, Neue Beobachtungen zur Technik an der Triumphbogenausmalung in der ehemaligen Stiftskirche zu Bad Münstereifel und an den Wand- und Gewölbemalereien in der Unterkirche von St. Klemens zu Bonn-Schwarzrheindorf, in: JBRD, Bd. 37, Köln 1996, S. 13-37; *Poppen, Ralf*, Die Wandmalereien in der Unterkirche der Doppelkapelle von Schwarzrheindorf, Diss. Phil. Fak. Universität Bonn 1997; *WMA Ehem. Stiftskirche, Schwarzrheindorf*, BRAD.

65. 1910 - 1912   Ev. Pfarrkirche, Marienberghausen

Dreischiffige, zweijochige, kreuzgratgewölbte Basilika mit vorgelagertem Westturm um 1200, im 13. Jh. errichtet. Kreuzrippengewölbtes Querhaus und Rechteckchor, 2. Hälfte 15. Jh. 1665 Schiffe durch einschiffigen Neubau ersetzt, Erneuerung der Turmbedachung.

Ausmalung:
Chor, Ostwand: Jüngstes Gericht; Chor, Nordwand: Seelenwägung; Chor, untere Wandzone: Apostelreihe, einheitlich Ende 15. Jh.; Vierungsgewölbe: Engel mit arma christi, Drolerien; Triumphbogen: Rankenmalerei; südl. Querschiff, Ostwand: Drachenkampf des Hl. Georg; darüber: Versuchung des Hl. Antonius; Südwand: zwei Bischöfe und zwei Ritter; Gewölbe und Gurte: Evangelistensymbole, umgeben von

Rankenmalerei, eingestreut Kobolde in der Manier der Moriskentänzer; nördl. Querschiff, Ostwand: Verkündigung; darüber: Hubertuslegende; Nordwand: Hll. Katharina, Barbara; darüber: Hll. Agnes, Margaretha. Malereien in Fresko-Kalkseccotechnik ausgeführt, vorwiegend grün, blau, grau, braun, in der oberen Zone auch rot und rotbraun. 1620 Malereien übertüncht. Ausführlich *WMA, Hensler, Glaise*.

Restaurierungen:
1908-1910 stellte man die Kirche unter der Leitung des Architekten Korn, Düsseldorf, wieder her. Im Rahmen dieser Arbeiten wurden u.a. die Sakristei angebaut und der Aufbau von Altar, Kanzel und Orgel zerstört. Die Orgel verlegte man auf die völlig veränderte Westempore. Bei der Erneuerung des Putzes entdeckte man im Herbst 1910 unter der barocken Tünche ein ausgezeichnet erhaltenes, den Chor, die Vierung und das Querhaus umspannendes einheitliches Ausmalungssystem. Mit der systematischen Freilegung, Sicherung und Ergänzung der Wandmalereien wurde 1911 Anton Bardenhewer beauftragt. Trotz der anfänglichen Weigerung der Gemeinde, diese aus katholischer Zeit erhaltenen Malereien, vor allem die verschiedenen Teufelsgestalten, sichtbar zu lassen, waren die Arbeiten nach wenigen Monaten abgeschlossen. Auch nach der Wiederherstellung konnten sich Teile der Gemeinde nicht mit den Darstellungen abfinden und wollten zumindest die Heiligen durch einen Vorhang verdecken lassen. Aufgrund des schlechten Erhaltungszustands war die originale Komposition der Malereien zwar erkennbar, doch mußte Bardenhewer sie im einzelnen stark ergänzen, um ein geschlossenes System zu schaffen. Einer zeitgenössischen Aussage, daß der Erhaltungszustand so gut gewesen sei, daß die Darstellungen ohne wesentliche Ergänzungen hätten instandgesetzt werden können, lediglich die Köpfe der beiden mittleren Apostel seien Neuschöpfungen, da die Malerei dort durch die Balken der alten Emporenanlage zerstört worden war, *Hensler, S. 21,* stehen die Untersuchungsergebnisse der Restaurierung in den 60er Jahren entgegen. Die Darstellung des Jüngsten Gerichts zeigte eine sehr frühe Überarbeitung, die Bardenhewer bei seiner Restaurierung nicht beeinträchtigte. Den Zustand der Wandmalereien vor und nach der Wiederherstellung dokumentierte er durch fünf farbige Aufnahmen. [1.) Ostwand, Chor, Inv.Nr. 22616, H. 0.52, B. 0.73, Jüngstes Gericht - Zustand vor Ergänzung; 2.) Südseite, Chorhaus, Inv.Nr. 22617, H. 0.78, B. 0.53 Seelenwaage, 4 Apostel, Aquarell - Zustand vor Ergänzung; 3.) Ost- u. Südwand, Chor, Inv.Nr. 22734, H. 0.76, B. 0.68, Jüngstes Gericht, 6 Apostel, Aquarell - Zustand vor Ergänzung; 4.) Ostwand, nördl. Kreuzarm, Inv.Nr. 22735, H. 1.01, B. 0.73 Hubertus, Verkündigung, Aquarell - nach der Restaurierung; 5.) Vierung, Inv.Nr. 22736, H. 1.01, B. 0.73, Malerei Gewölbe, Aquarell; *WMA*]. Die Kartons 4.) und 5.) sind im Tafelband zu *Clemen (1930)* als *Tafeln 95-96* veröffentlicht. Bardenhewer fertigte eine Anzahl Fotografien der Wandmalereien vor und nach der Wiederherstellung an. Eine Fotografie, ausnahmsweise mit Namensnennung, ist bei *Heimann* als *Abb. 60* veröffentlicht. Einige weitere sind bei *Clemen (1930)* als *Fig. 407-410* abgebildet. 1911 fertigte Bardenhewer ein Übersichtsblatt des Ausmalungssystems an. [Inv.Nr: 22615, H. 0.38, B. 0.60, Übersicht Ausmalung Querhaus und Chor, Tuschskizze; *WMA*] Alle diese Aufnahmen befinden sich zusammen mit einer Anzahl Fotografien im BRAD.

1958-61 entfernte man im Rahmen umfassender Restaurierungsmaßnahmen die Ergänzungen und schwarzen Konturen Bardenhewers. Nach dieser "Entrestaurierung" zeigt sich die figürliche Ausmalung heute als Fragment. Die architektonische Fassung und die Ornamentik wurden im Gegensatz dazu retuschiert und in großen Partien erneuert.

Literatur: *Kdm Rhp. 5.1*, S. 37-39; *Bardenhewer, Anton*, Vortrag vor dem Kölner Altertumsverein, Februar 1911, S. 8-9; *Heimann, Friedrich Carl*, Mittelalterliche Kirchenausstattung im Oberbergischen, in: Mitteilungen des Rh. Vereins f. Denkmalpflege und Heimatschutz, 5. Jg., Heft 3, Köln 1911, S. 249; *Hensler, E.*, Marienberghausen (Kreis Gummersbach), Wiederherstellung der evangelischen Pfarrkirche und ihrer gotischen Wandmalereien, in: BPDR, Bd. 16, Düsseldorf 1912, S. 20-21; *Clemen (1930)*, S. 402-406; *Glaise, Brigitte*, Die spätgotischen Wandmalereien in der evangelischen Kirche zu Marienberghausen, in: JBRD, Bd. 24, Kevelaer 1962, S. 133-159; *HDK, 4.1*, S. 462-563; *Hansmann, Wilfried*, Die evangelische Kirche in Nümbrecht-Marienberghausen, in: Rh. Kunststätten, Heft 171, 2. überarb. Aufl., Neuss 1992; *WMA Ev. Pfarrkirche, Marienberghausen*, BRAD.

66. vor 1911 — St. Gertrud, Morsbach

Dreischiffige, zweijochige Emporenbasilika mit flachgedecktem Langhaus, quadratischem, kreuzgratgewölbtem Chorhaus und halbrund geschlossener Apsis, 1. Hälfte 13. Jh. Der zur Hälfte eingebaute fünfgeschossige Westturm in Teilen aus der 2. Hälfte des 12. Jh. Im 14. Jh. südlich des Chors zweijochiger Sakristeibau ergänzt und Seitenschiffe nach Westen verlängert. 1937 nördlich des Chores Krankenkapelle angefügt.

Ausmalung:
Zyklus im Chor, um 1260; Apsiskalotte: Christus in der Mandorla von Heiligen flankiert; Chorgewölbe: Verkündigung, Geburt, Darbringung, Marienkrönung; Chorwände: mehrere Heilige. (Malereien in Kalksecco-Mischtechnik ausgeführt.)

Restaurierungen:
1868 wurde die Kirche unter der Leitung des Architekten August Lange, Köln, umfassend historistisch wiederhergestellt. Im Verlauf dieser Arbeiten baute man eine Bretterdecke ein. Etwa zeitgleich entstand das Pestkreuz auf der linken Empore, vermutlich auf der Grundlage eines älteren Vorbilds. In welchem Zusammenhang Anton Bardenhewer hier arbeitete, ist bislang nicht geklärt. Er legte vor 1911 die Ausmalung des Chores frei und sicherte sie im Anschluß. 1922 wurde der Innenraum nach Schäden durch einen Blitzeinschlag von dem Kirchenmaler Fritz Wingen, Holpe, expressionistisch ausgemalt; davon blieben nur die Darstellungen in den Hohlkehlen der Seitenaltararmensen erhalten. 1937 veränderte der Kölner Architekt Karl Band den Chorraum.
In den Jahren 1954-55 folgten, nachdem ein Brand die expressionistische Fassung zerstört hatte, eine Wiederherstellung der ursprünglichen Farbfassung und eine Freilegung von Wandmalereiresten in Chorhaus und Apsis, dabei wurde die aufgedeckte Ausmalung mit Leimfarbe überlasiert. 1963 wurde die alte Holzempore abgebrochen und durch eine Betonempore ersetzt. 1974-77 kam es zu einer umfassenden Instandsetzung des Gebäudes, in deren Verlauf die Wand- und Deckenmalerei von Roland Gassert, Klein-Villip, restauriert wurden.

Literatur: *HDK, 4.1*, S. 484; *Krusenotto, Msgr. Wolfram*, Kath. Pfarrkirche „St. Gertrud" in Morsbach, o. A. (nach 1993); *Kisky, Hans*, Die alte Pfarrkirche von Morsbach, o.A.; *ders.*, in: JBRD, Bd. 21, 1957, S. 274; *Demus/Hirmer*, Romanische Wandmalerei, München 1992, S. 198-199; *Bauer, Gerd*, Mosbach. Kath. Pfarrkirche St. Gertrudis, in: JBRD, Bd. 37, Köln 1997, S. 320-321.

67. 1911 — Ev. Pfarrkirche, Brünen

Zweischiffiger Bau mit vorgelagertem Westturm; Turm und nördliches Seitenschiff 13. Jh., Langhaus 1478 vollendet.

Ausmalung:
Chor, Nordwand: Hll. Apollonia, Thomas, Katharina, nach 1478. Ausführlich *Hensler, S. 57-58*.

Restaurierungen:
Im Mai 1911 wurden die Wandmalereien im Rahmen größerer Instandsetzungsarbeiten durch Anton Bardenhewer wiederhergestellt. Soweit möglich, versuchte er nur die Fehlstellen auszutupfen, ohne das Original zu beeinträchtigen. Eine Fotografie der wiederhergestellten Heiligenreihe ist bei *Hensler* als *Fig. 33*. veröffentlicht. Gleichzeitig setzte Bardenhewer vier quadratische Totenschilde des 17. Jahrhunderts instand, die auf dem Kirchenspeicher in sehr verwahrlostem Zustand aufgefunden worden waren.

Literatur: *Kdm Rhp. 2.1*, S. 16-17; *Hensler, E.*, Wiederherstellung gotischer Wandmalereien und kirchlicher Ausstattungsstücke am Niederrhein. Hünshoven (Kreis Geilenkirchen), Hanselaer (Kreis Cleve), Hamminkeln, Brünen und Ringenberg (Kreis Rees), in: BPDR, Bd. 16, Düsseldorf 1912, S. 53-59.

68. 1911 — St. Maria im Kapitol, Köln
Hardenrath - Kapelle

Baubeschreibung: Katalog, Nr. 45

Ausmalung: Katalog, Nr. 45

Restaurierungen: Katalog, Nr. 45
Die Originalausmalung der Hardenrath-Kapelle war 1911 in ihrem ursprünglichen Zustand erhalten. Sie war jedoch mehrfach übertüncht, verschiedentlich restauriert und dann wieder übermalt worden, so bspw. in den Jahren 1694 und 1757. 1911 wurden die Wandmalereien durch den Maler Koep unter der Leitung Anton Bardenhewers wiederhergestellt, und das Glasgemälde in der Altarnische wurde durch die Fa. Schneiders & Schmolz, möglicherweise nach Entwürfen Bardenhewers, erneuert. Ab 1915 wurden die Chorfenster gereinigt und restauriert. Ob Bardenhewer an diesen Arbeiten beteiligt war, ist nicht geklärt.

Literatur: Katalog, Nr. 45

69. 1911 — St. Antonius Abbas, Hanselaer

Einschiffiger, kreuzrippengewölbter Bau mit vorgelagertem Westturm, Chor mit 5/8-Schluß und südl. Seitenkapelle durch Umbauung des Vorgängerbaus im 14./15. Jh. entstanden. Reste des romanischen Baus in den Seitenschiffwänden und im Westturm erhalten.

Ausmalung:
Architektonische Fassung mit wenigen figürlichen Ergänzungen in den Gewölben, um 1530. 1. Gewölbe, Westjoch, Ostkappe: Martyrium der Hl. Agatha; 2. Gewölbe, Westkappe: Wappen von Kalkar; Ostkappe: Hl. Antonius; 3. Gewölbe: Wappen; Ostkappe: Halbfigur der Madonna mit Kind; Chor: Rankenwerk in Braunrot, Grün und Gelb, Tiermaske; Jochgewölbe, Ostkappe: Kopfmaske; Chorabschluß, Westwickel: Halbfigur eines Engels mit zwei Schellen. Ausführlich *Hensler, S. 55*.

Restaurierungen:
1910 begann unter der Leitung von Julius Müller eine umfassende Wiederherstellung der Kirche. In ihrem Verlauf deckte man im Langhaus und im Chor spätgotische Rankenmalereien auf. Im Mai 1911 wurde Anton Bardenhewer mit der vollständigen Freilegung und anschließenden Wiederherstellung der Ausmalung betraut. Zu diesen Arbeiten schuf er eine Aufnahme, die im BRAD erhalten ist. [Gewölbe der Apsis und des Vorjoches, Inv.Nr. 34731, H. 0.73, B. 1.01, Ausmalung des Chorgewölbes, spätgotische Pflanzenornamentik, im Vorjoch Engels- und Teufelsjoch, Aquarell; *WMA*] Möglicherweise wurden durch ihn oder unter seiner Leitung auch Teile der Ausstattung neu gefaßt. 1938 versuchte man, die Feuchtigkeit des Mauerwerks zu beheben, entfernte die erneuerte Fassung der Ausstattungsstücke und legte die ursprüngliche frei.
1954-56 setzte man den Innenraum und die Ausstattung instand. Dabei nahm man alle Ergänzungen Bardenhewers ab und legte die Originalmalerei frei, *Kisky, Abb. 133*. Im Rahmen einer Restaurierung in den 80er Jahren wurde die reiche florale Gewölbemalerei mit den figürlichen Ergänzungen gereinigt und konserviert.

Literatur: *Kdm Rhp. 1.4*, S. 42-43; *Hensler, E.*, Wiederherstellung gotischer Wandmalereien und kirchlicher Ausstattungsstücke am Niederrhein. Hünshoven (Kreis Geilenkirchen), Hanselaer (Kreis Cleve), Hamminkeln, Brünen und Ringenberg (Kreis Rees), in: BPDR, Bd. 16, Düsseldorf 1912, S. 54-55; *Clemen (1930)*, S. 391 f.; *Stemmler*, Übersicht über die in den Rechnungsjahren 1936/37 und 1937/38 mit Unterstützung durch Staats- und Provinzialbeihilfen ausgeführten Arbeiten, in: Rheinische Heimatpflege, 9. Jg., 1937/38, S. 592; *Kisky, Hans*, Bericht über die Tätigkeit der Rheinischen Denkmalpflege 1953-1956, in: JBRD, Bd. 21, 1957, S. 227; *HDK, 4.1*, S. 221-222; *WMA Pfarrkirche, Hanselaer*, BRAD.

70. 1911 - 1913   Ev. Pfarrkirche, Lieberhausen

Kleine, zweijochige, kreuzgratgewölbte Wandpfeilerbasilika mit vorgelagertem Westturm und sehr schmalen Seitenschiffen, um 1100 errichtet. Durch Anbau des Querhauses und Veränderung des Chores Erweiterung zu einem kreuzförmigen Grundriß, 2. Hälfte 15. Jh. Bauliche Veränderungen im 17. und 18. Jh. Im 19. Jh. im Osten dreiseitige Sakristei angebaut.

Ausmalung:
Scheidbögen: Passionszyklus, Rest einer romanischen Ausmalung, stark überfaßt erhalten. Ende 15. Jh. malerische Neufassung. Chorgewölbe: gelbe Rankenmalerei; Vierungsgewölbe: Jüngstes Gericht; Vierungspfeiler: Kreuzigungsgruppe; nördl. Querhaus, Ostwand: Seelenwägung; darunter: weibliche Heilige; ehemalige Altarnische: [ehemals] figürliche Malereien; Nordwand: Hl. Elisabeth, Martyrium des Hl. Sebastian; Gewölbe: Rankenmalerei [nach Vorbild des südl. Querhausgewölbes ergänzt]; südl. Querhaus, Ostwand: Drachenkampf des Hl. Georg; darunter: Heiligenreihe, Anna Selbdritt nach Israhel von Meckenem; Altarnische: Kreuzigungsgruppe; Südwand: Hl. Christophorus; Gewölbe: Rankenmalerei; Langhaus: Kreuzaufrichtung, Kreuzigungsdarstellung auf Golgatha; südl. Seitenschiff: Kreuztragung; westl. Langhauspfeiler: Verkündigung, Opferung Isaaks; Chor: Apostelreihe. 1589 Ergänzungen und Wiederherstellung der erhaltenen Darstellungen. Langhaus: Szenen aus dem Leben Johannes d. T., Bibelsprüche in Kartuschen; südl. Seitenschiff: Szenen aus dem Leben des Täufers; südl. Querhaus, Südwand: Stifterwappen, Vertreibung aus dem Paradies; nördl. Querhaus, Nordwand: Stifterwappen, Erschaffung Adams; Chor: Zehn Gebote. Im 17. Jh. erneute Überarbeitung der Ausmalung. Ausführlich *Renard, S. 44-46.*

Restaurierungen:
1909 entdeckte man im Verlauf einer baulichen Instandsetzung unter der Leitung des Architekten Schlösser, Gummersbach, unter mehreren Schichten Tünche gut erhaltene Wandmalereien. Ab 1912 wurde Anton Bardenhewer mit der systematischen Freilegung und Wiederherstellung beauftragt, bei der es zu einigen Ergänzungen und Veränderungen kam. So interpretiert *Renard, S. 46,* die Erschaffung Adams als Taufe Christi. Nach der Restaurierung war die Darstellung eindeutig als Erschaffung zu erkennen. (Ob das ein Ergebnis der Restaurierung ist, muß vorerst offen bleiben.) Wie üblich, fertigte Anton Bardenhewer mehrere Aufnahme zu den Malereien an. Sie sind im BRAD archiviert und werden auf 1913 datiert. [1.) Ostwand, nördl. Querhaus, Inv.Nr. 25831, H. 1.02, B. 0.73, Seelenwaage, 4 Heilige, Aquarell - Zustand nach Restaurierung; 2.) Ostwand, nördl. Querhaus, Inv.Nr. 23633, H. 0.74, B. 0.55, Seelenwaage, 4 Heilige, Aquarell - Zustand vor Restaurierung, 3.) Südwand, südl. Querhaus, Inv.Nr. 25833, H. 1.02, B. 0.73, Hl. Christophorus, Adam u. Eva im Paradies, Aquarell - Zustand nach Restaurierung; 4.) Inneres, Blick nach Westen, Inv.Nr. 25832, H. 1.02, B. 0.77, Inneres nach Westen, Aquarell - Zustand nach Restaurierung; 5.) Ostwand, südl. Querhaus, Inv.Nr. 25380, H. 1.02, B. 0.73, Drachenkampf, Heiligenreihe, Anna Selbdritt, Aquarell - Zustand nach Restaurierung; 6.) Ostwand, südl. Querhaus, Inv.Nr. 21944, H. 0.75, B. 0.54, Drachenkampf, Heiligenreihe, Anna Selbdritt, Aquarell - Zustand vor Instandsetzung; 7.) Laibung, Scheidbogen, südl. Seitenschiff, Inv.Nr. 23632, H. 0.73, B. 0.54, Passionsszenen, Aquarell - Zustand vor Instandsetzung; WMA] Die sieben farbigen Aquarelle dienten Bardenhewers Mitarbeitern vermutlich als Vorlage für die Ausführung vor Ort, während er parallel die Arbeiten in anderen Kirchen überwachte. Die Aufnahme 6.) ist bei *Heimann* als *Abb. 59* und *Renard* als *Fig. 35* abgebildet. Dort sind im Anschluß an den Text auch die Aufnahmen 4.), 1.) und 3.) veröffentlicht. 4.), 1.) und 5.) sind im Tafelband zu *Clemen (1930)* als *Tafeln 93* u. *94* und im Textband als *Fig. 402* wiedergegeben. Darüber hinaus ermöglichen vielfältige Fotografien, mit denen Bardenhewer den Zustand der Ausmalung vor und nach der Restaurierung dokumentierte, einen Einblick in seine Arbeit. Sie sind ebenfalls im BRAD erhalten. 1928 fertigte Steinle, Bonn, weitere fotografische Detailaufnahmen an.
1954 wurden die Malereien durch den Restaurator Gassert, Klein-Vilipp, restauriert. 1990/91 kam es durch die Firma Gassert jun., Klein-Vilipp, zur neuerlichen Instandsetzung der Malereien. Bei beiden Restaurierungen kam es zu Eingriffen in den Bestand.

Literatur: *Heimann, Friedrich Carl,* Mittelalterliche Kirchenausstattung im Oberbergischen, in: Mitteilungen des Rh. Vereins f. Denkmalpflege und Heimatschutz, 5. Jg., Heft 3, Köln 1911, S. 251-254; *Renard, Edmund,* Wiederherstellung mittelalterlicher Wandmalereien in den evangelischen Kirchen zu Lieberhausen und Müllenbach (Kr. Gummersbach) und zu Hohensolms (Kr. Wetzlar), in: BPDR, Bd. 20, Düsseldorf 1917, S. 41-48; *Clemen (1930),* S. 397 ff.; *HDK, 4.1,* S. 451, *Saeger, Klaus,* Die 'Bunte Kerke' in Lieberhausen, in: Schnell, Kunstführer Nr. 1738, München/Zürich 1988; *Heidrich, Anja,* Die Wandmalereien in der Kirche zu Lieberhausen - Eine Restaurierungsgeschichte, Magisterarbeit an der Rh. Friedrich-Wilhelms-Universität (Mss.), Bonn 1995; *dies.,* Die Evangelische Kirche von Lieberhausen. Ein Bauwerk erzählt seine Geschichte, in: Kirchliche Kunst im Rheinland, Meyer (Hsg.), Bd. 3, Düsseldorf 1997; *WMA* Lieberhausen, Ev. Kirche, Akte zu den Wandmalereikopien, Text Hanna Adenauer, BRAD.

71. 1913   Ev. Pfarrkirche, Hohensolms

Rechteckiger Saalbau, 1448 dicht am Mauerring des Schlosses Hohensolms errichtet. Später mit hohem Walmdach und barockem Dachreiter versehen.

Ausmalung:
Wandmalereien und Ausstattung, 15. bis Mitte 16. Jh. Architektonische Fassung: Bogenfriese, Fenstereinfassungen, ergänzt durch Hl. Christophorus; bemalte Bretterdecke. Ausführlich *Renard, S. 47-48.*

Restaurierungen:
Im Rahmen einer baulichen Wiederherstellung entdeckte man Reste einer malerischen Fassung und mehrere verbaute Ausstattungsstücke. Die Darstellung des Hl. Christophorus wurde 1913 durch Anton Bardenhewer wiederhergestellt. Eine Aufnahme der Darstellung nach der Restaurierung mit dem angrenzenden Wandfries und der bemalten Bretterdecke ist in *Renard* im Anschluß an den Text und in *Clemen (1930)* als *Fig. 428* veröffentlicht. Sie ist mit großer Wahrscheinlichkeit Anton Bardenhewer zuzuschreiben, kann jedoch z.Zt. nicht gefunden werden. Bardenhewer dokumentierte die Ausmalung vor und nach der Wiederherstellung durch vielfältige Fotografien, *Clemen (1930),* S. 417. Örtliche Kräfte setzten unter seiner Leitung das dekorative Ausmalungssystem und die wiederentdeckten Ausstattungsstücke instand.

Literatur: *Renard, Edmund,* Wiederherstellung mittelalterlicher Wandmalereien in den evangelischen Kirchen zu Lieberhausen und Müllenbach (Kr. Gummersbach) und zu Hohensolms (Kr. Wetzlar), in: BPDR, Bd. 20, Düsseldorf 1917, S. 41-48; *Clemen (1930),* S. 417-418.

72. 1913   Ehem. Prämonstratenserabteikirche
Knechtsteden

Dreischiffige Gewölbebasilika im gebundenen System mit Stützenwechsel, halbrunder Chorapsis im Westen, Querhaus mit achtseitigem Vierungsturm im Osten, turmflankiertem, quadratischem Chorjoch mit Hauptapsis und zwei kleinen Nebenapsiden, ab 1138 errichtet. 1474-77 nach Beschädigung der Ostteile Wiederaufbau in gotischen Formen. Im 17. Jh. bauliche Veränderungen und Erneuerung der Ausschmückung. Im 18. Jh. Rokokoausstattung.

Ausmalung:
Architektonische Fassung mit wenigen figürlichen Darstellungen, um 1170-80. Westapsis: Majestas Domini in der Mandorla, umgeben von Evangelistensymbolen, flankiert von Petrus und Paulus, in Proskynese Probst Albert von Sponheim (in *K.Z., 27. Febr. 1914* u. *Kdm Rhp 13.3, S. 349* als Stifter Christianus im weißen Ordensgewand gedeutet); darunter: elf Apostel in Gruppen zu zweit und dritt; Mittelschiffsäulen: Wandmalereien; Langhaus, südl. Vierungspfeiler: jugendlicher Heiliger mit Stab auf blauem Grund, 14. Jh.; Langhaus, nördl. Vierungspfeiler: [Darstellung nicht mehr zu erkennen]. Südportal: Lamm und Buch mit sieben Siegeln, 17. Jh. (Kalkfarbenmalerei mit Rötelvorzeichnung auf trockenem Grund, die Umrisse nach Vollendung durchweg in den Lokalfarben nachgezogen. Schatten durch starke Linien in den Lokalfarben

oder den Komplementärfarben angegeben.) Ausführlich *Clemen (1916)*, S. 248-255, *WMA*.

Restaurierungen:
Bei einem Kirchenbrand wurde das ehem. Prämonstratenserkloster 1869 nahezu vollständig zerstört und der Dachstuhl der Kirche schwer beschädigt. Erst 1882 begann eine umfassende Wiederherstellung unter Leitung des Architekten Heinrich Wiethase, Köln. Nach der Entfernung des losen Putzes traten in der Westapsis Reste einer gut erhaltenen Ausschmückung zutage. 1890 waren die baulichen Arbeiten abgeschlossen, und das Gebäude wurde der Öffentlichkeit wieder zugänglich gemacht. Die Malereien fixierte und retuschierte der Maler Aschenbroich, Düsseldorf, ab 1887. Eine unsignierte Aufnahme aus dem Jahre 1895 [Westchor, Inv.Nr. 6899, H. 0.28, B. 0.40, Ornamentale Details, Aquarell; *WMA*] und eine Aufnahme des Malers B. Ehricht nach W. Doeringer [Westapsis, Inv.Nr. 17795, H. 0.79, B. 0.87, Christus in Mandorla, umgeben von Evangelistensymbolen, zwischen den Fenstern 11 Apostel, Aquarell; *WMA*], die beide im BRAD erhalten sind, zeigen den Zustand der Malereien nach der Restaurierung. Die an den Aposteln vorgenommenen Ergänzungen sind in *Clemen (1916), Anm. 9*, im einzelnen aufgelistet. Im Rahmen dieser Arbeiten kam es 1889 zu einer Neuverglasung des Chores. Die Fenster wurden von der Fa. Schneiders & Schmolz ausgeführt, *Rode, Abb.* 1. Anfang unseres Jahrhunderts folgten neuerliche Instandsetzungsarbeiten. So wurden die Querhausapsiden 1903 über dem altem Grundriß erneuert. 1913 faßte ein Bruder Vigbert die Kirche unter Anleitung und Beratung Anton Bardenhewers, für die dieser keine Vergütung nahm, neu. Dabei dienten die vorgefundenen alten Farbspuren als Richtschnur, *K.Z., 27. Febr. 1914*. Zu dieser Zusammenarbeit kam es durch Anregung von Baurat Heimann, der zwei Jahrzehnte lang Vorsitzender des Vereins für das Missionshaus Knechtsteden war, und dem damaligen Provinzialkonservator Renard. 1938 wurde die farbige Raumfassung systematisch freigelegt und auf der Grundlage der erhaltenen Reste wiederhergestellt.
1951-52 folgte eine Restaurierung der Malereien der Westapsis.

Literatur: *Kdm Rhp. 3.3*, S. 335-350; *Clemen (1905)*, Tafel 15; *ders. (1916)*, S. 246-261; *Heimann, Friedrich Carl*, Knechtsteden, in: Kölnische Volkszeitung, Nr. 443, 7. Juni 1919; *anonym*, Knechtsteden, in: Kölnische Zeitung, 27. Febr. 1914; *anonym*, Friedrich Carl Heimann +, in: Kölnische Volkszeitung, Nr. 814, 9. November 1921; *HDK, 4.1*, S. 592-595; *Demus/Hirmer*, Romanische Wandmalerei, München 1992, S. 186-187; *WMA Abteikirche, Knechtsteden*, BRAD; *Instandsetzung* der Abteikirche Knechtsteden (1866-1927), Reg. Düsseldorf 25915 u. 27738, Nordrhein-Westfälisches Hauptstaatsarchiv Düsseldorf.

73. 1913 - 1914   Ehem. Minoritenkirche, Andernach

Unsymmetrische, zweischiffige Anlage mit Langhaus, einem Seitenschiff und in der Breite des Hauptschiffs ausgeführtem östl. Langchor, Ende 14. bis 3. Viertel 15. Jh. Etwa 1621-1700 Neubau der Klostergebäude und Instandsetzung des Kirchengebäudes.

Ausmalung:
Architektonische Fassung, 15. Jh. Gewölbe und Schlußsteine mit Wappen geschmückt. Zahlreiche Ergänzungen im 15. u. 16. Jh. Seitenschiff: Heiligendarstellungen, Jüngstes Gericht; Langhaus, Nordwand: kleinere Einzelbilder; Chor: zwei Apostel; Kreuzgang, Kirchenwand: Bilderzyklus in zwei Reihen, die obere durch Säulen mit Korbbögen, die untere durch gemalte Nischen gegliedert; obere Zone: Gideon mit dem Vlies, Moses vor dem brennenden Dornbusch, Sündenfall; untere Zone: zwei kniende Stifter mit Wappen, 15. Jh., Keuzigungsdarstellung mit kniendem Ritter als Stifter, um 1400. Im 17. und 18. Jh. mehrfach überarbeitet und ergänzt. Ausführlich *Renard, S. 17-19, WMA*.

Restaurierungen:
1854, nach der Übergabe der Kirche an die evangelische Gemeinde, wurden der Chor und das Westportal instandgesetzt. 1857-61 errichtete man einen Lettner nach den Entwürfen Stülers. 1900-02 wurden neuerliche bauliche Maßnahmen durchgeführt. Der Abbruch eines Großteils der Klostergebäude machte 1911-14 eine grundlegende bauliche Instandsetzung des Äußeren erforderlich. Sie erfolgte unter der Leitung des Architekten Erhardt Müller, Koblenz. In ihrem Verlauf erneuerte

man die farbige Fassung. Ab 1913 begann eine umfassende Veränderung des Inneren. Sie führte zur Aufdeckung des alten Dekorationssystems und einer Anzahl figürlicher Darstellungen des 15. und 16. Jahrhunderts. Mangels finanzieller Mittel konnten diese nur teilweise wiederhergestellt werden. Man einigte sich, die Darstellungen im Kreuzgang und in den Gewölben der Kirche zu restaurieren. Die Wiederherstellung des einfachen Dekorationssystems in den Gewölben übernahm die Firma Kraef. Bereits 1912 hatte man die Kreuzigung im Kreuzgang entdeckt und durch den Maler Dydereski, Andernach, freilegen und restaurieren lassen. Dabei kam es vermutlich zu einer starken Überarbeitung. Ein Aquarellkarton ist im BLDRP erhalten. [östl. Kreuzgangarm, ehem. Nordende Kreuzgang, übertragen in die Kirche, Inv.Nr. 22856, H. 0.89, B. 0.67 Kreuzigung, Aquarell; *WMA*] Bei Umbauarbeiten im 17. Jh. hatte man die Wandfläche im Kreuzgang mit einem scharfen Werkzeug angeschlagen, um dem neuen Putz einen besseren Halt zu garantieren. Daher zeigten die dort freigelegten Wandmalereien starke Verletzungen. Alle paar Zentimeter war eine Lücke in den Darstellungen entstanden. Ab 1913 übertrug man Anton Bardenhewer die Restaurierung der Malereien des Kreuzgangs. Aufgrund finanzieller Knappheit konnte er nur vier der sehr beschädigten Darstellungen, nämlich Gideon, Moses und die beiden Stifter restaurieren und ergänzen, *Abb. Renard*. Die übrigen acht Bilder wurden gereinigt und gesichert. Die Kreuzigung aus dem Kreuzgang übertrug Bardenhewer 1914 ins Innere der Kirche, da sie die Einrichtung eines evangelischen Gemeindesaals störte. Dabei gingen an den Rändern Teile der Malerei verloren, *Renard, Fig. 10*. Seine Arbeit dokumentierte Bardenhewer 1913 durch Fotografien, die die Darstellungen des Kreuzgangs sowie Teile der Deckenausmalung abbilden. Eine Fotografie der Kreuzigung ist in *Clemen (1930)* als *Fig. 339* veröffentlicht. Weitere Fotografien sind im Bestand des BLDRP archiviert. Die schlichte architektonische Fassung der Kirche und der reiche Wappenschmuck der Gewölbe sind erhalten.

Literatur: *Renard, Edmund*, Andernach (Kr. Mayen). Wiederherstellung der evangelischen Pfarrkirche, ehemalige Minoritenkirche, BPDR, Bd. 10, Düsseldorf 1915, S. 7-20; *Clemen (1930)*, S. 227, 329 f.; *Kdm Rhp. 17.2, Bd. I*, S. 124-138; *WMA Ev. Pfarrkirche, Andernach*, BLDRP.

74. 1913 - 1914   Ev. Pfarrkirche, Müllenbach

Zweijochige, dreischiffige, kreuzgratgewölbte Pfeilerbasilika mit sehr schmalen Seitenschiffen, das südl. schmaler als das nördl., und vorgelagertem Westturm, Ende 12. Jh. errichtet. Osterweiterung durch kreuzrippengewölbtes Querhaus und Rechteckchor, 2. Hälfte 15. Jh, im 18. Jh. bauliche Veränderungen.

Ausmalung:
Dekorationssystem, Anfang 13. Jh. mit Ergänzungen und Überfassungen, Mitte 15. bis 16. Jh. Chor: Apostelreihe, 16. Jh., in einer Malschicht darunter eine Apostelreihe des 15. Jh.; südl. Querhaus, Ostwand: Enthauptung Johannes d. T., Gastmahl des Herodes; Vierung: Weltgericht; nördl. Querhaus, Ostwand: Hl. Sippe; südl. Querhaus, Südwand: Hl. Bischof. Ausführlich *Renard, S. 42-44*.

Restaurierungen:
1913-14 entdeckte man im Verlauf von Wiederherstellungsarbeiten unter der Leitung des Architekten Mühlenweg, Gummersbach, Wandmalereien. Diese wurden 1914 von Anton Bardenhewer systematisch freigelegt und wiederhergestellt. Im Vorfeld hatte man sich auf einen Kompromiß geeinigt. Man hatte beschlossen, nicht ein zusammenhängendes System, sondern die Malereien entsprechend ihrem Zustand zu erhalten. Bardenhewer legte daher an der Südseite des Chors die ältere Apostelreihe, deren Hintergrund ein Rankenwerk aus Weinlaub schmückte, frei und stellte sie wieder her. An der Nordwand besserte er die jüngere Apostelfolge aus. Die Malereien retuschierte und ergänzte Bardenhewer zu einem Gesamtbild. In der *WMA* wird auf einen Restaurierungsbericht Bardenhewers hingewiesen, in dem er eine lebensgroße Gestalt der Madonna beschreibe, die sich ehemals an einem der Pfeiler befunden habe. Der Bericht konnte bislang nicht gefunden werden. Fotografien der Ausmalung sind in *Renard* als *Fig. 33-34* veröffentlicht. Im BRAD sind vier von Anton Bardenhewer 1914 angefertigte far-

bige Aufnahmen erhalten. [1.) Kircheninneres nach Nordwesten, Inv.Nr. 25951, H. 0.68, B. 0.50, System der Ausmalung, Aquarell; 2.) Ostwand nördl. Querschiff, Inv.Nr. 26154, H. 0.68, B. 0.,51, Anna Selbdritt, Aquarell; 3.) Nordwand, Chor, Inv.Nr. 25952, H. 0.68, B. 0.50, Apostel Bartholomäus, Aquarell; 4.) Blick nach Osten, Inv.Nr. 26155, H. 0.75, B. 0.63, Inneres, Blick nach Osten, Aquarell; *WMA*] Dort sind auch Fotografien Bardenhewers archiviert, die den Zustand der Wandmalereien vor und nach der Restaurierung dokumentieren. Eine farbige Aufnahme ist im Tafelband zu *Clemen (1930)* als *Tafel 97* und vier Fotografien sind als *Fig. 411-413* u. *Fig. 415* veröffentlicht. In der *WMA* wird darauf hingewiesen, daß man unter der Darstellung des Gastmahls des Herodes eine ältere Malerei gefunden habe. Dargestellt seien Mönche in braunroten Gewändern vor einem Hintergrund mit dunkelgelben Ranken. Diese Wandmalerei aus der Mitte des 15. Jahrhunderts sei aber schon gegen Ende des 15. Jahrhunderts durch das heutige Gemälde überdeckt worden, so daß man das jüngere erhalten habe. Ob die Aufdeckung der älteren Darstellung durch bzw. unter Bardenhewer erfolgte oder erst im Rahmen einer späteren Restaurierung geschah, geht aus dem Zusammenhang nicht hervor. Da die *WMA* in den 40er Jahren unseres Jahrhunderts angelegt wurde, ist letzteres durchaus möglich. 1954-55 stellte man bei Instandsetzungsarbeiten fest, daß die figürlichen Darstellungen bei der letzten Restaurierung weitgehend erneuert und zum Teil nach Stichen Israhel von Meckenems hinzugefügt worden waren; daraufhin übertünchte man alle Darstellungen mit Ausnahme des Apostelzyklus im Chor und von Resten einer Franziskusdarstellung im südlichen Querhaus, *Kisky, Abb. 149.* Zu dem daraus zu schließenden hohen Ausmaß der Neuschöpfungen Bardenhewers und dem möglichen Grund für so weitgehende Veränderungen steht eine ausführliche Untersuchung aus.

Literatur: *Kdm Rhp. 5.1,* S. 48-50; *Renard, Edmund,* Wiederherstellung mittelalterlicher Wandmalereien in den evangelischen Kirchen zu Lieberhausen und Müllenbach (Kr. Gummersbach) und zu Hohensolms (Kr. Wetzlar), in: BPDR, Bd. 20, Düsseldorf 1917, S. 41-48; *Clemen (1930),* S. 406 ff.; *Kisky, Hans,* Bericht über die Tätigkeit der Rheinischen Denkmalpflege 1953-1956, in: JBRD, Bd. 21, 1957, S. 274; *WMA Ev. Pfarrkirche, Müllenbach,* BRAD.

75. 1915 - 1916   Liebfrauen, Oberwesel
1895

Dreischiffige, querschifflose Basilika mit Westturm, langgestrecktem östl. Chor, dreiseitig geschlossener Hauptapsis und Nebenapsiden, ab 1308 über Vorgängerbau errichtet. 1331 Weihe des Hochaltars. Einheitlicher Bau der Hochgotik

Ausmalung:
Architektonische Fassung, 14. Jh., im späten 15.-17. Jh. durch figürliche Darstellungen ergänzt. Diese vermutlich als Stiftungen einzelner, nicht im Zusammenhang ausgeführt. Chornordwand, Blendarkade: Ölbergszenen und Ergreifung Christi; Chorsüdwand, Blendarkade: Kreuzabnahme; Apsisgewölbe: reiche florale Ornamentik, Heilige in Medaillons; Pfeiler: Hll. Florinus, Katharina und Castor, im Hintergrund die Stadt Koblenz vom nördl. Moselufer gesehen, Hl. Martin zu Pferd, im Hintergrund Oberwesel mit der Martinskirche, Himmelfahrt Maria Magdalenas, Kreuzigung mit Maria und Johannes, Hl. Valentin, Kreuztragung, Dreifaltigkeit, Taufe, Landung der Hl. Ursula, im Hintergrund schematische Darstellung der Stadt Köln, Versuchung des kranken Hiob, Hll. Andreas, Jakobus; Westwand, links neben Hauptportal, lebensgroß: Hll. Stephanus, Ottilie, Goar; rechts: Hll. Erasmus, Hildegard, Bischof; Emporenwestwand: Strahlenkranzmadonna, Stifter; Kreuzganggewölbe: reiche florale Ornamentik.

Restaurierungen:
1845 wurde nach einer baulichen Wiederherstellung der Kirche die architektonische Fassung komplett überarbeitet. Danach war sie nur noch im System original. 1860 begann eine systematische Freilegung der figürlichen Wandmalereien. An diese schloß sich 1895 eine neuerliche Instandsetzung der ornamentalen Ausschmückung durch den Maler Martin an. Parallel beauftragte man den Maler Batzem, Köln, mit der Freilegung und anschließenden Restaurierung der figürlichen Wandmale-

reien. Möglicherweise arbeitete Bardenhewer zu dieser Zeit gemeinsam mit Batzem vor Ort. Die Wandmalereien wurden gereinigt, gefestigt, ausretuschiert und nachkonturiert. Abschließend restaurierte Batzem das Gemälde links vom Eingang, den Hl. Petrus, die Himmelfahrt Maria Magdalenas, Maria mit dem Kinde und zwei Darstellungen in der Turmhalle. 1898 wurden die Glasfenster erneuert. Ab 1910 setzte der Maler Aschenbroich fünf weitere Wandgemälde instand. Gleichzeitig arbeitete Bardenhewer vor Ort, *Clemen (1930),* S. 342. Gesichert ist eine Instandsetzung nahezu aller Wandmalereien durch Anton Bardenhewer ab 1915. Dabei versuchte er, das Original möglichst unverändert zu erhalten, doch veränderte er Kleinigkeiten in Komposition und Aufbau einzelner Bilder. Vermutlich schloß sein Auftrag die Wiederherstellung der Ausmalung des Kreuzgangs mit ein. Im Verlauf seiner Arbeit entstanden mehrere farbige Aufnahmen und 19 Fotografien. Eine Aufnahme des Hl. Martin zu Pferd ist im Tafelband zu *Clemen (1930)* als *Tafel 80,* und einige Fotografien sind dort als *Tafeln 81-84, Fig. 351-353* u. *Fig. 359,* veröffentlicht. Die Aufnahmen Bardenhewers scheinen nicht mehr erhalten zu sein. Doch ist im BLDRP ein Fotoaltbestand von großem Umfang archiviert. Die beiden im BLDRP archivierten Aufnahmen [1.) Inv.Nr. 15380; 2.) Inv.Nr. 15381] werden in der zugehörigen *WMA* Volkhausen zugeschrieben und auf 1907 datiert. 1927 folgten erneute Wiederherstellungsarbeiten. 1937/38 wurde die Fassung des Innenraums gereinigt und wiederhergestellt.
Die letzte Restaurierung 1996 hat die architektonische Fassung nach Befund erneuert und die bildlichen Darstellungen mit ihren vielfachen Ergänzungen und Eingriffen der vorangegangenen Restaurierungen erhalten, so daß diese deutlich ablesbar sind.

Literatur: *Bock, Franz,* Die ehemalige Stiftskirche Unserer Lieben Frau zu Oberwesel, in: Rheinlands Baudenkmale des Mittelalters, Köln/Neuss 1868-1875, Faksimile der Erstausgabe, Düsseldorf 1979; *Clemen, Paul,* Aufnahmen gotischer Wandmalereien der Rheinlande, in: BPDR, Bd. 12, Düsseldorf 1908, S. 67-69; *Rave, Paul Ortwin,* Oberwesels kirchliche Baukunst - Oberwesel, eine mittelalterliche Stadt, in: Zs. d. Rh. Vereins f. Denkmalpflege und Heimatschutz, 16. Jg., Heft 1-3, 1922, S. 45-55; *Back, Friedrich,* Werke der Plastik und Malerei in Oberwesel, in: s.o., S. 79-80; *Renard, Edmund,* Oberwesel (Kr. St. Goar). Wiederherstellung der St.-Martins-Pfarrkirche und ihrer Ausmalung, in: Zs d. Rh. Vereins f. Denkmalpflege und Heimatschutz, 18. Jg., Heft 1, 1925, S. 72-79; *Clemen (1930),* S. 342 ff.; *Stemmler,* Übersicht über die in den Rechnungsjahren 1936/37 und 1937/38 mit Unterstützung durch Staats- und Provinzialbeihilfen ausgeführten Arbeiten, in: Rheinische Heimatpflege, 9. Jg., 1937/38, S. 605; *WMA Liebfrauenkirche, Oberwesel,* BLDRP.

76. 1915   Altes Rathaus, Köln

Baubeschreibung: Katalog, Nr. 11

Ausmalung: Katalog, Nr. 11

Restaurierungen: Katalog, Nr. 11
1915 wurden die Temperamalereien vom Ende des 16. Jahrhunderts auf den Vorderseiten der 54 Aktenschränke der Alten Registratur, die im Rahmen einer frühen Wiederherstellung des Rathauses im Vorzimmer des beigeordneten Bürgermeisters aufgestellt worden waren, durch Anton Bardenhewer ergänzt und wiederhergestellt. Sie zeigten verschiedene Embleme, wie eine Tiara, Krone, Bischofsmütze, ein Brautpaar etc., die auf den Inhalt der Aktenschränke Bezug nahmen. Die Alte Registratur ging während des Zweiten Weltkriegs verloren.

Literatur: Katalog, Nr. 11; *Kdm Köln 2.4,* S. 244; Allgemeines Künstler Lexikon, Saur (Hsg.), Band 7, München/Leipzig 1993, S. 33; *Adenauer, Hanna,* Das Schicksal des Kölner Rathauses vor, während und nach dem Zweiten Weltkrieg, in: Fuchs, Peter, Das Rathaus zu Köln - Geschichte, Gebäude, Gestalten, Neuausg., Köln 1994, S. 127.

77. 1915   Pfarrkirche, Almersbach

Schlichte, flachgedeckte, dreischiffige Pfeilerbasilika mit vorgelagertem Westturm, Anfang 13. Jh. im 14. Jh. Überhöhung und Neuwölbung des Chors. Im 18. Jh. weitere Veränderungen. Mitte 19. Jh. Einbau von Vierpaßfenstern.

Ausmalung:
Architektonische Fassung, Anfang 13. Jh., später durch figürliche Darstellungen ergänzt. Apsisgewölbe: Thronender Christus zwischen Maria und Johannes, 15. Jh.; nördl. Chorwand: Hl. Christophorus, Mitte 13. Jh.; nördl. Seitenschiffapsis: Kreuzigung mit Maria und Johannes, flankiert von Hll. Nikolaus, Ursula, Petrus und einer nur in Fragmenten erhaltenen Figur, Ende 13. Jh.; nördl. Mittelschiffwand: Hl. Jakobus Major mit zwei Pilgern, 14. Jh. Ausführlich *Renard, S. 9-10*.

Restaurierungen:
Im Anschluß an umfassende Wiederherstellungsarbeiten wurde Anton Bardenhewer im Juli 1915 mit der Wiederherstellung der Malereien beauftragt. Die architektonische Fassung ergänzte er anhand der umfangreich erhaltenen Reste. Die figürlichen Darstellungen sicherte und ergänzte er. In der ganzen Kirche fand man Wandmalereispuren, die jedoch zum Großteil wegen ihres schlechten Erhaltungszustands nicht bewahrt wurden. Zwei farbige Aufnahmen Bardenhewers [1.) Chor, Gewölbe, Inv.Nr. 28616, H. 0.73, B. 1.01, Thronender Christus zwischen Maria und Johannes, Aquarell - „wenig gute Restaurierung vor allem am Gewand des hl. Johannes", *WMA*; 2.) Chor, Inv.Nr. 28617, H. 0.73, B. 0.51, 1/16 nat.Gr., Aufriß der Nordwand des Chors, Hl. Christophorus, Aquarell; *WMA*] und Fotografien des Zustands der Wandmalereien vor und nach der Restaurierung sind im BLDRP erhalten. Zwei Fotografien von Bardenhewer sind bei *Clemen (1930), S. 93*, veröffentlicht. Daß man die Heilige unter dem Kreuz eindeutig identifizieren kann, scheint auf eine spätere Restaurierung zurückzuführen zu sein, da *Renard, S. 9*, schreibt „[...] - von ihnen sind nur drei, der h. Petrus, eine Heilige mit Lanze sowie ein hl. Bischof erhalten, die vierte war fast ganz zerstört." Dort ist die Darstellung in einer Fotografie wiedergegeben, *Renard, Fig. 5*.
Bei der letzten Restaurierung Anfang der 90er Jahre wurde die architektonische Fassung anhand der Reste erneuert. Die Kreuzigung in der nördl. Apsis wurde in ihrem sehr beschädigten Zustand erhalten. Die Darstellungen im Chor wurden in Stricheltechnik ergänzt, und neben der Madonna wurde die schemenhafte Büste einer nimbierten Gestalt freigelegt. Besser erhalten zeigen sich der Hl. Christophorus und die Szene im Langhaus.

Literatur: *Renard, Edmund*, Almersbach (Kreis Altenkirchen). Instandsetzung der evangelischen Pfarrkirche, in: BPDR, Bd. 20, Düsseldorf 1917, S. 6-11; *Clemen (1930)*, S. 93; *Kdm Rhp. 16.1*, S. 21-27; Allgemeines Künstler Lexikon, Saur (Hsg.), Band 7, München/Leipzig 1993, S. 33; *WMA Ev. Pfarrkirche, Almersbach*, BLDRP; *Acta* betreffend den Bau und die Reparatur an der evangelischen Pfarrkirche zu Almersbach, Landeshauptarchiv Koblenz, Abt. 441, Nr. 31 241.

78. 1915 - 1918   Münster, Aachen

Baubeschreibung: Katalog, Nr. 34

Ausmalung: Katalog, Nr. 34

Restaurierungen: Katalog, Nr. 34
1915-18 arbeitete Anton Bardenhewer im Chor des Aachener Münsters. Art und Umfang seiner Arbeiten sind nicht belegt. Allerdings soll er mehrere Aquarellkartons angefertigt haben, die im Suermondt-Museum, Aachen, archiviert wurden. (Sie konnten bislang nicht gefunden werden und gelten als vermißt.)

Literatur: Katalog, Nr. 34

79. 1918 - 1919   St. Maximin, Trier

Im 7. Jh. Gründung eines Benediktinerklosters anstelle eines Vorgängerbaus. Ab dem 2. Drittel des 10. Jh. Ausdehnung der Anlage. Nach Brand 1240 teilweise Erneuerung. 1581-1613 Wiederaufbau nach Zerstörung. Nach erneuter Zerstörung durch die Franzosen 1674 Wiederaufbau ab 1680; mit gotischem Formenkanon im Inneren, hochbarokken Fassaden des Äußeren. Langgestreckte, dreischiffige Basilika mit von zwei Nebenchören flankiertem Hauptchor mit 5/8-Schluß im Osten und zwei vorgezogenen, flankierenden Türmen im Westen.

Ausmalung:
Karolingische Krypta, Westwand: Kreuzigung; Wölbung: Propheten, Heilige, Engel; Schauseite eines Sarkophags: männliche und weibliche Märtyrer; Hauptchor: Benediktinermönche, 17. Jh. Ausführlich *Kdm Rhp. 13.3, S. 292*.
Restaurierungen:
Bei den 1916-19 unter der Leitung des Baurats Kutzbach, Landesmuseum Trier, durchgeführten Grabungen entdeckte man 1917 römische Wandmalereien in den erhaltenen Resten einer früheren Anlage und Wandmalereien in der karolingischen Krypta. Sie wurden mit einiger Wahrscheinlichkeit im Anschluß restauriert. Mit Sicherheit fertigte Bardenhewer eine Anzahl farbiger Aufnahmen an. Einige wurden im Archiv des Landesmuseums Trier archiviert, *Kdm Rhp. 13.3, S. 287*. „Den Chor zierten Malereien mit Darstellungen der berühmtesten Männer aus dem Benediktinerorden," *Kdm Rhp. 13.3, S. 323*. Ob sie zu dieser Zeit ebenfalls durch Bardenhewer oder unter Bardenhewers Mitarbeit wiederhergestellt wurden, ist bislang nicht geklärt. 1936-37 legte man die Malereien der Krypta vollständig frei. 1938 befand sich im Archiv des Landesmuseums Trier eine Anzahl farbiger Aufnahmen von 1918-19, die die römischen und karolingischen Malereien zeigten. Ob die römischen Teppiche, die zur Ausschmückung dienten, *Kdm Rhp. 13.3, S. 322-323*, in den Jahren 1918-19 durch Anton Bardenhewer bzw. die Werkstatt seiner Frau wiederhergestellt wurden, ist gleichfalls nicht geklärt.

Literatur: *Clemen (1916)*, S. 734 u. 748; Kdm Rhp. 13.3, S. 283-324

80. 1918 - 1919   Gürzenich, Köln

Baubeschreibung: Katalog, Nr. 15

Restaurierungen: Katalog, Nr. 15
1918 erteilte Friedrich Carl Heimann Anton Bardenhewer erneut den Auftrag, zeichnerische Aufnahmen des Gürzenich anzufertigen. Diesmal sollten sie nicht den zeitgenössischen Zustand wiedergeben, sondern den vermeintlichen mittelalterlichen Zustand rekonstruieren. Daß diese Zeichnungen im Zusammenhang mit Bardenhewers zeichnerischen Aufnahmen von 1894 und 1897 stehen, läßt die nahezu gleichlautende Beschriftung vermuten (siehe Katalog, Nr. 15). In der Plankammer des Stadtkonservators Köln sind drei Zeichnungen aus diesem Auftrag erhalten.

1. Längsschnitt und Grundriß auf einem Karton
„Der Gürzenich zu Köln 1441 - 1855 vor dem Umbau"
Köln, den 18. Dez. 1918
[B 306/2/24 - 8002 - XIV 1/20 Nr. 1924]
Diese Zeichnung wurde als einzige der erhaltenen nicht von Friedrich Carl Heimann abgezeichnet, sondern mit Korrekturen versehen.

2. Ansicht des Gürzenich
„Der Gürzenich zu Köln 1441 = 1855" Köln 1919
[B 306/4/3 - 8002 - XIV 3/21 Nr. 1915]

3. Ansicht des Gürzenich, aquarelliert
„Der Gürzenich zu Köln 1441 = 1855" Köln 1919
[B 306/4/2 - 8002 - XIV 3/19 Nr. 1912]

Literatur: Katalog, Nr. 15; *Kdm Köln, 2.4*, S. 285.

81. 1922   St. Pantaleon, Köln

Einschiffige, flachgedeckte Kirche mit dreiturmigem Westwerk, östlichem Flügelbau und glattschließender Apsis über Krypta des 10. Jh. Erweiterung unter Kaiserin Theophanu, wahrscheinlich 1002 vollendet. Mitte 12. Jh. um Seitenschiffe erweitert, Kapellenräume des Westwerks kreuzgratgewölbt. Anfang 13. Jh. Erweiterung durch neues Querhaus mit Halbkreisapsiden über rechteckigem Grundriß und weitere Anbauten. 1619-22 Chorapsis erneuert und Mittelschiff netzgewölbt. 1695-96 Krypta aufgegeben, nördl. Querhaus gewölbt, Versetzung des Lettners. 2. Hälfte 18. Jh. nach statischen Schäden Teile abgerissen und neu aufgebaut. Rückbau des Westwerks und Abbruch der Vorhalle.

Ausmalung:
Nordportal, innen: Thronende Muttergottes zwischen zwei Engeln, um 1170-80; Apsiskalotte, Südannex: Thronender Christus in der Mandorla, umgeben von Evangelistensymbolen, flankiert von Maria, Johannes, Paulus und Pantaleon, um 1216; Blendarkade, Südannex: Brustbild Christi, um 1216; Südannex: Thronende Muttergottes mit Kind, von zwei Heiligen und zwei fliegenden Engeln flankiert, Ende 13. Jh., Mitte des 15. Jh. überfaßt; Westwerk, Nordempore: Christus von zwei Figuren flankiert, Madonna mit Kind (Platytera), um 1200; Tympanon: Malereien, Mitte 10. Jh.; Krypta: Szenen des Marienlebens, Mitte 13. Jh., Hll. Ursula, Cäcilia, 2. Hälfte 13. Jh. Ausführlich *Clemen (1916), S. 460-468, Metternich, S. 63-65.*

Restaurierungen:
1890-92 wurde die Kirche umfassend historistisch überarbeitet, dabei lag der Schwerpunkt auf einem rekonstruierenden Aufbau der im 18. Jahrhundert veränderten Bauteile. 1892-93 entdeckte man bei Arbeiten im Inneren Wandmalereien. Auf Veranlassung des Provinzialkonservators Clemen fertigte G. Schoofs 1897 mehrere farbige Aufnahmen der Darstellungen an, die im BRAD erhalten sind. Ab 1898 begann man eine neugotische Einwölbung des Gebäudes. Daran schloß sich eine Neufassung der Gewölbe und die Wiederherstellung der Wandmalereien durch Wilhelm Batzem an, *Machat, Abb. 257 u. 258.* Ob Bardenhewer unter Batzem, mit dem er zu dieser Zeit vielfach zusammenarbeitete, an diesen Arbeiten beteiligt war, ist nicht geklärt. Der Großteil der 1893 aufgedeckten Malereien ging im Zweiten Weltkrieg verloren, die erhaltenen Darstellungen zeigen sich in einem mehrfach überarbeiteten Zustand. 1922 frischte Anton Bardenhewer das gemalte Antependium des Hochaltars von 1749 auf. „Holz mit Ölmalerei, 3 m breit, 1 m hoch. In länglichem Rokokorahmen das hl. Abendmahl, links und rechts bekränzte Postamente, von denen eine Blumenranke über den Bildrahmen herübergezogen ist", *Kdm. Köln, 2.2, S. 125.* Vermutlich erfolgte diese Arbeit nicht, wie sonst üblich, im Rahmen einer Gesamtwiederherstellung der Kirche. 1925 öffnete man Teile der Krypta. Die Fresken, die man fand, erhielt man ohne Eingriffe, *Metternich.* Welcher Maler sie aufdeckte und sicherte, ist bislang nicht geklärt. 1928 wurde die Darstellung der Thronenden Madonna restauriert. 1934-40 folgte eine umfassende Restaurierung der Ausmalung durch den Maler Hübner, einem ehemaligen Mitarbeiter Bardenhewers, in deren Verlauf man weitere Wandmalereireste entdeckte. 1935 waren noch Reste überlebensgroßer Figurendarstellungen in der Vorhalle des Westwerkes erhalten. 1939 wurde das Innere nach Entwürfen Prof. Heinrich Dieckmanns neu gefaßt.
Nach den Zerstörungen im Zweiten Weltkrieg dauerte der Wiederaufbau bis 1962. Das Mittelschiff deckte man flach und veränderte die Krypta. 1953 löste der Restaurator Stiewi, Aachen, ornamentale Ausmalungsreste aus den Rundbogenfensterlaibungen der Querhausstirnwand und lagerte sie im südlichen Nebenchor. 1955 löste man die Thronende Muttergottes von ihrem ursprünglichen Träger und brachte sie über dem inneren Westportal an. Die Darstellung ist nicht mehr zu erkennen.

Literatur: *Clemen, Paul,* Anfertigung von Kopien der mittelalterlichen Wandmalereien der Rheinprovinz, in: BPDR, Bd. 3, 1898, S. 56-57; *Klinkenberg, Joseph,* Köln und seine Kirchen - Führer durch Köln für die Besucher der 50. General-Versammlung der Katholiken Deutschlands, Köln 1903, S. 87-90; *Clemen, Paul (1916),* S. 455-468; *Kdm Köln. 2.2,* S. 42 ff., S. 116-125; *Wolff Metternich,* Freilegung und Sicherung mittelalterlicher Wandmalereien, in: JBRD, Bd. 3, 1927, S. 62-65; *Beseler, Hartwig,* Der Wiederaufbau der Kölner Kirchen 1953-1956, in: JBRD, Bd. 21, Kevelaer 1957, S. 176-177; *HDK, 4.1,* S. 373-380; *Fußbroich, Helmut,* St. Pantaleon, in: Stadtspuren - Denkmäler in Köln, Kier/Krings (Hsg.), Bd. 1, 1984, S. 447-473; *Machat, Christoph,* Kath. Pfarrkirche St. Pantaleon, ehem. Benediktiner-Abteikirche, in: Der Wiederaufbau der Kölner Kirchen, Köln 1987, S. 130-141; *Schäfke, Werner,* Kölns romanische Kirchen, 4. Aufl., Köln 1987, S. 224-254; *Buchmann, Nicole,* St. Pantaleon, in: Colonia Romanica, Bd. 11, Köln 1996, S. 163-180.

82. 1925 - 1926   **Ehem. Prämonstratenserabtei Sayn**

Ab 1204 einschiffig, vierjochig, mit östl. Querhaus, Vierungsturm, Chorquadrat, halbkreisförmiger Apsis und an das Querhaus anschließenden Chorkapellen errichtet. Später auf der Nordseite Einbeziehung der alten Nikolauskapelle. Mitte 15. Jh. Neubau des Ostchors mit 6/8-Schluß. Anfang 17. Jh. Abriß der Nikolauskapelle und des Nordquerhauses. 1694-1718 Umbau und Veränderung der Kirche, die Gewölbe der Westjoche durch flache Holzdecken ersetzt. 1731-33 Abtragung des beschädigten Vierungsturms, neuer Turm an der Stelle des Nordquerhauses errichtet. Im 18. Jh. erneute Wiederherstellungsarbeiten.

Ausmalung:
Chor, in zwei Zonen übereinander, je unter Perspektive vermittelnden Baldachinarchitekturen, unten: Propheten, oben: Apostel, um 1450, auf den beiden mittleren Wandflächen eine dritte Etage: Zwei Heiligenbü-sten, Ende 15. Jh.; Langhaus: Kreuzigung mit Johannes und Maria, 1470; Außen, Nordwand: ornamentale Füllung der Blendfenster, ornamentale Umrahmung der Fenster, um 1256; übrige Wände: schlichtere architektonische Fassung, Mitte 13. Jh.; Kreuzgang: architektonische Fassung, 13. Jh. Ausführlich *Kdm Rhp. 16.3, S. 317.*

Restaurierungen:
Bereits 1858 erneuerte und ergänzte man im Rahmen von Instandhaltungsmaßnahmen die Wandmalereien an der Nordseite des Außenbaus ohne große Veränderung ihrer Gestaltung. Die Wandmalereien an der Westseite wurden dagegen fast vollständig erneuert. 1883 entdeckte man im unteren Bereich des Chores schwache Spuren einer Ausmalung, die man wegkratzte. 1886-89 erfolgte die dringend notwendige umfassende, das Original stark verändernde Instandsetzung des Gebäudes durch den Kreisbauinspektor Hendrichs, Koblenz. Im Verlauf dieser Arbeiten legte man die Wandmalereien der Chorapsis frei. 1888 nahm man von ihnen Pausen, die man auf dem Blatt ergänzte und farbig gestaltete. Die so komplettierten Darstellungen brachte man auf die Wand auf. Das Ergebnis war eine völlige Neuschöpfung. [Siehe zu diesem für die Zeit typischen Verfahren auch Katalog, Nr. 12.] Ab 1923 begann der Maler Potthast, Wiesbaden, mit einer Untersuchung der Wände und vollständigen Freilegung der Wandmalereien. Im Anschluß entwarf er eine neue architektonische Fassung in Anlehnung an die erhaltenen Reste, die er in Langhaus, Querschiff und zum Teil im Chor ausführte. Ab 1925 legte man die Malereien an der Nord- und Westseite des Außenbaus frei und verputzte das Gebäude unter Auslassung dieser Stellen. Daran schloß sich im Februar 1926, nachdem man im Kreuzgang vielfältige Reste der alten Bemalung gefunden hatte, eine systematische Untersuchung und Freilegung der Wände des Chores und des Kreuzgangs an, *Kdm Rhp. 16.3, Abb. 356 u. 358,* für die der Provinzialkonservator Edmund Renard Anton Bardenhewer vorschlug. Bei den Vorarbeiten legte man im Langhaus eine Kreuzigungsdarstellung frei und restaurierte sie. Aufgrund von Bardenhewers Voruntersuchungen beauftragte man ihn mit der Instandsetzung der Ausmalung des Kreuzgangs auf der Grundlage der vorgefundenen Reste. Infolge eines Gutachtens der Fa. Kunststätten Gebr. Mezger, Überlingen, wurden die Malereien des Chors wieder übertüncht.
Bei der letzten Restaurierung 1973-95 wurde die Fassung der Kirche anhand der Reste erneuert. Der Zyklus in der Apsis wurde in seinem teils fragmentarischen, sehr beeinträchtigten Zustand erhalten. Die Kreuzigung im Langhaus ist nur in Schemen zu erkennen. Der Kreuzgang wird seit 1997 baulich instandgesetzt, dabei kam es zu einer vollständigen Freilegung der Mauern, auf denen man geringe Reste der ursprünglichen Fassung erkennen kann. Vermutlich wird sie im Anschluß an die Wiederherstellung anhand dieser Reste rekonstruiert werden.

Literatur: *Clemen (1916),* S. 666; *Kdm Rhp. 16.3,* S. 308-318, 328; *Acta* betreffend die patronatsfiskalische katholische Kirche nebst Pfarrgebäude in Sayn, Landeshauptarchiv Koblenz, Abt. 441, Nr. 35 891 - 35 893.

83. 1926 - 1927   **St. Elisabeth, Köln**

Ab 1660 als kreuzrippengewölbter Saalbau errichtete Klosterkapelle des früheren Zellitinnenklosters St. Elisabeth, mit westl. Nonnenempore.

Ausmalung:
Architektonische Neufassung durch Anton Bardenhewer 1926-1927 ausgeführt.

Restaurierungen:
1893 wurden die Klostergebäude umfassend erneuert. 1926-27 schuf Anton Bardenhewer eine architektonische Neufassung des Inneren. „Die Kapelle selbst wurde unter Betonung ihrer konstruktiven Bauteile (Gewölbe- und Wandflächen) durch Anton Bardenhewer [...] wirkungsvoll ausgemalt," *Kdm Köln. 2.3, S. 122.* Die farbige Fassung wurde im Zweiten Weltkrieg vollständig zerstört.
Literatur: *Kdm Köln. 2.3,* S. 119-124; *Allgemeines Künstler Lexikon,* Saur (Hsg.), Band 7, München/Leipzig 1993, S. 33; *Buchmann, Nicole,* St. Elisabeth, in: Colonia Romanica, Bd. 10, Köln 1995, S. 142.

84. 1927   **Alte kath. Pfarrkirche, Köln-Niehl**

Dreischiffig mit querrechteckigem Westturm, 1. Hälfte 11. Jh. Mitte 13. Jh. Chorjoch mit 5/8-Schluß angefügt, Langhaus und nördl. Seitenschiff verändert, das südl. abgebrochen. Um 1400 Schiff und Chor kreuzrippengewölbt, Langhaus umfassend überarbeitet.

Ausmalung:
Gewölbekappen: spätgotische Ranken.

Restaurierungen:
1895-98 wurde die Kirche umfassend historistisch wiederhergestellt. Dabei kam es zu weitreichenden Eingriffen in den Bestand, das nördliche Seitenschiff wurde bspw. abgetragen und neu aufgemauert. 1927 deckte Anton Bardenhewer in den Gewölben spätgotische Rankenmalerei auf und ergänzte sie zu einem Gesamtbild.

Literatur: *Clemen, Paul,* Köln-Niehl. Wiederherstellung der alten katholischen Pfarrkirche, in: BPDR, Bd. 3, Bonn 1898, S. 49-51; *Kdm Köln. 2.3,* S. 281-286; *Wolff Metternich,* Freilegung und Sicherung mittelalterlicher Wandmalereien, in JBRD, Bd. 3, 1927, S. 52-65.

85. 1927   **St. Willibrordi, Wesel**

Fünfschiffige Pfeilerbasilika mit Querhaus, zweijochigem Chor mit 5/8-Schluß, Chorumgang und Kapellenkranz mit Übernahme früherer Bauteile, so dem Westturm von 1435-77, ab 1498 errichtet. Im 16. und 17. Jh. Erweiterungen und Veränderungen.

Ausmalung:
Reiches Ausmalungssystem durch Stiftungen der Weseler Gilden und Zünfte, 16. Jh. Gewölbe: Ranken; Seitenschiffe, Gewölbe: Ranken durchsetzt mit figürlichen Darstellungen, Engel mit Spruchbändern, Heiligendarstellungen, Evangelistensymbole. Ausführlich *Kdm Rhp. 2.1, S. 137-138, WMA.*

Restaurierungen:
1883-97 erfolgte eine umfassende historische Instandsetzung des Gebäudes, die einen Weiter- bzw. Ausbau zur Folge hatte (siehe *Otter*). Im Verlauf der Arbeiten legte man ausgedehnte Gewölbemalereien frei, die nach 1896 eine sehr freie Instandsetzung durch den Maler Grimmer erfuhren. Die besonders reich geschmückten Gewölbe des Langhauses wurden bei der Restaurierung erneuert. Von den Malereien machte man Kopien und erneuerte die Darstellungen nach ihnen auf neuem Putz. Ob Anton Bardenhewer die farbige Aufnahme der Evangelistensymbole aus dem östlichen Gewölbefeld des inneren südlichen Seitenschiffs ausschließlich für Clemen anfertigte, bei *Clemen (1930)* als *Fig. 380* abgebildet, oder ob sie im Zusammenhang mit erneuten Wiederherstellungsarbeiten entstand, ist nicht geklärt. [1.) Schlußstein, östl. Gewölbe,

südl. Seitenschiff, Inv.Nr. 34320, H. 0.73, B. 1.02, nat.Gr., Evangelistensymbole, Aquarell; *WMA*] Sie befindet sich mit einer weiteren farbigen Aufnahme Bardenhewers aus dem Jahr 1927 im BRAD [2.) Gewölbe südl. Seitenschiff, Inv.Nr. 30008, H. 0.60, B. 0.89 Ranke aus einer Gewölbekappe, Aquarell; *WMA*]. Dort sind drei weitere Aufnahmen ohne Zuschreibung und Datierung archiviert. Diese relativ große Anzahl farbiger Aufnahmen macht eine neuerliche Wiederherstellung der Malereien im Jahr 1927 zumindest wahrscheinlich.
1944 wurde das Gebäude bis auf die Umfassungsmauern zerstört und im Anschluß bis 1994 rekonstruierend wiederaufgebaut. Von der reichen Ausstattung blieb nichts erhalten.

Literatur: *Hillenkamp,* Was unter der Tünche saß, in: Rheinisch-Westfälische Volkszeitung, 31. Juli 1891; *Kdm Rhp. 2.1,* S. 125-138; *Otter,* Wesel. Wiederherstellung der Willibrordikirche, in: BPDR, Bd. 2, Bonn 1897, S. 50-58; *Clemen (1930),* S. 377 ff.; *Kisky, Hans,* Bericht über die Tätigkeit der Rheinischen Denkmalpflege 1953-1956, in: JBRD, Bd. 21, 1957, S. 239; *HDK, 4.1,* S. 629-631; *RA St. Willibrordi, Wesel,* Archiv der Werkstatt II, RAD; *WMA St. Willibrordi, Wesel,* BRAD.

86. 1930   **Burg Lechenich, Kreis Euskirchen**

Fünfgeschossiger Wohnturm, ab 1306 auf quadratischem Grundriß errichtet, bildet den Kern der Anlage. Ab 1332 Ausbau zu einer der bedeutendsten Burganlagen des Rheinlands. Kastellartige, quadratische Hauptburg mit Ecktürmen und Palas an der stadtabgekehrten Seite. Seit 1689 Burgruine. Anfang 18. Jh. Teile der Vorburg nach einem Brand erneuert.

Ausmalung:
Palas: farbig ausgemalt, Mitte 14. Jh. Fensterzwischenräume: Einzelfiguren, Erzbischöfe; Fensternische: gezeichnetes Maßwerk und Gewölbegrate; Südseite, Fenster: dekorative Bemalung; Wände: Reste eines vermutlich ursprünglich den ganzen Raum umziehenden Wappenfrieses; ehemalige Turmkapelle, untere Wand: Teppichmuster mit abschließendem Mäanderfries; darüber: Heiligenfiguren mit reliefartig durchgegliederten Nimben in Gips; Altarnische: Köpfe von Heiligen unter Baldachinen. Ausführlich *WMA.*

Restaurierungen:
1848 fand man bei baulichen Wiederherstellungsmaßnahmen im Palas Wandmalereien. Eine Tuschzeichnung von G. Erkens, 1848 ausgeführt, ist im BRAD archiviert. Die Wandmalereien in den Fensternischen waren 1930 infolge ihrer Schutzlosigkeit gegenüber den Wettereinflüssen nur in Resten erhalten, *Clemen (1930), S. 267.* Anton Bardenhewer schuf vermutlich zu Dokumentationszwecken und für die Publikation *Clemen (1930)* drei farbige Aufnahmen, die dort als *Fig. 272, 1-3* abgebildet sind. Von diesen ist eine im BRAD erhalten. [Fensterwände, unterer Pallassaal, Inv.Nr.: 37357, H. 0.73, B. 1.02, Figuren dreier Erzbischöfe, Aquarell; *WMA*] Weitere Fresken befanden sich früher in der ehemaligen Turmkapelle, die bereits in den 40er Jahren nicht mehr zugänglich war.
Nach der Zerstörung im Zweiten Weltkrieg wurde die barocke Vorburg bis 1959 wiederaufgebaut und 1997 erneut instandgesetzt.

Literatur: *Kdm Rhp.* Kreis Euskirchen, 4., S. 125 ff.; *Clemen (1930),* S. 267 ff.; *HDK, 4.1,* S. 444-445; *WMA Burg, Lechenich,* BRAD; Anträge auf Bewilligung von Beihilfen für denkmalwerte Bauten im Landkreis Euskirchen, BR 1140-34, Nordrhein-Westfälisches Hauptstaatsarchiv Düsseldorf.

87. 1930   **St. Ursula, Köln**

Baubeschreibung: Katalog, Nr. 21

Ausmalung: Katalog, Nr. 21

Restaurierungen: Katalog, Nr. 21
1930 wurde die Kirche unter der Leitung von Prof. H. Diekmann neu ausgemalt. Parallel wurden drei farbige Aufnahmen angefertigt, die im Denkmalarchiv, Bonn, archiviert wurden. Sie sind in *Clemen (1930)* als *Fig. 272, 1-3,* abgebildet. Ein Aquarellkarton ist im BRAD erhalten. Im Verlauf der Neuausmalung setzte man Teile der Ausstattung instand.

Anton Bardenhewer wurde mit der Restaurierung einzelner Bilder des Ursulazyklus' beauftragt, *Kdm Köln. 2.3, S. 69*. Der Ursulazyklus besteht aus 31 Bildern auf 19 Tafeln mit Darstellungen aus der Legende der Hl. Ursula und ihrer Gefährtinnen von 1456. Welche Einzeltafeln Bardenhewer restaurierte, ist nicht geklärt. Mit großer Wahrscheinlichkeit stellte er zur gleichen Zeit die Fassung mehrerer Reliquienbüsten der Heiligen Jungfrauen wieder her.

Die Tafeln der Ursulalegende wurden 1952-54 durch den Restaurator Adolf Praeger, Wallraf-Richartz-Museum, Köln, wiederhergestellt.

Literatur: Katalog, Nr. 21; *Beseler, Hartwig*, Der Wiederaufbau der Kölner Kirchen 1953-1956, in JBRD, Bd. 21, Kevelaer 1957, S. 179.

88. 1930 - 1931 St. Cäcilien, Köln

Baubeschreibung: Katalog, Nr. 12

Ausmalung: Katalog, Nr. 12

Restaurierungen: Katalog, Nr. 12
1930-31 erhielt Anton Bardenhewer erneut den Auftrag, die mittelalterlichen Wandmalereien zu restaurieren. Die Ausführung vor Ort lag in den Händen seiner Mitarbeiter und ist anhand des vielfältigen Fotomaterials im BRAD zu rekonstruieren. Parallel führte Hans Zepter nach Angaben des städtischen Konservators Hans Verbeek eine moderne, farbige Innenraumfassung aus. Dabei wurde die durch Mauß unter der Leitung Heimanns vormals geschaffene Einbindung des mittelalterlichen Bestands in eine Gesamtausstattung zerstört.

Literatur: Katalog, Nr. 12; *Weigert, Hans*, Die Wiederausmalung des Limburger Domes und grundsätzliche Fragen der Kirchenbemalung, in: Deutsche Kunst und Denkmalpflege, 1935, S. 123; *Bentelev, Ivan*, Die Restaurierung der frühgotischen Wandmalereien im Chor der ehem. Stiftskirche St. Cäcilien (Schnütgenmuseum) zu Köln, 1979, in: RA St. Cäcilien, Archiv der Werkstatt II, RAD.

89. 1930 - 1935 St. Martin, Bonn

Ehem. Stiftskirche St. Kassius und St. Florentius im Kernbau, Mitte 11. Jh., aus dieser Zeit Ostteile der Krypta, Teile der Chorhauswände und der Westchor erhalten. Mitte 12. Jh. Erweiterung durch kreuzgratgewölbtes Chorjoch mit quadratischen Flankentürmen, halbkreisförmig geschlossener Apsis und entsprechender Veränderung der Krypta. Um 1200 Querschiff erneuert und Langhaus eingewölbt. 1220-39 einheitlicher Neubau des Langhauses. Ende 16. u. Ende 17. Jh. erheblich zerstört und der Ausstattung beraubt.

Ausmalung:
Architektonische Fassung, 1. Hälfte 13. Jh., im 14. u. 15. Jh.-17. Jh. um Einzeldarstellungen ergänzt. Chor, Gewölbezwickel: männl. Figuren; Gewölbefeld: Marien am Grab; Gurtbogen: Himmelfahrt Mariä, flankiert von Engeln, zwei Medaillons mit Hl. Königen, Wappen des Erzbischofs Friedrich III. von Saarwerden, wechselnd mit dem kurkölnischen Wappen, um 1400, Ranken, 16. Jh.; Gewölbe: Engel mit Leidenswerkzeugen, 17. Jh.; südl. Querschiff: Hl. Christophorus; über südl. Tür zum Kreuzgang: Christus, von Engeln flankiert, 13. Jh., [ehemals] in einer Malschicht darüber: Madonna zwischen den Hll. Cassius und Helena, 2. Hälfte 15. Jh.; neben Empore: Schweißtuch der Veronika, 15. Jh.; südl. Querhaus, Ostwand: Madonna zwischen den Hll. Cassius und Florentius; nördl. Querhaus, über Empore: Thronende Muttergottes, gerahmt von den Aposteln, fünf Heiligen und sechs Kanonici; darunter: vier Propheten in Halbfigur, Mitte 14. Jh., Nordseite: Anbetung der Könige, links Petrus und knieender Stifter (Erzbischof Friedrich von Saarwerden), um 1400; nördl. Seitenschiff: vierzehn Nothelfer in zwei Reihen; südl. Seitenschiff: Hl. Christophorus, um 1500; darüber: Reste einer größeren Darstellung; gegenüber: Hl. Christophorus, 13. Jh.; Langhaus: architektonische Fassung. Ausführlich *Kdm Rhp. 5.3, S. 92-96, Schneider*.

Restaurierungen:
Ab 1840 kam es zu historistischen Baumaßnahmen an der Kirche. 1883-89 stellte man das Gebäude unter Franz Schmitz umfassend wieder her.

Den Maßnahmen in den Jahren 1887-1901 lagen die Entwürfen August von Essenweins von 1860 zugrunde. 1891-1894 schuf der Maler August Martin eine Neuausmalung, die die Reste der aufgedeckten spätromanischen Dekoration und einer Reihe von Einzeldarstellungen aus spätromanischer und gotischer Zeit nur teilweise berücksichtigte. Unter seiner Leitung wurde die ursprüngliche Malerei abgepaust und im Anschluß auf einem erneuerten Putzgrund in Anlehnung an die vorgegebenen Konturen vollständig erneuert, *Kdm Rhp. 5.3, Fig. 43-45*. Mehrere Umrißpausen sind im BRAD erhalten. Sie zeigen den Zustand der Wandmalereien nach der Freilegung. Nach ihnen schuf Anton Bardenhewer vor 1930 für *Clemen (1930) Fig. 270*, einen Karton, der ebenfalls im BRAD erhalten blieb. [ehemals im nördl. Seitenschiff, Inv.Nr. 36376, H. 0.50, B. 0.64 Verkündigung, Hieronymus, Katharina, in der 2. Reihe je abwechselnd ein männlicher Heiliger und eine weibliche Heilige, Zusammenstellung von Bardenhewer nach Kopien von A. Martin; *WMA*]. Bereits bei der Freilegung ging die Madonnendarstellung des 15. Jahrhunderts verloren. Die Veronikadarstellung kopierte Martin auf eine Kupferplatte und blendete diese vor das Wandbild, so daß das Original darunter erhalten blieb. Die Seitenschiffe schmückte er mit Szenen aus dem Leben des Hl. Martin vor einem Teppichmuster. Ab 1933 wurde die dekorative Ausmalung des 19. Jahrhunderts unter der Leitung Anton Bardenhewers entfernt. Die Darstellung des Schweißtuchs der Veronika und die Gurtbogenmalerei des Kapitelsaals setzte er anhand der erneut freigelegten Reste instand. Aus dieser Zeit ist im BRAD eine Aufnahme von Volkhausen erhalten, der zu dieser Zeit möglicherweise ein Mitarbeiter Bardenhewers war. [Kapitelsaal, Gurtbögen, Inv.Nr. 5973, H. 0.55, B. 0.36, Medaillons mit den törichten Jungfrauen, Aquarell; *WMA*] 1935 wurde Bardenhewer mit der Sicherung der gut erhaltenen und durch die vorherige Restaurierung nur wenig beeinträchtigten Malereien um 1300 betraut. Nach der Beschädigung im Zweiten Weltkrieg erfolgte ab 1950 eine umfassende Instandsetzung des Gebäudes. Die farbige Fassung des Langchors und des Querhauses wurde unter der Leitung von Willy Weyres in den Jahren 1954-1957 anhand des Befundes instandgesetzt.

Literatur: *Schneider, Friedrich*, Mittelalterliche Wand- und Gewölbemalereien im Münster zu Bonn, in: Zs. f. chr. Kunst, Nr. 12, 1. Jg., Düsseldorf 1888, Sp. 443-446; *Clemen, Paul*, Anfertigung von Kopien der mittelalterlichen Wandmalereien der Rheinprovinz, in: BPDR, Bd. 6, Bonn 1901, S. 64-65; *ders. (1916)*, S. 433-442; *ders. (1930)*, S. 262 ff.; *Kdm Rhp. 5.3*, S. 92-96; *Kisky, Hans*, Bericht über die Tätigkeit der Rheinischen Denkmalpflege 1953-1956, in: JBRD, Bd. 21, 1957, S. 243; *HDK, 4.1*, S. 71-74; *Verbeek, Albert*, Das Münster in Bonn, in: Rh. Kunststätten, Heft 213, 2. veränd. Auflage, Köln 1983; *Nachlaß Essenwein*, Archiv des Germanischen Nationalmuseums, Nürnberg; Münster, St. Cassius und St. Florentius, Bonn; *WMA Münster, Bonn*, BRAD.

90. 1933 - 1934 St. Katharina, Blankenberg

Ehem. Zisterzienserinnen-Kloster; Mitte 13. Jh. über Vorgängerbau errichtet; von diesem Chorjoch und Apsis mit 5/8-Schluß übernommen. 1643 durchgreifende bauliche Veränderungen. 1686 einschiffiges, flachgedecktes Langhaus weitgehend erneuert und erweitert. Um 1800 Sakristei angebaut.

Ausmalung:
Architektonische Fassung und figürliche Darstellungen, 13. Jh., im 15. Jh. ergänzt. Chor: Marienkrönung, 15. Jh., Halbfiguren der Apostel Petrus, Paulus, Johannes unter mit Krabben besetzten Wimpergen, 2. Hälfte 13. Jh.; südl. Langhauswand: Überführung des Leichnams der Hl. Katharina zum Berge Sinai durch Engel, vor 1265, Blattfries; unter den Fenstern: Legende der Hl. Katharina in zehn Feldern, 15. Jh. Ausführlich: *Neuss, S. 21-22*.

Restaurierungen:
1927 entdeckte man im Verlauf weitreichender Instandsetzungsarbeiten Wandmalereien. Die systematische Freilegung eines Teils der Malereien mit anschließender Restaurierung erfolgte ab 1928 durch Josef Kurthen. Sie wird von Clemen sehr abfällig beurteilt, *Clemen (1930), S. 4*. Ab 1929 begann man mit der Freilegung des Zyklus der Legende der Hl. Katharina. Im Verlauf der Freilegung entfernte man die 1928 ausgeführte Neubemalung des Chores und legte die Originalmalerei wieder frei. Zu diesen Arbeiten fertigte Anton Bardenhewer 1930, möglicher-

221

weise in Vorbereitung seiner späteren Restaurierung, zwei Umrißpausen an, die im BRAD erhalten sind. [1.) Apsis, nördl. Feld, Polygon, Inv.Nr. [ohne], nat.Gr., Apostel Petrus und Johannes, Umrißpause; 2.) Mittelfeld der Apsis, Inv.Nr. [ohne], nat.Gr., Krönung Mariens, Gestalt der Maria, Umrißpause; *WMA*]. Nach der viel gescholtenen Restaurierung von 1928 wurden Bardenhewer und sein Mitarbeiter Hübner 1933 mit der Restaurierung der Wandmalereien betraut. Sie sollten die noch nicht freigelegten Malereien aufdecken, reinigen und festigen. Beschädigungen sollten nur im entsprechenden Farbton beigetupft, jedoch keine Retuschen ausgeführt werden. Dabei stellte sich heraus, daß die beiden Zyklen sehr schlecht erhalten waren. Von der früheren Katharinenlegende war nur die Grablege in einem gut lesbaren Zustand aufzudecken. Zu den Arbeiten sind drei farbige Aufnahmen Hübners im BRAD erhalten, die in der zugehörigen *WMA* in die Jahre 1933 und 1934 datiert werden. [1.) südl. Langhauswand, Inv.Nr. 40475, H. 1.50, B. 1:57, nat.Gr., Grablegung der Hl. Katharina, Aquarell - Zustand vor der Instandsetzung; 2.) südl. Langhauswand, 5. Feld, Inv.Nr. 40474, H. 1.25, B. 0.95, nat.Gr., Enthauptung der Hl. Katharina, Aquarell - Zustand vor der Instandsetzung; 3.) südl. Langhauswand, spätrom. Blattfries, Inv.Nr. 40712, H. 0.34, B. 1.20, nat.Gr., Blattfries, Aquarell; *WMA*] Sie werden bei *Clemen (1930), S. 85*, Anton Bardenhewer zugeschrieben. Ein Vergleich der Aufnahme der Marienkrönung mit einer Fotografie von Steinle, Bonn, macht deutlich, daß es sich bei seinen Aquarellen um exakte Kopien handelt.

1960 wurden im Westen der Kirche Erweiterungsbauten angefügt, bauliche Veränderungen am Kirchenschiff vorgenommen und der Innenraum und die Ausstattung neu gefaßt. Es sind nur geringe Reste des vor 1265 entstandenen Wandmalereizyklus' erhalten.

Literatur: *Kdm Rhp. 4*, S. 19-31; *Clemen (1930)*, S. 85-86; *Neuss, Wilhelm*, Die in den letzten zehn Jahren aufgedeckten mittelalterlichen Wandmalereien rheinischer Kirchen, in: Neuss, Wilhelm (Hsg.), Kunstgabe des Vereins für christliche Kunst im Erzbistum Köln und Bistum Aachen, Köln 1935, S.21-22; *Mühlberg, Fried*, Blankenberg, in: Rh. Kunststätten, 1958; *HDK, 4.1*, S. 232-234; *WMA Blankenberg*, Pfarrkirche, Akte zu den Wandmalereikopien, BRAD.

91. 1931 - 1933   St. Gereon, Taufkapelle, Köln

Baubeschreibung: Katalog, Nr. 6

Ausmalung: Katalog, Nr. 6

Restaurierungen: Katalog, Nr.
Nach einer baustatischen Untersuchung und anschließender Sicherung des Bestandes wurde 1926 nach Gutachten zu den Wandmalereien einstimmig beschlossen „[...], daß der alten Erfahrung des Meisters Bardenhewer am besten die schwierige und mancherlei Überraschungen versprechende Aufgabe [einer Restaurierung] anzuvertrauen sei", *Metternich, S. 108*. Er sollte die Malereien reinigen, frühere, entstellende Zutaten entfernen und den mittelalterlichen Bestand sichern. 1931 begannen Bardenhewer und sein Mitarbeiter Hübner mit den Arbeiten. Wie in Maria Lyskirchen und Schwarzrheindorf verbesserte Bardenhewer in der Taufkapelle eine seiner eigenen früheren Restaurierungen. Bei der ersten Restaurierung hatte er die Übermalungen von Ramboux nicht vollständig entfernt, so daß er erst 1932-33 die Malereien vollständig freilegte und dadurch „ganz neue Dinge entdeckte", *Protokoll*. Fotografien der Wandmalereien nach der Wiederherstellung sind bei *Metternich* als *Abb. 75-81* und *Tafel III* u. *IV*. veröffentlicht. *Roessle, S. 160*, schreibt, daß Bardenhewer bereits seit 1926 vor Ort restauriert habe, ohne das näher zu erläutern. (Dabei muß es sich um einen Irrtum handeln, siehe Gutachten.) Bereits 1934 waren die Malereien erneut durch starke Feuchtigkeitsschäden beeinträchtigt.

Literatur: Katalog, Nr. 6; *Clemen (1916)*, S. 533-560; *Wolff Metternich*, Die Sicherung der Wandmalereien in der Taufkapelle der Basilika St. Gereon zu Köln, in: JBRD, Bd. 8, Düsseldorf 1932, S. 105-112; *Protokoll* der Gedächtnisstunde des Kölner Geschichtsvereins im Wallraf-Richartz-Museum, am Sonntag, den 22. Oktober 1939; *Roessle, Jochen*, St. Gereon, in: Colonia Romanica, Bd. 10, Köln 1995, S. 155-172.

92. 1932   Ev. Pfarrkirche, Wiedenest

Kleine, dreischiffige Gewölbebasilika mit zweijochigem Mittelschiff, schmalen Seitenschiffen, das südl. schmaler als das nördl., und vorgelagertem Westturm, Anfang 12. Jh. Langhaus ursprünglich flach gedeckt, im 13. Jh. kreuzgratgewölbt. Um 1452 Erweiterung durch kreuzrippengewölbtes Querschiff und Rechteckchor. Um 1600 weiß getüncht. 1934 südliches Seitenschiff nach Westen verlängert.

Ausmalung:
Langhaus: architektonische Fassung, 13. Jh.; Gewölbefelder: Ranken; Chor: Apostelreihe; Chor, Nordwand: Anbetung der Könige, weibliche Heilige; Chor, Ostwand: mehrere Heilige; Vierungsgewölbe: Jüngstes Gericht; Ostwand, nördl. Querhausarm: Passion Christi; Ostwand, südl. Querhausarm: Kreuzlegende, 2. Hälfte 15. Jh. (Malereien in Fresko-Kalksecco-Mischtechnik ausgeführt.)

Restaurierungen:
1932 wurden im Rahmen baulicher Instandsetzungsarbeiten in der Kirche Wandmalereien entdeckt. Sie wurden im Anschluß von Anton Bardenhewer und seinem Mitarbeiter Hübner freigelegt, wiederhergestellt und ergänzt.
1962 kam es zu umfassenden Veränderungen am Gebäude. So brach man die Emporen des Querschiffs und den im Bergischen Land üblichen Aufbau von Altar, Kanzel und Orgel ab, senkte das Fußbodenniveau und verlegte einen historisierend rekonstruierten Fußbodenbelag. An diese Arbeiten schloß sich eine Restaurierung der Wandmalereien unter der Aufsicht der Werkstatt II des Rh. Amts f. Denkmalpflege an, bei der die Veränderungen von 1932 entfernt wurden. Die Malereien blieben in einem fragmentarischen, aber dem Original näheren Zustand zurück. Alle Fenster erhielten eine Neuverglasung nach Entwürfen von Hermann Gottfried, Bergisch Gladbach-Herkenrath. Ab 1987 wurden die Malereien gereinigt.

Literatur: *Kdm Rhp. 5.1*, S. 56-59; *Rh. Heimatpflege*, Zs. für Museumswesen, Denkmalpflege, Archivberatung, Volkstum, Natur- und Landschaftsschutz, 7. Jg., Heft 1, 1934, S. 199; *HDK, 4.1*, S. 451-452; *Hansmann, Wilfried*, Die evangelische Kirche in Wiedenest, in: Rh. Kunststätten, Heft 5, Köln 1975; *ders.*, in: Rh. Kunststätten, Heft 173, 3. veränd. Aufl., Neuss 1989.

93. 1933   St. Gereon, Krypta, Köln

Baubeschreibung: Katalog, Nr. 6

Ausmalung: Katalog, Nr. 6

Restaurierungen: Katalog, Nr. 6
1933 beauftragte man Anton Bardenhewer, die Kreuzigung, die sich im Bogenfeld über dem Eingang zu der tiefer gelegenen Confessio der Krypta befindet, zu restaurieren. Die Darstellung auf grauweißlichem Grund in gelbrotem Rahmen sollte von den früheren starken Übermalungen befreit werden. Bardenhewer sollte die Überfassung des 19. Jahrhunderts abnehmen und einen dem Original angenäherten Zustand wiederherstellen. Dieser Auftrag wurde vermutlich unter anderem durch Clemens kritische Beurteilung der mehrfach und stark übermalten Darstellung initiiert, *Clemen (1930), S. 125*.

Literatur: Katalog, Nr. 6; *Clemen (1930)*, S.125.

94. 1934   Klein St. Martin, Köln

1824 Abbruch der ehem. Pfarrkirche bis auf den in der 2. Hälfte des 15. Jh. errichteten Turm.

Spätestens seit 1922 begann Anton Bardenhewer, Tafelmalereien zu restaurieren. Eines der Altargemälde, deren Restaurierung ihm eindeutig zuzuschreiben sind, ist das 'Letzte Abendmahl' aus Klein St. Martin, das

1934 von Bardenhewer restauriert wurde. Es soll sich dabei um ein Werk Barthel Bruyns gehandelt haben. Heute gilt es als verschollen. Etwa zeitgleich restaurierte Bardenhewer die 'Kreuzabnahme' aus St. Maria im Kapitol, Köln. (Siehe Katalog, Nr. 100).

Literatur: *Kdm Köln. 2.1,* Düsseldorf 1911, S. 259-261, S. 274-276; *Kdm Köln, Erb.,* S. 81-82; *HDK, 4.1,* S. 369; *Kosch, Clemens,* Klein St. Martin, in: Colonia Romanica, Bd. 11, Köln 1996, S. 143.

95. 1934   St. Maria Lyskirchen, Köln

Baubeschreibung: Katalog, Nr. 1

Ausmalung: Katalog, Nr. 1

Restaurierungen: Katalog, Nr. 1
1934 kam es unter der Leitung der Architekten Noven und Villach im Inneren zu gründlichen Wiederherstellungsarbeiten. Im Anschluß daran wurden die Wandmalereien unter der Leitung Anton Bardenhewers von den Ölfarbenübermalungen der vorangegangenen Restaurierungen befreit, soweit das ohne Schaden an Originalsubstanz möglich war. An den Stellen, an denen die Verluste an Originalmalerei zu groß gewesen wären, etwa im Katharinengewölbe, erhielt er die Ausmalung von Goebbels; er überarbeitete sie aber dahingehend, daß sie sich weniger gegen die ursprüngliche Malerei abhob. Die schablonierte Ornamentik von Goebbels wurde restlos entfernt. Darunter fand man die ursprüngliche architektonische Fassung, die anhand dieser Reste aufgefrischt wurde, *Abb. Metternich, S. 323.* Die freigelegten figürlichen Malereien hatten ihre ursprüngliche farbige Leuchtkraft bewahrt und zeigten sich in so gutem Zustand, daß auf Ergänzungen weitgehend verzichtet werden konnte. Nur größere Lücken wurden in den Lokalfarben beigetupft, um sie zu schließen. „Konturergänzungen fanden grundsätzlich nur an untergeordneten Partien statt, und zwar nur dann, wenn die Linienführung einwandfrei feststand und die Unterbrechungen entstellend wirkten. Die Köpfe und Gliedmaßen wurden ganz in dem vorgefundenen Zustand belassen", *Metternich, S. 322.* Die Malereien, die Goebbels im Chorquadrat und der Apsis geschaffen hatte (siehe Katalog, Nr. 1), wurden, um eine einheitliche Gesamtstimmung zu erhalten, nicht entfernt, sondern durch Überlasieren der Hintergründe mit einem hellen Blauton und Aufhellen besonders dunkler Farbtöne durch hellere mit den wieder freigelegten Originalmalereien in einer gemeinsamen Farbigkeit zusammengeschlossen. Bardenhewer führte die Restaurierung in Kaseintechnik aus. Der Zustand der Malereien des Langhausgewölbes nach dieser Restaurierung, den *Goldkuhle, S. 11,* als den besten seit dem Mittelalter beschreibt, ist durch Aufnahmen dokumentiert, die sich im RBA befinden (Nr. 37 561 - 37 584). Der Kirchenmaler Peter Hecker schuf parallel zu der Restaurierung der mittelalterlichen Darstellungen eine neue architektonische Fassung und in einer Westnische einen gemalten Bildhintergrund für die dort aufgestellte Schiffermadonna, *Lyskirchen I.* (Dort Fotografien einiger Darstellungen während der Wiederherstellung.) Im Verlauf der Arbeiten wurden Teile der Ausstattung durch den Bildhauer Kürten und den Goldschmied Franz Wüsten wiederhergestellt, *Lyskirchen I,* und barocke Tafelgemälde gesäubert, *Metternich, S. 324.* Ob letzteres unter Leitung Bardenhewers oder durch ihn geschah, ist nicht geklärt.
1947 deckte man beim Ausbau der Orgel eine romanische Wandgliederung und Malereifragmente auf. Im Herbst 1988 wurden die Malereien unter der Leitung von Jürgen Hohmann, Werkstatt II des Rh. Amts f. Denkmalpflege, Abtei Brauweiler, eingehend untersucht. Die entsprechenden Restaurierungsberichte, die in der *RA* enthalten sind, geben detailliert Auskunft über die ölhaltigen Übermalungen von Goebbels von 1871-81, die Kaseinübermalungen Bardenhewers aus dem Jahre 1936, die Übermalungen mit Leimfarben, die der Maler Hoen 1946 bei einer Teilrestaurierung aufbrachte, und die Folgen, die die Restaurierung der 60er Jahre mit ihrer Silikatfestigung für die Malereien hatte.

Literatur: Katalog, Nr. 1; *anonym,* Ein Juwel altkölnischer Baukunst: St. Maria Lyskirchen wird wiederhergestellt, Zeitungsartikel (vermutlich 1934); *Fuchs, M.R.,* Kölner Kirchen restauriert: Arbeiten in St. Maria Lyskirchen beendet, Zeitungsartikel, (vermutlich 1934); *anonym,* Kölner Kirchen werden schöner, in:

Kölnische Zeitung/Stadtanzeiger, Abendblatt, Nr. 584, Samstag, 17. Nov. 1934; *Wolff Metternich,* Die Instandsetzung der Kirche St. Maria Lyskirchen in Köln, in: Rheinische Heimatpflege, 7. Jg., Düsseldorf 1935, S. 319-324; *anonym,* Eine Schifferkirche am Rhein: St. Maria Lyskirchen zu Köln, Zeitungsartikel (1939); *Goldkuhle, Fritz,* Mittelalterliche Wandmalerei in St. Maria Lyskirchen, in: Bonner Beiträge zur Kunstwissenschaft, Bd. 3, Düsseldorf 1954; *Restaurierungsbericht Horst Hahn,* in: RA St. Maria Lyskirchen, Archiv der Werkstatt II, RAD; *Bauer, Gerd,* Die Restaurierungsgeschichte der Gewölbemalereien von St. Maria Lyskirchen, in: RA St. Maria Lyskirchen; *Hohmann, Jürgen,* Köln. Pfarrkirche St. Maria Lyskirchen, in: JBRD, Bd. 37, Köln 1996, S. 264-280.

96. 1934 - 1935   St. Severin, Köln (1925 - 1926)

Pfeilerbasilika mit Querschiff im 11. Jh. über Vorgängerbau des 9.-10. Jh. unter Beibehaltung der Seitenschiffwände errichtet. Von diesem Bau Langchor mit Flankentürmen über dreischiffiger Hallenkrypta in Teilen erhalten. 1230-37 Langchor verändert und um neue Chorapsis mit Flankentürmen erweitert, Hallenkrypta ebenfalls erweitert. Letztes Viertel 13. Jh. Langhaus verändert, dabei Teile der Vorgängerbauten erhalten. Anfang 14. Jh. Margarethenkapelle an Stelle der südl. Chorflankenkapelle errichtet. 1393-1411 vorgesetzter Westturm des späten 13. Jh. verändert und Margarethenkapelle neu gewölbt. 1479-Anfang 16. Jh. Kirchenschiff zum bestehenden Bau ausgebaut.

Ausmalung:
Apsisgewölbe: Weltenrichter zwischen Maria und Johannes Ev., Hll. Bischöfe, Engelhalbfiguren, zwei Stifter; Triumphbogen: fünfzehn Brustbilder in Medaillons; Chorhausgewölbe: Kreuzigung; Magarethenkapelle (Sakristei): Kreuzigung mit Maria, Johannes, Petrus, Paulus, Severin, Margaretha und kniendem Stifter in Kanonikertracht, um 1420; Hauptkrypta: Szenen des Marienlebens; mittlere Nische: kleine Figur in der Mandorla, flankiert von der Hl. Ursula und Hl. Bischof; nordöstl. Laibung: Rankenwerk mit großen Rosetten; südöstl. Nische: Christus als Salvator in der Mandorla, umgeben von Evangelistensymbolen, Hl. Ursula mit Schutzmantel und Hl. Bischof; Gewölbelaibung: mehrere Szenen in zwei Zonen übereinander, um 1300. Südkrypta, Ostwand: Kreuzigung mit acht Heiligen (Maria Magdalena, Jakobus, Severinus, Maria, Johannes, Martinus, Philippus und Maria Aegyptiasa), um 1411; Bogenfeld darüber: Schweißtuch der Veronika, von Engeln gehalten; Gewölbe: vier Engel mit Passionswerkzeugen zwischen Ranken; Südkrypta, Strebepfeiler über dem 1411 errichteten Altar Johannes des Täufers: Kruzifixus zwischen Maria und Johannes. Im 18. Jh. Rokokoausstattung durch Joh. Martin Metz. Ausführlich *Clemen (1916), S. 564-567, K.Z., Nr. 581.*

Restaurierungen:
1879-87 wurde das Gebäude umfassend historisch wiederhergestellt. Ab 1885 wurde Wilhelm Batzem mit einer Dekoration der Kirche betraut. Die freigelegten Reste des ursprünglichen dekorativen Systems dienten ihm dabei als Grundlage. [Beschreibung der aufgedeckten Malereien, *K. Z., Nr. 104*] Wie im 19. Jahrhundert allgemein üblich und häufig bis zum Zweiten Weltkrieg praktiziert, restaurierte Batzem nicht nur die Wandmalereien, sondern auch Tafelmalereien, bspw. Tafeln der Severinslegende, den Altar des Meisters von St. Severin und St. Ursula mit ihren Schutzbefohlenen, *Kdm. Köln, 2.2, S. 308.* Die aufgedeckten figürlichen Darstellungen stellte der Maler Theodor Winkel 1889-1891 nach Entwürfen von Matthias Goebbels auf einem erneuerten Putz wieder her und ergänzte sie sehr frei durch Neuschöpfungen von Goebbels, *Wolff, S. 511.* 1891 deckte man bei Arbeiten in der Krypta Wand- und Gewölbemalereien auf, ohne sie zu restaurieren. 1925-26 stellte man die Malereien in der Hauptkrypta wieder her. Dabei wurde die architektonische Fassung teilweise falsch erneuert und die figürlichen Darstellungen wurden vielfach übermalt, *WMA.* Ob diese Arbeiten bereits unter der Leitung Anton Bardenhewers standen, konnte bislang nicht geklärt werden. 1929 wurden die Malereien der Südkrypta erstmals wiederhergestellt, *WMA.* In den Jahren 1933-36 erfolgte eine erneute gründliche Instandsetzung des Gebäudes, in deren Folge Bardenhewer 1934 mit der Reinigung und Fixierung der beiden Kreuzigungsdarstellungen in der südlichen Krypta betraut wurde, *Goldkuhle, Abb. 69.* Die Ausmalung des 19. Jahrhunderts im Kircheninneren wurde mit Ausnahme der vier großen erzählenden Darstellungen über dem Chorgestühl, die jedoch nachgetönt und in der Farbgebung dem Gesamtraum

angepaßt wurden, entfernt und durch eine helle Neufassung unter Betonung der architektonischen Glieder ersetzt. Unter den Neuschöpfungen von Goebbels deckte man eine Kreuzigung von etwa 1270 auf, deren Erhaltungszustand so gut war, daß sie nur geringfügiger Ergänzungen bedurfte, *Vogts, Abb. 181 u. 182*. Im Zusammenhang mit der Freilegung und Sicherung der ursprünglichen Ausmalung des Chores (Rippen, Kreuzigungsdarstellung, Engel über den Obergadenfenstern im Vorchor) erhielten die Gewölbefelder neuen figürlichen Schmuck, *Rh. Heimatpflege, S. 361*. Hans Zepter, dessen monumentale Christusdarstellung in der Apsis die Kirche beherrschte, betreute die farbige Neufassung unter sehr freier Anlehnung an den gegebenen Maßstab, die überlieferten Formen und die Farbigkeit der aufgedeckten Fassungsfragmente, *K.Z., Nr. 584*. Ihm gelang 1936 die Freilegung, Reinigung und Sicherung der Kreuzigungsdarstellung in der Sakristei, *Vogts, Abb. 283 u. 284*. 1935 wurden die Gewölbemalereien unter Bardenhewers Leitung gereinigt. Die Ranken und Engel mit Leidenswerkzeugen waren sehr verschmutzt und verblaßt, so daß er sie mit großer Wahrscheinlichkeit im Anschluß an die Reinigung in ihrer Farbigkeit auffrischte. Ein Teil der Wandmalereien der Krypta ist durch zwei farbige Aufnahmen Christian Hohes von 1856 und vier farbige Aufnahmen Gartmanns von 1902, die im BRAD erhalten sind, dokumentiert.

Nach den Zerstörungen infolge des Zweiten Weltkrieges wurde der Bau bis 1950 im wesentlichen wiedererrichtet. 1951-52 sicherte der Restaurator Stiewi mehrere Malereifragmente. 1962 begann eine Instandsetzung des Inneren, an die sich 1973-81 neuerliche Arbeiten anschlossen. Erhalten sind die Marienkrönung in ihrer mehrfach überarbeiteten Fassung und Malereien in der Krypta.

Literatur: *anonym*, Neu entdeckte Wandgemälde II, in: Kölnische Volkszeitung, Nr. 104, 16. April 1887; *anonym*, Die neu entdeckten Wandgemälde in St. Severin zu Köln, in: Kölnische Volkszeitung, Zweites Blatt (Abendausgabe), Nr. 260, 28. Jg., 20. September 1887; *anonym*, Die alten Malereien in Kölner Kirchen, in: Rheinischer Merkur, Nr. 218/219, 21./22. September und Nr. 236/237, 12./13. September 1896; *Klinkenberg, Joseph*, Köln und seine Kirchen - Führer durch Köln für die Besucher der 50. General-Versammlung der Katholiken Deutschlands, Köln 1903, S. 60-66; *Clemen, Paul*, Aufnahmen gotischer Wandmalereien der Rheinlande, in: BPDR, Bd. 12, Düsseldorf 1908, S. 67-69; *ders.*, Aufnahmen gotischer Wandmalereien der Rheinlande, in: Bonner Jahrbücher, Jahrbücher des Vereins von Altertumsfreunden im Rheinland, Heft 117, Bonn 1908, S. 353-355; *ders.* (1916), S. 561-567; *Verbeek, Hans*, Die sonstige Denkmalpflege seit 1888, in: Vogts, Hans, Köln - Bauliche Entwicklung 1888-1927, Köln 1927, S. 201; *Kdm Köln. 2.2*, Düsseldorf 1929, S. 307 ff.; *Clemen (1930)*, S. 170 ff., S. 272 ff.; *anonym*, Kölner Kirchen werden schöner, in: Kölnische Zeitung/Stadtanzeiger, Abendblatt, Nr. 584, Samstag, 17. Nov. 1934; *Rh. Heimatpflege*, Zs. für Museumswesen, Denkmalpflege, Archivberatung, Volkstum, Natur- und Landschaftsschutz, 7. Jg., Heft 1, 1935, S. 361; *Vogts, Hans*, Die Neugestaltung des Innenraums der Severinskirche in Köln, in: Deutsche Kunst und Denkmalpflege, München & Berlin 1936, S. 264-269; *Stemmler*, Übersicht über die in den Rechnungsjahren 1936/37 und 1937/38 mit Unterstützung durch Staats- und Provinzialbeihilfen ausgeführten Arbeiten, in: Rheinische Heimatpflege, 9. Jg., 1937/38, S. 597; *Goldkuhle, Fritz*, Mittelalterliche Wandmalerei in St. Maria Lyskirchen, in: Bonner Beiträge zur Kunstwissenschaft, Bd. 3, Düsseldorf 1954; HDK, 4.1, S. 384-390; *Wolff, Gerta*, St. Severin, in: Stadtspuren - Denkmäler in Köln, Kier/Krings (Hrsg.), Bd. 1, 1984, S. 474-517; *Machat, Christoph*, Kath. Pfarrkirche St. Severin, ehem. Stiftskirche, in: Der Wiederaufbau der Kölner Kirchen, Köln 1987, S. 142-151; *Schäfke, Werner*, Kölns romanische Kirchen, 4. Aufl., Köln 1987, S. 255-263; *Schaden, Christoph*, St. Severin, in: Colonia Romanica, Bd. 11, Köln 1996, S. 197-205; *WMA St. Severin*, BRAD.

97. 1935   St. Gereon, Hochchor, Köln

Baubeschreibung: Katalog, Nr. 6

Ausmalung: Katalog, Nr. 6

Restaurierungen: Katalog, Nr. 6
Als junger Künstler hatte Anton Bardenhewer unter Leitung August von Essenweins an der Neuausstattung der Kirche mitgearbeitet. Im Verlauf dieser Arbeiten wurde der Hochchor stark verändert. (Siehe Katalog, Nr. 6. u. Nr. 20) 1935 lautete sein Auftrag, die ursprünglichen Decken- und Wandgemälde des Hochchors freizulegen und aufzufrischen. Er legte zwei Joche frei und stellte dort die Malereien wieder her, *Pfitzner, S. 306*. (Warum er die Arbeiten nicht zu Ende brachte, ist nicht geklärt.)

In der Nacht vom 30. auf den 31. Mai 1942 wurden bei einem Luftangriff große Teile der Kirche und der Innenausstattung zerstört.
Literatur: Katalog, Nr. 6; *Pfitzner, Carlheinz*, Zur farbigen Fassung mittelalterlicher Innenräume (im Anschluß an die Instandsetzung des Quirinusmünsters in Neuß), in: Rh. Heimatpflege, Jahrbuch der Rh. Denkmalpflege, 13. Jg., Heft 3, 1941, S. 293-323; Akte über die katholische Pfarrkirche St. Gereon, GVA, I, Köln, St. Gereon, Nr. 3 (Kirche, Vol. V, 1895-1943), Historisches Archiv des Erzbistums Köln.

98. 1935 - 1936   Doppelkirche, Schwarzrheindorf

Baubeschreibung: Katalog, Nr. 64

Ausmalung: Katalog, Nr. 64

Restaurierungen: Katalog, Nr. 64
Von August 1935 bis Frühjahr 1936 wurden die Wandmalereien der Ober- und der Unterkirche unter der Leitung Anton Bardenhewers durch seine Mitarbeiter, unter anderem durch den Maler Höhn (Hoen), von den Übermalungen und den bei den Restaurierungen hinzugefügten Konturen befreit und anschließend gesichert. Der Grund für die neuerliche Instandsetzung lag in der Gefährdung der Darstellungen durch Schwitzwasser. Ursprünglich hatte Bardenhewer vom Staatskonservator Dr. Hieke nur den Auftrag erhalten, die Wandgemälde zu reinigen und zu sichern. Da sich bereits bei der Reinigung die Übermalungen teilweise abwaschen ließen, beschloß man eine vollständige Freilegung der Originalsubstanz. Wie frei die Ergänzungen und Übermalungen der vorangegangenen Wiederherstellungen waren, dokumentieren die Abbildungen bei *Metternich, 1938*, eindringlich. Sie machen ebenso deutlich, wie weit Bardenhewer sich in der Zwischenzeit von allen historistischen Tendenzen gelöst hatte. Nach der Freilegung erhielt er diese Darstellungen weitgehend ohne Eingriffe. Nach der Reinigung wurden die Wandgemälde mit Spiritusleim gefestigt. Der Erhaltungszustand der Gesichter erwies sich größtenteils als befriedigend. Die Farbigkeit der Gewänder war dagegen nur zum Teil erhalten. Da der Originalton der Hintergründe sich nicht mehr feststellen ließ, wurde ein ähnliches Blau wie in der Taufkapelle von St. Gereon gewählt und das Grün in einem sehr hellen Ton erneuert. Die Durchführung erfolgte in Temperafarbe. Zur Fixierung wurden die figürlichen Darstellungen abschließend mit punischem Wachs eingepinselt und dieses anschließend mit einer Lampe eingebrannt. Das Ölgold der Heiligenscheine aus einer früheren Restaurierung wurde entfernt. Darunter fanden sich Teile des alten Goldes. Das Lamm Gottes im Scheitel des Gewölbes stellten die Mitarbeiter Bardenhewers anhand der vorgefundenen Reste wieder her. In der gleichen Weise wurden die Malereien der Unterkirche restauriert. Bei der Wiederherstellung dieser Malereien wurden vordringlich verschiedene durch die Restaurierung des 19. Jahrhunderts hervorgerufene Irrtümer beseitigt, *WMA*. Um dabei keinen erneuten Irrtümern zu erliegen, stand Anton Bardenhewer mit Prof. Neuss, Bonn, ein Kenner der Schwarzrheindorfer Gemälde zur Seite, *Volksz. 1935*. Interessanterweise verbesserte Bardenhewer in der Unterkirche seine eigene Restaurierung von 1910-11. Besondere Beachtung wurde bei dieser Restaurierung der architektonischen Fassung geschenkt. Um dem vermuteten Originalzustand möglichst nahe zu kommen, wurde Teile der bestehenden Ausmalung entfernt und bspw. die Säulen der Unterkirche steinsichtig belassen. Die Malereien wurden nach der Abnahme der Übermalungen in ihrer Farbe aufgefrischt und vielfach nachkonturiert, *Volksz. 1935*. Zu diesen Arbeiten fertigten die Mitarbeiter Bardenhewers, vermutlich Höhn, im Jahr 1935 14 Umrißpausen an. [1.] Unterkirche, Westgewölbe, Ostkappe, Inv.Nr. 42293, H. 0.82, B. 1.07, nat.Gr., Der Götzendienst der 70 Vornehmen im Vorhof, Umrißpause; 2.) Unterkirche, Ostkappe, Inv.Nr. 42292, H. 0.41, B. 0.29, nat.Gr., Der Götzendienst der 70 Vornehmen, Umrißpause; 3.) Unterkirche, Ostkappe, Inv.Nr. 42291, H. 0.33, B. 0.21, nat.Gr., Der Götzendienst der 70 Vornehmen, Umrißpause; 4.) Unterkirche, südl. Gewölbe, Inv.Nr. 42290, H. 0.56, B. 0.36, nat.Gr., Zerstreuung des 3. Drittels der Haare, Umrißpause; 5.) Unterkirche, südl. Gewölbe, Inv.Nr. 42289, H. 0.62, B. 0.63, nat.Gr., Das Wägen des Haares, Umrißpause; 6.) Unterkirche, südl. Gewölbe, Inv.Nr. 42288, H. 0.37, B. 0.57, nat.Gr., Die Haarschnur des Propheten, Umrißpause; 7.) Unterkirche, Westapsis, Inv.Nr. 42286, H. 0.44, B. 0.80, nat.Gr., Die Tempelreini-

gung, Umrißpause; 8.) Unterkirche, nördl. Gewölbe, Inv.Nr. 42287, H. 1.02, B. 0.59, nat.Gr., Der Mann mit dem Schreibzeug, Umrißpause; 9.) Unterkirche Südapsis, Inv.Nr. 42285, H. 1.05, B. 0.49, nat.Gr., Gestalt Christi aus der Verklärung, Umrißpause; 10.) Unterkirche, Nordapsis, Inv.Nr. 42284, H. 1.19, B. 0.29, nat.Gr., Gestalt aus der Kreuzigung, Umrißpause; 11.) Unterkirche, Vierung, Ostkappe, Inv.Nr. 42282, H. 0.67, B. 0.29, nat.Gr., Einzug Jahwes in den Tempel, Umrißpause; 12.) Unterkirche, Vierung, Südkappe, Inv.Nr. 42283, H. 0.26, B. 0.34, nat.Gr., Der Mann mit der Meßschnur, Umrißpause, 13.) Unterkirche, Ostchor, Inv.Nr. 42281, H. 1.14, B. 0.69, nat.Gr., Evangelist Lukas, Umrißpause; 14.) Unterkirche, Ostchor, Inv.Nr. 42280, H. 1.85, B. 0.99, nat.Gr., Evangelist Markus, Umrißpause, *WMA*] *Bauer, S. 33*, geht davon aus, daß Bardenhewers Pausen im Verhältnis 1:1 die Neuschöpfungen Hohes kopieren, da er gefürchtet habe, diese Neuverputzstellen, sollten sie technisch schlecht ausgeführt sein, erneut verputzen zu müssen. Dieser Vermutung muß zumindest teilweise widersprochen werden, da einige der vermeintlichen Pausen, so bspw. 1), ganz deutlich die für Bardenhewers Neuschöpfungen typischen Gesichter zeigen. Daher scheint es aufgrund Bardenhewers hohen Alters eher wahrscheinlich, daß er auf der Grundlage von Pausen, die er durch maßstabgerechte eigene Ergänzungen vervollständigte, seinen Mitarbeitern formatgerechte Ergänzungen vorgab, die diese nach Abnahme der früheren Ergänzungen in die freien Flächen einarbeiten konnten. Daß er sich dabei an der durch Lambris vorgegebenen Komposition orientierte, so *Gierschner, S. 145*, scheint diese Vermutung zu stützen. Ob die erhaltenen Ergänzungen Bardenhewers von diesen Arbeiten herrühren oder auf die Restaurierung von 1910-11 zurückgehen, läßt sich infolge der gleichen Putz- und Farbzusammensetzung und der gleichen Maltechnik, der sich Bardenhewer bzw. seine Mitarbeiter bedienten, nicht eindeutig klären. Eine detaillierte Untersuchung aller fotografischen Abbildungen der Malereien aus verschiedenen Zeiten könnte diese Frage vermutlich klären. Zu der Restaurierung 1935-36 entstand eine Anzahl Fotografien, die den Zustand der Malereien dokumentieren. Sie befinden sich wie die zeichnerischen Aufnahmen im BRAD. Im Verlauf der Restaurierung wurden Teile der Ausstattung instandgesetzt. So wurde die fast lebensgroße Lindenholzfigur der Mutter Gottes, Teil einer Doppelmadonna von etwa 1625 aus dem Umkreis des in Köln tätigen Augsburger Meisters Jeremias Geißelbrunn, die 1882 der Kirche geschenkt worden war, von ihrer Übermalung befreit. „Bardenheuer, der selbst die Erneuerung vornahm, brachte die alte, herrliche Bemalung des 17. Jahrhunderts wieder zum Vorschein", *Volksz. (1935)*. Das Gehäuse der 1728 von Johannes Michael Stumm (1683-1747) für die Franziskanerkirche in Koblenz gebauten Orgel, die 1936 in die Kirche gelangte, wurde unter Bardenhewers Leitung ebenfalls neu gefaßt, *E.W.*

Neueste Erkenntnisse zu den verschiedenen Restaurierungen und ihren Auswirkungen bieten die 1996 abgeschlossenen Untersuchungen der Werkstatt II des Rh. Amts f. Denkmalpflege, Abtei Brauweiler. „Anton Bardenhewer hat bei seinen beiden Restaurierungen 1910/11 und 1935/36 für die damalige Zeit ungewöhnlich substanzschonend gearbeitet. Originale Intonacopartien wurden von ihm lediglich mit Leimfarbe lasierend beigetönt. Er beschränkte sich nach Abnahme der Hocheschen Übermalung meist auf das Schließen der Hintergründe und die Komplettierung der rahmenden Architekturfassung", *Bauer, S. 33*. Mehr als drei Viertel der figürlichen Darstellungen in der Unterkirche sind Originalmalerei. Ausführlich *RA* und *Poppen*.

Literatur: Katalog, Nr. 64; *H. L.*, Schwarzrheindorf, neu entdeckt, in: Kölnische Volkszeitung, Rubrik: Westmark, Mittwoch, 11. Dezember 1935; *anonym*, Neuerstandene Kunstwerke, Zeitungsartikel, 11. Dezember 1935, o.A., Familienarchiv Griebel, München; *Witte, Karl*, Anton Bardenhewer - Zum 80. Geburtstag am 8. April, in: Kölnische Volkszeitung, 8. April 1937; *Beemelmans, Wilhelm*, Noch ein Achtzigjähriger, in: Familienblatt Kockerols, Nr. 29, Mai 1937, Familienarchiv Griebel, München; *Wolff Metternich*, Die romanische Monumentalmalereien in Schwarz-Rheindorf, in: JBRD, Bd. 14/15, 1938, S. 511-528; *E.W.*, Altmeister Anton Bardenhewer +, Mittelrheinische Landes-Zeitung, Sieg-Rhein-Zeitung, Nr. 196, 23.8.1939; *Gierschner, Sabina*, Zur Authentizität der romanischen Wandmalereien von Schwarzrheindorf - Versuch einer immanenten Quellenkritik, JBRD, Bd. 35, Köln 1991, S. 115-148; *Poppen, Ralf*, Die Wandmalereien in der Unterkirche der Doppelkapelle von Schwarzrheindorf, Diss. Phil. Fak. Universität Bonn 1997; *RA Schwarzrheindorf*, Archiv der Werkstatt II, RAD; *WMA Schwarz.dorf*, Ehem. Stiftskirche, Akte zu den Wandmalereikopien, BRAD.

99. 1935   Rheinische Friedrich-Wilhelms-Universität, Alte Aula, Bonn

Baugeschichte: Katalog, Nr. 59

Die Alte Aula der Universität war in dem ehemaligen großen Speisesaal untergebracht, der sich über den ersten und zweiten Stock des rechten Turms erstreckte. Nach dem Brand 1777 hatte man ihn verändert wiedererrichtet. Von da an brachen die Überlegungen, ihn dekorativ ausschmücken zu lassen, nicht ab. 1823 wurde Peter Cornelius mit der Ausstattung der Alten Aula beauftragt. Ausführlich *E.S; Schrörs*.

Ausmalung:

Cornelius hatte sich bereits 1814 mit dem Wunsch an Josef Görres gewandt, ihm ein Forum für die Wiedereinführung der Freskomalerei zur Verfügung zu stellen. Unter der Leitung von Cornelius schufen die Maler Ernst Förster, Jakob Götzenberger und Karl Heinrich Hermann vier große Freskenbilder. Es handelte sich dabei um die einzigen Zeugnisse der Cornelius-Schule am Rhein. Auf den vier großen Wandbildern der „Theologie" (1825), *Abb. Pfitzner, S. 546*, „Jurisprudenz" (1825-27), *Abb. ders., S. 547*, „Philosophie" (1827/1831-33) und „Medizin" (1835-36), *Abb. ders., S. 548*, wurden die allegorischen Darstellungen der Fakultäten von einer großen Anzahl bedeutender Gestalten des jeweiligen Fachgebietes gerahmt. So konnte man Goethe, Shakespeare, Winkelmann, Kant, Luther und unzählige weitere bedeutende Männer erkennen. Die großen Gruppierungen lehnten sich in der Komposition an Raffaels „Disputa" und „Schule von Athen" an. 1823 begann die Ausschmückung mit dem Karton für die „Theologie", dessen Entwurf auf Hermann zurückgeht. Förster und Götzenberger übertrugen ihn bis 1825 auf die Wand. Nachdem Cornelius 1825 nach München zurückgekehrt war und Förster und Hermann mitgenommen hatte, schuf Götzenberger die übrigen Darstellungen nahezu allein. Bis 1827 hatte er die „Jurisprudenz" vollendet. Erst nach einem längeren Studienaufenthalt in Rom begann er 1831 mit der Übertragung der „Philosophie" auf die Wand. Die Rahmungen waren mit Grotesken geschmückt, die in Anlehnung an Raffaels Loggien geschaffen wurden, *Abb. Pfitzner, S. 545, 549, 551, 562*. Über die Wandmalereien hinaus sollte die Aula nach Entwürfen Schinkels großartig geschmückt werden. Die Kartons sind erhalten und befinden sich im Bestand der Staatlichen Kunsthalle Karlsruhe. Ausführlich *Pfitzner; Riemer*.

Restaurierungen:

Infolge mangelhafter Kenntnis der Freskotechnik traten an den Darstellungen sehr früh starke Schäden auf. Schon 1829 entdeckte man einen Riß, der durch das ganze Bild der „Jurisprudenz" ging. Fünf Jahre später, 1834, sah sich Götzenberger gezwungen, mehrere Wochen die älteren Bilder zu retuschieren und die Farben aufzufrischen. Trotzdem verblichen einige der Farben erneut sehr rasch. In den folgenden Jahren zeigten sich weitere Risse, und die Darstellungen begannen abzublättern. Kleinere Wiederherstellungsarbeiten führte der akademische Zeichenlehrer Christian Hohe in den Jahren 1845, 1847 und 1854 aus, *E.S.* 1861 bot Götzenberger an, die Wandmalereien nochmals selbst instandzusetzen. Das wurde abgelehnt. Doch mußten im folgenden immer wieder kleinere Schäden ausgebessert werden. 1906 begann der Restaurator Paul Gerhard, einer der besten Kenner der Wandmalerei des 19. Jahrhunderts, mit einer Sicherung der Wandmalereien, *Pfitzner, S. 556*. Nach dem Einbau einer Zentralheizung begannen die Wandmalereien erneut abzublättern, so daß 1928 ein vorher durch Gerhard erprobtes Wiederherstellungsverfahren erneut angewandt wurde. Unter der Leitung welches Restaurators diese Arbeiten standen, konnte bislang nicht geklärt werden. 1935-39 beauftragte man Anton Bardenhewer mit der Leitung einer umfassenden Wiederherstellung. Kupferstiche der „Theologie" und der „Philosophie" von Josef von Keller (1811-73) sind bei *Riemer, S. 28 u. 29*, Lithographien der beiden anderen Wandbilder von Alois Weber und der Stahlstich einer Gesamtansicht des Raumes aus: Die Rheinische Friedrich-Wilhelms-Universität zu Bonn (1839), sind ebenfalls bei *Riemer* wiedergegeben. Farbige Aufnahmen der Kartons der „Theologie" und „Philosophie" sowie Details aus der „Medizin" und der „Jurisprudenz" sind bei *Pfitzner* veröffentlicht. Eine Darstellung der „Jurisprudenz" mit der sie umrahmenden Leiste ist bei *E.S.* beigefügt. Bei allen dreien finden sich Bewertungen der Darstellungen.

Die Abbildungen bei *Riemer* bieten ein klares Bild von der Ausstattung der Alten Aula. Im Archiv der Rh. Friedrich-Wilhelms-Universität, Bonn, sind ein Originalkarton von Götzenberger mit handschriftlichen Farbangaben und mehrere Lithographien von Alois Weber, 1848 bei Henry und Cohen, Bonn, erschienen, erhalten.
Bei der zweiten Brandkatastrophe 1944 gingen die Malereien verloren.

Literatur: Katalog, Nr. 9; *Förster, Ernst*, Aus der Jugendzeit, Berlin/Stuttgart 1887; *Kdm Rhp. 5.3.*, S. 168-169; *Schrörs, Heinrich*, Die Bonner Universitätsaula und ihre Wandgemälde, Bonn 1906; *Heimann, F.C.*, Kunst, in: Zur Jahrhundertfeier der Vereinigung der Rheinlande mit Preußen, Bachem (Hsg.), Köln 1915, S. 220; *Schumacher, J.*, Das Bonner Universitätsgebäude im Wandel der Zeit, Juli 1929, in: Zeitungsausschnittsammlung des Bonner Stadtarchivs, 100/452; *E.S.*, Restaurierung der alten Universitätsaula, Zeitungsartikel 1935, Familienarchiv Griebel, München; *Pfitzner, Carlheinz*, Die romantischen Wandmalereien in der Alten Aula der Bonner Universität und im Gartensaal von Schloß Heltorf bei Düsseldorf, in: Rh. Heimatpflege, 9. Jg., 1937, S. 545-562; *anonym*, Bonn besitzt eine der schönsten deutschen Universitäten, 22.8.1940, Zeitungsausschnittsammlung des Bonner Stadtarchivs, 100/452; *Pfitzner, Carlheinz*, Die romantischen Wandmalereien in der Alten Aula der Bonner Universität, in: Volksblatt Euskirchen, 21.10.1942, Bonner Stadtarchiv, 114/782; *HDK, 4.1*, S. 79-81; *Riemer, Ilse*, Die Wandgemälde der Alten Aula, in: Bildchronik der Bonner Universität, Bonn 1968; S. 27-30; *Lützeler, Heinrich*, Die bauliche Entwicklung von 1818 bis 1939 - Das Hauptgebäude 1945-1968, in: 150 Jahre Rheinische Friedrich-Wilhelms-Universität zu Bonn 1818-1968 - Die Bonner Universität - Bauten und Bildwerke, Bonn 1968, S. 144; *Hinz, Berthold*, Friede den Fakultäten -Zur Programmatik des Verhältnisses von Kunst und Wissenschaft zwischen Aufklärung und Vormärz- Die Fakultätenbilder in Bonn, in: Brix/Steinhauser (Hsg.), Geschichte allein ist zeitgemäß, Historismus in Deutschland, Giessen 1978, S. 53-72.

100. 1935 - 1939   St. Maria im Kapitol, Köln

Baubeschreibung: Katalog, Nr. 45

Ausmalung: Katalog, Nr. 45

Restaurierungen: Katalog, Nr. 45
1935 wurde aufgrund baulicher Schäden eine umfassende Instandsetzung der Kirche dringend erforderlich. Beim Abschlagen des Putzes entdeckte man geringe Reste einer sehr frühen Ausmalung, *Kdm Rhp., 2.1,* S. 263. 1936 fand man im östlichen Vierungsbogen Wandmalereireste aus der Zeit vor 1200, die nicht erhalten wurden. Nach diesem Fund beauftragte man Anton Bardenhewer mit der Leitung der Restaurierung. Er arbeitete bis in die letzten Wochen vor seinem Tod im August 1939 in St. Maria im Kapitol, zuletzt in der Krypta. Das vielfältige Fotomaterial im BRAD ermöglicht einen Einblick in diese Arbeiten. In ihrem Verlauf wurden die weitgehenden Überfassungen aus früheren Restaurierungen von Matthias Goebbels und dem Maler Koep abgenommen und die Malereien anschließend instandgesetzt. Vermutlich faßte Bardenhewer bei dieser Gelegenheit eine Anzahl weiterer Ausstattungsstücke neu; ihr Zustand bzw. der Zustand ihrer Fassung bei einer Untersuchung in den 60er Jahren läßt das vermuten. Nachweisen läßt sich nur seine Restaurierung eines Gemäldes, einer sich zu dieser Zeit in der Kirche befindenden 'Kreuztragung'. Das große, oben kreisförmig abgeschlossene Bild der niederländischen Schule war auf Tuch gemalt.

Literatur: Katalog, Nr. 45, *anonym*, Die Erhaltung mittelalterlicher Wandmalereien, Zeitungsausschnitt, o. A., Köln 26. Oktober 1939, Familienarchiv Griebel.

101. 1937   Altes Rathaus, Hansasaal, Köln

Baubeschreibung: Katalog, Nr. 11

Ausmalung: Katalog, Nr. 11.
Ausführliche Beschreibung der Tabernakelarchitektur und der in sie eingestellten Neun Guten Helden an der südlichen Stirnseite des Hansasaals, *anonym (1937)*.

Restaurierungen: Katalog, Nr. 11

Im Verlauf einer Instandsetzung des Inneren erhielt Anton Bardenhewer 1937 den Auftrag, die südliche Stirnwand des Hansasaals mit ihrer reichen Tabernakelarchitektur und den eingestellten steinernen Standfiguren der Neun Guten Helden von etwa 1370 zu restaurieren. Er sollte die Überfassungen des 19. Jahrhunderts möglichst ohne Verlust der Originalfassung abnehmen. Der Zustand der Malereien in der Mitte des 19. Jahrhunderts ist durch Pausen Michael Welters von 1864, die sich in der Plankammer der Stadtkonservators Köln befinden, dokumentiert. Eine Schwarz-Weiß-Fotografie im Archiv des Stadtkonservators Köln, abgebildet bei *Renard* als *Fig. 127*, zeigt die ursprüngliche Aufstellung und Fassung. Mehrere Fotografien, die sich im Bestand des Fotoarchivs des Kölnischen Stadtmuseums befinden, belegen verschiedene Erhaltungszustände des Hansasaals vor der Restaurierung durch Bardenhewer. [1.) Z.Nr. 100/ 1905 Innenraumphoto von Hoffotograf Carl Scholz, Köln Deutz, das den Hansasaal in vollem Schmuck zeigt, 1905 datiert; 2.) Z.Verz. 120/1920 „Süd. Wand im Hansasaal vor der Restaurierung, Original im Besitz des Herrn Baurat Heimann" - Fotograf Herwegen. Zu diesem Zeitpunkt war die Decke abgebaut. Die Figuren wirken selbst auf dem SW-Photo der Fassung beraubt; 3.) Z. 2556 - 603/1927 - zeigt Südwand mit Bemalung.]

Literatur: *Ennen*, [Der Hansasaal], in: Kölnische Blätter, 30. Feb. 1867; *Renard, Edmund*, Köln, Berühmte Kunststätten, Bd. 38, 2. Aufl., Leipzig 1925, S. 134; *anonym*, Neun Ritter werden gewaschen, in: Kölner Beobachter, Westdeutscher-Beobachter - Abend-Ausgabe, 31. Juli 1937.

102. 1937   Schloß Heltorf, Angermund

Im 11. Jh. erstmals genannt, seit dem 17. Jh. im Besitz der Grafen von Spee. Langgestreckte, dreiflügelige Backsteinanlage der Vorburg von 1696 mit rechteckigen Flankentürmen und vorgesetztem Torturm. Klassizistisches, dreigeschossiges Herrenhaus mit leicht vorgezogenem, übergiebeltem Mittelrisalit und zweigeschossigen Seitentrakten, 1822-27 von Heinrich Theodor Freyse erbaut. Franz Graf Spee ließ den Gartensaal in den 20er Jahren des 19. Jh. mit Historien-Wandbildern schmükken.

Ausmalung:
Gartensaal: Barbarossa-Zyklus, Anfang der 20er Jahre des 19. Jh. unter Peter Cornelius begonnen, bis 1841 von Schadow-Schülern vollendet. Die 'Versöhnung Barbarossas mit Papst Alexander III.' wurde 1826 von Cornelius-Schüler Karl Stürmer geschaffen [starre Komposition, bläulich-pastellfarbig]. Mit dem Weggang von Cornelius und seinen Schülern von Düsseldorf nach München wurden die Arbeiten unterbrochen, bis Schüler von Wilhelm Schadow sie weiterführten. Dadurch zeigen die Einzelbilder deutliche Unterschiede in Farbigkeit und Komposition. Die erste Darstellung lehnte Heinrich Mücke, ein Schüler Schadows, noch an die strenge von Stürmer vorgegebene Komposition an, um sich danach von dieser zu lösen; 'Kniefall Heinrichs des Löwen vor Barbarossa in Erfurt' (1829 vollendet), 'Unterwerfung und Demütigung der Mailänder' und 'Krönung Barbarossas in Rom', *Abb. ders, S. 555*, von Heinrich Mücke (in den 30er Jahren), [diese Darstellungen sehr farbig], 'Schlacht bei Iconium' von Carl Friedrich Lessing, 'Erstürmung von Iconium', Karton von Lessing [Lessings Kompositionen sind wild bewegt], Ausführung durch Hermann Plüddemann (1839 vollendet); 'Bergung der Leiche Barbarossas' von Plüddemann [überwiegend in Braun-Erdtönen, lasierend wie ein Aquarell gemalt]. Versöhnung und Kniefall mit aufwendiger Rahmung; Supraporten; zwischen den Fenstern: Idealporträts von Bernhard von Clairevaux und Otto von Freising durch Mücke. Die ersten beiden Darstellungen werden durch Grotesken umrahmt, ähnlich denen der Alten Bonner Universitätsaula, *Abb. Pfitzner, S. 552*. (Siehe Katalog, Nr. 99) Der gesamte Raum wurde einheitlich ausgestattet. Die Wände sind holzvertäfelt und die Decke über dem reichen spätklassizistischen Stuckgesims zeigt eine schlichte Ornamentik, *Abb. ders, S. 561*. Ausführlich *Pfitzner, S. 558-562*.

Restaurierungen:
Aufgrund mangelnder Kenntnis der Freskotechnik unterließen die Maler den erforderlichen Schichtenaufbau des Untergrunds. Stattdessen verwendeten sie einfachen, stark geglätteten, feinkörnigen Mörtelstuck,

was zu einer mangelhaften Bindung der Malschicht mit dem Untergrund führte. Nachdem die Wandgemälde aufgrund der vielfältigen Mängel der Ausführung zunehmend Risse zeigten und die Malschicht abzublättern begann, reinigte und fixierte der Maler Paul Gerhard die Wandmalereien 1911 und versah sie im Anschluß mit einem elastischen Überzug, der sie gegen Umwelteinflüsse schützen sollte, *Pfitzner, S. 557*. An diesen Arbeiten war Anton Bardenhewer mit großer Wahrscheinlichkeit beteiligt. In den folgenden Jahren verschlechterte sich der Zustand der Bilder jedoch derartig, daß Anton Bardenhewer im Sommer 1937 durch den Grafen Wilderich von Spee mit der neuerlichen Sicherung und Wiederherstellung betraut wurde, *Beemelmans*. Wie schon bei den Darstellungen in der Alten Universitätsaula, Bonn, wandte er das von Gerhard erprobte Verfahren zur Regeneration des Bindemittels an, *Pfitzner, S. 557, 561*.

1962/63 restaurierte der Maler Maubach die Malereien erneut. Im Bestand des Düsseldorfer Landesmuseums befinden sich Ektachrome zum gesamten Zyklus. Sie sind bei *Jenderko-Sichelschmidt (1979)* als *Tafeln 32 - 37* veröffentlicht.

Literatur: *Heimann, Friedrich Carl*, Kunst, in: Zur Jahrhundertfeier der Vereinigung der Rheinlande mit Preußen, Bachem (Hsg.), Köln 1915, S. 220; *Pfitzner, Carlheinz*, Die romantischen Wandmalereien in der Alten Aula der Bonner Universität und im Gartensaal von Schloß Heltorf bei Düsseldorf, in: Rh. Heimatpflege, 9. Jg., 1937, S. 545-562; *Beemelmans, Wilhelm*, Kunstmaler Anton Bardenhewer, in: Kölnische Zeitung - Stadtanzeiger, Morgenblatt, Nr. 416, 19.8.1939; *ders*, Nachruf für den Kunstmaler Anton Bardenhewer, in: Familienblatt Kockerols, Nr. 32, Dezember 1939; *anonym*, Die Erhaltung mittelalterlicher Wandmalereien, Zeitungsausschnitt, Köln 26. Oktober 1939; *Ketnath-Hornig, Antonie*, Kunstmaler Anton Bardenhewer, Mitteilungen des Familienverbandes Bardenheuer, Nr. 3, März 1940; *Pfitzner, Carlheinz*, Die romantischen Wandmalereien in der Alten Aula der Bonner Universität, in: Volksblatt Euskirchen, 21.10.1942, Bonner Stadtarchiv, 114/782; *Bornheim gen. Schilling*, Werner, Zur Erhaltung der romantischen Wandmalereien, in: Deutsche Kunst- und Denkmalpflege, 10. Jg, 1952, S. 106-109; *HDK, 4.1*, S. 41-42; *Jenderko-Sichelschmidt, I.*, Die Historienbilder Carl Friedrich Lessings, Diss. Köln 1973; *diess.*, Profane Historienmalerei, in: Kunst des 19. Jahrhunderts im Rheinland, Trier/Weyres (Hsg.), Bd. 3, Malerei, Düsseldorf 1979, S. 146-153.

Anhang zum Textteil

Heiratsbescheinigung.

1853 am 10. Mai

sind in der katholischen Pfarrkirche zu Würm vermählt worden

Joseph Franz Hubert Bardenhewer, Sohn der seligen Bertram Bardenhewer und Theresia Schmitz von Hauerhof, Pfarre Lövenich

und

Isabella Hubertine Borgs, Tochter der seligen Anton Joseph Borgs und Anna Catharina Wenzler aus Müllendorf.

Rg. No. 6/1853.

Würm, den 14 Dezember 1926

Dohmen, Pfarrer.

Auf Grund der Angaben in den Kirchenbüchern der katholischen Pfarrgemeinde Würm und Geilenkirchen wird folgendes bescheinigt:

Isabella Hubertina Borgs, eheliche Tochter von Anton Josef Borgs und Anna Catharina Wenzler, katholisch getauft in Müllendorf, ist am 17. Mai 1827 getauft worden.

1853 am 10. Mai wurde getraut mit Josef Franz Hubert Bardenhewer, ehelicher Sohn von Bertram Bardenhewer und Theresia Schmitz von Hauerhof, Pfarr Lövenich.

Anton Josef Borgs, ehelicher Sohn von Christian Borgs und Isabella Thelen, ...

Kop. 1:

Kop. 2:

Kop. 3:

Kop. 4:

Kop. 3:

Jesus! Maria! Joseph! Paulus!

† † †

Zum frommen Andenken
an

die wohlgeborne Frau

Maria Theresia Bardenhewer,

geborne **Schmitz,**

welche am 30. December 1843, Morgens halb 1 Uhr zu Hauerhof, in der Pfarre Lövenich, mit den heil. Sterbesakramenten der katholischen Kirche versehen und vorbereitet, an den Folgen einer entzündlichen Krankheit und hinzugetretenem Nervenschlage sanft im Herrn verschied.

Sie war geboren auf dem Hofe zu Mündt am 5. November 1791, verheirathet am 10. Mai 1817 mit Herrn Bertram Joseph Bardenhewer, Gutsbesitzer auf Hauerhof, mit dem sie über 26 Jahre in friedlicher Ehe verlebte.

In frommem Wandel vor Gott hat sie gelebt. Von ihrem Berufe lag, gänzlich zurückgezogen, sich um nichts bekümmernd, was sie in der Frömmigkeit, in der Erfüllung der häuslichen Pflichten, in ihrer mütterlichen Sorgfalt, in der Mildthätigkeit hätte stören können, wandte sie beständig die ganze Liebe ihres Herzens dem Gatten und den Kindern zu, und widmete ihr ganzes Bemühen dem eifrigsten Wirken im häuslichen Kreise. Ihm, dem sie als treue Lebensgefährtin sich angeschlossen, sorgsam und freundlich zur Seite zu sein, die Kinder mit zärtlicher Sorgfalt zu erziehen und in ihnen die edelsten Eigenschaften des Gemüthes auszubilden, immer gleich sanftmüthig und heiter, dem Hauswesen in bester Ordnung und unermüdet vorzustehen, den Armen in wohlwollender Herzensgüte, mit freudiger Freigebigkeit wohlzuthun, das war einzig die Freude ihres Herzens, war täglich das unverdrossene Streben ihres hohen, von der Religion geläuterten und belebten Tugendsinnes. So fand sie auch die

Gedruckt bei J. F. Dies in Erkelenz.

Kop. 4:

Jesus, Maria, Joseph, Paulus!

„Eine Ehrenkrone ist das Alter; auf dem Wege der Gerechtigkeit wird es gefunden."

Sprichw. 11, 31.

Zum frommen Andenken

an den

wohlachtbaren Herrn

Bertram Jos. Bardenhewer,

Gutsbesitzer.

Derselbe entschlief den 14. December, Nachmittags um 3 Uhr, wiederholt gestärkt durch den Empfang der h. Sakramente auf dem Gute Hauer-Hof, Pfarre Lövenich, sanft dem Herrn.

Er erreichte das Alter von 78 Jahren, wovon er 26 Jahre mit Maria Theresia Schmitz in glücklicher und gesegneter ... Jahre als Wittwer verlebte und war langjähriges ...

Seine in lebendigem Glauben und tiefer Gottesfurcht wurzelnde Gesinnung zeigte sich in treuer Erfüllung seiner Pflichten in jeder Hinsicht. Sie zu erfüllen, war sein stet... und eifriges Bemühen.

B...ers aber zeigte sich diese christliche und fromme Gesinnung in seiner Krankheit, in welcher er durch Geduld in den Leiden, durch fleißiges Gebet, durch wiederholten, andächtigen Empfang der h. Sakramente sich auf den Tod vorbereitete, den er ergeben in Gottes Willen erwartete.

Zwar hoffen wir, daß Gott ihm bereits den Lohn der Gerechten gegeben, jedoch eingedenk der menschlichen Schwächen, empfehlen sein Bruder, seine Schwester, seine Kinder, Schwiegerkinder und Enkel die Seele des Verstorbenen dem h. Opfer der Priester und dem Gebete der Gläubigen, damit sie ruhe

im Frieden!

Kop. 1: 1936 zum Ariernachweis ausgestellte Heiratsbescheinigung der Eheleute Joseph Franz Hubert Bardenhewer und Isabella Hubertine, geb. Borgs; Familienarchiv Bardenhewer, Kiel

Kop. 2: 1934 durch den Pfarrer Dohmen nach den Angaben in den Kirchenbüchern der Katholischen Pfarrgemeinde Würm ausgestellte Bescheinigung zu den Vorfahren der Eheleute Franz und Isabella Bardenhewer; Familienarchiv Bardenhewer, Kiel

Kop. 3: Totenzettel für Maria Theresia Bardenhewer, geb. Schmitz; Familienarchiv Bardenhewer, Kiel

Kop. 4: Totenzettel für Bertram Joseph Bardenhewer; Familienarchiv Bardenhewer, Kiel

Kop. 5: Handschriftlicher Lebenslauf von Anton Bardenhewer; aus: Personalakte Bardenhewer, Historisches Archiv der Stadt Köln, Bestand 11, Nr. 327

Kop. 6: Formular zur Gehaltserhöhung, ausgefüllt von Anton Bardenhewer, 24. Mai 1895; aus: Personalakte Bardenhewer, Historisches Archiv der Stadt Köln, Bestand 11, Nr. 327

Kop. 7: Brief von Franz Bardenhewer an den Bürgermeister der Stadt Mönchengladbach vom 18. Juni 1880; Familienarchiv Bardenhewer, Kiel

Kop. 5:

Kop. 6:   Kop. 7:

229

M. Gladbach, am *28. Juli* ——— ————.

Vor dem unterzeichneten Standesbeamten erschien heute, der
Persönlichkeit nach — ———

bekannt.

der Einschalter Bertram Bardenhewer ————

wohnhaft zu *Gladbach, Bahnhofstraße № 72*
und zeigte an, daß *seine Mutter die gnoweitheid verw.*
Joseph Hubert Bardenhewer, Ehegatte von Isabella
Borgs

siebzig fünfzig Jahre alt *katholischer* Religion,
wohnhaft zu *Gladbach Bahnhofstraße № 72* ————
geboren zu *Loeverich*

Eltern der verst. Personen sind nicht bekannt und Ehen von
genannten Person-Orts verstorbenen Eltern ————

zu *Gladbach*
am *siebenundzwanzigsten* *Juli* ————
des Jahres tausend acht hundert achtzig und fünf — *Abends*
um *halb zwölf* Uhr verstorben sei.

Vorgelesen, genehmigt und *unterschrieben* ————
B. Bardenhewer

Der Standesbeamte.
In Abwesenheit
A. Hirtelen

Kop. 8: Amtlicher
Totenschein für
Franz Bardenhewer,
unterzeichnet von
Bertram Bardenhe-
wer, 28. Juli 1885;
Familienarchiv
Bardenhewer, Kiel

Kop. 9 (rechts):
Totenzettel für
Franz Bardenhewer;
Familienarchiv
Bardenhewer, Kiel

Jesus! Maria! Joseph! Vitus!
„Selig sind die Todten, die im Herrn
sterben!" (Offb. Joh.)

Zum frommen Andenken
an den Herrn

FranzBardenhewer,

welcher zu M.Gladbach am 27. Juli 1885,
Nachts 12 Uhr, nach einem mit grosser Geduld ertragenen Leiden und nach mehrmali-
gem Empfang der Gnadenmittel der h. kath.
Kirche sanft und ergeben in den Willen Gottes zu einem besseren Leben entschlafen ist.
Der Heimgegangene war geboren am
31. März 1830 auf Hauerhof im Kreise Erkelenz vollendete also das 55. Lebensjahr. Er
verehelichte sich am 19. Mai 1853 mit Isabella geb. Borgs zu einer glücklichen
und zufriedenen Ehe, welche mit vier Kindern gesegnet war.
Die trauernden Angehörigen: Gattin und
Kinder, eine Schwiegertochter und 2 Enkel,
sowie die sonstigen Verwandten empfehlen
die Seele des lieben Entschlafenen in das h.
Messopfer der Priester und in das Gebet der
Gläubigen, auf dass ihr zu Theil werden möge
die ewige Ruhe.

Kop. 10 (unten): Totenschein für Matthias Joseph Hubert
Goebbels, HAEK Sammlung Personalia

Jesus! Maria! Joseph! Matthias!
Glückselig die Toten, die im
Herrn sterben   Offenb. 14, 13.

Zum christlichen Andenken
an den
hochwürdigen Herrn

Matthias Joseph Hubert Goebbels,
Stiftsherr am Kollegiatstift in Aachen,
Jubilarpriester,
Ritter hoher Orden,

welcher nach mehrjährigem, mit großer Geduld ertragenem Leiden und öfterm Empfang
der hl. Sakramente, Mittwoch, den 6. September 1911, morgens 4 Uhr, gottselig dem
Herrn entschlafen ist.
Geboren zu Baesweiler am 19. März 1836,
auf dem Kaiser-Karls-Gymnasium in Aachen
vorgebildet, studierte der Verbliche ne Theologie in Bonn, München und Tübingen sowie im
Priesterseminar zu Köln und empfing hier am

2. Mai 1859 die heil. Priesterweihe. Zum Kaplan
an der Hauptpfarrkirche St. Maria im Kapitol
in Köln berufen, hat er die Pflichten dieser
Stelle 33 Jahre mit großer Gewissenhaftig-
keit erfüllt. Auf Grund der Designation
König Wilhelms II. vom 10. Januar 1892 verlieh ihm Papst Leo XIII. am 30. Januar 1892
das durch den Tod des Stiftsherrn Johannes
Kessel erledigte Kanonikat beim hiesigen
Kollegiatstift.
Mit regem Eifer war der Verewigte un-
unterbrochen bestrebt, den Pflichten seines
Amtes im Chordienst und der Güterverwaltung
des Stiftskapitels zu genügen. Vor allem
aber wird sein Andenken fortleben als das
eines der einsichtsvollsten und emsigsten
Kirchenmaler der Erzdiözese. Von Jugend
auf mit ausgeprägtem Talent für die hehre
Malkunst ausgestattet, hat er seine Befähigung
in selbstloser Weise in den Dienst der Religion
gestellt. Die Ausmalung der monumentalen
Gotteshäuser St. Maria im Kapitol, St. Gereon,
St. Cunibert und St. Maria in Lyskirchen in
Köln, der Kirchen zu Otzenrath, Hoven bei
Zülpich, zu Welten bei Heerlen, sowie insbesondere der prächtigen romanischen Kirche
in Rolduc sind mit den Erzeugnissen seines
unermüdlichen Pinsels geschmückt. Und das
nämliche gilt von der Kapelle des Erzbischöf-

lichen Leoninum in Bonn und der St Jakobskirche in Aachen. Als Gutachter in Fragen
der christlichen Kunst hat er drei Erzbischöfen
von Köln erhebliche Dienste geleistet.
Erst ein tückisches Leiden setzte seinem
verdienstvollen Wirken 1909 ein jähes Ziel.
König Wilhelm II. ehrte den Heimgegangenen
durch Verleihung des Roten Adlerordens,
Königin Wilhelmine von Holland durch den
Orden von Oranien-Nassau.
Von unbeschreiblicher Wohltätigkeit und
ein Mann des Friedens hat er bei allen, die
ihm nahegetreten, ein gesegnetes Andenken
hinterlassen.

Er ruhe im Frieden.

Donnerstag, den 7. Sept., nachmittags 3 Uhr, Vigilien
im Münster; Freitag 1/210 Uhr Geleit der Leiche
vom Sterbehause Klosterplatz 5 zum Münster,
darauf Exequien und 3/4 vor 11 Uhr Überführung
der Leiche zur Leichenhalle des alten katholischen
Friedhofs am Adalbertsteinweg.
Samstag, den 9. September, morgens 10 Uhr, Be-
gräbnis und feierliche Exequien in Baesweiler.

La Ruelle'sche Accidenzdruckerei (Jos. Deterre) Aachen.

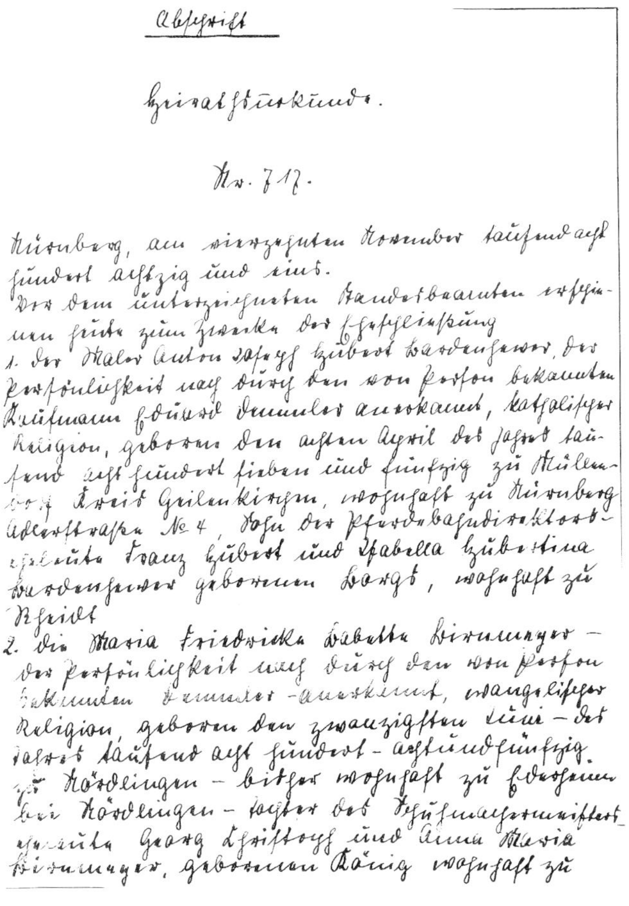

Abschrift

Heirathsurkunde.

Nr. 717.

Nürnberg, am vierzehnten November tausend acht hundert achtzig und eins.
Vor dem unterzeichneten Standesbeamten erschienen heute zum Zwecke der Eheschließung
1. der Maler Anton Joseph Hubert Bardenhewer, der Persönlichkeit nach durch den von Person bekannten Kaufmann Eduard Dummler anerkannt, katholischer Religion, geboren den achten April des Jahres tausend acht hundert sieben und fünfzig zu Müllendorf Kreis Geilenkirchen, wohnhaft zu Nürnberg Adlerstraße No 4, Sohn der Pferdebahndirektors-eheleute Franz Hubert und Isabella Hubertina Bardenhewer geborene Borgs, wohnhaft zu Rheidt
2. die Maria Friedericke Babette Birnmeyer – der Persönlichkeit nach durch den von Person bekannten Dummler-anerkannt, evangelischer Religion, geboren den zwanzigsten Juni – des Jahres tausend acht hundert – achtundfünfzig zu Nördlingen – bisher wohnhaft zu Ederheim bei Nördlingen – Tochter der Schuhmachermeisters-eheleute Georg Christoph und Anna Maria Birnmeyer, geborene König wohnhaft zu

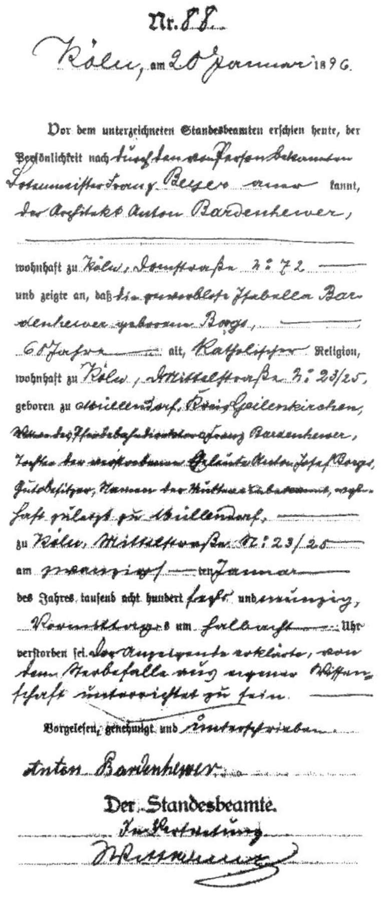

Nr. 88

Köln, am 20 Januar 1896.

Vor dem unterzeichneten Standesbeamten erschien heute, der Persönlichkeit nach durch den von Person bekannten Schornsteinfeger Franz Beyer anerkannt, der Architekt Anton Bardenhewer,
wohnhaft zu Köln, Domstraße Nr. 72
und zeigte an, daß die gewerblose Isabella Bardenhewer geborene Borgs,
68 Jahre alt, katholischer Religion,
wohnhaft zu Köln, Mittelstraße Nr. 23/25,
geboren zu Müllendorf, Kreis Geilenkirchen,
Witwe des Pferdebahndirektors Franz Bardenhewer,
Tochter der verstorbenen Eheleute Anton Josef Borgs, Gutsbesitzer, Namen der Mutter unbekannt, wohnhaft zuletzt zu Müllendorf,
zu Köln, Mittelstraße Nr. 23/25
am zwanzigsten Januar
des Jahres tausend acht hundert sechs und neunzig,
Vormittags um halb acht Uhr
verstorben sei. Der Anzeigende erklärte, von dem Sterbefalle aus eigener Wissenschaft unterrichtet zu sein.
Vorgelesen, genehmigt und unterschrieben
Anton Bardenhewer.
Der Standesbeamte.
In Vertretung.

Kop. 11 (links): In Teilen erhaltene Abschrift der Heiratsurkunde der Eheleute Anton Joseph Hubert Bardenhewer und Maria Friederieka Babette Bardenhewer, geb. Birnmeyer; Familienarchiv Philippson, Köln

Kop. 12 (rechts): Offizieller Totenschein von Isabella Bardenhewer unterzeichnet von Anton Bardenhewer, 20. Januar 1896; Familienarchiv Bardenhewer, Kiel

Jesus! Maria! Joseph! Hl. Apostel!

„Wer den Herrn fürchtet, dem wird wohl gehen an seinem Ende; der wird gesegnet werden am Tage seines Hinscheidens.
Sir. 1. 13.

Zum frommen Andenken
an die wohlachtbare Frau

Isabella Bardenhewer,
geb. Borgs,

welche, mehrmals gestärkt durch die Heilsmittel unserer hl. Kirche im 69. Jahre ihres Alters, wovon sie 32 Jahre in glücklicher Ehe mit Franz Bardenhewer und 10 Jahre im Wittwenstande verlebte, einem langwierigen Leiden unterlag, und am 20. Jan. 1896, Morgens 7¼ Uhr sanft und ergeben in ein besseres Leben hinüberging.

Sie wandelte reinen Herzens in Frömmigkeit und Gottesfurcht, ein Muster der Ergebung in Gottes hl. Willen, des Gehorsams gegen die hl. Kirche und der opferwilligen Liebe zu ihren Angehörigen.

An ihrem Grabe trauern 4 Kinder, 2 Schwiegertöchter und 3 Enkel und empfehlen ihre liebe Seele dem heil. Opfer der Priester und der frommen Fürbitte der Christgläubigen, damit sie desto eher ruhe
im ewigen Frieden! Amen.

Kop. 13: Totenzettel für Isabella Bardenhewer, geb. Borgs; Familienarchiv Bardenhewer, Kiel

Kop. 14: Totenzettel für Maria Bardenhewer, geb. Birnmeyer; Familienarchiv Philippson, Köln

Jesus! Maria! Joseph! Gereon!

„Wenn wir mit Christus leiden, werden wir auch mit ihm verherrlicht werden.“ Röm. 8,17.

Zur frommen Erinnerung
an die
wohlachtbare

Frau Maria Bardenhewer
geb. Birnmeyer

welche zu Köln am 10. Nov. 1921 Nachmittags 3 Uhr nach langem schweren mit musterhafter Geduld ertragenem Leiden, sanft im Herrn entschlafen ist.

Die liebe Verstorbene war geboren am 20. Juni 1858 zu Nördlingen und lebte seit dem 1. August 1882 im glücklichsten Ehebunde mit dem Kunstmaler Anton Bardenhewer.

Die Ehe wurde mit 4 Kindern gesegnet. Mit echt christlicher Frömmigkeit verband die teure Verstorbene große Herzensgüte, und tätiges Wohlwollen. Ihre besondere Liebe und Sorge galt ihrem Gatten und ihren Kindern.

Seit über 2 Jahren war sie schwerleidend. Sie ertrug die Krankheit mit größter Geduld, öfters gestärkt mit den Tröstungen unserer hl. Religion ging sie sanft in die Ewigkeit hinüber. Der Tod war ihr Erlösung.

In tiefster Trauer empfehlen ihr Gatte, 2 Söhne, 2 Töchter, 2 Schwiegertöchter, 1 Schwiegersohn, 2 Enkelkinder und die übrigen Anverwandten ihre liebe Seele dem hl. Opfer der Priester und dem Gebete der Gläubigen, damit sie

ruhe im ewigen Frieden.

Die feierlichen Exequien werden gehalten am Montag, den 14. November, morgens 9½ Uhr in der Basilika zum hl. Gereon.

Die Beerdigung findet statt am selben Tage nachmittags 4 Uhr von der Leichenhalle des Westfriedhofes.

Gott dem Allmächtigen hat es gefallen, unseren lieben Vater, Großvater, Bruder, Schwager und Onkel

Herrn Anton Josef Hubert Bardenhewer
Kunstmaler

nach einem gesegneten, arbeitsreichen Leben, im 83. Lebensjahr, versehen mit den hl. Sterbesakramenten, zu sich in die Ewigkeit zu nehmen.

Im Namen der Hinterbliebenen:
Maria Hornig geb. Bardenhewer
München 27, Scheinerstraße 14

KÖLN, München, San Franzisko, Kiel, den 14. August 1939.
von Werthstraße 57

Die feierlichen Exequien werden gehalten am Donnerstag, dem 17. August, 8.30 Uhr, in der Basilika St. Gereon.
Die Beerdigung findet statt am gleichen Tage, 14 Uhr, von der Leichenhalle des West friedhofes aus.

Kop. 15: Todesanzeige für Anton Josef Hubert Bardenhewer; Familienarchiv Philippson, Köln

Auflistung der Anton Bardenhewer bislang nachgewiesenen Fotografien
(Ein erster Einblick in Anton Bardenhewers fotografischen Nachlaß, ohne Anspruch auf Vollständigkeit)

Im Rahmen seiner Anstellung beim Hochbauamt der Stadt Köln in den Jahren 1893 - 1897 schuf Anton Bardenhewer auf Veranlassung seines Vorgesetzten, des Geheimen Baurats Friedrich Carl Heimann, eine große Anzahl Fotografien. Diese Aufnahmen entstanden höchstwahrscheinlich ausschließlich, um die Arbeiten des Hochbauamts zu dokumentieren. Ein Schwerpunkt lag dabei auf einer ausführlichen Dokumentation der in diesen Jahren erfolgten Hausabbrüche und ihrer dabei zum Großteil zerstörten Ausstattung. So zeigen die erhaltenen Fotografien zumeist Details der Innenaussattungen oder Außenansichten der in diesen Jahren zerstörten Häuser.
Stadtbaurat Heimann, der ab 1913 zum ersten Städtischen Konservator ernannt wurde, mußte seine denkmalpflegerischen und konservatorischen Ansprüche der aufblühenden Wirtschaft unterordnen und sah sich daher außerstande, selbst die bauhistorisch wertvollen Bauten vor dem Abbruch zu bewahren. Um diese in ihren Besonderheiten wenigstens zu dokumentieren, forderte er einen hohen zeichnerischen und fotografischen Standard, der die Gebäude in ihrem Zustand vor und zumeist auch während des Abbruchs abbildete. Bedeutende Ausstattungsstücke ließ er grundsätzlich in ihrem originalen Zusammenhang und zumeist auch nach ihrem Ausbau fotografieren. Fand man in den Wohnhäusern Wandmalereien vor, so wurden diese in farbigen Aquarellen aufgenommen.
Über diese Fotografien zu den Abbrucharbeiten des Hochbauamts hinaus sind von Anton Bardenhewer mehrere Ansichten Kölner Kirchen erhalten. Da sie ohne Zusammenhang zu Umbau- oder Abrißarbeiten entstanden, muß ihnen ein anderer Auftrag Heimanns zugrunde gelegen haben. Mit großer Wahrscheinlichkeit bildeten sie den Grundstock für ein Inventar aller bedeutenden Kölner Bauwerke. Ende des letzten Jahrhunderts war man sich der Notwendigkeit von Kunstdenkmälerinventaren zur Dokumentation der zunehmend schwindenden und Veränderungen unterworfenen Kunstgüter bewußt geworden.
Friedrich Carl Heimann, einer der fortschrittlichen Denker der Modernen Denkmalpflege, ließ daher für das städtische Hochbauamt eine Fotosammlung anlegen, die später, als er zum Stadtkonservator ernannt worden war, in seinem Besitz verblieb.

Viele der in diesem Zusammenhang aufgenommenen Fotografien sind in der Inventarreihe "Die Kunstdenkmäler der Stadt Köln" publiziert worden. [1]
Anton Bardenhewer selbst betrachtete sich wohl nicht als künstlerischen Fotografen.[2] Seine Fotografien entstanden ausschließlich zur Dokumentation eines Kunstwerkes oder seiner Veränderung.
Eine einzige Fotografie Bardenhewers wurde im Zusammenhang mit anderen künstlerischen Aufnahmen publiziert. Eine Ansicht von St. Maria im Kapitol (XI.3., s.u.), wurde in den Fotografienband "Aus dem Alten Köln" aufgenommen. Dies geschah vermutlich nach dem Tod von Anselm Schmitz, der ursprünglich alle für die Publikation erforderlichen Fotografien liefern sollte. Sein Tod machte ein Rückgriff auf die Fotosammlung des Städtischen Konservators erforderlich. Nur diese eine Aufnahme Bardenhewers wurde abgedruckt. Dem Architekten Baedecker erteilte man den Auftrag über die weiteren Fotografien für diesen Band.
Auch nach Ende seiner Anstellung bei der Stadt Köln arbeitete Anton Bardenhewer vielfach mit Heimann zusammen. So fallen viele ihm nachzuweisenden fotografische Aufnahmen in die Zeit zwischen 1899 - 1901.[3]
Vermutlich aufgrund des unter Heimann erlernten hohen Dokumentationsstandard fertigte Anton Bardenhewer auch bei seiner späteren selbständigen Tätigkeit über die in dieser Zeit üblichen Zeichnungen, Umrißpausen und farbiger Aufnahmen hinaus Fotografien zur Dokumentation der Einzelobjekte während seiner Restaurierungen an. Diese Fotografien wurden bislang nicht systematisch aufgenommen. In den Kurztexten des Katalogs finden sich, wo solche zu belegen waren, entsprechende Hinweise auf die Fotografien.[4]

Die im folgenden aufgelisteten Fotografien befinden sich unter der jeweils angegebenen Inventarnummer im Bestand des Fotoarchivs des Stadtmuseums Köln. Nicht alle aufgelisteten Fotografien sind Bardenhewer eindeutig zuzuordnen. Bei allen Aufnahmen, bei denen seine Urheberschaft nachgewiesen oder sehr wahrscheinlich ist, steht sein Name entweder in [nachgewiesen]- oder in (wahrscheinlich)- Klammern dahinter.
Einige Aufnahmen konnten Bardenhewer über die entsprechenden Hinweise im Band über *Die Kunstdenkmäler der Stadt Köln, Clemen (Hsg.), 2. Bd. 4. Abtl., Düsseldorf 1930, S. 440-575, Kdm Köln 2.2* und *Kdm Köln 1.4* zugeordnet werden.
Die unten aufgelisteten Fotografien zeigen Bauwerke, an deren Umbau Bardenhewer zur Zeit der Aufnahme beteiligt war, wodurch seine Urheberschaft möglich oder gar wahrscheinlich ist.
Alle Fotografien des Fotoarchivs des Kölner Stadtmuseums sind auf Karton aufgezogen und zumeist mit Bildunterschriften versehen. Diese stehen, so vorhanden, in einfachen Anführungszeichen unter der Inventarnummer. Die aufgeführten Zitate aus den *Mitteilungen aus dem Stadtarchiv von Köln 31. Heft, Köln 1902* stehen in doppelten Anführungszeichen.

1 Siehe dazu die Literaturliste im Anhang und die teilweise in den Katalogtexten gegebenen Hinweise zu Fotografien.
2 Anton Bardenhewers Fotoausrüstung war noch bis vor wenigen Jahren im Familienbesitz erhalten, kann aber nicht mehr gefunden werden. Siehe dazu Katalog.
3 Siehe dazu Katalog.
4 Aufgrund der Fülle des zu bearbeitenden Materials war es der Verfasserin nicht möglich allen Hinweisen nachzugehen und eine Systematik der vorgefundenen Fotografien oder eine vollständige Auflistung zu erstellen.
5 Eine weitere Bearbeitung der Bestände und eine entsprechende Zusammenstellung aller erhaltener Fotografien mit den entsprechenden Inventarnummern erscheint sehr wünschenswert.

Stapelhaus - Fischkaufhaus, Frankenwerft

1. 843.368 (Bardenhewer)
'Portal an der Südwestecke, freigelegt 1898'
Die Aufnahme wurde vor dem Beginn der Renovierungsarbeiten
aufgenommen. Da Bardenhewer spätestens ab 1899 unter Heimann
an der Ausschmückung des Stapelhauses beteiligt war, ist seine Urheberschaft sehr wahrscheinlich.

II. Haus Glesch, Hohestr. 79

AI3/514
Dazu in den *Mitteilungen, S. 170* "-,c. 1896. Die jetzt im Museum Wallraf-Richartz befindlichen Wandmalereien: Darstellung der Legende
vom verlorenen Sohn."
Unter dieser Inventarnummer sind drei Blätter erfaßt, unter jedem
steht: 'Wandmalereien c. 1420 in Köln, Hohestr. 79, aufgedeckt im
März 1896'. Die Fotografien zeigen die Wandmalerei vor der Abnahme und der darauf erfolgten Restaurierung noch in situ. Das
wird durch die ebenfalls wiedergegebenen Beeinträchtigung am
Rand der Darstellungen durch eine Übermalung des 19. Jh. oder eine aufgeklebte Tapete deutlich. Die Aufnahmen AI3/514 und
AI3/515 werden in *Kdm Köln, 2.4, S. 479*, ausdrücklich Anton Bardenhewer zugeordnet.

1. AI3/514a Phot.Zg. = Bl. 22,9 * 28,9
[Bardenhewer]

'Scene zwischen Vater und Sohn und links zwischen Sohn und Enkel'
Die Aufnahme ist in 3 Abzügen erhalten, von denen einer als Dublette bezeichnet wird.

2. AI3/514b Phot.Zg. = Bl. 24,8 * 20
[Bardenhewer]

'Frau am Herd'
Die Wandmalerei ist nur fragmentarisch zu sehen, offensichtlich in
ihrem Zustand nach der Freilegung, noch vor Ort. Die Frau steht mit
einem Stab in der Hand vor einer Gebäudewand.
Sie ist ebenfalls in drei Abzügen erhalten, von denen einer als Dublette bezeichnet ist; zwei verfügen über Bildunterschrift. Das Blatt
wird im Fotoarchiv, abweichend von der Numerierung in den Mitteilungen, unter der Inventarnummer AI3/514c geführt.

3. AI3/514c Phot.Zg. = Bl. 28,9 * 15,5
[Bardenhewer]

'Scene am gedek-
kten Tisch'
Die Wandmalerei
zeigt einen ältere-
ren Mann, einen
jüngeren Mann
und eine Frau hin-
ter einem gedeck-
ten Tisch. Die Foto-
grafie gibt den her-
vorragenden Erhal-
tungszustand der
Wandmalerei nach
der Freilegung wie-
der. Die Aufnahme
ist in drei Abzügen
erhalten, von de-
nen einer als Du-
blette bezeichnet
ist. Das Blatt wird
in den Mitteilun-
gen unter AI3/
514b geführt, s.o.
Im Rheinischen
Bildarchiv ist ein
weiterer Abzug un-
ter der Inv.Nr.: 11
74 93 erhalten.

233

4. AI3/443k., Haus Glesch   [Bardenhewer]

'Holzdecke des Stadtarchiv's, gefunden auf der Hohestr.'
  Die Aufnahme ist nur als Doublette erhalten.

6. AI3/515b   Phot.Zg. = Bl. 28 * 20,7
                                [Bardenhewer]

Die Aufnahme zeigt ein Detail der Decke in vergrößertem Maßstab. *Mitteilungen, S. 170*: "-, Haus nr. 79, 1896. Die jetzt im Historischen Archiv angebrachte gemalte Holzdecke in einem Zimmer des im März 1896 abgebrochenen Hauses Glesch. Ohne Angabe des Photographen. (Bardenhewer)."

5. AI3/515a   Phot.Zg. = Bl. 22,2 * 28,6
                                [Bardenhewer]

'Holzdecke während der Freilegung fotografiert'
Die Fotografie zeigt die Holzdecke von der Schmalseite des Zimmers aus. Die Decke besteht aus schweren Balkenlagern in deren Zwischenräumen Wappen aufgemalt sind. *Mitteilungen, S. 170*: "-, Haus nr. 79, 1896. Die jetzt im Historischen Archiv angebrachte gemalte Holzdecke in einem Zimmer des im März 1896 abgebrochenen Hauses Glesch. Ohne Angabe des Photographen. (Bardenhewer)."

Die Aufnahme zeigt die Holzdecke während der Freilegung, schräg von der Seite aufgenommen.

7. Z 1523, Hohestr. 79, Haus Glesch   [Bardenhewer]
8. Z 1519, Hohestr. 79, Haus Glesch   [Bardenhewer]

Die Aufnahme zeigt die Szene zwischen Sohn und Enkel und die Frau am Herd, nachdem sie ins Museum übertragen und restauriert wurden. Ein Abzug ist im Rheinischen Bildarchiv unter der Inv.Nr.: 11 74 82 erhalten.

III. Ehemaliges Waisenhaus, Perlengraben 101

Die Aufnahmen AI3/909 - 911 werden in *Kdm Köln 2.4, S. 523* Anton Bardenhewer zugeschrieben.

1. AI3/910   Phot.Zg. = Bl. 27,6 * 21,8
[Bardenhewer]

Dazu in den *Mitteilungen, S. 255* "-,c. 1897. Blick in den Garten und auf das Hintergebäude von Westen. Ohne Angabe des Photographen (Bardenhewer)."

2. AI3/911   Phot. Zg. = Bl. 21,6 * 28,1
[Bardenhewer]

Dazu in den *Mitteilungen, S. 255* "-,c. 1897. Blick in den Garten und in die Eingangshalle von Süden. Ohne Angabe des Photographen (Bardenhewer)."
Die Aufnahme ist in zwei Abzügen erhalten.

3. AI3/909   Phot.Zg. = Bl. 21,7 * 25,7
[Bardenhewer]

Dazu in den *Mitteilungen, S.255:* "- an der Waisenhausgasse (Früher Wahlengasse), c. 1897. [Niedergelegt 1902] Von der Waisenhausgasse aus gesehen. Einstöckiger Bau mit Thor in der Mitte. Ohne Angabe des Photographen (Bardenhewer)."

4. AI3/912   Phot. Zg. = Bl. 25,8 * 21,8
Dazu in den *Mitteilungen, S. 255:* "-, c. 1897. Die 1896-97 neu erbaute Schule an der Ecke Waisenhausgasse - Perlengraben, von Norden gesehen. Ohne Angabe des Photographen (Bardenhewer)."

5. AI3/913   Phot.Zg. = Bl. 28,6 * 20,9
Dazu in den *Mitteilungen, S.255:* "-, c. 1897. Die neue Schule von Osten, vom Perlengraben gesehen. Ohne Angabe des Photographen (Bardenhewer)."

6. AI3/914   Phot.Zg. = Bl. 28 * 17,1
Dazu in den *Mitteilungen, S. 255:* "-, c. 1897. Portal an der Südostseite der neuen Schule. Ohne Angabe des Photographen (Bardenhewer)."

IV. Kleine Witschgasse, Haus Nr. 5, abgebr. 1895

Die Aufnahmen AI3/927 - 929 werden auch in *Kdm Köln 2.4, S. 575*, Anton Bardenhewer zugeschrieben.

1. AI3/927   Phot.Zg. = Bl. 27,7 * 22,5
[Bardenhewer]

'Decke des Hauses Große Witschgasse No 5'
Dazu in den *Mitteilungen, S. 259*: "-, Kl. Witschgasse, Haus nr. 5. 1895. Zimmer mit Barockdecke von 1696. Aufgen. von Bardenhewer." Von dieser Aufnahme sind zwei Abzüge erhalten.

2. AI3/928   Phot.Zg. = Bl. 27,7 * 22,9
[Bardenhewer]

zu 2.:
'Decke des Hauses Kleine Witschgasse No 5'
Dazu in den *Mitteilungen, S. 259*: "-, Haus nr. 5. 1895. Barockdecke von 1696, anderer Teil. Aufgen. von Bardenhewer. Mit Maßstab." Von dieser Aufnahme sind zwei Abzüge erhalten.

3. AI3/929   Phot. Zg. = Bl. 43,6 * 17,7
[Bardenhewer]

Dazu in den *Mitteilungen, S.259*: "-, Haus nr. 5. 1895. Andere Decke. Mit Reichsadler, Jahreszahl 1669 und Hausmarke: [Hausmarke abgebildet]. Aufgen. von Bardenhewer. Mit Maßstab."

V. Haus Ecke Altermarkt und Marsplatz, 1895

1. AI3/20

Phot.Zg.= BL: 28,8 * 22,9
[Bardenhewer]

Oben links:
Dazu in den *Mitteilungen, S.79*: "-, Ecke Marsplatz und Altermarkt, vom Marsplatz aus gesehen. Aufgen. von Bardenhewer."

VI. Kraus - Seidenfadensches Haus, 1895

1. AI3/21

Phot.Zg. = Bl. 28,3 * 22,6
[Bardenhewer]

Oben rechts:
'Barocke Decke des Hauses Ecke Marsplatz und Altermarkt'
Dazu in den *Mitteilungen, S. 79*: "-, Barocke Decke des [Kraus-Seidenfadenschen] Hauses Ecke Marsplatz und Altermarkt. Mit der Jahreszahl 1715. Aufgen. c. 1895 von Bardenhewer." Die Aufnahme ist in drei Abzügen erhalten.

VII. Mauritiusplatz 4

1. Z 2038
'Decke - Stuckdecke'

VIII. Haus Ecke Ehren- und St. Apern-Straße

1. AI3/35

Phot Zg. = Bl. 28,7 * 23,2
[Bardenhewer]

Unten:
Dazu in den *Mitteilungen, S.82*: "-, c. 1895. Im Abbruch. Jahreszahl 1646 im Giebel. Unten: Haus Ecke Ehren- und St. Apern-Str. Aufgen. von Bardenhewer."
Die Aufnahme ist in zwei Abzügen erhalten.

2. AI3/329a   [Bardenhewer]
Die Aufnahme zeigt das Haus von außen vor dem Abbruch.
Beide Aufnahmen werden in *Kdm.Köln 2.4, S. 440*, erwähnt.

IX. Ecke Breite- und Aposteln-Straße

1. AI3/63   [Bardenhewer]

'c. 1895. Ansicht von Nordwesten. Das Haus wird niedergerissen. Das Dach ist schon abgedeckt. Zweistöckig. Der nach der Breitestr. zu gelegene schmale Giebel trägt in der Verankerung über den Fenstern des 1. Stocks die Jahreszahl 1720, über den Fenstern des Erdgeschoß der Langseite: HENRIX'

2. AI3/64

'c. 1895. Decke in Rokokostuck. In einem Medaillon der Erzengel Michael in der rechten ein Schwert schwingend, in der Linken einen kleinen Schild mit Inschrift, den Teufel unter seinen Füßen'

X. St. Maria im Kapitol

1. AI3/616   Phot. Zg. = Bl. 28,6 * 22,4 [Bardenhewer]

Die Fotografie im Hochformat ist von Nordwesten aus aufgenommen, so daß das Dreikönigspförtchen noch mit angeschnitten ist. Dazu in den *Mitteilungen, S. 192*: "-, 1895. Unten: St. Maria im Capitol / vom Marienplatz [von Südosten, Ecke Königstraße] aus gesehen. Im Vordergrunde die südl. von der Kirche gelegenen Häuser. Rechts das Dreikönigspförtchen. Ohne Angaben des Photographen (Bardenhewer). Vergl. AI3/326 (ur. 787)." RBA 181 765

2. AI3/618   Phot.Zg. = Bl. 21,1 * 29 [Bardenhewer]

'St. Maria im Capitol von der Königsstraße aus gesehen'

Dazu in den *Mitteilungen, S.193*: "-, 1895. Unten: St. Maria im Capitol vom Marienplatz [von Süden] aus gesehen. Im Vordergrund eine umzäunte Abbruchstelle. Ohne Angabe des Photographen (Bardenhewer)."
Die Aufnahme ist als Dublette erhalten.

238

Dazu in den *Mitteilungen, S. 193*: "-, 1895. Unten: St. Maria im Capitol vom Lichthof [von Nordosten] aus gesehen. Von der Kirche ist nur die südöstl. Ecke zu sehen. Im Hintergrund links die südlich von der Kirche gelegenen alten Häuser. Ohne Angabe des Photographen (Bardenhewer). - Siehe dazu -, c. 1895, Dreikönigspförtchen AI3/327."

5. AI3/326

Zwei dieser Einlegeblätter (einzeln) und die Publikation sind im Fotoarchiv erhalten.

Dazu in den *Mitteilungen, S. 192*: " , Unten: St. Maria im Capitol vom Marienplatz aus gesehen. Ohne Angabe des Photographen (Bardenhewer)."
Die Aufnahme ist in zwei Abzügen erhalten.
Eine Aufnahme von St. Maria im Kapitol vom nahezu identischen Blickwinkel aus aufgenommen, nur zu einer anderen Jahreszeit, so daß die Bäume blattlos sind, wurde als Sammeleinlegeblatt für einen Fotoband verwendet. Die große Nähe der beiden Fotografien läßt Anton Bardenhewer als Urheber auch der zweiten Aufnahme sehr wahrscheinlich erscheinen.

"Aus dem Alten Köln" - Eine Sammlung Älterer Profanbauten und Straßenbilder'   [Bardenhewer]

Im Auftrag des Architekten- u. Ingenieur Vereins für Niederrhein & Westfalen
Herausgegeben von
F.C. Heimann   Königl. Baurath & Stadtbaurath
Karl Kaaf   Architect
Karl Schellen   Königl. Baurath & Architect
Balduin Schilling   Stadtbauinspektor

Unter Mitwirkung v.
Dr. H. Keussen   Stadtarchivar

St. Maria im Kapitol von Südosten, von der Königstraße aus gesehen, im Hintergrund St. Maria im Kapitol und die südl. davon liegenden Häuser. - Siehe dazu AI3/616.

XI. St. Pantaleon

1. AI3/716   Phot. Zg. = Bl. 20,4 * 28,3
                                          [Bardenhewer]

Dazu in den *Mitteilungen, S. 215*: "-, 1897. Vom Südwesten, vom Wei-
denbach aus gesehen. Mit den die Kirche umgebenden Gebäulichkeiten. Im Vordergrunde das ehemal. Bonner Bahnhofs-Grundstück
vor seiner Bebauung. Ohne Angabe des Photographen (Bardenhewer). In zwei Abzügen im Photoarchiv der Graphischen Sammlung
des Stadtmuseums, Köln erhalten."
Dazu in *Kdm.Köln 2.2, S. 51*: " 29. 1897 Ansicht von Südwesten. Phot.
von Bardenhewer. Zg. 20,4 * 28,3. [1291]." Die Inv.Nr. in der [ ]-Klam-
mer bezieht sich auf die Systematisierung im RBA. Diese Aufnahme
ist mit beiden Abzügen heute im Fotoarchiv des Stadtmuseums
Köln unter der Inv.Nr.: AI3/715 erhalten.

XII. Römerturm

1. AI3/809   Phot. Zg. = Bl. 28 * 20,4

Dazu in den *Mitteilungen, S. 234*: "-, 1897. Von Nordosten gesehen.
Mit dem späteren Aufsatze vor der Restaurierung. Ohne Angabe des
Photographen (Bardenhewer)."

240

2. AI3/810

Dazu in den *Mitteilungen, S. 234*: "-, 1897. Von Nordwesten gesehen.
Im selben Zustand wie AI3/809. Ohne Angabe des Photographen
(Bardenhewer)."

XIII. Rheingasse 8; sog. Tempelhaus; Overstolzenhaus

1. 193a   359.99
                                          (Bardenhewer)
"Wanddecoration im Tempelhaus - ausgef. zur Feier der Grundsteinlegung zum Weiterbau des Domes 1842 v. Maler Erich Welter"

2. 193b   360.99
                                          (Bardenhewer)
Bildunterschrift s.o.

3. 193c   361.99
                                          (Bardenhewer)
Bildunterschrift s.o.

Unter der Leitung des Stadtbaurats Heimann fanden 1900 Umbauarbeiten im Overstolzenhaus statt. Da die aufgeführten Aufnahmen
im Verlauf von Umbauarbeiten entstanden und Anton Bardenhewer
gerade in den Jahren 1899-1901 noch vielfach für Heimann arbeitete,
ist seine Urheberschaft zumindest wahrscheinlich.

Möglicherweise stammen auch die im Fotoarchiv des Stadtmuseums
Köln unter den Inventarnummern AI3/931, AI3/967 und AI3/117
archivierten Aufnahmen von Anton Bardenhewer.
Über die hier aufgelisteten und im Bestand des Fotoarchivs des Kölner Stadtmuseums nachgewiesenen Aufnahmen hinaus entstand
während Anton Bardenhewers Arbeiten bei der Stadt noch eine große Anzahl weiterer Aufnahmen. Soweit sie heute noch in den ge-
sichteten Fotobeständen erhalten sind, finden sich in den Katalogtexten die entsprechenden Hinweise. Da sie bislang nicht katalogi-
siert wurden, war eine systematische Auflistung im Rahmen der hier
vorliegenden Arbeit unmöglich.[5]

LITERATURVERZEICHNIS

Literaturangaben mit den in den Fußnoten verwendeten Abkürzungen

Abrechnungen
Abrechnungsbücher zu der Wiederherstellung unter August von Essenwein, 5 Bde., Archiv der Kath. Kirchenstiftung z. Unsere Liebe Frau, Nürnberg.

Adenauer (1957)
Adenauer, Hanna, Bericht über die Tätigkeit der städtischen Denkmalpflege in Köln 1953 - 1956, in JBRD (Jahrbuch der Rheinischen Denkmalpflege, Bd. 21, Kevelaer 1957, S. 127 - 142

Adenauer (1994)
Adenauer, Hanna, Das Schicksal des Kölner Rathauses vor, während und nach dem Zweiten Weltkrieg, in: Fuchs, Peter, Das Rathaus zu Köln - Geschichte, Gebäude, Gestalten, Neuausg., Köln 1994, S. 127ff

AEKL, Akte 71/1-2
Archiv der Evangelischen Kirchengemeinde Lieberhausen, Akten 71/1-2, 1868 - 1917; 70 - 1; 71/ 1 - 0; 03 - 1

AEL, Akte 14.1
Archiv der Evangelischen Landeskirche in Düsseldorf, Konsistorium der Rheinprovinz, Acta betreffend die Kirchen-, Pfarrhaus- und sonstigen Bau-Angelegenheiten der Evangelischen Pfarrgemeinde Lieberhausen, Akte 14, Bd. I, angefangen 1880 - beendigt 1931, B.XIV.b.1., Regierungsbezirk Köln, Kreissynode an der Agger, Nr. 25

AEL, Akte 14.2
Archiv der Evangelischen Landeskirche in Düsseldorf, Evangelisches Konsistorium der Rheinprovinz zu Koblenz, Akten betreffend die Kirchen-, Pfarrhaus- und sonstigen Bau-Angelegenheiten der evangelischen Kirchengemeinde Lieberhausen, Akte 14, Bd. II, angefangen 1932, XIV.b.1, Regierungsbezirk Köln, Nr. 25. 298

AEL, BauAmtes
Archiv der Evangelischen Landeskirche in Düsseldorf, Lieberhausen, prov. kirchl. BauAmt 14, 1909 - 1949

Althöfer (1968)
Althöfer, Heinz, Restauriert und neu entdeckt - aus der Arbeit der Restaurierung, Beiheft des Kunstmuseums Düsseldorf 6, Düsseldorf 1968

Althöfer (1987)
Althöfer, Heinz (Hsg.), Das 19. Jahrhundert und die Restaurierung, München 1987

anonym (1939)
anonym, Die Erhaltung mittelalterlicher Wandmalereien, Zeitungsausschnitt, o. A., Köln 26. Oktober 1939, Familienarchiv Griebel, München

Anträge
Anträge auf Bewilligung von Beihilfen für denkmalwerte Bauten im Landkreis Euskirchen; enthält u.a. Burg in Lechenich (1947-1966), BR 1140-34, Nordrhein-Westfälisches Haupt-staatsarchiv Düsseldorf

Anwander-H. (1992)
Anwander-Heisse, Eva, Glasmalereien in München im 19. Jahrhundert, in: Miscellanea Bavarica Monacensia, Neue Schriftenreihe des Stadtarchivs München, 1992

Arntz (1899)
Arntz, Ludwig, Münsterbaumeister, Nideggen. Wiederherstellung der katholischen Pfarrkirche, in: Berichte über die Tätigkeit der Provinzialkommission für die Denkmalpflege in der Rheinprovinz und der Provinzialmuseen zu Bonn und Trier (BPDR), Bd. 4, Bonn 1899, S. 21 - 26

Arntz (1903)
Arntz, Ludwig, Schwarz-Rheindorf - Wiederherstellung der ehemaligen Stiftskirche, in: BPDR, Bd. 8, Düsseldorf 1904, S. 31 - 41

Arntz (1909)
Arntz, Ludwig, Kalkar (Kreis Kleve). Wiederherstellung der katholischen St. Nikolaus-Pfarrkirche, in: BPDR, Bd. 13, Düsseldorf 1909, S. 62 - 70

Artikel (1935)
anonym (Wn.), Neuerstandene Kunstwerke - Die Gemälde der Schwarz-Rheindorfer Doppelkirche restauriert, 11. Dezember 1935, o.A., Familienarchiv Griebel, München

Auer (1995)
Auer, Wenke, Sensationeller Kunstfund in der Doppelkirche, in: Bonner General-Anzeiger, 16. November 1995

Aus'm Weerth (1868)
Aus'm Weerth, Ernst, Prof. Dr., Die Münsterkirche zu Bonn, in: Bonn. Beiträge zu seiner Geschichte und seinen Denkmälern, Festschrift, Bonn 1868

Aus'm Weerth (1880)
Aus'm Weerth, Ernst, Wandmalereien des christlichen Mittelalters in den Rheinlanden, 1880

Bacher (1989)
Bacher, Ernst, Original und Rekonstruktion, in: Mörsch/Strobel (Hsg.), Die Denkmalpflege als Plage und Frage - Festgabe für August Gebeßler, München/Berlin 1989, S. 1 - 5

Back (1922)
Back, Friedrich, Werke der Plastik und Malerei in Oberwesel, in: Zeitschrift des Rh. Vereins für Denkmalpflege und Heimatschutz, 16 Jg., Heft 1 - 3, 1922, S. 64 - 81

Backes (1970)
Backes, Magnus, Die Kirchen von Bad Breisig, in: Rheinische Kunststätten, Heft 1, Rheinischer Verein f. Denkmalpflege und Landschaftsschutz (Hsg.), Köln 1970

Backes (1989)
Backes, Magnus, Denkmalpflege im Banne von Politik und Kunstgeschichte, in: Mörsch/Strobel (Hsg.), Die Denkmal-pflege als Plage und Frage - Festgabe für August Gebeßler, München/Berlin 1989, S. 6 - 22

Bader (1955)
Bader, Walter, St. Quirinus zu Neuss, in: Rheinisches Bilderbuch, Landesbildstelle Niederrhein, Ratingen 1955

Bader (1974)
Bader, Walter, Brauweiler, in: Rheinische Kunststätten, Heft 10, Rh. Verein f. Denkmalpflege und Landschaftsschutz (Hsg.), Köln 1974

Bakelants (1986)
Bakelants, Ivo, De glasschilderkunst in Belgie in de negentiende en twintigste eeu w, Antwerpen, Wommelgem 1986

Bandmann (1945)
Bandmann, Günther, Köln, St. Gereon, in: Führer zu den großen Baudenkmälern, Heft 60, Berlin 1945

Bardenhewer (1893)
Bardenhewer, Anton, Lebenslauf des Architekten Anton Bardenhewer vom 20.6.1893, in: Personalakte Bardenhewer, Historisches Archiv der Stadt Bonn, Bestand 11, Nr. 327

Bardenhewer (1901)
Bardenhewer, Anton, Bericht über die Restaurierung der alten Wandmalereien in der katholischen Pfarrkirche zu Niedermendig, Köln, 11. April 1901, Familienarchiv Griebel, München

Bardenhewer (1904)
Bardenhewer, Anton, Brauweiler - Ausmalung der Abteikirche und Wiederherstellung der alten Malereien, in: BPDR, Bd. 8, Düsseldorf 1904, S. 4 - 7

Bardenhewer (1907)
Bardenhewer, Anton, Restaurierungsbericht zu St. Laurentius in Ahrweiler, 6. März 1907, Rh. Familienbesitz Bardenhewer

Bardenhewer (1908) Bardenhewer, Anton und E. Renard, St. Goar. Wiederherstellung der spätgotischen Ausmalung in der evangelischen Stiftskirche, in: BPDR, Bd. 12, Düsseldorf 1908, S. 47 - 56

Bardenhewer (1909)
Bardenhewer, Anton, Kalkar (Kreis Kleve). Wiederherstellung der katholischen St. Nikolaus-Pfarrkirche. Wiederherstellung der Ausmalung, in: BPDR, Bd. 13, Düsseldorf 1909, S. 70 - 73

Bardenhewer (1911), 1
Bardenhewer, Anton, Vortrag vor dem Kölner Altertumsverein, Februar 1911, Bardenhewers eigene Vorlage in Kopie, Familienbesitz Bardenhewer

Bardenhewer (1911), 2
Bardenhewer, Anton, Bericht über die alten Wandmalereien in der Doppelkirche zu Schwarzrheindorf, Köln, den 1. April 1911

Baudri, Franz (1851) Baudri, Franz, St. Cunibert, in: Organ für christliche Kunst, 1851, S. 22 -23

Baudri, Friedrich (1875)
Baudri, Friedrich, Zur Geschichte der Glasmalerei in Europa, in: Organ für christliche Kunst, 7. Jg., Nr. 12, Köln 1857, S. 136 - 140

Bauer (1975)
Bauer, Gerd, Bericht über die Sicherung und Abnahme der Malereifragmente in den drei rechten Konchen des Dekagon von St. Gereon, Köln, 18.3.1975, in: RA St. Gereon, Archiv der Werkstatt II, Rheinisches Amt für Denkmalpflege, Abtei Brauweiler, Pulheim

Bauer (1988)
Bauer Gerd, Die Restaurierungsgeschichte der Gewölbemalereien von St. Maria Lyskirchen, in: RA St. Maria L., Archiv der Werkstatt II, Rh. Amt f. Denkmalpflege, Abtei Brauweiler, Pulheim

Bauer (1996), 1
Bauer, Gerd, Neue Beobachtungen zur Technik an der Triumphbogenausmalung in der ehemaligen Stiftskirche zu Bad Münstereifel und an den Wand- und Gewölbemalereien in der Unterkirche von St. Klemens zu Bonn - Schwarzrheindorf, in: Jahrbuch der Rheinischen Denkmalpflege (JBRD), Bd. 37, Köln 1996, S. 13 - 37

Bauer (1996), 2
Bauer, Gerd, Kalkar. Kath. Pfarrkirche St. Nicolai, in: s.o., S. 236 - 237

Bauer (1996), 3
Bauer, Gerd, Morsbach. Kath. Pfarrkirche St. Gertrudis, in: s.o., S. 320 - 321

Becker (o.A.) Becker, Hermann, Die Restauration in der Krypta der St. Gereonskirche, Zeitungsausschnittsammlung der Universitäts-bibliothek Köln, o.A.

Beenken (1944)
Beenken, Hermann, Das Neunzehnte Jahrhundert in der Deutschen Kunst - Aufgabe und Gehalte - Versuch einer Rechenschaft, München 1944

Beetz (1889)
Beetz, Franz, Himmelsleiter, Regensburg 1889

Behr (1906), 1
v. Behr, Denkmalpflege in alter Zeit, in: Die Denkmalpflege, Nr. 4, 8. Jg., Berlin 1906, S. 30 - 31

Behr (1906), 2
v. Behr, Der siebente Tag für Denkmalpflege in Braunschweig, in: Die Denkmalpflege, Nr. 13, 8. Jg., Berlin 1906, S. 100 - 103

Behrens (1889)
Aus dem Dome St. Blasii zu Braunschweig, George Behrens'sche Kunstanstalt (Hsg.), Braunschweig 1889

Beines (1979)
Beines, Johannes Ralf, Materialien zur Geschichte farbiger Verglasungen von 1780 bis 1914, vorzugsweise für das Gebiet der Bundesrepublik Deutschland, in: Beines, Haberey, s.u.

Beines (1981)
Beines, Johannes Ralf, Denkmalpflege in Köln I - Die Anfänge im 19. Jahrhundert, Farbdias und Sachinformationen, Köln 1981

Beines (1982)
Beines, Johannes Ralf, Denkmalpflege Köln II: 1900 - 1942, Köln 1982

Beines/Haberey/Beeh
Haberey, Waldemar, Beeh, Suzanne, Beines, Johannes Ralf, Farbfenster in Bonner Wohnhäusern, Landeskonservator Rheinland, Arbeitsheft 24, Mönchengladbach 1979

Beemelmans (1937)
Beemelmans, Wilhelm, Noch ein Achtzigjähriger, Familienblatt Kockerols, Nr. 29, Mai 1937, Familienarchiv Griebel, München

Beemelmans (1939), 1
Beemelmans, Wilhelm, Kunstmaler Anton Bardenhewer, in: Kölnische Zeitung-Stadtanzeiger, Morgenblatt, Nr. 416, 19. August 1939

Beemelmans (1939), 2
Beemelmans, Wilhelm, Nachruf für den Kunstmaler Anton Bardenhewer, in: Familienblatt Kockerols, Nr. 32, Dezember 1939, Familienarchiv Griebel, München

Bentelev (1978)
Bentelev, Ivan, Die Restaurierungsgeschichte der Wandmalereien an der Nord- und Südwand des Chores in Köln, 30.10.1978, in: RA St. Cäcilien, Archiv der Werkstatt II, Rheinisches Amt für Denkmalpflege, Abtei Brauweiler, Pulheim

Bentelev (1979)
Bentelev, Ivan, Die Restaurierung der frühgotischen Wandmalereien im Chor der ehem. Stiftskirche St. Cäcilien (Schnütgenmuseum) zu Köln, 1979, in: RA St. Cäcilien, s.o.

Bentelev (1996), 1
Bentelev, Ivan, Köln. Kath. Pfarrkirche St. Gereon, in: JBRD, Bd. 37, Köln 1996, S. 254 - 262

Bentelev (1996), 2
Bentelev, Ivan, Siegburg. Kath. Pfarrkirche St. Servatius, in: s.o., S. 321 - 325

Bergisches Land
Das Bergische Land - Eine Monographie, Hachenberg, Kurt (Hsg.), Wuppertal - Elberfeld 1951

Bergmann, K. (1972)
Bergmann, Karl Heinz, St. Panthaleon in Köln, in: Rheinische Kunststätten, Heft 8-9, Rheinischer Verein f. Denkmalpflege und Landschaftsschutz (Hsg.), Köln 1972

Bergmann (1996)
Bergmann, Ulrike, Die Goldene Kammer in St. Ursula, in: Colonia Romanica, Bd. 11, Köln 1996, S. 225 - 231

Bericht (1917)
Bericht über die Tätigkeit der Vereinigung von Freunden des Kunsthistorischen Instituts in Bonn in den Jahren 1914-1916, Paul Clemen (Hsg.), Düsseldorf 1917

Bertram (1926)
Bertram, E., Adalbert Stifter als Bewahrer alter Kunst, in: Festschrift Paul Clemen, 1926

Beseler (1957)
Beseler, Hartwig, Der Wiederaufbau der Kölner Kirchen 1953 - 1956, in JBRD, Bd. 21, Kevelaer 1957, S. 153 - 179

Beseler (1962)
Beseler, Hartwig, Zu den Monumentalmalereien der Pfarrkirche in Lipp, in: JBRD, Bd. 24, Kevelaer 1962, S. 39 - 50

Beseler (1989)
Beseler, Hartwig, Wir Konservatoren und die Denkmalpflege, in: Mörsch/Strobel (Hsg.), Die Denkmalpflege als Plage und Frage - Festgabe für August Gebeßler, München/Berlin 1989, S. 33 - 37

Bestand C 21/III
Einwohnermelderegister und - karteien, Bestand C 21/III, Band Nr. 198, Stadtarchiv Nürnberg

Binding/Verbeek
Binding, Günther; Verbeek, Albert, Die Doppelkapelle in Bonn-Schwarzrheindorf, in: Rheinische Kunststätten, Heft 93, Rheinischer Verein f. Denkmalpflege und Landschaftsschutz (Hsg.), 12. verb. Aufl., Köln 1991

Blanchebarbe (1984)
Blanchebarbe, Ursula, Michael Welter (1808 - 1992) Ein Kölner Dekorationsmaler im 19. Jahrhundert, Bde. 1 u. 2, in: Kölner Schriften zu Geschichte und Kultur, Bd. 7, Köln 1984

Blätter, Nr. 298
anonym, Die Restauration der alten Kirchen in Köln, in: Belletristische Beilage zu den Kölnischen Blättern, Nr. 298, 30. Juli 1865

Bock (1859)
Bock, Franz (Hsg.), Die Musterzeichner des Mittelalters, Leipzig 1859

Bock (1868)
Bock, Franz (Hsg.), Rheinlands Baudenkmale des Mittelalters, Köln/Neuss 1868-1875, Faksimile der Erstausgabe, Düsseldorf 1979

Bock (1995)
Bock, Ulrich, St. Cäcilia, in: Colonia Romanica, Bd. 10, Köln 1995, S. 121 - 132

Börsch-Supan (1977)
Börsch-Supan, Helmut; Paffrath, Arno, Altenberg im 19. Jahrhundert, Bergisch-Gladbach 1977

Borchers (1969)
Borchers; Mehlau; Knabe, Der Oberbergische Kreis, Rheinische Kunststätten, Sonderheft, 1969

Borger-Keweloh (1986)
Borger - Keweloh, Nicola, Die mittelalterlichen Dome im 19. Jahrhundert, München 1986

Bornheim gen. Sch (1952)
Bornheim gen. Schilling, Werner, Zur Erhaltung der romantischen Wandmalereien, in: Deutsche Kunst- und Denkmalpflege, 10. Jg, 1952, S. 106 - 109

Bornheim gen. Sch (1991)
Bornheim gen. Schilling, Werner, Paul Clemen und der Rheinische Verein für Denkmalpflege und Landschaftsschutz, in: Mainzer, Udo (Hsg.), Paul Clemen, Zur 125. Wiederkehr seines Geburtstages, Jahrbuch der Rheinischen Denkmalpflege, Bd. 35, Köln 1991, S. 169-184.

Brandes (1863)
Brandes, H., Braunschweigs Dom mit seinen alten und neuen Wandgemälden, Braunschweig 1863

Braun (1943)
Braun, Joseph, Tracht und Attribute der Heiligen in der deutschen Kunst, Stuttgart 1943

Braunfels (1963)
Braunfels, Wolfgang, Denkmalpflege der Denkmalpflege, in: Vom Bauen, Bilden und Bewahren, Festschrift für Willi Weyres zur Vollendung seines 60. Lebensjahres, Köln 1963

Bredt
Bredt, F.W., Dorf- und Landkirchen in den Kreisen Gummersbach, Waldbröl u. Wipperfürth, in: Mitteilungen des Rheinischen Vereins für Denkmalpflege und Heimatschutz (MRVDH), 5. Jg., S. 225 - 244

Brinkmann (1936)
Brinkmann, Geschichte des Kirchspiels Lieberhausen, in: 350 Jahre Evangelische Gemeinde Lieberhausen -1586 - 1936, Festschrift, 1936

Brix (1981)
Brix, Michael, Nürnberg und Lübeck im 19. Jahrhundert: Denkmalpflege, Stadtbildpflege, Stadtumbau, in: Studien zur Kunst des 19. Jahrhunderts, Bd. 44, München 1981

Brix/Steinhauser
Brix, Michael, Steinhauser, Monika (Hsg.), Geschichte allein ist zeitgemäß, Historismus in Deutschland, Giessen 1978

Brockhaus (1975)
Brockhaus, Lexikon, 16. überarb. Auflage, 1957

Brönner (1991)
Brönner, Wolfgang, Paul Clemen und die französische Denkmalpflege, in: Mainzer, Udo (Hsg.), Paul Clemen, Zur 125. Wiederkehr seines Geburtstages, Jahrbuch der Rheinischen Denkmalpflege, Bd. 35, Köln 1991, S. 87 - 92

Brüggemann (1990)
Brüggemann, Annette, Der Chor von St. Andreas, in: Colonia Romanica, Jahrbuch des Fördervereins Romanischer Kirchen Köln e.V., Bd. 5, Köln 1990, S. 55 - 63

BSt. (1913)
anonym, Die Bonner Universität im Jahre 1821, 14.9.1913, Zeitungsausschnittsammlung des Bonner Stadtarchivs, 100/452

BSt. (1918)
anonym, Das Bonner Universitäts-Jubiläum vor fünfzig Jahren (2.-4. August 1868), Oktober 1918, Zeitungsausschnittsammlung des Bonner Stadtarchivs, 100/452

BSt. (1925)
anonym, Die Wiederherstellung des kurfürstlichen Schlosses, 19.11.1925, Zeitungsausschnittsammlung des Bonner Stadtarchivs, 100/452

BSt. (1940)
anonym, Bonn besitzt eine der schönsten deutschen Universitäten, 22.8.1940, Zeitungsausschnittsammlung des Bonner Stadtarchivs, 100/452

Buchkremer (1944)
Buchkremer, Joseph, Münsterkirche zu Aachen, in: Führer zu großen Baudenkmälern, Heft 15, 1944

Buchmann (1995)
Buchmann, Nicole, St. Elisabeth, in: Colonia Romanica, Bd. 10, Köln 1995, S. 142

Buchmann (1996)
Buchmann, Nicole, St. Pantaleon, in: Colonia Romanica, Bd. 11, Köln 1996, S. 163 - 180

BUN, Nr. 163
anonym, Ein Zentrum der Aufklärung, in: Bonner Universitätsnachrichten, Nr. 163, Januar/Februar 1986, S. 9 - 11

Chronik
Chronik zur Geschichte der Stadt Köln, Bd. 1+2, Fuchs, Peter (Hsg.), Köln 1991

Clemen/Cuno, 1
Clemen, Paul, Cuno, Boppard. Restauration der Wandmalereien in der St. Severuskirche, BPDR, Bd. 1, Bonn 1896, S. 20 - 22

Clemen/Cuno, 2
Clemen, Paul, Cuno, St. Goar. Restauration der evangelischen Pfarrkirche, Ebenda, S. 52 - 56

Clemen (1895)
Clemen, Paul, Über die mittelalterlichen Wandmalereien in den Rheinlanden, in: Anmerkungen des Historischen Vereins für den Niederrhein 61, S.265 - 268

Clemen (1896), 1
Clemen, Paul, Berichte über die Thätigkeit der Provinzialkommission für die Denkmalpflege in der Rheinprovinz, der Provinzialmuseen zu Bonn und Trier, der rheinischen Kunst- und Geschichtsvereine und über die Vermehrung der städtischen und Vereinssammlungen innerhalb der Rheinprovinz 1896, in: Bonner Jahrbücher des Vereins von Alterthumsfreunden im Rheinlande, Heft 99, Bonn 1896, S. 139 - 140

Clemen (1896), 2
Clemen, Paul, Bericht über die Thätigkeit der Provinzialkommssision für die Denkmalpflege in der Rheinprovinz vom 30. Mai 1893 bis 1. April 1896, in: Ebenda, S. 141 - 144

Clemen (1897)
Clemen, Paul, Anfertigung von Kopien der mittelalterlichen Wandmalereien der Rheinprovinz, in: BPDR, Bd. 2, Bonn 1897, S. 59 - 62 und in: Bonner Jahrbücher, Bd. 102, 1897, S. 257 - 260

Clemen (1898), 1
Clemen, Paul, Denkmalpflege in der Rheinprovinz 1896, Düsseldorf 1898

Clemen (1898), 2   Clemen, Paul, Köln- Niehl. Wiederherstellung der alten katholischen Pfarrkirche, in: BPDR, Bd. 3, Bonn 1898, S. 49 - 51

Clemen (1898), 3
Clemen, Paul, Anfertigung von Kopien der mittelalterlichen Wandmalereien der Rheinprovinz, Ebenda, S. 55 - 58

Clemen (1899), 1
Clemen, Paul, Niedermendig. Wiederherstellung der Wandmalereien der alten katholischen Pfarrkirche, in: BPDR, Bd. 4, Bonn 1899, S. 26 - 30

Clemen (1899), 2
Clemen, Paul, Anfertigung von Kopien der mittelalterlichen Wandmalereien der Rheinprovinz, Ebenda, S. 52 - 54

Clemen (1900), 1
Clemen, Paul, John Ruskin, Leipzig 1900

Clemen (1900), 2
Clemen, Paul, Bericht über die Thätigkeit der Provinzialkommission für die Denkmalpflege in der Rheinprovinz vom 1. April 1899 bis 31. März 1900, in: BPDR, Bd. 5, 1900, S. 1 - 4

Clemen (1900), 3
Clemen, Paul, Anfertigung von Kopien der mittelalterlichen Wandmalereien der Rheinprovinz, Ebenda, S. 81 ff.

Clemen (1900), 4
Clemen, Paul, Nideggen. Aufdeckung und Wiederherstellung der Wandmalereien in der katholischen Pfarrkirche, Ebenda, S. 56-59

Clemen (1901), 1
Clemen, Paul, Siegburg. Wiederherstellung der kathol. Pfarrkirche, in: BPDR, Bd. 6, Bonn 1901, S. 43 - 48

Clemen (1901), 2
Clemen, Paul, Anfertigung von Kopien der mittelalterlichen Wandmalereien der Rheinprovinz, in: s.o., S. 62 - 65

Clemen (1901), 3
Clemen, Paul, Bericht der Provinzialkommission über die Wiederherstellung älterer Wandmalereien und über die letzten Ausmalungen von älteren rheinischen Kirchen, in: s.o., S. 66 - 73

Clemen/Faust (1901)
Clemen, Paul, Faust, Siegburg (Kreis Sieg). Wiederherstellung der katholischen Pfarrkirche, in: s.o., S. 43- 48

Clemen (1902)
Clemen, Paul, Farbige Copien Rheinischer und Westfälischer Wandmalereien, in: Kunsthistorische Ausstellung Düsseldorf 1902, 1. Mai bis 20. October, Illustrirter Katalog, 2. Auflage, Düsseldorf 1902, S. 27 - 29

Clemen (1905)
Clemen, Paul, Die romanischen Wandmalereien der Rheinlande, Tafelband (Publikation der Gesellschaft für rheinische Geschichtskunde, Bd. 25), Düsseldorf 1905

Clemen (1906), 1
Clemen, Paul, Aufgaben der rheinischen Denkmalpflege, in: Kölnische Zeitung, Nr. 1367, 22. Dezember 1906

Clemen (1906), 2
Clemen, Paul, Paul Tornow, in: Die Denkmalpflege, Nr. 8, VIII. Jg., Berlin 1906, S. 63 - 64

Clemen (1907), 1
Clemen, Paul, Kirche und Kunst, Vortrag, gehalten auf dem 2. Kongreß für protestantischen Kirchenbau in Dresden, Dresden 1907

Clemen (1907), 2
Clemen, Paul, Wetzlar. Wiederherstellung des Domes, in: BPDR, Bd. 11, 1907, S. 46-54

Clemen (1907), 3
Clemen, Paul, Was wir wollen. Ziele und Aufgaben, in: Mittelungen des Rheinischen Vereins f. Denkmalpflege und Heimatschutz, Heft 1, 1907, S. 7 - 15

Clemen (1908), 1
Clemen, Paul, Aufnahmen gotischer Wandmalereien der Rheinlande, in: BPDR, Bd. 12, Düsseldorf 1908, S. 67 - 69

Clemen (1908), 2
Clemen, Paul, Aufnahmen gotischer Wandmalereien der Rheinlande, in: Bonner Jahrbücher, Jahrbücher des Vereins von Altertumsfreunden im Rheinland, Heft 117, Bonn 1908, S. 353 - 355

Clemen (1909)
Clemen, Paul, Ahrweiler. Wiederherstellung der katholischen Pfarrkirche, in: BPDR, Bd. 13, Düsseldorf 1909, S. 4 - 18

Clemen (1910), 1
Clemen, Paul, Marienhagen (Kreis Gummersbach). Wiederherstellung der evangelischen Pfarrkirche und ihrer frühgotischen Wandmalereien, in: BPDR, Bd. 14, Düsseldorf 1910, S. 25 - 27

Clemen (1910), 2
Clemen, Paul, Denkmalpflege und moderne Kunst, Auszug aus den stenografischen Berichten des Tages für Denkmalpflege, Bd. 1, 1910, in: Clemen, Gesammelte Aufsätze, Düsseldorf 1948, S. 139 - 142

Clemen (1916), 1
Clemen, Paul, Die romanische Monumentalmalerei in den Rheinlanden, Textband, (Publikationen der Gesellschaft für rheinische Geschichtskunde, Bd. 32), Düsseldorf 1916

Clemen (1916), 2
Clemen, Paul, Das Kunsthistorische Institut in Bonn, Düsseldorf 1916

Clemen (1921)
Clemen, Paul (Hsg.), Bericht über die Tätigkeit der Vereinigung von Freunden des Kunsthistorischen Instituts in Bonn, Bonn 1921

Clemen (1922)
Clemen, Paul, Das Münster zu Aachen, Berlin 1922

Clemen (1926), 1
Clemen, Paul, Anton Bardenhewer, in: Kölnische Volkszeitung, Nr. 258, 6. April 1926

Clemen (1926), 2
Clemen, Paul, Zwei Reden des Vorsitzenden des Denkmalrates der Rheinprovinz, Sonderdruck aus der Zeitschrift d. Rh. Vereins f. Denkmalpflege u. Heimatschutz, 1926

Clemen (1927)
Clemen, Paul, Anton Bardenhewer, in: Kölner Volkszeitung, 7. Februar 1927, Familienarchiv Griebel, München

Clemen (1930)
Clemen, Paul, Die gotische Monumentalmalerei der Rheinlande, Textband und Tafelband, (Publikationen der Gesellschaft für rheinische Geschichtskunde, Bd. 41), Düsseldorf 1930

Clemen (1930/31)
Clemen, Paul, Anfänge, Entwicklung und Ziele der rheinischen Denkmälerstatistik, in: Nachrichten - Blatt für rheinische Heimatpflege, Organ für Heimatmuseen, Denkmalpflege, Archivberatung, Natur- und Landschaftsschutz, 2. Jg., Heft 7/8, Düsseldorf 1930/31, S. 105 - 109

Clemen (1933)
Clemen, Paul, Die deutsche Kunst und die Denkmalpflege, Berlin 1933

Clemen (1942)
Clemen, Paul, Chudoba, K.F.; Naumann, H.; Stange, A.; Ansprachen bei der feierlichen Verleihung des volksdeutschen Joseph Görres - Preises an den rheinischen Kunstforscher Paul Clemen am 4. Juli 1942, Bonn

Clemen (1946), 1
Clemen, Paul, Rheinische Baudenkmäler und ihr Schicksal, Düsseldorf 1946

Clemen (1946), 2
Gedenkblatt zum 80. Geburtstag von Paul Clemen, 31. Oktober 1946

Clemen (1948)
Clemen, Paul, Gesammelte Aufsätze, Düsseldorf 1948

Colonia, Bd. 2
Colonia Romanica II, Jahrbuch des Fördervereins Romanischer Kirchen e.V., Köln 1987

Colonia, Bd. 5
Colonia Romanica V, Jahrbuch des Fördervereins Romanischer Kirchen Köln e.V., Köln 1990

Colonia, Bd. 10
Colonia Romanica X, Die Kölner Kirchen und ihre mittelalterliche Ausstattung, Jahrbuch des Fördervereins Romanischer Kirchen Köln e.V., Köln 1995

Colonia, Bd. 11
Colonia Romanica XI, Die Kölner Kirchen und ihre mittelalterliche Ausstattung, Jahrbuch des Fördervereins Romanischer Kirchen Köln e.V., Köln 1996

Conrads (1988)
Conrads, Ulrich (Hsg.), Georg Dehio - Alois Riegl: Konservieren, nicht restaurieren, Braunschweig/Wiesbaden 1988

Czoelner (o.A.)
Czoelner, Robert, Geschichte der adeligen Güter im Kirchspiel Lieberhausen, Teil 1, o.A.

DBZ (1903)
anonym, Der vierte Tag für Denkmalpflege in Erfurt, Deutsche Bauzeitschrift, 37. Jg., Nr. 90, 11. Nov. 1903, Berlin, S. 578 - 580

DBZ (1921)
anonym, Geheimer Baurat Karl Heimann †, in: Deutsche Bauzeitung, Nr. 91, 1921, S. 402

Dehio (1905)
Dehio, Georg Gottfried, Denkmalschutz und Denkmalpflege im Neunzehnten Jahrhundert, Rede zur Feier des Geburtstages SR. Majestät des Kaisers, Straßburg 1905

Dehio/Riegel (1988)
Dehio, Georg und Riegel, Alois, Konservieren, nicht restaurieren, Streitschriften zur Denkmalpflege um 1900, Neuauflage, Braunschweig 1988

Demus/Hirmer (1968)
Demus, Otto, Hirmer, Max, Romanische Wandmalerei - Aufgabe und Funktion der Monumentalmalerei, München 1968

Demus/Hirmer (1992)
Demus, Otto, Hirmer, Max, Romanische Wandmalerei, München 1992

Doerner (1960)
Doerner, Max, Malmaterial und seine Verwendung im Bilde, 11. Aufl., Stuttgart 1960

Dohme (1886)
Dohme, Robert, Kunst und Künstler des Mittelalters und der Neuzeit, Bde. 4.1 und 4.2, Leipzig (1886)

Dorn (1979)
Dorn, Reinhard, Mittelalterliche Kirchen in Braunschweig, Hameln 1979

D.R.Z. (1930)
anonym, Ein Festtag der Bonner Universität, in: Deutsche Reichszeitung, 8.11.1930

Effmann (1899)
Effmann, W., Die karolinigisch-ottonischen Bauten zu Werden, Bd. 1, 1899

Eichenberger (1978)
Eichenberger, Walter; Wendland, Henning, Deutsche Bibeln vor Luther, Hamburg 1978

Eimert (1983)
Eimert, Dorothea, Katholische Stadtpfarrkirche St. Martin Euskirchen, in: Schnell, Kunstführer Nr. 1380, 1. Aufl., München & Zürich 1983

Einem (1954)
Einem, H. von, Peter Cornelius, in: Wallraf-Richartz-Jahrbuch, Bd. 16, 1954, S. 104 - 160

Einem (1968)
Einem, H. von, Die Tragödie der Karlsfresken Alfred Rethels, in: Arbeitsgemeinschaft für Forschung des Landes Nordrhein-Westfalen, Heft 148, Köln/Opladen 1968

Elbern (1977)
Elbern, Viktor H., Die Kirchen in Werden und ihre Kunstschätze, Arbeitskreis St. Luidger (Hsg.), 4. Aufl., Essen - Werden 1977

Elbern (1983)
s.o., Die Kirchen in Werden, Arbeitskreis St. Luidger (Hsg.), 6. vollst. neu bearb. Aufl., Essen - Werden 1983

Emmenegger (1985)
Emmenegger, Oskar, Techniken der Wandmalerei, ihre Schäden und die typischen Schadensursachen, in: Historische Technologie und Konservierung von Wandmalereien, Vortragstexte der 3. Fach- und Fortbildungstagung der Fachklasse Konservierung und Restaurierung, Schule für Gestaltung Bern, 5. und 6. November 1984, Bern 1985, S. 76 - 94

Endert (1869)
Endert, J. van, Die Bemalung des südlichen Querschiffes der Kirche St. Maria im Capitol in Köln, in: Organ f. christl. Kunst, Bd. 18, 1869, S. 103 - 106

Ennen (o.A.)
Ennen, Der Saal im Rathausthurm, Zeitungsausschnittsammlung der Universitätsbibliothek Köln, Bd. 2, S. 145

Ennen (1858)
Ennen, Das Tanzhaus Gürzenich in Köln, in: Kölnische Zeitung, Nr. 49, 18. Februar 1858

Ennen (1867)
Ennen, Der hanseatische Saal im Rathause zu Köln, in: Kölnische Blätter, 30. Februar 1867

Ernst (1993)
Ernst, Karl Josef, Aktennotiv, Linz, alte Pfarrkirche St. Martin, Restaurierung der Wandmalereien, 1993, Archiv des Rheinland-Pfälzischen Landesamts für Denkmalpflege

E.S. (1939)
E.S., Restaurierung der alten Universitätsaula, Zeitungsartikel 1935, aus: Familienarchiv Griebel, München

Essenwein (1866)
Essenwein, August, Die innere Ausschmückun der Kirche Groß St. Martin in Köln, Nürnberg 1866

Essenwein (1879)
Essenwein, August, Die Restauration und Ausstattung des Inneren des Münsters zu Konstanz, Gutachten, Freiburg i. Br. 1879

Essenwein (1881), 1
Essenwein, August, Die Wandgemälde im Dome zu Braunschweig, Nürnberg 1881

Essenwein (1881), 2
Essenwein, August, Der Bildschmuck der Liebfrauenkirche zu Nürnberg, Nürnberg 1881

Essenwein (1891)
Die farbige Ausstattung des zehneckigen Schiffes der Pfarrkirche zum heiligen Gereon in Köln durch Wand- und Glasmalereien, entworfen, ausgeführt und herausgegeben von Dr. August Ritter v. Essenwein, erster Direktor des Germanischen National - Museums in Nürnberg. Mit 36 Tafeln, meist Photolithographien nach den Original-Cartons. Frankfurt a. M. 1891, Verlag von Heinrich Keller

E. W. (1939)
E.W., Altmeister Anton Bardenhewer †, in: Mittelrheinische Landes-Zeitung, Sieg-Rhein-Zeitung, Nr. 196, 23. August 1939

Eyth/Meyer (1896)
Eyth, Karl; Meyer, Franz Sales, Das Malerbuch - Die Dekorationsmalerei mit besonderer Berücksichtigung der kunstgewerblichen Seite, Bd. 1 u. 2, Leipzig 1896

Fahne (1864)
Fahne, A., Forschungen auf dem Gebiete der Rheinischen und Westfälischen Geschichte, Bd. 1.1, Köln 1864, S. 23

Feld (1987)
Feld, Marion, Heilige Ranken - Spätgotische ornamentale Wand- und Gewölbemalerei in rheinischen Kirchen, Diss., Köln 1987

Festschrift (1894)
Festschrift zur 23. Jahres - Versammlung des Hansischen Geschichtsvereins zu Köln, Das Archiv und die Bibliothek der Stadt Köln, Köln 1894

Festschrift (1926)
Festschrift zum sechzigsten Geburtstag von Paul Clemen - 31. Oktober 1926, Worringer/Reiners /Seligmann (Hsg.), Düsseldorf 1926

Festschrift (1936)
Paul Clemen zum 31. Oktober 1936, in: Rheinischer Verein für Denkmalpflege und Heimatschutz, 29. Jg., Heft 1, Düsseldorf 1936

Festschrift (1974)
Festschrift für Franz Graf Wolff Metternich, in: Jahrbuch der Rheinischen Denkmalpflege (JBRD), Neuss 1974

Firmenich (1975)
Firmenich, Heinz, St. Andreas in Köln, in: Rheinische Kunststätten, Heft 141, 2. Aufl., Neuss 1975

Fischer (1910)
Fischer, Josef Ludwig, Vierzig Jahre Glasmalkunst, Festschrift der Kgl. Bayerischen Hofglasmalerei F.X. Zettler zum Gedächtnis ihres vierzigjährigen Bestehens, München 1910

Fischer (1914)
Fischer, Josef Ludwig, Handbuch der Glasmalerei für Forscher, Sammler und Kunstfreunde

wie für Künstler, Architekten und Glasmaler, in: Hiesemanns Handbücher, Bd. 8, Leipzig 1914

Fischer (1979)
Fischer, Bernd, Das Bergische Land, DuMont Kunst-Reiseführer, Köln 1979

Flink (1989)
Flink, Robert, St. Pankratius, Oberpleis, in: Rh. Kunststätten, Heft 80, 3. Aufl., 1989

Förster (1887)
Förster, Ernst, Aus der Jugendzeit, Berlin/Stuttgart 1887

Frodl (1975)
Beiträge zur Kunstgeschichte und Denkmalpflege - Walter Frodl zum 65. Geburtstag gewidmet, Wien/Stuttgart 1975

Fuchs, M.R. (o.A.)
Fuchs, M.R., Kölner Kirchen restauriert: Arbeiten in St. Maria Lyskirchen beendet, in: Zeitungsartikel, (vermutlich 1934), Familienarchiv Griebel, München

Fuchs, P. (1994)
Fuchs, Peter, Das Rathaus zu Köln - Geschichte, Gebäude, Gestalten, Neuausg., Köln 1994

Fußbroich (1984), 1
Fußbroich, Helmut, St. Pantaleon, in: Stadtspuren - Denkmäler in Köln, Kier/Krings (Hsg.), Bd. 1, 1984, S. 447 - 473

Fußbroich (1984), 2
Fußbroich, Helmut, St. Heribert, in: ebenda, S. 549 - 556

Fußbroich (1992)
Fußbroich, Helmut, St. Maria Lyskirchen in Köln, in Rh. Kunststätten, Heft 60, 6. bearb. Aufl., Neuss 1992

F. Z., Nr. 222 II
anonym, Das restaurierte Stapelhaus in Köln, in: Frankfurter Zeitung, Nr. 222 II, 11. Oktober 1901

G. A., Nr. 115
anonym, Nekrolog August Essenwein, in: Generalanzeiger, Nr. 115, 15. Oktober 1892

G.A., Nr. 16738
anonym, Zur Geschichte der Kurfürstlichen Universität Bonn, in: General - Anzeiger, Nr. 16738, 25. April 1940, S. 4

G.d.R. (1991-93)
Geschichte der Restaurierung in Europa, Schweizerischer Verband für Konservierung und Restaurierung (Hsg.), Bd. 1, Worms 1991; Bd. 2, Worms 1993

Geis (1994)
Geis, Walter, Lokalpatriotismus und Nationalbewußtsein, in: Fuchs, Peter, Das Rathaus zu Köln - Geschichte, Gebäude, Gestalten, Neuausg., Köln 1994, S. 223 ff.

Geisberg (1929)
Geisberg, Max, Die deutsche Buchillustration in der 1. Hälfte des 16. Jahrhunderts, München 1929

Gerhardt (1934)
Gerhardt, Joachim, Die spätromanischen Wandmalereien im Dome zu Braunschweig, Diss. Bonn (bei Geheimrath Prof. Dr. Paul Clemen) 1932, Hildesheim/Leipzig 1934

Geschlechterbuch
Deutsches Geschlechterbuch, Bd. 118, S. 1 - 21

Gierschner (1991)
Gierschner, Sabina, Zur Authentizität der romanischen Wandmalereien von Schwarzrheindorf - Versuch einer immanenten Quellenkritik, JBRD, Bd. 35, Köln 1991, S. 115 - 148

Glaise, B. (1962)
Glaise, Brigitte, Die spätgotischen Wandmalereien in der evangelischen Kirche zu Marienberghausen, in: JBRD, Bd. 24, Berichte über die Tätigkeit der Restaurierungswerkstatt in den Jahren 1959 - 1961, Kevelaer 1962, S. 133 - 159

Glaise, W. (1962)
Glaise, Wolfhart, Die Restaurierung der mittelalterlichen Monumentalmalerei in der Pfarrkirche zu Lipp, in: JBRD, Bd. 24, Kevelaer 1962, S. 31 - 38

Glatz (1994)
Glatz, Joachim, Mariä Himmelfahrt in Andernach am Rhein (Liebfrauenkirche), in: Schnell, Kunstführer Nr. 560, 3. überarb. Aufl., München & Zürich 1994

Goege (1991)
Goege, Thomas, Kunstschutz und Propaganda im Ersten Weltkrieg - Paul Clemen als Kunstschutzbeauftragter an der Westfront, in: Mainzer, Udo (Hsg.), Paul Clemen, Zur 125. Wiederkehr seines Geburtstages, Jahrbuch der Rheinischen Denkmalpflege, Bd. 35, Köln 1991, S. 149 - 168

Goldkuhle (1954)
Goldkuhle, Fritz, Mittelalterliche Wandmalerei in St. Maria Lyskirchen, in: Bonner Beiträge zur Kunstwissenschaft, Bd. 3, Düsseldorf 1954

Gosebruch (1980)
Gosebruch, Martin, Der Braunschweiger Dom und seine Bildwerke, Freiburg 1980

Greven's Adreßbuch
Greven's Adreßbuch für Köln, Alphabetisches Verzeichnis der bei der Stadt - Fernsprecheinrichtung Beteiligten nebst Angabe der Rufnummern, Jg. 1870 - 1939, auf Microfiche, Historisches Museum der Stadt Köln

Grosche (1962)
Grosche, Robert, Zur Wiederherstellung des Inneren von St. Gereon zu Köln, in: Das Münster, Bd. 15, 1962, S. 279 - 289

Grube (1886)
Grube, Friedrich, Kurzer Führer durch den Dom St. Blasii zu Braunschweig, Braunschweig 1886

Gurlitt (1907)
Gurlitt, Cornelius, Die deutsche Kunst des Neunzehnten Jahrhunderts - Ihre Ziele und Taten, In: Das Neunzehnte Jahrhundert in Deutschlands Entwicklung, Bd. 2, Berlin 1907

Gutachten (1908)
Aldenhoven, C., Clemen, P., Frentzen, G., Janssen, P., Schill, A., Schnütgen, A., Gutachten über die kirchliche Monumentalmalerei in den Rheinlanden, in: BPDR, Bd. 12, Düsseldorf 1908, S. 70 - 73

GVA St. Gereon, 3
Akte über die katholische Pfarrkirche St. Gereon, GVA, I, Köln, St. Gereon, Nr. 3 (Kirche, Vol. V, 1895-1943), Historisches Archiv des Erzbistums Köln

GVA St. Gereon, 7
Akte über die katholische Pfarrkirche St. Gereon, GVA, I, Köln, St. Gereon, Nr. 7 (Kirche, Vol. IV, 1885-1894), Historisches Archiv des Erzbistums Köln

GVA St. Heribert
Akte über die katholische Pfarrkirche St. Heribert, GVA, I, Deutz, St. Heribert, Nr. 2,1 und 2,2 (Kirche, Vol. IV, 1888-1911), Historisches Archiv des Erzbistums Köln

GVA St. Mariä
Akte über die katholische Pfarrkirche St. Mariä Himmelfahrt, GVA, I, Köln, St. Mariä Himmelfahrt, Nr. 15 (Kirche, Vol. IV, 1877-1923), Historisches Archiv des Erzbistums Köln

Haake (1920)
anonym, Glasgemälde in Kölner Kirchen, nach einem Vortrag von Ludwig Haake im Verein Alt Köln, 1. Juli 1920, Sammlung Bayer, Historisches Archiv der Stadt Köln, Bst. 1010, Bd. 33, Blatt 117

Häger (1955)
Häger, Bernhard, Marienbilder in oberbergischen Kirchen, in: Oberbergische Heimat, Heimatblätter für den Oberbergischen Kreis (Beilage der Oberbergischen Volks - Zeitung), 9. Jg., Nr. 15/16, 1955

Hässlin (1955)
Hässlin, Johann Jakob (Hsg.), Der Gürzenich in Köln - Dokumente aus fünf Jahrhunderten, München 1955

Hahn (1979)
Restaurierungsbericht Horst Hahn, in: RA St. Maria L., Archiv der Werkstatt II, Rh. Amt f. Denkmalpflege, Abtei Brauweiler, Pulheim

Hahn (1990)
Hahn, Horst, Die Restaurierung der Wandmalereien von St. Andreas, in: Colonia Romanica, Bd. 5, Köln 1990, S. 111 - 120

Hahn (1996), 1
Hahn, Horst, Köln. Kath. Pfarrkirche St. Andreas, in: JBRD, Bd. 37, Köln 1996, S. 244 - 254

Hahn (1996), 2
Hahn, Horst, Köln. Kath. Pfarrkirche St. Ursula, in: s.o., S. 283 - 297

Hanselmann (1996)
Hanselmann, Jan Friedrich, Die Denkmalpflege in Deutschland um 1900 - Zum Wandel der Erhaltungspraxis und ihrer methodischen Konzeption, in: Europäische Hochschulschriften, Reihe 28, Kunstgeschichte, Bd. 280, Frankfurt a. M. 1996

Hansmann (1963)
Hansmann, Wilfried, Die Kirche zu Marienberghausen und ihre Wandmalereien, Oberbergischer Kreis (Hsg.), 1963

Hansmann (1965)
Hansmann, Wilfried, Mittelalterliche Höllendarstellungen in oberbergischen Dorfkirchen, in: Romerike Berge, Zeitschrift für Heimatpflege im Bergischen Land, Heft 1, 14. Jg., 1964/65

Hansmann (1975), 1
Hansmann, Wilfried, Die evangelische Kirche in Wiedenest, in: Rh. Kunststätten, Heft 5, Rh. Verein f. Denkmalpflege und Landschaftsschutz (Hsg.), Köln 1975

Hansmann (1975), 2
Hansmann, Wilfried, Die evangelische Kirche in Marienberghausen, in: Rh. Kunststätten, Rheinischer Verein f. Denkmalpflege und Landschaftsschutz (Hsg.), Heft 3, Neuss 1975

Hansmann (1986)
Hansmann, Wilfried, St. Mariä Himmelfahrt, in: Rh. Kunststätten, s.o., Heft 250, 3. verb. Aufl., Neuss 1986

Hansmann (1989)
Hansmann, Wilfried, Die evangelische Kirche in Bergneustadt-Wiedenest, in: Rh. Kunststätten, s.o., Heft 173, 3. verän. Aufl., Neuss 1989

Hansmann (1990)
Hansmann, Wilfried, Die `bunte Kerke' in Gummersbach - Lieberhausen, in: Rh. Kunststätten, s.o., Heft 194, Neuss 1990

Hansmann (1992)
Hansmann, Wilfried, Die evangelische Kirche in Nümbrecht-Marienberghausen, in: Rh. Kunststätten, s.o., Heft 171, 2. überarb. Aufl., Neuss 1992

HDK, 1.
Handbuch der Deutschen Kunstdenkmäler, Dehio, Georg (Hsg.), Bd. 1, Nordrhein - Westfalen, Berlin 1949

HDK, 4.1
Handbuch der Deutschen Kunstdenkmäler, Nordrhein - Westfalen, Rheinland, Dehio, Georg (Hsg.), neu bearbeitet: Schmitz - Ehmke, Ruth, Darmstadt 1967

HDK, 4.2
Handbuch der Deutschen Kunstdenkmäler, Nordrhein - Westfalen, Westfalen, Dehio, Georg (Hsg.), neu bearbeitet: Kluge, Dorothea / Hankmann, Wilfried, Darmstadt 1969

Heckmann (1928)
Heckmann, Die 4 bunten evangelischen Dorfkirchen im Oberbergischen, in: Bergisch-Land, Beilage zum General - Anzeiger für Elberfeld-Barmen, Freitag, 7. Dezember 1928 u. Freitag, 14. Dezember 1928

Heidrich (1995)
Heidrich, Anja, Die Wandmalereien in der Kirche zu Lieberhausen - Eine Restaurierungsgeschichte, unveröf. Magisterarbeit (Mschs.), Rheinischen Friedrich-Wilhelms-Universität, Bonn 1995

Heidrich (1997)
Heidrich, Anja, Die Evangelische Kirche von Lieberhausen. Ein Bauwerk erzählt seine Geschichte, in: Kirchliche Kunst im Rheinland, Meyer, Dietrich (Hsg.), Bd. 3, Düsseldorf 1997, S. 107 - 136

Heimann (1882)
Heimann, Friedrich Carl, [über Restaurierungen in Kölner Kirchen], Deutsche Bauzeitung, 2. April 1892, Nr. 27, 26. Jg.

Heimann (1893)
Heimann, Friedrich Carl, Die Aufnahme bürgerlicher Baudenkmäler durch den Architekten- und Ingenieur-Verein für Niederrhein und Westfalen - Alte Häuser in Köln, in: Aufzeichnungen der 1. Versammlung des Architekten und Ingenieur-Verein für Niederrhein und Westfalen am Montag, den 9. Januar 1893

Heimann (1894), 1
Heimann, Friedrich Carl, Unser Gürzenich, in: Localanzeiger, 4., 6., 10., 11., 15., 17., 19., 24. und 15. März 1894

Heimann (1894), 2
Heimann, Friedrich Carl, Funde in St. Cäcilien, in: Westdeutsche Zeitschrift für Geschichte und Kunst, Korrespondenzblatt Nr. 13, 1894, Sp. 208-212

Heimann (1894), 3
Heimann, Friedrich Carl, Umbauten im Gürzenich, in: Centralblatt der Bauverwaltung, Ministerium für öffentliche Arbeiten (Hsg.), Bd. 14, Berlin 29. September 1894

Heimann (1903), 1
Heimann, Friedrich Carl, Kölnische Geschichte im Schmucke öffentlicher Gebäude, in: Kölnische Volkszeitung, Nr. 122, 8. Februar 1903

Heimann (1903), 2
Heimann, Friedrich Carl, Die St. Markuskapelle in Altenberg, in: Zeitschrift für christliche Kunst, Nr. 3, 1903, Sp. 65 - 76

Heimann (1906), 1
Heimann, Friedrich Carl, Frühgotische Balkendecken- und Wandmalerei aus einem Kölner Wohnhause, in: Zeitschrift für christliche Kunst, Nr. 8, 1906, Sp. 237 - 244

Heimann (1906), 2
Heimann, Friedrich Carl, Die wiederhergestellten alten Wandmalereien in St. Andreas zu Köln, in: Localanzeiger, Nr. 100, 13. April 1906

Heimann (1907), 1
Heimann, Friedrich Carl, Die Aufdeckung der Wandmalereien in der St. Andreaskirche in Köln, in: Localanzeiger, Nr. 352, 19. Dezember 1907

Heimann (1907), 2
Heimann, Friedrich Carl, Der Gürzenich in Cöln, in: Kölnische Volkszeitung, Nr. 999, 17. November 1907

Heimann (1908), 1
Heimann, Friedrich Carl, Die Stiftskirche zu St. Goar, in: Kölnische Volkszeitung, Nr. 168, 24. Februar 1908

Heimann (1908), 2
Heimann, Friedrich Carl, Das Kölner Rathaus, in: Kölnisches Tageblatt, Nr. 326, 17. Juli 1908

Heimann (1911), 1
Heimann, Friedrich Carl, Die alten Kölner Stadtbanner, in: Localanzeiger, Nr. 164, 17. Juni 1911

Heimann (1911), 2
Heimann, Friedrich Carl, Das Dreikönigspförtchen, in: Mitteilungen des Rh. Vereins f. Denkmalpflege und Heimatschutz, 5. Jg., Heft 1, Köln 1911, S. 33 - 37

Heimann (1911), 3
Heimann, Friedrich Carl, Aus der Baugeschichte des Gürzenichs und Fischkaufhauses, in: s.o., S. 49 - 63

Heimann (1911), 4
Heimann, Friedrich Carl, Mittelalterliche Kirchenausstattung im Oberbergischen, in: Mitteilungen des Rh. Vereins f. Denkmalpflege und Heimatschutz, Jg. 5, Heft 3, S. 245 - 254

Heimann (1911), 5
Heimann, Friedrich Carl, In der St. Andreaskirche zu Köln, in: Localanzeiger, Nr. 102, 14. April 1911

Heimann (1913)
Heimann, Friedrich Carl, Denkmalpflege in der Rheinprovinz, in: Localanzeiger, Beilage Colonia, Nr. 25, 22. Juni 1913,

Heimann (1914)
Heimann, Friedrich Carl, Geh. Baurat, Die Erweiterungsbauten des Kunstgewerbemuseums in Köln, in: Die Denkmalpflege, 16. Jg., Nr. 14, 4. Nov. 1914, Berlin 1914, S. 105 - 110

Heimann (1915), 1
Heimann, Friedrich Carl, Alte Kunst am Rhein, in: Kölnische Volkszeitung, Nr. 702, Köln 19. August 1915

Heimann (1915), 2
Heimann, Friedrich Carl, Der alte Bilderschmuck der Kirche St. Cäcilia in Köln, in: Zeitschrift für christliche Kunst, Heft 5, 28. Jg., 1915, S. 77 - 88;
auch als: Der alte Bilderschmuck der Kirche St. Cäcilia in Köln von Friedrich Carl Heimann, Geheimer Baurat, Städt. Konservator, Sonderabdruck aus „Zeitschrift für christliche Kunst", 28. Jg., Heft 5, Düsseldorf 1915, mit 3 Tafeln und 6 Abbildungen erschienen

Heimann (1915), 3
Heimann, Friedrich Carl, Kunst, in: Zur Jahrhundertfeier der Vereinigung der Rheinlande mit Preußen, Bachem, Julius (Hsg.), Köln 1915, S. 217 - 229

Heimann (1916)
Heimann, Friedrich Carl, Ein Monumentalwerk über rheinische Kunst im Mittelalter, in: Kölnische Volkszeitung, Nr. 848, 21. Oktober 1916

Heimann (1917)
Heimann, Friedrich Carl, Der Dom zu Köln - Vor dem Beginn seines Fortbaues, Zum 75. Jahrestag der Grundsteinlegung am 4. September 1842, Sonderabdruck aus der Kölnischen Volkszeitung, 1917

Heimann (1918), 1
Heimann, Friedrich Carl, Geborgene Schätze alter Kölner Glasmalerkunst, in: Kölnische Volkszeitung, Nr. 908, 17. November 1918

Heimann (1918), 2
Heimann, Friedrich Carl, Alte Glasmalereien in Köln, in: Die Denkmalpflege, 20. Jg., 1918, S. 105- 106

Heimann (1919)
Heimann, Friedrich Carl, Knechtsteden, in: Kölnische Volkszeitung, Nr. 443, 7. Juni 1919

Heimann (1921)
anonym, Nekrolog Heimann, Zeitungsartikel 1921, Zeitungsausschnittsammlung der Universitätsbibliothek Köln

Heimatbuch
Unsere Heimat der Selfkantkreis Geilenkirchen-Heinsberg. Ein Heimatbuch, Arbeitsgemeinschaft der Heimatpfleger des Kreises (Hsg.), Geilenkirchen 1936

Heinersdorff (1912)
Heinersdorff, Gottfried, Die Trennung zwischen Kartonzeichner und Glasmaler, in: Zeitschrift für alte und neue Glasmalerei und verwandte Gebiete, 1912, S. 126 - 129

Heydasch-L. (1990)
Heydasch-Lehmann, Susanne, Die Fenster im Chor der Pfarrkirche St. Andreas durch die Firmen Schneiders & Schmolz (1899) und Reuter (1918), in: Colonia Romanica, Bd. 5, Köln 1990, S. 121 - 135

Hellbrügge (1989)
Hellbrügge, Christoph F., Konservieren, nicht Restaurieren, Diss. Rheinische Friedrich-Wilhelms-Universität Bonn, Bonn 1989

Hensler (1912), 1
Hensler, E., Marienberghausen (Kreis Gummersbach), Wiederherstellung der evangelischen Pfarrkirche und ihrer gotischen Wandmalereien, in: BPDR, Bd. 16, Düsseldorf 1912, S. 20 - 21

Hensler (1912), 2
Hensler, E., Wiederherstellung gotischer Wandmalereien und kirchlicher Ausstattungsstücke am Niederrhein. Hünshoven (Kreis Geilenkirchen), Hanselaer (Kreis Cleve), Hamminkeln, Brünen und Ringenberg (Kreis Rees), in: BPDR, Bd. 16, Düsseldorf 1912, S. 53 - 59

Herwegen (1912)
Herwegen, Ildefons, Der Gemäldefries an der Westapsis des Domes zu Trier, in: Zs. f. chr. Kunst, Bd. 25, 1912, Sp. 354 - 360

Hilger (1979)
Hilger, Hans Peter, Geschichte der bildenden Kunst im Rheinland seit 1815, in: Rheinische Geschichte, Petri / Droege (Hsg.), Bd. 3, Düsseldorf 1979, S. 699 - 757

Hilger (1981)
Hilger, Hans Peter, Raum und Ausstattung Rheinischer Kirchen 1860 - 1914, in: Beiträge zu den Bau- und Kunstdenkmälern im Rheinland, Bd. 26, Düsseldorf 1981

Hilger (1985)
Hilger, Hans Peter, St. Maria im Kapitol zu Köln, in: Rh. Kunststätten, Heft 59, Köln 1985

Hillenkamp (1891)
Hillenkamp, Was unter der Tünche saß, in: Rheinisch - Westfälische Volkszeitung, 31. Juli 1891

Hiller (1899)
Hiller, Paul, Der Tafelaufsatz und das Goldene Buch der Stadt Köln, in: Moderne Kunst, 1899, S. 388 - 389

Hinnenberg (1978)
Hinnenberg, Carl Dieter, Die Salvatorkirche in Duisburg, in: Rh. Kunststätten, Heft 204, 1. Aufl. 1978

Hinz (1978)
Hinz, Berthold, Friede den Fakultäten - Zur Programmatik des Verhältnisses von Kunst und Wissenschaft zwischen Aufklärung und Vormärz - Die Fakultätenbilder in Bonn, in: Brix/Steinhauser, Geschichte allein ist zeitgemäß, Historismus in Deutschland, Giessen 1978, S. 53 - 72

Historismus (1965)
Historismus und die bildende Kunst, Studien zur Kunst des Neunzehnten Jahrhunderts, Forschungsunternehmen der Fritz Thyssen Stiftung, Bd. 1, München 1965

Hittorff (1852)
Hittorff, Über die polychrome Architektur bei den Alten, in: Allgemeine Bauzeitung, Förster, Ludwig Christian Friedrich (Hsg.), 17. Jg., Wien 1852, S. 243 - 250

Hoffmann (1990)
Hoffmann, Godehard, Gotische Wandmalerei im Trierer Dom nach den wiederentdeckten Zeichnungen von A. Bardenhewer, in: Kurtrierisches Jahrbuch - Sonderdruck, 30. Jahrgang, 1990

Hoffmann (1991)
Hoffmann, Godehard, St. Quirinus in Neuss - Die Restaurierungen im 19. Jahrhundert, Landschaftsverband Rheinland, Arbeitsheft 30, Köln 1991

Hohmann (1978)
Hohmann, Jürgen, Zur Geschichte der mittelalterlichen Gewölbemalerei von St. Maria Lyskirchen in Köln, Mai 1972 - Juni 1977 - Eine Dokumentation der Restaurierungswerkstatt des Landeskonservators im Juni 1978 (Mnskr.)

Hohmann (1996), 1
Hohmann, Jürgen, Essen-Werden. Ehem. Benediktiner-Abteikirche St. Liudger, in: JBRD, Bd. 37, Köln 1996, S. 218 - 220

Hohmann (1996), 2
Hohmann, Jürgen, Köln. Pfarrkirche St. Maria Lyskirchen, in: s.o., S. 264 - 280

Holzamer (1985)
Holzamer, Karin, August Essenwein 1831 - 1892 - Architekt und Museumsmann, seine Zeichnungen und Entwürfe in Nürnberg, Diss. Regensburg 1985

Horion (1926)
Horion, Johannes, Paul Clemen und die Rheinlande, in: Paul Clemen Ehrung, Zeitschrift des Rh. Vereins für Denkmalpflege und Heimatschutz, 19. Jg., Heft 2, 1926, S. 1 - 5

HRAD, L. (1951)
Hausakte des Rheinischen Amtes für Denkmalpflege, Gummersbach - Lieberhausen ab 1951

HRAD, L. (1988)
Hausakte des Rheinischen Amtes für Denkmalpflege, Gummersbach - Lieberhausen Ev. Kirche ab 1988

Hüssen (1870)
Hüssen, Peter Wilhelm, Geschichte der ehemaligen reichsunmittelbaren Herrschaft Homburg, Barmen 1870

Humann (1888)
Humann, G., Gewölbemalerei in der Salvatorkirche zu Duisburg, in: Zs. f. chr. Kunst, 1. Jg., Düsseldorf 1888, Sp. 261 - 266

Huse (1984)
Huse, Norbert, Denkmalpflege - Deutsche Texte aus 3 Jahrhunderten, München 1984

H.V. (1921)
H.V., Friedrich Karl Heimann in Köln †, in: Die Denkmalpflege, 23. Jg., 30. November 1921, S. 112

Illustr., Nr. 3012
anonym, Modernes Kunstgewerbe - Das kölner Rathssilber, Illustrirte Zeitung, Nr. 3012, 21. März 1901, S. 445 - 446

Instandsetz. Gereon
Landesbeihilfen für die Instandsetzung denkmalwerter Kirchen in Köln: St. Gereon (1948-1972), BR 2016 - 20, Nordrhein-Westfälisches Hauptstaatsarchiv Düsseldorf

Instandsetz. Heribert
Landesbeihilfen für die Instandsetzung denkmalwerter Kirchen in Köln: Alt-St. Heribert, Köln-Deutz (1950-1976), BR 2016 - 14, Nordrhein-Westfälisches Hauptstaatsarchiv Düsseldorf

Instandsetz. Knechtst.
Instandsetzung der Abteikirche Knechtsteden (1866-1927), Reg. Düsseldorf 25915 und 27738, Nordrhein-Westfälisches Hauptstaatsarchiv Düsseldorf

Instandsetz. Maria H.
Landesbeihilfen für die Instandsetzung denkmalwerter Kirchen in Köln: Sankt Maria Himmelfahrt (1949-1974), BR 2016 - 12, Nordrhein-Westfälisches Hauptstaatsarchiv Düsseldorf

Instandsetz. Steinfeld
Instandsetzung der katholischen Pfarrkirche in Steinfeld (1903-1934), Reg. Aachen 16700, Nordrhein-Westfälisches Hauptstaatsarchiv Düsseldorf

Iseken (1978)
Iseken, Rainer, Denkmalpflege im Bezugsrahmen von Geschichte und Gegenwart. Eine diachrone und synchrone Untersuchung zur Standortbestimmung der Denkmalpflege am Beispiel Nordrhein-Westfalen, Aachen 1978

Jenderko-S. (1973)
Jenderko-Sichelschmidt, Ingrid, Die Historienbilder Carl Friedrich Lessings, Diss. Köln 1973

Jenderko-S. (1979)
Jenderko-Sichelschmidt, Ingrid, Profane Historienmalerei, in: Kunst des 19. Jahrhunderts im Rheinland, Trier/Weyres (Hsg.), Bd. 3, Malerei, Düsseldorf 1979, S. 145 - 190

Jordan (1910)
Jordan, Wiederherstellungsarbeiten an der ehemaligen Abteikirche zu Werden a. d. Ruhr, in: Die Denkmalpflege, Jg. 12, Nr. 9, 1910, S. 65 - 69

Kahle (1984)
Kahle, Barbara und Ulrich, St. Andreas, in: Stadtspuren - Denkmäler in Köln, Kier/Krings (Hsg.), Köln 1984, S. 154 - 182

Karlinger (1921)
Karlinger, Hans, Friedrich Karl Heimann in Köln †, in: Die Denkmalpflege, 23. Jg., 30. November 1921

Karpa (1934)
Karpa, Oskar, Kölnische Reliquienbüsten, in: Zs. des Rh. Vereins f. Denkmalpflege und Heimatschutz, 27. Jg., Heft 1, 1934, S. 43

Kat. (1902)
Kunsthistorische Ausstellung Düsseldorf 1902, 1. Mai bis 20. October, Illustrirter Katalog, 2. Auflage, Düsseldorf 1902

Kat. (1904)
Kunsthistorische Ausstellung, Katalog zur Kunsthistorischen Ausstellung, Düsseldorf 1904

Kat. (1946)
Kölner Glasmalerei vom 13. Jahrhundert bis zur Gegenwart, Katalog zur Ausstellung in der Universität Köln, Herbst 1946

Kat. (1967)
Johann Anton Ramboux - Maler und Konservator - 1790-1866, Gedächtnisausstellung im Wallraf-Richartz-Museum zu Köln 28. Dezember 1866 - 26. Februar 1967

Kat. (1975)
Konservieren - Restaurieren, Ausstellung im Westfälischen Landesmuseum Münster 26. Oktober - 28. Dezember 1975, Münster 1975

Kat. (1991)
Paul Clemen - 1866-1947 - Erster Provinzialkonservator der Rheinprovinz, Katalog zur Ausstellung aus Anlaß seines 125. Geburtstages vom 1. Oktober - 5. November 1991, Landschaftsverband Rheinland (Hsg.), Köln 1991

Kat. (1994)
Glasmalerei des 19. Jahrhunderts in Deutschland, Katalog zur Ausstellung im Angermuseum Erfurt, 23. September 1993 - 27. Februar 1994, Erfurt 1994

Kdm. Bayern
Die Stadt Nürnberg, Bayerische Kunstdenkmale, Kurzinventar, bearb. von Wilhelm Schwemmer, 2. überarb. Aufl., München 1977

Kdm. Bayern 2.10
Die Kunstdenkmäler des Königreichs Bayern, Die Kunstdenkmäler von Oberpfalz und Regensburg, Bd. 2, Heft 10, München 1911

Kdm. Braunschweig
Die Bau- und Kunstdenkmäler der Stadt Braunschweig, bearb. von P.J. Meier und K. Steinakker, Braunschweig 1926

Kdm Köln, 1.4
Die Kunstdenkmäler der Stadt Köln, Die kirchlichen Denkmäler der Stadt Köln. St. Andreas..., Clemen (Hsg.), Bd. 1.4, Düsseldorf 1916

Kdm Köln, 2.2
Die Kunstdenkmäler der Stadt Köln, Die kirchlichen Denkmäler der Stadt Köln. Minoritenkirche..., bearb. Hugo Rahtgens, Hermann Roth, Bd. 2.2, Düsseldorf 1929

Kdm Köln, 2.3
Die Kunstdenkmäler der Stadt Köln, Die kirchlichen Denkmäler der Stadt Köln. St. Ursula, Ursulinenkirche, St. Elisabeth, St. Maria Ablaß, Kartause, Deutz und die übrigen Vororte. Die Friedhöfe, bearb. Ludwig Arntz, Hugo Rahtgens,

Heinrich Neu, Hans Vogts, Clemen (Hsg.), Bd. 2.3, Düsseldorf 1934

Kdm Köln, 2.4
Die Kunstdenkmäler der Stadt Köln, Die profanen Denkmäler, bearb. Hans Vogts, Bd. 2.4, Düsseldorf 1930

Kdm Köln, Erb.
Die Kunstdenkmäler der Stadt Köln, Die ehemaligen Kirchen, Klöster, Hospitäler und Schulbauten der Stadt Kölb, Clemen (Hsg.), Ergänzungsband, Düsseldorf 1937

Kdm Rhp. 1.4
Die Kunstdenkmäler der Rheinprovinz, Die Kunstdenkmäler des Kreises Kleeve, Clemen (Hsg.), Bd. 1.4, Düsseldorf 1892

Kdm Rhp. 2.1
Die Kunstdenkmäler der Rheinprovinz, Die Kunstdenkmäler des Kreises Rees, Clemen (Hsg.), Bd. 2.1, Düsseldorf 1892

Kdm Rhp. 2.2
Die Kunstdenkmäler der Rheinprovinz, Die Kunstdenkmäler des Kreises Duisburg, Clemen (Hsg.), Bd. 2.2, Düsseldorf 1893

Kdm Rhp. 2.3
Die Kunstdenkmäler der Rheinprovinz, Die Kunstdenkmäler der Stadt und des Kreises Essen, Clemen (Hsg.), Bd. 2.3, Düsseldorf 1893

Kdm Rhp. 3.1
Die Kunstdenkmäler der Rheinprovinz, Die Kunstdenkmäler der Stadt und des Kreises Düsseldorf, Clemen (Hsg.), Bd. 3.1, Düsseldorf 1894

Kdm Rhp. 3.3
Die Kunstdenkmäler der Rheinprovinz, Die Kunstdenkmäler des Kreises Neuss, Clemen (Hsg.), Bd. 3.3, Düsseldorf 1895

Kdm Rhp. 4.3
Die Kunstdenkmäler der Rheinprovinz, Die Kunstdenkmäler des Kreises Bergheim, Clemen (Hsg.), Bd. 4.3, Düsseldorf 1897

Kdm Rhp. 4.4
Die Kunstdenkmäler der Rheinprovinz, Die Kunstdenkmäler des Kreises Euskirchen, Clemen (Hsg.), Bd. 4.4, Düsseldorf 1900

Kdm Rhp. 5.1
Die Kunstdenkmäler der Rheinprovinz, Die Kunstdenkmäler der Kreise Gummersbach, Waldbröl und Wipperfürth, Renard, Edmund (Hsg.), Bd. 5.1, Düsseldorf 1900

Kdm Rhp. 5.3
Die Kunstdenkmäler der Rheinprovinz, Die Kunstdenkmäler der Stadt und des Kreises Bonn, Clemen (Hsg.), Bd. 5.3, Düsseldorf 1905

Kdm Rhp. 5.4
Die Kunstdenkmäler der Rheinprovinz, Die Kunstdenkmäler des Siegkreis, Bd. 5.4, 1907

Kdm Rhp. 6.4
Die Kunstdenkmäler der Rheinprovinz, Die kirchlichen Kunstdenkmäler der Stadt Köln, St. Alban, St. Andreas, Antoniterkirche, St. Aposteln, St. Cäcilien, St. Columba, St. Cunibert, Elendskirche, St. Georg, Bd. 6.4, Ewald/Rahtgens (Hsg.), Düsseldorf 1916

Kdm Rhp. 7.1
Die Kunstdenkmäler der Rheinprovinz, Die kirchlichen Kunstdenkmäler der Stadt Köln, St. Gereon, St. Johann Baptist, die Marienkirchen, Groß St. Martin, Bd. 7.1, 1911

Kdm Rhp. 8.2
Die Kunstdenkmäler der Rheinprovinz, Die Kunstdenkmäler der Kreise Erkelenz und Geilenkirchen, bearb. Franck-Oberaspach, Renard (Hsg.), Bd. 8.2, Düsseldorf 1904

Kdm Rhp. 8.3
Die Kunstdenkmäler der Rheinprovinz, Die Kunstdenkmäler des Kreises Heinsberg, Bd. 8.3, Düsseldorf 1906

Kdm Rhp. 9.1
Die Kunstdenkmäler der Rheinprovinz, Die Kunstdenkmäler des Kreises Düren, bearb. von Paul Hartmann und Edmund Renard, Clemen (Hsg.), Bd. 9.1, Düsseldorf 1910

Kdm Rhp. 9.2
Die Kunstdenkmäler der Rheinprovinz, Die Kunstdenkmäler der Landkreise Aachen und Eupen, Bd. 9.2, Düsseldorf 1912

Kdm Rhp. 10.1
Die Kunstdenkmäler der Rheinprovinz, Die Kunstdenkmäler der Stadt Aachen - Das Münster, bearb. Karl Faymonville, Clemen (Hsg.), Bd. 10.1, Düsseldorf 1916

Kdm Rhp. 11.2
Die Kunstdenkmäler der Rheinprovinz, Die Kunstdenkmäler des Kreises Schleiden, Clemen (Hsg.), Bd. 11.2, Düsseldorf 1932

Kdm Rhp. 13.1
Die Kunstdenkmäler der Rheinprovinzen, Die Kunstdenkmäler der Stadt Trier - Der Dom, Clemen (Hsg.), Bd. 13.1, Düsseldorf 1931

Kdm Rhp. 13.3
Die Kunstdenkmäler der Rheinprovinzen, Die kirchlichen Denkmäler der Stadt Trier, Clemen (Hsg.), Bd. 13.3, Düsseldorf 1938

Kdm Rhp. 16.1
Die Kunstdenkmäler der Rheinprovinzen, Die Kunstdenkmäler des Kreises Altenkirchen, bearb. Margot Bitterauf-Remy, Clemen (Hsg.), Bd. 16.1, Düsseldorf 1935

Kdm Rhp. 16.2
Die Kunstdenkmäler der Rheinprovinzen, Die Kunstdenkmäler des Kreises Neuwied, bearb. Heinrich Neu, Bd. 16.2, Düsseldorf 1940

Kdm Rhp. 16.3
Die Kunstdenkmäler der Rheinprovinzen, Die Kunstdenkmäler des Landkreises Koblenz, Clemen/Zimmermann (Hsg.), Bd. 16.3, Düsseldorf 1944

Kdm Rhp. 17.1
Die Kunstdenkmäler der Rheinprovinzen, Die Kunstdenkmäler des Kreises Ahrweiler, Clemen (Hsg.), Bd. 17.1, Düsseldorf 1938

Kdm Rhp. 17.2
Die Kunstdenkmäler der Rheinprovinzen, Die Kunstdenkmäler des Kreis Andernach, bearb. Hanna Adenauer, Clemen (Hsg.), Bd. 17.2, Bd. I und II, Düsseldorf 1940

Ketnath-Hornig (1940)
Ketnath-Hornig, Antonie, Kunstmaler Anton Bardenhewer, Mitteilungen des Familienverbandes Bardenheuer, Nr. 3, März 1940, S. 70 - 74, Familienarchiv Bardenhewer, St. Augustin

Kiesow (1989)
Kiesow, Gottfried, Einführung in die Denkmalpflege, Darmstadt 1989

Kisky (o.A.)
Kisky, Hans, Die alte Pfarrkirche von Morsbach, o.A.

Kisky (1950)
Kisky, Hans, Die 'bunten Kirchen' des Euskirchener Landes, in: Rheinisches Jahrbuch, Heft 1, 1950, S. 13 - 31

Kisky (1957)
Kisky, Hans, Bericht über die Tätigkeit der Rheinischen Denkmalpflege 1953 - 1956, in: JBRD, Bd. 21, 1957, S. 182 - 283

Kisky (1962)
Kisky, Hans, Die gotischen Wandmalereien in der Kirche zu Marienhagen, in: JBRD, Berichte über die Tätigkeit der Restaurierungswerkstatt in den Jahren 1959-61, Kevelaer 1962

Kisky (1963)
Kisky, Hans, Marienhagen, in: Rheinische Kunststätten, Sonderheft 1963

Kisky (1938)
Kisky, Wilhelm, Die Sammlung Ernst von Oidtmann in der Universitäts- und Stadtbibliothek in Köln, in: Rh. Heimatpflege, Zehn Jahre Archivberatungsstelle der Rheinprovinz, 10. Jg., Heft 3, Düsseldorf 1938, S. 347 - 349

Klamt (1968)
Klamt, Johann Christian, Die mittelalterlichen Monumentalmalereien im Dom zu Braunschweig, Diss. Phil. Fakult., Berlin 1968, (MschS)

Klemm (1905)
Klemm, Franz Xaver, Die ehemalige Prämonstratenser - Abtei Steinfeld in der Eifel, in: Germania, Wissenschaftliche Beilage, Nr. 48, 30. November 1905

Klinkenberg (1903)
Klinkenberg, Joseph, Köln und seine Kirchen - Führer durch Köln für die Besucher der 50. General-Versammlung der Katholiken Deutschlands, Köln 1903

Kluge (1959)
Kluge, Dorothea, Gotische Wandmalerei in Westfalen - 1290 - 1530, in: Westfalen, Mitteilungen des Vereins für Geschichte und Altertumskunde Westfalen, 12. Sonderheft, Münster 1959

Knoepfli (1989)
Knoepfli, Albert, Miszellaneen zur einäugigen Denkmalpflege, in: Mörsch/Strobel (Hsg.), Die Denkmalpflege als Plage und Frage - Festgabe für August Gebeßler, München/Berlin 1989, S. 121 - 132

Knopp/Hansmann
Knopp, Gisbert, Hansmann, Wilfried, Josef Kurthen malt Paul Clemen, in: Mainzer, Udo (Hsg.), Paul Clemen Zur 125. Wiederkehr seines Geburtstages, Jahrbuch der Rheinischen Denkmalpflege, Bd. 35, Köln 1991, S. 397 - 421

Koetschau (1929)
Koetschau, K., Alfred Rethels Kunst vor dem Hintergrund der historischen Malerei seiner Zeit, Düsseldorf 1929

Köln. Beob. (1937)
anonym, Neun Ritter werden gewaschen, in: Kölner Beobachter, Westdeutscher-Beobachter, Abend-Ausgabe, 31. Juli 1937, Archiv Philippson, Köln

Köln. Blätter, Nr. 298
anonym, [Restaurierung allg.], in: Belletristische Beilage zu den Kölnischen Blättern, Nr. 298, 30. Juli 1865

Korn/Renard
Korn, Moritz; Renard, Edmund, Hilden - Wiederherstellung der evangelischen Pfarrkirche, in: BPDR, Bd. 8, Düsseldorf 1904, S. 8 - 12

Kosch (1995)
Kosch, Clemens, St. Andreas, in: Colonia Romanica, Bd. 10, Köln 1995, S. 41 - 62

Kosch (1996)
Kosch, Clemens, Klein St. Martin, in: Colonia Romanica, Bd. 11, Köln 1996, S. 143

Kreusch (1957)
Kreusch, Felix, Kriegsschäden und Wiederherstellungsarbeiten am Aachener Dom, in: JBRD, Bd. 21, Kevelaer 1957, S. 106 - 125

Krings (1984), 1
Krings, Ulrich, St. Cäcilien. Das frühstaufische Bauwerk aus der Mitte des 12. Jahrhunderts. Seine Gestalt und die Geschichte seiner späteren Veränderungen, in: Stadtspuren - Denkmäler in Köln, Bd. 1, Köln 1984, S. 235 - 255

Krings (1984), 2
Krings, Ulrich, St. Maria im Kapitol. Die Bautätigkeit des Mittelalters und der Neuzeit bis zum Zweiten Weltkrieg, in: Stadtspuren - Denkmäler in Köln, Kier/Krings (Hsg.), Bd. 1, 1984, S. 345 - 380

Krings (1990)
Krings, Ulrich, Die Krypta von St. Andreas, in: Colonia Romanica, Bd. 5, Köln 1990, S. 64 - 68

Kröll (o.A.)
Kröll, Josef, St. Cyriakus, Kath. Pfarramt St. Cyriakus Mendig, o.A.

Krombholz (1992)
Krombholz, Ralf, Köln: St. Maria Lyskirchen, in: Stadtspuren - Denkmäler in Köln, Bd. 18, Krings, Ulrich (Hsg.), Köln 1992

Krusenotto (o.A.)
Krusenotto, Msgr. Wolfram, Kath. Pfarrkirche „St. Gertrud" in Morsbach, o. A. (nach 1993)

Kubach/Verbeek (1976)
Kubach, Hans Erich, Verbeek, Albert, Romanische Baukunst an Rhein und Maas, Bd. 1 und Bd. 2, Berlin 1976

Kühn (1978)
Kühn, Hermann, Untersuchungsbericht zu der Wandmalerei in St. Cäcilien, 1978, in: RA St. Cäcilien, Archiv der Werkstatt II, Rh. Amt f. Denkmalpflege, Abtei Brauweiler, Pulheim

Kümmerling (1988)
Kümmerling, Harald, Zeugnisse für die Musikpflege in der Hardenrath-Kapelle, in: Colonia Romanica, Bd. 3, Köln 1988, S. 96 - 98

Künstle (1926)
Künstle, Karl, Ikonographie der Heiligen, Freiburg 1926

Künstle (1928)
Künstle, Karl, Ikonographie der Christlichen Kunst, Bd. I, Freiburg 1928

Künstler-B. (1996)
Künstler - Brandstädter, Karen, St. Ursula, in: Colonia Romanica, Bd. 11, Köln 1996, S. 208-224

Kurth (1967)
Kurth, W., Heinrich Wiethase 1833 - 1893, Diss. Aachen 1967

Kurthen (1927)
Kurthen, Joseph, Neuentdeckte Wandmalereien im Kloster Steinfeld, in: Kunstgabe des Vereins für christliche Kunst im Erzbistum Köln, Neuss, Wilhelm (Hsg.), Köln 1927, S. 15 - 18

K. Z., Nr. 274
anonym, Die Wandgemälde im Hansesaale zu Köln, in: Kölnische Zeitung, Nr. 274, 2. Oktober 1864

K. Z., 5.1.1878
anonym, [Restauration der St. Maria Himmelfahrtskirche], in: Kölnische Zeitung, 5. Januar 1878

K. Z., Nr. 411
anonym, Grundsteinlegung zum neuen Archiv- und Bibliothekgebäude, in: Kölnische Zeitung, Nr. 411, 16. Mai 1894

K. Z., Nr. 919
anonym, Verein von Altertumsfreunden in Köln, in: Kölnische Zeitung, Nr. 919, 13. November 1894

K. Z., Nr. 284
anonym, 47. Provinziallandtag der Rheinprovinz, Düsseldorf, 15. März, in: Kölnische Zeitung, Nr. 284, 16. März 1907

K. Z., Nr. 286
anonym, Kirchenmalerei, in: Kölnische Zeitung, Nr. 286, 16. März 1907

K. Z., Nr. 323
anonym, Kirchenmalerei, in: Kölnische Zeitung, Nr. 323, 26. März 1907

K. Z., Nr. 86
anonym, Der Rückstand unserer Monumentalmalerei, in: Kölnische Zeitung, Nr. 86, 28. März 1907

K. Z., 27.2.1914
anonym, Knechtsteden, in: Kölnische Zeitung, 27. Febr. 1914, Familienarchiv Griebel, München

K. Z., Nr. 584
anonym, Kölner Kirchen werden schöner, in: Kölnische Zeitung/Stadtanzeiger, Abendblatt, Nr. 584, Samstag, 17. Nov. 1934

Landsberg (1926)
Landsberg, Ernst, Der strafrechtliche Schutz von Kunstdenkmälern - Gemäß dem amtlichen Entwurf eines Allgemeinen Deutschen Strafgesetzbuches von 1925, in: Paul Clemen Ehrung, Zeitschrift des Rh. Vereins für Denkmalpflege und Heimatschutz, 19. Jg., Heft 2, 1926, S. 6 - 9

Lange (1906)
Lange, Konrad, Die Grundsätze der modernen Denkmalpflege, in: Der Kunstwart 19/2, 1906, S. 441 - 448, 508 - 516

LCI (1968-76)
Lexikon der christlichen Ikonographie, Bände 1-8, Rom/ Freiburg/ Basel/ Wien 1968 - 1976

Lebensbilder, Bd. 7
Rheinische Lebensbilder, Bd. 7

Ledebur (1984)
Ledebur, Alkmar Frh. von, Stiftskirche St. Goar, in: Schnell, Kunstführer Nr. 1483, 1. Aufl., München & Zürich 1984

Lehfeldt (1886)
Lehfeldt, Paul, Bau- und Kunstdenkmäler des Regierungsbezirks Koblenz, Koblenz 1886

Lehnkühl (1992)
Lehnkühl, Thomas, Dokumentation zur Restaurierung der Nikolauskapelle in der Katholischen Pfarrkirche St. Gereon zu Köln, Münster 20. Jan. 1992 - 10. April 1992, in: RA St. Gereon, Archiv der Werkstatt II, Rh. Amt für Denkmalpflege, Abtei Brauweiler, Pulheim

LhaK, Nr. 13 994
Acta betreffend die anderweite Organisation der Denkmalpflege, Landeshauptarchiv Koblenz, Abt. 403, Nr. 13 994

LhaK, Nr. 13 995
Acta betreffend die anderweite Organisation der Denkmalpflege, Landeshauptarchiv Koblenz, Abt. 403, Nr. 13 995

LhaK, Nr. 13 996
Acta betreffend die anderweite Organisation der Denkmalpflege, Landeshauptarchiv Koblenz, Abt. 403, Nr. 13 996

LhaK, Ahrweiler, 15255
Acten über den Bau und die Reparatur der katholischen Kirche zu Ahrweiler, Restaurierung 1899 ff., Landeshauptarchiv Koblenz, Abt. 441, Nr. 15255

LhaK, Ahrweiler, 31665
Acten über den Bau und die Reparatur der katholischen Kirche zu Ahrweiler, Landeshauptarchiv Koblenz, Abt. 441, Nr. 31 665

LhaK, Almersbach
Acta betreffend den Bau und die Reparatur an der evangelischen Pfarrkirche zu Almersbach, Landeshauptarchiv Koblenz, Abt. 441, Nr. 31 241

LhaK, Andernach
Acta betreffend den Bau und die Reparatur an der katholischen Kirche zu Andernach, Landeshauptarchiv Koblenz, Abt. 441, Nr. 30 063

LhaK, Bendorf
Acta betreffend den Bau und die Reparatur an der katholischen Kirche zu Bendorf, Landeshauptarchiv Koblenz, Abt. 441, Nr. 32 608

LhaK, Linz
Acta betreffend den Bau und die Reparatur an der katholischen Kirche zu Linz, Landeshauptarchiv Koblenz, Abt. 441, Nr. 15 320 - 15 322

LhaK, Linz, Photos
Photographien zu der St. Martinskirche Linz, Photographiensammlung des Landeshauptarchivs Koblenz, Abt. 441, Nr. 31 343

LhaK, Mendig, Photo
Photographien zu der St. Cyriakuskirche Niedermendig aus dem Nachlaß Dr. Fritz Michel, Koblenz, Photographiensammlung des Landeshauptarchiv Koblenz, Abt. 710, Nr. 11 464 - 11 467

LhaK, Oberbreisig
Acten über den Bau und die Reparaturen der katholischen Kirche zu Oberbreisig, Landeshauptarchiv Koblenz, Abt. 441, Nr. 30 189

LhaK, Oberwesel
Acta betreffend den Bau und die Reparatur an der katholischen Pfarrkirche zu Oberwesel, Landeshauptarchiv Koblenz, Abt. 441, Nr. 30 928

LhaK, Sayn
Acta betreffend die patronatsfiskalische katholische Kirche nebst Pfarrgebäude in Sayn, Landeshauptarchiv Koblenz, Abt. 441, Nr. 35 891 - 35 893

LhaK, St. Goar
Acta betreffend den Bau und die Reparatur an der evangelischen Stiftskirche St. Goar, Landeshauptarchiv Koblenz, Abt. 441, Nr. 29 516

LhaK, Wetzlar
Acta betreffend den Bau und die Reparatur an der gemeinschaftlichen luth. Kirche Dom zu Wetzlar, Landeshauptarchiv Koblenz, Abt. 441, Nr. 28 991

Liell (1888)
Liell, H. F. Jos., Der hl. Christophorus in der romanischen Kirche zu Niedermendig, in: Zeitschrift für christliche Kunst, Nr. 11, 1. Jg., Düsseldorf 1888, Sp. 397 - 402

Lindner (1904)
Lindner, Arthur, Die Wandmalereien von St. Laurentius zu Ahrweiler, Kölnische Volkszeitung, Sonntagsbeilage, 28. Februar 1904

Local-N., 1866
anonym, Der Hansa-Saal im Kölner Rathause, in: Kölner Local - Nachrichten, 18. April 1866

Localanz., Nr. 284
anonym, Sonst und jetzt - Ein rechtsrheinisches Culturbild, in: Localanzeiger, Nr. 284, 16. Oktober 1893

Localanz., Nr. 245
anonym, Die Kölner Kirchen, in: Localanzeiger, Nr. 245, 9. September 1894

Localanz., Nr. 322
anonym, Die St. Cäcilienkirche in Köln, in: Localanzeiger, Nr. 322, 23. November 1897

Localanz., Nr. 323
anonym, Bildwerke an der St. Cäcilienkirche, in: Localanzeiger, Nr. 323, 24. November 1897

Localanz., Nr. 97
anonym, In der St. Cäcilienkirche, in: Localanzeiger, Nr. 97, 11. April 1900

Localanz., Nr. 274
anonym, Eine Besichtigung des renovierten Stapelhauses, in: Localanzeiger, Nr. 274, 8. Oktober 1901

Localanz., Nr. 275
anonym, Das Kölner Stapelhaus an der Rheinuferstraße, in: Localanzeiger, Nr. 275, 9. Oktober 1901

Localanz., Nr. 289
anonym, Ein Rheinischer Verein für Denkmalpflege und Heimatschutz, in: Localanzeiger, Nr. 289, 21. Oktober 1906

Localanz., Nr. 340
anonym, Über die Geschichte des Gürzenich, in: Localanzeiger, Nr. 340, 7. Dezember 1907

Localanz., Nr. 20
anonym, Die Gereonskirche, in: Colonia, Sonntagsbeilage zum Kölner Local-Anzeiger, Nr. 20, 17. Mai 1908

Localanz., Nr. 156
anonym, [Hansasaal], in: Localanzeiger, Nr. 156, 6. Juni 1908

Localanz., Nr. 51
anonym, Über mittelalterliche Wandmalereien, in: Localanzeiger, Nr. 51, 20. Februar 1911, S. 8

Localanz., Nr. 214
anonym, Die Cäcilienkirche in Köln, in: Localanzeiger, Nr. 214, 6. August 1913

Localanz., Nr. 106
anonym, Der Innenschmuck der St. Cäcilien-Kirche, in: Localanzeiger, Nr. 106, 16. April 1916

Loersch (1897)
Loersch, Aachen. Wiederherstellung und Ausschmückung der Münsterkirche, in: BPDR, Bd. 2, Bonn 1897, S. 6 - 13

Lohde (1857)
Lohde, [...], in: Zeitschrift für Bauwesen, 1857, Sp. 170, farbige Tafel, Bl. 23

Lohmann (1928)
Lohmann, Archivdirektor Dr., Die Abteikirche zu Deutz, in: Kölnische Volkszeitung, Nr. 477, 22. Juni 1928

LSBZ (1981)
Lexikon der Symbole - Bilder und Zeichen der Christlichen Kunst, Heinz-Mohr, Gerd (Hsg.), Düsseldorf 1981

Lützeler (1948)
Lützeler, Heinrich, Paul Clemen Gedenkrede, Bonn 1948

Lützeler (1968)
Lützeler, Heinrich, Die bauliche Entwicklung von 1818 bis 1939 - Das Hauptgebäude 1945 - 1968, in: 150 Jahre Rheinische Friedrich-Wilhelms-Universität zu Bonn 1818 - 1968 - Die Bonner Universität - Bauten und Bildwerke, Bonn 1968

Lyskirchen I
anonym, Ein Juwel altkölnischer Baukunst: St. Maria Lyskirchen wird wiederhergestellt, Zeitungsartikel (vermutlich 1934), Familienarchiv Griebel, München

Lyskirchen II
anonym, Eine Schifferkirche am Rhein: St. Maria Lyskirchen zu Köln, Zeitungsartikel (1939), Familienarchiv Griebel, München

Machat (1984)
Machat, Christoph, St. Kunibert. Das Bauwerk von den Anfängen bis zum Zweiten Weltkrieg, in: Stadtspuren - Denkmäler in Köln, Kier/Krings (Hsg.), Bd. 1, 1984, S. 306 - 330

Machat (1985)
Machat, Christoph, St. Kunibert in Köln, in: Rh. Kunststätten, Heft 58, Neuss 1985

Machat (1987)
Machat, Christoph, Der Wiederaufbau der Kölner Kirchen, Arbeitsheft 40, Landeskonservator Rheinland (Hsg.), Köln 1987

Machat (1991)
Machat, Paul Clemen als Inventarisator, in: Mainzer, Udo (Hsg.), Paul Clemen Zur 125. Wiederkehr seines Geburtstages, Jahrbuch der Rheinischen Denkmalpflege, Bd. 35, Köln 1991, S. 51-60

Mai/Waetzold (1981)
Mai, Ekkehard, Waetzold, S. (Hsg.), Kunstverwaltung, Bau- und Denkmal- Politik im Kaiserreich, Berlin 1981,

Mainzer (1981)
Mainzer, Udo (Hsg.), Raum und Ausstattung Rheinischer Kirchen 1860 - 1914, in: Beiträge zu den Bau- und Kunstdenkmälern im Rheinland, Bd. 26, Düsseldorf 1981

Mainzer (1982)
Mainzer, Udo (Hsg.), Die Jesuitenkirche St. Mariae Himmelfahrt in Köln, in: Beiträge zu den Bau- und Kunstdenkmälern im Rheinland, Bd. 28, Düsseldorf 1982

Mainzer (1991), 1
Mainzer, Udo (Hsg.), Paul Clemen, Zur 125. Wiederkehr seines Geburtstages, Jahrbuch der Rheinischen Denkmalpflege, Bd. 35, Köln 1991

Mainzer (1991), 2
Mainzer, Udo, Paul Clemen - der progressive Konservator, in: Mainzer (1991), 1, S. 61-86

Mann (1966)
Mann, Albrecht, Die Neuromanik, Köln 1966

Marhoffer (1904)
Marhoffer, Albert, Der Dom zu Aachen und seine Entstehung, in: Koblenzer Volkszeitung, 21. März 1904, Nr. 145

Maul (1981-82)
Maul, Georg (Bildhauer und Restaurator, Köln), Figurengruppe des Dreikönigspförtchens im Schnütgenmusuem, Restaurierungsbericht, Dez. 1981 - Jan. 1982, in: RA Cäcilien

Meinecke (1965)
Meinecke, Friedrich, Die Entstehung des Historismus, München 1965

Meisen (1931)
Meisen, Karl, Nikolauskult und Nikolausbrauch im Abendland, in: Forschungen zur Volkskunde, Heft 9 - 12, Düsseldorf 1931

Merkur (1896)
anonym, Die alten Malereien in Kölner Kirchen, in: Rheinischer Merkur, Nr. 218/219, 21./22. September und Nr. 236/237, 12./13. September 1896

Mertens (1870)
Mertens, J. Peter, Die letzten 50 Jahre der Kirche St. Kunibert in Köln, Köln 1870

Metken (1966)
Metken, Sigrid, Sankt Nikolaus in Kunst und Volksbrauch, Duisburg 1966

Metternich (1927)
Wolff Metternich, Freilegung und Sicherung mittelalterlicher Wandmalereien. Köln. St. Pantaleon, in JBRD, Bd. 3, 1927, S. 52 - 65

Metternich (1932)
Wolff Metternich, Die Sicherung der Wandmalereien in der Taufkapelle der Basilika St. Gereon zu Köln, in: JBRD, 8. Jg, Düsseldorf 1932, S. 105 - 112

Metternich (1935)
Wolff Metternich, Die Instandsetzung der Kirche St. Maria Lyskirchen in Köln, in: Rheinische Heimatpflege, 7. Jg., Düsseldorf 1935, S. 319 - 324

Metternich (1936)
Wolff Metternich, Die ehemalige Prämonstratenserabteikirche Steinfeld in der Eifel, in: Schutz der Rheinlandschaft, Rh. Heimatpflege, 8. Jg, Heft 1, Düsseldorf 1936, S. 411 - 434

Metternich (1938)
Wolff Metternich, Die romanischen Monumentalmalereien in Schwarz-Rheindorf, in: JBRD, Bd. 14/15, 1938, S. 511 - 528

Metternich (1941)
Wolff Metternich, Denkmalpflege und farbige Architektur, in: Rh. Heimatpflege, JBRD, 13. Jg., Heft 3, 1941, S. 205 - 214

Metternich (1994)
Metternich, Wolfgang, Der Dom zu Limburg an der Lahn, Darmstadt 1994

Mielke (1975)
Mielke, Friedrich, Die Zukunft der Vergangenheit, Grundlagen, Probleme und Möglichkeiten der Denkmalpflege, Stuttgart 1975

Mitteilungen (1902)
Mitteilungen aus dem Stadtarchiv von Köln, 31. Heft, Köln 1902

Mörsch/Strobel (1989)
Mörsch, Georg, Strobel, Richard (Hsg.), Die Denkmalpflege als Plage und Frage - Festgabe für August Gebeßler, München/Berlin 1989

MRVDH (1911)
Mitteilungen des Rh. Vereins für Denkmalpflege und Heimatschutz, Bd. 5, 1911

Mühlberg (1958)
Mühlberg, Fried, Blankenberg, in: Rh. Kunststätten, Rheinischer Verein für Denkmalpflege und Heimatschutz (Hsg.), 1958

Mundt (1971)
Mundt, Barbara, Theorien zum Kunstgewerbe des Historismus in Deutschland, in: Beiträge zur Theorie der Künste im 19. Jahrhundert, Bd. 1, Frankfurt 1971, S. 317 - 336

Mundt (1981)
Mundt, Barbara, Historismus - Kunstgewerbe zwischen Biedermeier und Jugendstil, München 1981

Neuss (1912)
Neuss, Wilhelm, Das Buch Ezechiel in Theologie und Kunst mit besonderer Berücksichtigung der Gemälde in der Kirche von Schwarz-Rheindorf, 1. und 2. Heft der Beiträge zur Geschichte des alten Mönchtums und des Benediktiner - Ordens, Herwegen (Hsg.), Köln 1912

Neuss (1935)
Neuss, Wilhelm, Die in den letzten zehn Jahren aufgedeckten mittelalterlichen Wandmalereien rheinischer Kirchen, in: Neuss, Wilhelm (Hsg.),

Kunstgabe des Vereins für christliche Kunst im Erzbistum Köln und Bistum Aachen, Köln 1935, S. 19 -27

Niessen (1867)
Niessen, Johannes, Die Zeichenschule im Museum Wallraf-Richartz, in: Kölnische Schriften, Nr. 301, 1. November 1867

Oellers (1994)
Oellers, Adam C., Linz am Rhein, in: Rheinische Kunststätten, Heft 71, 2. veränd. Aufl., Neuss 1994

Oidtmann (1907)
Oidtmann, Heinrich, Die Glasmalerei im alten Frankenlande, Leipzig 1907

Oidtmann (1912)
Oidtmann, Heinrich, Die Rheinische Glasmalerei, Bd. 1, Düsseldorf 1912

Oidtmann (1929)
Oidtmann, Heinrich, Die Rheinische Glasmalerei, Bd. 2, Düsseldorf 1929

Opfergelt (1905)
Opfergelt, H.J., Die Doppelkirche zu Schwarzrheindorf, Bonn 1905

Or. f. chr. Ku. (1868)
anonym, Innere Ausschmückung der Kirche St. Maria im Capitol, in: Organ f. chr. Kunst, Bd. 18, 1868, S. 181 - 183

Otter (1897)
Otter, Wesel. Wiederherstellung der Willibrordikirche, in: BPDR, Bd. 2, Bonn 1897, S. 50 - 58

Pathmann (1987)
Pathmann, Alfred, Das Essener Münster, in: Schnell, Kunstführer Nr. 1700, 1. Aufl., München & Zürich 1987

Paul (1971)
Paul, Jürgen, Die Kunstanschauung John Ruskins, in: Beiträge zur Theorie der Künste des 19. Jahrhunderts, Studien zur Philosophie und Literatur des neunzehnten Jahrhunderts, Bd. 1, Frankfurt 1971, S. 286-316

Personalakte (1893-97)
Personalakte der Stadt Köln, betrifft den Architekten Anton Bardenhewer, angefangen: Juli 1893, geschlossen: 1897, Bd. I, Historisches Archiv der Stadt Köln, Best. 11, Nr. 327

Pfeifer (1909)
Pfeifer, Hans, Der Dom zu Braunschweig, in: [Kalender der] Buchdruckerei Julius Krampe, Braunschweig 1909

Perpéet (1977)
Perpéet, Rudolf, Die Krefelder Malerfamilie Roesberg, in: Die Heimat, Jg. 48, 1977, S. 115 ff.

Pesch/Stavenhagen
Pesch, Christian, Stavenhagen, Georg von, Die Basilika St. Gereon zu Köln, Köln 1950

Petri/Droege
Petri, Franz, Droege, Georg, Rheinische Geschichte, 5. Bde., Düsseldorf 1978

Pfitzner (1937)
Pfitzner, Carlheinz, Die romantischen Wandmalereien in der Alten Aula der Bonner Universität und im Gartensaal von Schloß Heltorf bei Düsseldorf, in: Rheinische Heimatpflege, 9. Jg., 1937, S. 545 - 562

Pfitzner (1941)
Pfitzner, Carlheinz, Zur farbigen Fassung mittelalterlicher Innenräume (im Anschluß an die Instandsetzung des Quirinusmünsters in Neuss), in: Rh. Heimatpflege, JBRD, 13. Jg., Heft 3, 1941, S. 293 - 323

Pfitzner (1942)
Pfitzner, Carlheinz, Die romantischen Wandmalereien in der Alten Aula der Bonner Universität, in: Volksblatt Euskirchen, 21.10.1942, Bonner Stadtarchiv, Bst. 114/782

Pfotenhauer (1993)
Pfotenhauer, Angela, Köln: Der Gürzenich und Alt St. Alban, In: Stadtspuren - Denkmäler in Köln, Bd. 22, Köln 1993

Phleps (1930)
Phleps, Hermann, Die farbige Architektur bei den Römern und im Mittelalter, Berlin, 1930

Philippot (1985)
Philippot, Paul, Grundsätzliches zur Problematik der Behandlung von Fehlstellen an Wandmalerei, in: Historische Technologie und Konservierung von Wandmalereien, Vortragstexte der 3. Fach- und Fortbildungstagung der Fachklasse Konservierung und Restaurierung, Schule für Gestaltung Bern, 5. und 6. November 1984, Bern 1985, S. 95 - 106

Philippot/Mora (1975)
Philippot, Paul, Mora, Paolo und Laura, Die Behandlung von Fehlstellen in der Wandmalerei, in: Beiträge zur Kunstgeschichte und Denkmalpflege - Walter Frodl zum 65. Geburtstag gewidmet, Wien/Stuttgart 1975, S. 204 - 218

Polzin (1991)
Polzin, Angelika, Die Pfarrkirche St. Servatius in Siegburg, in: Rh. Kunststätten, Rh. Verein f. Denkmalpflege und Landschaftsschutz (Hsg.), Heft 363, Köln 1991

Poppen (1997)
Poppen, Ralf, Die Wandmalereien in der Unterkirche der Doppelkapelle von Schwarzrheindorf, Diss. Phil. Fak. Universität Bonn 1997, Z.Zt. in Druck

Profanbauten
Profanbauten im Stadtkreis Köln, Bd. 1; enthält u.a. Wiederaufbau des Alten Rathauses (1935, 1950-1968), BR 2016 - 49, Nordrhein-Westfälisches Hauptstaatsarchiv Düsseldorf

Protokoll (1939)
Protokoll der Gedächtnisstunde des Kölner Geschichtsvereins im Wallraf-Richartz-Museum, am Sonntag, den 22. Oktober 1939, Familienarchiv Griebel, München

Quast (1985)
Quast, Adolf, Der Sankt-Blasius-Dom zu Braunschweig, 4. Aufl., Braunschweig 1985

RA Alt St. Heribert
Restaurierungsakte Alt St. Heribert, Archiv der Restaurierungswerkstatt II, Rheinisches Amt für Denkmalpflege, Abtei Brauweiler, Pulheim

RA Lieberhausen
Restaurierungsakte Lieberhausen, Die evangelische Kirche in Gummersbach-Lieberhausen 1990/91, Archiv der Restaurierungswerkstatt II, Rheinisches Amt für Denkmalpflege, Abtei Brauweiler, Pulheim

RA Lipp
Restaurierungsakte St. Ursula, Bergheim-Lipp, Archiv der Werkstatt II, Rh. Amt f. Denkmalpflege, Abtei Brauweiler, Pulheim

RA Markuskapelle
Restaurierungsakte Markuskapelle Altenberg, Archiv der Werkstatt II, Rh. Amt f. Denkmalpflege, Abtei Brauweiler, Pulheim

RA Schwarzrh.dorf
Restaurierungsakte Schwarzrheindorf, Archiv der Werkstatt II, Rh. Amt f. Denkmalpflege, Abtei Brauweiler, Pulheim

RA St. Cäcilia
Restaurierungsakte St. Cäcilia, Archiv der Werkstatt II, Rh. Amt f. Denkmalpflege, Abtei Brauweiler, Pulheim

RA St. Gereon
Restaurierungsakte St. Gereon, Archiv der Werkstatt II, Rh. Amt f. Denkmalpflege, Abtei Brauweiler, Pulheim

RA St. Maria H.
Restaurierungsakte St. Maria Himmelfahrt in Köln, Archiv der Werkstatt II, Rh. Amt f. Denkmalpflege, Abtei Brauweiler, Pulheim

RA St. Maria L.
Restaurierungsakte St. Maria Lyskirchen, Archiv der Werkstatt II, Rh. Amt f. Denkmalpflege, Abtei Brauweiler, Pulheim

RA St. Martin
Restaurierungsakte St. Martin, Euskirchen, Archiv der Werkstatt II, Rh. Amt f. Denkmalpflege, Abtei Brauweiler, Pulheim

RA St. Salvator
Restaurierungsakte St. Salvator, Duisburg, Archiv der Werkstatt II, Rh. Amt f. Denkmalpflege, Abtei Brauweiler, Pulheim

RA St. Servatius
Restaurierungsakte St. Servatius, Siegburg, Archiv der Werkstatt II, Rh. Amt f. Denkmalpflege, Abtei Brauweiler, Pulheim

RA St. Ursula
Restaurierungsakte St. Ursula, Köln, Archiv der Werkstatt II, Rh. Amt f. Denkmalpflege, Abtei Brauweiler, Pulheim

RA St. Quirinus
Restaurierungsakte St. Quirinus, Neuss, Archiv der Werkstatt II, Rh. Amt f. Denkmalpflege, Abtei Brauweiler, Pulheim

RA St. Willibrordi
Restaurierungsakte St. Willibrordi, Wesel, Archiv der Werkstatt II, Rh. Amt f. Denkmalpflege, Abtei Brauweiler, Pulheim

Rave (1922)
Rave, Paul Ortwin, Oberwesels kirchliche Baukunst, in: Zeitschrift d. Rh. Vereins f. Denkmalpflege und Heimatschutz, - Oberwesel, eine mittelalterliche Stadt - , 16. Jg., Heft 1-3, 1922, S. 45 - 63

Reichwald (1989)
Reichwald, Hemut F., Vom bunten Treiben der Restauratoren, in: Mörsch/Strobel (Hsg.), Die Denkmalpflege als Plage und Frage - Festgabe für August Gebeßler, München/Berlin 1989, S. 163 - 176

Reimers (1911)
Reimers, J., Handbuch für die Denkmalpflege, 2. Aufl., Hannover 1911

Reiners (1925)
Reiners, Heribert, Tausend Jahre Rheinische Kunst, Bonn 1925

Reinhold (1936)
Reinhold, M., Festschrift zur Erinnerung an die Wiedereinweihung der erneuerten Kirche in der evangelischen Gemeinde Lieberhausen am 30. Nov. 1936 (1. Advent), Pfarrarchiv der Evangelischen Kirche Lieberhausen, 03 - 1

Renard (1909), 1
Renard, Edmund, Bendorf (Kreis Coblenz). Wiederherstellung der evangelischen Pfarrkirche, in: BPDR, Bd. 13, Düsseldorf 1909, S. 27 - 31

Renard (1909), 2
Renard, Edmund, Kalkar (Kreis Kleve). Wiederherstellung der katholischen St. Nikolaus-Pfarrkirche, in: BPDR, Bd. 13, Düsseldorf 1909, S. 60 - 62

Renard (1910)
Renard, Edmund, Refrath (Kreis Mülheim am Rhein). Wiederherstellung der alten katholischen Pfarrkirche, in: BPDR, Bd. 14, Düsseldorf 1910, S. 37 - 40

Renard (1913)
Renard, Edmund, Mehren (Kreis Altenkirchen). Wiederherstellung der evangelischen Pfarrkirche, in: BPDR, Bd. 17, Düsseldorf 1913, S. 32 - 34

Renard (1915)
Renard, Edmund, Andernach (Kr. Mayen). Wiederherstellung der evangelischen Pfarrkirche, ehemalige Minoritenkirche, BPDR, Bd. 10, Düsseldorf, 1915, S. 7 - 20

Renard (1917), 1
Renard, Edmund, Almersbach (Kreis Altenkirchen). Instandsetzung der evangelischen Pfarrkirche, in: BPDR, Bd. 20, Düsseldorf 1917, S. 6 - 11

Renard (1917), 2
Renard, Edmund, Wiederherstellung mittelalterlicher Wandmalereien in den evangelischen Kirchen zu Lieberhausen und Müllenbach (Kr. Gummersbach) und zu Hohensolms (Kr. Wetzlar), in: BPDR, Bd. 20, Düsseldorf 1917, S. 41 - 48

Renard (1925), 1
Renard, Edmund, Köln, Berühmte Kunststätten, Bd. 38, 2. Aufl., Leipzig 1925

Renard (1925), 2
Renard, Edmund, Köln. Sicherung und Aufnahme von kirchlichen Glasmalereien, in: Zeitschrift des Rh. Vereins für Denkmalpflege und Heimatschutz, 18. Jg., Heft 1, 1925, S. 50 - 56

Renard (1925), 3
Renard, Edmund, Oberbreisig (Kreis Ahrweiler). Wiederherstellung der katholischen Pfarrkirche und ihrer Ausmalung, in: Zeitschrift des Rh. Vereins für Denkmalpflege und Heimatschutz, 18. Jg., Heft 1, 1925, S. 62 - 72

Renard (1925), 4
Renard, Edmund, Oberwesel (Kr. St. Goar). Wiederherstellung der St. Martins - Pfarrkirche und ihrer Ausmalung, in: Zs. des Rh. Vereins für Denkmalpflege und Heimatschutz, 18. Jg., Heft 1, 1925, S. 72 - 79

Renard (1920)
Renard, Heinrich, Friedrich Carl Heimann - Nachträglich zu seinem 70. Geburtstag am 14. Februar 1920, in: Deutsche Bauzeitung, 54. Jg., Nr. 21, 13. März 1920, Berlin 1920, S. 137 - 139

Rentsch (1967), 1
Rentsch, Dietrich, Oberbergischer Kreis I, Düsseldorf 1967

Rentsch (1967), 2
Rentsch, Dietrich, Marienheide - Wiehl, in: Wesenberg/Verbeek (Hsg.), Die Denkmäler des Rheinlands - Oberbergischer Kreis II, Düsseldorf 1967

Riemer (1968)
Riemer, Ilse, Die Wandgemälde der Alten Aula, in: Bildchronik der Bonner Universität, Bonn 1968; S. 27 - 30

Rh. Baukunst (1968)
Handbuch zur rheinischen Baukunst des 19. Jahrhunderts, Weyres/Mann (Hsg.), Köln 1968

Rh. Bilderbuch (1959)
Landschaftsverband Rheinland (Hsg.), 100 Jahre Rheinische Glasmalerei, in: Rheinisches Bilderbuch, Bd. 10, Neuss 1959

Rheinland, Nr. 44
anonym, Das Stapelhaus in Köln, in: Rheinland in Wort und Bild, Gratisbeilage für die Abonnenten des „Kölner Tageblatt", Nr. 44, 1. Jg., 3. November 1901, S. 345 - 349

Rh. Heimatpf. (1934)
Rheinische Heimatpflege, Zeitschrift für Museumswesen, Denkmalpflege, Archivberatung, Volkstum, Natur- und Landschaftsschutz, 6 Jg., 1934

Rh. Heimatpf. (1935)
Rheinische Heimatpflege, Zeitschrift für Museumswesen, Denkmalpflege, Archivberatung, Volkstum, Natur- und Landschaftsschutz, 7. Jg., 1935

Rh. Heimatpf. (1937)
Rheinische Heimatpflege, Zeitschrift für Museumswesen, Denkmalpflege, Archivberatung, Volkstum, Natur- und Landschaftsschutz, 9. Jg., 1937

Rode (1979)
Rode, Herbert, Die Wiedergewinnung der Glasmalerei, in: Kunst des 19. Jahrhunderts im Rheinland, Trier/Weyres (Hsg.), Bd. 3, Malerei, Düsseldorf 1979, S. 275 - 313

Roessle (1995)
Roessle, Jochen, St. Gereon, in: Colonia Romanica, Bd. 10, Köln 1995, S. 155 - 172

Rollenbeck (1969)
Rollenbeck, K. J., Der Kölner Stadtbaumeister Johann Peter Weyer, Diss. Aachen 1969

Ronig (1979)
Ronig, Franz, Der Dom zu Limburg, in: Schnell, Kunstführer Nr. 590, 10. Aufl., München & Zürich 1979

Ronig (1993)
Ronig, Franz, Aktenvermerk zur Restaurierung der St. Martinskirche, Bischöfliches Generalvikariat Trier, Archiv des Rheinland-Pfälzischen Landesamts für Denkmalpflege, Mainz 1993

Ropp (1906)
Ropp, J., Eduard von Steinle, München 1906

Rosendahl (1995)
Rosendahl, Birgit, St. Kunibert, in: Colonia Romanica, Bd. 10, Köln 1995, S. 288 - 300

Ruskin (1900)
Ruskin, John, Die sieben Leuchter der Baukunst (dt. Übersetzung von Wilhelm Schoelermann), Leipzig 1900

Saeger (1982)
Saeger, Klaus, Die Bonten Kerken des Oberbergischen Landes. Ihre Architektur und ihre Fresken im Überblick, in: Romerike Berge, Zeitschrift für das Bergische Land, 32. Jg., Heft 4., Dezember, Solingen 1982

Saeger (1988)
Saeger, Klaus, Die 'Bunte Kerke' in Lieberhausen, in: Schnell, Kunstführer Nr. 1738, München & Zürich 1988

Saur (1993)
Allgemeines Künstler Lexikon, Saur (Hsg.), Band 7, München/Leipzig 1993

Schaden (1996)
Schaden, Christoph, St. Severin, in: Colonia Romanica, Bd. 11, Köln 1996, S. 197 - 205

Schäfer (1977)
Schäfer, Theo, Die Pfarrkirche St. Johannes in Nideggen, in: Rh. Kunststätten, Rheinischer Verein f. Denkmalpflege und Landschaftsschutz (Hsg.), Heft 200, 1. Aufl., Köln 1977

Schäfke (1980)
Schäfke, Werner, Das Ratssilber der Stadt Köln, Kölnisches Stadtmuseum, Köln 1980

Schäfke (1981)
Schäfke, Werner, Goldschmiedekunst: Die Kölner Meister, in: Kunst des 19. Jahrhunderts im Rheinland, Trier/Weyres (Hsg.), Bd. 5, Kunstgewerbe, Düsseldorf 1981, S. 69 - 96

Schäfke (1984), 1
Schäfke, Werner, St. Gereon, in: Stadtspuren - Denkmäler in Köln, Kier/Krings (Hsg.), Bd. 1, 1984, S. 278 - 297

Schäfke (1984), 2
Schäfke, Werner, St. Gereon in Köln, in: Rh. Kunststätten, Heft 300, 1. Aufl., Neuss 1984

Schäfke (1987)
Schäfke, Werner, Kölns romanische Kirchen, 4. Aufl., Köln 1987

Scheben (1876)
Scheben, W., Die Prophetenkammer im Rathause, in: Kölnische Volkszeitung, 13. Februar 1876

Scheibe (o.A.)
Kirchenführer Lieberhausen, Scheibe (Hsg.) im Selbstverlag

Scheuffgen (1896)
Scheuffgen, Trier. Wiederherstellung des Domes, in: Bonner Jahrbücher, Heft C, Bonn 1896, S. 196 - 198

Schiessl (1991)
Schiessl, Ulrich, Untersuchen und Dokumentieren von bemalten Holzdecken und Täfelungen, Bern/Stuttgart 1991

Schleicher (1987)
Schleicher, Herbert M., 80.000 Totenzettel aus rheinischen Sammlungen, Band 1 A - Fo, Köln 1987

Schleicher (1992)
Schleicher, Herbert M., Ernst von Oidtman und seine genealogisch-heraldische Sammlung in der Universitäts-Bibliothek zu Köln, aus den handschriftlichen Aufzeichnungen für den Druck bearbeitet, ergänzt und mit Registern versehen, Bd. 1, Mappe 1 - 85, Achatius - Besendriesch, Veröffentlichung der Westdeutschen Gesellschaft für Familienkunde e.V., Sitz Köln, Nr. 58, Köln 1992

Schmidt, H. (1992)
Schmidt, Hartmut, Der Dom zu Wetzlar, in: Schnell, Kunstführer Nr. 2000, 1. Aufl., München & Zürich 1992

Schmidt, P. (1962)
Schmidt, Philipp, Die Illustration der Lutherbibel - 1522 - 1700, Basel 1962

Schmidt-de-B. (1985)
Schmidt-de-Bruyn, Ruth, Kultur und Geschichte im Bergischen Land, Köln 1985

Schmidt-Rost (1955)
Schmidt-Rost, Hans, Original, fahr hin in deiner Pracht !, in: Stadtanzeiger, Nr. 100, 30. April 1955, S. 20

Schmitt (1939)
Schmitt, Mittelalterliche rheinische Wandmalereien, in: Kölner Stadtanzeiger, Nr. 547, 28. Oktober 1939

Schmitz, A. (1906)
Schmitz, A., Beiträge zur Geschichte der Liebfrauenkirche, ihrer Plastik und Malerei, in: JB der Ges. f. neuere Forschung, 1900 - 1905, Trier 1906, S. 29 f.

Schmitz (1899)
Schmitz, Wilhelm, Dombaumeister, Trier. Wiederherstellung des Domes, in: BPDR, Bd. 4, Bonn 1899, S. 36 - 48

Schmitz (1901)
Schmitz, Wilhelm, Dombaumeister, Trier. Wiederherstellung des Domes, in: BPDR, Bd. 6, Bonn 1901, S. 52 - 61

Schneider (1888)
Schneider, Friedrich, Mittelalterliche Wand- und Gewölbemalereien im Münster zu Bonn, in: Zs. f. chr. Kunst, Nr. 12, 1. Jg., Düsseldorf 1888, Sp. 443 - 446

Schneiders (1928)
anonym, Todesanzeige Gottfried Christian Schneiders, Oktober 1928, Sammlung Bayer, Historisches Archiv der Stadt Köln, Bst. 1010, Bd. 9, Blatt 190

Schnitzler (1959)
Schnitzler, Hermann, Rheinische Schatzkammer. Die Romanik, Tafelband, 1959

Schnütgen (1891), 1
Schnütgen, Alexander, Das v. Essenwein'sche Prachtwerk über die neue farbige Ausstattung von St. Gereon zu Köln, in: Kölnische Volkszeitung, Nr. 645, 13. November 1891

Schnütgen (1891), 2
Schnütgen, Alexander, [Buchbesprechung zu Essenweins Werk über die Neuausstattung von St. Gereon, Köln], in: Zeitschrift für christliche Kunst, Nr. 9, 1891, Sp. 287 - 293

Schnütgen (1901)
Schnütgen, Alexander, o.T., in: Kölnische Volkszeitung, 22. September 1901

Schnütgen (1902)
Schnütgen, Alexander, Vorwort, in: Kunsthistorische Ausstellung Düsseldorf 1902, 1. Mai bis 20. October, Illustrirter Katalog, 2. Auflage, Düsseldorf 1902, S. 3

Schnütgen (1905)
Schnütgen, Alexander, Die romanischen Wandmalereien der Rheinlande, in: Zeitschrift für christliche Kunst, Nr. 3, 18. Jg., 1905, Sp. 71 - 82

Schnütgen (1919)
Schnütgen, Alexander, Kölner Erinnerungen, Köln 1919

Scholz (1991)
Scholz, Hartmut, Entwurf und Ausführung - Werkstattpraxis in der Nürnberger Glasmalerei der Dürerzeit, Berlin, 1991

Schorn (1937)
Schorn, W., Die Sicherungsarbeiten an der Kirche St. Maria im Kapitol zu Köln, in: Rh. Heimatpflege, 9. Jg., 1937, S. 529 - 540

Schramm (1923)
Schramm, Albert, Luther und die Bibel, I. Die Illustration der Lutherbibel, Leipzig 1923 in: Festschrift zum Lutherischen Weltkonvent, Eisenach, August 1923

Schriften, Nr. 301
anonym, Die Zeichenschule im Museum Wallraf-Richartz, in: Kölnische Schriften, Nr. 301, 1. November 1867

Schrörs (1906)
Schrörs, Heinrich, Die Bonner Universitätsaula und ihre Wandgemälde, Bonn 1906

Schötter (1913)
Schrötter, Georg, Die Frauenkirche in Nürnberg, (Ms.) 1913, Staatsarchiv Nürnberg, Ms Rep. 499/Nr. 252

Schumacher (1929)
Schumacher, J., Das Bonner Universitätsgebäude im Wandel der Zeit, Juli 1929, in: Zeitungsausschnittsammlung des Bonner Stadtarchivs, 100/452

Schwering (1964)
Schwering, Max-Leo, Der Kölner Gürzenich, Mönchengladbach, 1964

Sebald (1989)
Sebald, Eduard, Der Dom zu Wetzlar, Königstein 1989

Sebald (1990)
Sebald, Eduard, Die Baugeschichte der Stiftskirche St. Marien in Wetzlar, Worms 1990

Sepp (1878)
Sepp, B., Der Ursprung der Glasmaler-Kunst im Kloster Tegernsee, München/Leipzig 1878

Simons (1846)
Simons, Andreas, – Die Doppelkirche zu Schwarzrheindorf, Bonn 1846

Simons (1847)
Simons, Andreas, Farbenschmuck mittelalterlicher Bauwerke. Schwarzrheindorf, 1150 - 1155, in: Jahrbücher des Vereins von Altertumsfreunden im Rheinlande, Bd. 10, 1847, S. 147 - 185

Skriver (1989)
Restaurierungsbericht Anna Skriver, Januar 1989, in: RA St. Maria Lyskirchen, Archiv der Werkstatt II, Rh. Amt f. Denkmalpflege, Abtei Brauweiler, Pulheim

Smitmans (1980)
Smitmans, Adolf, Die christliche Malerei im Ausgang des 19. Jahrhunderts - Theorie und Kritik, in: Kölner Forschungen zu Kunst und Altertum, Bd. 2, Sankt Augustin 1980

Sölter (1981)
Sölter, Walter, Die ehemalige Abteikirche Essen-Werden, in: Rh. Kunststätten, Heft 254, Rheinischer Verein f. Denkmalpflege und Landschaftsschutz (Hsg.), Köln 1981

Spiegel (1984)
Spiegel, Elisabeth Maria, St. Cäcilien. Die Ausgrabungen. Ein Beitrag zur Baugeschichte, in: Stadtspuren - Denkmäler in Köln, Bd. 1, Kier/Krings (Hsg.), 1984, S. 209 - 234

Sporbeck (1996)
Sporbeck, Gudrun, St. Peter, in: Colonia Romanica, Bd. 11, Köln 1996, S. 182 - 195

Springer (1987)
Springer, Peter, Rückkehr zum Vorbild. Die Domvollendung und die Wiederherstellung der romanischen Kirchen Kölns im 19. Jahrhundert, in: Colonia Romanica, Bd. 2, Köln 1987, S. 37 - 54

Stadtanz., Nr. 28
anonym, Die Restauration des alten Kölner Rathssaales, in: Stadtanzeiger, Nr. 28, 28. Januar 1879

Stadtanz., Nr. 374
anonym, [Renovierung der Cäcilienkirche], in: Stadtanzeiger, Nr. 374, 18. August 1894

Stadtanz., Nr. 516
anonym, Die Zeichenschule im Museum, in: Stadtanzeiger, Nr. 516, 11. November 1895

Stadtanz., Nr. 264
anonym, [Ankauf von Fresken], in: Kölnischer Stadtanzeiger, Nr. 264, 12. Juni 1896

Stadtanz., Nr. 430
anonym, [St. Cäcilienkirche], in: Stadtanzeiger, Nr. 430, 18. September 1896

Stadtanz., Nr. 257
anonym, [Schneiders & Schmolz], in: Stadtanzeiger, Nr. 257, 9. Juni 1899

Stadtanz., Nr. 62
anonym, [Ausstellung des Rathssilbers], Stadtanzeiger, Nr. 62, 7. Februar 1901

Stadtanz., Nr. 462
anonym, Das Stapelhaus in Köln, in: Stadtanzeiger, Nr. 462, 8. Oktober 1901

Stadtanz., Nr. 463
anonym, Zur Eröffnung des Stapelhauses, in: Stadtanzeiger, Nr. 463, 8. Oktober 1901

Stadtanz., Nr. 6
anonym, [Das neue Tafelsilber], in: Stadtanzeiger, Nr. 6, 4. Januar 1908

Stadtanz., Nr. 253
anonym, Kölnischer Geschichtsverein, in: Stadtanzeige, Nr. 253, V, 3. Juni 1908

Stadtanz., Nr. 326
anonym, Das Kölner Rathaus, in: Stadtanzeiger, Nr. 326, III, 18. Juli 1908

Stadtanz., Nr. 329
anonym, Wiederherstellungsarbeiten an der Jesuitenkirche, in: Stadtanzeiger, Nr. 329, V, 24. Juli 1910

Stadtanz., Nr. 4
anonym, Die Glasgemälde des Klosters Steinfeld, in: Stadtanzeiger, Nr. 4, Beilage, 22. Januar 1911

Stadtanz., Nr. 509
anonym, Ein städtischer Konservator, in: Stadtanzeiger, Nr. 509, III, 2. November 1912

Stadtanz., Nr. 121
anonym, Die Wandgemälde in der Steinfelder Abtei, in: Stadtanzeiger, Nr. 121, 7. März 1926

Stadtanz., Nr. 506
anonym, Ein Kunstwerk des 13. Jahrhunderts wiederhergestellt - Die Taufkapelle in St. Gereon nach der Erneuerung, in: Stadtanzeiger, Nr. 506, 7. Oktober 1931

Stadtanz. (1939)
Kölner Stadtanzeiger, 26. Oktober 1939

StadtChronic (1986)
StadtChronic Wien, Brandstätter, Christian (Hsg.), Wien / München 1986

Stadtspuren, Bd. 1
Köln: Die Romanischen Kirchen. Von den Anfängen bis zum Zweiten Weltkrieg, in: Stadtspuren - Denkmäler in Köln, Kier/Krings (Hsg.), Bd. 1, Köln 1984

Stadtspuren, Bd. 3
Köln: Die Romanischen Kirchen im Bild, in: Stadtspuren - Denkmäler in Köln, Kier/Krings (Hsg.), Bd. 3, Köln 1984

Stadtspuren, Bd. 4
Köln: Die Romanischen Kirchen in der Diskussion 1946/47 und 1985, in: Stadtspuren - Denkmäler in Köln, Kier/Krings (Hsg.), Bd. 4, Köln 1986

Stange (o.A.)
Stange, Alfred, Der Schleswiger Dom und seine Wandmalereien, Berlin o.J.

Stange (1934)
Stange, Alfred, Deutsche Malerei der Gotik I, Berlin 1934

Steimel (1958)
Steimel, Robert, Kölner Köpfe, Köln 1958

Stemmler (1937-38)
Stemmler, Übersicht über die in den Rechnungsjahren 1936/37 und 1937/38 mit Unterstützung durch Staats- und Provinzialbeihilfen ausgeführten Arbeiten, in: Rheinische Heimatpflege, 9. Jg., 1937/38, S. 582 - 619

Stiehl (1907-12)
Stiehl, Ernst, Wetzlar. Wiederherstellung des Domes, in: BPDR, Bd. 11, Düsseldorf 1907, S. 46 ff., Bd. 13, Düsseldorf 1909, S. 92 - 111, Bd. 16, Düsseldorf 1912, S. 44 - 53

253

Stiehl (1911)
Stiehl, Ernst, Wiederherstellung des Wetzlarer Doms, Vortrag 1911
Stracke (1996)
Stracke, Wolfgang, St. Maria im Kapitol, in: Colonia Romanica, Bd. 11, Köln 1996, S. 79 - 103
Straub (1990)
Die Kunst und ihre Erhaltung, E. Straub zum 70. Geburtstag gewidmet, Worms 1990
Stüber (1936)
Stüber, Die 'Bunte Kerk' von Lieberhausen, in: 350 Jahre Evangelische Gemeinde Lieberhausen - 1586 - 1936, Festschrift, 1936
Tacke (1987)
Tacke, Marlies, Die Wallfahrtskirche St. Mariä Heimsuchung in Marienheide, in: Rh. Kunststätten, Heft 312, 1. Aufl., Rh. Verein f. Denkmalpflege und Landschaftsschutz (Hsg.), Köln 1987
Tagebl., Nr. 7
anonym, [Der städtische Silberschatz], in: Kölnisches Tageblatt, Nr. 7, 10. Januar 1893
Tagebl., 207
anonym, [Erneuerungen in der Kirche Maria Himmelfahrt], in: Kölnisches Tageblatt, Nr. 207, 7. September 1894
Tagebl., Nr. 327/328
anonym, Denkmalschutz und Heimatpflege an der Mosel, Vortrag Prof. Dr. Clemen auf dem Moseltag in Bullay, in: Kölnisches Tageblatt, Nr. 327/ 328, 20./21. Juli 1909
Tagebl., Nr. 48
anonym, [Heimann], in: Kölnisches Tageblatt, Nr. 48, 4. Nov. 1921
Theophilus (1874)
Theophilus Presbyter, Schedula deversarum artium, übersetzt von Albert Ilg, Wien 1874
Totenschein Goebbels
Totenschein von Matthias Joseph Hubert Goebbels, HAEK (Historisches Archiv der Erzdiözese Köln), Sammlung Personalia
Trier/Weyres
Trier, Eduard, Weyres, Willy (Hsg.), Kunst des 19. Jahrhunderts im Rheinland, 5 Bde., Düsseldorf 1979 - 1981
Twachtmann (1994)
Twachtmann-Schlichter, Anke, Matthias Goebbels - Dekorationsmalerei und Kirchenrestaurierung im 19. Jahrhundert in Köln, Diss. Westfälische Wilhelms-Universität Münster, in: Studien zur Kunstgeschichte, Bd. 89, Hildesheim/ Zürich/ New York 1994
Umbau (1904-1944)
Umbau 1904 - 1944, Akte im Bestand der Evangelischen Kirchengemeinde Bendorf
Uni Bonn (1908-1915)
Akte zu Arbeiten im Hauptgebäude der Universität Bonn, aus: Archiv der Bonner Friedrich-Wilhelms-Universität, Bestand: Rektorat, Sig.: A 3,1, Bd. 4, 1908 - 1915
Unkelbach (1926)
Unkelbach, Heinrich, Die Anfänge des Johanniterordens in der Rheinprovinz, Phil. Diss. Bonn 1926
Venderbosch (1968)
Venderbosch, F. G., Burgen Gottes, Zelte der Gemeinde - Architektur und Kunst in der Evangelischen Kirche im Rheinland, Düsseldorf 1968
Verbeek (1927)
Verbeek, Hans, Die sonstige Denkmalpflege seit 1888, in: Vogts, Hans, Köln - Bauliche Entwicklung 1888-1927, Köln 1927, S. 196 - 206

Verbeek (1953)
Verbeek, Albert, Schwarzrheindorf. Die Doppelkirche und ihre Wandgemälde, Düsseldorf 1953
Verbeek (1974)
Verbeek, Albert, Romanische Prämonstratenserinnenkirchen am Niederrhein, in: Festschrift für Franz Graf Wolff Metternich, JBRD, Neuss 1974, S. 131 - 141
Verbeek (1977)
Verbeek, Albert, Paul Clemen (1866 - 1947), in: Rheinische Lebensbilder, Bd. 7, Köln 1977
Verbeek (1983)
Verbeek, Albert, Das Münster in Bonn, in: Rh. Kunststätten, Heft 213, 2. veränd. Auflage, Köln 1983
Verbeek (1987)
Verbeek, Albert, Kölner Kirchen, 3. überarb. Aufl., neu Hsg. von Günther Binding u. Susanne Stolz, Köln 1987
Vey (1967)
Vey, Horst, Ramboux in Köln, in: Johann Anton Ramboux - Maler und Konservator - 1790-1866, Gedächtnisausstellung im Wallraf-Richartz-Museum zu Köln 28. Dez. 1866 - 26. Febr. 1967, S. 27 ff
Vitet (1852)
Vitet, Léon, Über die Reparaturen, Restauration, Erhaltung und Vollendung mittelalterlicher Baudenkmäler, in: Allgemeine Bauzeitung, Förster, Jugwig (Hsg.), 17. Jg., Wien 1852, S. 305 - 364
Vogts (1927)
Vogts, Hans, Köln - Bauliche Entwicklung 1888-1927, Festgabe zum Deutschen Architekten- und Ingenieurstag 1927, Köln 1927
Vogts (1936)
Vogts, Hans, Die Neugestaltung des Innenraums der Severinskirche in Köln, in: Deutsche Kunst und Denkmalpflege, München & Berlin 1936, S. 264 - 269
Vogts (1960), 1
Vogts, Hans, Vincenz Statz 1819 - 1898, Leben und Werk eines Kölner Baumeisters, Mönchengladbach 1960
Vogts (1960), 2
Vogts, Hans, Die Glasmalereiwerkstatt von Friedrich Baudri in Köln (Nach seinen Tagebüchern 1854-1871), in: Im Schatten von St. Gereon: Erich Kuphal zum 1. Juli 1960, Veröffentlichung des Kölnischen Geschichtsvereins, Bd. 25, Köln 1860, S. 353 - 384
Volkswacht, Nr. 24
anonym, Die Kirche der ehemaligen Benediktiner Abtei St. Heribert in Köln Deutz, in: Rheinische Volkswacht, Nr. 24, 28. Januar 1926
Volksz., Nr. 246 II
anonym, Die Kapelle in dem Dekagon von St. Gereon zu Köln, in: Kölnische Volkszeitung, Nr. 246 II, 7. September 1885
Volksz., Nr. 104
anonym, Neu entdeckte Wandgemälde II, in: Kölnische Volkszeitung, Nr. 104, 16. April 1887
Volksz., Nr. 260
anonym, Die neu entdeckten Wandgemälde in St. Severin zu Köln, in: Kölnische Volkszeitung, Zweites Blatt (Abendausgabe), Nr. 260, 28. Jg., 20. September 1887
Volksz., Nr. 221
anonym, Entdeckung alter Malereien in der St. Maria Himmelfahrtskirche, in: Kölnische Volkszeitung, Nr. 221, II, 14. August 1889

Volksz., Nr. 221, II
anonym, Entdeckung alter Malereien, in: Kölnische Volkszeitung, Nr. 221 II, 14. August 1889
Volksz., Nr. 34
anonym, August von Essenwein, in: Kölnische Volkzeitung, Nr. 34, 18. Januar 1893
Volksz., Nr. 497
anonym, Die Wiederherstellungsarbeiten im Innern der St. Cäcilienkirche, in: Kölnische Volkszeitung, Nr. 497, 21. August 1894
Volksz., Nr. 632
anonym, Die Cäcilienkirche in Köln, in: Kölnische Volkszeitung, Nr. 632, 17. September 1896
Volksz., o.A.
anonym, Die Malereien in der Liebfrauenkirche zu Trier, in: Kölnische Volkszeitung, Nr. o.A., 3. März 1905
Volksz., Nr. 722
anonym, Vom Kölner Rathausturm, in: Kölnische Volkszeitung, Nr. 722, 22. August 1906
Volksz., Nr. 999
anonym, Der Gürzenich in Köln, in: Kölnische Volkszeitung, Nr. 999, 17. November 1907
Volksz., Nr. 886
anonym, Der St. Ursula-Reliquien-Altar zu Köln, in: Kölnische Volkszeitung, Nr. 886, 29. Oktober 1915
Volksz., Nr. 974
anonym, Sechzig Jahre rheinische Glasmalkunst, in: Kölnische Volkszeitung, Nr. 974, 13. Dezember 1917
Volksz., Nr. 814
anonym, Friedrich Carl Heimann †, in: Kölnische Volkszeitung, Nr. 814, 9. November 1921
Volksz., Nr. 457
Die Abteikirche zu Deutz, in: Kölnische Volkszeitung, Nr. 457, 22. Juni 1928
Volksz., Nr. 307
anonym, Die alten Glasgemälde aus dem Kreuzgang der Abtei Steinfeld, in: Kölnische Volkszeitung, Nr. 307, 2. Mai 1929
Volksz., 1935
H. L., Schwarzrheindorf, neu entdeckt, in: Kölnische Volkszeitung, Rubrik: Westmark, Mittwoch, 11. Dezember 1935
Volz (1978)
Volz, Hans, Martin Luthers deutsche Bibel, Hamburg 1978
Wagner (1989)
Wagner, Rita, Cöln - Die sozialen Verhältnisse um 1900, Köln 1989
Waters (1910)
Waters, Franz, [Stiftskirche St. Goar], in: Sonntagsblatt der Koblenzer Volkszeitung, 23. Januar 1910, Nr. 4
Weigert (1935)
Weigert, Hans, Die Wiederausmalung des Limburger Domes und grundsätzliche Fragen der Kirchenbemalung, in: Deutsche Kunst und Denkmalpflege, 1935, S. 121 - 125
Weyres (1940)
Weyres, Willy, Die Instandsetzung des St. Quirinus-Münsters in Neuss, in: Kunstgabe des Vereins für christliche Kunst im Erzbistum Köln und Bistum Aachen 1940, S. 3 ff.
Weyres (1974)
Weyres, Willy, Die farbige Behandlung staufischer Innenräume, in: Festschrift für Franz Graf Wolff Metternich, JBRD, Neuss 1974, S. 87 - 97

Weyres (1980)
Weyres, Willy, Denkmalpflege, in: Tier/Weyres (Hsg.), Kunst des 19. Jahrhunderts im Rheinland, Bd. 1, Architektur, Düsseldorf 1980, S. 391 - 413

Wild (1927)
Wild, W., Trockenlegung feuchter Gebäude mittels pat. Mauersäge und Schwammsanierung, in: Vogts (1927), S. 339 ff.

Witte (1937)
Witte, Karl, Anton Bardenhewer - Zum 80. Geburtstag am 8. April, in: Kölnische Volkszeitung, 8. April 1937

Wessely (1881/82)
Wessely, I.E., Die Restaurierung des Domes zu Braunschweig, in: Kunstchronik, Leipzig 1881, Sp. 549 - 553 und Leipzig 1882, Sp. 565 - 567

Westfehling (1984)
Westfehling, Uwe, St. Maria Lyskirchen: in: Stadtspuren - Denkmäler in Köln, Kier/Krings (Hsg.), Bd. 1, 1984, S. 392 - 409

Westfehling (1996)
Westfehling, Uwe, St. Maria Lyskirchen, in: Colonia Romanica, Bd. 11, Köln 1996, S. 104 - 116

Weyden (1859)
Weyden, Ernst, Die Ausmalung des Chores der Kirche St. Cunibert in Köln, in: Organ für christliche Kunst, 9. Jg., Nr. 14, 1859, S. 157 - 160

Weyden (1860)
Weyden, Ernst, Die Kirche St. Gereon in Köln, in: Organ für christliche Kunst, 10. Jg., Nr. 16, 1860, S. 184 - 187, Nr. 17, S. 195 - 198, Nr. 18, S. 210 - 211, Nr. 19, S. 223 - 225, Nr. 20, S. 235 - 236, Nr. 21, S. 246 - 248, Nr. 22, S. 259 - 261, Nr. 23, S. 270 - 271, Nr. 24, S. 286 - 288

Weyden (1863)
Weyden, Ernst, Neuentdeckte Wandgemälde in der Kirche St. Cunibert in Köln, in: Organ für christliche Kunst, 13. Jg., Nr. 9, 1863, S. 103 - 105

Weyden (1868)
Weyden, Ernst, St. Gereon in Köln, in: Organ für christliche Kunst, 18. Jg., Nr. 15, 1868, S. 173 - 175

Wiegelmann (1973)
Wiegelmann, Günter (Hsg.), Kultureller Wandel im 19. Jahrhundert, in: Studien zum Wandel von Gesellschaft und Bildung im Neunzehnten Jahrhundert, Forschungsunternehmung der Fritz Thyssen Stiftung, Bd. 5, Göttingen 1973

Willemsen (1956)
Willemsen, Ernst, Ergänzungen bei der Gemälderestaurierung, in: Rheinisches Jahrbuch, Heft 1, 1956, S. 46 - 51

Willemsen (1960)
Willemsen, Ernst, Die Restaurierungswerkstatt - Aufgaben und Probleme, in: Berichte über die Tätigkeit der Restaurierungswerkstatt in den Jahren 1953 - 58, JBRD, Bd. 23, Kevelaer 1960, S. 323 - 324

Willemsen (1967)
Willemsen, Ernst, Restaurieren - Ein technisches Problem ?, in: JBRD, Bd. 27, 1967, S. 257 - 262

Wippermann (1975)
Wippermann, Erich, Lieberhausen im Wandel der Zeit, Lieberhausen 1975

WMA Aachen
Münster, Aachen, Köln, Akte zu den Wandmalereikopien, Text Hanna Adenauer, Bildarchiv Rh. Amt f. Denkmalpflege, Abtei Brauweiler, Pulheim

WMA Ahrweiler
St. Lorenz, Ahrweiler, Akte zu den Wandmalereikopien, Text Hanna Adenauer, Bildarchiv Rh.-Pfälzisches Amt für Denkmalpflege, Mainz

WMA Almersbach
Ev. Pfarrkirche, Almersbach, Akte zu den Wandmalereikopien, Text Hanna Adenauer, Bildarchiv Rh.-Pfälzisches Amt für Denkmalpflege, Mainz

WMA Andreas
St. Andreas, Köln, Kr. Köln, Reg. Bez. Köln, Akte zu den Wandmalereikopien, Text Hanna Adenauer, Bildarchiv Rh. Amt f. Denkmalpflege, Abtei Brauweiler, Pulheim

WMA Andernach Ev.
Ev. Kirche, Andernach, Akte zu den Wandmalereikopien, Text Hanna Adenauer, Bildarchiv Rh.-Pfälzisches Amt für Denkmalpflege, Mainz

WMA Andernach Kath.
Liebfrauenkirche (Kath. Pfarrkirche), Andernach, Akte zu den Wandmalereikopien, Text Hanna Adenauer, Bildarchiv Rh.-Pfälzisches Amt für Denkmalpflege, Mainz

WMA Bendorf
Ev. Kirche, Bendorf, Akte zu den Wandmalereikopien, Text Hanna Adenauer, Bildarchiv Rh.-Pfälzisches Amt für Denkmalpflege, Mainz

WMA Blankenberg
Pfarrkirche, Blankenberg, Akte zu den Wandmalereikopien, Text Hanna Adenauer, Bildarchiv Rh. Amt f. Denkmalpflege, Abtei Brauweiler, Pulheim

WMA Bonn
Münster, St. Cassius und St. Florentius, Bonn, Akte zu den Wandmalereikopien, Text Hanna Adenauer, Bildarchiv Rh. Amt f. Denkmalpflege, Abtei Brauweiler, Pulheim

WMA Cäcilien
St. Cäcilien, Köln, Kr. Köln, Reg. Bez. Köln, Akte zu den Wandmalereikopien, Text Hanna Adenauer, Bildarchiv Rh. Amt f. Denkmalpflege, Abtei Brauweiler, Pulheim

WMA Duisburg
St. Salvator, Duisburg, Akte zu den Wandmalereikopien, Text Hanna Adenauer, Bildarchiv Rh. Amt f. Denkmalpflege, Abtei Brauweiler, Pulheim

WMA Essen-Werden
Abteikirche, Essen - Werden, Akte zu den Wandmalereikopien, Text Hanna Adenauer, Bildarchiv Rh. Amt f. Denkmalpflege, Abtei Brauweiler, Pulheim

WMA Gereon, Köln
Pfarrkirche St. Gereon, Köln, Akte zu den Wandmalereikopien, Text Hanna Adenauer, Bildarchiv Rh. Amt f. Denkmalpflege, Abtei Brauweiler, Pulheim

WMA Hamminkeln
Ev. Kirche, Hamminkeln, Kr. Rees, Reg. Bez. Düsseldorf, Akte zu den Wandmalereikopien, Text Hanna Adenauer, Bildarchiv Rh. Amt f. Denkmalpflege, Abtei Brauweiler, Pulheim

WMA Hanselaer
Pfarrkirche, Hanselaer, Kr. Kleve, Akte zu den Wandmalereikopien, Text Hanna Adenauer, Bildarchiv Rh. Amt f. Denkmalpflege, Abtei Brauweiler, Pulheim

WMA Haus Holzmarkt
Haus Holzmarkt 67, Köln, Akte zu den Wandmalereikopien, Text Hanna Adenauer, Bildarchiv Rh. Amt f. Denkmalpflege, Abtei Brauweiler, Pulheim

WMA Kalkar
St. Nikolaus, Kalkar, Akte zu den Wandmalereikopien, Text Hanna Adenauer, Bildarchiv Rh. Amt f. Denkmalpflege, Abtei Brauweiler, Pulheim

WMA Knechtsteden
Abteikirche, Knechtsteden, Akte zu den Wandmalereikopien, Text Hanna Adenauer, Bildarchiv Rh. Amt f. Denkmalpflege, Abtei Brauweiler, Pulheim

WMA Kunibert
St. Kunibert, Köln, Kr. Köln, Reg. Bez. Köln, Akte zu den Wandmalereikopien, Text Hanna Adenauer, Bildarchiv Rh. Amt f. Denkmalpflege, Abtei Brauweiler, Pulheim

WMA Lechenich
Burg Lechenich, Euskirchen, Akte zu den Wandmalereikopien, Text Hanna Adenauer, Bildarchiv Rh. Amt f. Denkmalpflege, Abtei Brauweiler, Pulheim

WMA Lieberhausen
Ev. Kirche, Lieberhausen, Akte zu den Wandmalereikopien, Text Hanna Adenauer, Bildarchiv Rh. Amt f. Denkmalpflege, Abtei Brauweiler, Pulheim

WMA Linz
St. Martin, Linz, Akte zu den Wandmalereikopien, Text Hanna Adenauer, Bildarchiv Rh.-Pfälzisches Amt für Denkmalpflege, Mainz

WMA Lipp
Kath. Pfarrkirche, Lipp, Akte zu den Wandmalereikopien, Text Hanna Adenauer, Bildarchiv Rh. Amt f. Denkmalpflege, Abtei Brauweiler, Pulheim

WMA Lyskirchen
St. Maria Lyskirchen, Köln, Kr. Köln, Reg. Bez. Köln, Akte zu den Wandmalereikopien, Text Hanna Adenauer, Bildarchiv Rh. Amt für Denkmalpflege, Abtei Brauweiler, Pulheim

WMA Maria Himmelf.
St. Maria Himmelfahrt, Köln, St. Maria Lyskirchen, Köln, Kr. Köln, Reg. Bez. Köln, Akte zu den Wandmalereikopien, Text Hanna Adenauer, Bildarchiv Rh. Amt für Denkmalpflege, Abtei Brauweiler, Pulheim

WMA Maria i. Kapitol
St. Maria im Kapitol, Köln, Kr. Köln, Reg. Bez. Köln, Akte zu den Wandmalereikopien, Text Hanna Adenauer, Bildarchiv Rh. Amt für Denkmalpflege, Abtei Brauweiler, Pulheim

WMA Marienbergh.
Ev. Pfarrkirche, Marienberghausen, Akte zu den Wandmalereikopien, Text Hanna Adenauer, Bildarchiv Rh. Amt für Denkmalpflege, Abtei Brauweiler, Pulheim

WMA Marienhagen
Ev. Pfarrkirche, Marienhagen, Akte zu den Wandmalereikopien, Text Hanna Adenauer, Bildarchiv Rh. Amt für Denkmalpflege, Abtei Brauweiler, Pulheim

WMA Martin
St. Martin, Oberwesel, Akte zu den Wandmalereikopien, Text Hanna Adenauer, Bildarchiv Rh.-Pfälzisches Amt für Denkmalpflege, Mainz

WMA Müllenbach
Ev. Pfarrkirche, Müllenbach, Akte zu den Wandmalereikopien, Text Hanna Adenauer, Bildarchiv Rh. Amt für Denkmalpflege, Abtei Brauweiler, Pulheim

WMA Nideggen
Kath. Pfarrkirche, Nideggen, Kr. Köln, Reg. Bez. Köln, Akte zu den Wandmalereikopien, Text Hanna Adenauer, Bildarchiv Rh. Amt für Denkmalpflege, Abtei Brauweiler, Pulheim

WMA Niedermendig
St. Cyriakus, Niedermendig, Akte zu den Wandmalereikopien, Text Hanna Adenauer, Bildarchiv Rh.-Pfälzisches Amt für Denkmalpflege, Mainz

WMA Oberbreisig
Pfarrkirche, Oberbreisig, Akte zu den Wandmalereikopien, Text Hanna Adenauer, Bildarchiv Rh.-Pfälzisches Amt für Denkmalpflege, Mainz

WMA Oberwesel
Liebfrauenkirche, Oberwesel, Akte zu den Wandmalereikopien, Text Hanna Adenauer, Bildarchiv Rh.-Pfälzisches Amt für Denkmalpflege, Mainz

WMA Schwarzrh.dorf
Ehem. Stiftskirche, Schwarzrheindorf, Akte zu den Wandmalereikopien, Text Hanna Adenauer, Bildarchiv Rh. Amt für Denkmalpflege, Abtei Brauweiler, Pulheim

WMA Severin
St. Severin, Köln, Akte zu den Wandmalereikopien, Text Hanna Adenauer, Bildarchiv des Rh. Amtes für Denkmalpflege, Abtei Brauweiler, Pulheim

WMA Steinfeld
Abteikirche Steinfeld, Akte zu den Wandmalereikopien, Text Hanna Adenauer, Bildarchiv des Rh. Amtes für Denkmalpflege, Abtei Brauweiler, Pulheim

WMA St. Goar
Ehem. Stiftskirche, St. Goar; Akte zu den Wandmalereikopien, Text Hanna Adenauer, Bildarchiv des Rh.-Pfälzisches Amtes für Denkmalpflege, Mainz

WMA Trier, Dom
Dom, Trier, Akte zu den Wandmalereikopien, Text Hanna Adenauer, Bildarchiv Rh.-Pfälzisches Amt für Denkmalpflege, Mainz

WMA Werden, Petri
Ehem. Peterskirche, Essen-Werden, Akte zu den Wandmalereikopien, Text Hanna Adenauer, Bildarchiv Rh. Amt für Denkmalpflege, Abtei Brauweiler, Pulheim

WMA Wertherbruch
Ev. Kirche, Wertherbruch, Akte zu den Wandmalereikopien, Text Hanna Adenauer, Bildarchiv des Rh. Amtes für Denkmalpflege, Abtei Brauweiler, Pulheim

WMA Wesel
Willibrordi-Kirche, Wesel, Akte zu den Wandmalereikopien, Text Hanna Adenauer, Bildarchiv des Rh. Amtes für Denkmalpflege, Abtei Brauweiler, Pulheim

Wohlleben (1989)
Wohlleben, Marion, Konservieren oder restaurieren? Zur Diskussion über Aufgaben, Ziele und Probleme der Denkmalpflege um die Jahrhundertwende, Zürich 1989

Wolf
Wolf, Gabriele, Zwischen Tradition und Neubeginn, Zur Geschichte und Denkmalpflege in der 1. Hälfte des 19. Jahrhunderts, Geistesgeschichtliche Grundlagen und die Praxis in den deutschsprachigen Gebieten, in: Frankfurter Fundamente der Kunstgeschichte, Bd. 9

Wolf (1991)
Wolf, Irmgard, Paul Clemen, der Rhein und Bonn, in: Mainzer, Udo (Hsg.), Paul Clemen Zur 125. Wiederkehr seines Geburtstages, Jahrbuch der Rheinischen Denkmalpflege, Bd. 35, Köln 1991, S. 369 - 380

Wolff (1984)
Wolff, Gerta, St. Severin, in: Stadtspuren - Denkmäler in Köln, Kier/Krings (Hsg.), Bd. 1, 1984, S. 474 - 517

Wolff (1991)
Wolff, Arnold, Paul Clemen und der Kölner Dom, in: Mainzer, Udo (Hsg.), Paul Clemen Zur 125. Wiederkehr seines Geburtstages, Jahrbuch der Rheinischen Denkmalpflege, Bd. 35, Köln 1991, S. 97 - 114

Wolfram (1985)
Wolfram. Nicol (Hsg.), Der Dom zu Limburg, Mainz 1985

Wolters (1979-80)
Wolters, Wolfgang, Der Kirchenmaler - ein Anachronismus oder Helfer beim Bewahren von Kunstwerken, in: Mitteilungen 1979/80, Deutscher Restauratoren Verband (DRV)

Wolters (1989)
Wolters, Walter, Noch einmal: Restaurieren oder Renovieren?, in: Mörsch/Strobel (Hsg.), Die Denkmalpflege als Plage und Frage - Festgabe für August Gebeßler, München/Berlin 1989, S. 191 - 193

W/W, Nr. 309
anonym, Ausstellung für christliche Kunst, in: Welt und Wissen, Feuilleton der Kölnischen Volkszeitung, Nr. 309, 38. Jg., 3. Bl. Abend-Ausgabe, Dienstag, 27. April 1897

W/W, Nr. 164
anonym, Schwarz-Rheindorf, 20. Febr. 1912, in: Welt und Wissen, Feuilleton der Kölnischen Volkszeitung, Nr. 164, 23. Febr. 1912

ZAS, 1
anonym, Die Restauration der Kirche St. Maria in Lyskirchen zu Köln, in: Zeitungsausschnittsammlung der Universitätsbibliothek Köln, o.A.

ZAS, 2
anonym, Die Restauration des alten Kölner Rathssaales, in: Zeitungsausschnittsammlung der Universitätsbibliothek Köln, o.A.

Zeugnis Essenwein
Zeugnis für Herrn Bardenhewer, gez. Essenwein, Nürnberg, 2. Juni 1882, in Abschrift durch Anton Bardenhewer, Personalakte der Stadt Köln betr. den Architekten Anton Bardenhewer, Best. 11, Nr. 327, Historisches Archiv der Stadt Köln

Zeugnis Loosen
Zeugnis für den Malergehülfen Toni Bardenhewer aus Köln am Rhein, J. Georg Loosen, Nürnberg, 30. Mai 1882, in Abschrift durch Anton Bardenhewer, Personalakte der Stadt Köln betr. den Architekten Anton Bardenhewer, Best. 11, Nr. 327, Historisches Archiv der Stadt Köln

Zeugnis Klaus
Zeugnis für Herrn Bardenhewer, gez. Hans Klaus, Glasmaler, Nürnberg, 2. Juni 1882, in Abschrift von Anton Bardenhewer, Personalakte der Stadt Köln, betr. den Architekten Anton Bardenhewer, Best. 11, Nr. 327, Historisches Archiv der Stadt Köln

Zeugnis Ostermann
Zeugnis für Herrn Anton Bardenhewer, gez. F. P. Ostermann, Glasmalereianstalt, Freising, 3. Mai 1884, in Abschrift von Anton Bardenhewer, Personalakte der Stadt Köln, betr. den Architekten Anton Bardenhewer, Best. 11, Nr. 327, Historisches Archiv der Stadt Köln

Zeugnis Roesberg
Zeugnis für Herrn Toni Bardenhewer von hier, gez. Heinrich Roesberg, Köln, 17. Juni 1893, in Abschrift durch Anton Bardenhewer, Personalakte der Stadt Köln betr. den Architekten Anton Bardenhewer, Best. 11, Nr. 327, Historisches Archiv der Stadt Köln

Zeugnis Schneiders
Zeugnis für Herrn Anton Bardenhewer, gez. Schneiders & Schmolz, Glasmaler, Köln, den 28. August 1885, in Abschrift durch Anton Bardenhewer, Personalakte der Stadt Köln betr. den Architekten Anton Bardenhewer, Best. 11, Nr. 327, Historisches Archiv der Stadt Köln

Zs. f.chr. K. (1888)
anonym, Die Krypta der St. Quirinuskirche in Neuß, in: Zeitschrift für christliche Kunst, Nr. 5, 1. Jg., Düsseldorf 1888, Sp. 184 - 185